国家文物保护专项资金补助项目
“郧县人遗址石制品研究报告”
（项目编号：22-4-15-4200-015）
资助出版

学堂梁子——郧县人遗址考古发掘报告（1989~1995年）

石制品研究

湖北省文物考古研究院 编著
冯小波 主编

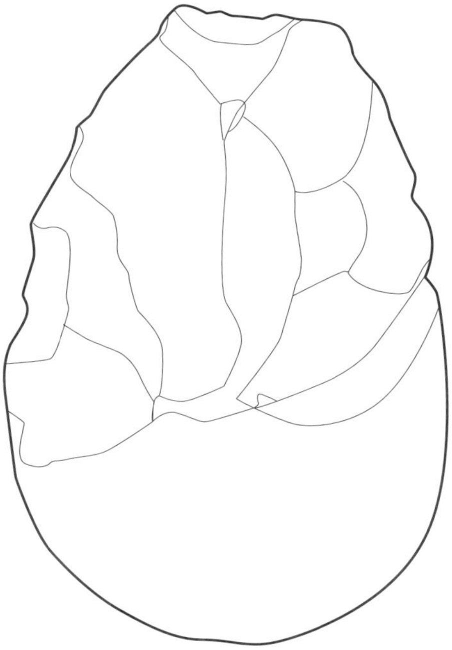

中国社会科学出版社

图书在版编目(CIP)数据

学堂梁子—郧县人遗址（1989～1995年）考古发掘报告：石制品研究／湖北省文物考古研究院编著；冯小波主编．—北京：中国社会科学出版社，2022.10

ISBN 978－7－5227－0018－2

Ⅰ.①学…　Ⅱ.①湖…②冯…　Ⅲ.①石器—考古—研究报告—郧阳区

Ⅳ.①K876.25

中国版本图书馆CIP数据核字(2022)第060532号

出版人　赵剑英
责任编辑　郭　鹏　马　明
责任校对　许　惠
责任印制　王　超

出　　版　中国社会科学出版社
社　　址　北京鼓楼西大街甲158号
邮　　编　100720
网　　址　http://www.csspw.cn
发 行 部　010－84083685
门 市 部　010－84029450
经　　销　新华书店及其他书店

印刷装订　北京君升印刷有限公司
版　　次　2022年10月第1版
印　　次　2022年10月第1次印刷

开　　本　880×1230　1/16
印　　张　35.25
字　　数　838千字
定　　价　498.00元

序　言

1992 年 6 月 4 日，国际顶级学术刊物《自然》（*Nature*）杂志以封面照片的形式报道了出自中国湖北省郧县的距今 100 万年的两件头骨化石，在世界古人类学研究领域引起巨大反响。

湖北省是古人类化石的富集地，在 1989 年 5 月发现郧县直立人头骨化石（EV9001）之前，考古工作者在湖北省的建始县、巴东县发现过巨猿牙齿化石，在长阳县发现过智人化石，在十堰市的郧县梅铺、郧西县白龙洞发现过直立人牙齿化石。后来，在配合三峡工程建设、南水北调等工程建设时，发现了大量的旧石器时代遗址。因此，在郧县（现郧阳区）曲远河口发现两具基本完整的头骨化石并非偶然。

郧县人遗址的调查、发现和研究可分为两个阶段。

第一阶段是调查、勘探阶段（1989 年 5 月 ~ 1990 年 5 月），郧阳地区（现十堰市）博物馆、郧阳博物馆、郧西县文化馆调查发现化石，报告给湖北省文物行政主管部门，湖北省文化厅派李天元等先后到现场进行了四次调查，其中李天元多次到北京，请贾兰坡等先生研究，确认为古人类化石。①

第二阶段是考古发掘、研究阶段（1990 年 5 月 ~ 2005 年 12 月）。1990 年、1991 年和 1995 年，由湖北省文物考古研究所主持，联合郧阳地区（现十堰市）博物馆、郧阳博物馆，对郧县曲远河口学堂梁子旧石器时代遗址先后进行了四次发掘：第一次由李天元任领队，冯小波、李文森、周保才、刘文春、王正华、周正生等参加；第二次由李天元任领队，李文森、冯小波、周保才、刘小华、王正华、李军、武仙竹等参加；第三次由李天元任领队，李文森、冯小波、周保才、张国维、王正华、周正生、胡文魁、胡勤等参加；第四次由李天元任领队，李文森、冯小波、王正华、武仙竹、陈安宁、王毅等参加。其中，1990 年有两次：第一次的发掘时间从 1990 年 5 月 30 日至 6 月 20 日；第二次的发掘时间从 1990 年 10 月 20 日至 11 月 12 日；第三次的发掘时间从 1991 年 11 月 10 日至 12 月 14 日；第四次的发掘时间从 1995 年 12 月 9 日至 12 月 28 日。1990 ~ 2005 年共发掘 5 米 ×5 米的探方 23 个，发掘面积 575 平方米。在这四次发掘中，发现了一批哺乳动物化石和石制品。在 1990 年第一次正式发掘快结束时，于 6 月 15 日在地层

---

① 李天元、王正华、李文森、冯小波、胡魁、刘文春：《湖北郧县曲远河口化石地点调查与试掘》，《江汉考古》1991 年第 2 期；Henry de Lumley，Li Tianyuan，“Le site de l'Homme de Yunxian. Quyuanhekou，Quingqu，Yunxian，Province du Hubei”，CNRS Editions，2008。

中又发掘出土了一具完整的远古人类颅骨化石（EV9002）。

作为项目负责人和领队，郧县人遗址的发现和研究，凝结着李天元先生的心血，同时也受到国内外同行的重视，已有不少学者参与有关问题的研究或讨论。除湖北省文物考古研究所（现湖北省文物考古研究院）、十堰市博物馆和郧阳博物馆的专业人员外，还有中国科学院古脊椎动物与古人类研究所贾兰坡院士、李炎贤教授、计宏祥教授，北京大学陈铁梅教授，贵州大学沈冠军教授，中国科技大学黄培华教授，中国地质大学（武汉）阎桂林教授、李凤麟教授等；法国自然历史博物馆亨利·德·伦莱（Henry de Lumley）教授一行多次到学堂梁子遗址参观指导，并在剖面上采样，进行多学科研究；美国加州大学人类学博士艾丹（Dennis A. Etler）两次到发掘现场，勘测地层剖面，研究出土遗物；中国科学院古脊椎动物与古人类研究所张森水教授代表国家文物局专家组专程到学堂梁子检查考古发掘和遗址保护工作，中国科学院古脊椎动物与古人类研究所黄万波教授、黄慰文教授、李超荣教授，以及全国兄弟省博物馆、考古所的同仁先后到学堂梁子—郧县人遗址参观、指导工作。湖北省文物考古研究所联合湖北医科大学（现武汉大学医学院）中南医院 CT 室、法国自然历史博物馆、法国 Initial 公司对郧县人两具头骨化石进行了三维复原研究。2000 年 10 月法国国家自然历史博物馆史前研究室、人类古生物研究所、摩纳哥王子阿尔伯特一世基金会和湖北省文物考古研究所联合从遗址中提取了大量样品，用于沉积学、微观形态学、地球化学、磁性地层学、地球年代学和孢粉学的研究，同时，在古人类学、哺乳动物学和考古学方面的研究取得了一些新成果。

郧县人化石的发现震惊了海内外学术界。中国科学院古脊椎动物与古人类研究所吴新智院士专程来武汉，在湖北省文物考古研究所连续两天观察郧县人头骨化石，随后在《中国科学报》发文，充分肯定了这一重要发现的学术价值。[①] 郧县人头骨化石入选 1990 年度全国十大考古新发现和“七五”期间全国十大考古新发现，郧县人遗址课题研究组已发表、出版相关论文六十余篇、专题研究报告两部。郧县人头骨化石已经走向世界，在古人类学界有一定的影响。例如，郧县人头骨化石已经进入美国和日本的教科书；1998 年，法国自然历史博物馆举办“世界直立人演化研讨会”，不少国家的人类学家齐聚法国的 Tautavel，亨利·德·伦莱教授向与会学者介绍了新发现的郧县人头骨化石，当地的新闻媒体热烈地报道了这项成果；2004 年，中法文化年期间，法国自然历史博物馆举办“中国旧石器时代文化大展”，郧县人遗址出土的文化遗物是其中重要的组成部分，其展览海报就是郧县人头骨化石；2004 年，郧县人遗址课题组年轻成员还赴法国自然历史博物馆深造，系统学习旧石器时代考古和古人类化石知识。

但这些和郧县人遗址的实际学术价值相比，还远远不够，如研究工作做得不够深入，宣传的力度还不够，等等。

郧县人头骨化石和学堂梁子遗址的发掘与研究仍在继续。2006～2007 年、2021 年 6 月，分别组织了两次发掘。值此《学堂梁子—郧县人遗址（1989～1995 年）考古发掘报告——石制

① 吴新智：《我国古人类学的重要发现：湖北郧县人类头骨化石》，《中国科学报》1992 年 7 月 24 日第 3 版。

品研究》正式出版之际，还望各级领导、专家一如既往地支持、参与郧县人遗址的发掘及研究，加强多学科、跨学科、创新性研究，利用一切科技手段全信息保存所有发掘资料，实现郧县人遗址考古资料的活化利用，建立一套具有中国特色、客观、科学的旧石器时代考古学研究的中国范式，在世界旧石器时代考古研究领域发出中国声音。

湖北省文物考古研究院院长

湖北省博物馆馆长

2022 年 3 月 25 日

代序一
“郧县人”在人类进化过程中起承前启后重要作用*

人类起源于哪里？现代中国人又源自何处？至今仍极具争议。不少科学家坚持认为，现代中国人起源于本土，我们的祖先就是中国本土的古人类。

为了解答这个千古谜题，科学家不仅在古人类的骨骼化石上寻找证据，还动用了遗传分析技术。从人类的基因组中，科学家试图找到这个问题的答案。其中，著名古人类学家、中国科学院院士吴新智就是“本土起源”的支持者。

在“郧县人”头骨化石发现20周年国际学术研讨会期间，首次踏访郧县、82岁高龄的吴新智院士接受专访时表示，“郧县人”在人类进化过程中起着承前启后的重要作用。

“郧县人”承前启后，作用重要。“在同一个地点，郧县连续发现两具比较完全的古人类头骨化石，还有郧西县黄龙洞、白龙洞遗迹（址），与不远处的公王岭遗迹（址）连为一体。这么小的区域，竟然集中了那么多的遗迹，全国惟一，世界少有。”在郧县参加“郧县人”头骨化石发现20周年国际学术研讨会的吴新智院士感慨地说，郧县文化遗产发掘成果丰厚，不愧为汉水中上游文化富集地区，“这说明以郧县为中心的汉水中上游地区，至少是一百多万年以来人类长期持续居住的宜居地”。

吴老认为，“郧县人”在人类进化的历程中，承前启后，堪称国宝。“‘郧县人’时代不是最早的，也不是最晚的。最早的‘元谋人’也就是两颗牙齿和几块石器，跟郧县人丰富的资料相比，相形见绌。”他说，通过进一步挖掘与保护，“郧县人”遗址与周口店北京猿人遗址并驾齐驱的前景还是存在的。

鉴于“郧县人”遗址部分区域受南水北调中线工程的影响将受到淹没的危险，吴新智院士建议，可在原地建设一座小型博物馆，“在将来的发掘过程中，这样可以有个整理和储藏标本的地方，也可以作为向公众开放展示科普知识的平台”。

18年前结缘“郧县人”头骨化石。1989年5月18日和1990年6月15日，在郧县青曲镇弥陀寺村曲远河口的学堂梁子，先后出土两具古人类头骨化石，一度震惊了人类考古学界，给

---

* 根据吴新智院士（1928～2021年）在“郧县人”头骨化石发现20周年国际学术研讨会上的发言整理而成。

考古专家带来了太多的未解之谜。

事实上，吴新智早在18年前，已与“郧县人”结下了深深的情缘。

1990年，湖北省文物考古研究所研究员李天元在学堂梁子发现第二具古人类头骨化石后，吴新智及时给他写信，建议最好在头骨修理工作完成之后再作种属鉴定，这样更科学。李天元接受了吴老的建议，努力做自己的工作，后来有了新的发现。两年后的1992年5月，吴老在重庆参加中国解剖学会预备会议之后，顺流东下抵达武汉。

当时，李天元正在荆州、宜昌进行文物调查，专程赶回武汉接待了吴老。吴老观察了“郧县人”头骨和伴生的哺乳动物化石。当谈到郧县曲远河口化石产地时，他激动不已：“这个地点很重要，在同一地点接连发现两个古人类头骨，保存这么完整，地点面积这么大，动物化石这么丰富，保存又这么好。这样的地点，在我记忆中还没有过。”

人真的是从猿猴进化来的吗？人究竟是从哪里来的？至今仍然是结论不一。

吴老因其学术专业和研究方向，一直都在研究着人类的进化。

在接受采访中，吴老指出：在所有动物当中，人和猿最为相似。后来人们发现了越来越多的人类化石，发现越古老的人体化石越接近猿的化石，比如嘴巴比较突出来，总的趋势是越早的脑子越小，等等。古代人的头骨和现代人的头骨不一样。古代人的活体没有了，但是，他们的化石留存下来了。这就为我们科学家提供了珍贵的研究材料。

“从猿到人的演变，是指的古代猿人，也就是古猿人，而不是现在的猿。现代的猿是不能演变成为人的，现在的猴子更不能演变为人。迄今人们已经发现了许多有些像现代人。又有些像猿的化石，这些都是从猿到人的中间过渡的化石”，吴老说。绝大多数的古人和古猿的肉体都腐烂了，只有极少数个体的部分骨骼有幸能成为化石，几率是很小很小的；化石埋藏在地下，被发现的几率也是很小的。

“通过比较人的化石与其他许多动物化石，最后发现人体化石与猿的化石是最接近的”，吴老表示，现在还不能有证据证实从猿到人演变的每一个环节和过程，“但是，随着科学的进步，科学家们将会利用更多的化石或者其他材料来作研究，将会得到更加充分有力的人类进化的证据”。

现有化石证明人类起源于非洲。“人类起源不是仅仅指中国人的起源，而是指整个人类的起源，是指的古猿变成人，这是在600万至700万年甚至还要更早的时候”，吴老指出，这是有最早的化石作为证据的。

2000年，科学家在非洲发现了叫“千禧人”的化石，距今有六七百万年，这是目前发现的最早的人类化石。研究表明，这种“千禧人”已具备了强健的下肢，并可以直立行走，已具有原始人类的主要特征。“因此，目前来说，人类的历史应该有六七百万年。”

吴老根据对化石和有关资料的研究认为，大约在200万年前的时候，一部分非洲人进入亚洲，一部分进入了欧洲。“那时人类的形象还不是我们现在这个样子，还有些像猿猴，我们称他们为猿人。他们不断地继续进化，像猿的成分逐渐减少，越来越像现代人。”

他说，根据现有证据，比200万年更早的人类化石在非洲以外的地区还没有发现过，所以现在大家的共识是人类起源于非洲。

现代中国人始祖源自本土。吴老说，从非洲到达亚洲以后的这部分人的进化史，中间应该是连续的。

1984年，他与两位外国人类学家联名提出现代人起源的多地区进化说，主张现今的四大人种分别起源于中国、非洲等4个地区，他们在各自的地区相对独立地连续进化，互相间有一定程度的基因交流，使得全人类发展成一个多型种——智人。现在这个假说，已成为世界上这个研究领域两个影响最大的学说之一。

他与同事总结了我国古人类一系列共同的形态特征，如面部和鼻梁扁平，眼眶呈长方形，上门齿呈铲形，等等。他还发现我国直立人与智人之间有形态镶嵌的现象，维护了直立人的祖先地位，并在发现湖北郧西的直立人、河南淅川的直立人和智人以及山西丁村的智人化石的工作中起过重要的作用。

1998年，吴老为我国的人类进化提出新的假说——“连续进化、附带杂交”的学说，主张中国古人类连续进化为主，使得在经过了一百多万年相对独立的进化后，中国人还能保有与其他人群易于识别的形态特征；与其他地区人群的杂交是少量的，但足以使中国人与其他人群能维系在同一个物种内。

吴新智

中国科学院院士

中国科学院古脊椎动物与古人类研究所研究员

2010年6月10日

代序二　郧县人遗址

——一群距今93万年携带着古老的手斧来获取动物腐肉的直立人

距今93万年前的郧县人遗址是一处旷野遗址，位于中国中部的湖北省，处于古地磁的Santa Rosa正向极性世阶段，这是一个由大量大型哺乳动物化石堆积而成的特殊遗址，这些动物化石中包括有大量的鹿科食草动物和少量食肉动物及两具古人类头骨化石，它们都是由水流冲积带来的。同时，在淤泥沉积物中还有大量的石制工具。这些遗物堆积在距现汉江河床约50米高的第四级阶地中。

郧县人遗址发现的石制品文化面貌古老，有如下特征：有大量加工的砾石、手斧、斧状器、手镐，以及大量天然或加工的石片，它们的边缘常常有不规则加工，证明它们曾经被使用过。用石片加工的石器不多，而且加工不精致。

这些石制品发现于淤沙或淤泥中，被更新世早期晚段的河流阶地堆积物重新覆盖，同时发现的还有大型哺乳动物化石和两具古人类头骨化石。

这些石制品显示出比较古老的面貌，有大量加工的砾石、少量加工不精致的小工具。

这些石制品保留着新鲜的状态：边缘没有磨蚀，表面没有发亮，没有滚动过，而且一些石制品可以拼合在一起，证明它们没有经过搬运后的再沉积，应是原地埋藏，古人类使用后遗弃。

用来制作石器原料及素材的岩性非常多样，最多的是脉石英、石英岩、黑色吕迪亚岩、变质片岩，而砂岩、石英砂岩、片麻岩和其他的火成岩（如流纹岩）较少使用。其中脉石英石料虽然来源很远，但却是古人类最喜欢制作石器的石料，它占全部石制品总数的59%以上。

几件完整砾石上有压碎痕迹，说明它们可能用作石锤，一些断裂砾石可能是裂开的石锤。少量的有孤立凸起片疤的砾石，上面通常留有一些打击痕迹，同样与石锤的特征相似。

石核数量不多，可分为以下几个类型：在周边、单面或两面有向心状片疤的盘状石核；棱锥状石核；一件棱柱状石核；有垂直相交片疤的石核；特征不明显的石核。

石片占全部石制品总数的30%，它们或来自于石核的剥片，或来自于加工的砾石石器和两面剥片，或来自于石锤的破裂。

小石器特别少，加工一般，主要是用石片加工而成，有时用碎片或砾石断块或石核或小砾石加工而成。

这些小工具的修理，在不规则修饰的边缘上有使用痕迹，显示出这些工具有一个非常粗糙的外观。比较常见的是一些有凹缺的工具，最常见的是一些有单个凹缺的工具，也有一些锯齿状工具和一件尖突。刮削器数量不多，最常见的是单侧刃，有时刃缘在角上，还有双刃刮削器。值得注意的是有一件用大石片在横向侧边制作而成的雕刻器。

（用砾石）加工而成的石器在郧县人遗址中占最大部分，这个大工具组合由有孤立凹下片疤的砾石、大量的单向加工的砍砸器、几件双向加工的砍砸器、一件龙骨形器、手镐、一件单面器和斧状器组成。

有孤立凹下片疤的砾石或原始单向加工的砍砸器，占所有加工砾石总数的15%。单向加工的砍砸器占所有加工砾石的61%，占所有石制品总数的23%，可分为以下几个类型：有连续刃缘而无尖端的砍砸器（占所有砍砸器的70%）、一件端刃砍砸器（占所有砍砸器的1%）、有梯形刃缘的砍砸器（占所有砍砸器的6%）、两条相交刃缘的砍砸器（占所有砍砸器的23%）。有一件龙骨形器。

虽然郧县人遗址发现的手镐数量不多，但仍和中国东南部发现的旧石器时代早期的其他遗址具有相似的特征。

双向加工的砍砸器有时难以与石核区分开，这类工具相对较少（占所有加工砾石的8%，占所有工具的6.2%，占所有石制品的2%）。

手斧所占比例虽不大（占所有大工具的7.6%，占所有工具的5.5%，占所有石制品的2%），但仍然在两面上仔细加工出一个尖端，并有几块平型和侵入型片疤加工，两个面上总保留有大面积的砾石石皮。

有一件尺寸较大的单面器，在一个面上全部有规则和厚型片疤加工形成有规则的边缘，而另一个面上则保留有全部的石皮。

郧县人遗址的石制品中有4件斧状器被识别出来。

通过石片和石核的研究，发现有几组可拼合的标本，可重建石器加工技术。郧县人遗址石器加工方式为硬锤加工，或举起手臂直接打击，或在石砧上打击。

动物骨骼和石制品上没有滚动或磨亮的痕迹，有大量的可拼合的标本，证明这些标本都是原地埋藏，它们没有经过河流搬运或再次沉积。

郧县人遗址有极其罕见的人类打断的动物骨骼，有非常少的人为痕迹和大量的大型哺乳动物骨骼部分在解剖上保持着联系。这些使我们得出结论，这不是人类在这个地方积累的狩猎动物遗骸的累积。鉴于大量的多种动物骨骼且体型较大、相对少量的骨骼上有人为的痕迹，这种骨骼的集中堆积不太可能是史前人类为了获取肉食而组织的在水边诱捕动物的结果。

在沙土淤泥中，这些引人注目的局部骨骼堆积，其中许多在解剖学上保持着联系，这表明这些动物的遗骸是在一场强烈的洪水中被发现并淹埋的，它们聚集在汉江的蜿蜒流水中。因此，在一场大洪水之后，在平静的河水蜿蜒中，让人想起这是一个巨大的天然坑，吸引着直立人来觅食。

大量石制品的存在证明，完整砾石可能用于石锤；断裂砾石、加工砾石（单向加工的砍砸器、双向加工的砍砸器、有相交刃缘的单向加工的砍砸器）、手镐、手斧、石核和石片与动物的骨骼混合在一起，证明了人类在这个食物坑的活动。

某些石制品类型的代表性，甚至一些类型的特征，与中国陕西、湖北、湖南、江西、广东、广西等省份的一些第四纪高阶地上旷野遗址发现的阿舍利石器非常接近。这些遗址的特点是有丰富的加工砾石，尤其是单向加工的砍砸器、手镐、手斧、有孤立凸起片疤的砾石和零台面石片等。小石器较少，主要类型有单刃刮削器、凹缺刮器、锯齿状器等。

这个遗址发现的石器也让人想起在韩国许多地方发现的一些古老的石器，这些石器包括许多加工的砾石、手斧、手镐和石球。

它还让人想起在中国东南部广西南宁附近的百色盆地第四纪阶地中的几个遗址发现的手斧，时代可能更晚一些，可以追溯到大约距今 80.4 万年前，那里的手斧更标准，加工得更好。

郧县人遗址石制品的多样性与人类处理动物尸体的不同功能需求（分离关节、切割等）有关。

两具直立人头骨化石相距 330 厘米，没有发现其他人类遗骸，这让人想起这两具头骨化石可能经过流水搬运，在水流中沉积下来。

大量的可拼合石制品证明了古人类是在现场加工他们的工具：制作加工的砾石和切割石片。

石器上经常使用的痕迹和破碎的痕迹表明它们是在现场使用的，可能是用来切割大型动物的皮革，切开大型食草动物的尸体或敲碎骨头以提取骨髓。石片上的缺口，有时会形成一个锯齿状的形态（似锯齿），使我们得出结论，它们在处理动物尸体时被使用。

一些骨骼上很少有人为痕迹，特别是新鲜骨骼上的断裂，证实了史前人类对这个巨大的动物墓地的开发。

由于大多数长骨保持完整，没有切割或断裂的痕迹，它们在个体总数中所占的比例相对较小，让我们认为，该遗址并不是唯一消费肉类资源和骨髓的地方，富含肉的部分被带到更远的洪水淤积区域。

少量带有大型食肉动物牙齿痕迹的骨头表明，这个坑很快就被汉江新洪水带来的沙土覆盖，使食腐动物无法进入。

因此，郧县人遗址似乎是直立人偶尔吃肉的地方，在洪水后，大量溺水的动物尸体被流水带走，搁浅在一个弯道的底部。

这里的史前人类属于机会主义者，来这里获取肉食资源，在汉江两次洪水之间的一个巨大的天然动物坑里，为了吸取骨髓而打断骨头。

郧县人遗址包含旧石器时代的手斧，可称为“郧县人文化”，是目前在非洲以外存在手斧的最古老遗址。

迄今为止发现的最古老的手斧大约有 180 万年的历史，是在埃塞俄比亚的 Konso Gardula 遗址发现的。它们大约在距今 93.6 万年前出现在郧县人遗址，大约在距今 60 万年前在西欧出现。

由直立人制作的手斧，既是一个功能性的物体——它有两个用来切割皮革和肉的加长刃缘，同时也是一个象征物体，证明了人类获得了对称的概念和审美意识的出现。

这种含手斧的石器组合，在非洲、中东、欧洲和印度次大陆，通常被称为阿舍利文化，在中国和韩国也存在，它们是逐渐传播到各大洲的同一种文化的一部分，还是与独立出现的特定文化相对应，值得探讨。

无论如何，含手斧的文化中获得对称的概念是人类文化进化的重要一步，也是人类追求超越的认知能力的核心。

亨利·德·伦莱
法国法兰西研究院科学院通讯院士
法国法兰西研究院金石学和文学院通讯院士
法国人类古生物研究所所长
摩纳哥公国阿尔伯特一世基金会
2022 年 4 月 4 日于法国巴黎

LE SITE DE YUNXIAN

Il y a 930,000 ans des *Homo erectus* porteurs d'une industrie archaïque à bifaces pratiquaient le charognage

Le site de plein air de l'Homme de Yunxian, localisé au centre de la Chine, dans la province du Hubei, daté de 936,000 ans, épisode de polarité géomagnétique normal de Santa Rosa, est un site exceptionnel en raison de l'abondance d'ossements de grands mammifères, surtout d'herbivores mais aussi de quelques carnivores, de deux crânes humains apportés par flottation, associés à des outils lithiques, enfouis au sein de limons d'inondation, déposés sur la haute terrasse T4, à environ 50 mètres au-dessus du lit actuel de la rivière Han.

L'industrie lithique découverte, attribuée à*la culture de l'Homme de Yunxian*, d'aspect archaïque, est caractérisée par l'abondance de galets aménagés, la présence de bifaces, de hachereaux, de pics, et de nombreux éclats, bruts de de taille, montrant souvent sur leurs tranchants des retouches irrégulières témoignant de leur utilisation. Les petits outils retouchés, aménagés sur éclat ou sur débris, sont extrêmement rares et de mauvaise facture.

Elle a été mise au jour dans des dépôts sableux et limono-sableux, recouvrant une terrasse fluviatile de la fin du Pléistocène inferieur, associée à une abondante faune de grands mammifères et à deux crânes d'*Homo erectus*.

Cette industrie présente un aspect archaïque, de par l'abondance des galets aménagés, et en raison de la rareté du petit outillage retouché généralement de mauvaise facture.

L'état de fraîcheur des pieces, l'absence d'émoussé des bords, de surfaces lustrées et de pièces roulées, ainsi que les remontages, attestent que cette industrie n'a pas subi de transports post-dépositionnels et qu'elle est parfaitement en place, là où l'homme préhistorique l'a abandonnée.

L'ensemble des roches utilisées pour la fabrication des outils est assez diversifié: les matières premières les plus représentées sont le le quartz, le quartite, la lydienne noire et le schiste métamorphique. Des roches telles que le grès, le grès-quartzite, le gneiss et diverses roches volcaniques dont la rhyolite ont été plus rarement utlisées. C'est le quartz qui a été, de très loin, le plus souvent choisi pour fabrication des outils car il représente près de 50% du matériel.

Plusieurs galets entiers, qui présentent des stigmates d'écrasement, ont été utilisés comme percuteurs et certains galets fracturés peut correspondre à des percuteurs éclatés. Les galets à enlèvement isolé convexe, souvent associés à des stigmates de percussion, en faible quantité, correspondent également à des percuteurs.

Les nucléus, peu nombreux, correspondent à plusieurs types bien individualisés: des nucléus discoïdes à enlèvements centripètes, périphériques, unifaciaux ou bifaciaux, des nucléus pyramidaux, un seul nucléus prismatique, des nucléus de gestion orthogonale et des nucléus mal caractérisés.

Les éclats, qui représentent 30% de l'ensemble du matériel lithique, proviennent soit de l'exloitation des nucléus, soit du façonnage des galets aménagés et des pièces bifaciales, soit de l'éclatement des percuteurs.

Le petit outillage, extrêmement rare et de facture médiocre, a été essentiellement aménagé sur éclat, parfois sur débris, sur fragment de galet, sur nucléus ou sur petit galet.

La retouche de ces petits outils, à la limite de la retouche irrégulière d'utilision, donne à ces outils un aspect très fruste. Les outils à encoches sont les plus représentés, le plus souvent des encoches isolées, mais aussi des denticulés et un bec. Les racloirs sont moins nombreux, le plus souvent simples latéraux, parfois d'angle, ou doubles. Signalons également un burin de profil sur le bord transversal distal d'un grand éclat.

L'outillage façonné constitue la plus grande part des outils du site de l'Homme de Yunxian. Ce macro-outillage est constitué par des galets à enlèvement isolé concave, une grande majorité de choppers, queques chopping-tools, un rostro-caréné, des pics, des bifaces, un uniface et des hachereux.

Les galets à enlèvement isolé concave ou choppers primaires, représentent 15% du total des galets aménagés. Les choppers, qui constituent 61% du total des galets aménagés et 23% du total du matériel lithique présentent plusieurs types: les choppers à tranchant continu sans pointe (70% d'entre eux), un chopper en bout (1%), les choppers à tranchant trapézoïdal (6%) et les choppers à deux bords convergents（23%）. Un seul rostro-caréné a été identifié.

Bien que peu nombreux, les pics, forment un groupe caractéristique qui rapproche l'industrie du site de l'Homme de Yunxian de celle d'autres sites du Paléolithique inférieur de la Chine du sud-est.

Les chopping-tools, qui sont parfois difficiles à distinguer des nucléus, sont relativement rares (8% du total des galets aménagés, 6,2% de l'outillage et 2% du total du matériel lithique).

Les bifaces, bien qu'en faible pourcentage (7,6% du macro-outillage, 5,5% de l'ensemble des outils et 2% du total du matériel lithique), présentent une pointe bien dégagée et aménagée par quelques enlèvements plats et envahissants distaux sur les deux faces. Les deux faces conservent toujours de larges plages de cortex.

Un seul uniface, de grande dimention, présente une face aménagée sur toute sa surface par des enlèvements avec des bords régularisés par des retouches régulières et épaisses alors que l'autre face a conservé le cortex sur toute sa surface.

Quatre hachereaux ont été dénombrées dans cette industrie lithique.

Plusieurs remontages, ainsi que l'étude des éclats et des nucléus, permettent de reconstituer les techniques de taille. L'industrie a été taillée au percuteur dur, soit par percussion à main levée, soit par percussion sur enclume.

L'absence d'ossements et de pièces lithiques roulés ou lustrés et les nombreux remontages témoignent que le matériel est bien en place et qu'il n'a pas été charrié ou remanié par la rivière.

L'extrême rareté des ossements fracturés par l'homme, le très petit nombre de traces anthropiques et le grand nombre de portions de squelettes de grands mammifères restés en connexion anatomique, permettent de conclure qu'il ne s'agit pas d'accumulations de restes de chasse accumulés à cet endroit par les hommes. Compte tenu du très grand nombre de squelettes d'animaux d'espèces variées et de grande taille, et du nombre relativement faible d'ossements présentant des traces anthropiques, il n'est pas vraisemblable que cette concentration d'ossements soit le résultat d'un piégeage par noyade organisé par les hommes préhistoriques pour leur approvisionnement en viande.

Cette remarquable accumulation localisée d'ossements, dont beaucoup sont restés en connexion anatomique, dans des limons sablo-argileux lités, permet de penser qu'il s'agit de restes d'animaux qu'une forte crue a surpris et noyés, et qui ont été regroupés dans un méandre de la rivière Han. Il est donc possible d'évoquer, après une forte crue de la rivière et dans un méandre en eau calme, un immense charnier naturel qui attirait les*Homo erectus*.

La présence de nombreuses pièces lithiques: galets entiers ayant servi de percuteur, galets fracturés, galets aménagés (choppers, chopping-tools, choppers à bords convergents), pics, bifaces, nucléus et éclats, mêlés aux ossements d'animaux, attestent des activités des hommes au milieu de ce charnier.

La représentativité de certains types, et même quelques caractères typologiques, peuvent être rapprochés de certaines industries acheuléennes de nombreux sites de plein air qui ont été découverts sur les hautes terrasses quaternaires en Chine du sud-est, dans les provinces du Shaanxi, du Hubei, du Hunan, du Jiangxi, du Guangdong, du Guangxi. Ces sites sont caractérisés par des industries riches en galets aménagés, notamment des choppers, des pics, des bifaces, des galets à enlèvement isolé convexe et des éclats à talon nul. Le petit outillage retouché très rare comprend quelques racloirs simples, des encoches et des denticulés.

Cette industrie rappelle aussi certaines industries archaïques découvertes dans de nombreux sites en Corée du Sud, qui ont livré de nombreux galets aménagés, des bifaces, des pics et des polyèdres.

Elle évoque également celles découvertes sur plusieurs sites de la haute terrasse quaternaire du Bassin de Bose, près de Nanning, dans le Sud-est de la Chine, un peu plus récente, datée d'environ 804,000 ans, ou les bifaces sont plus standardisés et mieux soignés.

La grande diversité des pieces lithiques présentes sur le site de Yunxian est à mettre en relation avec les différents besoins fonctionnels des hommes pour le traitement des carcasses animales (désarticulation, dépeçage...) .

La présence de deux crânes d'*Homo erectus*, découverts à 330 cm l'un de l'autre et sans aucun autre reste humain, évoque deux crânes ayant flotté et qui ont été déposés par le courant.

Les nombreux remontages témoignent que l'homme a taillé son outillage sur place: façonnage de galets aménagés et débitage d'éclats.

De fréquentes traces d'utilisation sur les tranchants des galets aménagés et leurs traces d'écrasement montrent qu'ils ont été utilisés sur place, vraisemblablement pour découper les cuirs des animaux de grande taille, désarticuler les carcasses de grands herbivores ou briser les ossements pour en extraire la moelle. Les ébréchures des éclats, qui leur donnent parfois une morphologie de denticulés (pseudo-denticulés) permettent de conclure qu'ils ont servi lors de l'exploitation des carcasses animales.

Quelques rares ossements présentant des traces anthropiques, en particulier des fractures sur os frais, confirment l'exploitation par les hommes préhistoriques de cet immense charnier d'animaux noyés.

La plupart des os longs étant restés entiers sans trace de découpe ou de fracture et leurs proportions relativement faibles par rapport au nombre total des individus, nous incitent à penser que le site n'était pas le lieu exclusif de la consommation des ressources en viande et en moelle et que les parties riches en viande étaient emportées plus loin dans des zones l'abri des crues.

Le petit nombre d'ossements présentant des traces de dents de grands carnivores permet de penser que ce charnier a été rapidement recouvert par des sables limoneux apportés par une nouvelle crue de la rivière Han, les rendant inaccessibles aux charognards.

Le site de l'Homme de Yunxian apparaît aujourd'hui comme un lieu occasionnel d'approvisionnement en viande pour les*Homo erectus* à partir d'une accumulation considérable de carcasses d'animaux noyés à la suite d'une crue, transportés par les courants, et échoués, en un même endroit, au fond d'un méandre.

L'homme préhistorique, opportuniste, est venu récupérer des quartiers de viande, et fracturer des ossements pour consommer de la moelle, dans un immense charnier naturel d'animaux noyés entre deux crues de la rivière Han.

Le site de l'Homme de Yunxian, qui contient une industrie du Paléolithique ancien à bifaces, appelée*la culture de l'Homme de Yunxian*, est actuellement le plus ancien site ayant livré des bifaces en dehors de l'Afrique.

Les plus anciens bifaces, découverts jusqu'à présent, datés d'environ 1,800,000 ans, ont été mis au jour sur le site de Konso Gardula en Ethiopie. Ils sont présents sur le site de Yunxian vers 936,000 ans et plus récemment en Europe occidentale aux environs de 600,000 ans.

Le biface, façonné par les*Homo erectus*, est à la fois un objet fonctionnel, qui possède deux tranchants allongés pour couper le cuir et la viande et un objet symbolique qui témoigne de l'acquisition par l'Homme de la notion de symétrie et de l'émergence du sens de l'esthétique.

Les industries à bifaces, généralement dénommées Acheuléen, en Afrique, au Proche-Orient, en Europe et dans le sous-continent Indien, présents également en Chine et en Corée, appartiennent-elles à une culture homogène qui a progressivement diffusée à travers les continents ou correspondent-elles à des cultures propres qui ont émergé indépendamment.

Quoi qu'il en soit, l'acquisition de la notion de symétrie dans les cultures à bifaces est une étape majeure dans l'évolution culturelle de l'Homme et dans cell de ses capacités cognitives, à la recherche de la transcendance.

Membre correspondant de l'Académie des Sciences
et de l'Académie des Inscriptions et Belles Lettres
Professeur émérite au Museum National d'Histoire Naturelle
Président de l'Institut de Paléontologie Humaine
Fondation Albert Ier Prince de Monaco
Paris, le 4, 04, 2022

前　　言

中国幅员辽阔，民族众多，旧石器时代文化面貌也各有不同。经张森水先生等研究，在旧石器时代，大体以秦岭为界的中国北方和南方各自存在一个制造业（主工业）类型，其中北方制造业（主工业）类型的石器的毛坯（素材）主要是以石片为主，是以石片石器为主的制造业（工业），石器主要类型包括刮削器、尖刃器、石锥、雕刻器等，砍砸器和石球等重型工具数量不多。南方制造业（主工业）类型的石器的毛坯（素材）以块状（砾石、石核和断块）为主，是以砾石（石核）为主的制造业（工业），石器的类型包括砍砸器、手斧、手镐、石球等，而石片石器的数量不多。

郧县人遗址位于中国南方的湖北省十堰市郧阳区（原郧县）青曲镇弥陀寺村一组学堂梁子，1989 年考古工作者在此发现一具古人类头骨化石，1990、1991、1995、1998、1999 和2005～2007 年由中国学者组成的考古队对这个遗址进行了多次发掘。该遗址发现的“湖北郧县人头骨化石”获得 1990 年度全国十大考古新发现和“七五”期间全国十大考古新发现。

1992 年，与郧县人遗址相关的研究论文在国际上最权威的杂志《自然》（*Nature*）上发表，且该期封面即是郧县人头骨化石照片。美国的《纽约时报》《圣何塞信使报》《科学信息》《旧金山观察家》《华盛顿邮报》《计算机报》《加州日报》等报纸杂志纷纷登载此消息，在国际上引起巨大轰动。美国杂志《发现》（*Discover*）1993 年第 1 期将郧县人头骨化石的发现评选为 1992 年世界 50 项重大科技成果之一[①]。

本报告为学堂梁子—郧县人遗址 1990～2005 年调查、发掘石制品的专门研究报告，是学堂梁子—郧县人遗址（1990～2005 年）田野考古发掘系列报告中的一册。

---

① 冯小波：《郧县人遗址石器的第二步加工》，《华夏考古》2003 年第 4 期；冯小波：《郧县人遗址石核的研究》，《人类学学报》2004 年第 23 期；湖北省十堰市博物馆：《湖北郧县两处旧石器地点调查》，《南方文物》2000 年第 3 期；李天元等：《从哺乳动物群看郧县人的时代》，徐钦奇、谢飞、王建主编《史前考古学新进展——庆贺贾兰坡院士九十华诞国际学术讨论会文集》，科学出版社 1999 年版；李天元、冯小波：《郧县人》，湖北科学技术出版社 2001 年版；李天元、冯小波：《长江古人类》，湖北教育出版社 2004 年版；李炎贤：《中国早更新世人类活动的信息》，徐钦奇、李隆助主编《垂杨介及她的邻居们——庆贺贾兰坡院士九十华诞国际学术讨论会文集》，科学出版社 1999 年版；吴新智：《我国古人类学的重要发现：湖北郧县人类头骨化石》，《中国科学报》1992 年 7 月 24 日第 2 版；吴新智：《20 世纪的中国人类古生物学研究与展望》，《人类学学报》1999 年第 3 期；祝恒富：《湖北十堰发现 2 件手斧》，《人类学学报》1999 年第 1 期；Feng Xiaobo，“Stratégie de débitage et mode de façonnage des industries du Paléolithique inférieur en Chine et en Europe entre 1 Ma et 400 000 ans Ressemblances et différences de la culture de l'homme de Yunxian et Acheuléen européen”，*L'Anthropologie*，Vol. 112，No. 3，2008，pp. 423－447.

图1　郧县人遗址远景（一）

（郝勤建摄）

图 2　郧县人遗址远景（二）

（郝勤建摄）

目　　录

第一章　研究方法

旧石器时代早期的遗址中发现的文化遗物有石质、骨质或其他质地的，但目前发现的以石质的为多，所以在研究旧石器时代早期遗址文化面貌的时候，目前主要关注的是石制品方面的特征。

在旧石器时代考古学理论和方法中，石制品的类型学研究历来是学者们关注的焦点，而大部分学者使用的分类方法不尽相同。在本报告中，作者采用的是以中国传统的类型学方法为主，并参考了法国旧石器时代考古类型学的一些方法。

从大的分类层面考虑，旧石器时代遗址中出土的石制品，可以分为两类：加工工具和被加工的对象。加工工具主要是指石锤（硬锤、软锤和其他用来剥片、加工石器的工具）、石砧等。被加工的对象包括砾石、石核、石片、石器等加工工具所施予的对象，包括成品、半成品及废料等。

被加工的对象具体可以分为以下两个大类型：原料及素材和石器。原料及素材可分为砾石、石核、石片、碎片（块）等。这些都为加工工具所施予的对象，包括成品、半成品及加工时产生的剩余产品等。石器是指加工成具备一定功能的工具，分为两大类：砾石（石核）石器和石片石器。

为此，编者设计了观察石制品的几张表格，如石核（包括石锤、砾石、断块和石核）、石片（包括石片、碎片、碎块、石叶等）、石核石器（包括砍砸器、手镐、手斧、石球、斧状器等）和石片石器（包括刮削器、尖状器、雕刻器、尖锥、凹缺刮器、锯齿状器、有背石刀等）。

第一节　打制石制品田野及物理信息

本报告使用的石制品观察卡片分为几种，砾石、碎片（块）、石片、石核、石片石器、石核石器、手斧及斧状器等。这些观察卡片需要填写的信息有以下内容。

一　田野发掘信息

遗址名称：

1. 标本名称
2. 标本所在区域
3. 野外编号
4. 室内编号
5. 探方编号（次一级小探方）
6. 层位
   大的沉积单元；
   自然层位；
   水平层位；
   古人类居住地（遗迹）。
7. 坐标
   X：横坐标；
   Y：纵坐标；
   Z1：相对深度；
   Z2：与参考平面的深度；
   Z3：绝对深度。
8. 方向（最好以地质罗盘的读数为准）
   未定
   N－S；
   NE－SW；
   E－W；
   NW－SE。
9. 倾向（°）
10. 倾角（°）（放置方式）
    未定
    平放
    倾斜
        未定；
        向北；
        向东北；
        向东；
        向东南；
        向南；
        向西南；

向西；

向西北；

近垂直

未定；

向北；

向东北；

向东；

向东南；

向南；

向西南；

向西；

向西北；

竖直

未定；

向北；

向东北；

向东；

向东南；

向南；

向西南；

向西；

向西北；

垂直

未定；

平放；

竖放。

11. 绘图记录

石制品位于哪张图中；

绘图者；

发现者及日期。

12. 观察者及日期

13. 尺寸

自然长；自然宽；自然厚；

工具长；工具宽；工具厚；

石片的打击长；打击宽；打击厚；打击泡附近厚；打击轴长中段厚；

重量。

二　打制石制品物理信息

1. 岩性

（1）沉积岩。

均质灰岩；页岩；白云岩；砾岩；角砾岩；泥砾岩；燧石类；砂岩（粗、细、粉、泥、杂）；石英砂岩；含砾砂岩；核形石；泥质条带状粉砂岩；条带状硅质岩；粉砂质泥岩；变质泥岩；长石砂岩等。

（2）变质岩。

变质石英岩；角页岩；板岩；千枚岩；片岩；混合岩；含云母片岩；大理岩；云母片岩；片麻岩；绿帘石岩；斜长角闪岩；蛇纹石岩；糜棱岩；大理岩；矽卡岩；斑点板岩；阳起石片岩；细粒云母变粒岩；蚀变岩等。

（3）火成岩。

脉石英；火山熔岩；闪长岩；安山岩；流纹岩；玄武岩；花岗岩；玢岩；黑曜岩；粗面岩；凝灰岩；斑岩；花岗斑岩；辉绿岩；闪长玢岩；透闪石岩等。

（4）陨石、熔融石等。

（5）矿物。

（6）未定岩性。

2. 素材的几何形状

（1）平面俯视（正平面投影）。

1）薄标本（厚度 < 1/2 宽度）：

- 未定；
- 长（宽度≤1/2 长度）：
  - 未定；
  - 长椭圆形；
  - 三边形；
  - 四边形；
  - 多边形。
- 短（宽度 > 1/2 长度）：
  - 未定；
  - 圆形；
  - 椭圆形；
  - 半月形；
  - 心形；

三边形；

四边形；

多边形。

2）厚标本（厚度≥1/2 宽度）：

最宽处横剖面形状未定；

最宽处横剖面形状为椭圆形时平面形状；

未定；

长（宽度≤1/2 长度）：

未定；

加长椭圆形；

三边形；

四边形；

多边形。

短（宽度＞1/2 长度）：

未定；

圆形；

椭圆形；

三边形；

四边形；

多边形。

最宽处横剖面形状为三边形时平面形状：

未定；

圆形；

椭圆形；

三边形；

四边形；

多边形。

最宽处横剖面形状为四边形时平面形状：

未定；

圆形；

椭圆形；

三边形；

四边形；

多边形。

（注：最长处的纵剖面形状可参考最宽处横剖面形状标准。）

（2）剖面形状。

未定；

圆形；

椭圆形；

半月形；

心形；

三边形；

四边形；

多边形。

3. 标本物理状况

（1）石锈颜色。

黑、灰、淡灰褐、粉红灰褐、白、绿、黄、栗、红褐、红等。

（2）两面石锈。

1）两面均匀。

2）两面不均匀。

两面弥漫散开（所有面上均有；一面多于另一面）。

两面有明显区别（平面少于凸面；工具少于石片或砾石其他部分；几处加工少于工具处；不规则加工少于工具或石片；一处工具少于另一处）。

（3）变质作用。

无；

有（弱，中等，强烈）。

（4）脱硅状况。

无；

有（弱，中等，强烈）。

（5）热力作用。

漂白；

变黑；

发红；

碎纹（未定；火烧裂，冻裂）；

脱皮（薄膜状：未定；火烧裂，冻裂）；

壳状：（未定；火烧裂，冻裂）。

（6）被钙皮包裹。

石皮上；片疤、加工等面上；断裂面上。

（7）假菌丝体状况。

石皮上；片疤、加工等面上；断裂面上。

（8）海洋生物状况。

石皮上；片疤、加工等面上；断裂面上。

（9）风力作用。

未定；弱；强烈。

（10）光泽。

无；弱；强烈。

（11）滚动、搬运。

未使用；变钝；滚动过。

4. 保存状况

根据标本保存状况将石器分为完整器物、器物毛坯（柄部、刃部、中段、左侧边、右侧边等）和器物残段（柄部、刃部、中段、左侧边、右侧边等）。

5. 打制石制品测量说明

打制石器的测量项目除了常规的长度、宽度、厚度和重量外，还可测量石器标本上剥片和加工小疤的特征；每块加工小疤的弧长（用软尺测量）、弦长（用游标卡尺测量）和矢长（用直尺测量）；每条刃缘的弧长（用软尺测量）、弦长（用游标卡尺测量）和矢长（用直尺测量）。在测量刃部刃角时，需要测量加工刃缘的可测量的所有小疤的刃角（用量角器测量），测量时以量角器两侧接触刃部的3～5毫米处时的读数为准。

第二节　打制石制品人工特征信息

一　石核观察信息

1. 概述

要观察石核，就必须先将其定位。如果石核的素材为石片，则按一般的石片定位规则，即石片的台面朝向观察者，背面朝上，破裂面朝下，以打击点所指的方向为远端，观察描述的顺序为：台面、左侧边、远端边、右侧边、背面、破裂面。如果石核的素材为砾石或石块，则按其自然状态定位，具体而言，即以其较平的一面为底面，相对较凸起的一面为顶面，标本较宽的一端为近端面，较窄的一端为远端面，标本的自然长径为其长，近端面朝向观察者，将标本放好后，就可以将一件石核上的每个位置定位出近端面、左侧面、远端面、右侧面、顶面和底面，可与石片所要观察的6个部分相对应。

由于旧石器时代遗址中后一类素材（石核）占绝大多数，我们将做重点描述。石核可与自然界中最常见的立方体（平行六面体）互相对应。一个立方体有六个面、八个角、十二条线，如果观察者想描述这个立方体上的每个面、每条线的特征，可将其任意一个面面向观察者，放平之后，观察者可以马上将其六个面分为近端面、左侧面、远端面、右侧面、顶面、底面，每条线的位置亦随之确定，观察者只需将这六个面、八个角、十二条线的具体特征描述清楚，这个立方体的特征便跃然纸上了。

石核的观察项目亦然，只不过石核（尤其是经过剥片后的石核）不似自然界中的立方体那么中规中矩，每一个面、每一条线没有立方体那么清晰罢了。观察者将石核按上面的方法定位后，在石核的顶面上做一个指向远端的箭头，即可逐一描述其各自的特征。标本描述的顺序依次为近端面、左侧面、远端面、右侧面、顶面、底面。按照一个理想的立方体来说，每个面都应有一个面、四条线要描述，但实际上石核不会像一个立方体那样每个面、每条线俱全，有的面简化成一条直线，甚至简化成一个点，还有的面（或线）与别的面（或线）合为一体。所以描述时应以实际情况为准，是一个面就按一个面描述，是一条线（边）就按一条线（边）来描述。一般情况下，要作为一个面来描述的多见于顶面、底面，其余近端面、左侧面、远端面、右侧面多简化成一条边来描述即可。涉及某一个面（或某一条边），又可分为左段、右段、近段、远段等几个部位来描述（图1－1）。

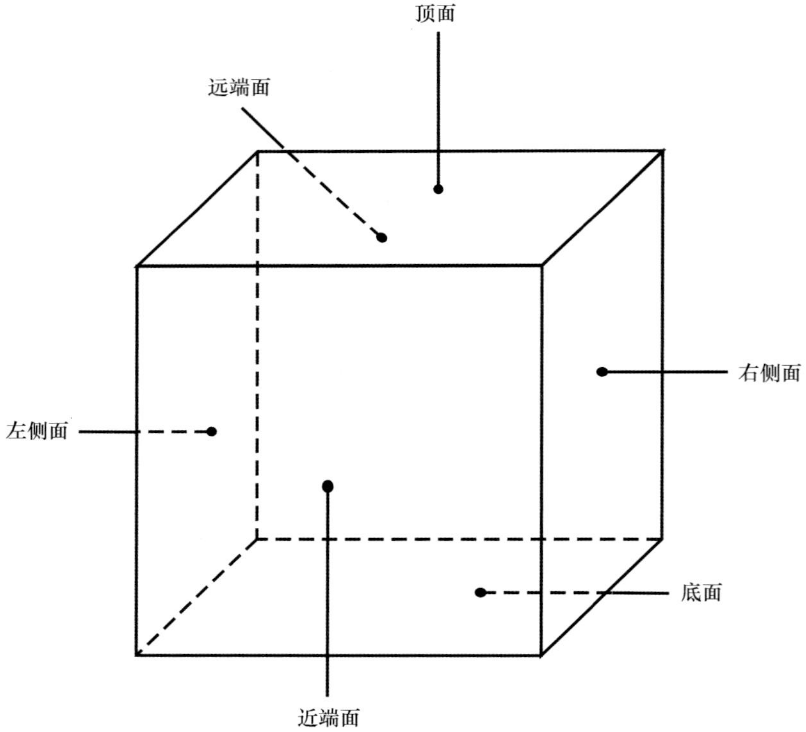

图1－1　石核定位示意图

在观察的项目中，需要说明的有以下几点。石核的大小，如素材为石片，则依石片的测量方法；如素材为砾石（或石块），则测其自然状态下的最大长度、最大宽度和最厚处，最大长度为从近端面至远端面之间的最大长处，最大宽度为左、右侧面之间垂直于最大长度的最宽处，最厚为底面与顶面之间的最大距离。台面的数量如果在两个以上，则还要注意两个或多个台面之间的相对关系，每个台面打片后形成的剥片面的数量及多个剥片面之间的关系。还要注意标本的保存状况，是否完整，可否与其他的标本进行拼合，标本上还有无其他的人工痕迹；等等。

在观察石核台面的特征时，观察者需要注意台面周长、台面上的剥片范围、台面利用率和石核的剥片率。台面周长是指俯视一个台面时该台面被打片后残存的周长，可用软尺测量；台面的剥片范围是指俯视一个台面时该台面被剥片的长度，可用软尺测量；台面利用率指一个台面的剥片范围与台面周长的百分比，在一定意义上可反映该台面被人们利用的程度。石核的剥片率指石核整体上剥片部分与保留的砾石石皮之间的面积比例。台面角指打击台面与剥片后的剥片面之间的夹角。

2. 观察项目

（1）遗址名称、标本名称……磨圆度等。

（2）六个面的特征：天然石皮、节理面、剥片后的疤痕、加工的小疤、使用的小疤等（图1－2）。

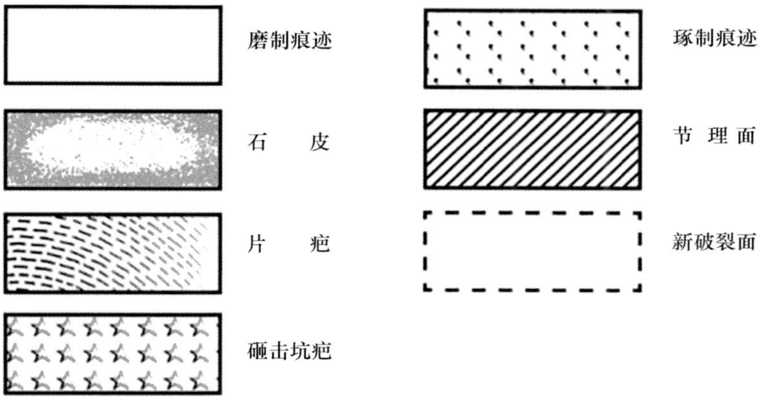

图1－2　打制石制品线图图例示意图

（3）素材类型：砾石、石片、断块等。

（4）台面状况：

1）数量；

2）位置及关系：近、左、远、右、顶、底；相邻、相连、相对等；

3）形状：平视：圆形、椭圆形、三边形、四边形等；侧视：平、凹、凸；

4）性质：天然、人工、修理、混合等；

5）打（剥）片部位：近、左、远、右、顶、底等边缘；

6）打（剥）片边数：单个台面的打片边数；

7）打（剥）片方向：每个台面剥片后疤痕的方向；

8）台面周长：每个台面的周长；

9）打（剥）片长度：每个打（剥）片边缘长度；

10）打（剥）片边缘所在边缘长度；

11）打（剥）片长度与所在边缘长度（百分比）；

12）打（剥）片长度与所在台面周长（百分比）；

13）打击方法：硬锤直接打击法、软锤间接打击法等。

（5）剥片面状况：

1）数量；

2）位置及关系：近、左、远、右、顶、底（面）；相邻、相连、相对等；

3）石片疤数量：每个剥片面上疤痕的数量；

4）石片疤分布：单面、两面、向心状等；

5）每个剥片面面积/未剥片面面积（百分比）；

6）所有剥片面面积/未剥片面面积（百分比）。

（6）每个石片疤特征：打（剥）片顺序、长度、宽度、倾斜度、弦长、矢长、形状、到对边长、有无双打击点、所属台面、台面角、方向等。

（7）砾石石皮的相对数值：总数值、A 面数值、B 面数值、侧面数值。

（8）打击方向数量：总数值、A 面数值、B 面数值、侧面数值。

（9）石片疤样式：转动次数、翻动次数。

石核打片部位与打（剥）片边数相对应，有多少个打（剥）片边数，就应有多少个打（剥）片部位。可在台面的一个边、两个边、三个边或台面的周边（四个边）打（剥）片。在台面的一个边打（剥）片比较简单，在两个边打（剥）片又有多种组合情况，分别为在左侧边和右侧边、左侧边和远端边、近端边和右侧边、顶边和底边、左侧边和底边、顶边和右侧边等多种。将在台面的两个边以上打片的标本的每一个打片部位一一分解开来，打片部位可分为在左侧边、右侧边、近端边、远端边、顶边和底边等多种。

观察者可将打（剥）片方向分为六种：由底向顶、由顶向底、由近向远、由远向近、由左向右和由右向左。由底向顶打（剥）片指从底面向顶面打片的方向，由顶向底打（剥）片指从顶面向底面打片的方向，由近向远指从近端面向远端面打（剥）片的方向，余下的类推。

一件石核标本的打（剥）片方向与打（剥）片边数、打（剥）片部位相对应，有多少个打（剥）片边数、打（剥）片部位，就应有多少个打（剥）片方向。长期以来，石核的台面位置、打片方向、打片边数、打片部位等之间的关系未能得到旧石器时代考古工作者们应有的重视。实际上，石核的台面位置、打（剥）片方向、打（剥）片部位等之间是互相排斥的，一件标本的台面如果在近端面，那么它的打（剥）片部位不可能出现在近端，只能是在左侧、右侧、顶面和底面打（剥）片四种情况；它的打（剥）片方向也不能出现向近端打片，只能是向远端打（剥）片。如果台面位置、打（剥）片方向和打（剥）片部位这三者有相同的，就要引起观察者的注意了。

二　石片观察信息

1. 石片的主要种类

（1）勒瓦娄瓦石片。

1）未定；

2）普通勒瓦娄瓦石片；

3）有尖勒瓦娄瓦石片；

4）石叶。

（2）非勒瓦娄瓦石片（普通石片）。

1）未定；

2）普通石片；

3）有尖普通石片；

4）似勒瓦娄瓦石片；

5）石叶；

6）细长石叶。

（3）小石片。

普通石片（薄；厚）；细小石叶石片；有雕刻器打法的细石叶。

（4）加工的石片。

（5）两极石片。

（6）Kombewa 石片。

（7）零台面石片。

2. 石片的主要类型

依据一件石片的保存状况将石片分为完整石片、不完整石片。

（1）完整石片。

根据其背面保留原始石皮的多少，完整石片可分为四类：

第Ⅰ类：背面全部为砾石石皮；

第Ⅱ类：背面面积大部分为砾石石皮、小部分为剥片疤；

第Ⅲ类：背面面积小部分为砾石石皮、大部分为剥片疤；

第Ⅳ类：背面全部为剥片疤，没有保留砾石石皮。

（2）不完整石片。

可分为存近端半边、存左侧半边、存远端半边、存中间段和存右侧半边、台面缺失等。

3. 石片的台面性质

根据石片台面上有无砾石石皮、有无石片疤等将石片的台面分为天然、人工、混合（一部分砾石石皮、一部分片疤）等。

4. 石片的背面特征

石片的背面主要有三种情况要观察：保留石皮的比例、剥片面积比例和棱脊的状况。

三　砾石类石制品类型

砾石类石制品主要有以下类型（图1－3）：

1. 完整砾石（包括石锤、没有人工痕迹的砾石等）

2. 断裂砾石（有人工和自然断裂的砾石等）

3. 石核（单台面、双台面、多台面和石核剩块等）

4. 加工的砾石

加工的砾石类可分为有孤立凸起片疤的砾石、有孤立凹下片疤的砾石、特征不明显的砍砸器、单向加工的砍砸器、手镐、单面器、双向加工的砍砸器、手斧、斧状器等类型。

四　石片类石制品主要类型

1. 石片（包括使用石片等）

2. 碎片（块）

可分为有碎片、碎块、断块、碎屑、小碎屑和细小碎屑等。

3. 加工的石片类石制品

可分为普通刮削器、锯齿状刮削器、凹缺刮器、端刃刮削器、刨形器、雕刻器、尖状器、尖凸（钻器）、有背石刀等。

五　石片类制品观察与测量

1. 观察项目（见附录）

2. 测量的项目

可分为两类：一种是可以直接在标本上测量，比如石片疤的长、宽、角度等；另一种是直接在标本上测量后还需要在图纸上校正，比如标本的最大长、最大宽、最大厚或其他的长、宽、厚等数据。

3. 石片特征描述

（1）背面片疤的分布。

无；

有：纵向，横向，垂直相交，向心状，交错；

未定。

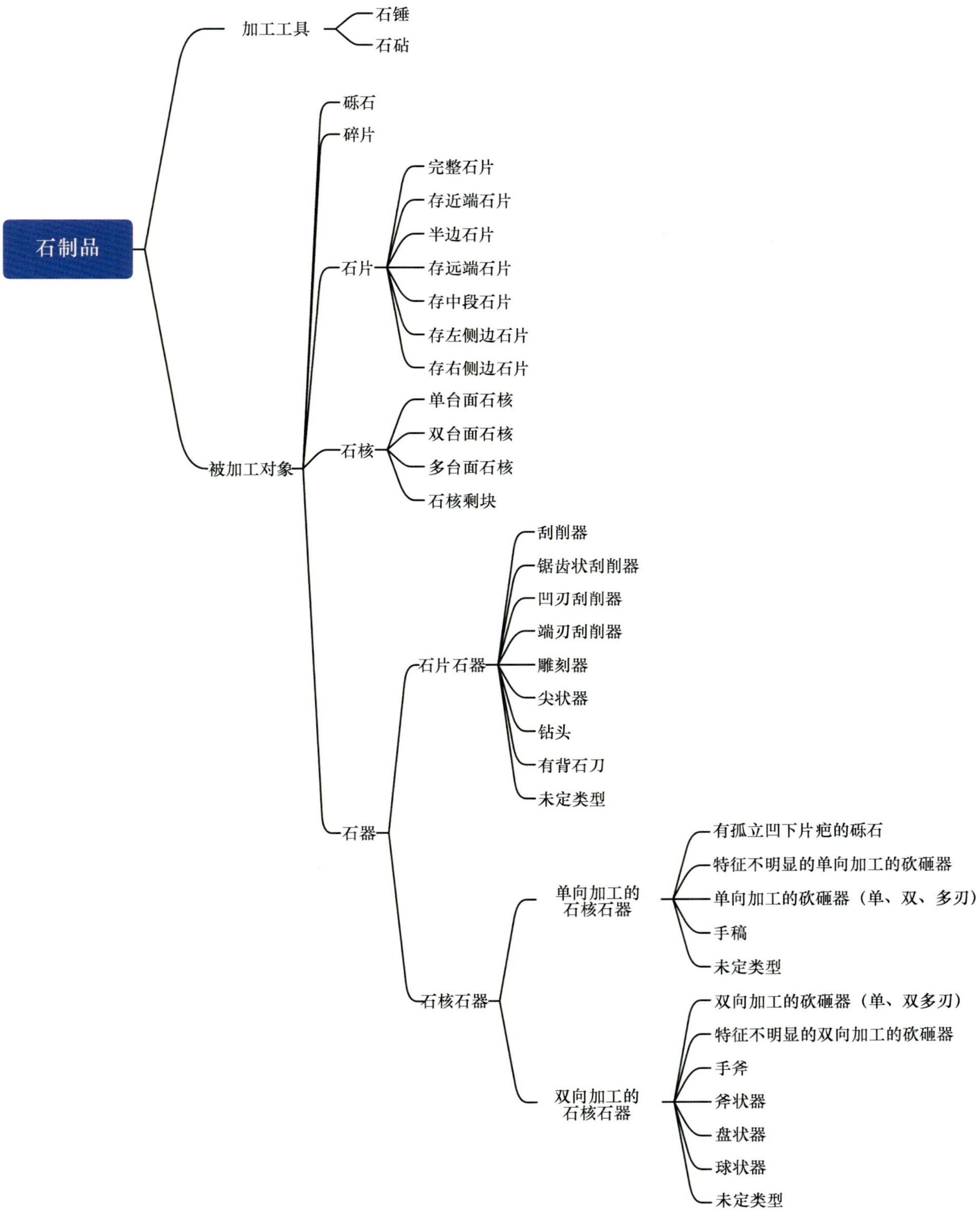
石制品
加工工具
石锤
石砧
被加工对象
砾石
碎片
石片
完整石片
存近端石片
半边石片
存远端石片
存中段石片
存左侧边石片
存右侧边石片
石核
单台面石核
双台面石核
多台面石核
石核剩块
石器
石片石器
刮削器
锯齿状刮削器
凹刃刮削器
端刃刮削器
雕刻器
尖状器
钻头
有背石刀
未定类型
石核石器
单向加工的石核石器
有孤立凹下片疤的砾石
特征不明显的单向加工的砍砸器
单向加工的砍砸器（单、双、多刃）
手镐
未定类型
双向加工的石核石器
双向加工的砍砸器（单、双多刃）
特征不明显的双向加工的砍砸器
手斧
斧状器
盘状器
球状器
未定类型

图 1－3　石制品分类简图

（2）台面性质。

天然，人工，混合。

（3）打击点位置。

左侧，中部，右侧。

（4）打击点局部破碎。

缺失，有。

（5）打击泡数量。

一个，多个（单面或两面）。

（6）打击泡发育状况。

凹下，平或无，散开，略发育，凸起，太凸起，升起，未定，缺失。

（7）半锥体状况。

无（平），略发育，发育，太发育，缺失。

（8）波纹。

无，略明显，明显，太明显，缺失。

（9）穗状物。

无，略明显，明显，太明显，缺失。

（10）放射线。

无，有，缺失。

（11）锥疤（次要锥疤）。

无，有，缺失。

（12）连接点。

无，圆形，呈明显角状，呈“S”形，超过，缺失。

（13）流线型。

无，有，缺失。

（14）柳叶纹。

无，有，缺失。

4. 加工片疤特征

（1）片疤平视（单个片疤）。

普通型，侵入型，似雕刻器打法。

（2）片疤侧视（单个片疤）。

普通型，加高型，陡型，石叶型。

（3）片疤剖视（单个片疤）。

平型，凹下型，凸起型，呈“S”型，阶梯型。

（4）片疤深度（单个片疤）。

表皮型，薄型，厚型，深型。

第二章　石制品概述

本报告研究的学堂梁子—郧县人遗址的文化遗物均为石制品，仅包括2006年11月配合南水北调工程发掘工作启动之前所发现的509件石制品（其中有55件标本可以拼合成22件，拼合后标本总数为476件），不包含2006～2007年发现的2611件石制品。

石制品出自不同的层位，均属于旧石器时代早期，根据它们的埋藏层位可将这些文化遗物的时代分为三个时期，其中1990～2005年采集扰土层和第②层及台地②层出土的石制品归入上文化层；1990～2005年发掘的第③层、台地③层出土的石制品归入中文化层；1990～2005年发掘出土的第④层，台地④层石制品归入下文化层（图2－1，表2－1至表2－5）。

图2－1　郧县人遗址石制品出土状况

表2－1　郧县人遗址发现的石制品来源与文化分期对应表

文化分期	上文化层	中文化层	下文化层
石制品来源	1990～2005年采集 第②层（含台地）	1990～2005年发掘出土 第③层（含台地）	1990～2005年发掘出土 第④层（含台地）

表2-2

学堂梁子（郧县人）遗址1989～2005年发现的石制品岩性及硬度统计表（拼合前）

层位	沉积岩							变质岩						火成岩							小计
	砂岩	细砂岩	粉砂岩	泥质砂岩	泥质岩	硅质（灰）岩	含砾砂岩	石英岩	片麻岩	云母石英片岩	混合岩	绿帘石	矽卡岩	脉石英	花岗岩	花岗斑岩	石英斑岩	粗面岩	伟晶岩	安山岩	
采扰	16	2	1	0	4	37	4	15	2	0	2	1	1	31	0	0	0	0	0	0	116
②层	30	1	1	0	2	9	2	18	0	0	3	0	0	60	0	3	3	0	0	1	133
③层	30	4	1	1	7	17	4	25	5	1	2	0	0	134	3	1	0	3	1	0	239
④层	4	1	0	0	3	1	0	4	0	0	0	0	0	8	0	0	0	0	0	0	21
小计	80	8	3	1	16	64	10	62	7	1	7	1	1	233	3	4	3	3	1	1	509
百分比（%）	15.72	1.57	0.59	0.2	3.14	12.57	1.96	12.18	1.37	0.2	1.37	0.2	0.2	45.78	0.59	0.78	0.59	0.59	1.57	1.57	100
	35.75							15.52						48.73							
摩尔硬度	2～6	2～6	2～6	2～5	2～3	7	2～6	7	4.5～6.5	3～6	6.5	6～7	6～8	7	5～6.5	5～6.5	5～6.5	5～6.5	6～7	5～6.5	
普式硬度	2～20	2～20	2～20	4～15	1.5～6	20～30	2～16	15～30	8～20	1.5～20	10～25	16～30	16～30	20～30	10～25	10～25	10～25	10～25	10～25	10～25	

表2-3

学堂梁子（郧县人）遗址1989～2005年发现的石制品岩性及硬度统计表（拼合后）

层位	沉积岩							变质岩						火成岩							小计
	砂岩	细砂岩	粉砂岩	泥质砂岩	泥质岩	硅质（灰）岩	含砾砂岩	石英岩	片麻岩	云母石英片岩	混合岩	绿帘石	矽卡岩	脉石英	花岗岩	花岗斑岩	石英斑岩	粗面岩	伟晶岩	安山岩	
采扰	16	2	1	0	4	38	4	15	2	0	1	1	1	31	0	0	0	0	0	0	116
②层	22	1	1	0	2	8	1	12	0	0	3	0	0	60	0	2	3	0	0	1	116
③层	30	4	1	1	7	17	4	24	4	1	2	0	0	120	3	1	0	3	1	0	223
④层	4	1	0	0	3	1	0	4	0	0	0	0	0	8	0	0	0	0	0	0	21
小计	72	8	3	1	16	64	9	55	6	1	6	1	1	219	3	3	3	3	1	1	476
百分比（%）	15.13	1.68	0.63	0.21	3.36	13.45	1.89	11.55	1.26	0.21	1.26	0.21	0.21	46.01	0.63	0.63	0.63	0.63	0.21	0.21	100
	36.35							14.70						48.95							100
摩尔硬度	2～6	2～6	2～6	2～5	2～3	7	2～6	7	4.5～6.5	3～6	6.5	6～7	6～8	7	5～6.5	5～6.5	5～6.5	5～6.5	6～7	5～6.5	
普式硬度	2～20	2～20	2～20	4～15	1.5～6	20～30	2～16	15～30	8～20	1.5～20	10～25	16～30	16～30	20～30	10～25	10～25	10～25	10～25	10～25	10～25	

表2－4

学堂梁子（郧县人）遗址1989～2005年发现的石制品类型分层统计表（拼合前）

层位	加工工具	被加工的对象																		小计
		原料及素材					石器													
							砾石（石核）石器								石片石器					
	石锤	完整砾石	断裂砾石	石核	石片	碎片（块）	有孤凸疤砾石	有孤凹疤砾石	单向加工砍砸器	手镐	单面器	双向加工砍砸器	手斧	斧状器	刮削器	凹缺器	尖凸	尖状器	雕刻器	
采扰	0	0	0	13	6	15	2	1	28	6	1	12	9	2	17	2	0	1	1	116
②层	1	6	1	13	23	74	1	1	5	2	0	1	0	0	3	2	0	0	0	133
③层	2	61	5	15	35	90	2	1	12	0	0	5	0	0	6	3	2	0	0	239
④层	0	8	2	3	3	2	0	0	1	0	0	1	0	0	1	0	0	0	0	21
小计	3	75	8	44	67	181	5	3	46	8	1	19	9	2	27	7	2	1	1	509
百分比（%）	0.59	14.73	1.57	8.65	13.16	35.56	0.98	0.59	9.04	1.57	0.2	3.73	1.77	0.39	5.31	1.37	0.39	0.2	0.2	100
	0.59	73.67					18.27								7.47					100

表2－5

学堂梁子（郧县人）遗址1989～2005年发现的石制品类型分层统计表（拼合后）

层位	加工工具	被加工的对象																		小计
		原料及素材					石器													
							砾石（石核）石器								石片石器					
	石锤	完整砾石	断裂砾石	石核	石片	碎片（块）	有孤凸疤砾石	有孤凹疤砾石	单向加工砍砸器	手镐	单面器	双向加工砍砸器	手斧	斧状器	刮削器	凹缺器	尖凸	尖状器	雕刻器	
采扰	0	0	0	13	6	15	2	1	28	6	1	12	9	2	17	2	0	1	1	116
②层	1	6	1	13	11	70	1	1	5	1	0	1	0	0	3	2	0	0	0	116
③层	2	61	5	15	32	77	2	1	12	0	0	5	0	0	6	3	2	0	0	223
④层	0	8	2	3	3	2	0	0	1	0	0	1	0	0	1	0	0	0	0	21
小计	3	75	8	44	52	164	5	3	46	7	1	19	9	2	27	7	2	1	1	476
百分比（%）	0.63	15.76	1.68	9.24	10.93	34.45	1.05	0.63	9.67	1.47	0.21	3.99	1.89	0.42	5.67	1.47	0.42	0.21	0.21	100
	0.63	72.06					19.33								7.98					100

第一节　下文化层石制品

一　概述

下文化层包括学堂梁子—郧县人遗址 1990 ~ 2005 年发掘的第④层出土的石制品，计有 21 件，其岩性大类属沉积岩的有 9 件，占此层石制品总数的 43%；火成岩 8 件，占 38%；变质岩 4 件，占 19%。其中以脉石英为最多，有 8 件，占 38%；其次为砂岩和石英岩的标本，各有 4 件，各占 19%；泥质岩的标本，有 3 件，占 14%；细砂岩和硅质（灰）岩的标本最少，各只有 1 件，各占 5%（表 2－6；图表 2－1 至图表 2－4）。

表 2－6　　下文化层石制品岩性统计

岩性	沉积岩				变质岩	火成岩	小计
	砂岩	细砂岩	泥质岩	硅质岩	石英岩	脉石英	
数量（件）	4	1	3	1	4	8	21
百分比（%）	19	5	14	5	19	38	100
	43				19	38	100

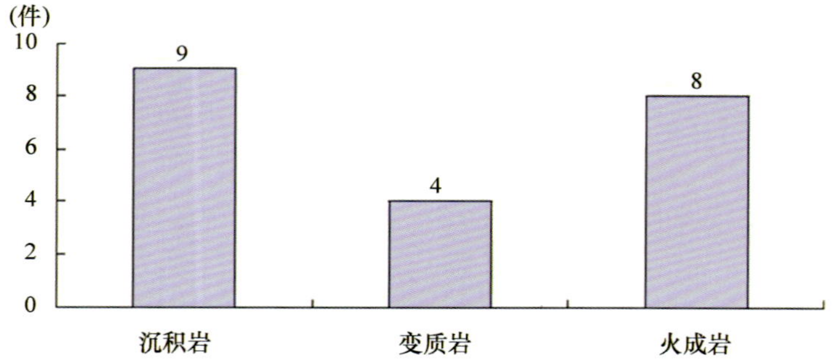

图表 2－1　下文化层石制品岩性大类数量

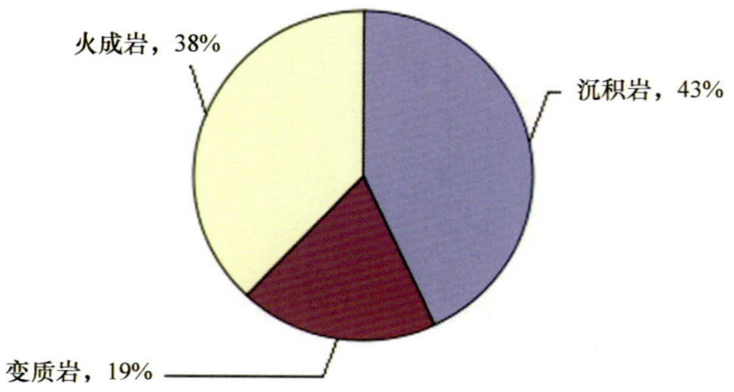

图表 2－2　下文化层石制品岩性大类的相对比例

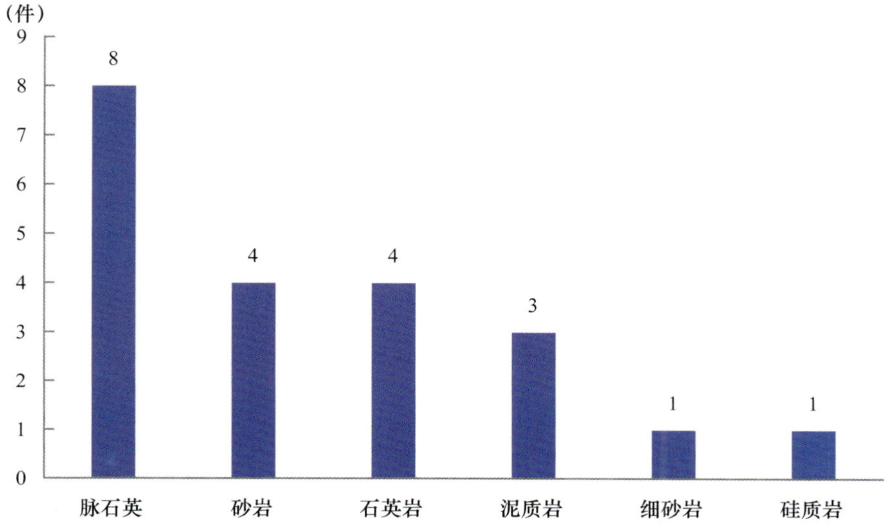

图表 2-3　下文化层石制品岩性小类数量

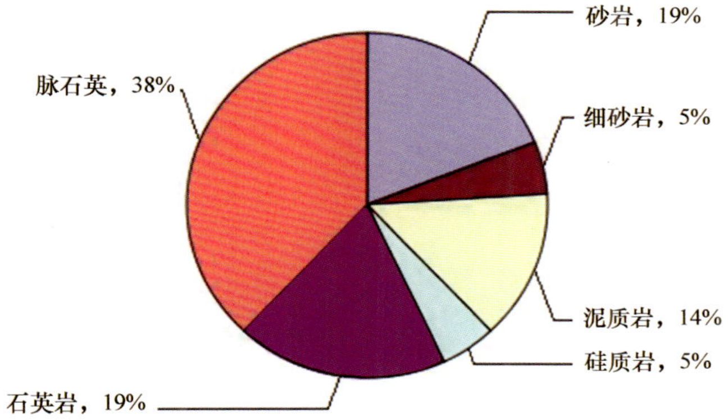

图表 2-4　下文化层石制品岩性小类的相对比例

二　石制品类型

下文化层的石制品中没有加工工具，均为被加工的对象，原料及素材中有完整砾石 8 件、

表 2-7　　下文化层石制品类型统计

类型	原料及素材					石器			小计
						砾石（石核）石器		石片石器	
	完整砾石	断裂砾石	石核	石片	碎片（块）	单向加工的砍砸器	双向加工的砍砸器	刮削器	
数量（件）	8	2	3	3	2	1	1	1	21
百分比（%）	38	9.5	14	14	9.5	5	5	5	100
	85					15			100

断裂砾石2件、石核3件、碎片2件、石片3件；石器有单向加工的砍砸器、双向加工的砍砸器和刮削器各1件（表2-7；图表2-5至图表2-8）。

（一）原料及素材

原料及素材可分为砾石、石核、石片及断块、碎屑等加工石器的素材。

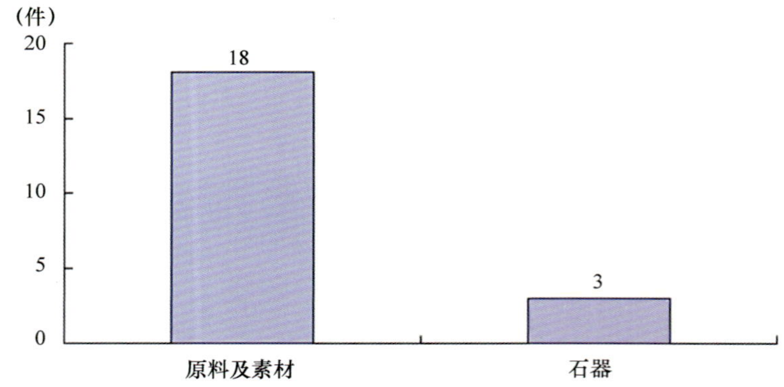

图表2-5　下文化层石制品类型大类数量

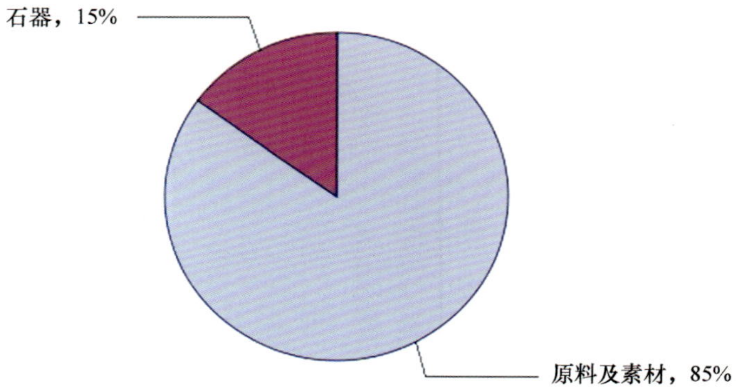

图表2-6　下文化层石制品类型大类的相对比例

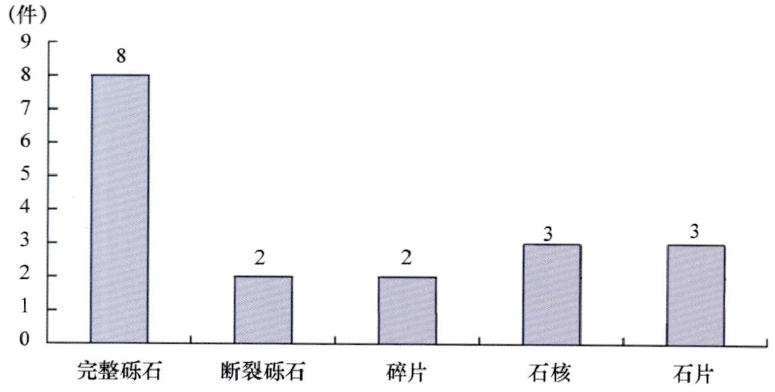

图表2-7　下文化层石制品原料及素材类型数量

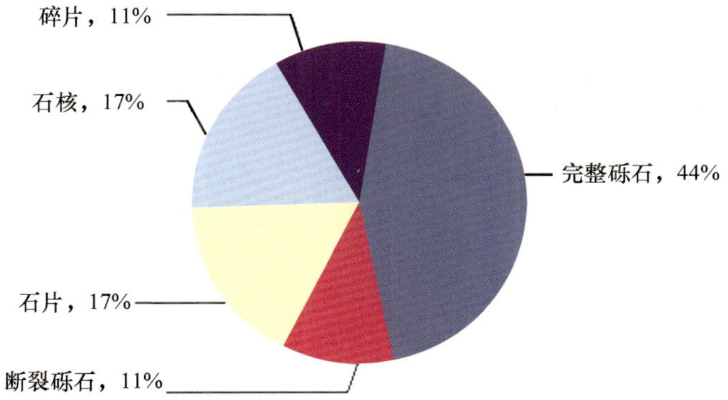

图表 2－8　下文化层石制品素材及类型的相对比例

1. 砾石

分为完整砾石和断裂砾石。

（1）完整砾石。

有 8 件，岩性为脉石英、泥质岩和石英岩各 2 件，砂岩和硅质岩各 1 件。其长度最长的达 138 毫米，最短的仅 86 毫米，超过 100 毫米和小于 100 毫米的各 4 件。最宽的为 100 毫米，最窄的为 67 毫米，大于 100 毫米的仅 1 件，小于 100 毫米的有 7 件。最厚的为 78 毫米，最薄的为 47 毫米，大于 50 毫米的有 6 件，小于 50 毫米的有 2 件。最重的为 1353 克，最轻的为 390 克，大于 1000 克的有 2 件，小于 1000 克的有 6 件。

完整砾石的平面形状均为不规则圆角四边形；横剖面形状中不规则四边形有 5 件，椭圆形有 3 件；纵剖面形状中不规则四边形有 5 件，椭圆形有 3 件。

这些完整砾石上没有使用后留下的坑疤，均为古人们从河滩上搬运到遗址中准备用来加工制作石器的素材。

（2）断裂砾石。

有 2 件，岩性均为石英岩。长度分别为 93、94 毫米。宽度分别为 65、126 毫米。厚度分别为 54、74 毫米。重量分别为 1320、456 克。

断裂砾石的平面形状均为不规则圆角四边形；横剖面形状分别为不规则四边形和椭圆形；纵剖面形状均为不规则四边形。

这些断裂砾石上没有留下使用的痕迹，均为自然（而非人工）断裂。

2. 碎片（块）

有 3 件，岩性均为脉石英。长度最长的达 59 毫米，最短的仅 26 毫米，大于 50 毫米的仅 1 件，小于 50 毫米的有 2 件。最宽的为 49 毫米，最窄的为 17 毫米，均小于 50 毫米。最厚的为 31 毫米，最薄的为 8 毫米，均小于 50 毫米。最重的为 117 克，最轻的为 4 克，大于 100 克的有 1 件，小于 100 克的有 2 件。

碎片（块）的平面形状为不规则三边形的 2 件，不规则圆角四边形的 1 件；横剖面形状中不规则四边形2件，不规则三边形1件；纵剖面形状均为不规则四边形。

3. 石核

根据石核台面的多寡分为单台面、双台面和多台面石核、石核剩块及球状石核五类。

下文化层发现的石核有3件，类型有单台面和双台面两种，没有多台面石核、石核剩块和球状石核。

（1）单台面石核。

有2件，岩性分别为脉石英和细砂岩。其长度分别为66、111毫米。宽度分别为64、128毫米。厚度分别为67、78毫米。重量分别为337、1547克。单台面石核的素材均为完整砾石。

这2件单台面石核的台面性质均为砾石天然石皮，台面位置分别在近端面和顶面，台面剥片使用率分别为58%和38%。2件标本的剥片面上各有5块和7块片疤，其砾石天然石皮面积占标本总表面积的比例分别为64%和71%。

1990T644③下：临300（EP258），素材为砾石。自然尺寸长111、宽128、厚78毫米，重1547克。岩性为细砂岩，平面、横剖面、纵剖面几何形状分别为不规则四边形、椭圆形、四边形，磨圆度一般。远端面上有片疤，左侧面、顶面、底面、近端面、右侧面上有石皮。台面在顶面，其平面几何形状为不规则四边形，性质为天然石皮的凸起台面，剥片部位在远端边，剥片方向从顶面到底面。台面周长436毫米，远端边剥片所在边缘长度164毫米，剥片长度164毫米，剥片长度与所在边缘长度的比率为100%，即剥片所在边缘全部被利用。全部剥片长度与台面周长的比率为38%，即剥片所在台面利用率没有超过一半。打击方法为硬锤锤击法。剥片面有1个，在远端面，有7块纵向平行分布的石片疤，剥片面面积与未剥片面面积的比例为2∶5。7块石片疤的特征，按加工顺序如下：第一块为不完整石片疤，长21、宽27毫米，倾斜度67°，弦长、矢长难以测量，平面形状为不规则四边形，到对边的长度111毫米，台面角61°。第二块为不完整石片疤，长30、宽60毫米，倾斜度66°，弦长、矢长难以测量，平面形状为不规则四边形，到对边的长度111毫米，台面角79°。第三块为不完整石片疤，长39、宽42毫米，倾斜度88°，弦长、矢长难以测量，平面形状为不规则四边形，到对边的长度111毫米，台面角94°。第四块为不完整石片疤，长76、宽83毫米，倾斜度73°，弦长、矢长难以测量，平面形状为不规则四边形，到对边的长度95毫米，台面角59°。第五块为完整石片疤，长34、宽59毫米，倾斜度87°，弦长41、矢长3毫米。平面形状为不规则四边形，到对边的长度109毫米，台面角103°。第六块为完整石片疤，长46、宽59毫米，倾斜度80°，弦长37、矢长3毫米。平面形状为不规则四边形，到对边的长度107毫米，台面角100°。第七块为完整石片疤，长22、宽59毫米，倾斜度78°，弦长26、矢长5毫米。平面形状为不规则四边形，到对边的长度95毫米，台面角95°。保留的砾石石皮的总数值为5等份，其中顶面有2等份，底面有2等份，侧面有1等份。该标本没有转动和翻动过。该标本似特征不明显的单向加工的单刃砍砸器（chopper）（图2－2）。

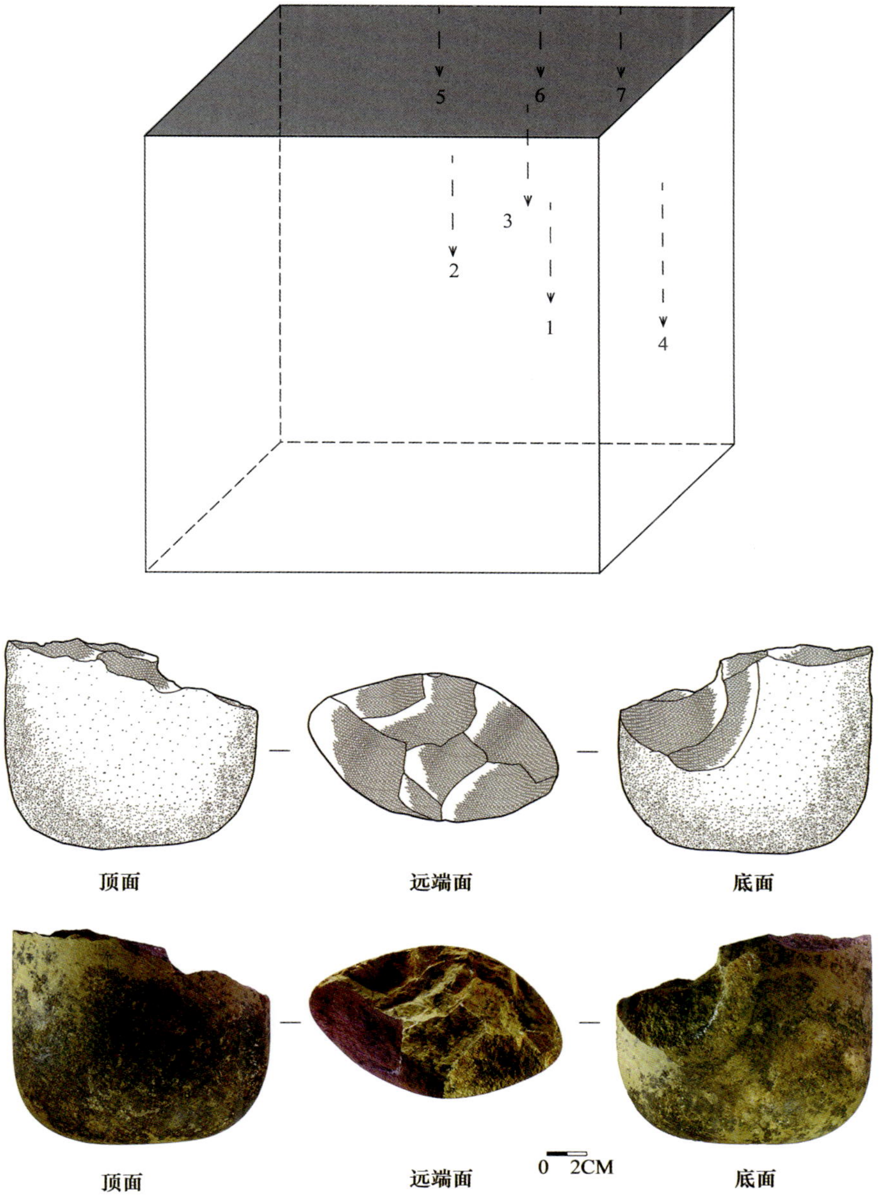

图 2－2　下文化层台面在顶面的单台面石核（1990T644③下：300）

1995T1328④：11（EP1），素材为砾石。自然尺寸长 66、宽 64、厚 67 毫米，重 337 克。岩性为脉石英，平面、横剖面、纵剖面几何形状分别为不规则四边形、五边形、四边形，磨圆度一般。顶面、右侧面上有片疤，左侧面、底面、远端面、近端面上有石皮。台面在近端面，其平面几何形状为不规则四边形，性质为天然石皮的平滑台面，剥片部位在顶边和右侧边，剥片方向从近端面到远端面。台面周为 192 毫米，顶边剥片所在边缘长度 42 毫米，剥片长度 42 毫米，剥片长度与所在边缘长度的比率为 100%，即剥片所在边缘全部被利用；右侧边剥片所在

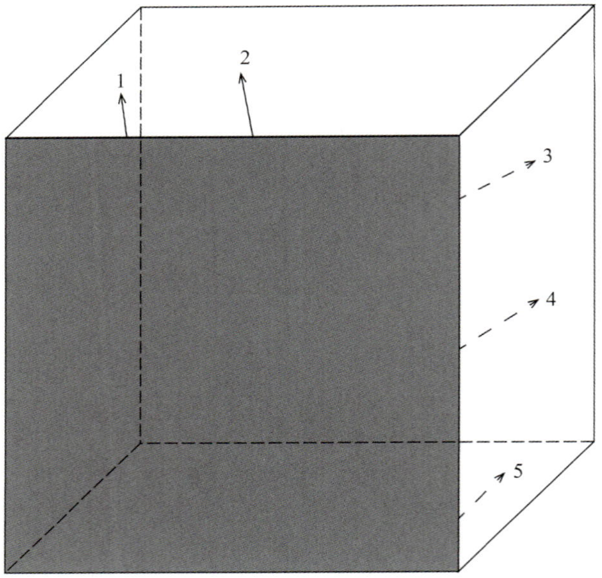

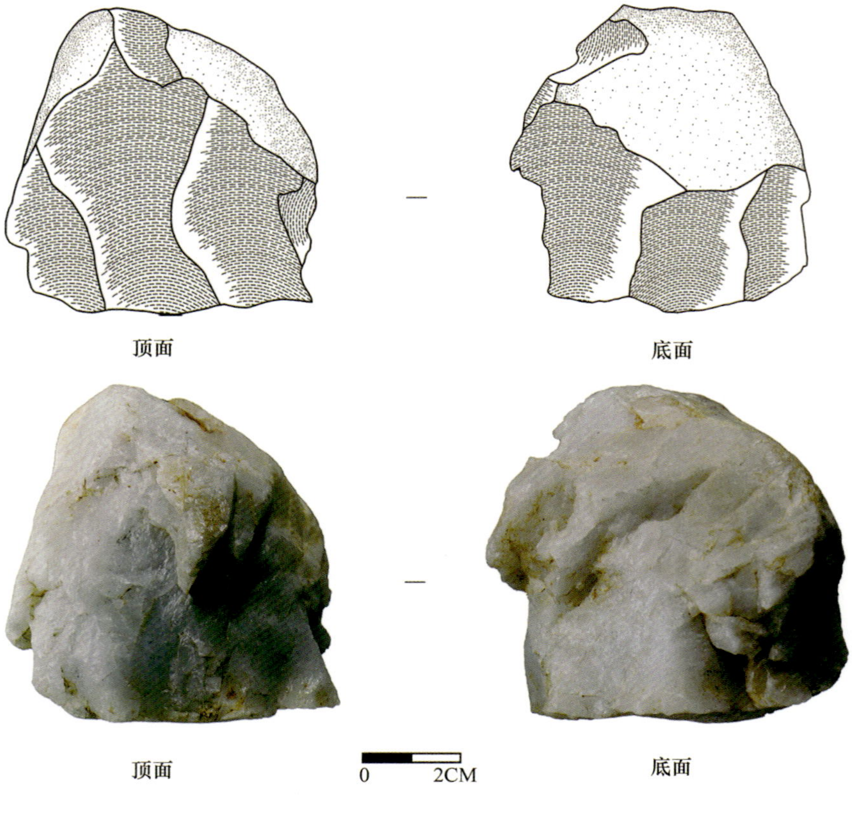

图 2-3　下文化层台面在近端面的单台面石核（1995T1328④: 11）

边缘长度70毫米，剥片长度70毫米，剥片长度与所在边缘长度的比率为100%，即剥片所在边缘全部被利用。近端台面的剥片总长度与台面周长的比率为58%，即剥片所在台面利用率刚刚超过一半。打击方法为硬锤锤击法。剥片面有2个，在顶面和右侧面，其中顶面有2块纵向平行分布的石片疤，剥片面面积与未剥片面面积的比例为1∶10；右侧面有3块纵向平行分布的石片疤，剥片面面积与未剥片面面积的比例为3∶8。全部剥片疤面积与未剥片的表面面积比为4∶7。这5块石片疤呈棱柱状分布在侧面，它们的特征，按加工顺序如下：第一块为完整石片疤，长32、宽23毫米，倾斜度5°，弦长11、矢长2毫米。平面形状为不规则四边形，到对边的长度58毫米，台面角111°。第二块为完整石片疤，长57、宽32毫米，倾斜度4°，弦长23、矢长2毫米。平面形状为不规则四边形，到对边的长度64毫米，台面角95°。第三块为完整石片疤，长40、宽36毫米，倾斜度9°，弦长18、矢长3毫米。平面形状为不规则四边形，到对边的长度65毫米，台面角87°。第四块为完整石片疤，长29、宽25毫米，倾斜度13°，弦长20、矢长4毫米。平面形状为不规则四边形，到对边的长度74毫米，台面角82°。第五块为完整石片疤，长31、宽20毫米，倾斜度26°，弦长13、矢长2毫米。平面形状为不规则四边形，到对边的长度51毫米，台面角91°。保留的砾石石皮的总数值为7等份，其中底面有4等份，侧面有3等份。该标本转动过1次、没有翻动过（图2－3）。

（2）双台面石核。

有1件。1990T543④：189（EP3），素材为砾石。自然尺寸为长181、宽101、厚88毫米，重1866克。岩性为砂岩，平面、横剖面、纵剖面几何形状均为不规则四边形，磨圆度一般。近端面上有片疤，远端面、左侧面、顶面、底面、右侧面上有石皮。台面分别在顶面和左侧面，顶台面平面几何形状为不规则四边形，性质为天然石皮的平滑台面，剥片部位在近端边，剥片方向从顶面到底面。顶台面周为458毫米，近端边剥片所在边缘长度100毫米，剥片长度100毫米，剥片长度与所在边缘长度的比率为100%，即剥片所在边缘全部被利用。近端边剥片长度与台面周长的比率为22%，即剥片所在台面利用率没有超过一半。左侧台面平面几何形状为不规则四边形，性质为天然石皮的平滑台面，剥片部位在近端边，剥片方向从左侧面到右侧面。左侧台面周长340毫米，近端边剥片所在边缘长度60毫米，剥片长度60毫米，剥片长度与所在边缘长度的比率为100%，即剥片所在边缘全部被利用。近端剥片长度与台面周长的比率为18%，即剥片所在台面利用率没有超过两成。打击方法为硬锤锤击法。剥片面有1个，在近端面，近端剥片面有6块垂直相交分布的石片疤，剥片面面积与未剥片面面积的比例为1∶4。6块石片疤的特征，按加工顺序如下。第一块为完整石片疤，长79、宽55毫米，倾斜度76°，弦长25、矢长1.5毫米。平面形状为不规则四边形，到对边的长度74毫米，台面角87°。剥片方向从顶面到底面。第二块为完整石片疤，长79、宽29毫米，倾斜度83°，弦长27、矢长1毫米。平面形状为不规则四边形，到对边的长度79毫米，台面角88°。剥片方向从顶面到底面。第三块为完整石片疤，长13、宽18毫米，倾斜度85°，弦长15、矢长2毫米。平面形状为不规则四边形，到对边的长度79毫米，台面角96°。剥片方向从顶面到底面。第四块为完整石片

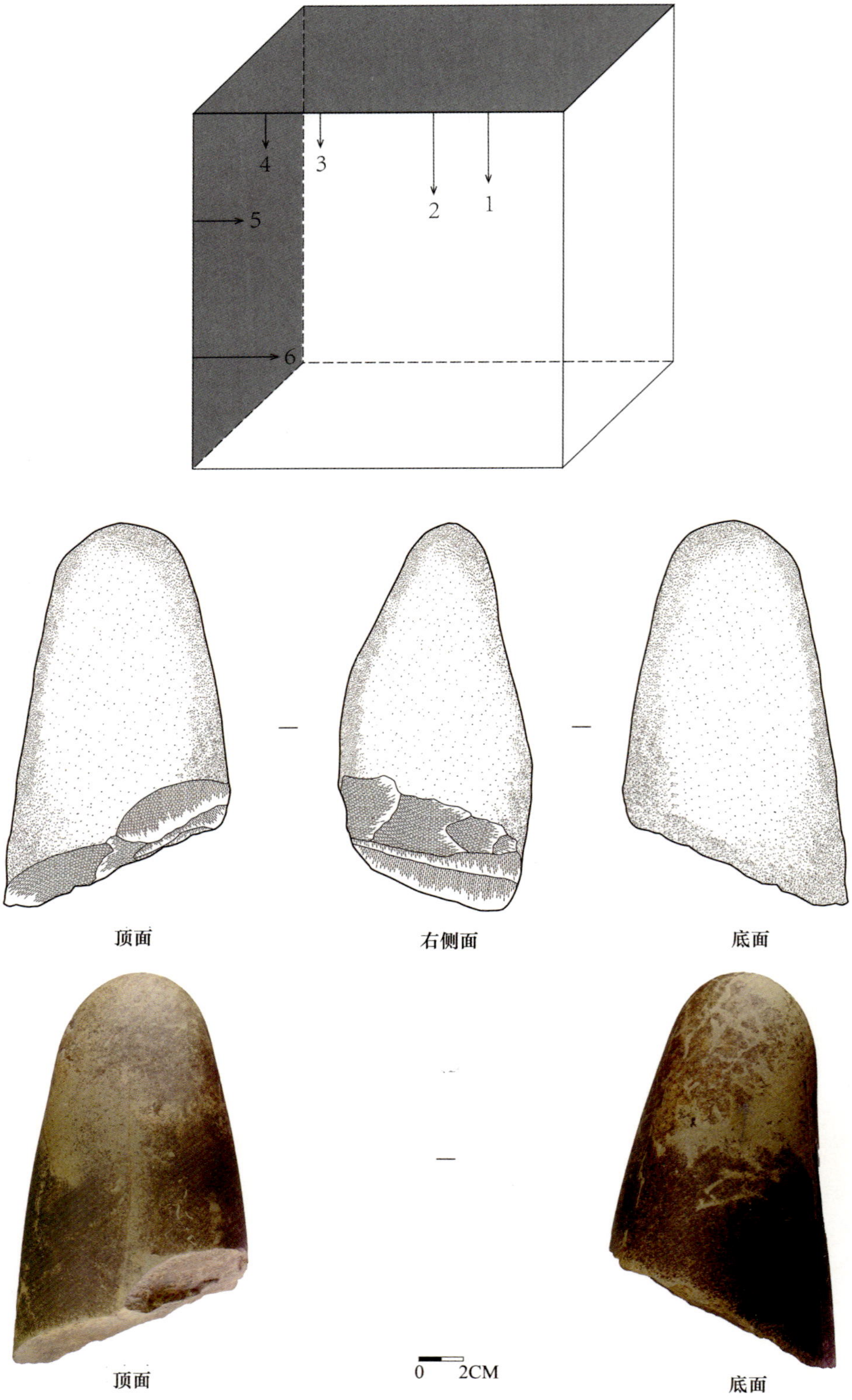

图 2－4　下文化层的双台面石核（1990T543④: 189）

疤，长 25、宽 34 毫米，倾斜度 89°，弦长 22、矢长 2 毫米。平面形状为不规则四边形，到对边的长度 81 毫米，台面角 102°。剥片方向从顶面到底面。第五块为完整石片疤，长 49、宽 45 毫米，倾斜度 32°，弦长 33、矢长 2 毫米。平面形状为不规则四边形，到对边的长度 101 毫米，台面角 101°。剥片方向从左侧面到右侧面。第六块为完整石片疤，长 60、宽 30 毫米，倾斜度 31°，弦长 16、矢长 3 毫米。平面形状为不规则四边形，到对边的长度 100 毫米，台面角 107°。剥片方向从左侧面到右侧面。保留的砾石石皮的总数值为 4 等份，其中顶面有 1 等份、底面有 1 等份、侧面有 2 等份。该标本没有转动过，翻动过 1 次（图 2－4）。

4. 石片

下文化层中发现的石片标本有 3 件，分别为一件完整石片、一件半边石片和一件台面缺失的石片。

（1）完整石片。

有 1 件。1990T544④：11（EP7），自然长度、自然宽度、自然厚度分别为 26、17、8 毫米，打击长度、打击宽度、打击厚度分别为 26、17、8 毫米，打击泡附近厚度 8 毫米，打击轴中段厚度 8 毫米。重量 4 克，岩性为脉石英，平面、横剖面、纵剖面几何形状均为不规则四边形、不规则四边形、不规则三边形。台面为天然石皮的平滑台面，台面弦长 14 毫米、厚度 8 毫米、矢长 3 毫米。可测台面角 59°，台面不呈唇形。左侧边为片疤，较薄；远端边为片疤，较薄；右侧边为片疤，断裂。背面上没有砾石石皮。破裂面上打击点位置不明显，打击点附近略有破碎，半锥体缺失，有一个打击泡，打击泡略发育，波纹稍明显，没有穗状物，放射线可见，主要、次要锥疤不见，没有卷边，没有双锥体，连接点为平型，没有流线型，不见柳叶纹，石片角 105°（图 2－5）。

图 2－5　下文化层的完整石片（1990T544④：11）

（2）半边石片。

有1件，为左半边石片，1990T543④:165（EP5），自然长度、自然宽度、自然厚度分别为31、19、10毫米，打击长度、打击宽度、打击厚度分别为28、18、9毫米，打击泡附近厚度9毫米，打击轴中段厚度8毫米。重量7克，岩性为脉石英，平面、横剖面几何形状均为不规则四边形，纵剖面几何形状为不规则三边形。可测台面角72°，可测石片角107°（图2－6）。

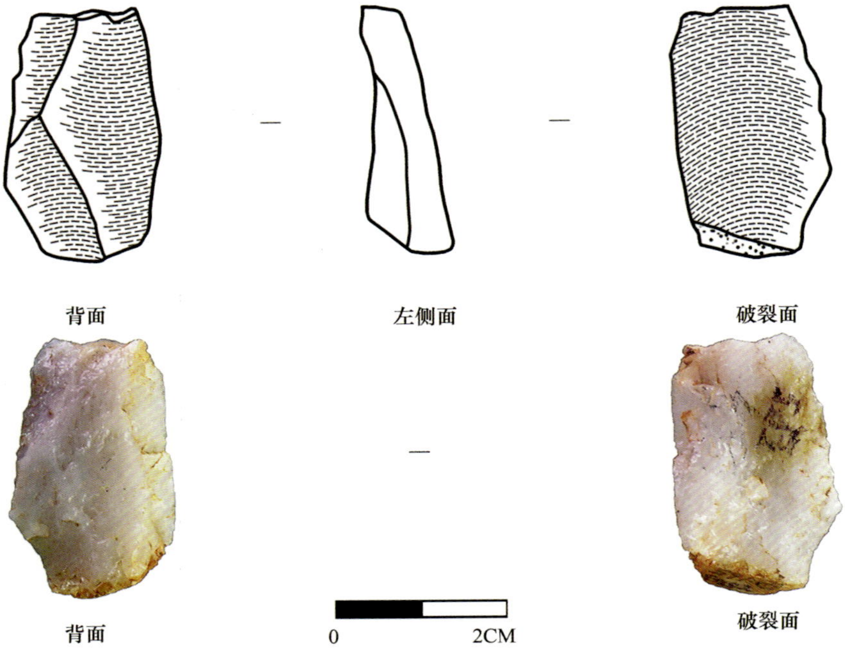

图2－6　下文化层的左半石片（1990T543④:165）

（3）台面缺失的石片。

有1件。1995T1328④:9（EP4），自然长度、自然宽度、自然厚度分别为73、47、12毫米，打击长度、打击宽度、打击厚度分别为46、73、11毫米，重量36克，岩性为泥质岩，平面几何形、横剖面、纵剖面几何形状分别为不规则三边形、不规则椭圆形、不规则三边形。破裂面上打击点破碎，半锥体缺失，有一个打击泡，打击泡凸起，波纹明显，穗状物略明显，放射线可见，主要锥疤可见，没有卷边，没有双锥体，连接点为平型，没有流线型，不见柳叶纹，石片角难测（图2－7）。

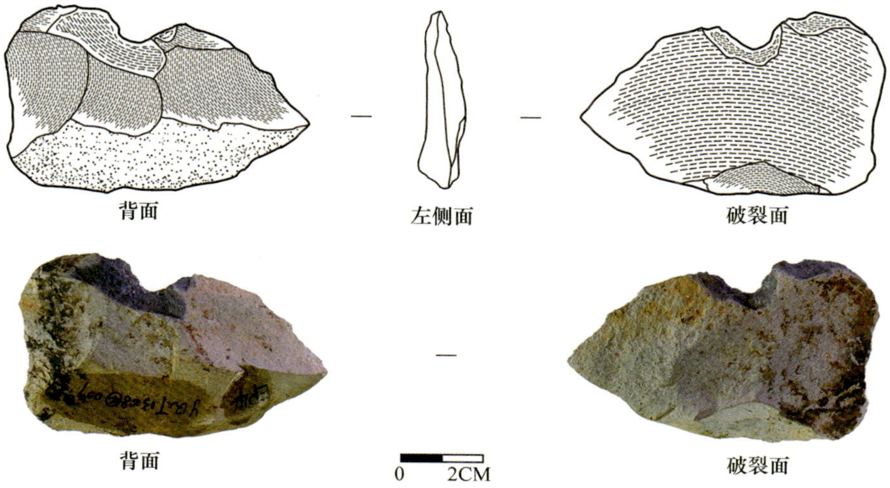

图 2－7　下文化层的台面缺失石片（1995T1328④:9）

（二）石器

按加工前的素材类型将石器分为砾石（石核）石器和石片石器。

郧县人遗址下文化层的石器有砾石（石核）石器 2 件、石片石器 1 件(图表 2－9 至图表 2－14)。

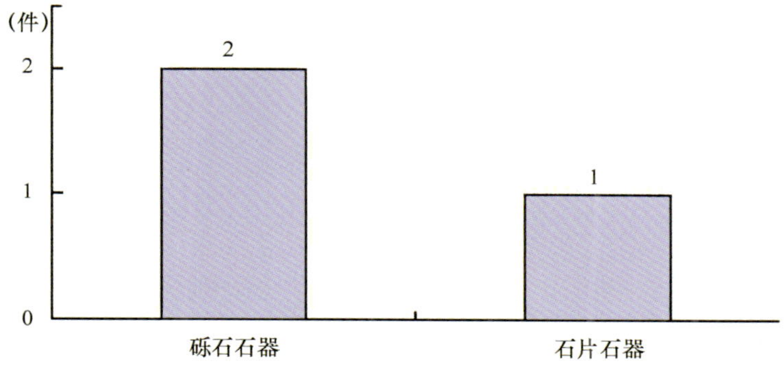

图表 2－9　下文化层石器大类数量

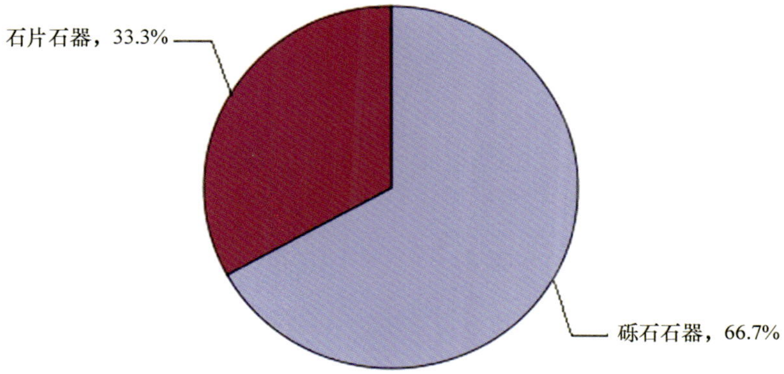

图表 2－10　下文化层砾石石器和石片石器的相对比例

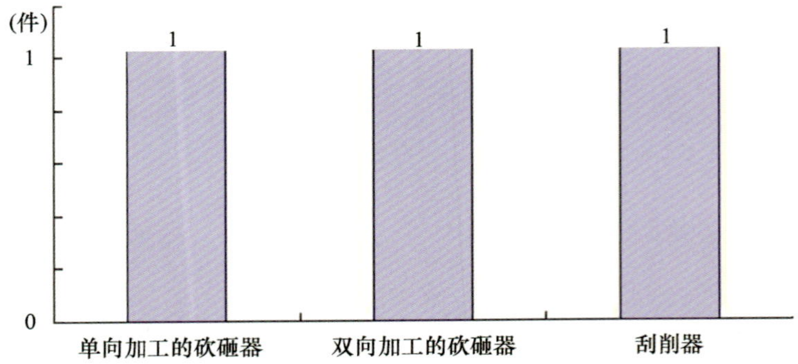

图表 2－11　下文化层石器类型数量

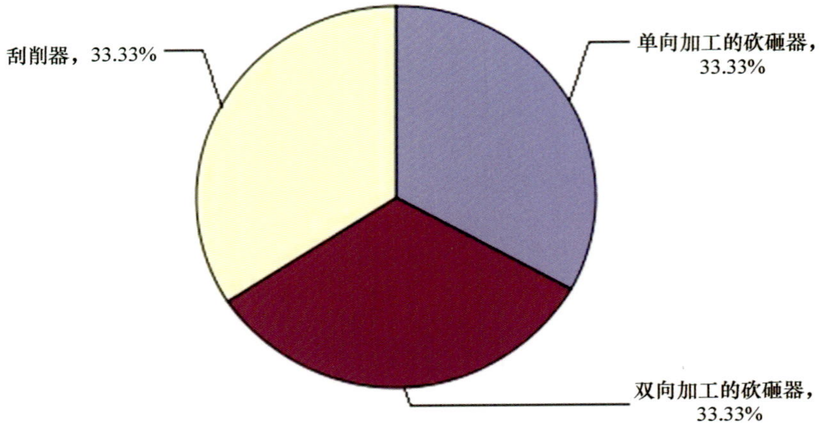

图表 2－12　下文化层石器类型的相对比例

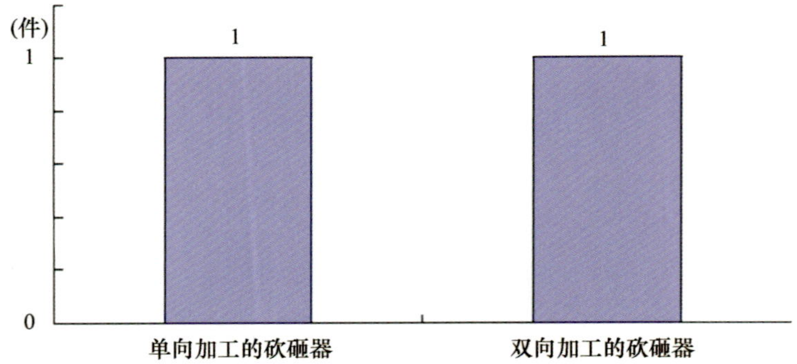

图表 2－13　下文化层砾石石器类型数量

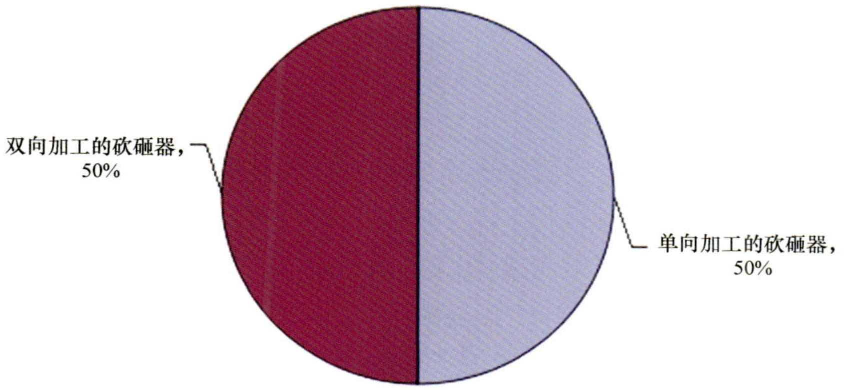

图表 2－14　下文化层砾石石器类型的相对比例

1. 砾石（石核）石器

有 2 件，分别为 1 件单刃单向加工的砍砸器和 1 件单刃双向加工的砍砸器。目前暂时没有发现其他类型的砾石（石核）石器。

（1）单刃单向加工的砍砸器（chopper）。

有 1 件，1995T1328④: 13（EP8），素材为完整砾石。自然尺寸为长 122、宽 93、厚 69 毫米，重 949 克。岩性为砂岩，平面、横剖面和纵剖面几何形状均为不规则四边形，磨圆度一般。近端面有片疤，远端面、左侧面、右侧面、顶面均有石皮，底面为节理面和石皮。有一条刃缘，在近端边，平面形状为凹刃，侧视形状为弧刃，加工层次为一个系列；刃缘弧长 82、弦长 80、矢长 3 毫米。1 块加工石片疤在近端面，它的特征为完整石片疤，长 65、宽 82 毫米，倾斜度 74°，弦长 80、矢长 3 毫米。平面形状为不规则四边形，到对边的长度 123 毫米。所属边缘在近端边，刃角 40°，为正向加工。片疤平视为普通型，片疤侧视为陡型，片疤深度为厚型，片疤剖视形态为浅阶梯型（图 2－8）。

（2）单刃双向加工的砍砸器（chopping-tool）。

有 1 件，1990T443④: 142（EP9），素材为完整砾石。自然尺寸为长 161、宽 129、厚 51 毫米，重 1340 克。岩性为砂岩，平面、横剖面、纵剖面几何形状分别为不规则四边形、不规则椭圆形、不规则四边形，磨圆度一般。近端面上有片疤，左侧面、顶面、右侧面、远端面上有石皮，底面上有石皮和片疤。有一条刃缘，在近端边，平面形状为凸刃，侧视形状为“S”形刃，加工层次为一个系列，弧长 111、弦长 102、矢长 10 毫米。6 块加工石片疤有 4 块在顶面，2 块在底面，它们的特征，按加工顺序如下：第一块为不完整石片疤，长 57、宽 48 毫米，倾斜度 31°，弦长、矢长难以测量。平面形状为不规则四边形，到对边的长度 157 毫米。所属边缘在近端边，刃角 58°，为正向加工。片疤平视为普通型，片疤侧视为加高型，片疤深度为薄型，片疤剖视形态为凹下型。第二块为完整石片疤，长 59、宽 60 毫米，倾斜度 43°，弦长 42、矢长 3

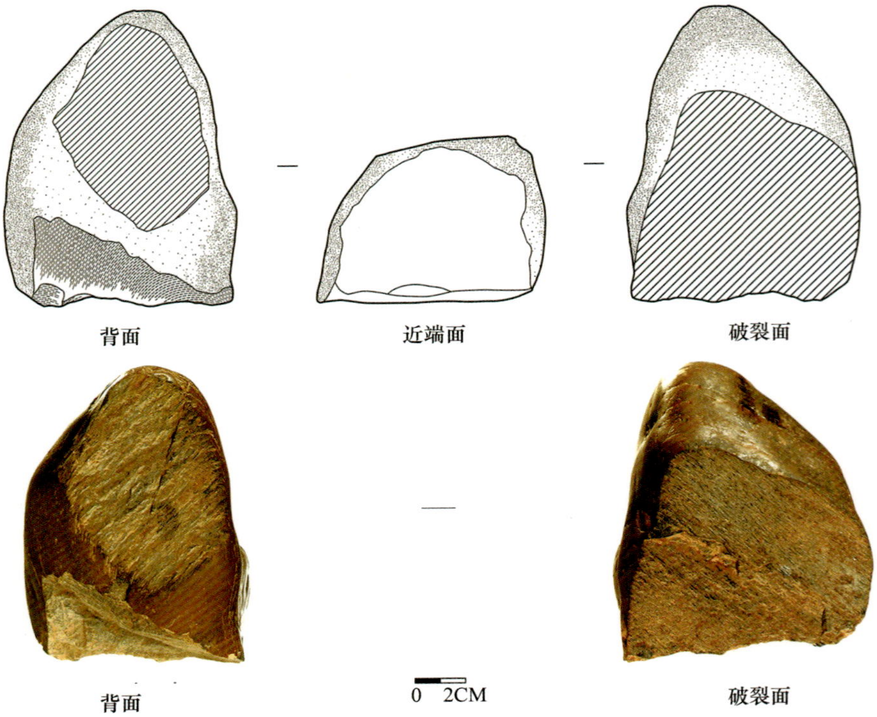

图 2－8　下文化层单刃单向加工的砍砸器（1995T1328④：13）

毫米。平面形状为不规则四边形，到对边的长度 147 毫米。所属边缘在近端边，刃角 87°，为正向加工。片疤平视为普通型，片疤侧视为陡型，片疤深度为薄型，片疤剖视形态为凹下型。第三块为完整石片疤，长 30、宽 38 毫米，倾斜度 43°，弦长 25、矢长 1 毫米。平面形状为不规则四边形，到对边的长度 139 毫米。所属边缘在近端边，刃角 85°，为正向加工。片疤平视为普通型，片疤侧视为陡型，片疤深度为薄型，片疤剖视形态为凹下型。第四块为完整石片疤，长 22、宽 30 毫米，倾斜度 49°，弦长 21、矢长 1 毫米。平面形状为不规则三边形，到对边的长度 157 毫米。所属边缘在近端边，刃角 63°，为正向加工。片疤平视为普通型，片疤侧视为陡型，片疤深度为薄型，片疤剖视形态为凹下型。第五块为完整石片疤，长 44、宽 44 毫米，倾斜度 7°，弦长 29、矢长 1 毫米。平面形状为不规则四边形，到对边的长度 157 毫米。所属边缘在近端边，刃角 86°，为反向加工。片疤平视为普通型，片疤侧视为陡型，片疤深度为薄型，片疤剖视形态为凹下型。第六块为完整石片疤，长 14、宽 33 毫米，倾斜度 37°，弦长 36、矢长 1 毫米。平面形状为不规则四边形，到对边的长度 159 毫米。所属边缘在近端边，刃角 60°，为反向加工。片疤平视为普通型，片疤侧视为陡型，片疤深度为薄型，片疤剖视形态为凹下型（图 2－9）。

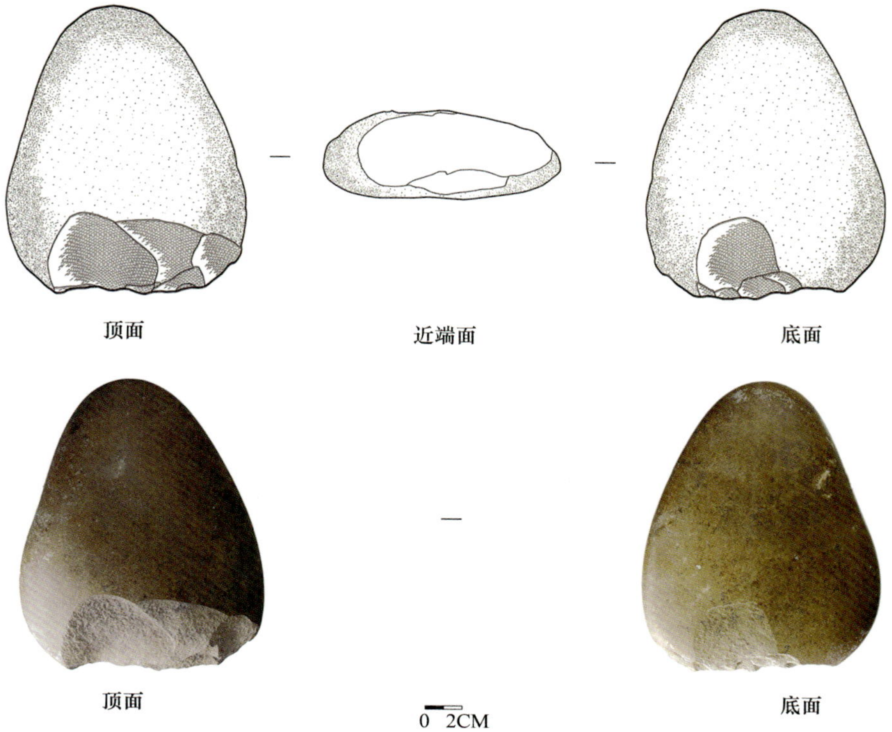

图 2-9　下文化层单刃双向加工的砍砸器（1990T443④: 142）

2. 石片石器

有 1 件。这件标本的刃缘有两条，分别为单刃刮削器刃缘 + 单刃锯齿状刃缘。1990T343④G: 6（EP6），素材为断块。自然尺寸为长 42、宽 35、厚 24 毫米，重 31 克。岩性为脉石英，平面、横剖面、纵剖面几何形状均为不规则四边形，磨圆度一般。有两条刃缘，分别在近端边、右侧边—远端边，刃缘平面形状分别为锯齿状刃、凸刃，侧视形状分别为直刃、弧形刃，弧长分别为 40、60 毫米，弦长分别为 34、44 毫米，矢长分别为 5、15 毫米，加工层次均为一个系列。背面有 5 块加工片疤、破裂面有 3 块加工片疤，加工较多的面在背面。8 块加工石片疤的特征，按加工顺序如下。第一块为完整石片疤，长 20、宽 19 毫米，倾斜度 49°，弦长 11、矢长 2 毫米。平面形状为不规则四边形，到对边的长度 40 毫米。所属边缘在近端边，刃角 70°，为正向加工。片疤平视为侵入型，片疤侧视为普通型，片疤深度为薄型，片疤剖视形态为浅阶梯形。第二块为完整石片疤，长 13、宽 8 毫米，倾斜度 48°，弦长 7、矢长 0.5 毫米。平面形状为不规则四边形，到对边的长度 42 毫米。所属边缘在近端边，刃角 50°，为正向加工。片疤平视为普通型，片疤侧视为普通型，片疤深度为薄型，片疤剖视形态为凹下型。第三块为完整石片疤，长 9、宽 9 毫米，倾斜度 48°，弦长 5、矢长 0.5 毫米。平面形状为不规则四边形，到对边的长度 38 毫米。所属边缘在近端边，刃角 59°，为正向加工。片疤平视为普通型，片疤侧视为普通型，片疤深度为薄型，片疤剖视形态为凹下型。第四块为完整石片疤，长 10、宽 11 毫米，倾斜度80°，弦长9、矢长1.5毫米。平面形状为不规则三边形，到对边的长度41毫米。所属边缘在近端边，刃角85°，为正向加工。片疤平视为普通型，片疤侧视为陡型，片疤深度为薄型，片疤剖视形态为凹下型。第五块为完整石片疤，长7、宽17毫米，倾斜度70°，弦长16、矢长1.5毫米。平面形状为不规则四边形，到对边的长度33毫米。所属边缘在右侧边，刃角80°，为正向加工。片疤平视为普通型，片疤侧视为陡型，片疤深度为薄型，片疤剖视形态为凹下型。第六块为完整石片疤，长6、宽13毫米，倾斜度53°，弦长12、矢长2毫米。平面形状为不规则四边形，到对边的长度37毫米。所属边缘在右侧边，刃角89°，为反向加工。片疤平视为普通型，片疤侧视为普通型，片疤深度为薄型，片疤剖视形态为浅阶梯型。第七块为完整石片疤，长8、宽11毫米，倾斜度15°，弦长10、矢长1毫米。平面形状为不规则四边形，到对边的长度37毫米。所属边缘在远端边，刃角71°，为反向加工。片疤平视为普通型，片疤侧视为普通型，片疤深度为薄型，片疤剖视形态为凹下型。第八块为完整石片疤，长29、宽15毫米，倾斜度16°，弦长6、矢长0.5毫米。平面形状为不规则四边形，到对边的长度43毫米。所属边缘在远端边，刃角75°，为反向加工。片疤平视为侵入型，片疤侧视为普通型，片疤深度为厚型，片疤剖视形态为凹下型（图2－10）。

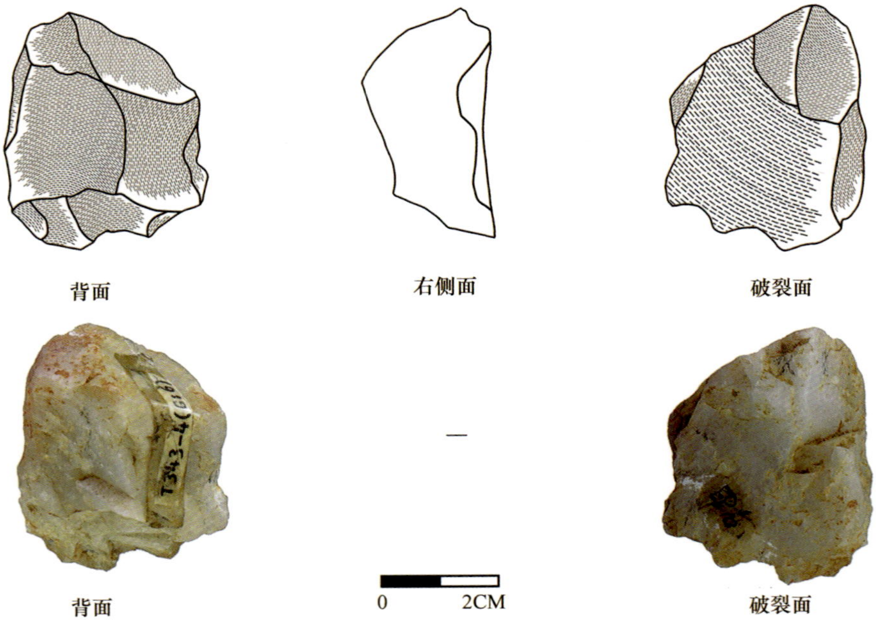

图2－10　下文化层的石片石器（1990T343④G：6）

（三）小结

下文化层发现的石制品的数量不多，但是从仅有的21件石制品中还是可以看出此层石制品的一些特点：岩性以脉石英为主，砂岩和石英岩也有一定数量，而硅质岩、泥质岩和细砂岩的数量相对较少；石制品类型中以完整砾石、断裂砾石、石核、石片、碎片（块）等未加工成器的为多，真正加工成器的有3件；石器的大类中以砾石（石核）石器为主，占本层石器总数的66.7%，而石片石器只占33.3%；石器的类型比较简单，以砍砸器为主（包括单向加工的砍砸器和双向加工的砍砸器），占本层石器总数的66.7%，而刮削器只占33.3%。除了砍砸器和刮削器外，目前没有发现其他类型的石器。

石核单个台面的可测利用率没有明显的区别，在20%～29%、30%～39%、10%～19%和50%～59%各有1个。单个石核的剥片率（保留砾石石皮的比率）没有明显区别，在80%～89%、70%～79%和60%～69%各有1个。

石核可测台面角中以在90°～99°和100°～109°的为多（各有7个），其次为80°～89°的有4个，在50°～59°、60°～69°和70°～79°的各有2个，在110°～119°的有1个。总体看，以80°～109°的为多。

石器的可测刃角中以在80°～89°的为多（6个），其次为50°～59°和70°～79°的各有3个，在60°～69°的有2个，在40°～49°的有1个。总体看，以80°～89°的为多。

第二节　中文化层石制品

一　概述

中文化层指学堂梁子—郧县人遗址第③层出土的石制品，计有239件，岩性大类属火成岩的有141件，占此层石制品总数的59.41%；沉积岩有64件，占此层石制品总数的26.78%；变质岩33件，占此层石制品总数的13.81%。其中岩性小类以脉石英为最多，有134件，占此层石制品总数的55.07%；其次为砂岩的标本，有30件，占此层石制品总数的12.55%；再次为石英岩和硅质（灰）岩的标本，各有25件和17件，各占此层石制品总数的10.46%和7.11%；而泥质岩、片麻岩、细砂岩、含砾砂岩、花岗岩、粗面岩、粉砂岩、泥质砂岩、云母石英片岩、花岗斑岩和伟晶岩的标本较少，分别只有7件到1件不等（表2-8、表2-9；图表2-15至图表2-18）。

表2-8　　**中文化层石制品岩性统计**

岩性	沉积岩							变质岩				火成岩					小计
	砂岩	细砂岩	粉砂岩	泥质砂岩	泥质岩	硅质岩	含砾砂岩	石英岩	片麻岩	云母石英片岩	混合岩	脉石英	花岗岩	花岗斑岩	粗面岩	伟晶岩	
数量（件）	30	4	1	1	7	17	4	25	5	1	2	134	3	1	3	1	239
百分比（%）	12.55	1.67	0.42	0.42	2.93	7.11	1.68	10.46	2.09	0.42	0.84	56.07	1.25	0.42	1.25	0.42	100
	26.78							13.81				59.41					

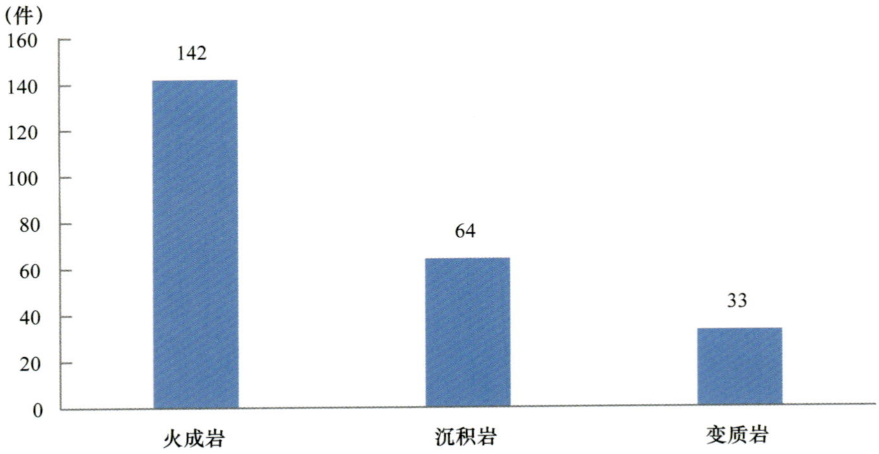

图表 2－15　中文化层石制品岩性大类数量

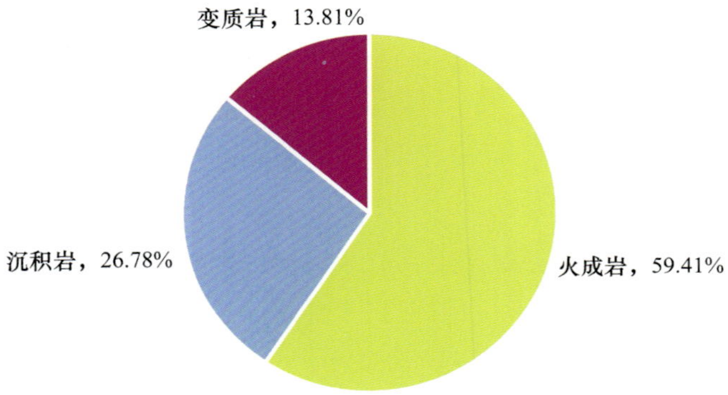

图表 2－16　中文化层石制品岩性大类的相对比例

表 2－9　**中文化层石制品类型统计**

<table>
<tr><td></td><td>加工工具</td><td colspan="12">被加工的对象</td><td rowspan="4">小计</td></tr>
<tr><td rowspan="3">类型</td><td rowspan="3">石锤</td><td colspan="5">原料及素材</td><td colspan="7">石器</td></tr>
<tr><td rowspan="2">完整砾石</td><td rowspan="2">断裂砾石</td><td rowspan="2">石核</td><td rowspan="2">石片</td><td rowspan="2">碎片（块）</td><td colspan="4">砾石（石核）石器</td><td colspan="3">石片石器</td></tr>
<tr><td>有孤立凸起片疤的砾石</td><td>有孤立凹下片疤的砾石</td><td>单向加工的砍砸器</td><td>双向加工的砍砸器</td><td>刮削器</td><td>凹缺刮器</td><td>尖凸</td></tr>
<tr><td>数量</td><td>2</td><td>61</td><td>5</td><td>15</td><td>35</td><td>90</td><td>2</td><td>1</td><td>12</td><td>5</td><td>6</td><td>3</td><td>2</td><td>239</td></tr>
<tr><td rowspan="2">百分比（%）</td><td>0. 84</td><td>25. 52</td><td>2. 09</td><td>6. 28</td><td>14. 64</td><td>37. 66</td><td>0. 84</td><td>0. 42</td><td>5. 02</td><td>2. 09</td><td>2. 51</td><td>1. 25</td><td>0. 84</td><td rowspan="2">100</td></tr>
<tr><td>0. 84</td><td colspan="5">86. 19</td><td colspan="4">8. 37</td><td colspan="3">4. 60</td></tr>
</table>

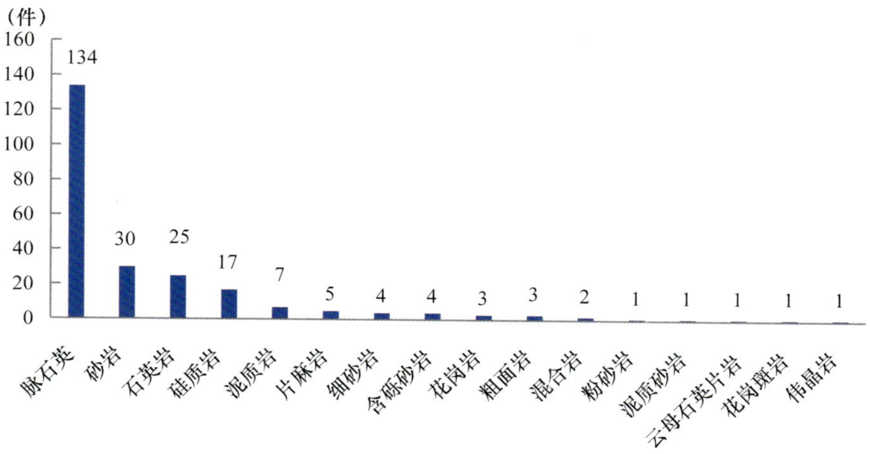

图表 2－17　中文化层石制品岩性小类数量

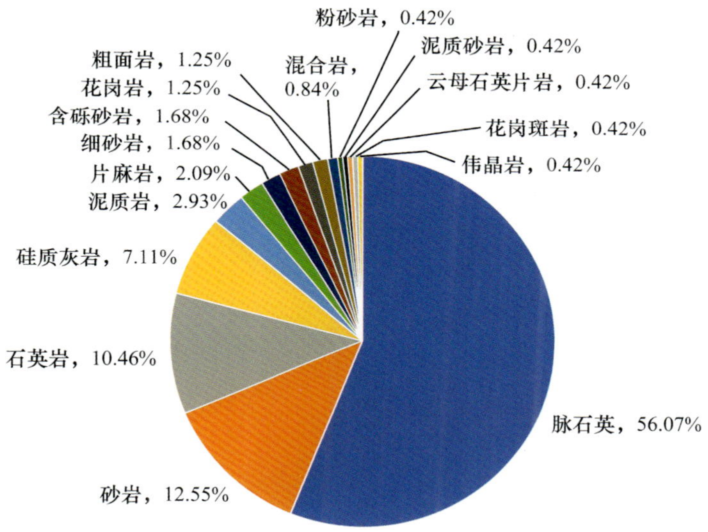

图表 2－18　中文化层石制品岩性小类的相对比例

二　中文化层石制品类型

中文化层的石制品类型有：完整砾石 61 件、断裂砾石 5 件、石核 15 件、碎片 90 件、石片 35 件、石锤 2 件、有孤立凸起片疤的砾石 2 件、有孤立凹下片疤的砾石 1 件、单向加工的砍砸器 12 件、双向加工的砍砸器 5 件、刮削器 6 件、凹缺刮器 3 件、尖凸 2 件。

（一）加工工具

加工工具只发现石锤，有 2 件。根据石锤的使用情况，可将它们分为单面用和双面用两种。

1. 单面用石锤

有 1 件，编号为 1991T643③G: 7（EP113），素材为砾石。自然尺寸为长 134、宽 87、厚 66 毫米，重 1076 克。岩性为砂岩，平面、横剖面、纵剖面几何形状均为不规则椭圆形，磨圆度一般。底面中部有不规则椭圆形坑疤，长度 43 毫米、宽度 35 毫米、深度 1～2 毫米，左侧面、右侧面、顶面、远端面、近端面上有石皮。该标本沿节理面垂直横向断裂成两个部分（图 2－11）。

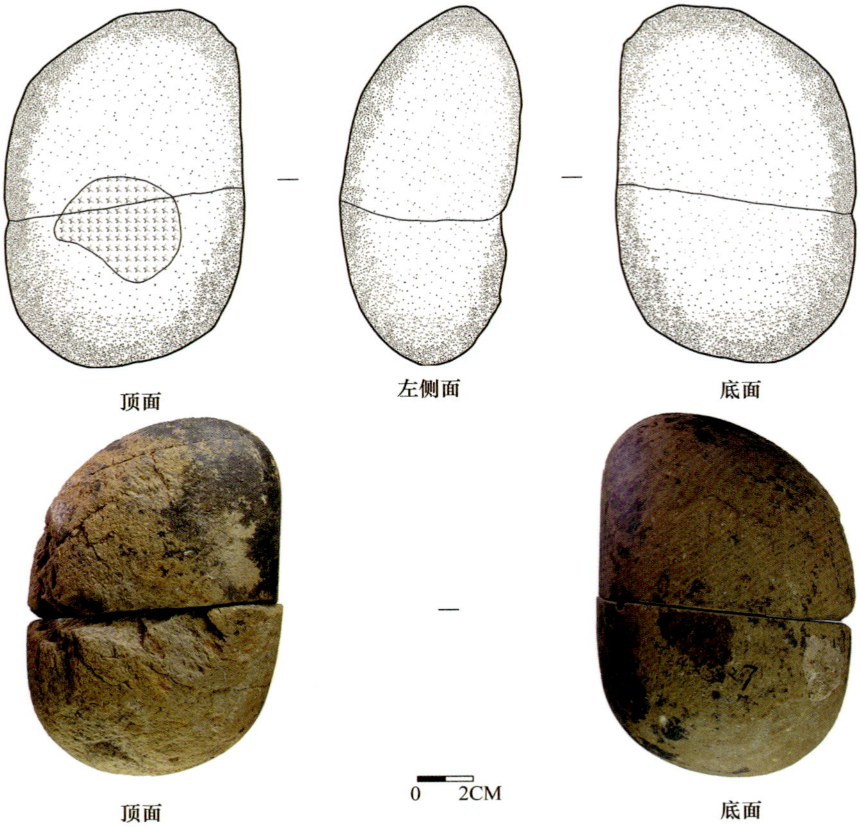

图 2－11　中文化层的石锤（1991T643③G: 7）

2. 双面用石锤

有 1 件，编号为 1990T445③: 10（EP129），素材为砾石。自然尺寸为长 111、宽 96、厚 46 毫米，重 637 克。岩性为砂岩，平面、横剖面、纵剖面几何形状均为不规则椭圆形，磨圆度一般。顶面、底面中部有不规则椭圆形坑疤，顶面坑疤长度 15 毫米、宽度 15 毫米，深度 1～2 毫米，底面坑疤长度 27 毫米、宽度 20 毫米，深度 1～2 毫米，左侧面、右侧面、远端面、近端面上有石皮（图 2－12）。

（二）被加工对象

可分为原料及素材、石器两大类。

1. 原料及素材

中文化层的原料及素材有206件，占本层石制品总数的86.19%。分为完整砾石、断裂砾石、碎片（块）、石核、石片等类型。

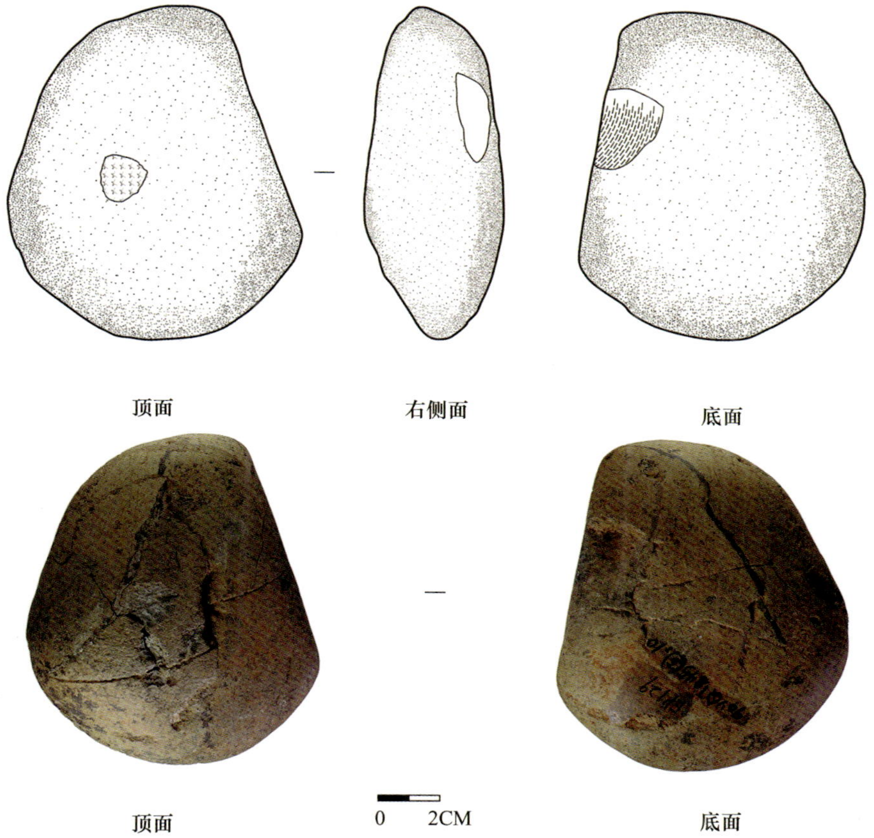

图2－12　中文化层的石锤（1990T445③：10）

（1）砾石。

可分为完整砾石和断裂砾石。

1）完整砾石。有61件，岩性为砂岩的有16件，脉石英和石英岩各有15件，硅质（灰）岩有6件，花岗岩有3件，泥质岩和粗面岩各有2件，云母石英片岩和伟晶岩各有1件。

完整砾石的长度最长的达131毫米，最短的仅53毫米，超过100毫米的有28件，小于100毫米的有33件。宽度中最宽的为117毫米，最窄的为45毫米，大于100毫米的仅2件，小于100毫米的有59件。厚度中最厚的为85毫米，最薄的为13毫米，大于50毫米的有19件，小于 50 毫米的有 42 件。重量中最重的为 1381 克，最轻的为 48 克，大于 1000 克的有 4 件，小于 1000 克的有 57 件。

完整砾石的平面形状大部分为不规则四边形（47 件），有少量不规则三边形（7 件）、不规则椭圆形（5 件）、似圆形（2 件）；横剖面形状大部分为不规则四边形（39 件）和不规则椭圆形（19 件），有少量不规则三边形（3 件）；纵剖面形状大部分为不规则四边形（38 件）和不规则椭圆形（22 件），有少量不规则三边形（1 件）。

这些完整砾石上没有使用后留下的坑疤，均为古人们从河滩上搬运到遗址中准备用来加工石器的素材。

2）断裂砾石。有 5 件，岩性分别为石英岩（2 件）、砂岩（2 件）和粗面岩（1 件）。

断裂砾石中长度最长的达 145 毫米，最短的仅 74 毫米，超过 100 毫米的有 2 件，小于 100 毫米的有 3 件。宽度中最宽的为 94 毫米，最窄的为 65 毫米，均小于 100 毫米。厚度中最厚的为 80 毫米，最薄的为 27 毫米，大于 50 毫米的有 3 件，小于 50 毫米的有 2 件。重量中最重的为 1345 克，最轻的为 330 克，大于 1000 克的有 1 件，小于 1000 克的有 4 件。

断裂砾石的平面形状大部分为不规则四边形（4 件），有 1 件为半圆形；横剖面形状中不规则椭圆形和不规则四边形分别有 3 件和 2 件；纵剖面形状均为不规则四边形。

这些断裂砾石上没有使用后留下的痕迹，均为自然而非人工断裂。

（2）碎片（块）。

有 90 件，岩性为脉石英的有 75 件、硅质（灰）岩的有 6 件、片麻岩的有 4 件、石英岩的有 3 件、泥质岩的有 2 件。

碎片（块）的长度最长的达 170 毫米，最短的仅 11 毫米，超过 50 毫米的有 33 件（其中超过 100 毫米的只有 4 件），小于 50 毫米的有 57 件。宽度中最宽的为 67 毫米，最窄的为 6 毫米，大于 50 毫米的仅 17 件，小于 100 毫米的有 73 件。厚度中最厚的为 59 毫米，最薄的为 3 毫米，大于 50 毫米的只有 2 件，小于 50 毫米的有 88 件。重量中最重的为 523 克，最轻的为 0.3 克，大于 100 克的有 16 件，小于 100 克的有 74 件。

碎片（块）的平面形状大部分为不规则四边形（66 件），有少量不规则三边形（10 件）、不规则五边形（8 件）、半圆形（4 件）、不规则椭圆形（1 件）、梯形（1 件）；横剖面形状大部分为不规则四边形（63 件）和不规则三边形（25 件），圆形和半圆形的各有 1 件；纵剖面形状大部分为不规则四边形（72 件）和不规则三边形（15 件），半圆形（2 件）和不规则椭圆形（1 件）。

这些碎片（块）上没有使用后留下的坑疤，均为古人们加工石制品时剥落下来的碎屑或断块。

中文化层的碎片（块）可拼合的标本有 28 件，除了各有 2 件岩性分别为石英岩和片麻岩，其余 24 件均为脉石英质地。

（3）石核。

中文化层发现的石核有 15 件，类型有单台面、双台面和石核剩块三种，没有发现多台面石核及球状石核。

1）单台面石核，有10件。岩性从大类上看，有沉积岩5件、变质岩3件、火成岩2件。岩性中最多的为砂岩（3件），其次为混合岩和脉石英（各有2件），细砂岩、泥质岩、石英岩和硅质（灰）岩的各有1件。单台面石核的长度最长的达248毫米，最短的只有56毫米，超过100毫米的有7件（其中2件超过200毫米），小于100毫米的有3件。宽度中最宽的为143毫米，最窄的为38毫米，大于100毫米的有5件，小于100毫米的有5件。厚度中最厚的为148毫米，最薄的为27毫米，大于50毫米的有8件，小于50毫米的有2件。重量中最重的为6886克，最轻的为65克，大于1000克的有4件（超过2000克的只有1件），小于1000克的有6件。

单台面石核的平面形状均为不规则四边形（其中有3件分别为梯形、似梯形和平行四边形）；横剖面形状大部分为不规则四边形（7件），其次为不规则椭圆形（3件）；纵剖面形状大部分为不规则四边形（9件），不规则椭圆形仅1件。

这10件单台面石核中的9件的台面性质均为砾石天然石皮，只有1件为人工台面（多疤台面，可归入有简单修理的台面）。台面位置最多的在底面和顶面（各有3件），在近端面的有2件，在左侧面和远端面的各有1件。台面剥片使用率以在20%～29%的为多（4件），其次为在30%～39%的（2件）。在10%～19%的有2件，在40%～49%和50%～59%的各有1件。单台面石核的标本均在台面的一个边缘剥片，没有在两个边缘以上剥片的标本。每件石核的剥片面上有2块片疤的为多（4件），其次为有1块片疤的（3件），有4块片疤的有1件，有3块和5块片疤的标本各有1件。

石核的砾石天然石皮面积占标本总表面积的比例最多的为92%，最少的只有50%，没有全部被剥片的标本。最多的为在80%～89%（5件），以下依次为在90%～99%的（2件），在40%～49%、50%～59%和70%～79%的各有1件。单台面石核的台面角最大的为109°，最小的为16°，其中以在60°～69°的为多（有8个），其次为在80°～89°的有4个、在90°～99°的有3个，其他为在70°～79°和100°～109°的各有2个，在50°～59°的有2个，在10°～19°和20°～29°的各有1个。其中小于90°的有20个，大于90°的有7个。

单台面石核中有5件标本可视为特征不明显的单刃单向加工的砍砸器。

根据台面所在的位置，可分为台面在顶面、底面、左侧面、远端面和近端面五种。

（a）台面在顶面的单台面石核，有3件。

1995T1327③:14（EP16），素材为完整砾石。自然尺寸为长114、宽113、厚53毫米，重842克。岩性为砂岩，平面、横剖面、纵剖面几何形状分别为不规则梯形、不规则椭圆形、不规则四边形，磨圆度一般。远端面上有片疤，左侧面、顶面、底面、近端面、右侧面上有石皮。台面在顶面，其平面几何形状为不规则四边形，性质为天然石皮的平滑台面，剥片部位在远端边，剥片方向从顶面到底面。台面周长350毫米，远端边剥片所在边缘长度106毫米，剥片长度45毫米，剥片长度与所在边缘长度的比率为43%，即剥片所在边缘全部被利用。剥片长度与台面周长的比率为13%，即剥片所在台面利用率不到两成。打击方法为硬锤锤击法。剥片面有1个，在远端面，有1块纵向平行分布的石片疤，剥片面面积与未剥片面面积的比例为1∶5。这块石片疤的特征为不完整石片疤，长57、宽86毫米，倾斜度20°，弦长40、矢长1毫米。平面形状为不规则四边形，到对边的长度110毫米，台面角60°。保留的砾石石皮的总数值为5等份，其中顶面有2等份，底面有1等份，侧面有2等份。该标本没有转动和翻动过。该标本可视为特征不明显的单向加工的砍砸器（chopper）（图2－13）。

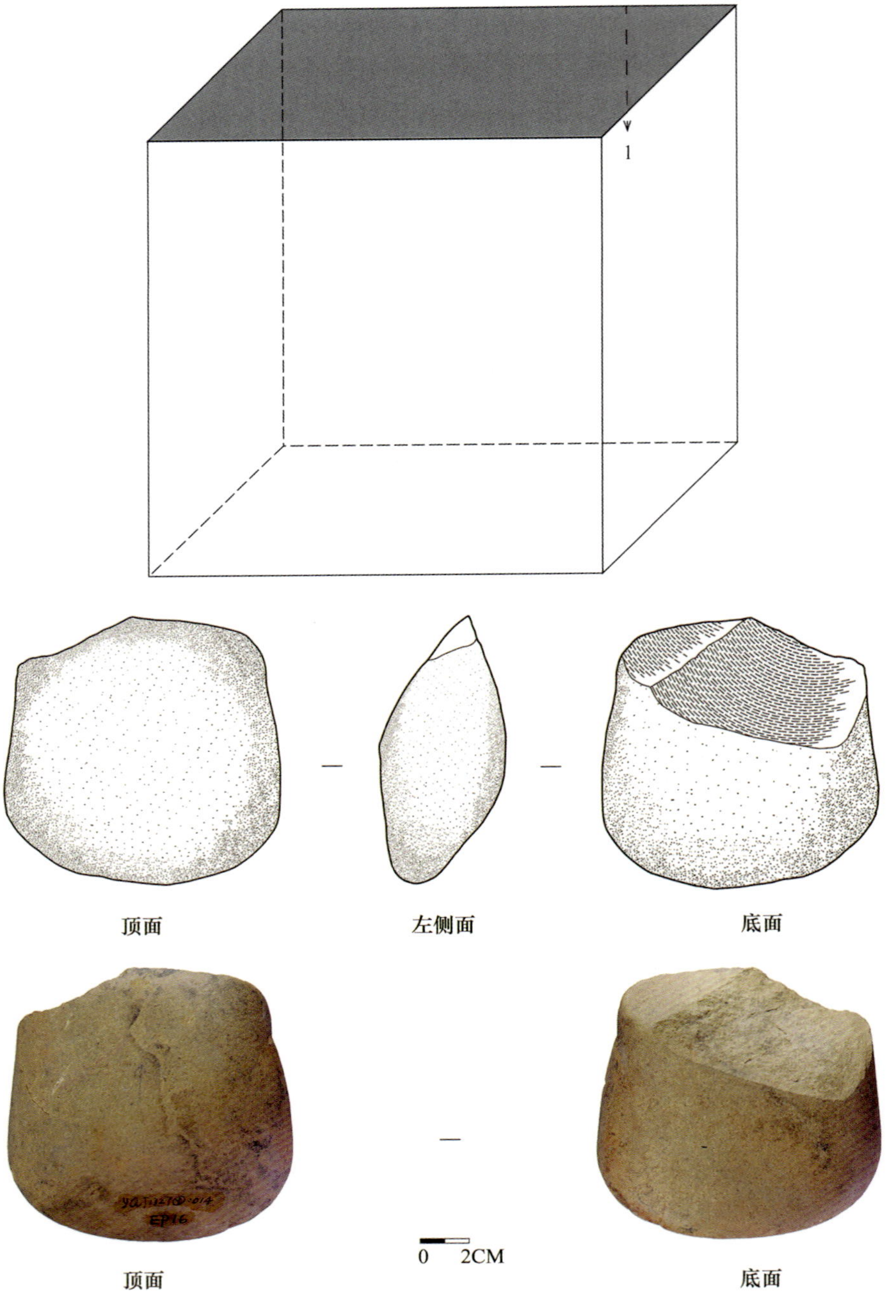

图2－13　中文化层台面在顶面的单台面石核（1995T1327③：14）

1991T343③G:26（EP145），素材为完整砾石。自然尺寸为长248、宽130、厚50毫米，重1582克。岩性为砂岩，平面、横剖面、纵剖面几何形状分别为不规则平行四边形、不规则椭圆形、不规则椭圆形，磨圆度一般。右侧面上有片疤，左侧面、顶面、底面、远端面、近端面上有石皮。台面在顶面，其平面几何形状为不规则四边形，性质为天然石皮的平滑台面，剥片部位在左侧边，剥片方向从顶面到底面。台面周长594毫米，左侧边剥片所在边缘长度146毫米，剥片长度146毫米，剥片长度与所在边缘长度的比率为100%，即剥片所在边缘全部被利用。剥片长度与台面周长的比率为25%，即剥片所在台面利用率接近三成。打击方法为硬锤锤击法。剥片面有1个，在左侧面，有1块纵向平行分布的石片疤，剥片面面积与未剥片面面积的比例为1:11。这块石片疤的特征为完整石片疤，长50、宽139毫米，倾斜度74°，弦长120、矢长10毫米。平面形状为不规则四边形，到对边的长127毫米，台面角68°。保留的砾石石皮的总数值为11等份，其中顶面有5等份，底面有4等份，侧面有2等份。该标本没有转动和翻动过（图2－14）。

1999T1227③：9834（EP281），素材为完整砾石。自然尺寸为长118、宽88、厚60毫米，重829克。岩性为砂岩，平面、横剖面、纵剖面几何形状分别为不规则四边形、不规则椭圆形、不规则四边形，磨圆度一般。近端面上有片疤，左侧面、顶面、底面、远端面、右侧面上有石皮。台面在顶面，其平面几何形状为不规则四边形，性质为天然石皮的凸起台面，剥片部位在近端边，剥片方向从顶面到底面。台面周长354毫米，近端边剥片所在边缘长度104毫米，剥片长度104毫米，剥片长度与所在边缘长度的比率为100%，即剥片所在边缘全部被利用。剥片长度与台面周长的比率为29%，即剥片所在台面利用率接近三成。打击方法为硬锤锤击法。剥片面有1个，在近端面，有3块纵向平行分布的石片疤，剥片面面积与未剥片面面积的比例为1:7。3块石片疤的特征，按加工顺序如下：第一块为不完整石片疤，长40、宽25毫米，倾斜度48°，弦长17、矢长2毫米。平面形状为不规则四边形，到对边的长度121毫米，台面角68°。第二块为不完整石片疤，长46、宽36毫米，倾斜度62°，弦长23、矢长2毫米。平面形状为不规则四边形，到对边的长度109毫米，台面角91°。第三块为完整石片疤，长48、宽53毫米，倾斜度62°，弦长49、矢长8毫米。平面形状为不规则四边形，到对边的长度96毫米，台面角95°。保留的砾石石皮的总数值为7等份，其中顶面有2等份，底面有2等份，侧面有3等份。该标本没有转动和翻动过（图2－15）。

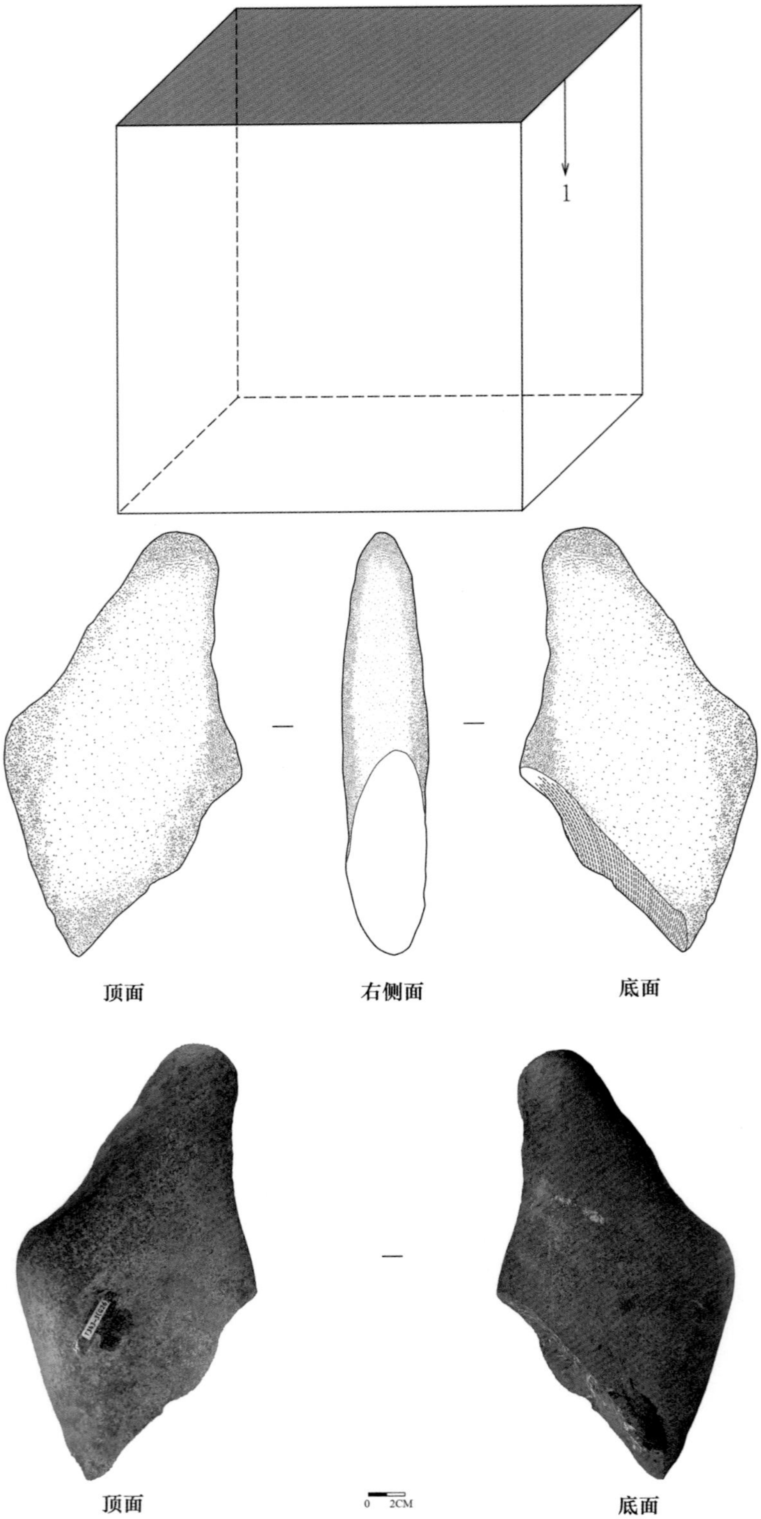

图 2－14　中文化层台面在顶面的单台面石核（1991T343③G: 26）

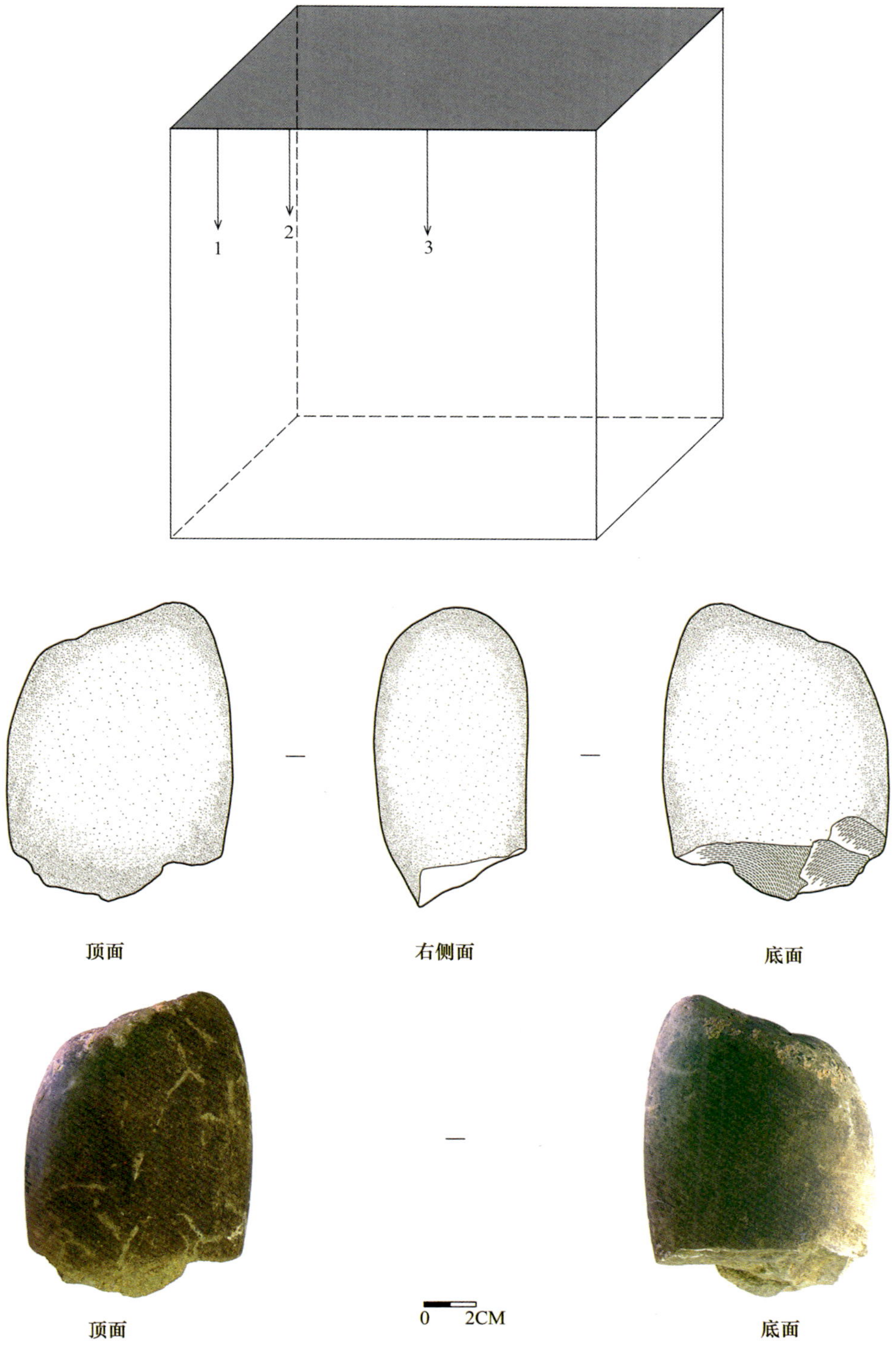

图 2-15　中文化层台面在顶面的单台面石核（1999T1227③: 9834）

（b）台面在底面的单台面石核，有3件。

1990T345③：12（EP102），素材为完整砾石。自然尺寸为长115、宽108、厚68毫米，重1105克。岩性为脉石英，平面、横剖面、纵剖面几何形状均为不规则四边形，磨圆度一般。近端面上有片疤，左侧面、顶面、底面、远端面、右侧面上有石皮。台面在底面，其平面几何形状为不规则四边形，性质为天然石皮的平滑台面，剥片部位在近端边，剥片方向从底面到顶面。台面周长366毫米，近端边剥片所在边缘长度90毫米，剥片长度90毫米，剥片长度与所在边缘长度的比率为100%，即剥片所在边缘全部被利用。剥片长度与台面周长的比率为25%，即剥片所在台面利用率没有超过一半。打击方法为硬锤锤击法。剥片面有1个，在近端面，有4块单极纵向平行分布的石片疤，剥片面面积与未剥片面面积的比例为2∶5。4块石片疤的特征，按加工顺序如下：第一块为不完整石片疤，长27、宽56毫米，倾斜度18°，弦长、矢长难以测量。平面形状为不规则四边形，到对边的长度108毫米，台面角16°。第二块为不完整石片疤，长44、宽56毫米，倾斜度19°，弦长、矢长难以测量，平面形状为不规则四边形，到对边的长度108毫米，台面角21°。第三块为不完整石片疤，长63、宽108毫米，倾斜度40°，弦长、矢长难以测量，平面形状为不规则四边形，到对边的长度108毫米，台面角53°。第四块为完整石片疤，长56、宽88毫米，倾斜度69°，弦长77、矢长6毫米。平面形状为不规则四边形，到对边的长度108毫米，台面角69°。保留的砾石石皮的总数值为5等份，其中顶面有1等份，底面有2等份，侧面有2等份。该标本没有转动和翻动过（图2－16）。

1990T344③：4（EP141），素材为完整砾石。自然尺寸为长110、宽99、厚77毫米，重900克。岩性为泥质岩，平面、横剖面、纵剖面几何形状均为不规则四边形，磨圆度一般。近端面上有片疤，左侧面、顶面、底面、远端面、右侧面上有石皮。台面在底面，其平面几何形状为不规则四边形，性质为天然石皮的平滑台面，剥片部位在近端边，剥片方向从底面到顶面。台面周长336毫米，近端边剥片所在边缘长度100毫米，剥片长度100毫米，剥片长度与所在边缘长度的比率为100%，即剥片所在边缘全部被利用。剥片长度与台面周长的比率为30%，即剥片所在台面利用率没有超过一半。打击方法为硬锤锤击法。剥片面有1个，在近端面，有2块单极平行分布的石片疤，剥片面面积与未剥片面面积的比例为1∶7。2块石片疤的特征，按加工顺序如下：第一块为不完整石片疤，长44、宽39毫米，倾斜度71°，弦长、矢长难以测量，平面形状为不规则四边形，到对边的长度104毫米，台面角102°。第二块为完整石片疤，长64、宽60毫米，倾斜度46°，弦长30、矢长3毫米。平面形状为不规则四边形，到对边的长度107毫米，台面角86°。保留的砾石石皮的总数值为7等份，其中顶面有2等份，底面有1等份，侧面有4等份。该标本没有转动和翻动过。该标本似特征不明显的单向加工的单刃砍砸器（chopper）（图2－17）。

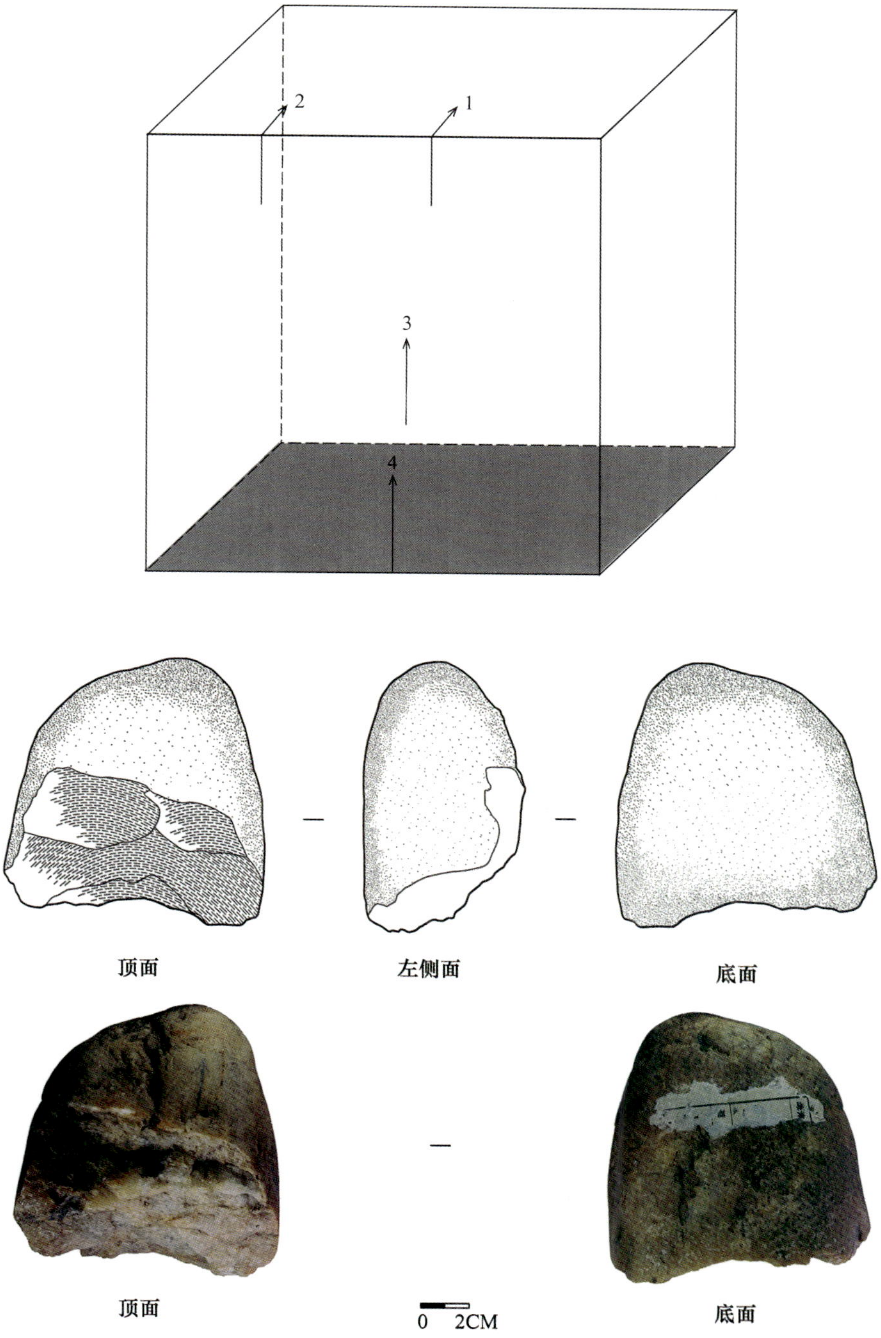

图 2－16　中文化层台面在底面的单台面石核（1990T345③：12）

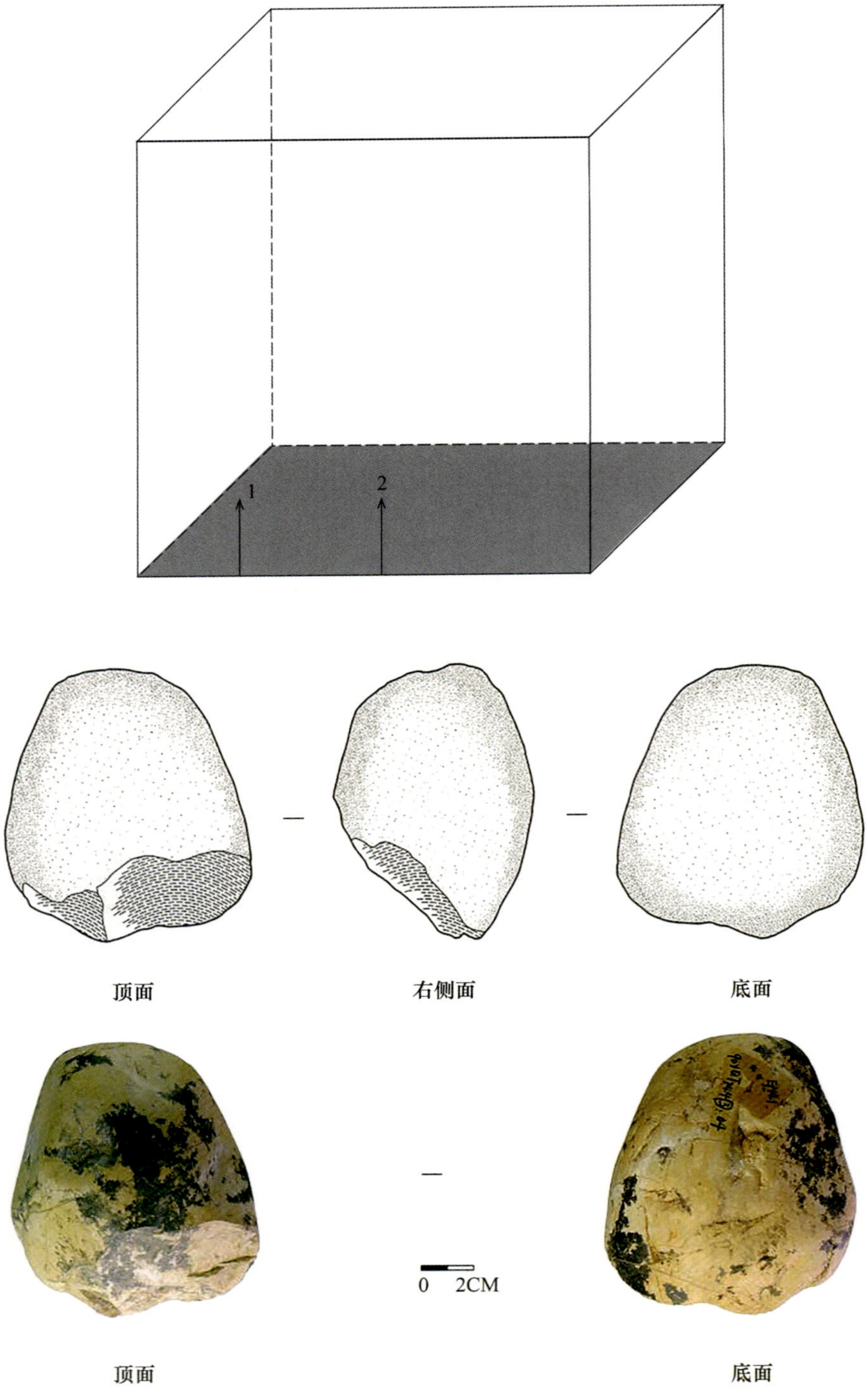

图 2 – 17　中文化层台面在底面的单台面石核（1990T344③: 4）

1995T745③: 4（EP10），素材为完整砾石。自然尺寸为长 118、宽 100、厚 71 毫米，重 1101 克。岩性为石英岩，平面、横剖面、纵剖面几何形状分别为不规则梯形、不规则四边形、不规则四边形，磨圆度一般。远端面上有片疤，左侧面、顶面、底面、近端面、右侧面上有石皮。台面在底面，其平面几何形状为不规则四边形，性质为天然石皮的平滑台面，剥片部位在远端边，剥片方向从底面到顶面。台面周长 346 毫米，远端边剥片所在边缘长度 75 毫米，剥片长度 50 毫米，剥片长度与所在边缘长度的比率为 67%，即剥片所在边缘超过一半被利用。剥片长度与台面周长的比率为 15%，即剥片所在台面利用率没有超过一半。打击方法为硬锤锤击法。剥片面有 1 个，在远端面，有 2 块单极纵向平行分布的石片疤，剥片面面积与未剥片面面积的比例为 1∶12。2 块石片疤的特征，按加工顺序如下：第一块为不完整石片疤，长 49、宽 38 毫米，倾斜度 60°，弦长、矢长难以测量，平面形状为不规则四边形，到对边的长度 116 毫米，台面角 69°。第二块为完整石片疤，长 33、宽 32 毫米，倾斜度 77°，弦长 28、矢长 3 毫米。平面形状为不规则四边形，到对边的长度 106 毫米，台面角 50°。保留的砾石石皮的总数值为 12 等份，其中顶面有 3 等份，底面有 4 等份，侧面有 5 等份。该标本没有转动和翻动过。该标本似特征不明显的单向加工的单刃砍砸器（chopper）（图 2－18）。

（c）台面在近端面的单台面石核，有 2 件。

1990T743③: 42（EP105），素材为完整砾石。自然尺寸为长 94、宽 91、厚 100 毫米，重 906 克。岩性为细砂岩，平面、横剖面、纵剖面几何形状均为不规则四边形，磨圆度一般。底面、左侧面、远端面上有石皮，顶面、近端面、右侧面上有片疤。台面在近端面，其平面几何形状为不规则四边形，性质为多片疤的人工平滑台面，剥片部位在顶边、右侧边，剥片方向从近端面到远端面。台面周长 298 毫米，顶边剥片所在边缘长度 57 毫米，剥片长度 57 毫米，剥片长度与所在边缘长度的比率为 100%，即剥片所在边缘全部被利用；右侧边剥片所在边缘长度 91 毫米，剥片长度 91 毫米，剥片长度与所在边缘长度的比率为 100%，即剥片所在边缘全部被利用。全部剥片长度与台面周长的比率为 49%，即剥片所在台面利用率接近一半。打击方法为硬锤锤击法。剥片面有 2 个，分别在顶面、右侧面，两个剥片面相邻相连。顶剥片面上有 2 块纵向平行分布的石片疤，剥片面面积与未剥片面面积的比例为 3∶13；右侧剥片面上有 3 块纵向平行分布的石片疤，剥片面面积与未剥片面面积的比例为 2∶14。全部剥片面面积与未剥片面面积的比例为 5∶11。这 5 块石片疤的特征如下：第一块为完整石片疤，长 52、宽 25 毫米，倾斜度 15°，弦长 22、矢长 1.5 毫米。平面形状为不规则四边形，到对边的长度 91 毫米，台面角 85°。第二块为完整石片疤，长 39、宽 38 毫米，倾斜度 7°，弦长 33、矢长 2 毫米。平面形状为不规则四边形，到对边的长度 84 毫米，台面角 109°。第三块为完整石片疤，长 81、宽 52 毫米，倾斜度 32°，弦长 33、矢长 3 毫米。平面形状为不规则四边形，到对边的长度 84 毫米，台面角 83°。第四块为完整石片疤，长 56、宽 37 毫米，倾斜度 22°，弦长 28、矢长 1 毫米。平面形状为不规则四边形，到对边的长度 80 毫米，台面角 95°。第五块为完整石片疤，长 32、宽 22 毫米，倾斜度 8°，弦长 19、矢长 2 毫米。平面形状为不规则四边形，到对边的长度 82 毫米，台面角 86°。保留的砾石石皮的总数值为 7 等份，其中底面有 3 等份，侧面有 4 等份。该标本转动过 3 次，没有翻动过（图 2 – 19）。

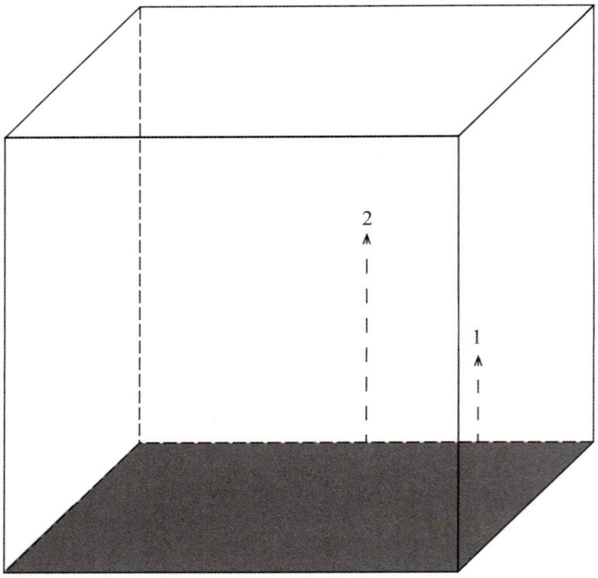

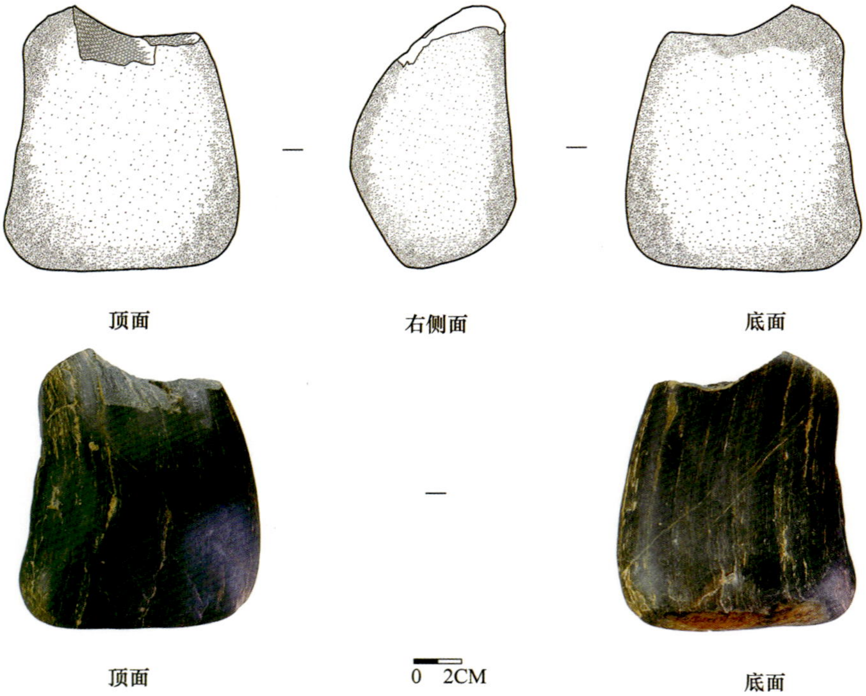

图 2 – 18　中文化层台面在底面的单台面石核（1995T745③: 4）

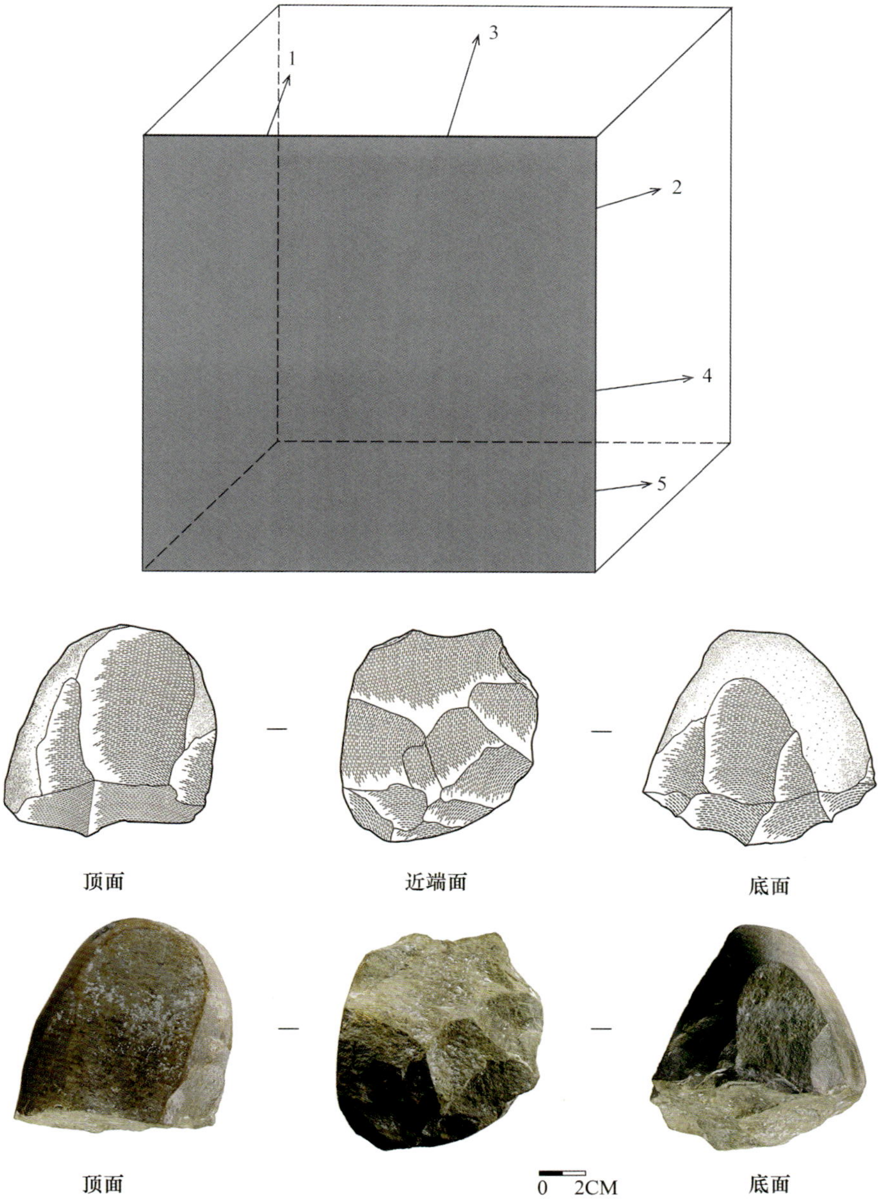

图 2－19　中文化层台面在近端面的单台面石核（1990T743③: 42）

1995T1327③: 12（EP13），素材为完整砾石。自然尺寸为长 56、宽 38、厚 27 毫米，重 65 克。岩性为脉石英，平面、横剖面、纵剖面几何形状均为不规则四边形，磨圆度一般。底面上有片疤，左侧面、顶面、近端面、远端面、右侧面上有石皮。台面在近端面，其平面几何形状为不规则四边形，性质为天然石皮的平滑台面，剥片部位在底边，剥片方向从近端面到远端面。台面周长 90 毫米，近端边剥片所在边缘长度 43 毫米，剥片长度 43 毫米，剥片长度与所在

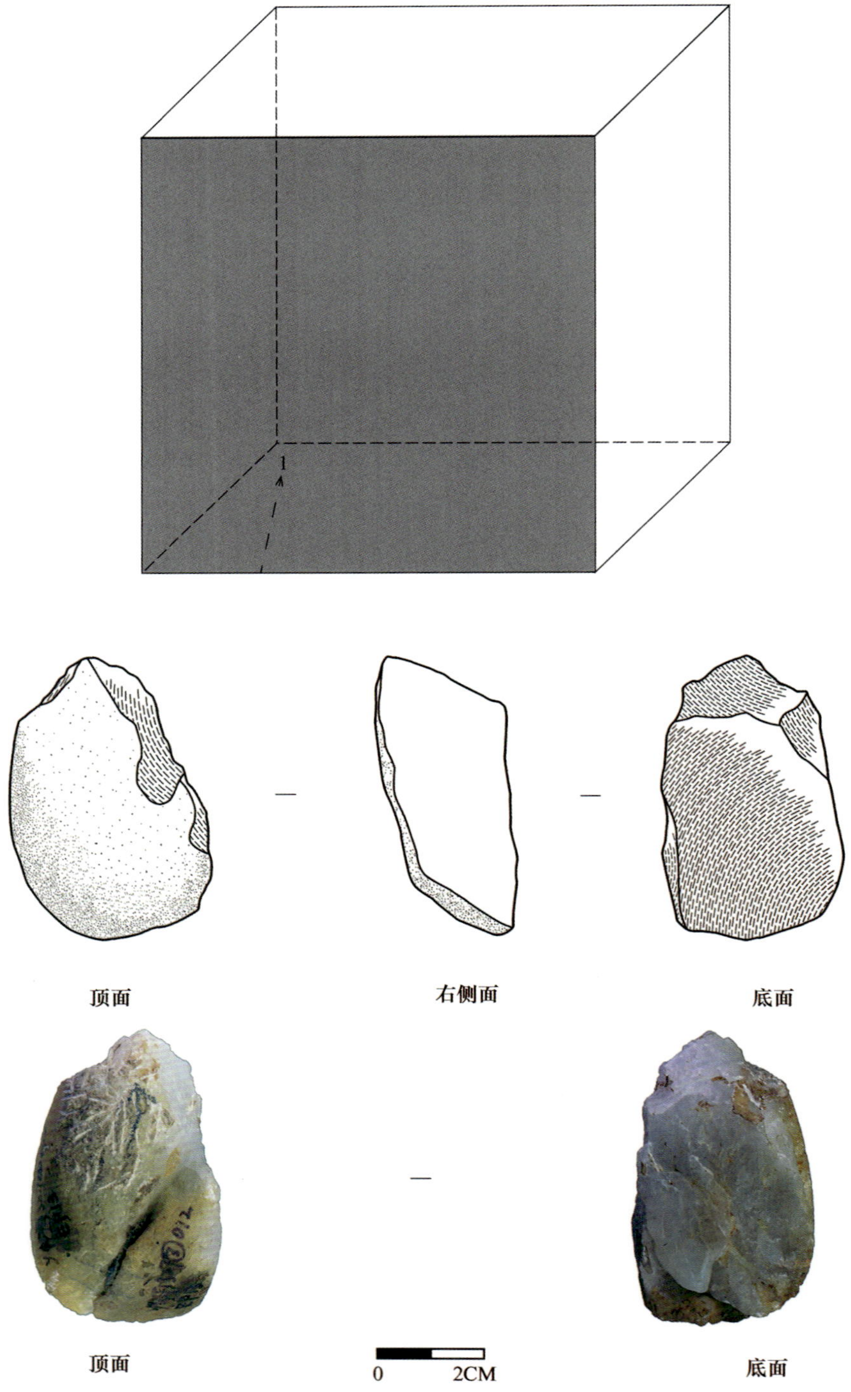

图 2－20　中文化层台面在近端面的单台面石核（1995T1327③: 12）

边缘长度的比率为100%，即剥片所在边缘全部被利用。剥片长度与台面周长的比率为48%，即剥片所在台面利用率接近一半。打击方法为硬锤锤击法。剥片面有1个，在底面，有1块纵向平行分布的石片疤，剥片面面积与未剥片面面积的比例为1∶3。这块石片疤的特征为完整石片疤，长46、宽40毫米，倾斜度3°，弦长20、矢长1毫米。平面形状为不规则四边形，到对边的长度55毫米，台面角68°。保留的砾石石皮的总数值为2等份，其中顶面有1等份，侧面有1等份。该标本没有转动和翻动过（图2-20）。

（d）台面在远端面的单台面石核，有1件。

1990T845③∶17（EP94），素材为完整砾石。自然尺寸为长81、宽67、厚37毫米，重289克。岩性为混合岩，平面、横剖面、纵剖面几何形状均为不规则四边形，磨圆度一般。底面上有片疤，左侧面、顶面、近端面、远端面、右侧面上有石皮。台面在远端面，其平面几何形状为不规则四边形，性质为天然石皮的平滑台面，剥片部位在底边，剥片方向从远端面到近端面。台面周长156毫米，底边剥片所在边缘长度50毫米，剥片长度50毫米，剥片长度与所在边缘长度的比率为100%，即剥片所在边缘全部被利用。剥片长度与台面周长的比率为32%，即剥片所在台面利用率刚刚超过三成。打击方法为硬锤锤击法。剥片面有1个，在底面，有2块纵向平行分布的石片疤，剥片面面积与未剥片面面积的比例为1∶5。这2块石片疤的特征如下：第一块为完整石片疤，长54、宽29毫米，倾斜度22°，弦长14、矢长1毫米。平面形状为不规则四边形，到对边的长度79毫米，台面角66°。第二块为完整石片疤，长33、宽28毫米，倾斜度28°，弦长22、矢长3毫米。平面形状为不规则四边形，到对边的长度73毫米，台面角78°。保留的砾石石皮的总数值为5等份，其中顶面有2等份，底面有1等份，侧面有2等份。该标本没有转动和翻动过（图2-21）。

（e）台面在左侧面的单台面石核，有1件。

1990T443③∶33（EP239），素材为完整砾石。自然尺寸为长228、宽143、厚148毫米，重6886克。岩性为混合岩，平面、横剖面、纵剖面几何形状均为不规则四边形，磨圆度一般。远端面上有片疤，左侧面、顶面、近端面、底面、右侧面上有石皮。台面在左侧面，其平面几何形状为不规则四边形，性质为天然石皮的略凹下台面，剥片部位在远端边，剥片方向从左侧面到右侧面。台面周长606毫米，底边剥片所在边缘长度150毫米，剥片长度150毫米，剥片长度与所在边缘长度的比率为100%，即剥片所在边缘全部被利用。剥片长度与台面周长的比率为25%，即剥片所在台面利用率没超过三成。打击方法为硬锤锤击法。剥片面有1个，在远端面，有2块纵向平行分布的石片疤，剥片面面积与未剥片面面积的比例为1∶8。这2块石片疤的特征如下：第一块为不完整石片疤，长122、宽123毫米，倾斜度65°，弦长、矢长难测量，平面形状为不规则四边形，到对边的长度219毫米，台面角63°。第二块为完整石片疤，长73、宽74毫米，倾斜度76°，弦长65、矢长2毫米。平面形状为不规则四边形，到对边的长度219毫米，台面角74°。保留的砾石石皮的总数值为8等份，其中顶面有2等份，底面有2等份，侧面有5等份。该标本没有转动和翻动过。该标本可视为特征不明显的单向加工的砍砸器（chopper）（图2-22）。

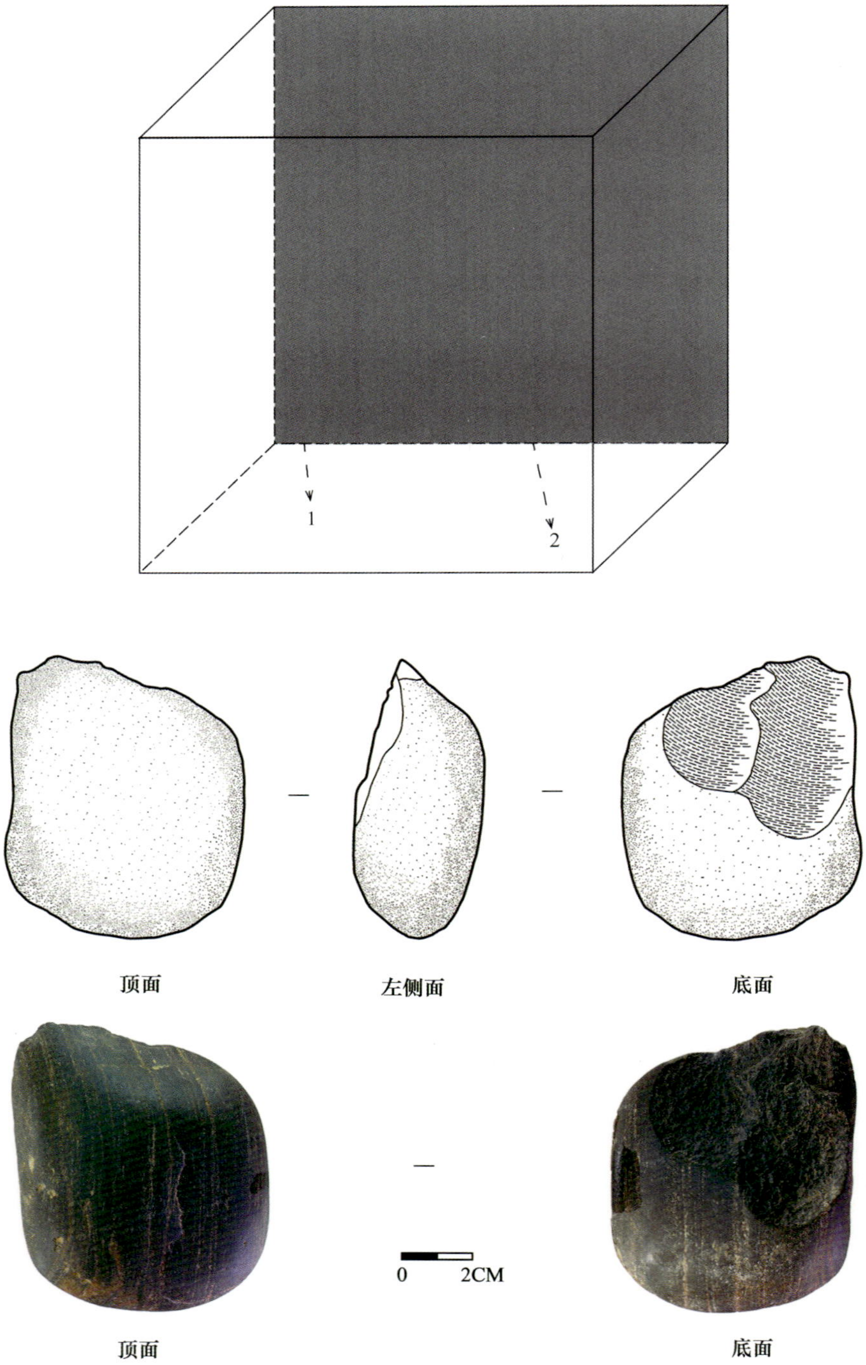

图 2 – 21　中文化层台面在远端面的单台面石核（1990T845③: 17）

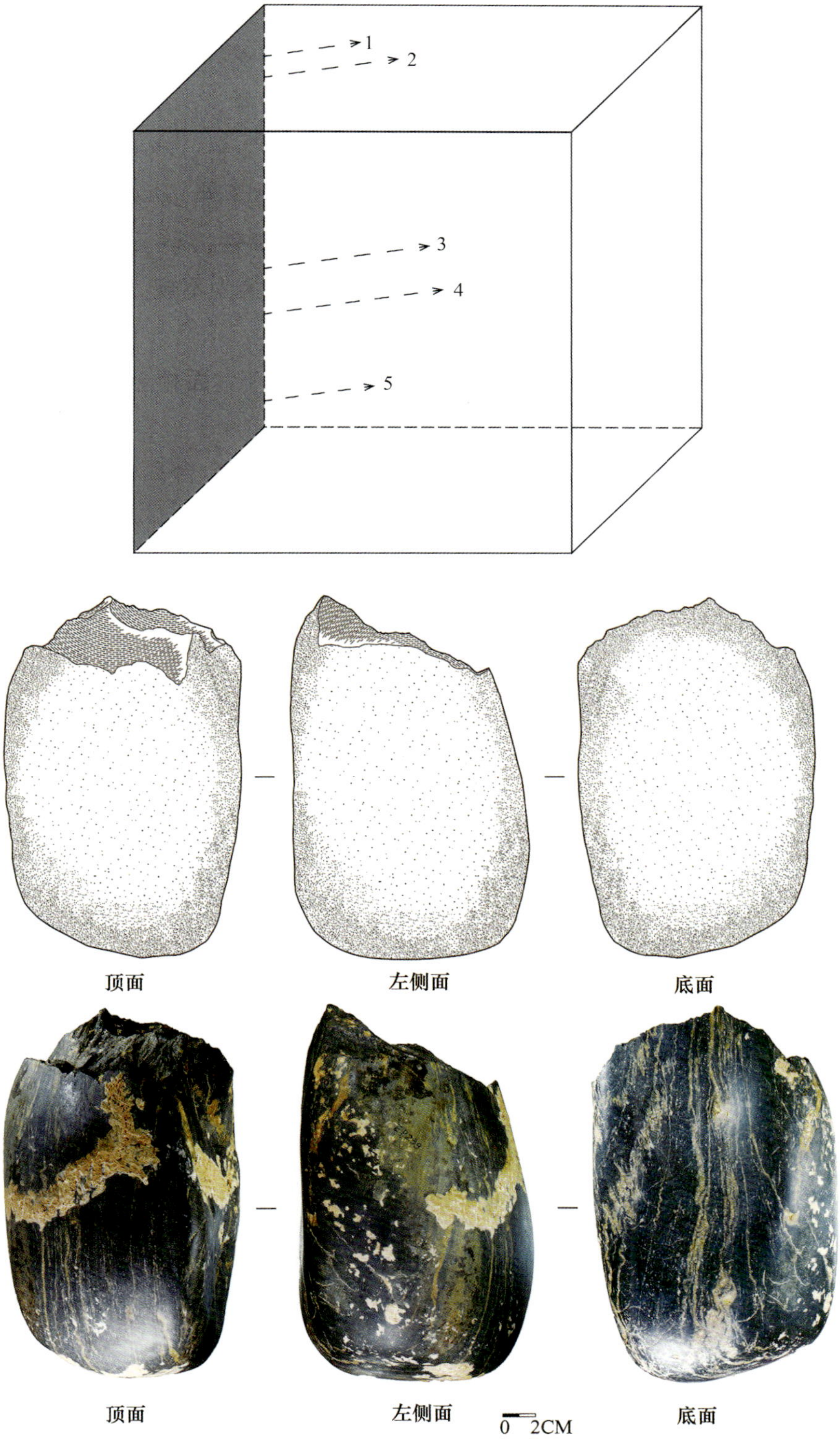

图 2－22　中文化层台面在左侧面的单台面石核（1990T443③：33）

2）双台面石核，有4件。岩性从大类上看有沉积岩1件，变质岩1件，火成岩2件。岩性小类中最多的为脉石英（2件），其次为含砾砂岩和石英岩（各有1件）。双台面石核的长度最长的达149毫米，最短的只有59毫米，超过100毫米的有2件，小于100毫米的有2件。宽度中最宽的为107毫米，最窄的为61毫米，大于100毫米的有1件，小于100毫米的有3件。厚度中最厚的为82毫米，最薄的为28毫米，大于50毫米的有3件，小于50毫米的有1件。重量中最重的为1420克，最轻的为119克，大于1000克的有2件，小于1000克的有2件。

双台面石核的平面形状均为不规则四边形；横剖面形状均为不规则四边形；纵剖面形状大部分为不规则四边形（3件），不规则五边形的有1件。

根据双台面石核的两个台面位置组合不同分为两种：两个台面相连和两个台面不相连。

（a）两个台面相连的双台面石核。

中文化层的两个台面相连的双台面石核有3件，根据两个台面的位置可将它们分为两类：一类是以顶面和左侧面为台面的石核（1件）；一类是以左侧面和底面为台面的石核（2件）。

1990T745③: 5（EP100），素材为完整砾石。自然尺寸为长103、宽109、厚81毫米，重1351克。岩性为石英岩，平面、横剖面、纵剖面几何形状分别为不规则四边形、不规则四边形、不规则五边形，磨圆度一般。近端面有片疤，远端面、顶面、底面、左侧面、右侧面上有石皮。台面分别在顶面和左侧面。顶台面平面几何形状为不规则四边形，性质为天然石皮的平滑台面，剥片部位在近端边，剥片方向从顶面到底面。顶台面周长290毫米，近端边剥片所在边缘长度60毫米，剥片长度60毫米，剥片长度与所在边缘长度的比率为100%，即剥片所在边缘全部被利用。顶台面剥片长度与台面周长的比率为21%，即剥片所在台面利用率刚刚到两成。左侧台面平面几何形状为凸起的不规则四边形，性质为天然石皮，剥片部位在近端边，剥片方向从左侧面到右侧面。左侧台面周长298毫米，近端边剥片所在边缘长度85毫米，剥片长度85毫米，剥片长度与所在边缘长度的比率为100%，即剥片所在边缘全部被利用，左侧台面剥片长度与台面周长的比率为29%，即剥片所在台面利用率不到三成。打击方法为硬锤锤击法。剥片面有1个，在近端面，有6块垂直相交分布的石片疤，近端剥片面面积与未剥片面面积的比例为3∶12。6块石片疤的特征，按加工顺序如下：第一块为不完整石片疤，长18、宽19毫米，倾斜度48°，弦长、矢长难以测量，平面形状为不规则四边形，到对边的长度68毫米，台面角65°。第二块为不完整石片疤，长44、宽28毫米，倾斜度50°，弦长、矢长难以测量，平面形状为不规则四边形，到对边的长度80毫米，台面58°。第三块为完整石片疤，长36、宽37毫米，倾斜度84°，弦长22、矢长0.1毫米。平面形状为不规则四边形，到对边长度42毫米，台面角87°。第四块为完整石片疤，长35、宽24毫米，倾斜度78°，弦长20、矢长0.5毫米。平面形状为不规则四边形，到对边长度62毫米，台面角100°。第五块为完整石片疤，长52、宽48毫米，倾斜度76°，弦长24、矢长0.1毫米。平面形状为不规则四边形，到对边长度75毫米，台面角84°。第六块为完整石片疤，长70、宽82毫米，倾斜度85°，弦长35、矢长5

毫米。平面形状为不规则四边形，到对边长度 80 毫米，台面角 90°。保留的砾石石皮的总数值为 12 等份，其中顶面有 3 等份、底面有 3 等份、侧面有 6 等份。该标本转动过 1 次，没有翻动过（图 2－23）。

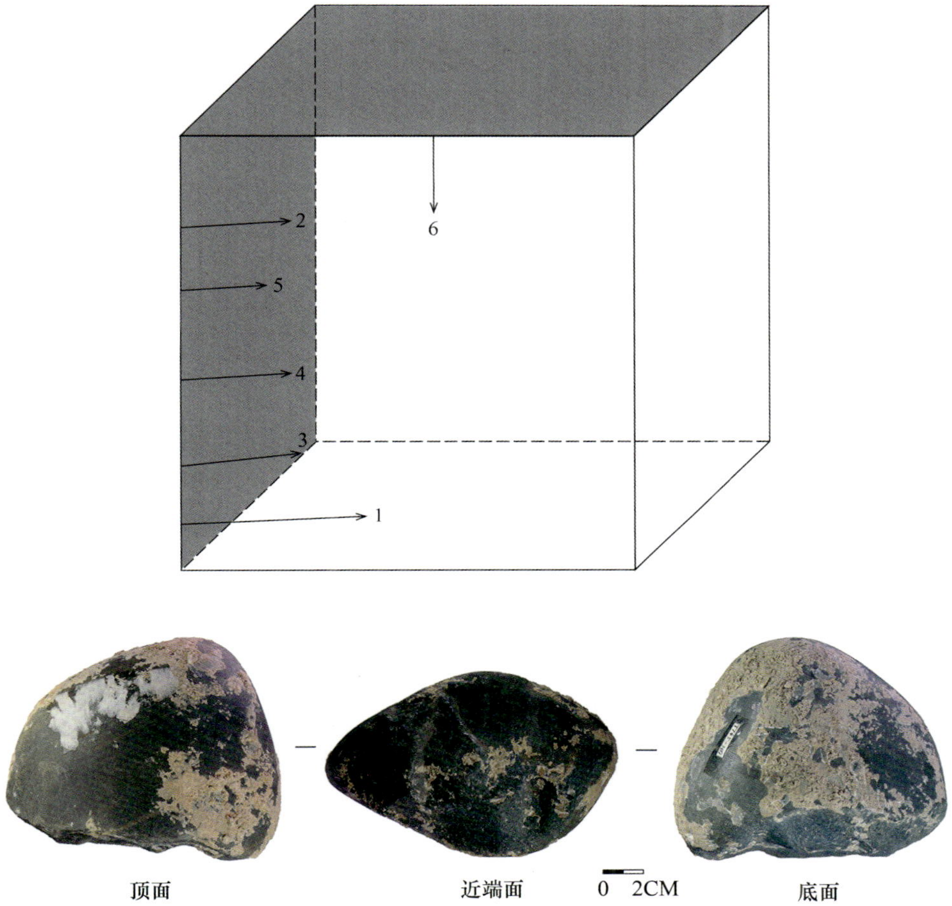

图 2－23　中文化层两个台面相连的双台面石核（1990T745③: 5）

1995T1327③: 16（EP17），素材为完整砾石。自然尺寸为长 149、宽 90、厚 81 毫米，重 1420 克。岩性为含砾砂岩，平面、横剖面、纵剖面几何形状分别为不规则四边形、不规则四边形、不规则五边形，磨圆度一般。远端面有片疤，近端面、顶面、底面、左侧面、右侧面上有石皮。台面分别在底面和右侧面。底台面平面几何形状为不规则四边形，性质为天然石皮的平滑台面，剥片部位在近端边，剥片方向从底面到顶面。底台面周长 376 毫米，近端边剥片所在边缘长度 58 毫米，剥片长度 58 毫米，剥片长度与所在边缘长度的比率为 100%，即剥片所在边缘全部被利用。底台面剥片长度与台面周长的比率为 15%，即剥片所在台面利用率不到两成。右侧台面平面几何形状为凸起的不规则四边形，性质为天然石皮，剥片部位在近端边，剥片方向从右侧面到左侧面。右侧台面周长360毫米，近端边剥片所在边缘长度104毫米，剥片长度104毫米，剥片长度与所在边缘长度的比率为100%，即剥片所在边缘全部被利用，右侧台面剥片长度与台面周长的比率为29%，即剥片所在台面利用率不到三成。打击方法为硬锤锤击法。剥片面有1个，在近端面，有5块垂直相交分布的石片疤，远端剥片面面积与未剥片面面积的比例为1∶3。5块石片疤的特征，按加工顺序如下：第一块为不完整石片疤，长61、宽71毫米，倾斜度50°，弦长、矢长难以测量，平面形状为不规则四边形，到对边的长度98毫米，台面角60°。第二块为不完整石片疤，长34、宽27毫米，倾斜度5°，弦长37、矢长6毫米。平面形状为不规则四边形，到对边的长度81毫米，台面75°。第三块为不完整石片疤，长76、宽51毫米，倾斜度16°，弦长、矢长难以测量，平面形状为不规则四边形，到对边的长度138毫米，台面角63°。第四块为不完整石片疤，长43、宽26毫米，倾斜度24°，弦长28、矢长2毫米。平面形状为不规则四边形，到对边的长度145毫米，台面角89°。保留的砾石石皮的总数值为3等份，其中顶面有1等份、底面有1等份、侧面有1等份。该标本没有转动过，翻动过1次（图2－24）。

1995T1327③∶13－1（EP14），素材为完整砾石。自然尺寸为长59、宽61、厚28毫米，重119克。岩性为脉石英，平面、横剖面、纵剖面几何形状均为不规则四边形，磨圆度一般。近端面有片疤，远端面、顶面、底面、左侧面、右侧面上有石皮。台面分别在底面和左侧面。底台面平面几何形状为不规则四边形，性质为天然石皮的平滑台面，剥片部位在近端边，剥片方向从底面到顶面。底台面周长192毫米，近端边剥片所在边缘长度67毫米，剥片长度67毫米，剥片长度与所在边缘长度的比率为100%，即剥片所在边缘全部被利用。底台面剥片长度与台面周长的比率为25%，即剥片所在台面利用率没有超过一半。左侧台面平面几何形状为凸起的不规则四边形，性质为天然石皮，剥片部位在近端边，剥片方向从左侧面到右侧面。左侧台面周长122毫米，近端边剥片所在边缘长度12毫米，剥片长度12毫米，剥片长度与所在边缘长度的比率为100%，即剥片所在边缘全部被利用，左侧台面剥片长度与台面周长的比率为10%，即剥片所在台面利用率刚刚到一成。打击方法为硬锤锤击法。剥片面有1个，在近端面，有4块垂直相交分布的石片疤，近端剥片面面积与未剥片面面积的比例为1∶4。4块石片疤的特征，按加工顺序如下：第一块为不完整石片疤，长9、宽16毫米，倾斜度40°，弦长、矢长难以测量，平面形状为不规则四边形，到对边的长度49毫米，台面角53°。第二块为不完整石片疤，长27、宽13毫米，倾斜度53°，弦长、矢长难以测量，平面形状为不规则四边形，到对边的长度53毫米，台面44°。第三块为完整石片疤，长29、宽34毫米，倾斜度58°，弦长26、矢长1.5毫米。平面形状为不规则四边形，到对边的长度53毫米，台面角50°。第四块为完整石片疤，长28、宽20毫米，倾斜度12°，弦长7、矢长1毫米。平面形状为不规则四边形，到对边的长度63毫米，台面角79°。保留的砾石石皮的总数值为4等份，其中顶面有1等份、底面有2等份、侧面有1等份。该标本没有转动过，翻动过1次。该标本似特征不明显的单向加工的单刃砍砸器（chopper）（图2－25）。

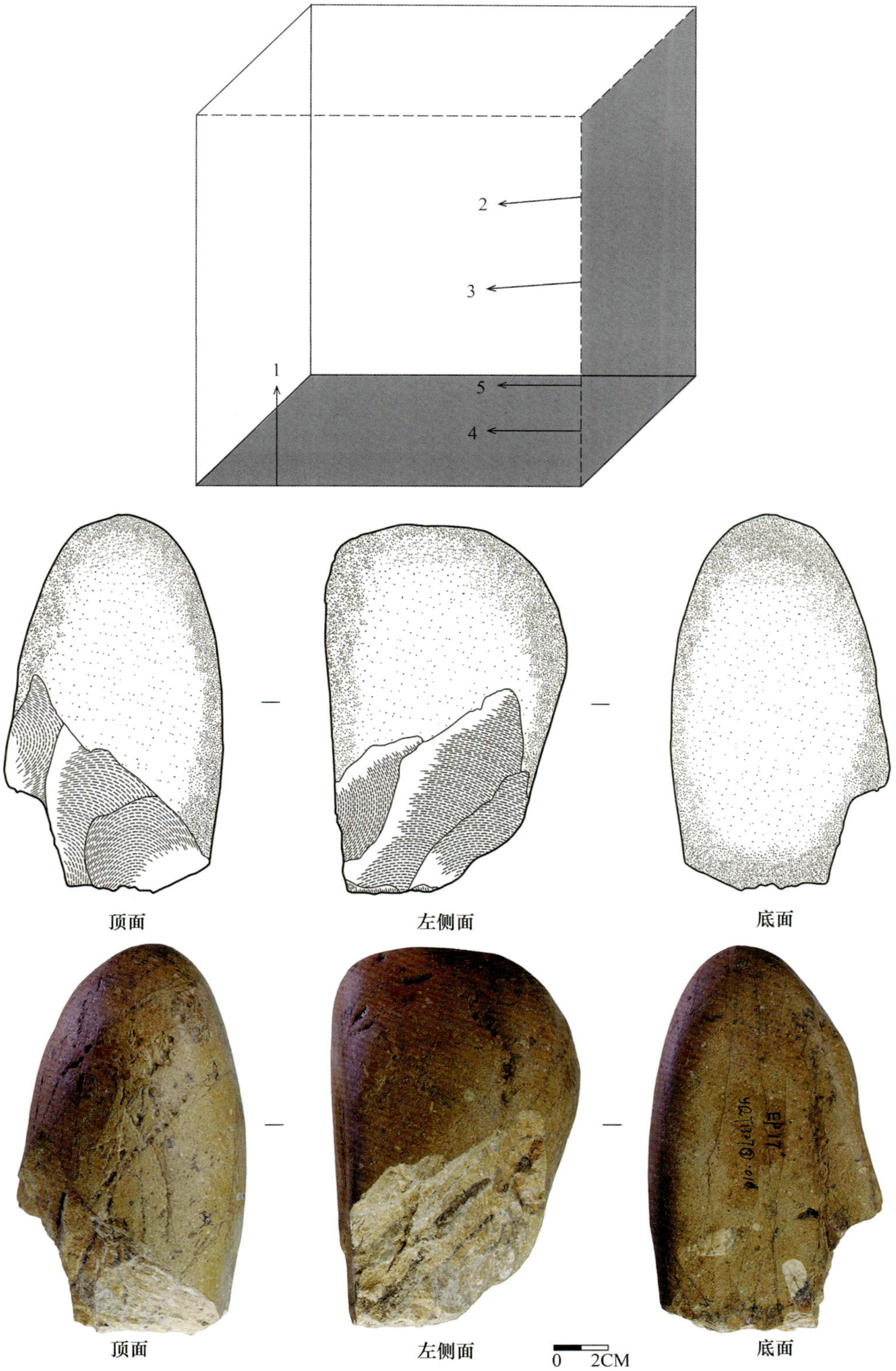

图 2－24　中文化层两个台面相连的双台面石核（1995T1327③: 16）

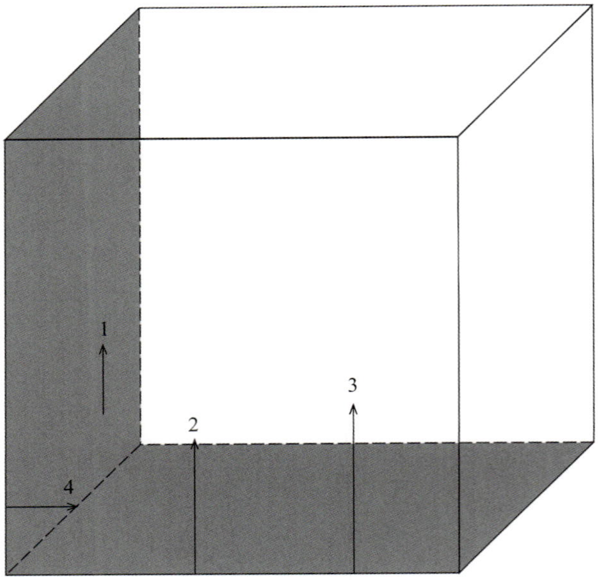

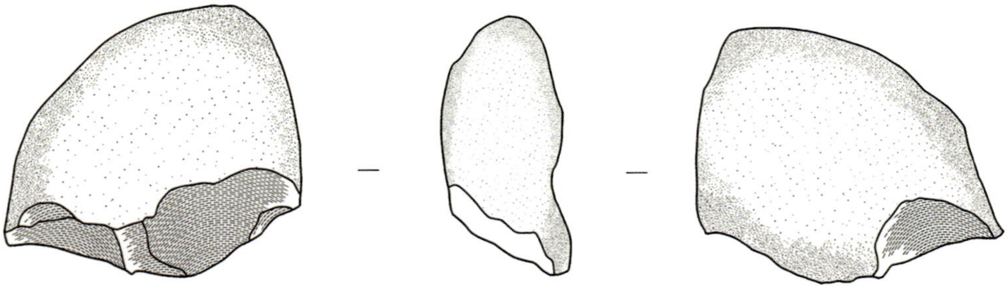

顶面　　右侧面　　底面

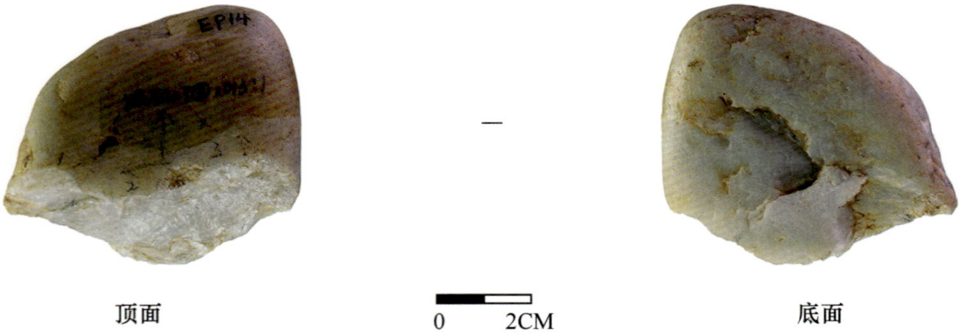

顶面　　底面

图 2 – 25　中文化层两个台面相连的双台面石核（1995T1327③: 13 – 1）

（b）两个台面不相连的双台面石核

有 1 件，两个台面分别在右侧面和左侧面。

1995T1327③:5（EP11），素材为砾石。自然尺寸为长 70、宽 67、厚 50 毫米，重 348 克。岩性为脉石英，平面、横剖面、纵剖面几何形状均为不规则四边形，磨圆度一般。近端面、底面上有片疤，远端面、顶面、左侧面、右侧面上有石皮。台面分别在左侧面和右侧面，左侧台面平面几何形状为平滑的不规则四边形，性质为砾石天然石皮平滑台面，剥片部位在近端边、底边，剥片方向从左侧面到右侧面。左侧台面周长 204 毫米，近端边剥片所在边缘长度 40 毫米，剥片长度 40 毫米，剥片长度与所在边缘长度的比率为 100%，即剥片所在边缘全部被利用；底边剥片所在边缘长度 60 毫米，剥片长度 60 毫米，剥片长度与所在边缘长度的比率为 100%，即剥片所在边缘全部被利用。左侧台面剥片长度与台面周长的比率为 49%，即剥片所在台面利用率接近一半。右侧台面平面几何形状为不规则四边形，性质为天然石皮的凸起台面，剥片部位在底边，剥片方向从右侧面到左侧面。右侧台面周长 180 毫米，底边剥片所在边缘长度 50 毫米，剥片长度 50 毫米，剥片长度与所在边缘长度的比率为 100%，即剥片所在边缘全部被利用。右侧台面剥片长度与台面周长的比率为 28%，即剥片所在台面利用率没有超过一半。打击方法为硬锤锤击法。剥片面有 2 个，分别在近端面、底面，两个剥片面相邻相连，分别有 1 块、2 块无规律分布的石片疤，近端剥片面面积与未剥片面面积的比例为 1:7、底剥片面面积与未剥片面面积的比例为 2:6。全部剥片面面积与未剥片面面积的比例为 3:5。3 块石片疤的特征，按加工顺序如下：第一块为不完整石片疤，长 66、宽 65 毫米，倾斜度 2°，弦长、矢长难以测量，平面形状为不规则四边形，到对边的长度 66 毫米，台面角 84°。第二块为不完整石片疤，长 65、宽 16 毫米，倾斜度 9°，弦长、矢长难以测量，平面形状为不规则四边形，到对边的长度 65 毫米，台面 99°。第三块为不完整石片疤，长 64、宽 45 毫米，倾斜度 3°，弦长、矢长难以测量，平面形状为不规则四边形，到对边的长度 63 毫米，台面角 95°。保留的砾石石皮的总数值为 5 等份，其中顶面有 2 等份，侧面有 3 等份。该标本转动过 1 次，翻动过 1 次（图 2－26）。

3）石核剩块。中文化层的石核剩块有 1 件。

1990T344③:23（EP223），素材为砾石。自然尺寸为长 63、宽 58、厚 40 毫米，重 175 克。岩性为脉石英，平面、横剖面、纵剖面几何形状均为不规则四边形，磨圆度一般。左侧面、顶面、底面、远端面、右侧面上有片疤，近端面上有石皮。可见 6 块石片疤，尺寸分别为长 63、宽 44 毫米，长 34、宽 21 毫米，长 32、宽 33 毫米，长 51、宽 42 毫米，长 30、宽 46 毫米，长 37、宽 23 毫米（图 2－27）。

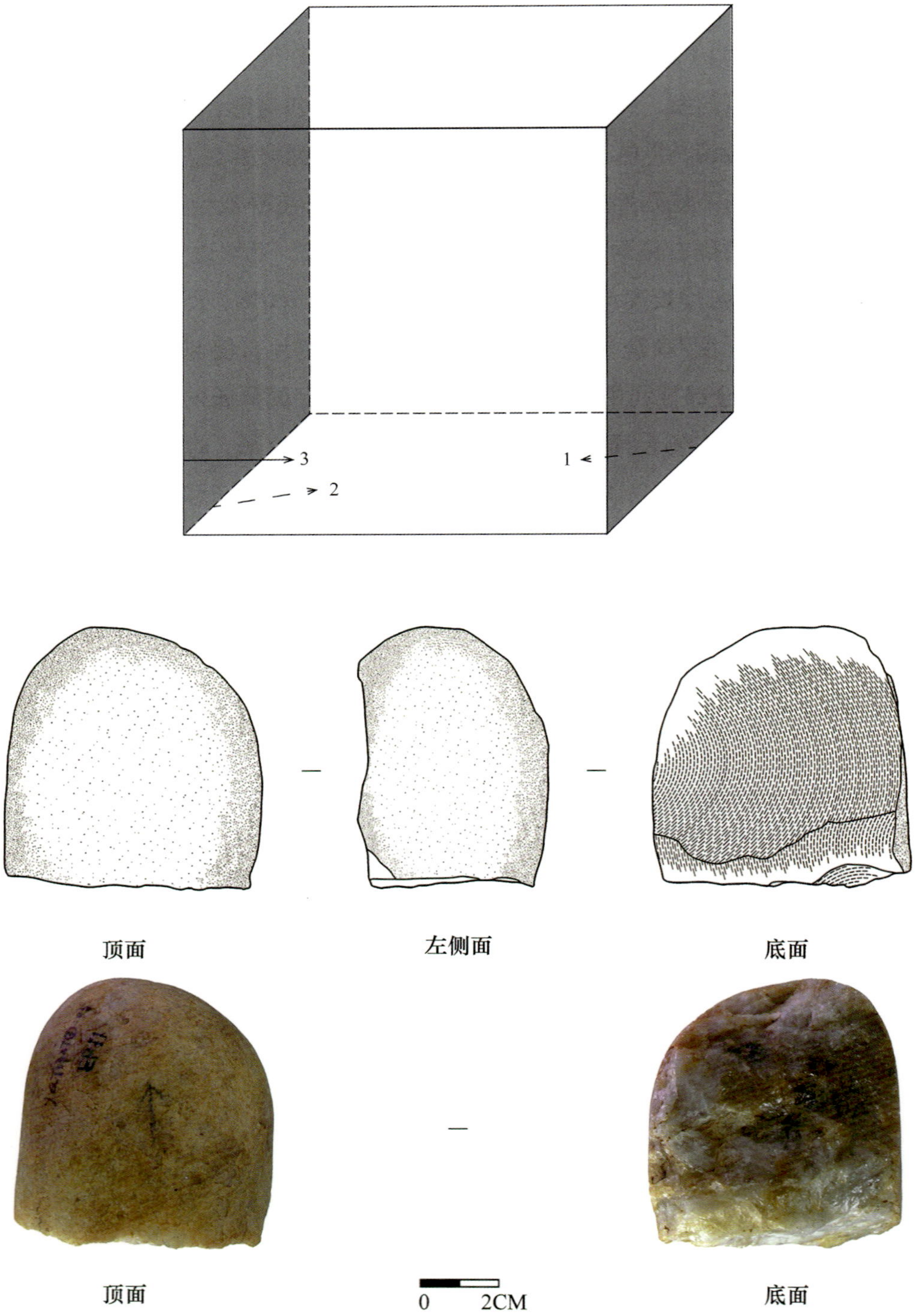

图2－26　中文化层两个台面不相连的双台面石核（1995T1327③:5）

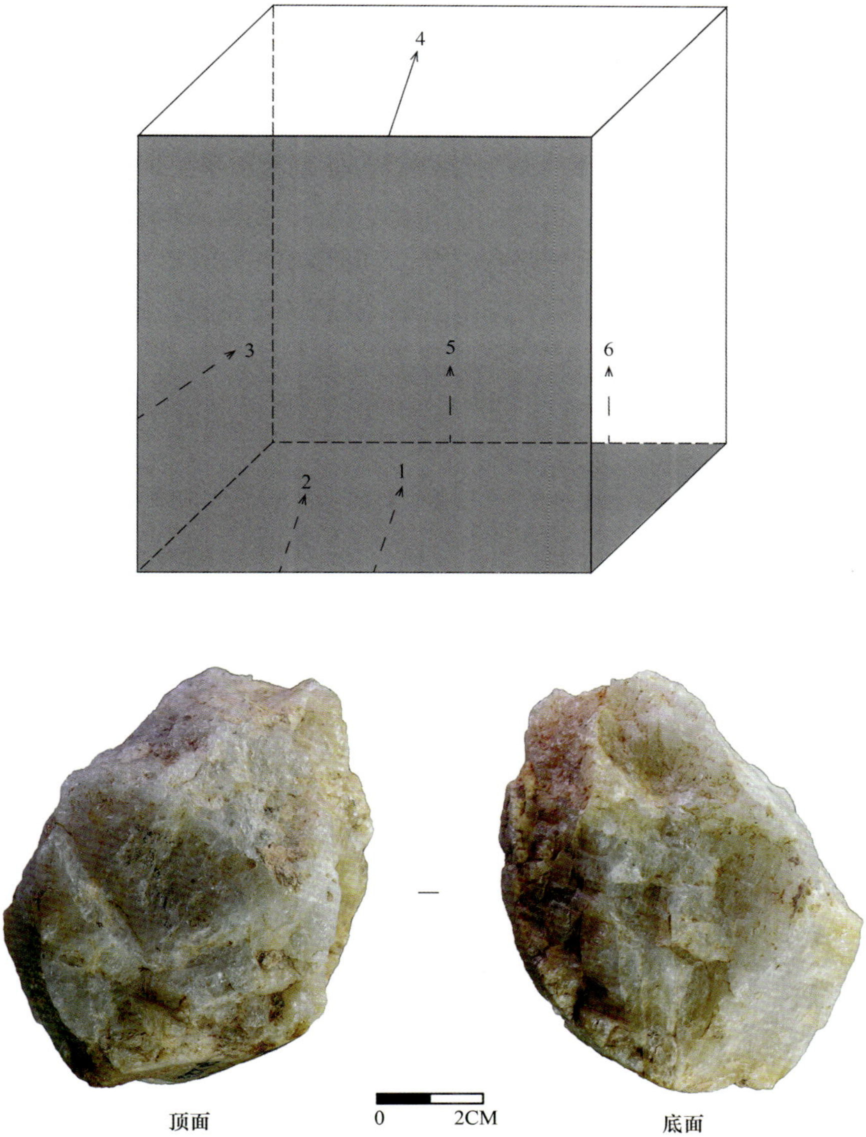

图 2－27　中文化层的石核剩块（1990T344③：23）

（4）石片。

中文化层中发现的石片标本有 35 件，分为完整石片和半边石片。

1）完整石片，有 21 件，根据石片背面保留原始石皮的多少分为四类：第Ⅰ类，背面全部为砾石石皮；第Ⅱ类，背面面积大部分为砾石石皮、小部分为剥片疤；第Ⅲ类，背面面积小部分为砾石石皮、大部分为剥片疤；第Ⅳ类，背面全部为剥片疤。中文化层没有发现第Ⅱ类石片。

（a） Ⅰ类石片，背面全部为砾石石皮的石片，有 2 件。

1999T1327③: 6（EP31），长度、宽度、自然厚度分别为 86、68、20 毫米，打击长度、宽度、厚度分别为 86、68、20 毫米，打击泡附近厚度 20 毫米，打击轴中段厚度 20 毫米。重量 114 克，岩性为石英岩，平面、横剖面、纵剖面几何形状均为不规则梯形、不规则椭圆形、不规则三边形。台面为天然石皮的平滑台面，台面弦长 25 毫米、厚度 60 毫米、矢长 2 毫米。左侧边为石皮，较薄；远端边为石皮，较薄；右侧边为石皮，较薄。背面上全部为砾石石皮。破裂面上打击点位置略居中，打击点附近略有破碎，半锥体略发育，有一个打击泡，打击泡略发育，波纹不明显，没有穗状物，放射线可见，主要、次要锥疤不见，没有卷边，有双锥体，连接点为平型，没有流线型，不见柳叶纹，石片角 76°。该标本可与 1995T1327③: 3（EP32）拼合（图 2－28）。

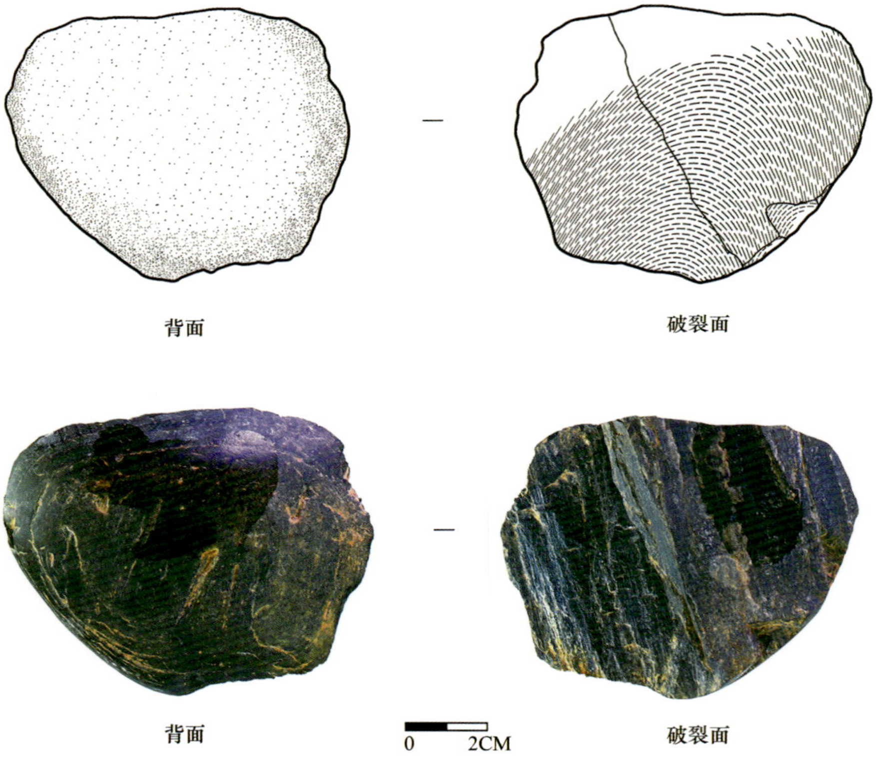

图 2－28　中文化层的Ⅱ类完整石片（1999T1327③: 6）

1999T1327③: 9828（EP275），自然长度、自然宽度、自然厚度分别为 58、41、19 毫米，打击长度、打击宽度、打击厚度分别为 58、43、19 毫米，打击泡附近厚度 14 毫米，打击轴中段厚度 14 毫米。重量 40 克，岩性为脉石英，平面、横剖面、纵剖面几何形状均为不规则四边形、不规则三边形、不规则四边形。台面为天然石皮的凸起台面，台面弦长 26 毫米、厚度 13

毫米、矢长 2 毫米。左侧边为石皮，较薄；远端边略断裂，较薄；右侧边为石皮，较薄。背面上全部为砾石石皮。破裂面上打击点位置略偏右侧，打击点附近略有破碎，半锥体略发育，有一个打击泡，打击泡略发育，波纹稍明显，没有穗状物，放射线可见，主要、次要锥疤不见，没有卷边，没有双锥体，连接点为平型，没有流线型，不见柳叶纹，石片角 88°。该标本似为零台面石片（图 2－29）。

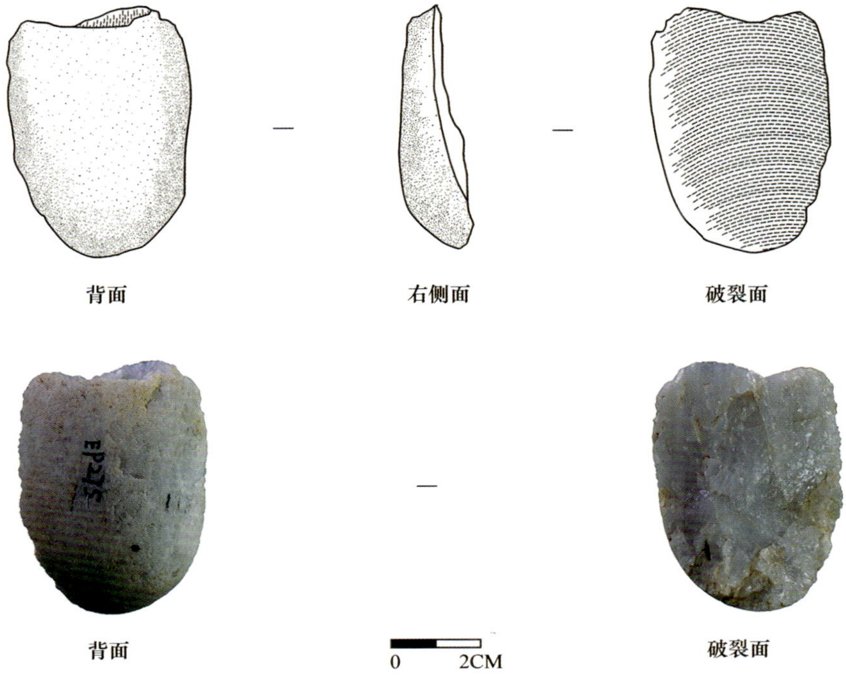

图 2－29　中文化层的Ⅰ类完整石片（1999T1327③: 9828）

（b）Ⅲ类石片，背面面积小部分为砾石天然石皮、大部分为剥片疤的石片有 1 件，1995T1327③: 15－2（EP22），自然长度、自然宽度、自然厚度分别为 53、33、14 毫米，打击长度、打击宽度、打击厚度分别为 29、53、14 毫米，打击泡附近厚度 9 毫米，打击轴中段厚度 9 毫米。重量 20 克，岩性为含砾砂岩，平面、横剖面、纵剖面几何形状均为不规则四边形。台面为人工片疤的平滑台面，台面弦长 36 毫米、厚度 10 毫米、矢长 5 毫米。可测台面角 53°、64°，台面略呈唇形。左侧边为片疤，较薄；远端边为片疤，略断裂，较薄；右侧边为片疤，断裂。背面上砾石石皮比例为 1: 15。破裂面上打击点位置居中，打击点附近略有破碎，半锥体略发育，有一个打击泡，打击泡略发育，波纹稍明显，没有穗状物，放射线可见，主要、次要锥疤不见，卷边，没有双锥体，连接点为超过型，有流线型，不见柳叶纹，石片角 120°（图 2－30）。

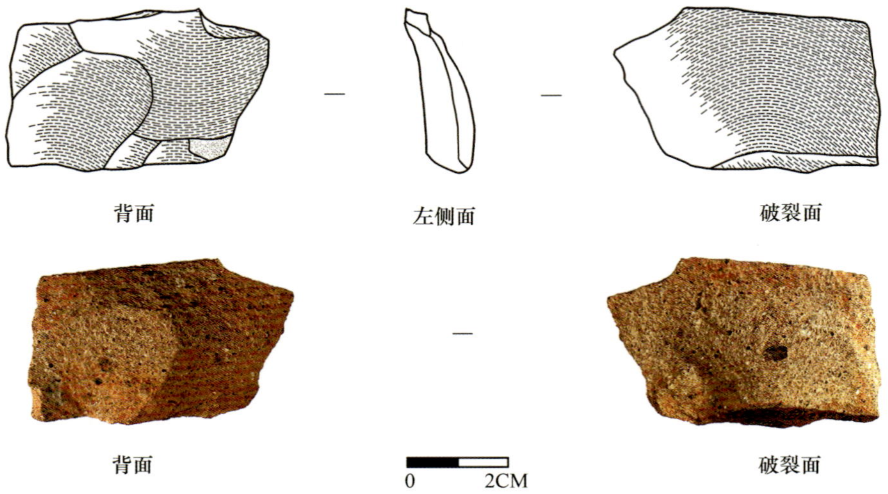

图2－30　中文化层的Ⅲ类完整石片（1995T1327③：15－2）

（c）Ⅳ类石片，背面全部为剥片疤的石片有18件，岩性从大类上看有火成岩14件，沉积岩3件，变质岩1件。岩性小类中最多的为脉石英（14件），其次为砂岩（有2件），含砾砂岩和石英岩各有1件。

此类石片长度最长的达75毫米，最短的只有20毫米，超过50毫米的有12件，小于50毫米的有7件。宽度中最宽的为51毫米，最窄的为9毫米，小于50毫米的有16件，大于50毫米的有3件。厚度中最厚的为29毫米，最薄的为4毫米，均小于50毫米。重量中最重的为73克，最轻的为0.8克，均小于100克。

此类石片的平面形状大部分为不规则四边形（10件），有少量不规则三边形（5件）、不规则五边形（3件）；横剖面形状大部分为不规则四边形（10件）和不规则三边形（8件）；纵剖面形状大部分为不规则四边形（11件）和不规则三边形（7件）。

此类石片的台面形状大部分为不规则四边形和不规则三边形（各5件），其次为不规则椭圆形（4件）和长四边形（2件）、半圆形（1件）、长三边形（1件）。台面性质中天然台面最多（13件），其次为人工台面（3件）和混合台面（2件）。半锥体大部分略发育，其次为平的，凸起和太发育的很少。打击泡大部分略凸起，其次为平的，散开和凹下的较少。波纹大部分稍明显，不明显的很少。放射线大部分都有。没有发现有锥疤的标本，而有双锥体的标本只有1件。

此类石片的石片角最大的为150°，最小的为76°，其中以在90°～99°的为多（有7个），其次为在100°～109°的（5个），在110°～119°、120°～129°的各有3个，在70°～79°和150°～159°的各有1个。可测台面角最大的为107°，最小的为50°，其中以在80°～89°的为多（有5个），在70°～79°的有9个，在60°～69°的有4个，在100°～109°的有3个，在90°～99°的有2个，在50°～59°的有1个。

此类石片中没有可拼合的标本。

1990T345③:4（EP242），自然长度、自然宽度、自然厚度分别为48、34、17毫米，打击长度、打击宽度、打击厚度分别为29、51、17毫米，打击泡附近厚度17毫米，打击轴中段厚度10毫米。重量27克，岩性为脉石英，平面、横剖面、纵剖面几何形状分别为不规则四边形、不规则四边形、不规则三边形。台面为部分天然石皮+部分石片疤的凸起的混合台面，台面弦长43毫米、厚度16毫米、矢长5毫米。可测台面角79°，台面不呈唇形。左侧边、远端边、右侧边均为片疤，较薄。背面上没有砾石石皮，有1块单极纵向分布的片疤。破裂面上打击点位置略居中，打击点附近略有破碎，半锥体略发育，有一个打击泡，打击泡略发育，波纹稍明显，没有穗状物，放射线可见，主要、次要锥疤不见，没有卷边，没有双锥体，连接点为平型，没有流线型，不见柳叶纹，石片角99°（图2-31）。

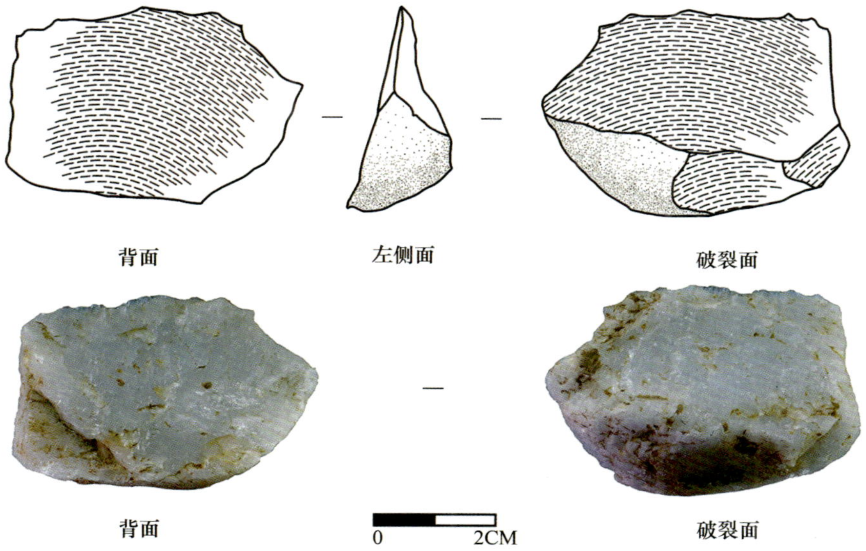

图2-31　中文化层的Ⅳ类完整石片（1990T345③:4）

1990T443③:33（EP134），自然长度、自然宽度、自然厚度分别为72、46、19毫米，打击长度、打击宽度、打击厚度分别为45、74、19毫米，打击泡附近厚度分别为9、7毫米，打击轴中段厚度均为11毫米。重量49克，岩性为砂岩，平面、横剖面、纵剖面几何形状分别为不规则三边形、不规则四边形、不规则四边形。台面为天然石皮的凸起台面，台面弦长23毫米、厚度7毫米、矢长2毫米。可测台面角60°、73°，台面不呈唇形。左侧边、远端边、右侧边均为片疤，较薄。背面上没有砾石石皮，有5块单极向心状分布的片疤。破裂面上有两个打击点，位置分别在左侧和中部，打击点附近略有破碎，半锥体略发育，有两个打击泡，打击泡略发育，波纹稍明显，没有穗状物，放射线可见，主要、次要锥疤不见，没有卷边，有双锥体，连接点为平型，没有流线型，不见柳叶纹，石片角125°、118°（图2-32）。

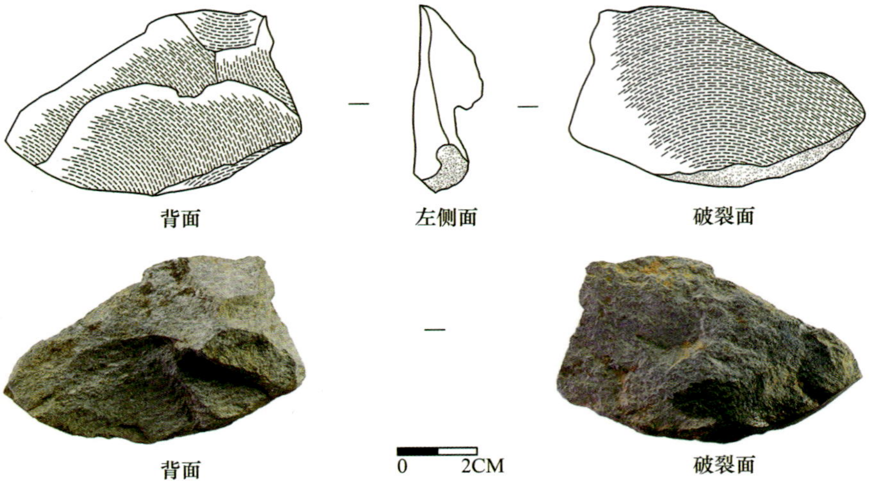

图 2－32　中文化层的Ⅳ类完整石片（1990T443③: 33）

1990T945③: 205（EP264），自然长度、自然宽度、自然厚度分别为 48、29、20 毫米，打击长度、打击宽度、打击厚度分别为 44、28、20 毫米，打击泡附近厚度 12 毫米，打击轴中段厚度 7 毫米。重量 21 克，岩性为脉石英，平面、横剖面、纵剖面几何形状均为不规则四边形。台面为天然石皮的平滑台面，台面弦长 20 毫米、厚度 12 毫米、矢长 0.5 毫米。可测台面角 80°，台面不呈唇形。左侧边为片疤、略厚，远端边为片疤、较薄，右侧边为片疤、较薄。背面上没有砾石石皮，有 2 块单极纵向分布的片疤，居中有一条纵脊。破裂面上打击点位置略居中，打击点附近略有破碎，半锥体略发育，有一个打击泡，打击泡略发育，波纹稍明显，没有穗状物，放射线可见，主要、次要锥疤不见，没有卷边，没有双锥体，连接点为平型，没有流线型，不见柳叶纹，石片角 95°（图 2－33）。

1995T1327③: 10－2（EP20），自然长度、自然宽度、自然厚度分别为 55、51、16 毫米，打击长度、打击宽度、打击厚度分别为 55、52、16 毫米，打击泡附近厚度 12 毫米，打击轴中段厚度 11 毫米。重量 3 克，岩性为石英岩，平面、横剖面、纵剖面几何形状分别为不规则四边形、不规则三边形、不规则三边形。台面为天然石皮的平滑台面，台面弦长 50 毫米、厚度 12 毫米、矢长 5 毫米。可测台面角 107°，台面不呈唇形。左侧边、远端边、右侧边均为片疤，较薄。背面上没有砾石石皮，有 1 块单极纵向分布的片疤。破裂面上打击点位置略偏左，打击点附近略有破碎，半锥体略发育，有一个打击泡，打击泡略发育，波纹稍明显，没有穗状物，放射线可见，主要、次要锥疤不见，没有卷边，没有双锥体，连接点为平型，没有流线型，不见柳叶纹，石片角为 94°（图 2－34）。

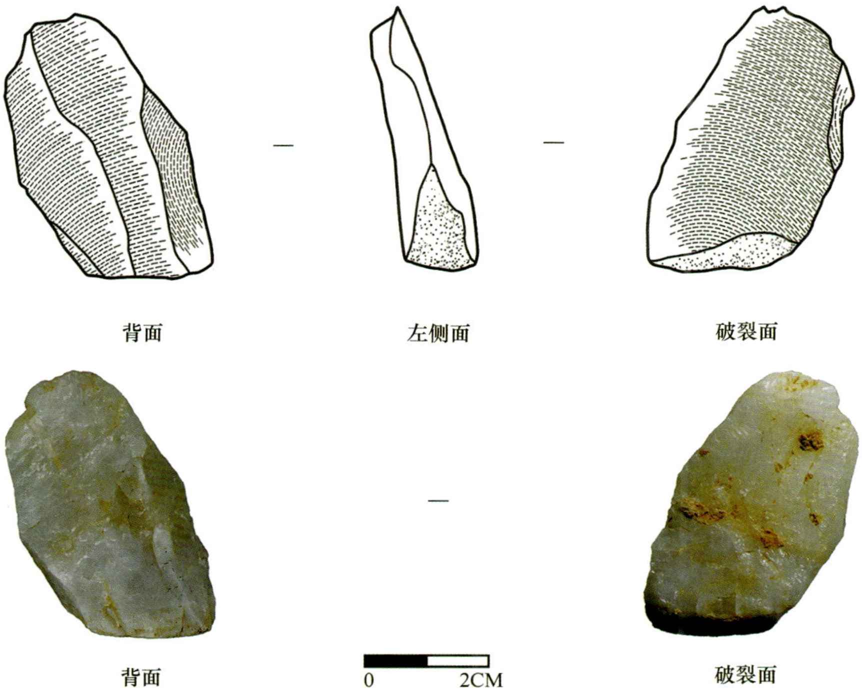

图 2-33　中文化层的Ⅳ类完整石片（1990T945③:205）

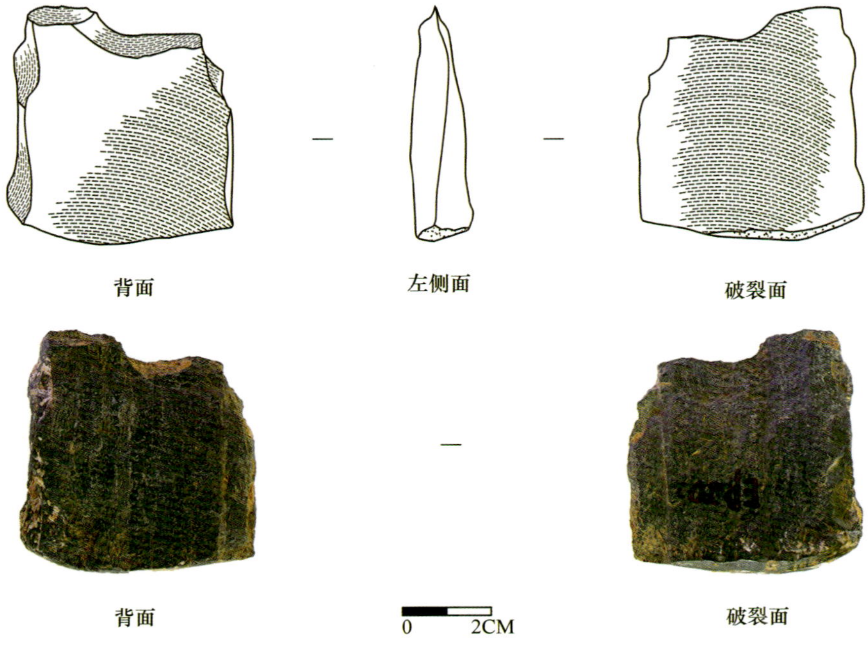

图 2-34　中文化层的Ⅳ类完整石片（1995T1327③:10-2）

1999T1327③: 9829（EP276），自然长度、自然宽度、自然厚度分别为53、40、20毫米，打击长度、打击宽度、打击厚度分别为51、42、20毫米，打击泡附近厚度17毫米，打击轴中段厚度20毫米。重量31克，岩性为脉石英，平面、横剖面、纵剖面几何形状分别为不规则四边形、不规则三边形、不规则三边形。台面为天然石皮的凸起台面，台面弦长33毫米、厚度16毫米、矢长3毫米。可测台面角76°、85°，台面不呈唇形。左侧边、远端边、右侧边均为片疤，较薄。背面上没有砾石石皮，有3块单极纵向分布的片疤，居中有一条“Y”字形脊。破裂面上打击点位置略偏右侧，打击点附近略有破碎，半锥体略发育，有一个打击泡，打击泡略发育，波纹稍明显，没有穗状物，放射线可见，主要、次要锥疤不见，没有卷边，没有双锥体，连接点为平型，没有流线型，不见柳叶纹，石片角101°（图2－35）。

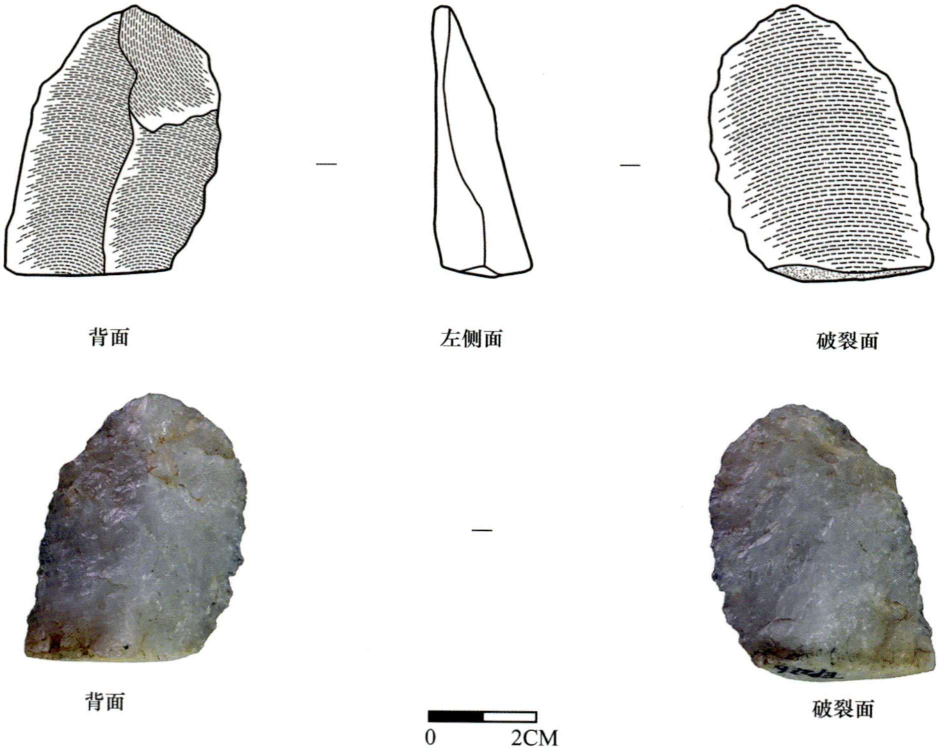

图2－35　中文化层的Ⅳ类完整石片（1999T1327③: 9829）

1995T1327③: 13－2（EP24），自然长度、自然宽度、自然厚度分别为30、27、6毫米，打击长度、打击宽度、打击厚度分别为22、30、6毫米，打击泡附近厚度4毫米，打击轴中段厚度3毫米。重量3克，岩性为砂岩，平面、横剖面、纵剖面几何形状分别为不规则三边形、不规则四边形、不规则三边形。台面为人工片疤＋天然石皮的混合平滑台面，台面弦长15毫米、厚度4毫米、矢长3毫米。可测台面角70°、68°，台面不呈唇形。左侧边、远端边、右侧边均为片疤，较薄。背面上没有砾石石皮，有3块向心状分布的片疤，有一条倒“Y”字形脊。破裂面上打击点位置略居中，打击点附近略有破碎，半锥体略发育，有一个打击泡，打击泡略发育，波纹稍明显，没有穗状物，放射线可见，主要、次要锥疤不见，没有卷边，没有双锥体，连接点为平型，没有流线型，不见柳叶纹，石片角150°（图2－36）。

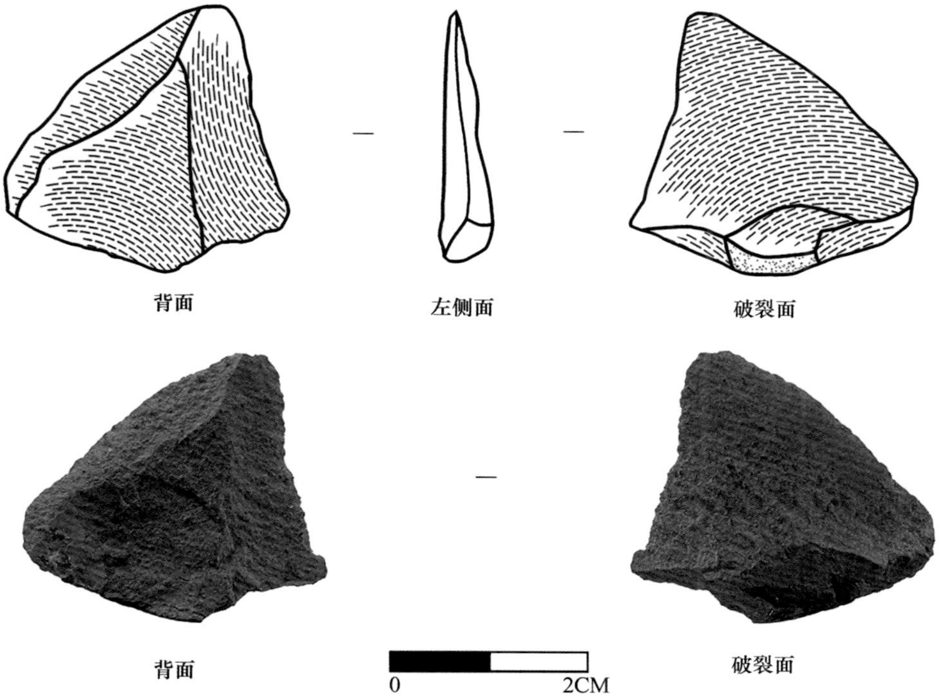

图2－36　中文化层的Ⅳ类完整石片（1995T1327③：13－2）

1999年台地③：9820（EP268），自然长度、自然宽度、自然厚度分别为72、63、23毫米，打击长度、打击宽度、打击厚度分别为66、69、23毫米，打击泡附近厚度23毫米，打击轴中段厚度18毫米。重量72克，岩性为脉石英，平面、横剖面、纵剖面几何形状分别为不规则三边形、不规则四边形、不规则四边形。台面为天然石皮的凸起台面，台面弦长60毫米、厚度23毫米、矢长2毫米。可测台面角100°、88°，台面不呈唇形。左侧边、远端边、右侧边均为片疤，较薄。背面上没有砾石石皮，有2块单极纵向分布的片疤。破裂面上打击点位置略偏左侧，打击点附近略有破碎，半锥体略发育，有一个打击泡，打击泡略发育，波纹稍明显，没有穗状物，放射线可见，主要、次要锥疤不见，没有卷边，没有双锥体，连接点为平型，没有流线型，不见柳叶纹，石片角94°。该标本可与EP279拼合（图2－37）。

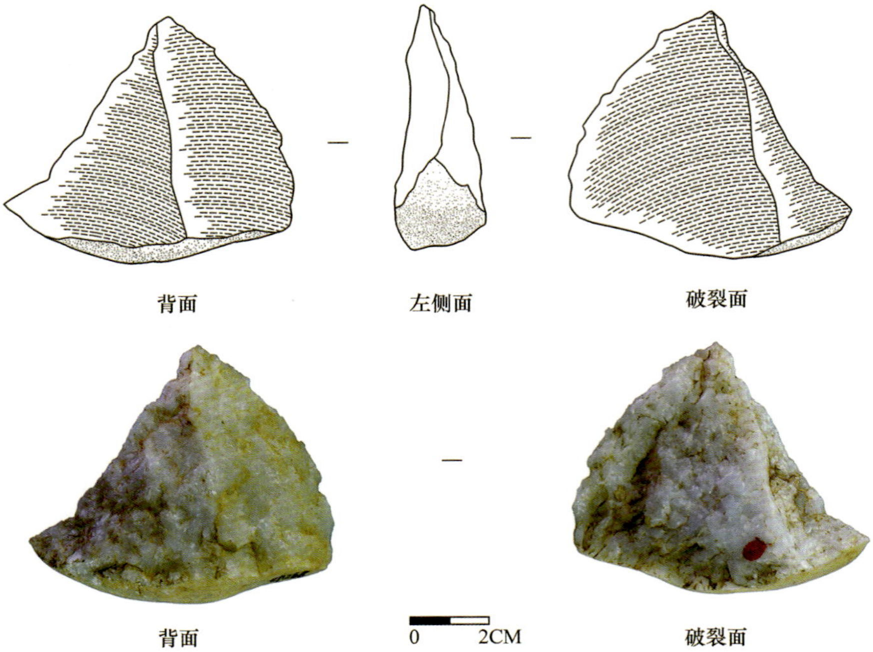

图 2－37　中文化层的Ⅳ类完整石片（1999 年台地③: 9820）

1990T345③: 31（EP241），自然长度、自然宽度、自然厚度分别为 72、47、15 毫米，打击长度、打击宽度、打击厚度分别为 68、46、15 毫米，打击泡附近厚度 13 毫米，打击轴中段厚度 12 毫米。重量 53 克，岩性为脉石英，平面、横剖面、纵剖面几何形状分别为不规则四边形、不规则三边形、不规则四边形。台面为人工片疤的凸起台面，台面弦长 32 毫米、厚度 14 毫米、矢长 4 毫米。可测台面角 76°、73°，台面不呈唇形。左侧边、远端边、右侧边均为片疤，较薄。背面上没有砾石石皮，有 3 块单极交错分布的片疤。破裂面上打击点位置略偏右侧，打击点附近略有破碎，半锥体略发育，有一个打击泡，打击泡略发育，波纹稍明显，没有穗状物，放射线可见，主要、次要锥疤不见，没有卷边，没有双锥体，连接点为平型，没有流线型，不见柳叶纹，石片角 118°（图 2－38）。

1990T544③：图 1－7（EP123），自然长度、自然宽度、自然厚度分别为 48、27、6 毫米，打击长度、打击宽度、打击厚度分别为 27、37、6 毫米，打击泡附近厚度 6 毫米，打击轴中段厚度 6 毫米。重量 9 克，岩性为脉石英，平面、横剖面、纵剖面几何形状分别为不规则四边形、不规则三边形、不规则四边形。台面为天然石皮的平滑台面，台面弦长 26 毫米、厚度 6 毫米、矢长 1.5 毫米。可测台面角 74°，台面不呈唇形。左侧边为石皮，远端边、右侧边均为片疤，较薄。背面上没有砾石石皮，有 1 块单极纵向分布的片疤。破裂面上打击点位置略偏左侧，打击点附近略有破碎，半锥体略发育，有一个打击泡，打击泡略发育，波纹稍明显，没有穗状物，放射线可见，主要、次要锥疤不见，没有卷边，没有双锥体，连接点为平型，没有流线型，不见柳叶纹，石片角 94°（图 2－39）。

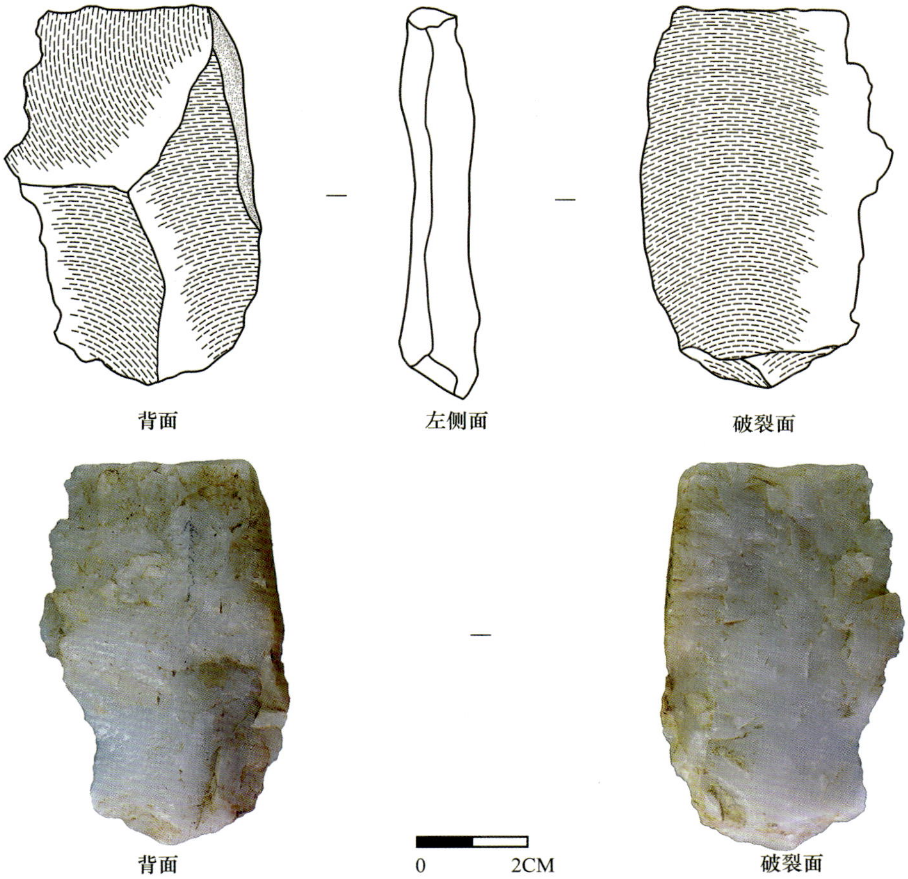

图 2－38　中文化层的Ⅳ类完整石片（1990T345③:31）

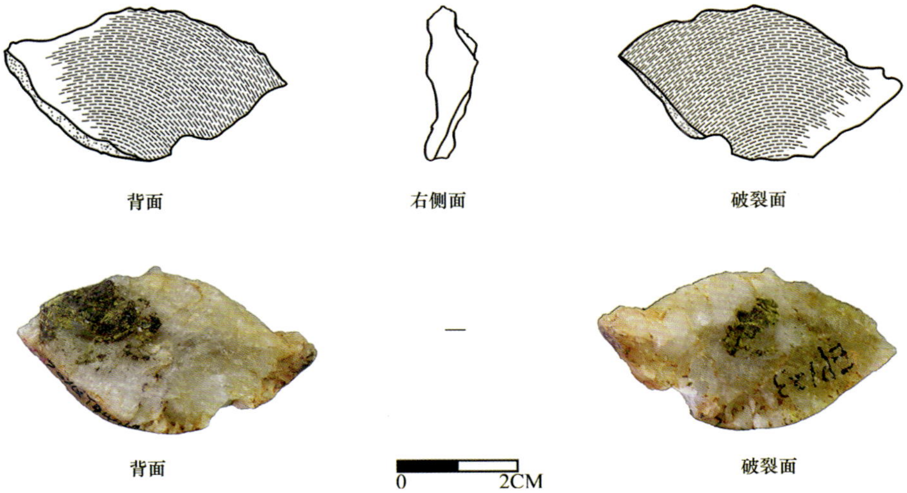

图 2－39　中文化层的Ⅳ类完整石片（1990T544③：图 1－7）

1990T845③: 32 （9032）（EP97），自然长度、自然宽度、自然厚度分别为 49、30、11 毫米，打击长度、打击宽度、打击厚度分别为 46、33、11 毫米，打击泡附近厚度 6 毫米，打击轴中段厚度 9 毫米。重量 15 克，岩性为脉石英，平面、横剖面、纵剖面几何形状分别为不规则五边形、不规则三边形、不规则三边形。台面为天然石皮的平滑台面，台面弦长 7 毫米、厚度 3 毫米、矢长 0. 5 毫米。可测台面角 85°，台面不呈唇形。左侧边、远端边、右侧边均为片疤，较薄。背面上没有砾石石皮，有 1 块单极纵向分布的片疤。破裂面上打击点位置略居中，打击点附近略有破碎，半锥体略发育，有一个打击泡，打击泡略凹下，波纹稍明显，没有穗状物，放射线可见，主要、次要锥疤不见，没有卷边，没有双锥体，连接点为平型，没有流线型，不见柳叶纹，石片角 122°（图 2 - 40）。

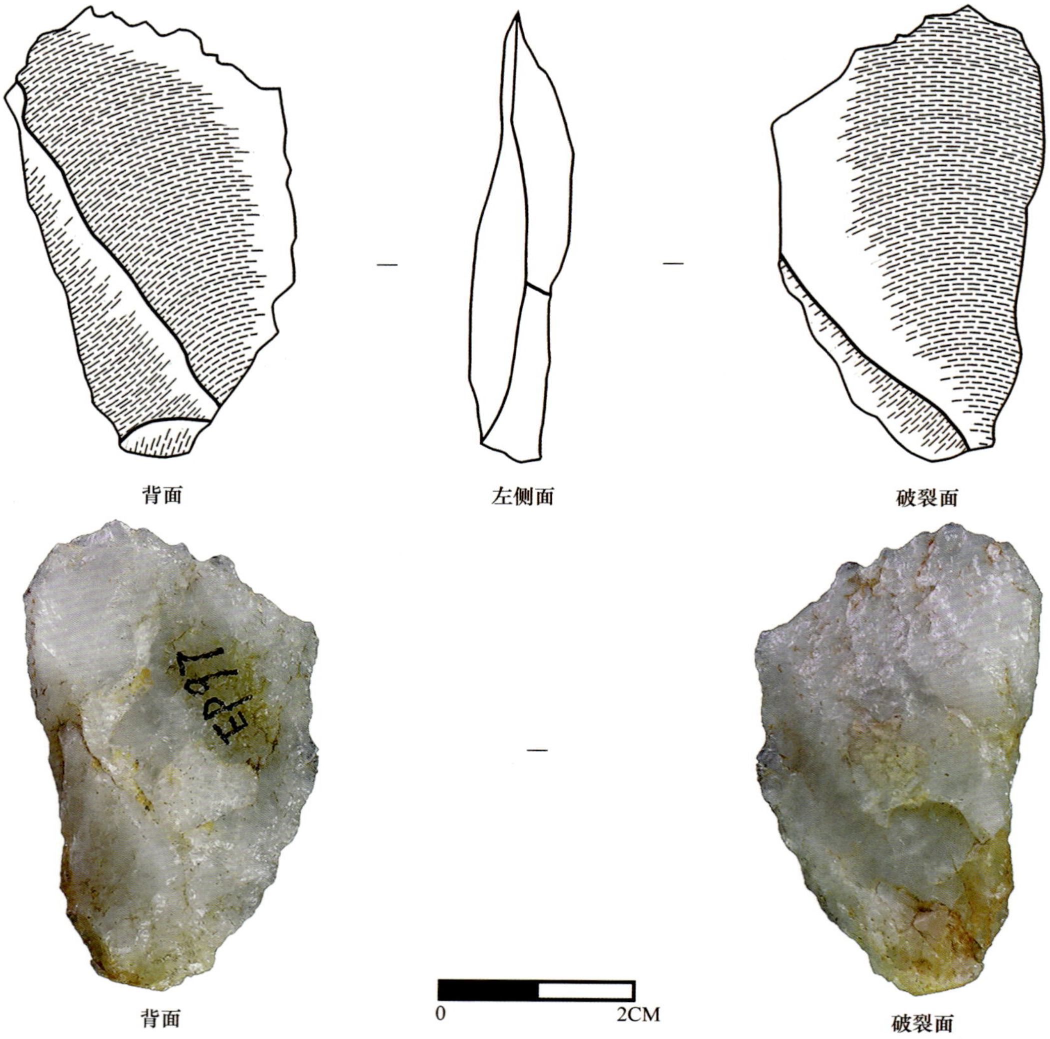

图 2 - 40　中文化层的Ⅳ类完整石片［1990T845③: 32 （9032）］

1995T1327③: 13 －8（EP39），自然长度、自然宽度、自然厚度分别为 37、27、11 毫米，打击长度、打击宽度、打击厚度分别为 36、27、11 毫米，打击泡附近厚度 8 毫米，打击轴中段厚度 8 毫米。重量 12 克，岩性为脉石英，平面、横剖面、纵剖面几何形状分别为不规则三边形、不规则四边形、不规则四边形。台面部分为天然石皮、部分为石片疤的混合的平滑台面，台面弦长 23 毫米、厚度 9 毫米、矢长 4 毫米。可测台面角 92°，台面不呈唇形。左侧边为石皮，远端边、右侧边均为片疤，较薄。背面上没有砾石石皮，有 1 块单极横向分布的片疤。破裂面上打击点位置略居中，打击点附近略有破碎，半锥体略发育，有一个打击泡，打击泡略凹下，波纹稍明显，没有穗状物，放射线可见，主要、次要锥疤不见，没有卷边，没有双锥体，连接点为平型，没有流线型，不见柳叶纹，石片角 100°（图 2－41）。

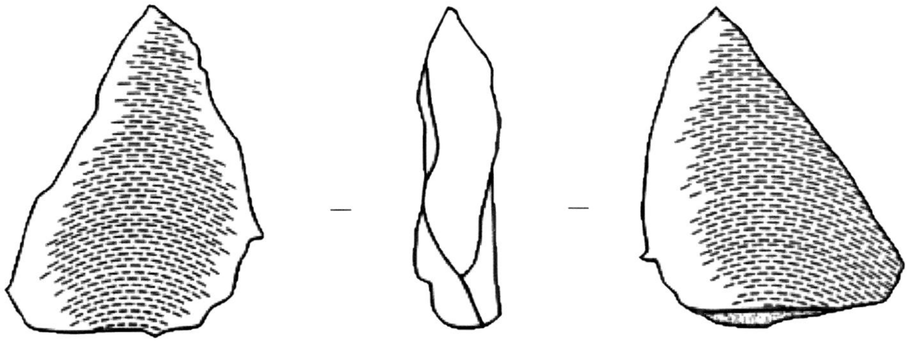

背面　右侧面　破裂面

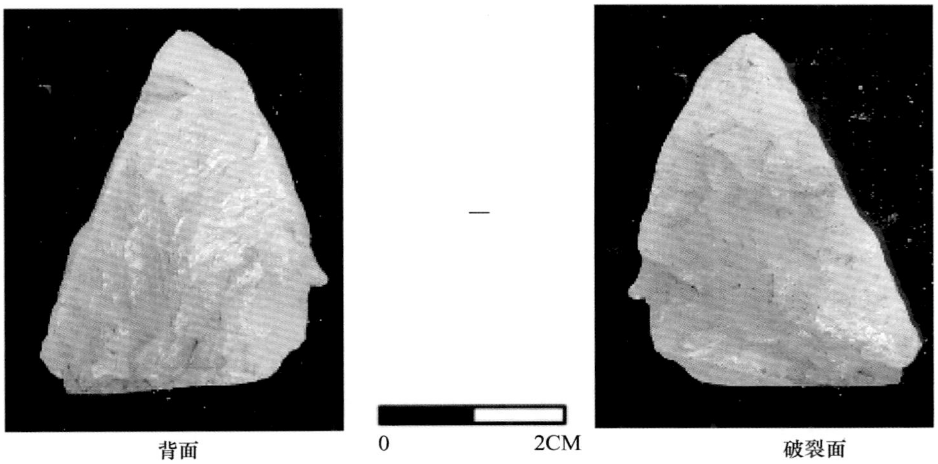

背面　破裂面

图 2－41　中文化层的Ⅳ类完整石片（1995T1327③: 13 －8）

1995T1327③：13 －6（EP37），自然长度、自然宽度、自然厚度分别为 50、31、20 毫

米，打击长度、打击宽度、打击厚度分别为 44、30、20 毫米，打击泡附近厚度 14 毫米，打击轴中段厚度 18 毫米。重量 21 克，岩性为脉石英，平面、横剖面、纵剖面几何形状均为不规则四边形。台面为人工片疤的平滑台面，台面弦长 11 毫米、厚度 9 毫米、矢长 5 毫米。可测台面角 86°，台面不呈唇形。左侧边、远端边、右侧边均为片疤，较薄。背面上没有砾石石皮，有 3 块单极纵向平行分布的片疤。破裂面上打击点位置略居中，打击点附近略有破碎，半锥体略发育，有一个打击泡，打击泡略发育，波纹稍明显，没有穗状物，放射线可见，主要、次要锥疤不见，没有卷边，没有双锥体，连接点为平型，没有流线型，不见柳叶纹，石片角 122°(图 2－42)。

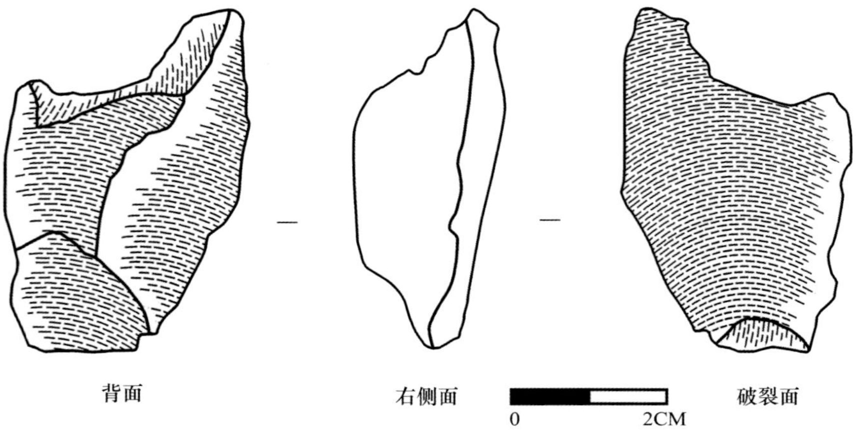

图 2－42　中文化层的Ⅳ类完整石片（1995T1327③: 13－6）

1995T1327③: 13－35（EP30），自然长度、自然宽度、自然厚度分别为 20、9、4 毫米，打击长度、打击宽度、打击厚度分别为 19、9、4 毫米，打击泡附近厚度 3 毫米，打击轴中段厚度 2 毫米。重量 0. 8 克，岩性为脉石英，平面、横剖面、纵剖面几何形状分别为不规则四边形、不规则三边形、不规则三边形。台面为天然石皮的平滑台面，台面弦长 6 毫米、厚度 3 毫米、矢长 0. 5 毫米。可测台面角 82°、83°，台面不呈唇形。左侧边、远端边、右侧边均为片疤，较薄。背面上没有砾石石皮，有 2 块单极纵向分布的片疤。破裂面上打击点位置略居中，打击点附近略有破碎，半锥体略发育，有一个打击泡，打击泡凹下，波纹稍明显，没有穗状物，放射线可见，主要、次要锥疤不见，没有卷边，没有双锥体，连接点为平型，没有流线型，不见柳叶纹，石片角 96°（图 2－43）。

1995T1327③: 13－22（EP28），自然长度、自然宽度、自然厚度分别为 29、25、8 毫米，打击长度、打击宽度、打击厚度分别为 29、25、8 毫米，打击泡附近厚度 8 毫米，打击轴中段厚度 6 毫米。重量 5 克，岩性为脉石英，平面、横剖面、纵剖面几何形状分别为不规则五边形、不规则四边形、不规则三边形。台面为天然石皮的平滑台面（缩小成点状），台面弦长难测、

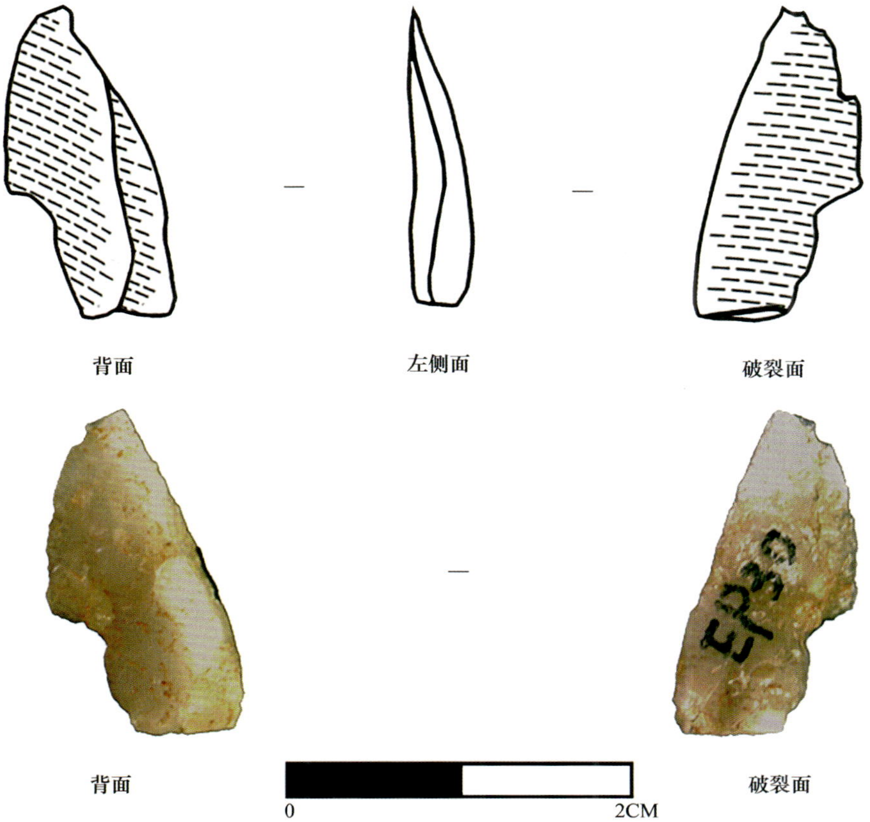

图 2－43　中文化层的Ⅳ类完整石片（1995T1327③：13－35）

厚度 8 毫米、矢长难测。可测台面角 89°，台面不呈唇形。左侧边、远端边、右侧边均为片疤，较薄。背面上没有砾石石皮，有 4 块向心状分布的片疤，有一条倒“Y”字形脊。破裂面上打击点位置略居中，打击点附近略有破碎，半锥体略发育，有一个打击泡，打击泡略发育，波纹稍明显，没有穗状物，放射线可见，主要、次要锥疤不见，没有卷边，没有双锥体，连接点为平型，没有流线型，不见柳叶纹，石片角 102°（图 2－44）。

1995T1327③：13－13（EP26），自然长度、自然宽度、自然厚度分别为 33、28、11 毫米，打击长度、打击宽度、打击厚度分别为 33、27、11 毫米，打击泡附近厚度 10 毫米，打击轴中段厚度 11 毫米。重量 11 克，岩性为脉石英，平面、横剖面、纵剖面几何形状分别为不规则五边形、不规则三边形、不规则四边形。台面为人工片疤的平滑台面，台面弦长 23 毫米、厚度 11 毫米、矢长 2 毫米。可测台面角 98°、101°，台面不呈唇形。左侧边、远端边、右侧边均为片疤，较薄。背面上没有砾石石皮，有 2 块单极纵向分布的片疤，中部有一条纵向脊略偏左。破裂面上打击点位置略居中，打击点附近略有破碎，半锥体略发育，有一个打击泡，打击泡凹下，波纹稍明显，没有穗状物，放射线可见，主要、次要锥疤不见，没有卷边，没有双锥体，连接点为平型，没有流线型，不见柳叶纹，石片角 76°（图 2－45）。

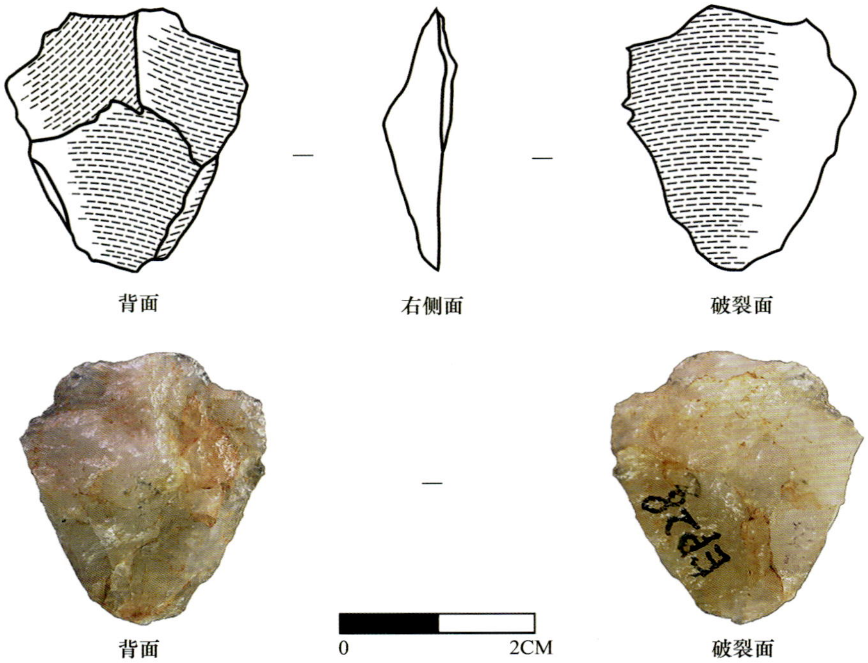

图 2 – 44　**中文化层的Ⅳ类完整石片**（1995T1327③: 13 – 22）

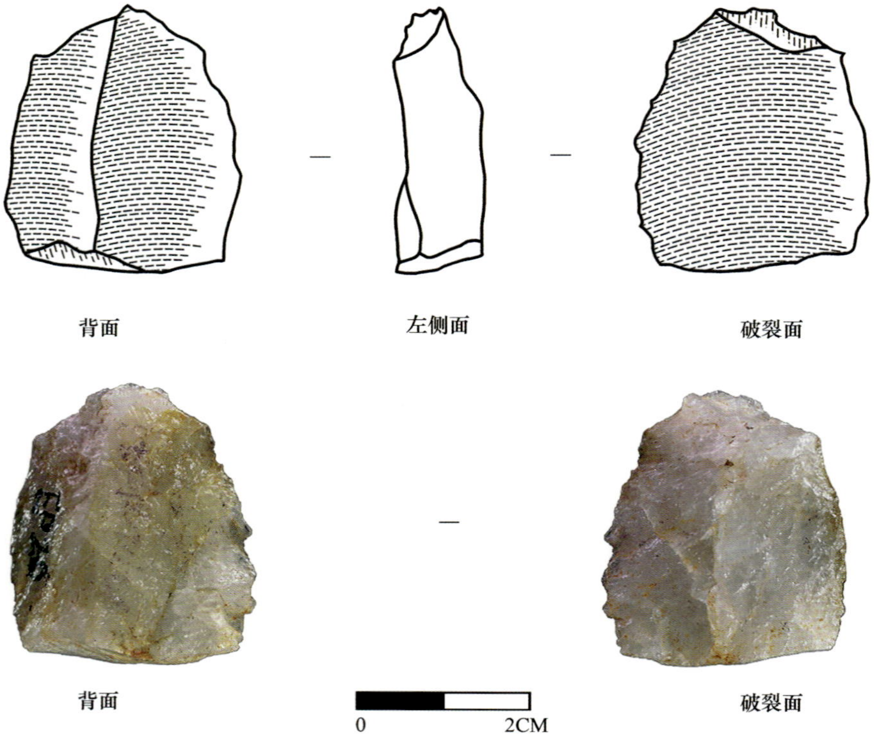

图 2 – 45　**中文化层的Ⅳ类完整石片**（1995T1327③: 13 – 13）

1995T1327③: 13－11（EP25），自然长度、自然宽度、自然厚度分别为41、22、7毫米，打击长度、打击宽度、打击厚度分别为36、25、7毫米，打击泡附近厚度4毫米，打击轴中段厚度6毫米。重量6克，岩性为脉石英，平面、横剖面、纵剖面几何形状分别为不规则四边形、不规则三边形、不规则四边形。台面为天然石皮的平滑台面，台面弦长13毫米、厚度4毫米、矢长2毫米。可测台面角81°、75°，台面不呈唇形。左侧边、远端边、右侧边均为片疤，较薄。背面上没有砾石石皮，有3块交错分布的片疤，中部有一条纵脊。破裂面上打击点位置略居中，打击点附近略有破碎，半锥体略发育，有一个打击泡，打击泡凹下，波纹稍明显，没有穗状物，放射线可见，主要、次要锥疤不见，没有卷边，没有双锥体，连接点为平型，略有流线型，不见柳叶纹，石片角113°（图2－46）。

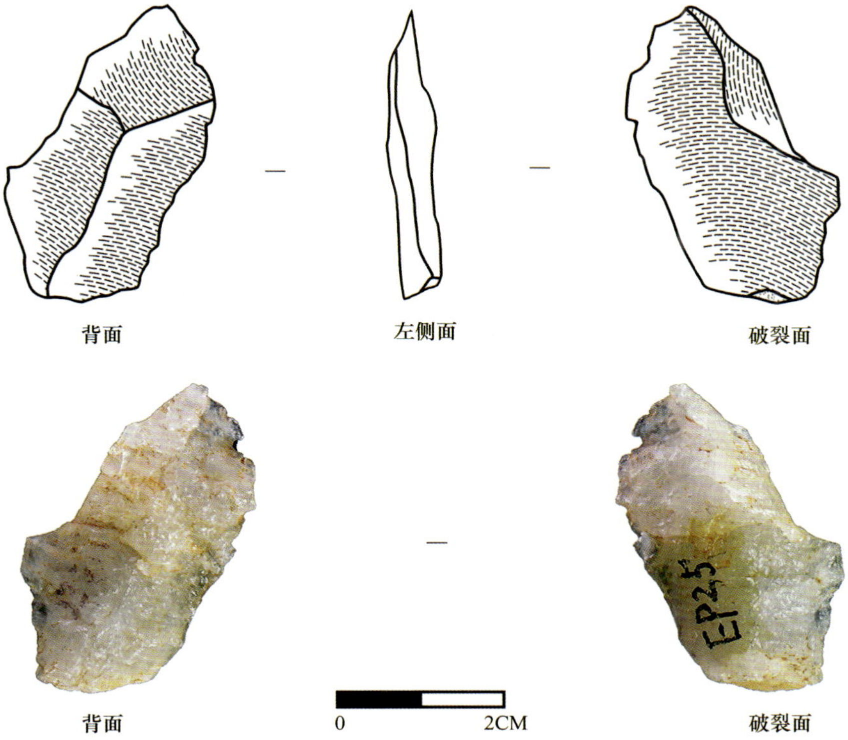

图2－46　中文化层的Ⅳ类完整石片（1995T1327③: 13－11）

1995T1327③: 15－1（EP21），自然长度、自然宽度、自然厚度分别为75、50、20毫米，打击长度、打击宽度、打击厚度分别为44、76、20毫米，打击泡附近厚度13毫米，打击轴中段厚度15毫米。重量73克，岩性为含砾砂岩，平面、横剖面、纵剖面几何形状均为不规则四边形。台面为天然石皮的凸起台面，台面弦长72毫米、厚度17毫米、矢长5毫米。可测台面角50°、61°、74°，台面不呈唇形。左侧边、远端边、右侧边均为片疤，较薄。背面上没有砾石石皮，有4块交错分布的片疤。破裂面上打击点位置略居中，打击点附近略有破碎，半锥体略发育，有一个打击泡，打击泡略发育，波纹稍明显，没有穗状物，放射线可见，主要、次要锥疤不见，没有卷边，没有双锥体，连接点为平型，没有流线型，不见柳叶纹，石片角105°（图2-47）。

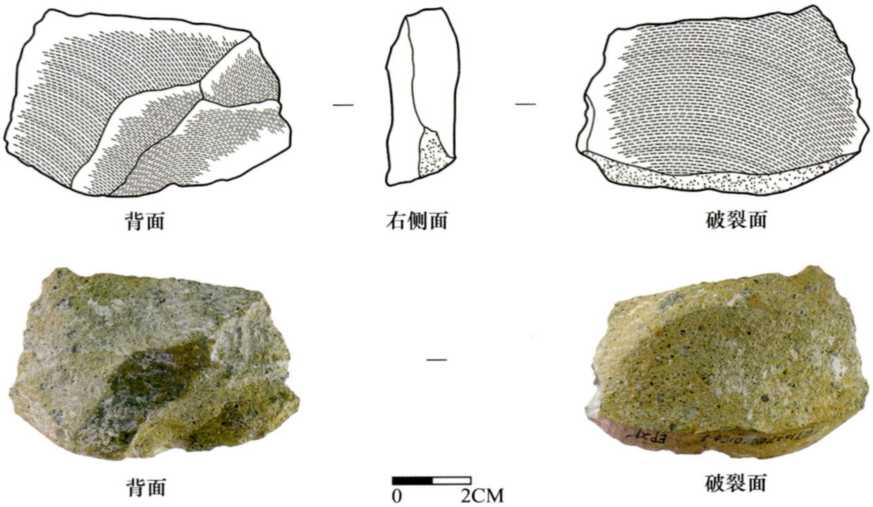

图2-47 中文化层的Ⅳ类完整石片（1995T1327③：15-1）

1995T1327③：13-3（EP15），自然长度、自然宽度、自然厚度分别为55、44、29毫米，打击长度、打击宽度、打击厚度分别为52、46、29毫米，打击泡附近厚度23毫米，打击轴中段厚度18毫米。重量56克，岩性为脉石英，平面、横剖面、纵剖面几何形状分别为不规则三边形、不规则四边形、不规则四边形。台面为天然石皮的平滑台面，台面弦长20毫米、厚度23毫米、矢长2毫米。可测台面角86°，台面不呈唇形。左侧边、远端边均为片疤，右侧边有石皮，较薄。背面上没有砾石石皮，有1块单极纵向分布的片疤。破裂面上打击点位置略居中，打击点附近略有破碎，半锥体略发育，有一个打击泡，打击泡略发育，波纹稍明显，没有穗状物，放射线可见，主要、次要锥疤不见，没有卷边，没有双锥体，连接点为平型，没有流线型，不见柳叶纹，石片角93°（图2-48）。

2）半边石片。

有14件，可分为存近端半边、存左侧半边、存远端半边和存右侧半边四种。

（a）存近端半边石片有7件。岩性中最多的为脉石英（6件），其次为砂岩（1件）。此类石片长度最长的达69毫米，最短的只有27毫米，超过50毫米的有1件，小于50毫米的有6件。宽度中最宽的为55毫米，最窄的为17毫米，小于50毫米的有6件，大于50毫米的有1件。厚度中最厚的为37毫米，最薄的为6毫米，均小于50毫米。重量中最重的达109克，最轻的为3克，大于100克的有5件，小于100克的有2件。

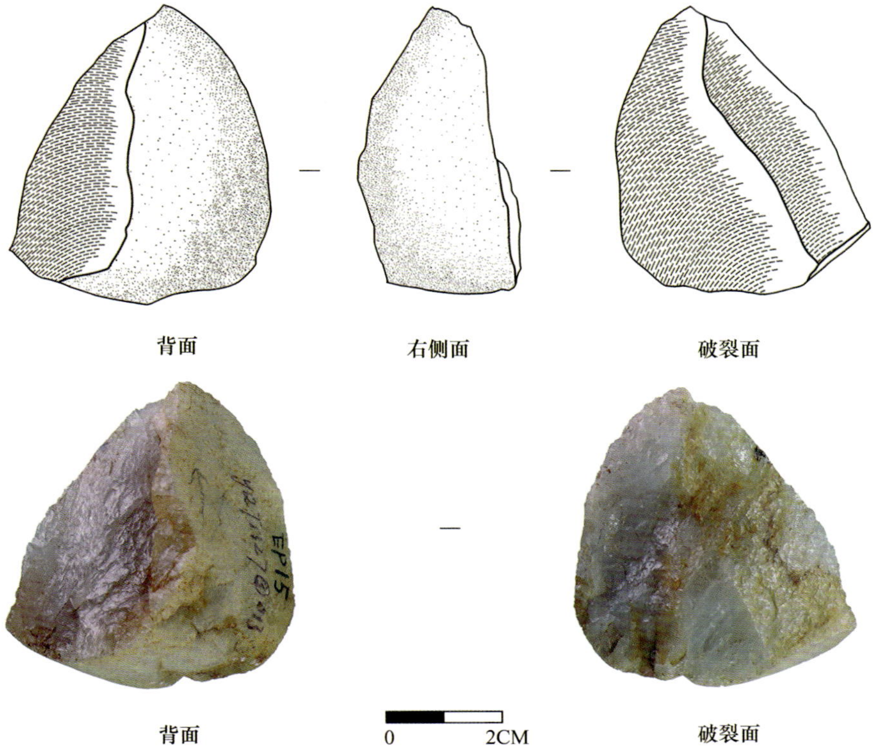

图 2－48　中文化层的Ⅳ类完整石片（1995T1327③: 13－3）

此类石片的可测石片角最大的为 132°，最小的为 89°，在 100°～109°的有 2 个，在 90°～99°、100°～109°、110°～119°、80°～89°和 130°～139°的各有 1 个。可测台面角最大的为 108°，最小的为 54°，其中以在 70°～79°的为多（有 3 个），在 50°～59°、80°～89°的各有 2 个，在 90°～99°和 100°～109°的各有 1 个。

此类石片中没有可拼合的标本。

1990T444③: 16（EP131），自然长度、自然宽度、自然厚度分别为 69、55、37 毫米，打击长度、打击宽度、打击厚度分别为 63、55、37 毫米，打击泡附近厚度 28 毫米，打击轴中段厚度 15 毫米。重量 109 克，岩性为脉石英，平面、横剖面、纵剖面几何形状分别为不规则四边形、不规则三边形、不规则四边形。可测台面角 95°、77°，可测石片角 100°（图 2－49）。

1990T945③: 33（EP93），自然长度、自然宽度、自然厚度分别 39、30、15 毫米，打击长度、打击宽度、打击厚度分别为 28、38、15 毫米，打击泡附近厚度 9 毫米，打击轴中段厚度 11 毫米。重量 18 克，岩性为脉石英，平面、横剖面、纵剖面几何形状分别为不规则五边形、不规则四边形、不规则四边形。可测台面角 108°，可测石片角 89°（图 2－50）。

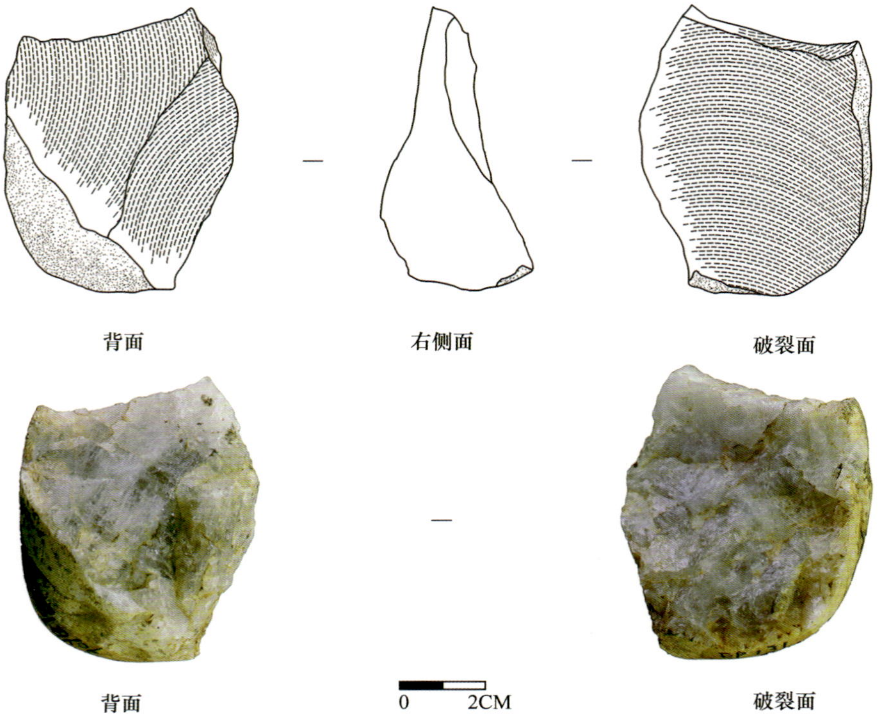

图2－49　中文化层的近端半边石片（1990T444③:16）

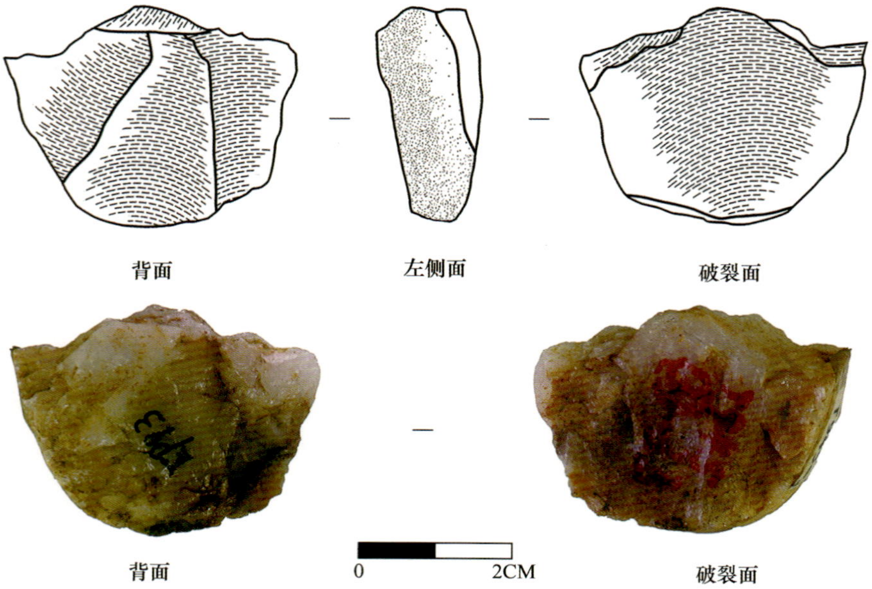

图2－50　中文化层的近端半边石片（1990T945③:33）

1990T945③: 31（EP92），自然长度、自然宽度、自然厚度分别为 36、36、15 毫米，打击长度、打击宽度、打击厚度分别为 37、36、15 毫米，打击泡附近厚度 13 毫米，打击轴中段厚度 10 毫米。重量 24 克，岩性为脉石英，平面、横剖面、纵剖面几何形状均为不规则四边形。可测台面角 75°，可测石片角 96°（图 2－51）。

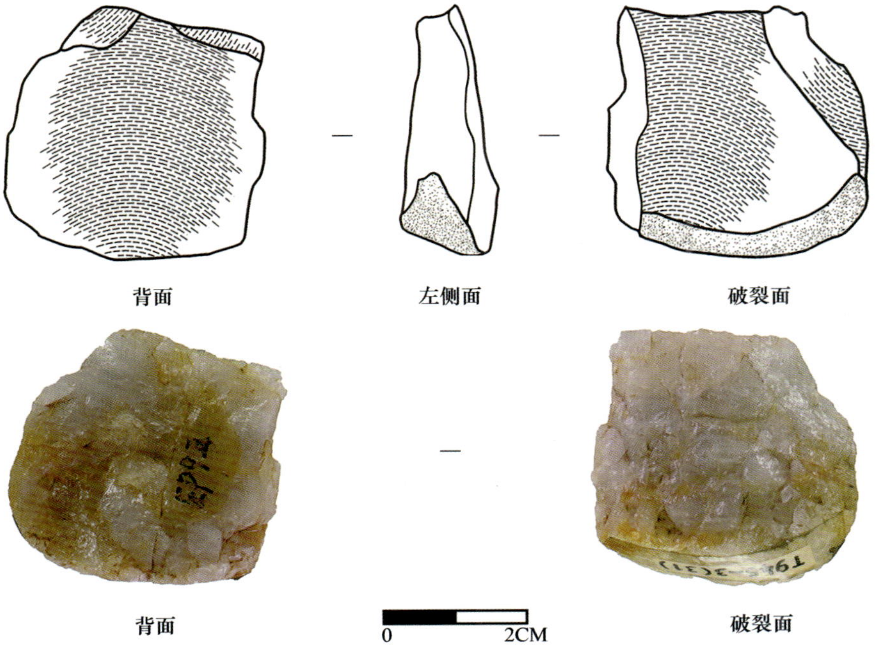

图 2－51　中文化层的近端半边石片（1990T945③: 31）

1990T945③: 34（EP80），自然长度、自然宽度、自然厚度分别为 33、23、12 毫米，打击长度、打击宽度、打击厚度分别为 33、23、12 毫米，打击泡附近厚度 12 毫米，打击轴中段厚度 11 毫米。重量 10 克，岩性为脉石英，平面、横剖面、纵剖面几何形状分别为不规则四边形、不规则三边形、不规则四边形。可测台面角 91°，可测石片角 78°（图 2－52）。

1995T1327③: 7－2（EP18），自然长度、自然宽度、自然厚度分别为 30、17、6 毫米，打击长度、打击宽度、打击厚度分别为 10、29、6 毫米，打击泡附近厚度 4 毫米，打击轴中段厚度 6 毫米。重量 3 克，岩性为砂岩，平面、横剖面、纵剖面几何形状分别为不规则五边形、不规则四边形、不规则四边形。可测台面角 55°、54°，可测石片角 132°（图 2－53）。

1995T1327③: 13－15（EP44），自然长度、自然宽度、自然厚度分别为 29、26、11 毫米，打击长度、打击宽度、打击厚度分别为 26、30、11 毫米，打击泡附近厚度 5 毫米，打击轴中段厚度 9 毫米。重量 6 克，岩性为脉石英，平面、横剖面、纵剖面几何形状分别为不规则三边形、不规则四边形、不规则四边形。可测台面角 74°、84°，可测石片角 118°（图 2－54）。

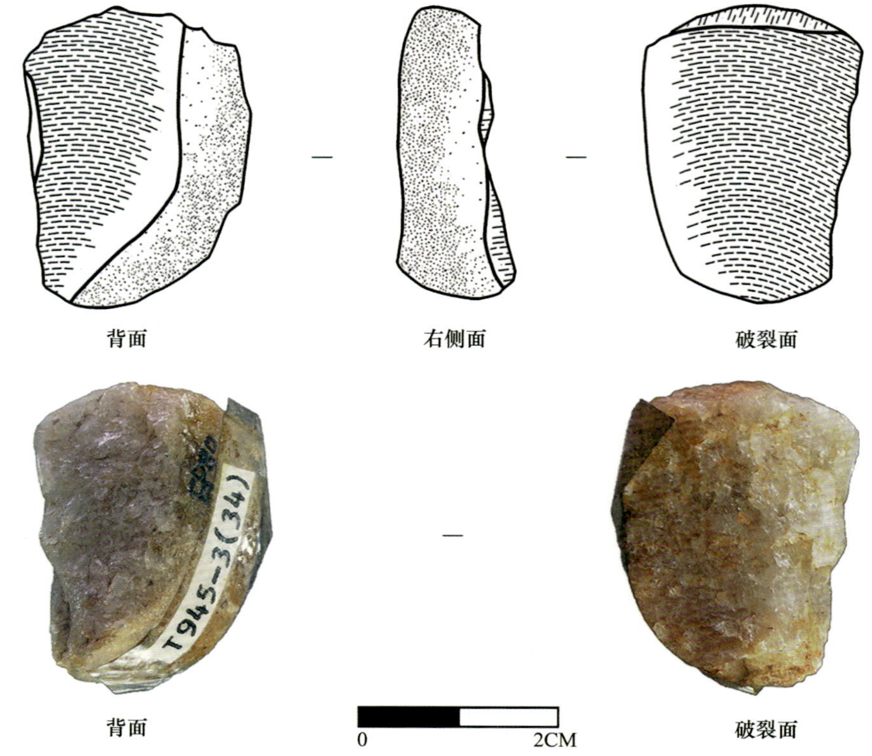

图 2 – 52　中文化层的近端半边石片（1990T945③: 34）

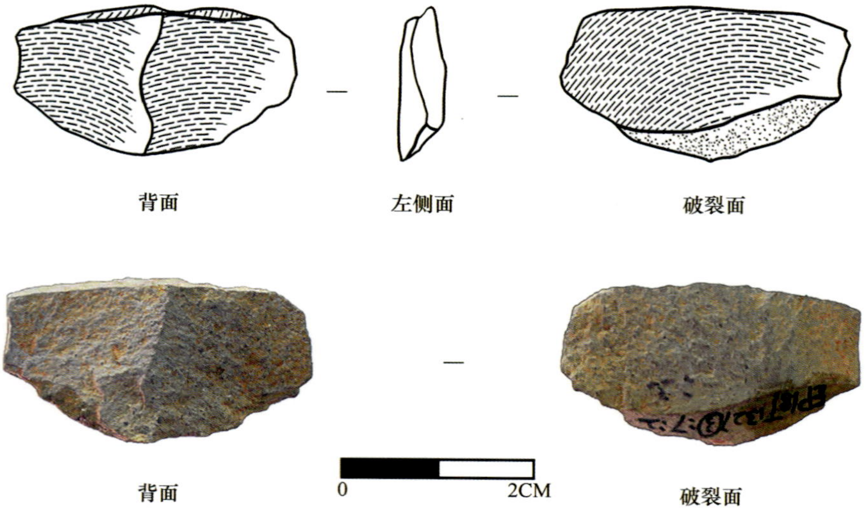

图 2 – 53　中文化层的近端半边石片（1995T1327③: 7 – 2）

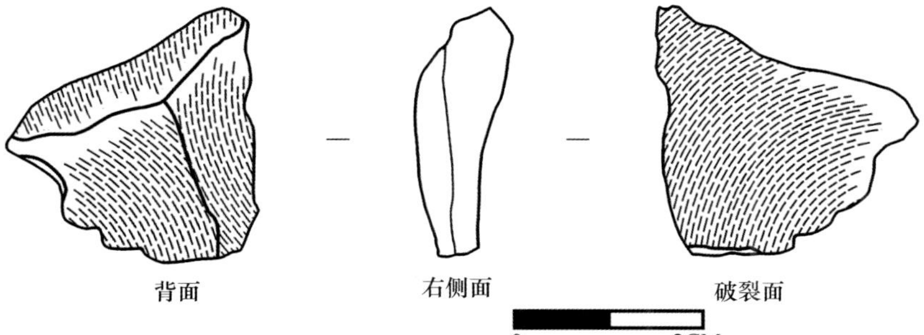

图 2－54　中文化层的近端半边石片（1995T1327③: 13－15）

1995T1327③: 13－23（EP50），自然长度、自然宽度、自然厚度分别为 27、17、12 毫米，打击长度、打击宽度、打击厚度分别为 17、27、12 毫米，打击泡附近厚度 10 毫米，打击轴中段厚度 10 毫米。重量 6 克，岩性为脉石英，平面、横剖面、纵剖面几何形状均为不规则四边形。可测台面角 80°，可测石片角 103°（图 2－55）。

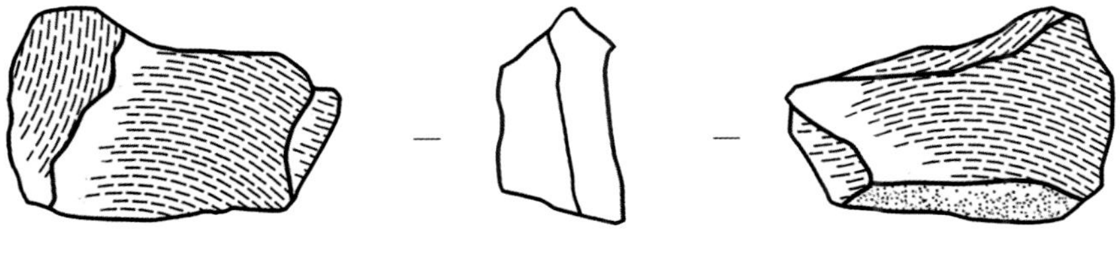

图 2－55　中文化层的近端半边石片（1995T1327③: 13－23）

（b）存左侧半边石片有 4 件。岩性中最多的为脉石英（3 件），其次为片麻岩（1 件）。此类石片长度最长的达 128 毫米，最短的只有 49 毫米，超过 50 毫米的有 1 件，小于 50 毫米的有 3 件。宽度中最宽的为 61 毫米，最窄的为 40 毫米，小于 50 毫米的有 3 件，大于 50 毫米的有 1 件。厚度中最厚的为 54 毫米，最薄的为 17 毫米，小于 50 毫米的 3 件，大于 50 毫米的有 1 件。重量中最重的为 378 克，最轻的为 26 克，大于 100 克的有 1 件，小于 100 克的有 3 件。

此类石片的可测石片角最大的为 128°，最小的为 87°，在 100°～109°的有 2 个，在 80°～89°和 120°～129°的各有 1 个。可测台面角最大的为 105°，最小的为 76°，其中以在 70°～79°的为多（有 4 个），在 90°～99°和 100°～109°的各有 1 个。

此类石片中没有可拼合的标本。

1990T543③: 165（EP116），自然长度、自然宽度、自然厚度分别为 62、44、17 毫米，打击长度、打击宽度、打击厚度分别为 57、49、17 毫米，打击泡附近厚度 15 毫米，打击轴中段厚度 11 毫米。重量 45 克，岩性为脉石英，平面、横剖面几何形状均为不规则四边形，纵剖面几何形状为不规则三边形。可测台面角 77°，可测石片角 101°（图 2－56）。

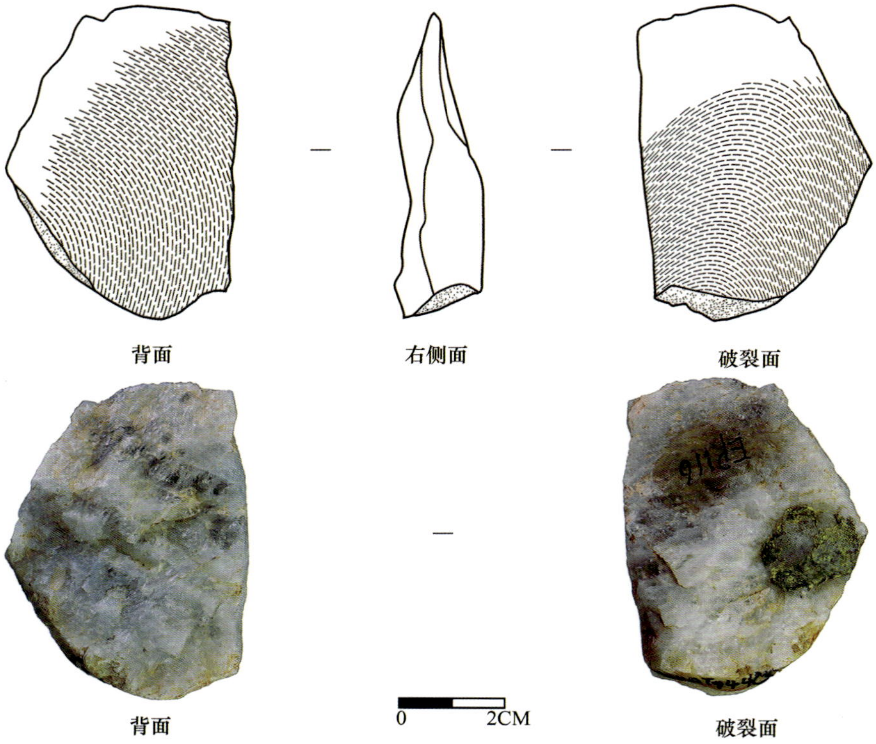

图 2－56　中文化层的左侧半边石片（1990T543③: 165）

1990T744③G: 14（EP509），自然长度、自然宽度、自然厚度分别为 49、48、17 毫米，打击长度、打击宽度、打击厚度分别为 47、48、17 毫米，打击泡附近厚度 16 毫米，打击轴中段厚度 15 毫米。重量 40 克，岩性为脉石英，平面、纵剖面、横剖面几何形状均为不规则四边形。可测台面角 77°、76°，可测石片角 110°（图 2－57）。

1990T543③: 93（EP120），自然长度、自然宽度、自然厚度分别为 49、40、13 毫米，打击长度、打击宽度、打击厚度分别为 43、41、13 毫米，打击泡附近厚度 11 毫米，打击轴中段厚度 11 毫米。重量 26 克，岩性为脉石英，平面几何形状为不规则四边形，纵剖面、横剖面几何形状均为不规则三边形。可测石片角 87°（图 2－58）。

图 2－57　中文化层的左侧半边石片（1990T744③G: 14）

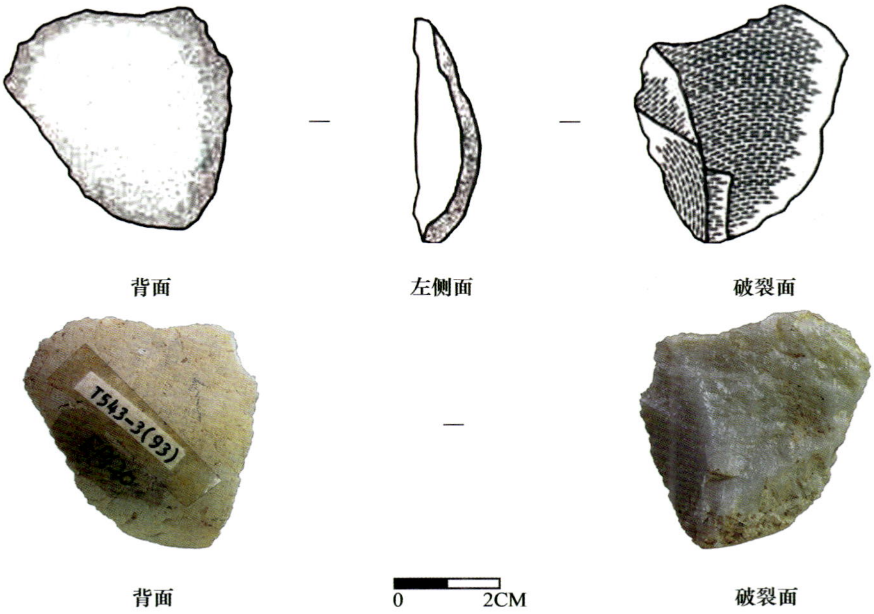

图 2－58　中文化层的左侧半边石片（1990T543③: 93）

1990T543③G: 191（EP127），自然长度、自然宽度、自然厚度分别为 128、61、54 毫米，打击长度、打击宽度、打击厚度分别为 11、61、54 毫米，打击泡附近厚度 39 毫米，打击轴中段厚度 41 毫米。重量 378 克，岩性为片麻岩，平面、纵剖面、横剖面几何形状分别为不规则五边形、不规则三边形、不规则四边形。可测台面角 78°、93°、105°，可测石片角 128°（图 2－59）。

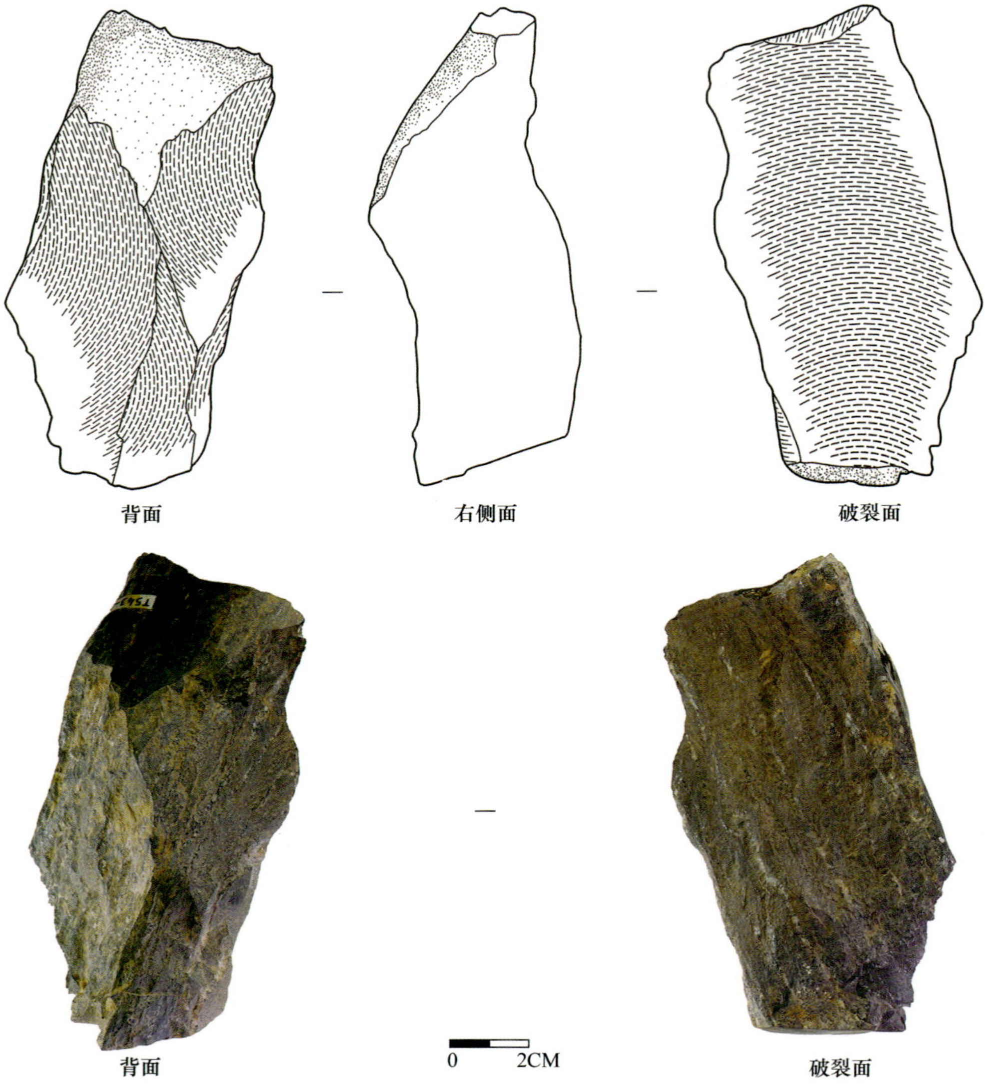

图 2 – 59　中文化层的左侧半边石片（1990T543③G: 191）

（c）存远端半边石片有 1 件。

1995T1327④: 13 – 4（EP35），自然长度、自然宽度、自然厚度分别为 52、41、12 毫米，打击长度、打击宽度、打击厚度分别为 40、44、12 毫米，打击泡附近厚度 11 毫米，打击轴中段厚度 11 毫米。重量 24 克，岩性为脉石英，平面、纵剖面几何形状均为不规则四边形，横剖面几何形状为不规则三边形（图 2 – 60）。

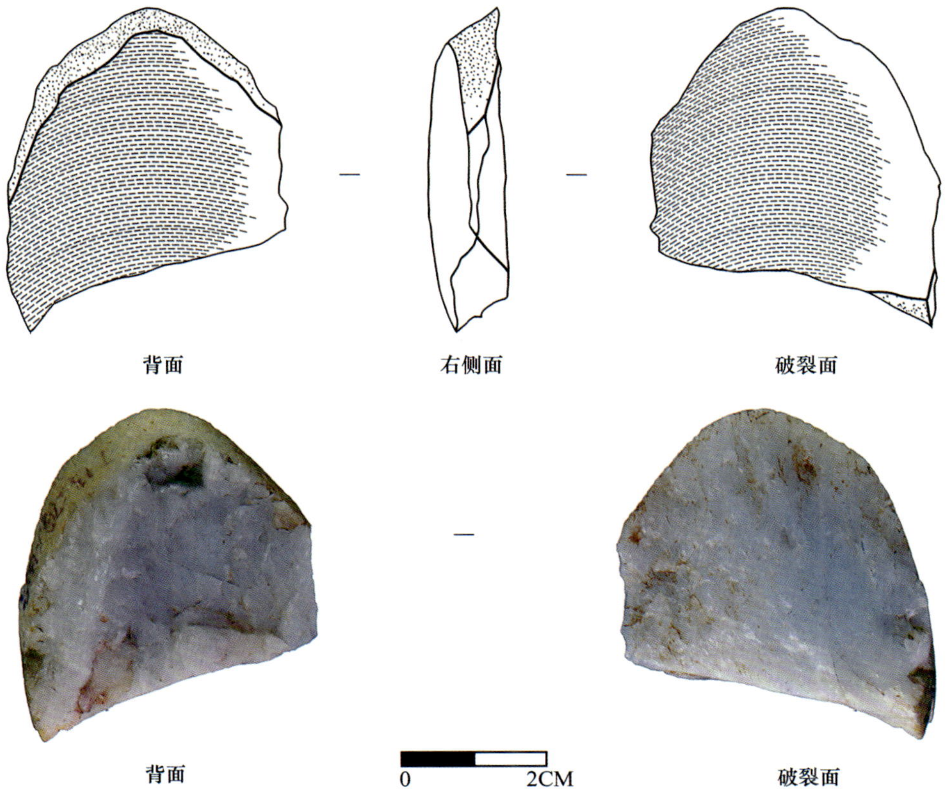

图 2－60　中文化层的远端半边石片（1995T1327④：13－4）

（d）存右侧半边石片有 2 件。

1990T444③G：13（EP132），自然长度、自然宽度、自然厚度分别为 72、50、23 毫米，打击长度、打击宽度、打击厚度分别为 64、49、23 毫米，打击泡附近厚度 22 毫米，打击轴中段厚度 19 毫米。重量 94 克，岩性为脉石英，平面几何形状为不规则三边形，横剖面、纵剖面几何形状均为不规则四边形。可测台面角 107°、95°，可测石片角 109°（图 2－61）。

1998 年台地③：9825（EP272），自然长度、自然宽度、自然厚度分别为 80、70、30 毫米，打击长度、打击宽度、打击厚度分别为 68、80、30 毫米，打击泡附近厚度 25 毫米，打击轴中段厚度 20 毫米。重量 160 克，岩性为花岗斑岩，平面、横剖面、纵剖面几何形状分别为不规则四边形、不规则四边形、不规则三边形。可测台面角 93°，可测石片角 97°（图 2－62）。

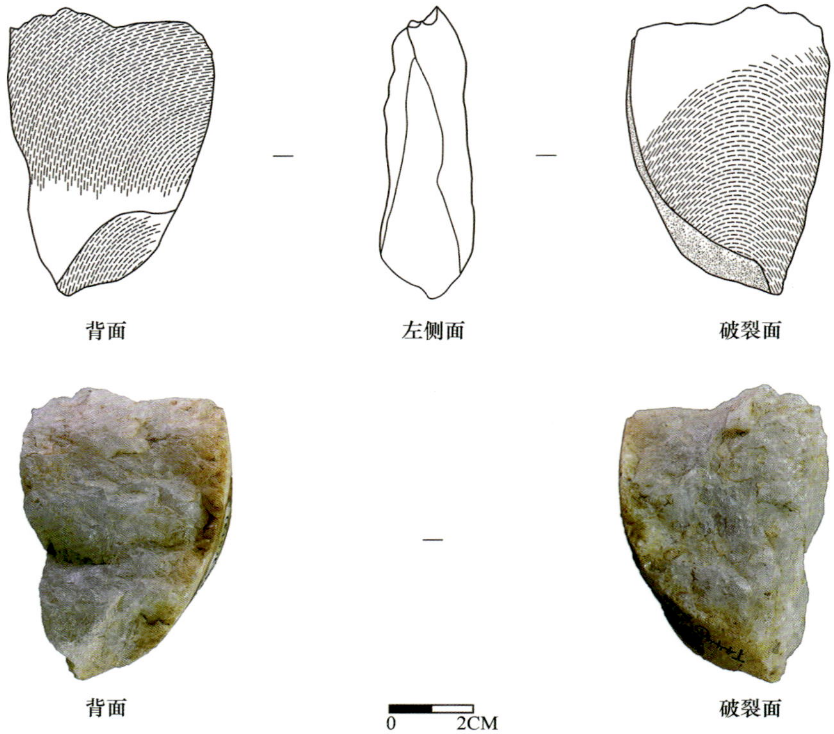

图 2－61　中文化层的右侧半边石片（1990T444③G: 13）

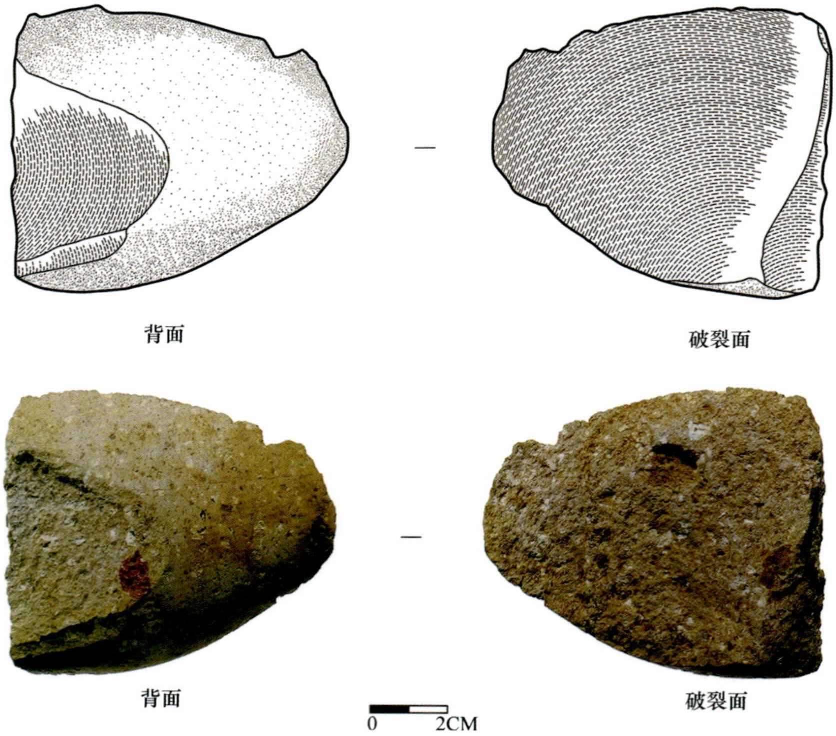

图 2－62　中文化层的右侧半边石片（1998 年台地③: 9825）

2. 石器

学堂梁子—郧县人遗址中文化层发现的石器有31件，分为砾石（石核）石器（20件）和石片石器（11件）（表2-10；图表2-19至图表2-22）。

表2-10　**中文化层石器统计**

类型	砾石石器				石片石器			小计
	有孤立凸起片疤的砾石	有孤立凹下片疤的砾石	单向加工的砍砸器	双向加工的砍砸器	刮削器	凹缺刮器	尖凸	
数量（件）	2	1	12	5	6	3	2	31
百分比（%）	6.45	3.23	38.71	16.13	19.35	9.68	6.45	100
	64.52				35.48			

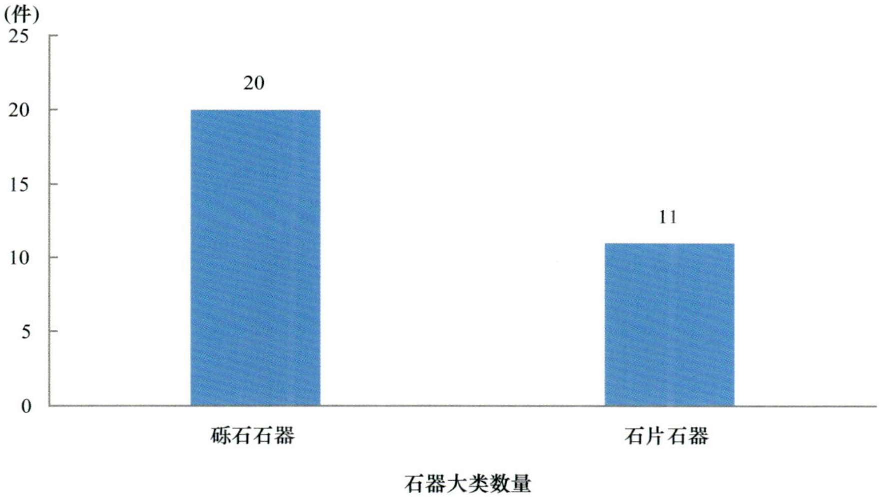

图表2-19　中文化层石器大类数量

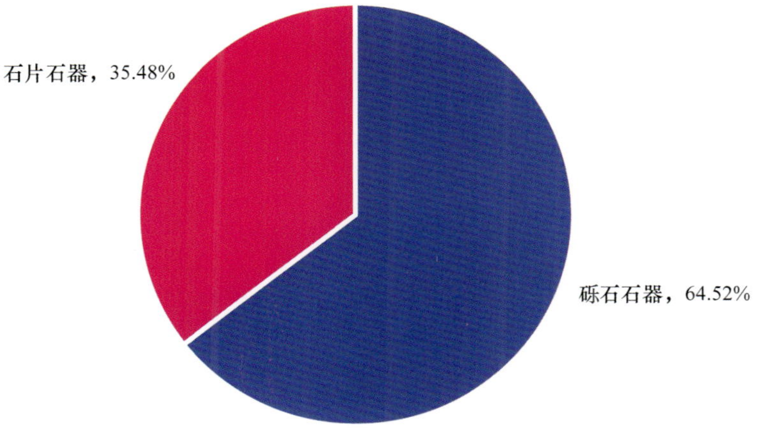

图表2-20　中文化层石器大类的相对比例

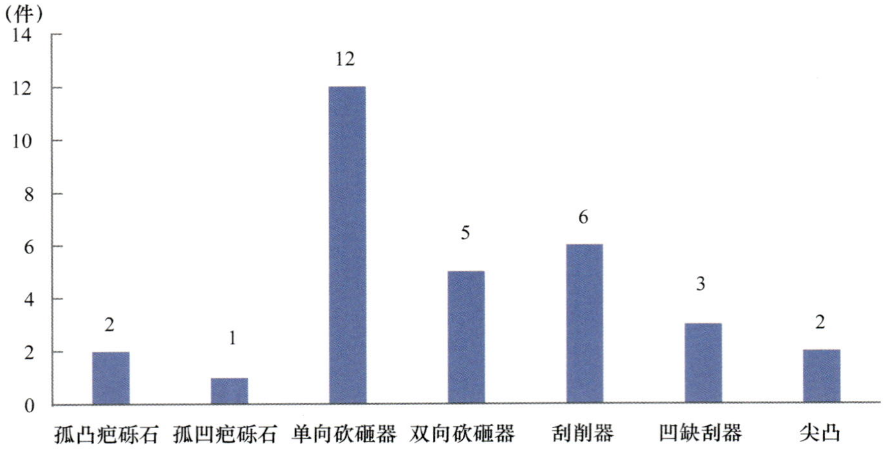

图表 2－21　中文化层石器小类数量

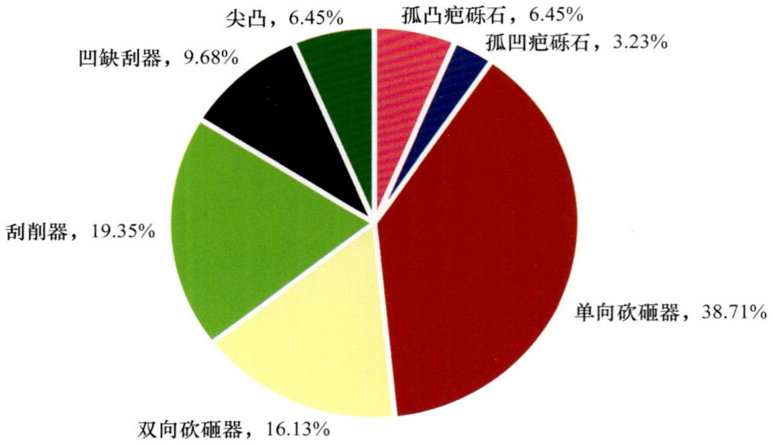

图表 2－22　中文化层石器小类的相对比例

（1）砾石石器，有20件。可分为有孤立凸起片疤的砾石、有孤立凹下片疤的砾石、单向加工的砍砸器和双向加工的砍砸器四类（表2－11；图表2－23、图表2－24）。

表2－11　**中文化层砾石石器小类数量统计**

类型	有孤立凸起片疤的砾石	有孤立凹下片疤的砾石	单向加工的砍砸器	双向加工的砍砸器	小计
数量（件）	2	1	12	5	20
百分比（%）	10	5	60	25	100

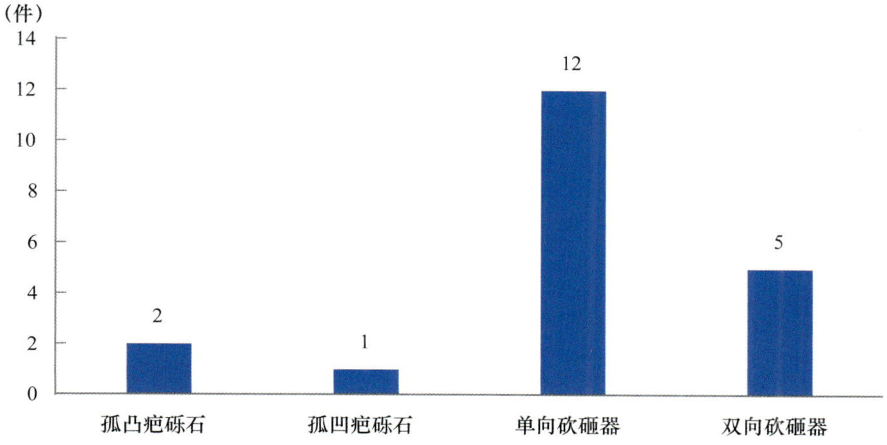

图表 2－23　中文化层砾石石器大类数量

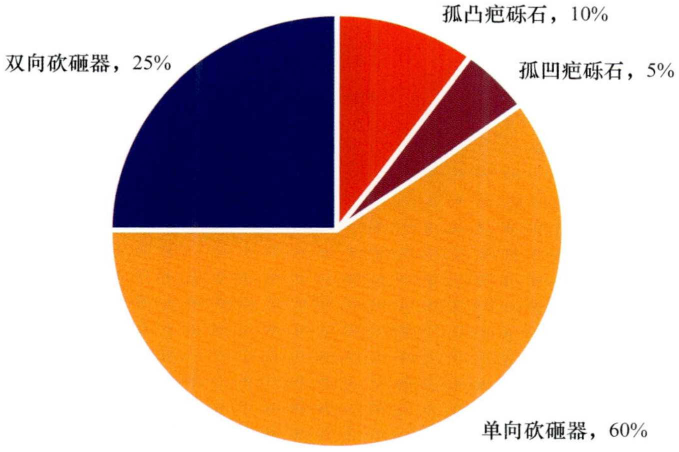

图表 2－24　中文化层砾石石器大类的相对比例

1）有孤立凸起片疤的砾石有 2 件，这类标本可视为石锤。

1990T343③: 27（EP146），素材为砾石。自然尺寸为长 87、宽 82、厚 51 毫米，重 451 克。岩性为石英岩，平面、横剖面、纵剖面几何形状均为不规则四边形，磨圆度一般。近端面上有片疤，右侧面、顶面、底面、左侧面、远端面上有石皮。孤立凸起片疤在近端面的底边，打击方向从底面到顶面。打击方法为硬锤锤击法。孤立石片疤为完整石片疤，长 25、宽 43 毫米，倾斜度 34°，弦长 37、矢长 2 毫米。平面形状为不规则四边形，到对边的长度 92 毫米，台面角 45°（图 2－63）。

1990T646③: 25（EP253），素材为砾石。自然尺寸为长 136、宽 121、厚 63 毫米，重 1448 克。岩性为含砾砂岩，平面、横剖面、纵剖面几何形状分别为不规则四边形、不规则椭圆形、不规则椭圆形，磨圆度一般。远端面上有片疤，右侧面、顶面、底面、左侧面、近端面上有石

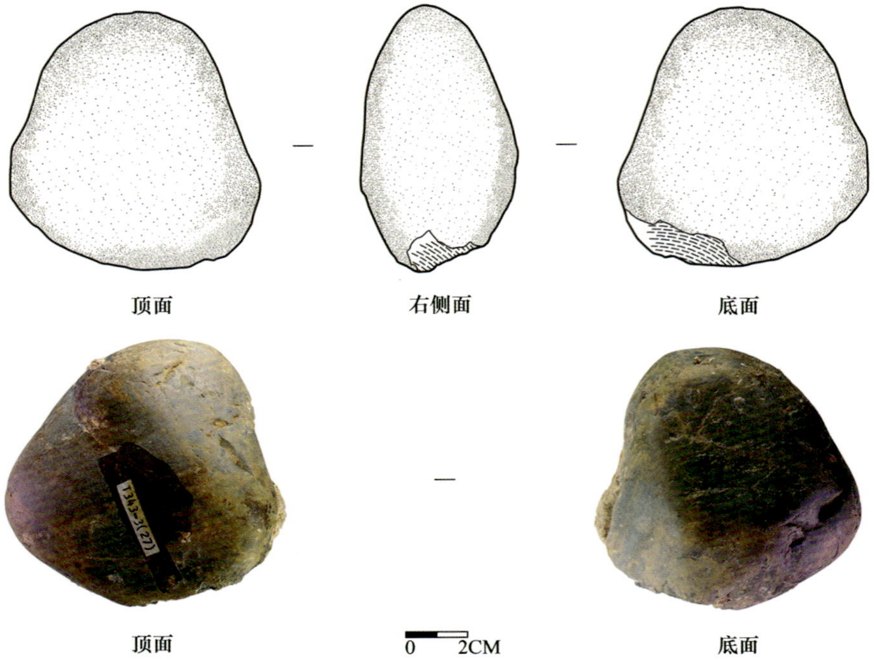

图 2－63　中文化层的有孤立凸起片疤的砾石（1990T343③：27）

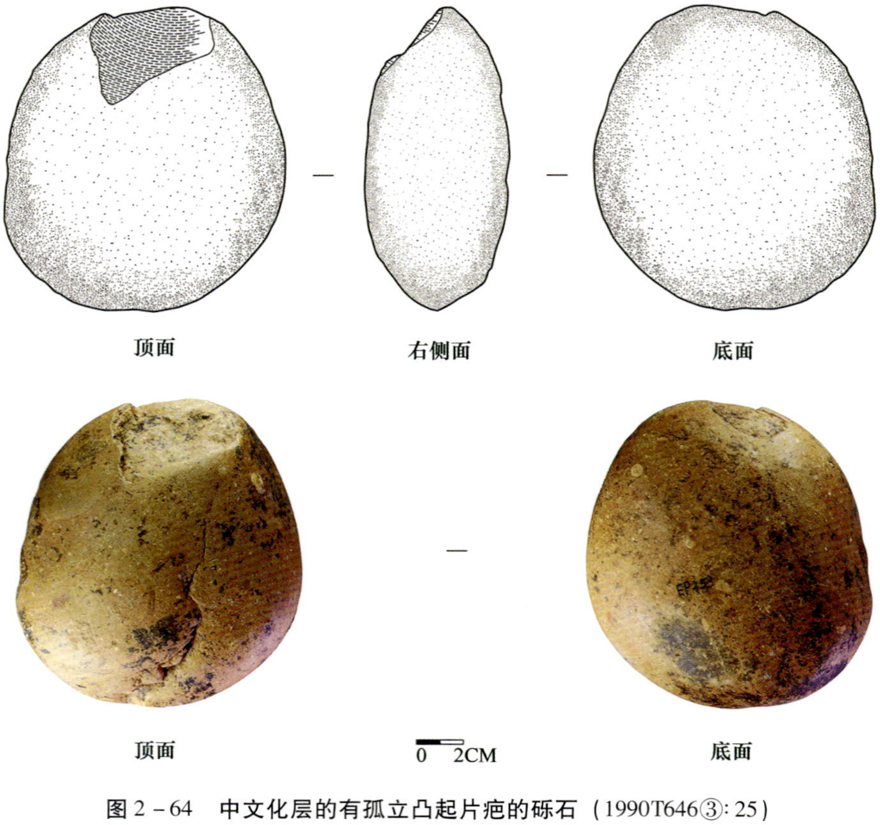

图 2－64　中文化层的有孤立凸起片疤的砾石（1990T646③：25）

皮。孤立凸起片疤在远端面的底边，打击方向从底面到顶面。打击方法为硬锤锤击法。孤立石片疤为完整石片疤，长45、宽53毫米，倾斜度26°，弦长40、矢长2毫米。平面形状为不规则四边形，到对边的长度135毫米，台面角56°（图2－64）。

2）有孤立凹下片疤的砾石有1件，这类标本可视为特征不明显的单向加工的砍砸器。

1990T645③:6（EP107），素材为砾石。自然尺寸为长140、宽72、厚57毫米，重846克。岩性为硅质岩，平面、横剖面、纵剖面几何形状均为不规则四边形，磨圆度一般。底面上有片疤，左侧面、顶面、近端面、远端面、右侧面上有石皮。孤立凹下片疤在底面，打击方向从近端面到远端面。打击方法为硬锤锤击法。孤立石片疤为完整石片疤，长74、宽41毫米，倾斜度46°，弦长35、矢长2毫米。平面形状为不规则四边形，到对边的长度138毫米，台面角65°（图2－65）。

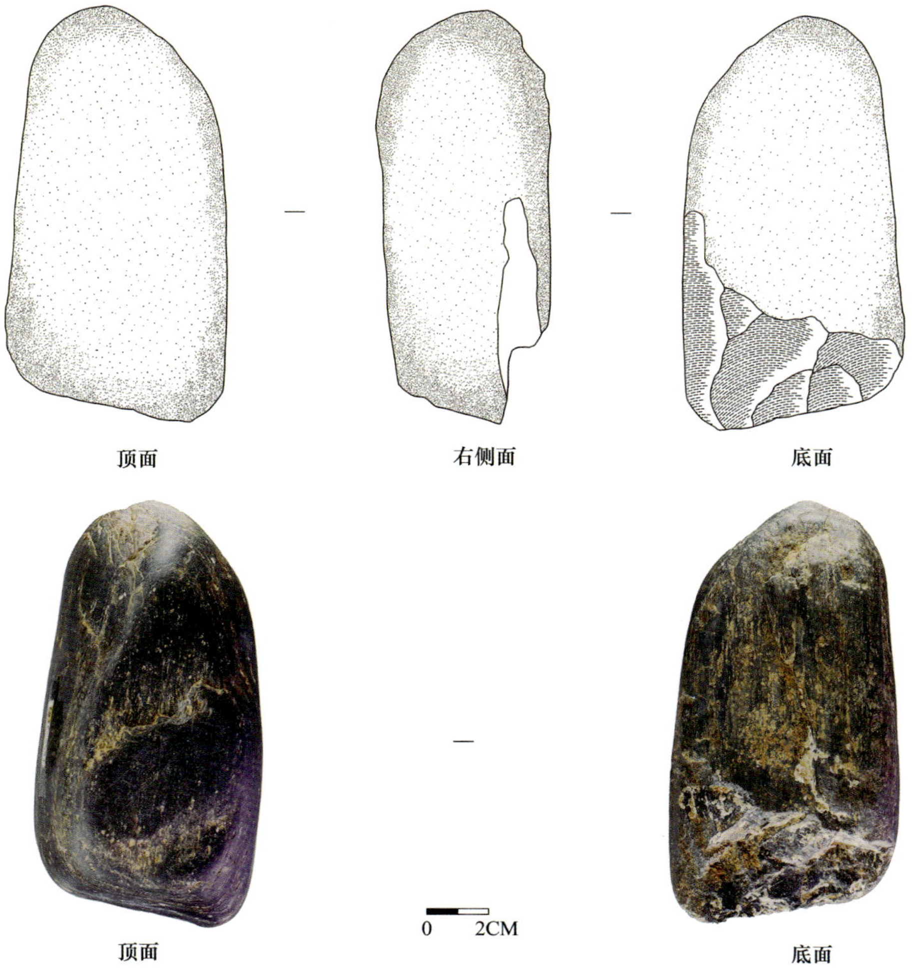

图2－65 中文化层的有孤立凹下片疤的砾石（1990T645③:6）

3）单向加工的砍砸器（亦可称为 chopper，简称为 CP）

有 12 件。根据刃缘数量的多少可分为单刃、双刃和多刃三类。

（a）单刃单向加工的砍砸器有 10 件，根据其刃缘位置的不同，又可分为端刃和侧刃两种。

端刃单向加工的砍砸器，可分为刃缘在近端和远端两种。

a）刃缘位置在近端边的单向加工的砍砸器有 4 件。岩性均为沉积岩，砂岩和硅质（灰）岩的各有 2 件。素材为完整砾石和单台面石核的各有 2 件。长度中最长的达 150 毫米，最短的仅 90 毫米，超过 100 毫米的有 3 件，小于 100 毫米的有 1 件。宽度中最宽的为 116 毫米，最窄的仅 54 毫米，小于 100 毫米的有 3 件，大于 100 毫米的有 1 件。厚度中最厚的为 71 毫米，最薄的为 28 毫米，均小于 50 毫米。重量中最重的为 1422 克，最轻的为 155 克，小于 1000 克的有 3 件，大于 1000 克的有 1 件。

此类标本的平面形状均为不规则四边形；横剖面形状大部分为不规则椭圆形（3 件），其次为不规则四边形（1 件）；纵剖面形状均为不规则四边形。刃缘平视呈凸刃的有 3 件，凹刃的有 1 件；侧视均为弧刃。第二步加工的小疤有 3 块的标本最多（3 件），有 2 块小疤的有 1 件。加工方向中反向的为多，有 3 件，另 1 件为正向。

此类标本中可测刃角最大的为 110°，最小的为 28°，其中以在 60°～69°的为多（有 4 个），在 20°～29°、40°～49°、50°～59°、80°～89°、100°～109°和 110°～119°的各有 1 个。难测的有 1 个。

1990T545③:28（EP251），素材为单台面石核。自然尺寸为长 90、宽 116、厚 59 毫米，重 675 克。岩性为砂岩，平面、横剖面、纵剖面几何形状分别为不规则四边形、不规则椭圆形、不规则四边形，磨圆度一般。近端面上有片疤，右侧面、左侧面、顶面、底面、远端面上有石皮。台面在顶面，其平面几何形状为不规则四边形，性质为天然石皮的凸起台面，剥片部位在近端边，剥片方向从顶面到底面。台面周长 330 毫米，近端边剥片所在边缘长度 140 毫米，剥片长度 140 毫米，剥片长度与所在边缘长度的比率为 100%，即剥片所在边缘全部被利用。剥片长度与台面周长的比率为 42%，即剥片所在台面利用率没有超过一半。打击方法为硬锤锤击法。剥片面有 1 个，在近端面，有 3 块单极纵向平行分布的石片疤，剥片面面积与未剥片面面积的比例为 1∶4。3 块石片疤的特征，按加工顺序如下：第一块为不完整石片疤，长 44、宽 31 毫米，倾斜度 55°，弦长、矢长难以测量，平面形状为不规则四边形，到对边的长度 97 毫米，台面角 68°。第二块为不完整石片疤，长 64、宽 47 毫米，倾斜度 63°，弦长、矢长难以测量，平面形状为不规则四边形，到对边的长度 98 毫米，台面角 71°。第三块为不完整石片疤，长 59、宽 50 毫米，倾斜度 72°，弦长、矢长难以测量，平面形状为不规则四边形，到对边的长度 86 毫米，台面角 79°。保留的砾石石皮的总数值为 4 等份，其中顶面有 2 等份，底面有 1 等份，侧面有 1 等份。打击方向总数量为 3 个，均在近端面。该标本没有转动和翻动过。有一条刃缘，在近端边，平面形状为凸刃，侧视形状为弧形刃，加工层次为两个系列，弧长 140、弦长 115、矢长 21 毫米。3 块加工石片疤均在侧面，它们的特征，按加工顺序如下：第一块为完整石片疤，长 41、宽 45 毫米，倾斜度 80°，弦长 43、矢长 3 毫米。平面形状为不规则四边形，到对边的长度 91 毫米。所属边缘在近端边，刃角 61°，为反向加工。片疤平视为普通型，片疤侧视为陡型，片疤深度为薄型，片疤剖视形态为凹下型。第二块为完整石片疤，长 14、宽 36 毫米，倾斜度 74°，弦长 37、矢长 2 毫米。平面形状为不规则四边形，到对边的长度 104 毫米。所属边缘在近端边，刃角 68°，为反向加工。片疤平视为普通型，片疤侧视为陡型，片疤深度为薄型，片疤剖视形态为凹下型。第三块为完整石片疤，长 12、宽 29 毫米，倾斜度 78°，弦长 19、矢长 2 毫米。平面形状为不规则四边形，到对边的长度 93 毫米。所属边缘在近端边，刃角 69°，为反向加工。片疤平视为普通型，片疤侧视为陡型，片疤深度为薄型，片疤剖视形态为凹下型（图 2 -66）。

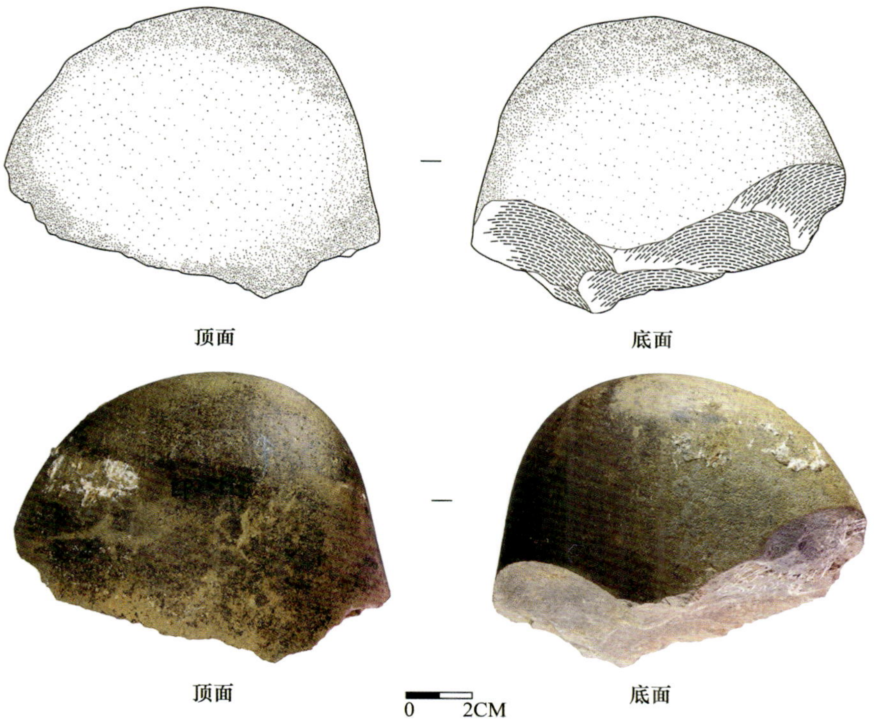

图 2 -66　中文化层单刃单向加工的砍砸器（1990T545③: 28）

1990T845③: 14（EP99），素材为完整砾石。自然尺寸为长 96、宽 88、厚 32 毫米，重 304 克。岩性为硅质岩，平面、横剖面、纵剖面几何形状分别为不规则四边形、不规则椭圆形、不规则四边形，磨圆度一般。近端面上有片疤，右侧面、左侧面、顶面、底面、远端面上有石皮。有一条刃缘，在近端边，平面形状为凸刃，侧视形状为弧形刃，加工层次为一个系列，弧长 90、弦长 79、矢长 12 毫米。2 块加工石片疤均在侧面，它们的特征，按加工顺序如下：第一块为完整石片疤，长 30、宽 51 毫米，倾斜度 50°，弦长 35、矢长 3 毫米。平面形状为不规则四边形，到对边的长度 93 毫米。所属边缘在近端边，刃角 51°，为反向加工。片疤平视为普通型，片疤侧视为加高型，片疤深度为薄型，片疤剖视形态为凹下型。第二块为完整石片疤，长

24、宽 51 毫米，倾斜度 54°，弦长 32、矢长 4 毫米。平面形状为不规则四边形，到对边的长度 86 毫米。所属边缘在近端边，刃角 62°，为反向加工。片疤平视为普通型，片疤侧视为加高型，片疤深度为薄型，片疤剖视形态为凹下型（图 2－67）。

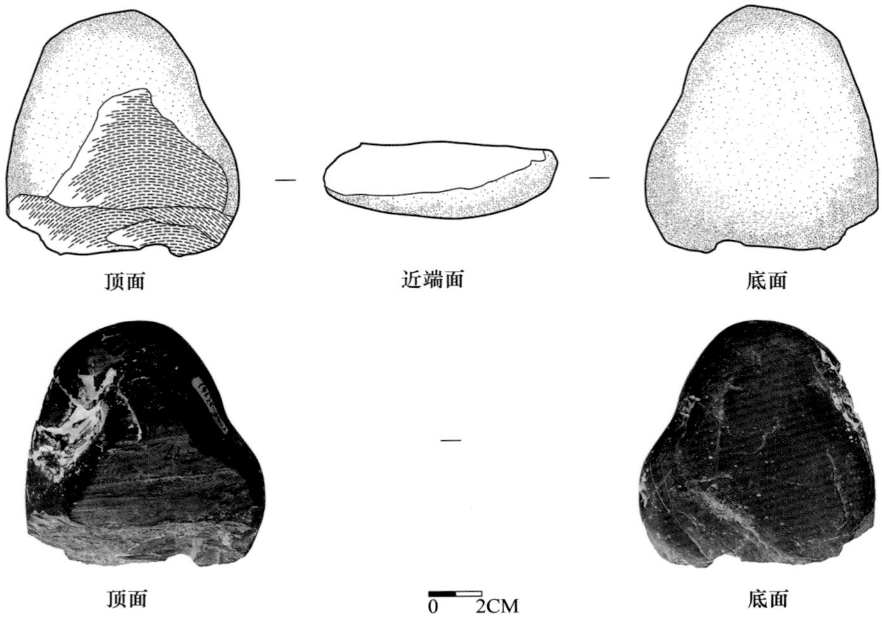

图 2－67　中文化层单刃单向加工的砍砸器（1990T845③：14）

1990T745③：8（EP101），素材为单台面石核。自然尺寸为长 150、宽 91、厚 71 毫米，重 1422 克。岩性为砂岩，平面、横剖面、纵剖面几何形状均为不规则四边形，磨圆度一般。近端面上有片疤，右侧面、左侧面、顶面、底面、远端面上有石皮。台面在底面面，其平面几何形状为不规则四边形，性质为天然石皮的平滑台面，剥片部位在近端边，剥片方向从底面到顶面。台面周长 402 毫米，近端边剥片所在边缘长度 97 毫米，剥片长度 97 毫米，剥片长度与所在边缘长度的比率为 100%，即剥片所在边缘全部被利用。剥片长度与台面周长的比率为 24%，即剥片所在台面利用率没有超过一半。打击方法为硬锤锤击法。剥片面有 1 个，在近端面，有 2 块单极纵向平行分布的石片疤，剥片面面积与未剥片面面积的比例为 1∶8。2 块石片疤的特征，按加工顺序如下：第一块为不完整石片疤，长 65、宽 73 毫米，倾斜度 73°，弦长、矢长难以测量，平面形状为不规则四边形，到对边的长度 133 毫米，台面角 78°；第二块为不完整石片疤，长 67、宽 43 毫米，倾斜度 48°，弦长、矢长难以测量，平面形状为不规则四边形，到对边的长度 148 毫米，台面角 57°。保留的砾石石皮的总数值为 8 等份，其中顶面有 2 等份、底面有 2 等份、侧面有 4 等份。打击方向总数量为 2 个，均在近端面。该标本没有转动和翻动过。有一条刃缘，在近端边，平面形状为凸刃，侧视形状为弧形刃，加工层次为两个系列，弧长

80、弦长75、矢长6毫米。3块加工石片疤均在侧面，它们的特征，按加工顺序如下：第一块为完整石片疤，长39、宽53毫米，倾斜度73°，弦长20、矢长5毫米。平面形状为不规则四边形，到对边的长度122毫米。所属边缘在近端边，刃角80°，为正向加工。片疤平视为普通型，片疤侧视为陡型，片疤深度为薄型，片疤剖视形态为浅阶梯型。第二块为完整石片疤，长26、宽31毫米，倾斜度49°，弦长10、矢长0.2毫米。平面形状为不规则四边形，到对边的长度124毫米。所属边缘在近端边，刃角110°，为正向加工。片疤平视为普通型，片疤侧视为陡型，片疤深度为薄型，片疤剖视形态为凹下型。第三块为完整石片疤，长22、宽35毫米，倾斜度49°，弦长25、矢长6毫米。平面形状为不规则四边形，到对边的长度132毫米。所属边缘在近端边，刃角102°，为正向加工。片疤平视为普通型，片疤侧视为陡型，片疤深度为薄型，片疤剖视形态为凹下型（图2－68）。

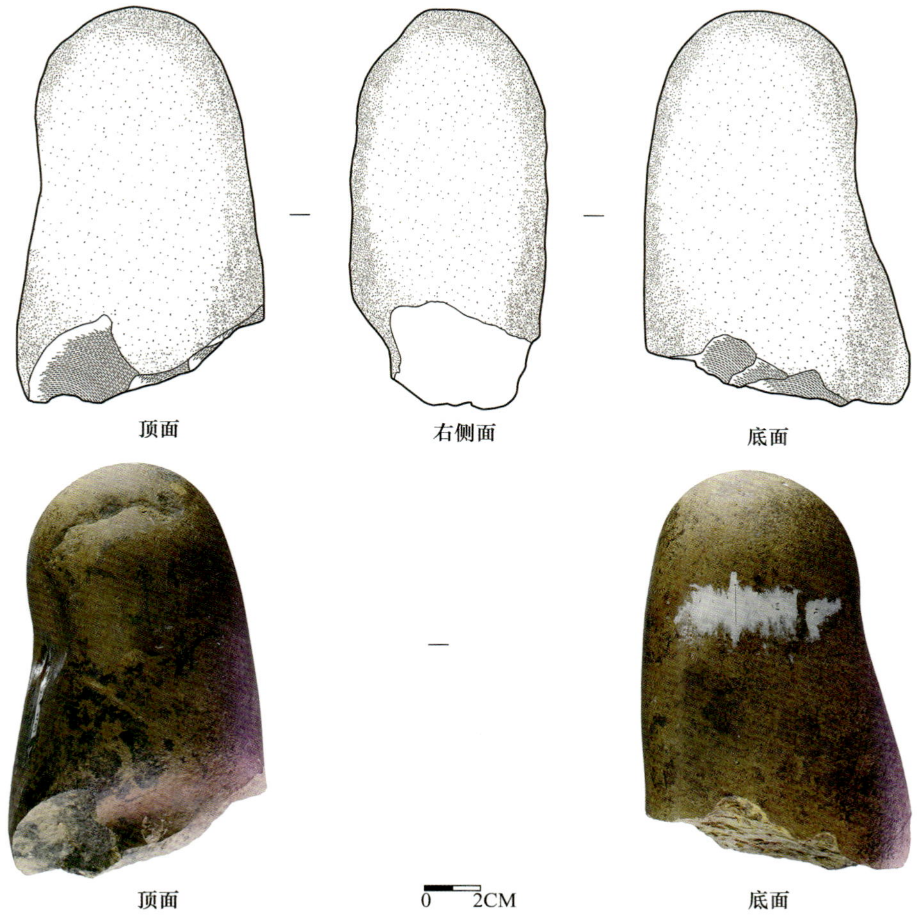

图2－68　中文化层单刃单向加工的砍砸器（1990T745③:8）

1999T1227③:9826（EP273），素材为完整砾石。自然尺寸为长95、宽54、厚28毫米，重155克。岩性为硅质岩，平面、横剖面、纵剖面几何形状分别为不规则四边形、不规则椭圆形、不规则四边形，磨圆度一般。近端面上有片疤，右侧面、左侧面、顶面、底面、远端面上有石皮。有一条刃缘，在近端边，平面形状为凸刃，侧视形状为弧形刃，加工层次为一个系列，弧长55、弦长48、矢长10毫米。3块加工石片疤均在底面，它们的特征，按加工顺序如下：第一块为不完整石片疤，长50、宽53毫米，倾斜度16°，弦长、矢长难测。平面形状为不规则四边形，到对边的长度95毫米。所属边缘在近端边，刃角44°，为反向加工。片疤平视为侵入型，片疤侧视为加高型，片疤深度为薄型，片疤剖视形态为凹下型。第二块为不完整石片疤，长25、宽11毫米，倾斜度27°，弦长、矢长难测。平面形状为不规则四边形，到对边的长度95毫米。所属边缘在近端边，刃角难测，为反向加工。片疤平视为普通型，片疤侧视为加高型，片疤深度为薄型，片疤剖视形态为凹下型。第三块为完整石片疤，长18、宽36毫米，倾斜度33°，弦长33、矢长7毫米。平面形状为不规则四边形，到对边的长度95毫米。所属边缘在近端边，刃角28°，为反向加工。片疤平视为普通型，片疤侧视为加高型，片疤深度为厚型，片疤剖视形态为凹下型（图2－69）。

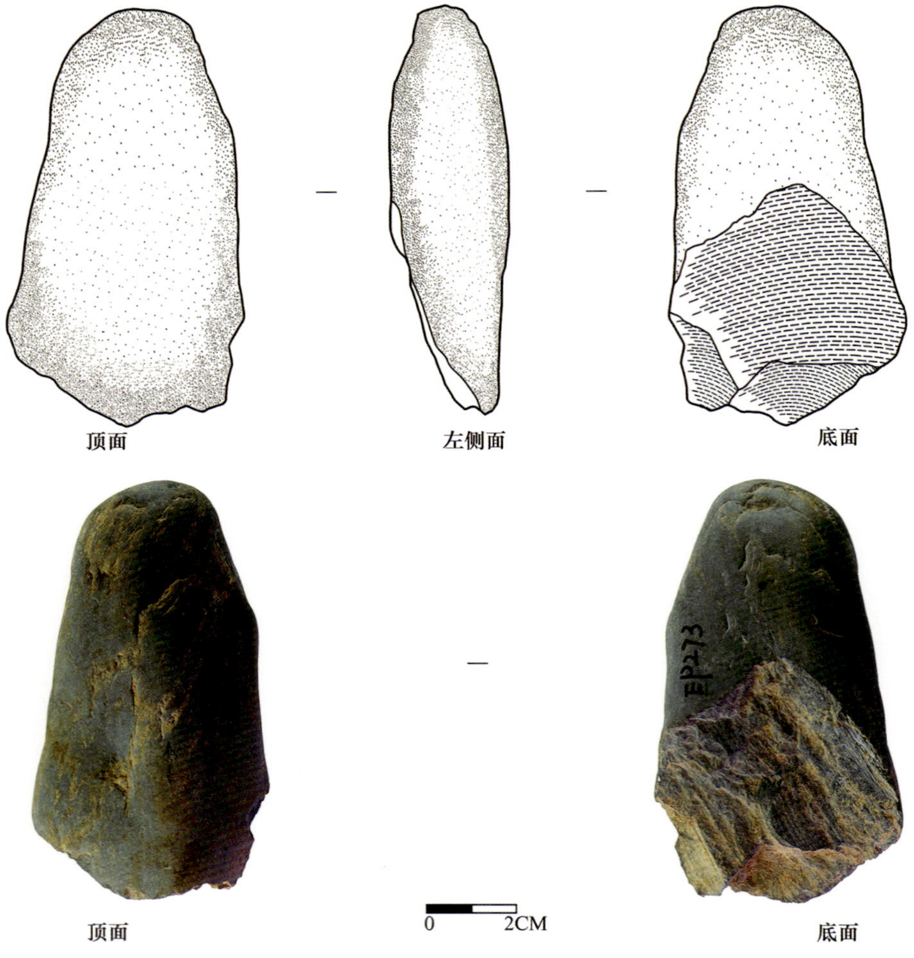

图2－69　中文化层单刃单向加工的砍砸器（1999T1227③：9826）

b）刃缘位置在远端边的单向加工的砍砸器，有4件。岩性均为沉积岩，砂岩的标本最多（2件），细砂岩和泥质岩的各有1件。素材为完整砾石的有2件，单台面石核和断块的各有1件。长度中最长的达204毫米，最短的只有103毫米，均超过100毫米。宽度中最宽的为120毫米，最窄的为62毫米，小于100毫米和大于100毫米的各有2件。厚度中最厚的为80毫米，最薄的为48毫米，大于50毫米的有3件，小于50毫米的有1件。重量中最重的为2067克，最轻的为414克，小于1000克和大于1000克的各有2件。

此类标本的平面形状为不规则四边形；横剖面形状大部分为不规则四边形（3件），其次为不规则椭圆形（1件）；纵剖面形状均为不规则四边形。

刃缘平视均呈凸刃；侧视呈弧刃的为多，有3件，呈“S”形刃的有1件。第二步加工的小疤有3块的标本最多（3件），有4块小疤的有1件。加工方向中反向和正向的各有2件。

此类标本中可测刃角最大的为86°，最小的为47°，其中以在70°~79°的为多（有5个），其次为在80°~89°、60°~69°、40°~49°的各分别有4、3、1个。难测的有1个。

1991T643③G：43（EP111），素材为完整砾石。自然尺寸为长204、宽117、厚80毫米，重2067克。岩性为砂岩，平面、横剖面、纵剖面几何形状均为不规则四边形，磨圆度一般。远端面上有片疤，右侧面、左侧面、顶面、底面、近端面上有石皮。有一条刃缘，在远端边，平面形状为凸刃，侧视形状为弧形刃，加工层次为一个系列，弧长160、弦长122、矢长28毫米。3块加工石片疤均在侧面，它们的特征，按加工顺序如下：第一块为完整石片疤，长94、宽82毫米，倾斜度44°，弦长47、矢长20毫米。平面形状为不规则四边形，到对边的长度109毫米。所属边缘在远端边，刃角61°，为正向加工。片疤平视为侵入型，片疤侧视为加高型，片疤深度为薄型，片疤剖视形态为凹下型。第二块为完整石片疤，长52、宽96毫米，倾斜度31°，弦长65、矢长6毫米。平面形状为不规则四边形，到对边的长度109毫米。所属边缘在远端边，刃角74°，为正向加工。片疤平视为侵入型，片疤侧视为加高型，片疤深度为薄型，片疤剖视形态为凹下型。第三块为完整石片疤，长34、宽48毫米，倾斜度28°，弦长27、矢长2毫米。平面形状为不规则四边形，到对边的长度137毫米。所属边缘在远端边，刃角76°，为正向加工。片疤平视为普通型，片疤侧视为加高型，片疤深度为薄型，片疤剖视形态为凹下型（图2-70）。

1990T444③：35（EP252），素材为断裂砾石。自然尺寸为长113、宽62、厚52毫米，重605克。岩性为细砂岩，平面、横剖面、纵剖面几何形状均为不规则四边形，磨圆度一般。远端面上有片疤，右侧面、顶面、底面、近端面上有石皮，左侧面为节理面、断裂。有一条刃缘，在远端边，平面形状为凸刃，侧视形状为弧形刃，加工层次为一个系列，弧长63、弦长57、矢长10毫米。4块加工石片疤均在侧面，它们的特征，按加工顺序如下：第一块为完整石片疤，长42、宽38毫米，倾斜度58°，弦长19、矢长1毫米。平面形状为不规则四边形，到对边的长度102毫米。所属边缘在远端边，刃角85°，为反向加工。片疤平视为普通型，片疤侧视为陡型，片疤深度为薄型，片疤剖视形态为浅阶梯型。第二块为完整石片疤，长30、宽39

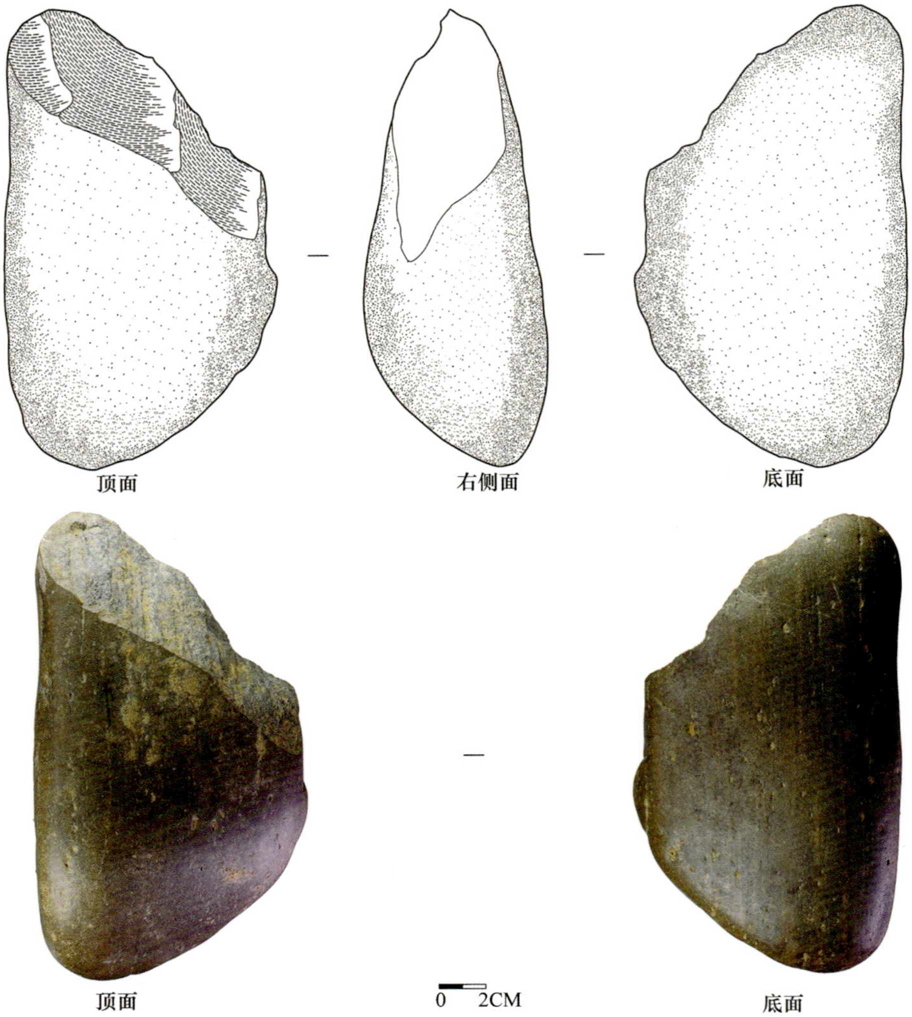

图2－70 中文化层单刃单向加工的砍砸器（1991T643③G：43）

毫米，倾斜度76°，弦长9、矢长0.2毫米。平面形状为不规则四边形，到对边的长度118毫米。所属边缘在远端边，刃角84°，为反向加工。片疤平视为普通型，片疤侧视为陡型，片疤深度为薄型，片疤剖视形态为浅阶梯型。第三块为完整石片疤，长30、宽18毫米，倾斜度88°，弦长15、矢长0.5毫米。平面形状为不规则四边形，到对边的长度98毫米。所属边缘在远端边，刃角79°，为反向加工。片疤平视为普通型，片疤侧视为陡型，片疤深度为薄型，片疤剖视形态为凹下型。第四块为完整石片疤，长10、宽18毫米，倾斜度84°，弦长15、矢长1.5毫米。平面形状为不规则四边形，到对边的长度109毫米。所属边缘在远端边，刃角86°，为反向加工。片疤平视为普通型，片疤侧视为陡型，片疤深度为薄型，片疤剖视形态为凹下型（图2－71）。

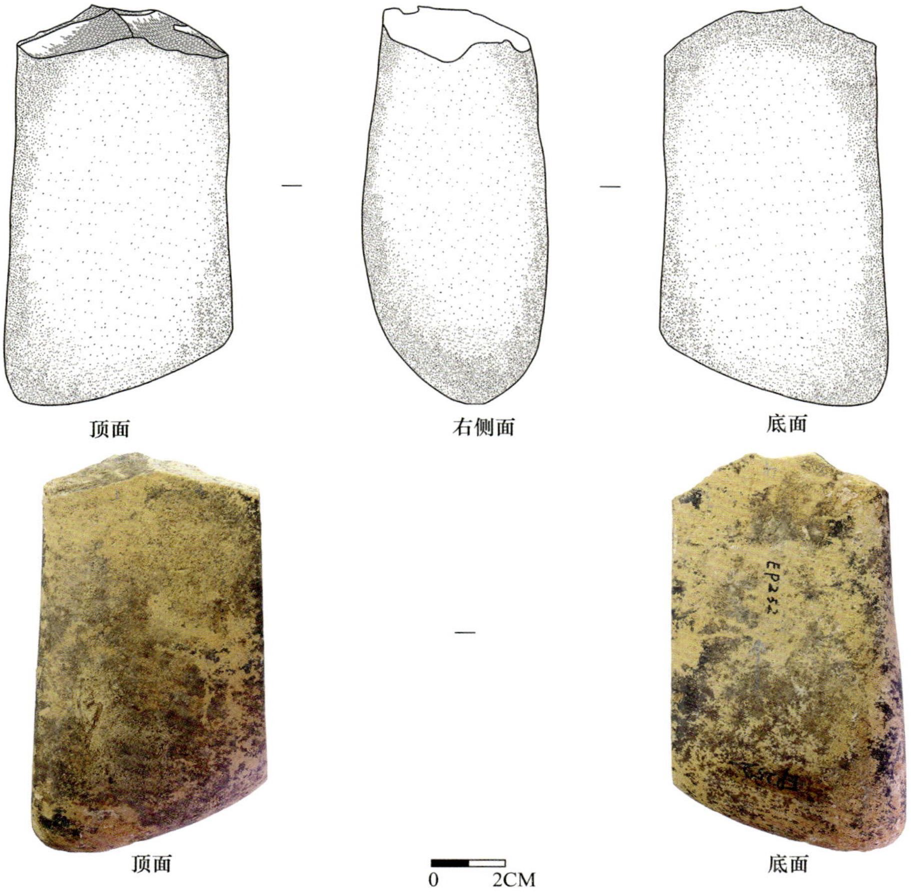

图 2－71　中文化层单刃单向加工的砍砸器（1990T444③: 35）

1990T344③: 75（EP255），素材为单台面石核。自然尺寸为长 103、宽 76、厚 48 毫米，重 414 克。岩性为泥质岩，平面、横剖面、纵剖面几何形状均为不规则四边形，磨圆度一般。远端面上有片疤，右侧面、左侧面、顶面、底面、近端面上有石皮。台面在顶面，其平面几何形状为不规则四边形，性质为天然石皮的凸起台面，剥片部位在远端边，剥片方向从顶面到底面。台面周长 280 毫米，远端边剥片所在边缘长度 55 毫米，剥片长度 55 毫米，剥片长度与所在边缘长度的比率为 100%，即剥片所在边缘全部被利用。剥片长度与台面周长的比率为 20%，即剥片所在台面利用率没有超过一半。打击方法为硬锤锤击法。剥片面有 1 个，在底面，有 2 块单极纵向平行分布的石片疤，剥片面面积与未剥片面面积的比例为 2: 6。2 块石片疤的特征，按加工顺序如下：第一块为不完整石片疤，长 21、宽 19 毫米，倾斜度 17°，弦长、矢长难以测量，平面形状为不规则四边形，到对边的长度 101 毫米，台面角 14°。第二块为不完整石片疤，长 88、宽 66 毫米，倾斜度 8°，弦长、矢长难以测量，平面形状为不规则四边形，到对边的长度 101 毫米，台面角 25°。保留的砾石石皮的总数值为 6 等份，其中顶面、底面和侧面各有 2 等份。打击方向总数量为 2 个，均在底面。该标本没有转动和翻动过。有一条刃缘，在远端边，平面形状为凸刃，侧视形状为“S”形刃，加工层次为两个系列，弧长 68、弦长 52、矢长 15 毫米。3 块加工石片疤均在底面，它们的特征，按加工顺序如下：第一块为完整石片疤，长 18、宽 37 毫米，倾斜度 59°，弦长 24、矢长 3 毫米。平面形状为不规则四边形，到对边的长度 96 毫米。所属边缘在远端边，刃角 76°，为反向加工。片疤平视为普通型，片疤侧视为加高型，片疤深度为薄型，片疤剖视形态为浅阶梯型。第二块为完整石片疤，长 10、宽 22 毫米，倾斜度 57°，弦长 15、矢长 1 毫米。平面形状为不规则四边形，到对边的长度 97 毫米。所属边缘在远端边，刃角 66°，为反向加工。片疤平视为普通型，片疤侧视为加高型，片疤深度为薄型，片疤剖视形态为凹下型。第三块为完整石片疤，长 14、宽 24 毫米，倾斜度 34°，弦长 18、矢长 2 毫米。平面形状为不规则四边形，到对边的长度 104 毫米。所属边缘在远端边，刃角 47°，为正向加工。片疤平视为普通型，片疤侧视为加高型，片疤深度为薄型，片疤剖视形态为凹下型（图 2－72）。

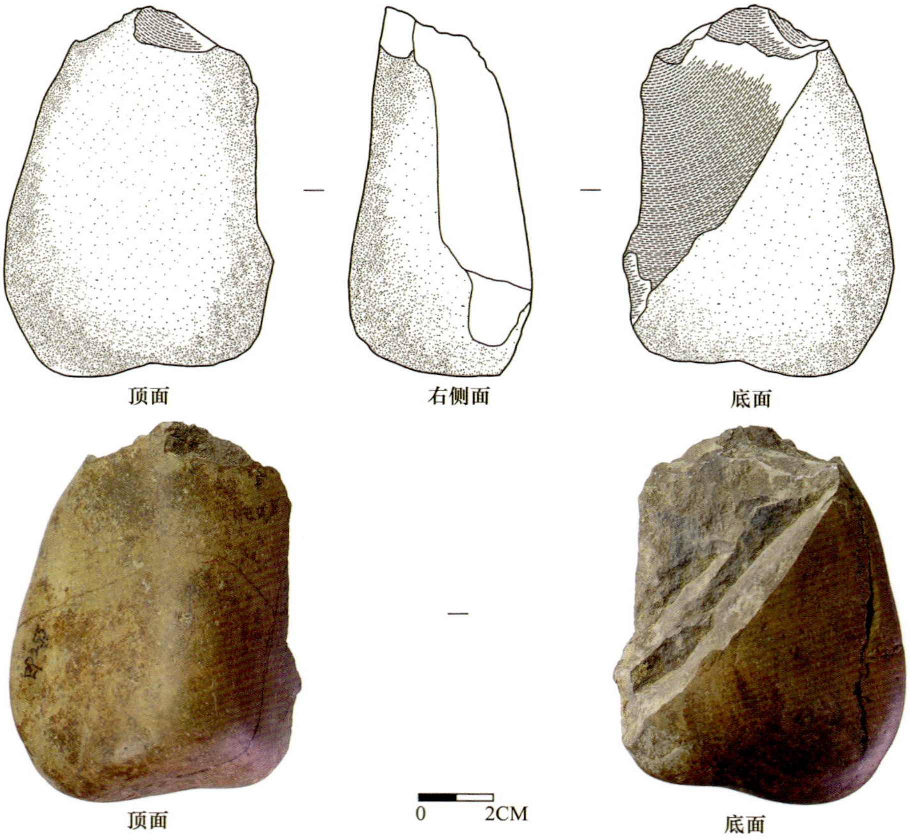

图 2－72　中文化层单刃单向加工的砍砸器（1990T344③: 75）

1998T1328③北 G: 2（EP225），素材为完整砾石。自然尺寸为长 166、宽 120、厚 55 毫米，

重1213克。岩性为砂岩，平面、横剖面、纵剖面几何形状分别为不规则四边形、不规则椭圆形、不规则四边形，磨圆度一般。远端面上有片疤，右侧面、顶面、底面、左侧面、近端面上有石皮。有一条刃缘，在远端边，平面形状为凸刃，侧视形状为弧形刃，加工层次为一个系列，弧长120、弦长96、矢长22毫米。3块加工石片疤均在顶面，它们的特征，按加工顺序如下：第一块为完整石片疤，长30、宽56毫米，倾斜度47°，弦长15、矢长3毫米。平面形状为不规则四边形，到对边的长度109毫米。所属边缘在远端边，刃角70°，为正向加工。片疤平视为普通型，片疤侧视为加高型，片疤深度为薄型，片疤剖视形态为凹下型。第二块为完整石片疤，长50、宽78毫米，倾斜度48°，弦长49、矢长2毫米。平面形状为不规则四边形，到对边的长度158毫米。所属边缘在远端边，刃角62°，为正向加工。片疤平视为普通型，片疤侧视为加高型，片疤深度为薄型，片疤剖视形态为凹下型。第三块为完整石片疤，长12、宽20毫米，倾斜度73°，弦长18、矢长6毫米。平面形状为不规则四边形，到对边的长度120毫米。所属边缘在远端边，刃角83°，为正向加工。片疤平视为普通型，片疤侧视为加高型，片疤深度为薄型，片疤剖视形态为凹下型（图2-73）。

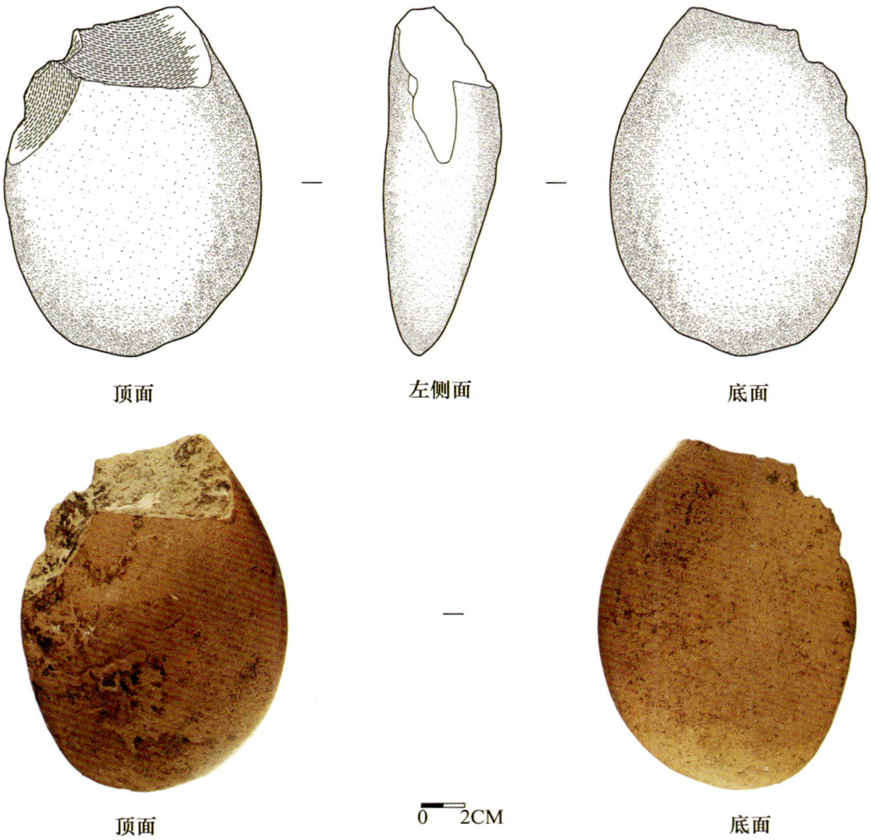

图2-73　中文化层单刃单向加工的砍砸器（1998T1328③北G:2）

c）刃缘在右侧边的砍砸器（chopper），有 1 件。

1991T743③东 G:280（EP104），素材为完整砾石。自然尺寸为长 159、宽 129、厚 75 毫米，重 1786 克。岩性为硅质（灰）岩，平面、横剖面、纵剖面几何形状均为不规则四边形，磨圆度一般。右侧面上有片疤，左侧面、顶面、底面、远端面、近端面上有石皮。有一条刃缘，在右侧边，平面形状为凸刃，侧视形状为弧形刃，加工层次为一个系列，弧长 130、弦长 106、矢长 10 毫米。4 块加工石片疤均在侧面，它们的特征，加工顺序如下。第一块为完整石片疤，长 60、宽 75 毫米，倾斜度 58°，弦长 24、矢长 3 毫米。平面形状为不规则四边形，到对边的长度 123 毫米。所属边缘在右侧边，刃角 71°，为正向加工。片疤平视为普通型，片疤侧视为加高型，片疤深度为薄型，片疤剖视形态为凹下型。第二块为完整石片疤，长 68、宽 55 毫米，倾斜度 35°，弦长 17、矢长 1 毫米。平面形状为不规则四边形，到对边的长度 131 毫米。所属边缘在右侧边，刃角 93°，为正向加工。片疤平视为普通型，片疤侧视为加高型，片疤深度为薄型，片疤剖视形态为凹下型。第三块为完整石片疤，长 64、宽 69 毫米，倾斜度 38°，弦长 27、矢长 1.5 毫米。平面形状为不规则四边形，到对边的长度 115 毫米。所属边缘在右侧边，刃角 69°，为正向加工。片疤平视为普通型，片疤侧视为加高型，片疤深度为薄型，片疤剖视形态为

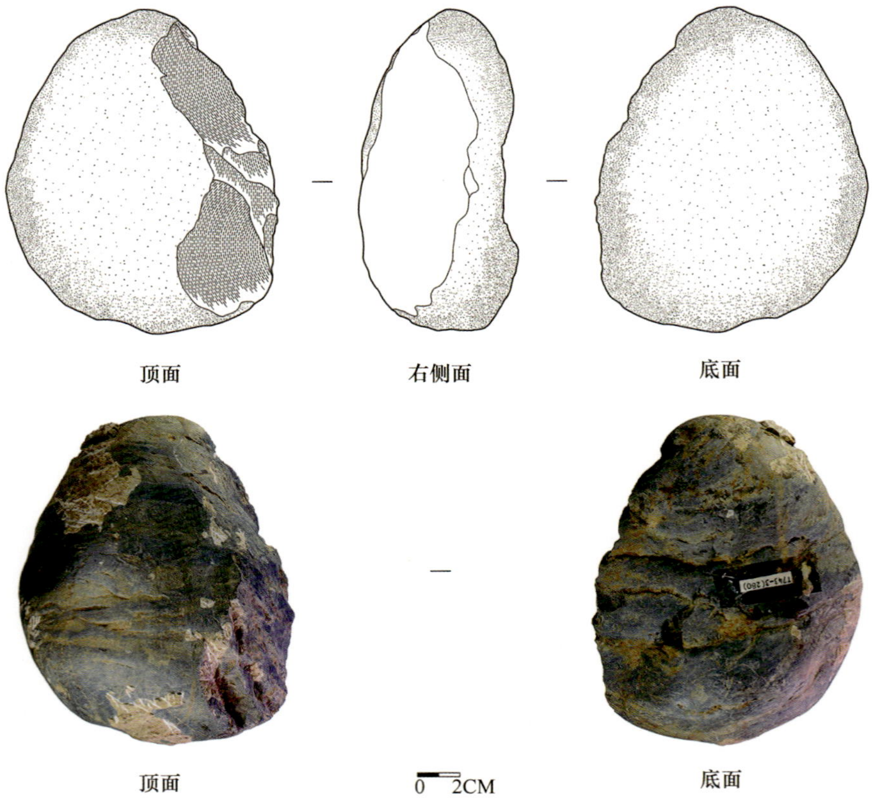

图 2－74　中文化层单刃单向加工的砍砸器（1991T743③东 G:280）

凹下型。第四块为完整石片疤，长 53、宽 39 毫米，倾斜度 50°，弦长 30、矢长 2 毫米。平面形状为不规则四边形，到对边的长度 120 毫米。所属边缘在右侧边，刃角 68°，为正向加工。片疤平视为普通型，片疤侧视为加高型，片疤深度为薄型，片疤剖视形态为凹下型（图 2－74）。

d）刃缘在左侧边的砍砸器（chopper），有 1 件。

1990T744③:9（EP103），素材为完整砾石。自然尺寸为长 124、宽 88、厚 56 毫米，重 763 克。岩性为硅质（灰）岩，平面、横剖面、纵剖面几何形状均为不规则四边形，磨圆度一般。右侧面上有片疤，近端面、左侧面、顶面、底面、远端面上有石皮。有一条刃缘，在左侧边，平面形状为凸刃，侧视形状为弧形刃，加工层次为一个系列，弧长 170、弦长 119、矢长 30 毫米。6 块加工石片疤中有 5 块在侧面、1 块在顶面，它们的特征，按加工顺序如下：第一块为完整石片疤，长 23、宽 35 毫米，倾斜度 36°，弦长 17、矢长 1 毫米。平面形状为不规则四边形，到对边的长度 88 毫米。所属边缘在右侧边，刃角 81°，为反向加工。片疤平视为普通型，片疤侧视为普通型，片疤深度为薄型，片疤剖视形态为凹下型。第二块为完整石片疤，长 53、宽 53 毫米，倾斜度 50°，弦长 31、矢长 3 毫米。平面形状为不规则四边形，到对边的长度 76 毫米。所属边缘在右侧边，刃角 62°，为反向加工。片疤平视为侵入型，片疤侧视为陡型，片疤深度为厚型，片疤剖视形态为凹下型。第三块为完整石片疤，长 45、宽 54 毫米，倾斜度 59°，弦长 54、矢长 13 毫米。平面形状为不规则四边形，到对边的长度 86 毫米。所属边缘在右侧边，刃角 60°，为反向加工。片疤平视为侵入型，片疤侧视为陡型，片疤深度为厚型，片疤剖视形态为浅阶梯型。第四块为完整石片疤，长 34、宽 34 毫米，倾斜度 38°，弦长 25、矢长 2 毫米。平面形状为不规则四边形，到对边的长度 125 毫米。所属边缘在右侧边，刃角 65°，为反向加工。片疤平视为侵入型，片疤侧视为普通型，片疤深度为薄型，片疤剖视形态为浅阶梯型。第五块为完整石片疤，长 34、宽 17 毫米，倾斜度 52°，弦长 13、矢长 0.5 毫米。平面形状为不规则四边形，到对边的长度 79 毫米。所属边缘在右侧边，刃角 50°，为反向加工。片疤平视为普通型，片疤侧视为陡型，片疤深度为厚型，片疤剖视形态为浅阶梯型。第六块为完整石片疤，长 21、宽 38 毫米，倾斜度 42°，弦长 16、矢长 0.5 毫米。平面形状为不规则四边形，到对边的长度 67 毫米。所属边缘在右侧边，刃角 48°，为正向加工。片疤平视为普通型，片疤侧视为普通型，片疤深度为薄型，片疤剖视形态为凹下型（图 2－75）。

（b）双刃单向加工的砍砸器，有 1 件，为左侧边、右侧边双刃相对不相连的双刃砍砸器（chopper）。

1990T544③G:21（EP115），素材为完整砾石。自然尺寸为长 173、宽 128、厚 59 毫米，重 1448 克。岩性为细砂岩，平面、横剖面和纵剖面几何形状分别为不规则五边形、不规则四边形、不规则四边形，磨圆度一般。近端面、远端面、顶面、底面上均有石皮，右侧面、左侧面上有加工片疤。有两条刃缘，分别为：一条刃缘在左侧边，平面形状为凸刃，侧视形状为弧形刃，加工层次为两个系列，弧长 148、弦长 126、矢长 25 毫米；一条刃缘在右侧边，平面形状为凸刃，侧视形状为弧形刃，加工层次为两个系列，弧长 85、弦长 75、矢长 10 毫米。5 块加工石片疤均在顶面，按加工顺序它们的特征如下：第一块为不完整石片疤，长 129、宽 106 毫

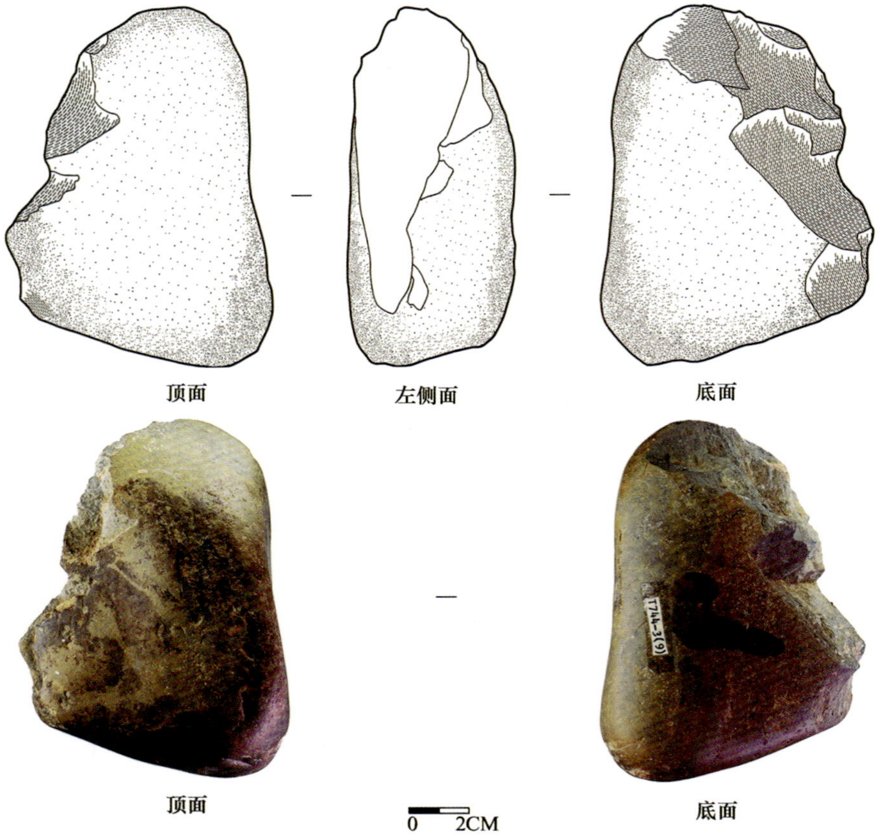

图 2－75　中文化层单刃单向加工的砍砸器（1990T744③：9）

米，倾斜度 43°，弦长、矢长难测。平面形状为不规则四边形，到对边的长度 116 毫米。所属边缘在右侧边，刃角 86°，为正向加工。片疤平视为侵入型，片疤侧视为加高型，片疤深度为薄型，片疤剖视形态为凹下型。第二块为完整石片疤，长 104、宽 77 毫米，倾斜度 4°，弦长 42、矢长 2 毫米。平面形状为不规则四边形，到对边的长度 122 毫米。所属边缘在左侧边，刃角 79°，为正向加工。片疤平视为侵入型，片疤侧视为加高型，片疤深度为薄型，片疤剖视形态为凹下型。第三块为完整石片疤，长 53、宽 64 毫米，倾斜度 40°，弦长 55、矢长 3 毫米。平面形状为不规则四边形，到对边的长度 115 毫米。所属边缘在右侧边，刃角 68°，为正向加工。片疤平视为侵入型，片疤侧视为加高型，片疤深度为薄型，片疤剖视形态为凹下型。第四块为完整石片疤，长 72、宽 73 毫米，倾斜度 26°，弦长 38、矢长 3 毫米。平面形状为不规则四边形，到对边的长度 135 毫米。所属边缘在左侧边，刃角 67°，为正向加工。片疤平视为侵入型，片疤侧视为加高型，片疤深度为薄型，片疤剖视形态为凹下型。第五块为完整石片疤，长 15、宽 35 毫米，倾斜度 25°，弦长 30、矢长 6 毫米。平面形状为不规则四边形，到对边的长度 121 毫米。所属边缘在左侧边，刃角 96°，为正向加工。片疤平视为普通型，片疤侧视为加高型，片疤深度为薄型，片疤剖视形态为凹下型（图 2－76）。

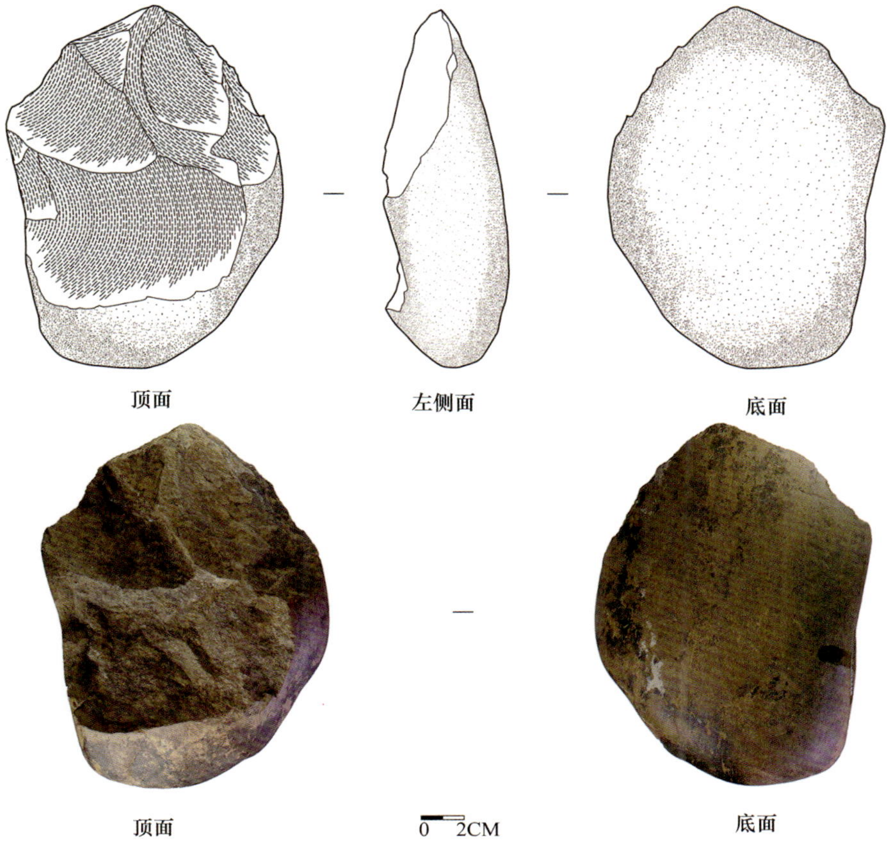

图 2－76　中文化层的双刃单向加工的砍砸器（1990T544③G：21）

（c）多刃单向加工的砍砸器，有 1 件，为左侧近段边、左侧远段边、远端边三刃相邻相连不呈梯形刃的砍砸器（chopper）。

1995T1228③：5（EP71），素材为完整砾石。自然尺寸为长 124、宽 98、厚 43 毫米，重 566 克。岩性为硅质（灰）岩，平面、横剖面、纵剖面几何形状分别为不规则五边形、不规则四边形、不规则四边形，磨圆度一般。左侧面、远端面上有片疤，右侧面、顶面、底面、近端面上有石皮。有三条刃缘，分别为：一条刃缘在左侧近段边，平面形状为凸刃，侧视形状为弧形刃，加工层次为一个系列，弧长 54、弦长 47、矢长 2 毫米；一条刃缘在左侧远端边，平面形状为凹刃，侧视形状为弧形刃，加工层次为一个系列，弧长 53、弦长 48、矢长 9 毫米；一条刃缘在远端边，平面形状为凸刃，侧视形状为弧形刃，加工层次为一个系列，弧长 55、弦长 51、矢长 3 毫米。4 块加工的片疤均在顶面。这 4 块加工石片疤的特征按加工顺序如下：第一块为不完整石片疤，长 55、宽 63 毫米，倾斜度 30°，弦长、矢长难测。平面形状为不规则四边形，到对边的长度 129 毫米。所属边缘在远端边，刃角 77°，为正向加工。片疤平视为侵入型，片疤侧视为加高型，片疤深度为厚型，片疤剖视形态为浅阶梯型。第二块为完整石片疤，长 45、宽 80 毫米，倾斜度 40°，弦长 44、矢长 2 毫米。平面形状为不规则四边形，到对边的长度 95 毫米。所属边缘在左侧边，刃角 45°，为正向加工。片疤平视为侵入型，片疤侧视为加高型，片疤深度为厚型，片疤剖视形态为浅阶梯型。第三块为完整石片疤，长 12、宽 34 毫米，倾斜度 56°，弦长 32、矢长 1 毫米。平面形状为不规则四边形，到对边的长度 115 毫米。所属边缘在远端边，刃角 71°，为正向加工。片疤平视为普通型，片疤侧视为加高型，片疤深度为薄型，片疤剖视形态为浅阶梯型。第四块为完整石片疤，长 37、宽 54 毫米，倾斜度 62°，弦长 46、矢长 9 毫米。平面形状为不规则四边形，到对边的长度 101 毫米。所属边缘在左侧边，刃角 65°，为正向加工。片疤平视为普通型，片疤侧视为加高型，片疤深度为厚型，片疤剖视形态为浅阶梯型（图 2－77）。

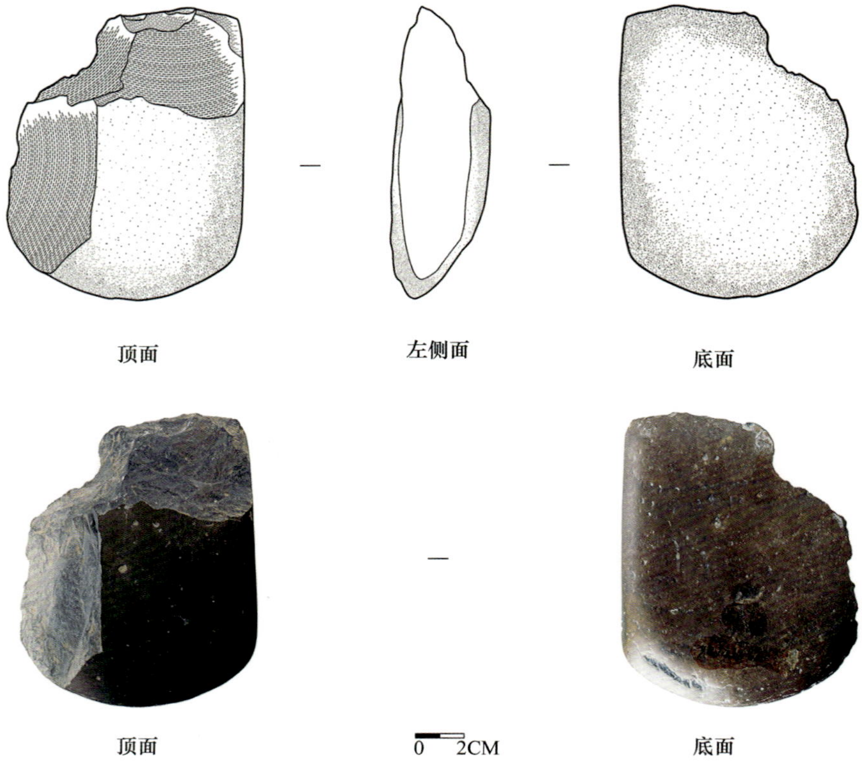

图 2－77　中文化层的多刃单向加工的砍砸器（1995T1228③: 5）

4）双向加工的砍砸器（亦可称为 chopping-tool，简称为 CT），只有单刃一种，有 5 件，均为端刃，可分为刃缘在近端边和远端边两种。

（a）刃缘位置在近端边的双向加工的砍砸器有 3 件。岩性分别为细砂岩、脉石英和泥质岩。素材中 2 件为完整砾石，单台面石核的有 1 件。长度中最长的达 178 毫米，最短的只有 110 毫米，均超过 100 毫米。宽度中最宽的为 150 毫米，最窄的为 105 毫米，均大于 100 毫米。厚度中最厚的为 91 毫米，最薄的为 53 毫米，均大于 50 毫米。重量中最重的为 2839 克，最轻的为 787 克，大于 1000 克的有 2 件，小于 1000 克的有 1 件。

此类标本的平面形状均为不规则四边形；横剖面形状大部分为不规则椭圆形、不规则四边形和三边形各有 1 件；纵剖面形状为不规则四边形的有 2 件，椭圆形的有 1 件。刃缘平视呈凸刃的有 2 件，凹刃的有 1 件；侧视为“S”形刃缘的有 2 件，弧刃的有 1 件。第二步加工的小疤分别有 2、3、5 块。加工方向中以正向为主的为多，有 2 件，另 1 件以反向为主。

可测刃角最大的为 92°，最小的为 40°，其中以在 60°~69°、70°~79°的为多（各有 4 个），在 40°~49°和 80°~89°的各有 1 个。

1990T344③：61（EP256），素材为单台面石核。自然尺寸为长 110、宽 105、厚 67 毫米，重 787 克。岩性为细砂岩，平面、横剖面、纵剖面几何形状均为不规则四边形，磨圆度一般。近端面上有片疤，右侧面、左侧面、顶面、底面、远端面上有石皮。台面在底面，其平面几何形状为不规则四边形，性质为天然石皮的凸起台面，剥片部位在近端边，剥片方向从底面到顶面。台面周长 330 毫米，近端边剥片所在边缘长度 140 毫米，剥片长度 140 毫米，剥片长度与所在边缘长度的比率为 100%，即剥片所在边缘全部被利用。剥片长度与台面周长的比率为 42%，即剥片所在台面利用率没有超过一半。打击方法为硬锤锤击法。剥片面有 1 个，在近端面，有 5 块单极纵向平行分布的石片疤，剥片面面积与未剥片面面积的比例为 2∶4。5 块石片疤的特征，按加工顺序如下：第一块为不完整石片疤，长 15、宽 32 毫米，倾斜度 9°，弦长、矢长难以测量，平面形状为不规则四边形，到对边的长度 107 毫米，台面角 10°。第二块为不完整石片疤，长 39、宽 48 毫米，倾斜度 12°，弦长、矢长难以测量，平面形状为不规则四边形，到对边的长度 107 毫米，台面角 19°。第三块为不完整石片疤，长 30、宽 40 毫米，倾斜度 21°，弦长、矢长难以测量，平面形状为不规则四边形，到对边的长度 107 毫米，台面角 20°。第四块为不完整石片疤，长 21、宽 47 毫米，倾斜度 45°，弦长、矢长难以测量，平面形状为不规则四边形，到对边的长度 107 毫米，台面角 43°。第五块为不完整石片疤，长 28、宽 59 毫米，倾斜度 58°，弦长、矢长难以测量，平面形状为不规则四边形，到对边的长度 107 毫米，台面角 51°。砾石石皮的总数值为 4 等份，其中顶面有 1 等份，底面有 2 等份，侧面有 1 等份。打击方向总数量为 5 个，均在顶面。该标本没有转动和翻动过。有一条刃缘，在近端边，平面形状为凸刃，侧视形状略为“S”形刃，加工层次为三个系列，弧长 152、弦长 106、矢长 38 毫米。5 块加工石片疤中 3 块在顶面、2 块在底面，它们的特征，按加工顺序如下：第一块为不完整石片疤，长 63、宽 56 毫米，倾斜度 46°，弦长、矢长难测。平面形状为不规则四边形，到对边的长度 106 毫米。所属边缘在近端边，刃角 65°，为正向加工。片疤平视为普通型，片疤侧视为加高型，片疤深度为厚型，片疤剖视形态为凹下型。第二块为完整石片疤，长 41、宽 56 毫米，倾斜度 60°，弦长 13、矢长 1 毫米。平面形状为不规则四边形，到对边的长度 104 毫米。所属边缘在近端边，刃角 63°，为正向加工。片疤平视为普通型，片疤侧视为加高型，片疤深度为厚型，片疤剖视形态为凹下型。第三块为不完整石片疤，长 40、宽 42 毫米，倾斜度 40°，弦长、矢长难测。平面形状为不规则四边形，到对边的长度 106 毫米。所属边缘在近端边，刃角

68°，为反向加工。片疤平视为普通型，片疤侧视为加高型，片疤深度为薄型，片疤剖视形态为凹下型。第四块为完整石片疤，长 37、宽 42 毫米，倾斜度 47°，弦长 38、矢长 3 毫米。平面形状为不规则四边形，到对边的长度 104 毫米。所属边缘在近端边，刃角 62°，为反向加工。片疤平视为普通型，片疤侧视为加高型，片疤深度为薄型，片疤剖视形态为凹下型。第五块为完整石片疤，长 29、宽 44 毫米，倾斜度 50°，弦长 34、矢长 2 毫米。平面形状为不规则四边形，到对边的长度 92 毫米。所属边缘在近端边，刃角 74°，为正向加工。片疤平视为普通型，片疤侧视为加高型，片疤深度为厚型，片疤剖视形态为凹下型（图 2－78）。

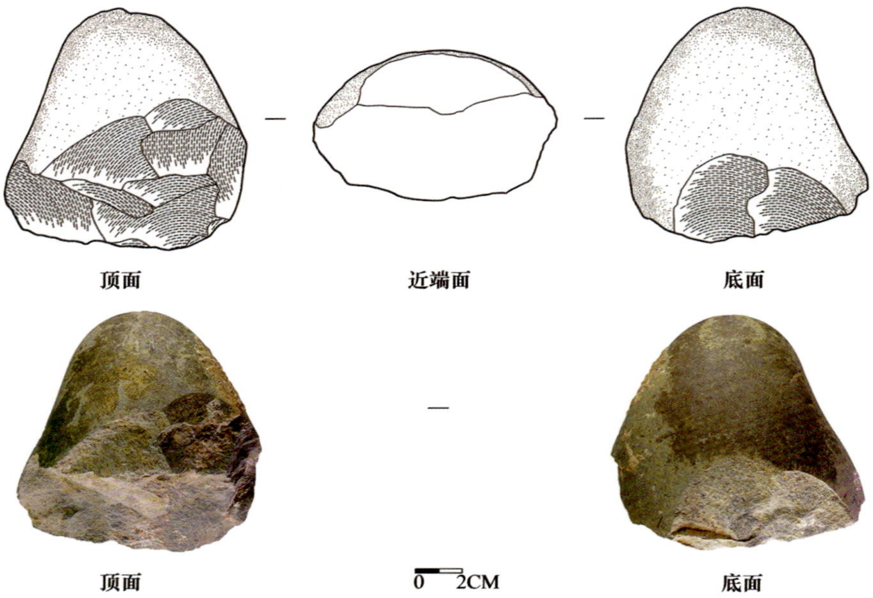

图 2－78　中文化层的单刃双向加工的砍砸器（1990T344③: 61）

1990T645③: 38（EP109），素材为完整砾石。自然尺寸为长 178、宽 150、厚 91 毫米，重 2839 克。岩性为脉石英，平面、横剖面、纵剖面几何形状分别为不规则四边形、不规则椭圆形、不规则椭圆形，磨圆度一般。近端面上有片疤，右侧面、左侧面、顶面、底面、远端面上有石皮。有一条刃缘，在近端右段边，平面形状为凹刃，侧视形状为弧形刃，加工层次为一个系列，弧长 80、弦长 72、矢长 5 毫米。2 块加工石片疤分别在顶面、底面，它们的特征，按加工顺序如下：第一块为完整石片疤，长 65、宽 109 毫米，倾斜度 50°，弦长 59、矢长 10 毫米。平面形状为不规则四边形，到对边的长度 170 毫米。所属边缘在近端边，刃角 92°，为正向加工。片疤平视为普通型，片疤侧视为加高型，片疤深度为薄型，片疤剖视形态为凹下型。第二块为完整石片疤，长 59、宽 61 毫米，倾斜度 30°，弦长 45、矢长 12 毫米。平面形状为不规则四边形，到对边的长度 159 毫米。所属边缘在近端边，刃角 72°，为正向加工。片疤平视为普通型，片疤侧视为加高型，片疤深度为薄型，片疤剖视形态为凹下型（图 2－79）。

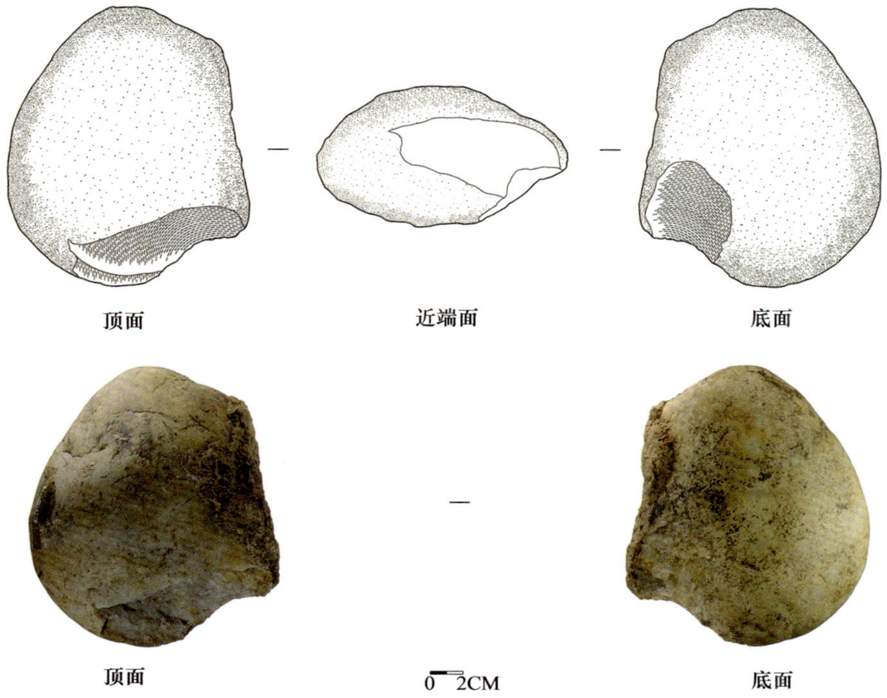

图 2-79 中文化层的单刃双向加工的砍砸器（1990T645③:38）

1990T443③:98（EP133），素材为完整砾石。自然尺寸为长 167、宽 133、厚 53 毫米，重 1354 克。岩性为泥质岩，平面、横剖面、纵剖面几何形状分别为不规则四边形、不规则三边形、不规则四边形，磨圆度一般。近端面上有片疤，右侧面、左侧面、顶面、底面、远端面上有石皮。有一条刃缘，在近端边，平面形状为凸刃，侧视形状为“S”形刃，加工层次为一个系列，弧长 100、弦长 91、矢长 10 毫米。3 块加工石片疤中 2 块在底面、1 块在顶面，它们的特征，依其加工顺序如下：第一块为完整石片疤，长 32、宽 29 毫米，倾斜度 31°，弦长 28、矢长 2 毫米。平面形状为不规则四边形，到对边的长度 165 毫米。所属边缘在近端边，刃角 72°，为反向加工。片疤平视为普通型，片疤侧视为加高型，片疤深度为薄型，片疤剖视形态为凹下型。第二块为完整石片疤，长 67、宽 87 毫米，倾斜度 37°，弦长 64、矢长 6 毫米。平面形状为不规则四边形，到对边的长度 164 毫米。所属边缘在近端边，刃角 40°，为反向加工。片疤平视为普通型，片疤侧视为加高型，片疤深度为薄型，片疤剖视形态为凹下型。第三块为完整石片疤，长 38、宽 63 毫米，倾斜度 33°，弦长 51、矢长 3 毫米。平面形状为不规则四边形，到对边的长度 165 毫米。所属边缘在近端边，刃角 72°，为正向加工。片疤平视为普通型，片疤侧视为加高型，片疤深度为薄型，片疤剖视形态为浅阶梯型（图 2-80）。

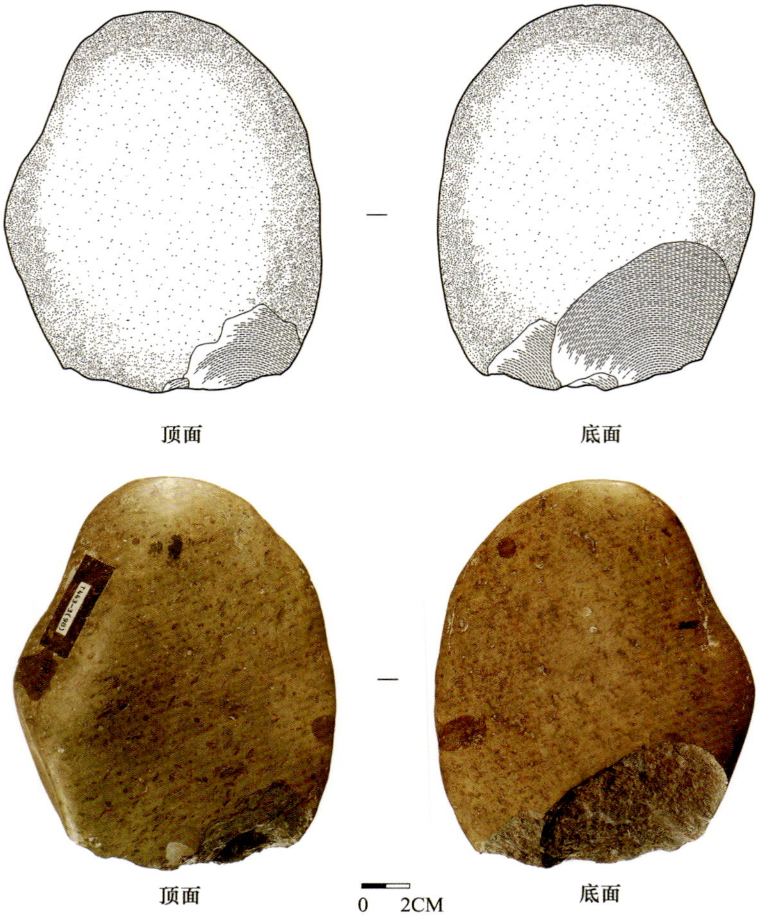

图 2-80　中文化层的单刃双向加工的砍砸器（1990T443③：98）

（b）刃缘在远端边的砍砸器（chopping-tool），有 2 件。岩性分别为脉石英和泥质岩。素材一为完整砾石，一为断块。长度分别为 122 毫米、119 毫米，均超过 100 毫米。宽度分别为 78 毫米、66 毫米，均小于 100 毫米。厚度分别为 62 毫米、54 毫米，均大于 50 毫米。重量分别为 640 克、564 克，均小于 1000 克。

此类标本的平面、横剖面、纵剖面形状均为不规则四边形。

刃缘平视分别呈凸刃和凹刃；侧视分别呈弧刃和曲折形刃。第二步加工的小疤分别有 3 块、4 块小疤。加工方向以正向为主。

此类标本中可测刃角最大的为 92°，最小的为 52°，其中以在 50°～59°的为多（有 2 个），其次为在 60°～69°、70°～79°、80°～89°、90°～99°的各有 1 个。难测的有 1 个。

1991T345③：57（EP257），素材为完整砾石。自然尺寸为长 119、宽 78、厚 54 毫米，重 564 克。岩性为泥质岩，平面、横剖面、纵剖面几何形状均为不规则四边形，磨圆度一般。远端面上有片疤，右侧面、左侧面、顶面、底面、近端面上有石皮。有一条刃缘，在远端边，平面形状为凸刃，侧视形状为“S”形刃，加工层次为一个系列，弧长 63、弦长 59、矢长 9 毫米。3 块加工石片疤中 2 块在顶面、1 块在底面，它们的特征，按加工顺序如下：第一块为不完整石片疤，长 67、宽 45 毫米，倾斜度 40°，弦长、矢长难测。平面形状为不规则四边形，到对边的长度 119 毫米。所属边缘在远端边，刃角 52°，为正向加工。片疤平视为侵入型，片疤侧视为加高型，片疤深度为薄型，片疤剖视形态为凹下型。第二块为完整石片疤，长 67、宽 42 毫米，倾斜度 43°，弦长 37、矢长 3 毫米。平面形状为不规则四边形，到对边的长度 116 毫米。所属边缘在远端边，刃角 57°，为正向加工。片疤平视为侵入型，片疤侧视为加高型，片疤深度为薄型，片疤剖视形态为凹下型。第三块为完整石片疤，长 24、宽 39 毫米，倾斜度 33°，弦长 24、矢长 2 毫米。平面形状为不规则四边形，到对边的长度 110 毫米。所属边缘在远端边，刃角 61°，为反向加工。片疤平视为普通型，片疤侧视为加高型，片疤深度为薄型，片疤剖视形态为凹下型（图 2－81）。

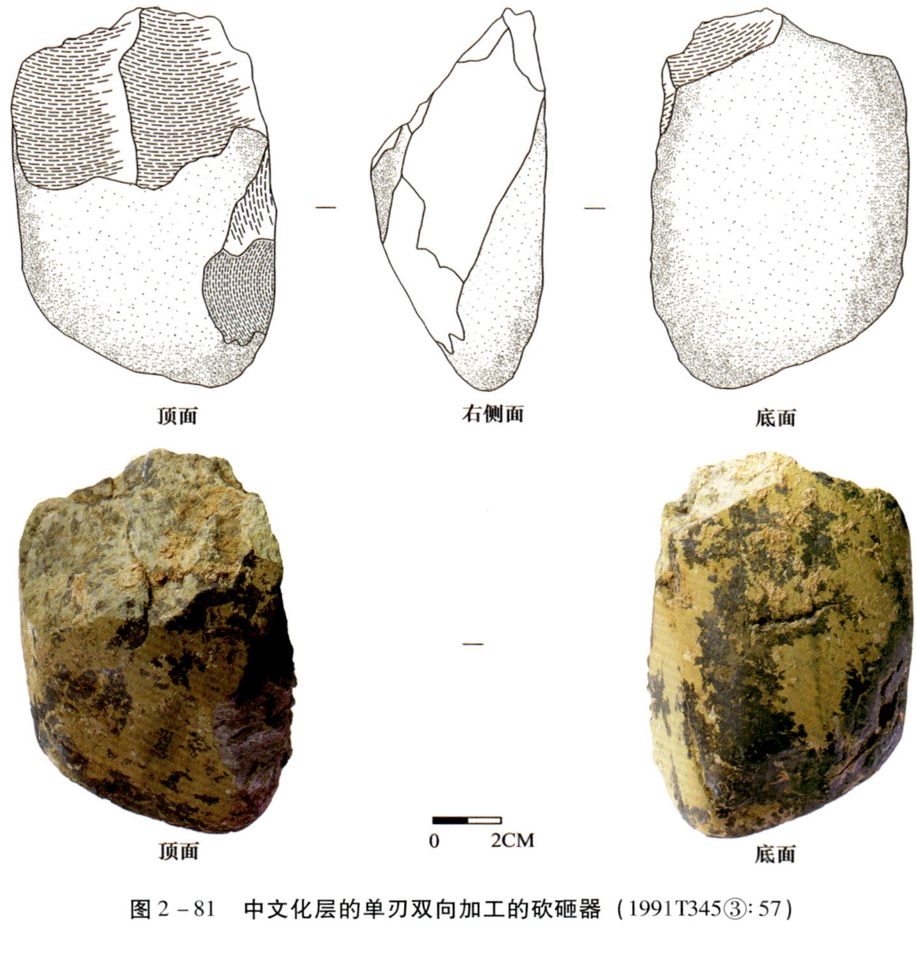

图 2－81　中文化层的单刃双向加工的砍砸器（1991T345③: 57）

1990T345③: 51（EP249），素材为断块。自然尺寸为长 122、宽 66、厚 62 毫米，重 640 克。岩性为脉石英，平面、横剖面、纵剖面几何形状均为不规则四边形，磨圆度一般。远端面上有片疤，右侧面、顶面、底面、近端面、左侧面上有石皮。有一条刃缘，在远端边，平面形状为凹刃，侧视形状为弧形刃，加工层次为一个系列，弧长35、弦长32、矢长4毫米。4块加工石片疤中2块在顶面、2块在底面，它们的特征，按加工顺序如下：第一块为不完整石片疤，长77、宽56毫米，倾斜度35°，弦长、矢长难测。平面形状为不规则四边形，到对边的长度122毫米。所属边缘在远端边，刃角难测，为正向加工。片疤平视为侵入型，片疤侧视为加高型，片疤深度为薄型，片疤剖视形态为凹下型。第二块为完整石片疤，长35、宽48毫米，倾斜度47°，弦长29、矢长3毫米。平面形状为不规则四边形，到对边的长度105毫米。所属边缘在远端边，刃角77°，为反向加工。片疤平视为普通型，片疤侧视为加高型，片疤深度为薄型，片疤剖视形态为凹下型。第三块为完整石片疤，长11、宽23毫米，倾斜度51°，弦长12、矢长1毫米。平面形状为不规则四边形，到对边的长度110毫米。所属边缘在远端边，刃角85°，为反向加工。片疤平视为普通型，片疤侧视为加高型，片疤深度为薄型，片疤剖视形态为凹下

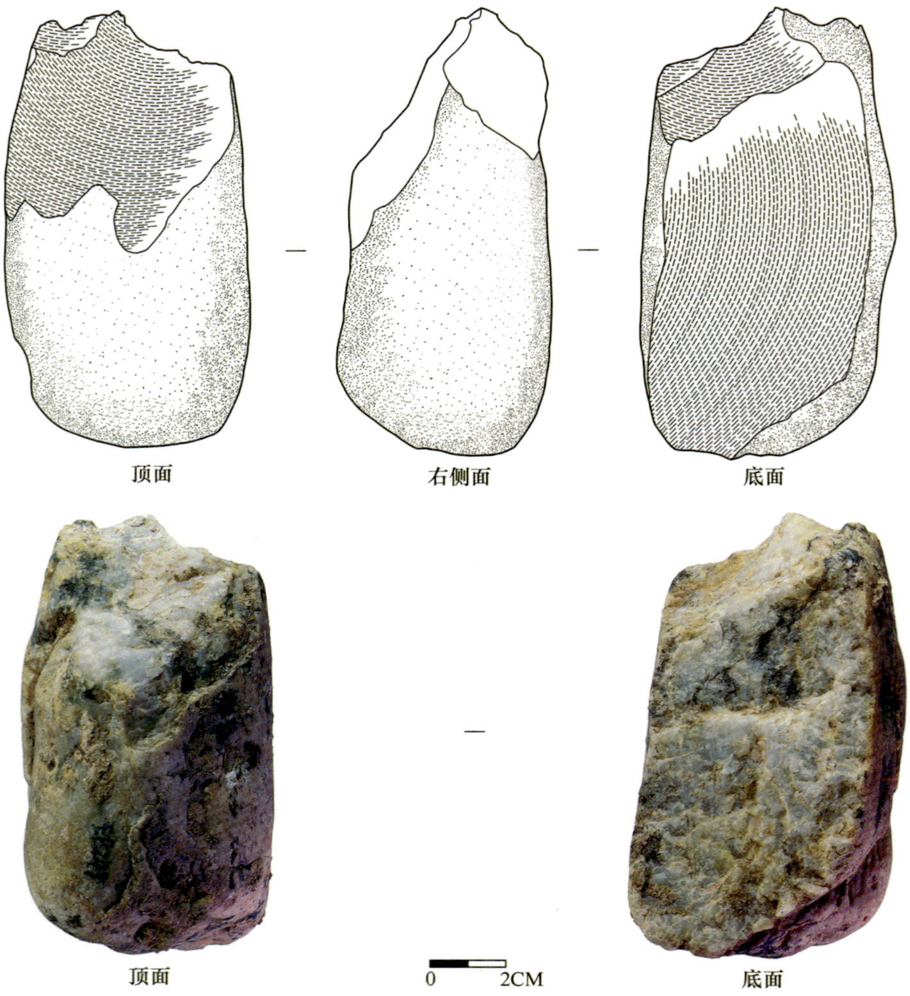

图2－82 中文化层的单刃双向加工的砍砸器（1990T345③:51）

型。第四块为完整石片疤，长18、宽24毫米，倾斜度54°，弦长18、矢长3毫米。平面形状为不规则四边形，到对边的长度123毫米。所属边缘在远端边，刃角92°，为正向加工。片疤平视为普通型，片疤侧视为加高型，片疤深度为薄型，片疤剖视形态为凹下型（图2－82）。

（2）石片石器（小石器）。

有11件，分为刮削器、凹缺刮器、尖凸、刮削器＋锯齿状器等类型（表2－12；图表2－25、图表2－26）。

表2－12　**中文化层石片石器大类统计**

类型	刮削器	凹缺刮器	尖凸	小计
数量（件）	6	3	2	11
百分比（%）	54.55	27.27	18.18	100

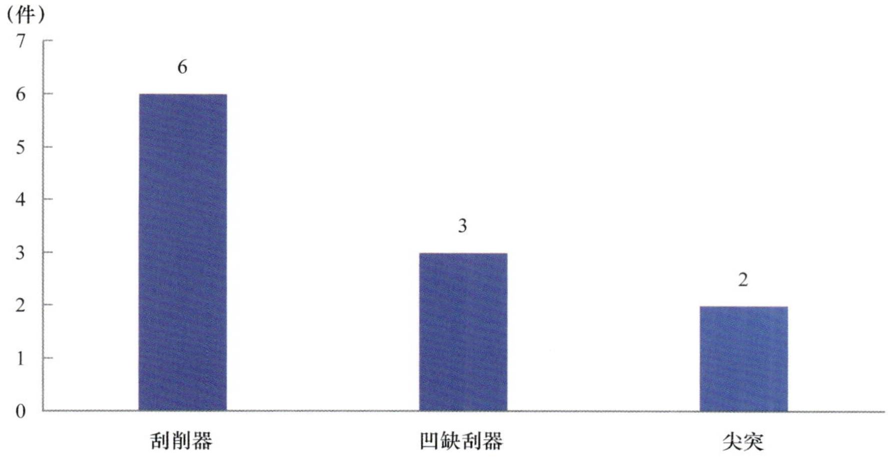

图表2－25　中文化层石片石器大类数量

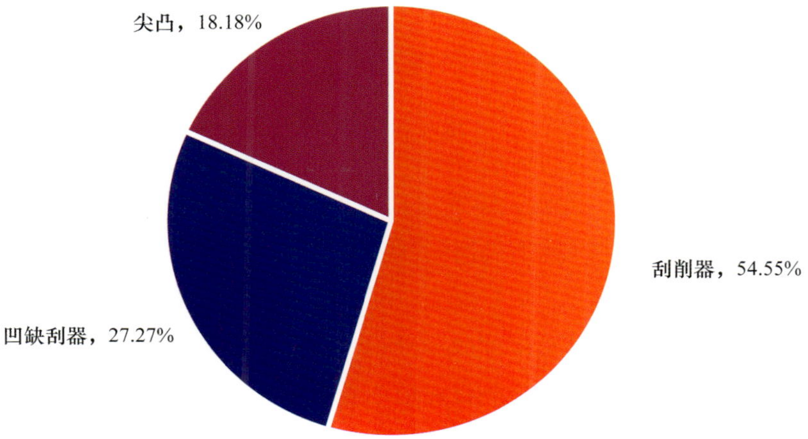

图表2－26　中文化层石片石器大类的相对比例

1）刮削器，根据刃缘数量的多少可分为单刃、双刃和多刃三类，另外还有刮削器和其他类型刃缘的组合。

（a）单刃刮削器有 2 件，没有发现刃缘在近端边和远端边的刮削器，刃缘均在侧边。

a）刃缘在左侧边的刮削器，有 1 件。

1990T945③: 22（EP91），素材为完整石片。自然尺寸为长 49、宽 40、厚 19 毫米，打击长度、打击宽度、打击厚度分别为 49、40、19 毫米，打击泡附近厚度 19 毫米，打击轴中段厚度 15 毫米。重 37 克。岩性为脉石英，平面、横剖面、纵剖面几何形状均为不规则四边形，磨圆度一般。有一条刃缘，在左侧边，刃缘平面形状为凸刃，侧视形状为弧形刃，弧长 73、弦长 54、矢长 9 毫米，加工层次为一个系列。背面上有 4 块加工片疤、破裂面上有 2 块加工片疤。6 块加工石片疤的特征，按加工顺序如下：第一块为完整石片疤，长 15、宽 15 毫米，倾斜度 64°，弦长 14、矢长 2 毫米。平面形状为不规则四边形，到对边的长度 38 毫米。所属边缘在左侧边，刃角 90°，为正向加工。片疤平视为普通型，片疤侧视为陡型，片疤深度为深型，片疤剖视形态为凹下型。第二块为完整石片疤，长 4、宽 13 毫米，倾斜度 70°，弦长 7、矢长 0. 1 毫米。平面形状为不规则四边形，到对边的长度 35 毫米。所属边缘在左侧边，刃角 102°，为正向加工。片疤平视为普通型，片疤侧视为陡型，片疤深度为厚型，片疤剖视形态为凹下型。第三块为完整石片疤，长 6、宽 17 毫米，倾斜度 65°，弦长 16、矢长 1 毫米。平面形状为不规则四边形，到对边的长度 38 毫米。所属边缘在左侧边，刃角 96°，为正向加工。片疤平视为普通型，片疤侧视为陡型，片疤深度为薄型，片疤剖视形态为凹下型。第四块为完整石片疤，长 5、宽 8 毫米，倾斜度 40°，弦长 7、矢长 1 毫米。平面形状为不规则四边形，到对边的长度 45 毫米。所属边缘在左侧边，刃角 87°，为反向加工。片疤平视为普通型，片疤侧视为陡型，片疤深度为薄型，片疤剖视形态为凹下型。第五块为完整石片疤，长 6、宽 13 毫米，倾斜度 58°，弦长 8、矢长 0. 1 毫米。平面形状为不规则四边形，到对边的长度 47 毫米。所属边缘在左侧边，刃角 78°，为正向加工。片疤平视为普通型，片疤侧视为陡型，片疤深度为薄型，片疤剖视形态为凹下型。第六块为完整石片疤，长 4、宽 12 毫米，倾斜度 47°，弦长 13、矢长 0. 2 毫米。平面形状为不规则四边形，到对边的长度 18 毫米。所属边缘在左侧边，刃角 88°，为反向加工。片疤平视为普通型，片疤侧视为陡型，片疤深度为薄型，片疤剖视形态为凹下型（图 2－83）。

b）刃缘在右侧边的刮削器有 1 件。

1990T945③: 201（EP261），素材为碎片。自然尺寸为长 75、宽 73、厚 35 毫米，重 182 克。岩性为脉石英，平面、横剖面、纵剖面几何形状分别为不规则三边形、不规则四边形、不规则四边形，磨圆度一般。有一条刃缘，在右侧边，刃缘平面形状为凸刃，侧视形状为弧形刃，弧长 50、弦长 46、矢长 3 毫米，加工层次为一个系列。侧面上有 3 块加工片疤。3 块加工石片疤的特征，按加工顺序如下：第一块为完整石片疤，长 11、宽 17 毫米，倾斜度 82°，弦长 14、矢长 0. 5 毫米。平面形状为不规则四边形，到对边的长度 59 毫米。所属边缘在左侧边，刃角 75°，为正向加工。片疤平视为普通型，片疤侧视为陡型，片疤深度为薄型，片疤剖视形态为凹下

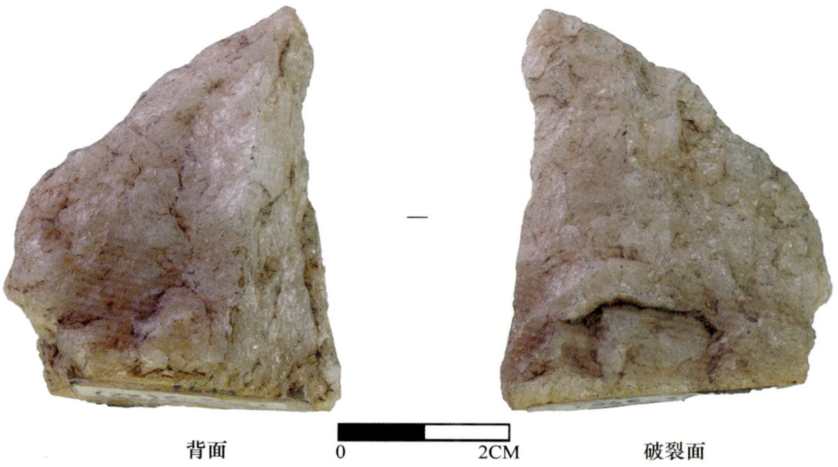

图 2 – 83 中文化层的单刃刮削器（1990T945③: 22）

型。第二块为完整石片疤，长 10、宽 17 毫米，倾斜度 77°，弦长 17、矢长 1.5 毫米。平面形状为不规则四边形，到对边的长度 62 毫米。所属边缘在右侧边，刃角 83°，为正向加工。片疤平视为普通型，片疤侧视为陡型，片疤深度为薄型，片疤剖视形态为凹下型。第三块为完整石片疤，长 7、宽 14 毫米，倾斜度 80°，弦长 13、矢长 1 毫米。平面形状为不规则四边形，到对边的长度 68 毫米。所属边缘在右侧边，刃角 87°，为正向加工。片疤平视为普通型，片疤侧视为陡型，片疤深度为薄型，片疤剖视形态为凹下型（图 2 – 84）。

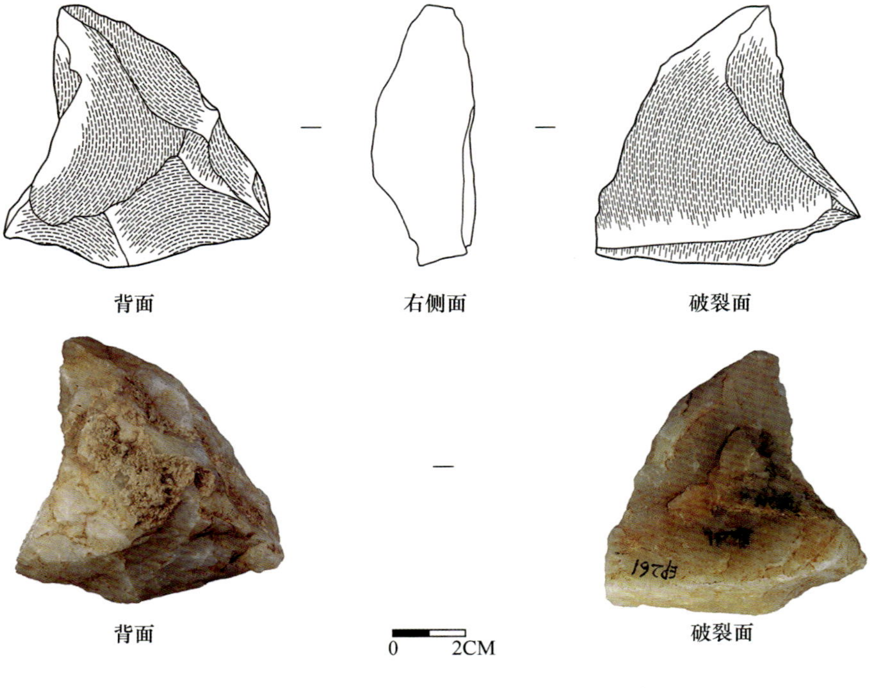

图 2 – 84 中文化层的单刃刮削器（1990T945③: 201）

（b）双刃刮削器有 1 件，刃缘分别在左侧边、右侧边，两条刃缘相邻相连不成尖。

1990T945③: 200（EP259），素材为完整石片。自然尺寸为长 58、宽 51、厚 17 毫米，打击长度、打击宽度、打击厚度分别为 41、52、17 毫米，打击泡附近厚度 14 毫米，打击轴中段厚度 12 毫米。重 39 克。岩性为粉砂岩，平面、横剖面、纵剖面几何形状分别为不规则四边形、不规则三边形、不规则三边形，磨圆度一般。有两条刃缘，分别在左侧边、右侧边，刃缘平面形状均为凸刃，侧视形状均为弧形刃，左侧刃弧长 50、弦长 46、矢长 6 毫米，加工层次为一个系列；右侧刃弧长 50、弦长 44、矢长 6 毫米，加工层次为一个系列。背面上有 2 块加工片疤、破裂面上有 2 块加工片疤。4 块加工石片疤的特征，按加工顺序如下：第一块为完整石片疤，长 4、宽 12 毫米，倾斜度 64°，弦长 11、矢长 1 毫米。平面形状为不规则四边形，到对边的长度 45 毫米。所属边缘在右侧边，刃角 74°，为反向加工。片疤平视为普通型，片疤侧视为陡型，片疤深度为薄型，片疤剖视形态为凹下型。第二块为完整石片疤，长 5、宽 10 毫米，倾斜度 50°，弦长 6、矢长 1 毫米。平面形状为不规则四边形，到对边的长度 41 毫米。所属边缘在右侧边，刃角 42°，为反向加工。片疤平视为普通型，片疤侧视为陡型，片疤深度为薄型，片疤剖视形态为凹下型。第三块为完整石片疤，长 3、宽 11 毫米，倾斜度 75°，弦长 11、矢长 1 毫米。平面形状为不规则四边形，到对边的长度 48 毫米。所属边缘在左侧边，刃角 68°，为正向加工。片疤平视为普通型，片疤侧视为陡型，片疤深度为薄型，片疤剖视形态为凹下型。第四块为完整石片疤，长 7、宽 14 毫米，倾斜度 77°，弦长 12、矢长 0.5 毫米。平面形状为不规则四边形，到对边的长度 41 毫米。所属边缘在左侧边，刃角 66°，为正向加工。片疤平视为普通型，片疤侧视为陡型，片疤深度为薄型，片疤剖视形态为凹下型（图 2－85）。

（c）多刃刮削器有 1 件。

1999T1227③: 9836（EP283），素材为完整石片。自然尺寸为长 78、宽 75、厚 43 毫米，打击长度、打击宽度、打击厚度分别为 77、86、43 毫米，打击泡附近厚度 23 毫米，打击轴中段厚度 32 毫米。重 251 克。岩性为脉石英，平面、横剖面、纵剖面几何形状均为不规则四边形，磨圆度一般。有三条刃缘，分别在左侧边、远端边、右侧边（似盘状刮削器），左侧刃缘平面形状为凸刃，侧视形状为弧形刃，弧长 61、弦长 57、矢长 11 毫米，加工层次为一个系列；远端刃缘平面形状为凸刃，侧视形状为弧形刃，弧长 90、弦长 72、矢长 17 毫米，加工层次为一个系列；右侧刃弧长 60、弦长 52、矢长 8 毫米，加工层次为一个系列。背面上有 1 块加工片疤、破裂面上有 8 块加工片疤。9 块加工石片疤的特征，按加工顺序如下：第一块为完整石片疤，长 47、宽 47 毫米，倾斜度 26°，弦长 28、矢长 5 毫米。平面形状为不规则四边形，到对边的长度 75 毫米。所属边缘在右侧边，刃角 71°，为反向加工。片疤平视为侵入型，片疤侧视为加高型，片疤深度为薄型，片疤剖视形态为凹下型。第二块为完整石片疤，长 11、宽 17 毫米，倾斜度 44°，弦长 11、矢长 2 毫米。平面形状为不规则四边形，到对边的长度 75 毫米。所属边缘在右侧边，刃角 67°，为反向加工。片疤平视为普通型，片疤侧视为加高型，片疤深度为薄型，片疤剖视形态为凹下型。第三块为完整石片疤，长 14、宽 20 毫米，倾斜度 48°，弦长 11、

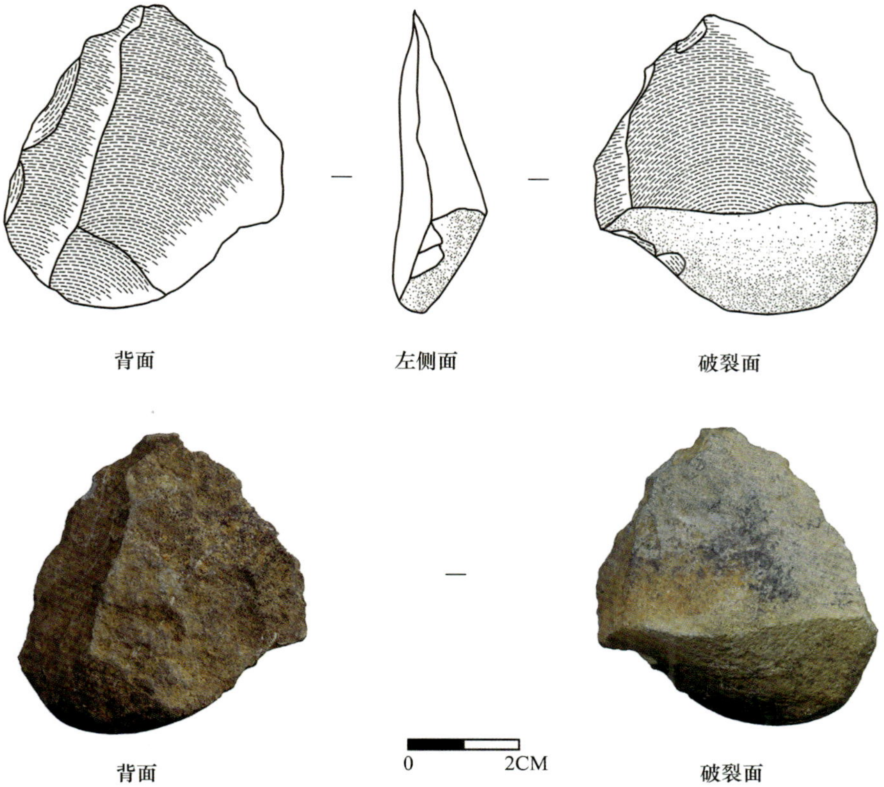

图 2－85　中文化层的双刃刮削器（1990T945③: 200）

矢长 1 毫米。平面形状为不规则四边形，到对边的长度 83 毫米。所属边缘在右侧边，刃角 86°，为反向加工。片疤平视为普通型，片疤侧视为加高型，片疤深度为薄型，片疤剖视形态为凹下型。第四块为完整石片疤，长 35、宽 47 毫米，倾斜度 87°，弦长 19、矢长 7 毫米。平面形状为不规则四边形，到对边的长度 75 毫米。所属边缘在远端边，刃角 84°，为反向加工。片疤平视为普通型，片疤侧视为加高型，片疤深度为厚型，片疤剖视形态为凹下型。第五块为完整石片疤，长 21、宽 33 毫米，倾斜度 88°，弦长 23、矢长 2 毫米。平面形状为不规则四边形，到对边的长度 75 毫米。所属边缘在远端边，刃角 89°，为反向加工。片疤平视为侵入型，片疤侧视为加高型，片疤深度为薄型，片疤剖视形态为凹下型。第六块为完整石片疤，长 19、宽 17 毫米，倾斜度 72°，弦长 12、矢长 1.5 毫米。平面形状为不规则四边形，到对边的长度 78 毫米。所属边缘在远端边，刃角 84°，为反向加工。片疤平视为普通型，片疤侧视为加高型，片疤深度为薄型，片疤剖视形态为凹下型。第七块为完整石片疤，长 31、宽 46 毫米，倾斜度 40°，弦长 22、矢长 1 毫米。平面形状为不规则四边形，到对边的长度 76 毫米。所属边缘在左侧边，刃角 57°，为反向加工。片疤平视为侵入型，片疤侧视为加高型，片疤深度为薄型，片疤剖视形态为凹下型。第八块为完整石片疤，长 7、宽 18 毫米，倾斜度 48°，弦长 17、矢长 2 毫米。平面形状为不规则四边形，到对边的长度 74 毫米。所属边缘在左侧边，刃角 56°，为正向加工。片疤平视为普通型，片疤侧视为加高型，片疤深度为薄型，片疤剖视形态为凹下型。第九块为完整石片疤，长 13、宽 26 毫米，倾斜度 80°，弦长 23、矢长 1 毫米。平面形状为不规则四边形，到对边的长度 83 毫米。所属边缘在左侧边，刃角 91°，为正向加工。片疤平视为普通型，片疤侧视为加高型，片疤深度为薄型，片疤剖视形态为凹下型（图 2 – 86）。

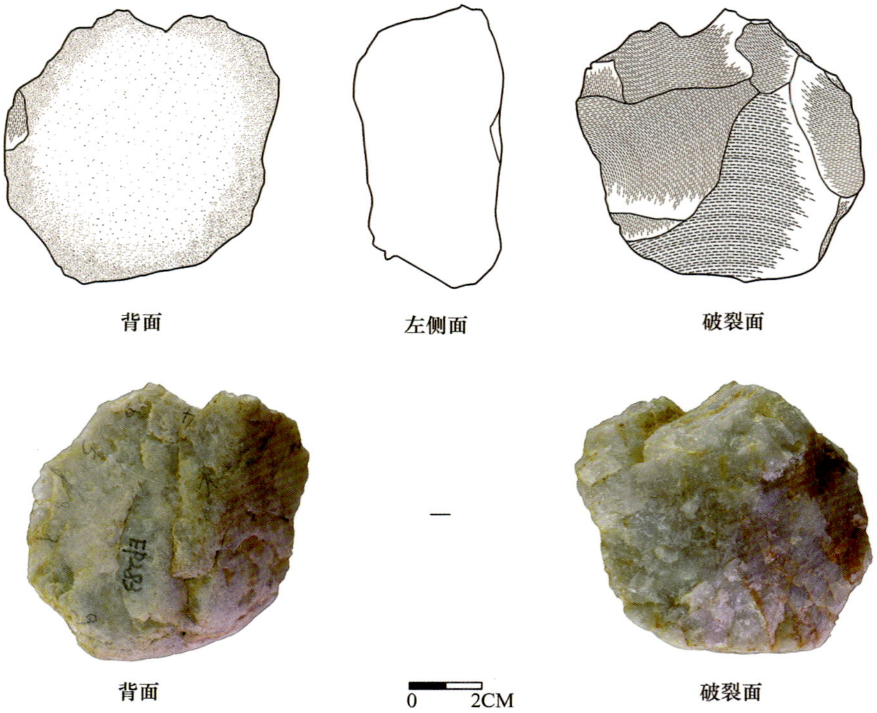

图 2 – 86　中文化层的多刃刮削器（1999T1227③: 9836）

2）凹缺刮器。有 3 件，均为单刃。岩性均为脉石英。素材分别为完整石片（2 件）和碎片（1 件）。长度中最长的达 84 毫米，最短的只有 67 毫米，均未超过 100 毫米。宽度中最宽的为 56 毫米，最窄的为 25 毫米，均小于 100 毫米。厚度中最厚的为 38 毫米，最薄的为 18 毫米，均小于 50 毫米。重量中最重的为 218 克，最轻的为 30 克，均小于 1000 克。

此类标本的平面形状均为不规则四边形；横剖面形状分别为不规则四边形（2 件）和不规则三边形（1 件）；纵剖面形状均为不规则四边形。

刃缘分别在左侧边（2 件）和右侧边。刃缘平视均为凹刃；侧视均呈弧刃。第二步加工的小疤均为 1 块小疤。加工方向以反向为多（2 件），正向次之（1 件）。

此类标本中可测刃角最大的为 74°，最小的为 59°，另 1 件为 64°。

（a）刃缘在左侧边的单刃凹缺刮器，有 2 件。

1999T1227③: 9832（EP279），素材为断片。自然尺寸为长 67、宽 25、厚 18 毫米，重 30

克。岩性为脉石英，平面、横剖面、纵剖面几何形状分别为不规则四边形、不规则三边形、不规则四边形，磨圆度一般。有一条刃缘，在左侧边（一击而成），刃缘平面形状为凹刃，侧视形状为弧形刃，弧长21、弦长19、矢长3毫米，加工层次为一个系列。1块加工片疤在背面上，这块加工石片疤为完整石片疤，长9、宽20毫米，倾斜度57°，弦长19、矢长3毫米。平面形状为不规则四边形，到对边的长度16毫米。所属边缘在左侧边，刃角59°，为正向加工。片疤平视为普通型，片疤侧视为普通型，片疤深度为薄型，片疤剖视形态为凹下型。该标本可与EP268拼合（图2-87）。

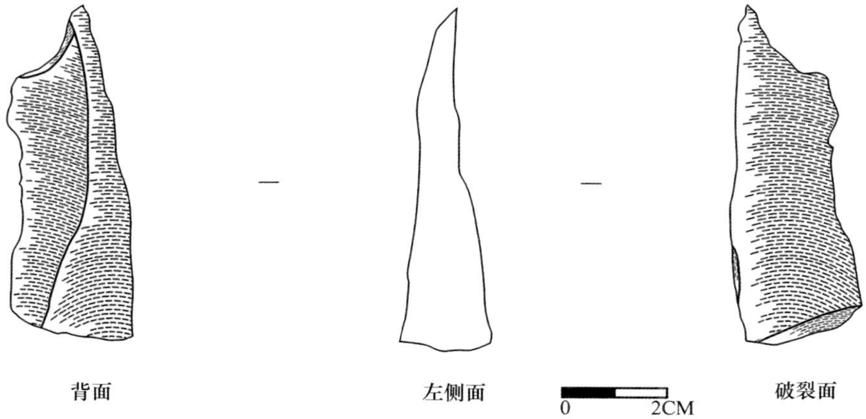

图2-87　中文化层的单刃凹缺刮器（1999T1227③:9832）

1999T1327③:9835（EP282），素材为完整石片。自然尺寸为长73、宽56、厚24毫米，打击长度、打击宽度、打击厚度分别为69、55、24毫米，打击泡附近厚度14毫米，打击轴中段厚度18毫米。重101克。岩性为脉石英，平面、横剖面、纵剖面几何形状均为不规则四边形，磨圆度一般。有一条刃缘，在左侧边（一击而成），刃缘平面形状为凹刃，侧视形状为直刃，弧长45、弦长40、矢长8毫米，加工层次为一个系列。1块加工片疤在侧面上，这块加工石片疤为完整石片疤，长16、宽42毫米，倾斜度50°，弦长40、矢长8毫米。平面形状为不规则四边形，到对边的长度44毫米。所属边缘在左侧边，刃角64°，为正向加工。片疤平视为普通型，片疤侧视为陡型，片疤深度为薄型，片疤剖视形态为凹下型（图2-88）。

（b）刃缘在右侧边的单刃凹缺刮器，有1件。

1990T345③北G:85（EP140），素材为完整石片。自然尺寸为长84、宽55、厚38毫米，打击长度、打击宽度、打击厚度分别为79、57、38毫米，打击泡附近厚度28毫米，打击轴中段厚度34毫米。重218克。岩性为脉石英，平面、横剖面、纵剖面几何形状均为不规则四边形，磨圆度一般。有一条刃缘，在右侧边（一击而成），刃缘平面形状为凹刃，侧视形状为直刃，弧长15、弦长13、矢长2毫米，加工层次为一个系列。1块加工片疤在破裂面上，这块加工石

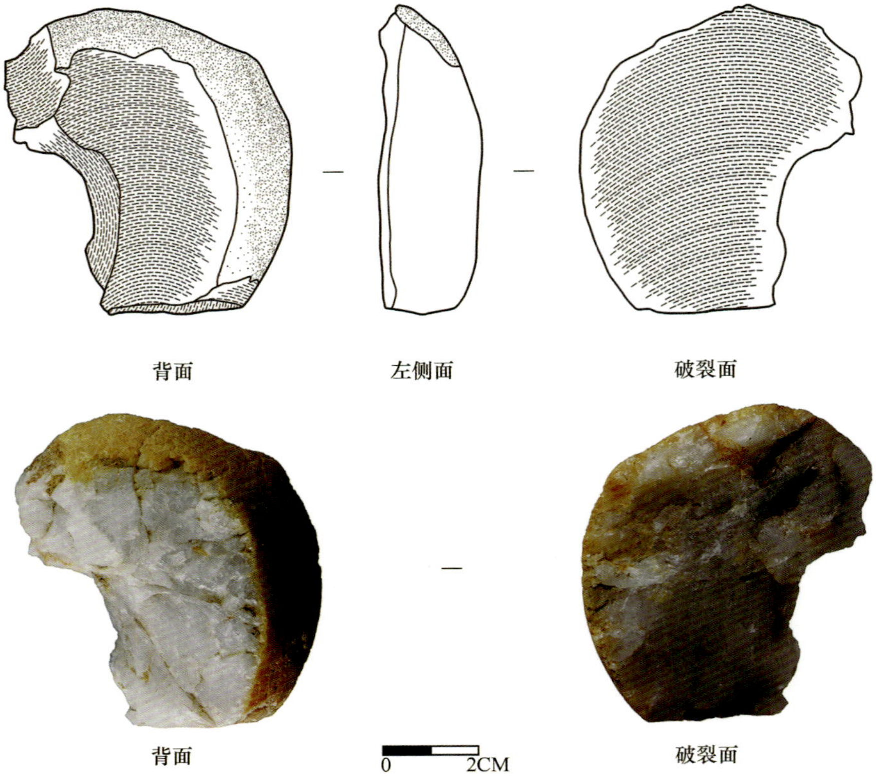

图 2－88　中文化层的单刃凹缺刮器（1999T1327③: 9835）

片疤为完整石片疤，长 13、宽 21 毫米，倾斜度 26°，弦长 13、矢长 2 毫米。平面形状为不规则四边形，到对边的长度 48 毫米。所属边缘在右侧边，刃角 74°，为反向加工。片疤平视为普通型，片疤侧视为陡型，片疤深度为薄型，片疤剖视形态为凹下型（图 2－89）。

3）尖凸。有 2 件，均为单尖尖凸。岩性均为脉石英。素材分别为存右半石片和碎片。长度分别为 38、68 毫米，均未超过 100 毫米。宽度分别为 28、31 毫米，均小于 100 毫米。厚度分别为 15、16 毫米，均小于 50 毫米。重量分别为 13、24 克，均小于 100 克。

此类标本的平面形状均为四边形；横剖面形状均为三边形；纵剖面形状分别为四边形和三边形。

刃缘均在右侧边的近端和远端相交成为尖端。第二步加工的小疤均为 2 块小疤。加工方向均为正向。

此类标本中可测刃角最大的为 75°，最小的为 55°，在 70°～79°的有 2 个，50°～59°、60°～69°的各有 1 个。

1999T1327③: 9830（EP277），素材为碎片（似石片）。自然尺寸为长 38、宽 28、厚 15 毫米，重 13 克。岩性为脉石英，平面、横剖面、纵剖面几何形状分别为不规则四边形、不规则三边形、不规则四边形，磨圆度一般。有两条刃缘，分别在右侧近段边、右侧远段边，刃缘平面

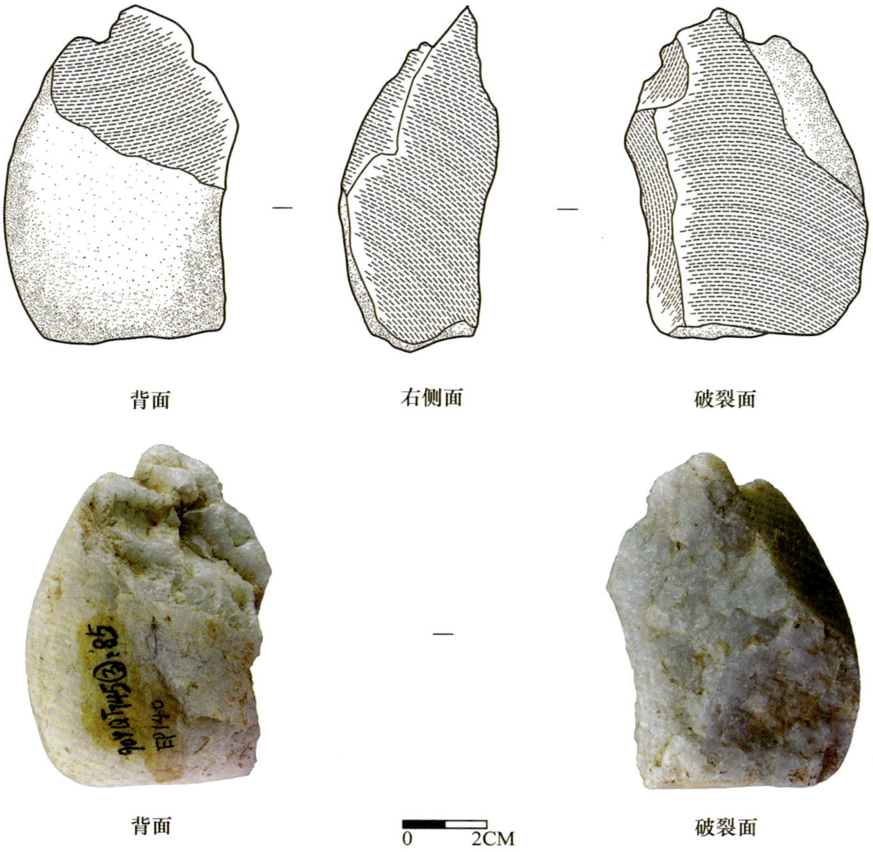

图 2－89　中文化层的单刃凹缺刮器（1990T345③北 G: 85）

形状均为凹刃，侧视形状均为弧形刃，远段刃弧长 18、弦长 16、矢长 2 毫米，加工层次为一个系列；近段刃弧长 14、弦长 13、矢长 1 毫米，加工层次为一个系列。背面上有 2 块加工片疤，这 2 块加工石片疤的特征，按加工顺序如下：第一块为完整石片疤，长 10、宽 16 毫米，倾斜度 77°，弦长 16、矢长 2 毫米。平面形状为不规则四边形，到对边的长度 20 毫米。所属边缘在右侧边，刃角 75°，为正向加工。片疤平视为普通型，片疤侧视为陡型，片疤深度为薄型，片疤剖视形态为凹下型。第二块为完整石片疤，长 13、宽 14 毫米，倾斜度 60°，弦长 13、矢长 1 毫米。平面形状为不规则四边形，到对边的长度 25 毫米。所属边缘在右侧边，刃角 64°，为正向加工。片疤平视为普通型，片疤侧视为陡型，片疤深度为薄型，片疤剖视形态为凹下型（图 2－90）。

1995T1327③: 17（EP23），素材为右半石片。自然尺寸为长 68、宽 31、厚 16 毫米，重 24 克。岩性为脉石英，平面、横剖面、纵剖面几何形状分别为不规则四边形、不规则三边形、不规则三边形，磨圆度一般。有两条刃缘，分别在右侧近段边、右侧远段边，刃缘平面形状均为凹刃，侧视形状均为弧形刃，远段刃弧长 22、弦长 21、矢长 1 毫米，加工层次为一个系列；近段刃弧长

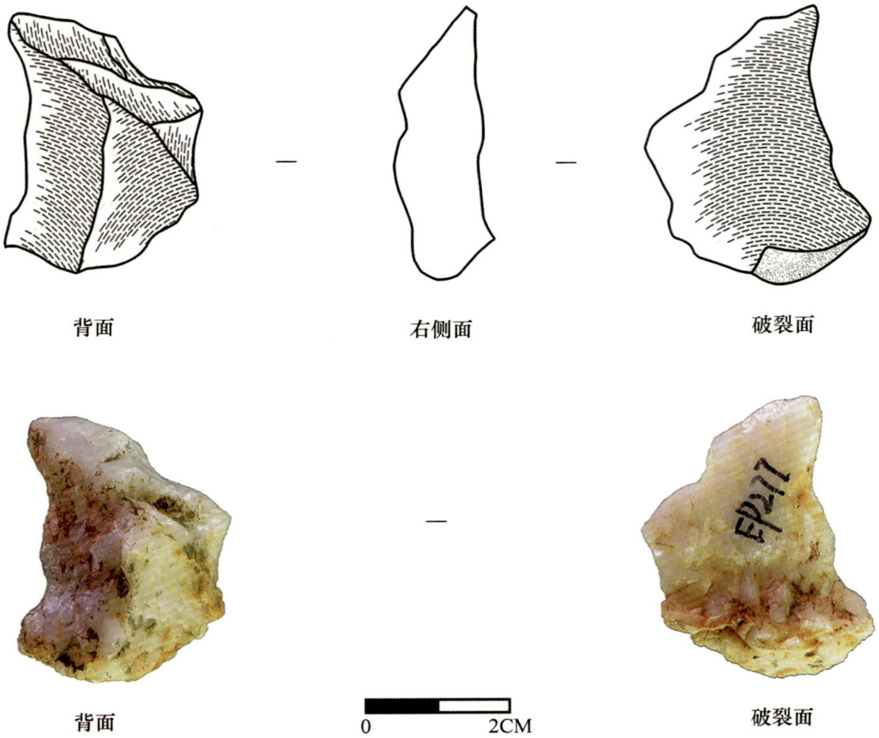

图2-90　中文化层的单尖尖凸（1999T1327③：9830）

18、弦长17、矢长2毫米，加工层次为一个系列。背面上有2块加工片疤，这2块加工石片疤的特征，按加工顺序如下：第一块为完整石片疤，长7、宽23毫米，倾斜度28°，弦长21、矢长1毫米。平面形状为不规则四边形，到对边的长度27毫米。所属边缘在右侧边，刃角72°，为正向加工。片疤平视为普通型，片疤侧视为陡型，片疤深度为薄型，片疤剖视形态为凹下型。第二块为完整石片疤，长9、宽20毫米，倾斜度20°，弦长17、矢长2毫米。平面形状为不规则四边形，到对边的长度34毫米。所属边缘在右侧边，刃角55°，为正向加工。片疤平视为普通型，片疤侧视为陡型，片疤深度为薄型，片疤剖视形态为凹下型（图2-91）。

4）单刃刮削器+单刃锯齿状器，有1件。

1990T945③：30（EP88），素材为左半石片。自然尺寸为长65、宽40、厚20毫米，重54克。岩性为脉石英，平面、横剖面、纵剖面几何形状均为不规则三边形，磨圆度一般。有两条刃缘，分别在近端边、右侧边，近端刃缘平面形状为凸刃，侧视形状为弧形刃，弧长56、弦长52、矢长5毫米，加工层次为一个系列；右侧刃缘平面形状为锯齿状刃，侧视形状为弧形刃，弧长32、弦长29、矢长5毫米，加工层次为一个系列。7块加工片疤均在破裂面上，这7块加工石片疤的特征，按加工顺序如下：第一块为完整石片疤，长15、宽20毫米，倾斜度27°，弦长10、矢长0.5毫米。平面形状为不规则四边形，到对边的长度41毫米。所属边缘在左侧边，刃角80°，为反向加工。片疤平视为普通型，片疤侧视为陡型，片疤深度为薄型，片疤剖视形

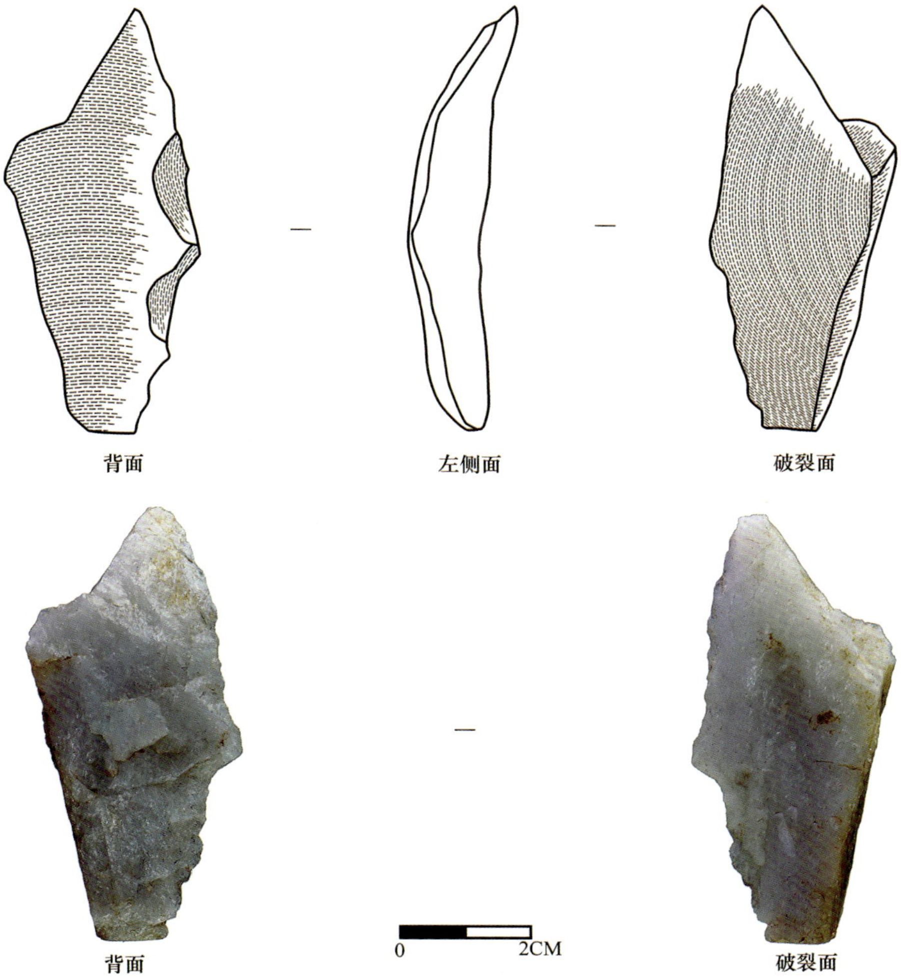

图 2－91　中文化层的单刃尖凸（1995T1327③：17）

态为凹下型。第二块为完整石片疤，长 6、宽 10 毫米，倾斜度 43°，弦长 7、矢长 1 毫米。平面形状为不规则四边形，到对边的长度 37 毫米。所属边缘在左侧边，刃角 87°，为反向加工。片疤平视为普通型，片疤侧视为陡型，片疤深度为薄型，片疤剖视形态为凹下型。第三块为完整石片疤，长 14、宽 28 毫米，倾斜度 26°，弦长 11、矢长 1 毫米。平面形状为不规则四边形，到对边的长度 39 毫米。所属边缘在左侧边，刃角 55°，为反向加工。片疤平视为普通型，片疤侧视为陡型，片疤深度为薄型，片疤剖视形态为凹下型。第四块为完整石片疤，长 12、宽 12 毫米，倾斜度 22°，弦长 9、矢长 1 毫米。平面形状为不规则四边形，到对边的长度 47 毫米。所属边缘在远端边，刃角 68°，为反向加工。片疤平视为普通型，片疤侧视为陡型，片疤深度为薄型，片疤剖视形态为凹下型。第五块为完整石片疤，长 8、宽 8 毫米，倾斜度 44°，弦长 5、矢长 0.2 毫米。平面形状为不规则四边形，到对边的长度 58 毫米。所属边缘在远端边，刃角 87°，为反向加工。片疤平视为普通型，片疤侧视为陡型，片疤深度为薄型，片疤剖视形态为凹下型。第六块为完整石片疤，长 5、宽 8 毫米，倾斜度 53°，弦长 10、矢长 2 毫米。平面形状为不规则四边形，到对边的长度 50 毫米。所属边缘在远端边，刃角 99°，为反向加工。片疤平视为普通型，片疤侧视为陡型，片疤深度为薄型，片疤剖视形态为凹下型。第七块为完整石片疤，长 10、宽 9 毫米，倾斜度 47°，弦长 6、矢长 1.5 毫米。平面形状为不规则四边形，到对边的长度 54 毫米。所属边缘在远端边，刃角 92°，为反向加工。片疤平视为普通型，片疤侧视为陡型，片疤深度为薄型，片疤剖视形态为凹下型（图 2－92）。

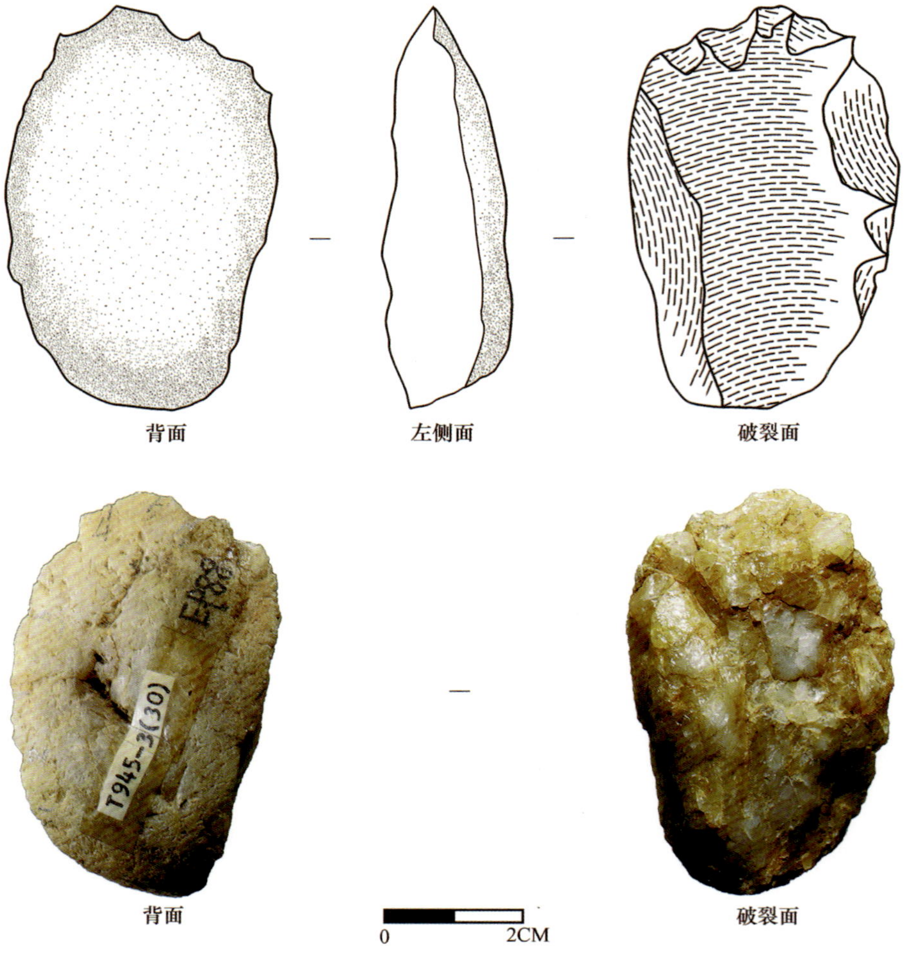

图 2－92　中文化层的单刃刮削器＋单刃锯齿状器（1990T945③: 30）

5）单刃刮削器＋单刃凹缺刮器，有 1 件。

1995T1327③: 9（EP19），素材为右半石片。自然尺寸为长 32、宽 24、厚 12 毫米，重 9 克。岩性为脉石英，平面、横剖面、纵剖面几何形状分别为不规则四边形、不规则三边形、不规则四边形，磨圆度一般。有两条刃缘，分别在左侧边、右侧边，左侧刃缘平面形状为凸刃，侧视形状为弧形刃，弧长 30、弦长 28、矢长 4 毫米，加工层次为一个系列；右侧刃缘平面形状为凹刃（一击而成），侧视形状为弧形刃，弧长13、弦长11、矢长3毫米，加工层次为一个系列。4块加工片疤均在背面上，这4块加工石片疤的特征，按加工顺序如下：第一块为完整石片疤，长5、宽5毫米，倾斜度40°，弦长6、矢长0.1毫米。平面形状为不规则四边形，到对边的长度31毫米。所属边缘在左侧边，刃角73°，为正向加工。片疤平视为普通型，片疤侧视为陡型，片疤深度为薄型，片疤剖视形态为凹下型。第二块为完整石片疤，长8、宽5毫米，倾斜度45°，弦长5、矢长0.2毫米。平面形状为不规则四边形，到对边的长度32毫米。所属边缘在左侧边，刃角68°，为正向加工。片疤平视为普通型，片疤侧视为陡型，片疤深度为薄型，片疤剖视形态为凹下型。第三块为完整石片疤，长5、宽10毫米，倾斜度45°，弦长8、矢长0.1毫米。平面形状为不规则四边形，到对边的长度33毫米。所属边缘在左侧边，刃角57°，为正向加工。片疤平视为普通型，片疤侧视为陡型，片疤深度为薄型，片疤剖视形态为凹下型。第四块为完整石片疤，长7、宽11毫米，倾斜度40°，弦长19、矢长3毫米。平面形状为不规则四边形，到对边的长度20毫米。所属边缘在右侧边，刃角52°，为正向加工。片疤平视为普通型，片疤侧视为陡型，片疤深度为薄型，片疤剖视形态为凹下型（图2－93）。

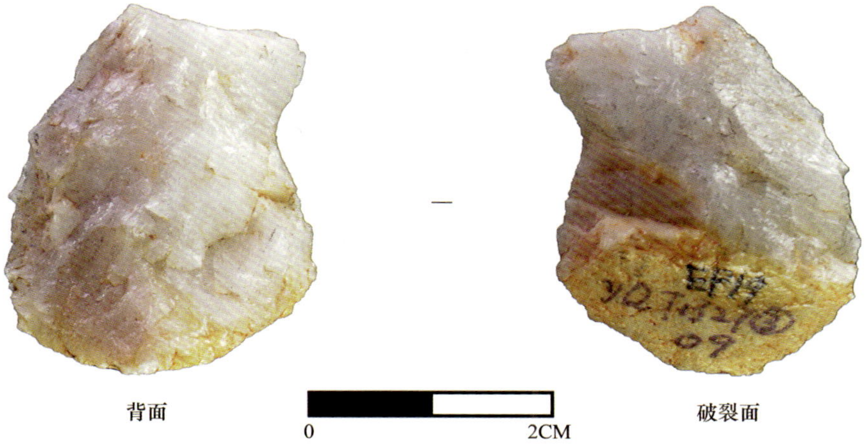

图2－93　中文化层的单刃刮削器＋单刃锯齿状器（1995T1327③：9）

三　小结

学堂梁子—郧县人遗址中文化层发现的石制品数量比下文化层稍多，岩性以脉石英最多，占此层石制品总数的55.7%；其次为砂岩标本，占此层石制品总数的12.7%；石英岩和硅质（灰）岩标本各占此层石制品总数的10.6%和7.2%；而泥质岩、片麻岩、细砂岩、含砾砂岩、花岗岩、粗面岩、粉砂岩、泥质砂岩、云母石英片岩、花岗斑岩和伟晶岩标本较少。岩性种类大有增加，石制品类型中虽然以完整砾石、断裂砾石、石核、石片、碎片（块）等未加工成器的为多，但加工成器的比例有所增加；石器的大类中仍然以砾石石器为主，占本层石器总数的65%，而石片石器只占35%；石器类型没有太大变化，仍以砍砸器为主（单向加工的砍砸器的数量和比例有所增加）。没有出现手镐、手斧、单面器和斧状器等加工稍微精致的器物。刮削器的数量略有增加，种类增加了凹缺刮器、尖凸等类型。

石核单个台面的可测利用率以在20%～29%的为多（7个），其次为在30%～39%（3个），在10%～19%的（有2个），在50%～59%、40%～49%和9%以下（各有1个）。总体看，在20%～39%的稍多。单个石核的剥片率（保留砾石石皮的比率）以在80%～89%的为多（有7个），其次为在90%～99%的（有3个），其他的为70%～79%（2个），40%～49%、50%～59%和60%～69%（各有1个）。总体看，在80%～89%的稍多。

石核可测台面角中以在60°～69°的为多（11个），其次为80°～89°的有9个，50°～59°的有7个，在70°～79°的有6个，在90°～99°的有5个，在40°～49°和100°～109°的各有3个，在10°～19°有2个，在30°～39°和9°%以下的各有1个，另有几个难测。总体看，以50°～99°的为多。

石器的可测刃角中以在60°～69°的为多（25个），其次为70°～79°和80°～89°的各有18个，在50°～59°的有9个，在90°～99°的有6个，在40°～49°有5个，20°～29°、100°～109°和110°～119°的各有1个，另有几个难测。总体看，以60°～89°的为多。

第三节　上文化层石制品

一　概述

学堂梁子—郧县人遗址上文化层指学堂梁子—郧县人遗址第②层出土及地表采集、扰土出土的石制品，计有249件，其岩性属沉积岩110件，占此层石制品总数的44%；火成岩的有98件，占此层石制品总数的39.37%；变质岩41件，占此层石制品总数的16.45%。其中以脉石英为最多，有91件，占此层石制品总数的36.55%；其次为硅质岩的标本，有47件，占此层石制品总数的18.88%；再次为砂岩和石英岩的标本，各有46件和33件，各占此层石制品总数的18.47%和13.25%；而泥质岩、含砾砂岩、混合岩、细砂岩、花岗斑岩、石英斑岩、粉砂岩、片麻岩、绿帘石、矽卡岩和安山岩的标本较少，分别只有6件到1件不等（表2－13；图表2－27至图表2－30）。

表2－13　**上文化层石制品岩性统计**

	沉积岩						变质岩					火成岩				小计
	砂岩	细砂岩	粉砂岩	泥质岩	硅质岩	含砾砂岩	石英岩	片麻岩	混合岩	绿帘石岩	矽卡岩	脉石英	花岗斑岩	石英斑岩	安山岩	
采集、扰土	16	2	1	4	38	4	15	2	1	1	1	31	0	0	0	116
第②层	30	1	1	2	9	2	18	0	3	0	0	60	3	3	1	133
小计（件）	46	3	2	6	47	6	33	2	4	1	1	91	3	3	1	249
百分比（%）	18.47	1.21	0.8	2.41	18.88	2.41	13.25	0.8	1.60	0.4	0.4	36.55	1.21	1.21	0.4	100
	44.18						16.45					39.37				

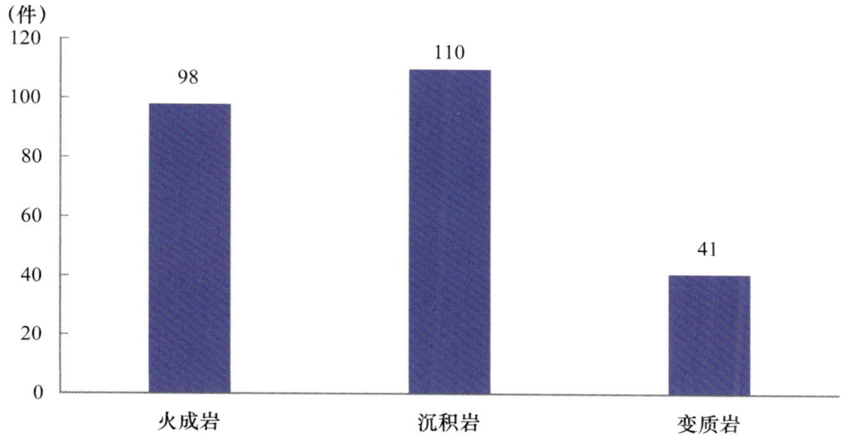

图表 2－27　上文化层石制品岩性大类数量

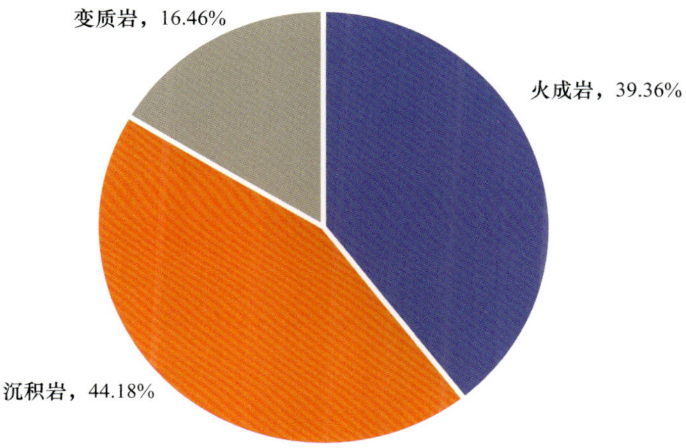

图表 2－28　上文化层石制品岩性大类的相对比例

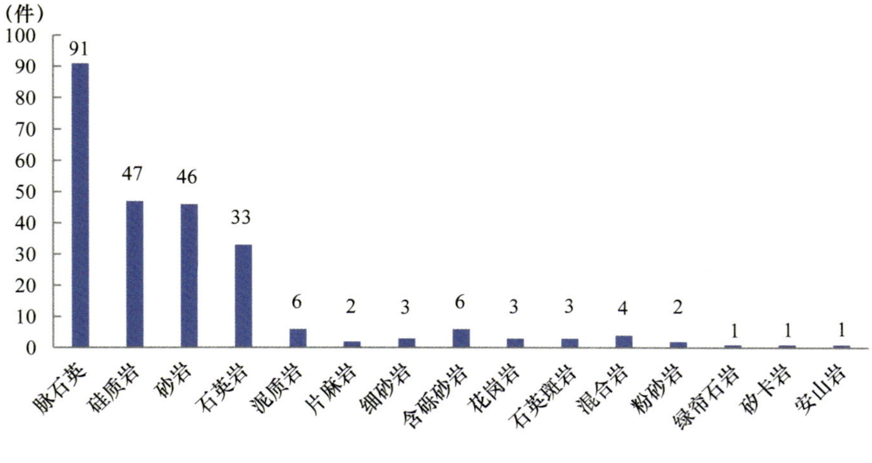

图表 2－29　上文化层石制品岩性小类数量

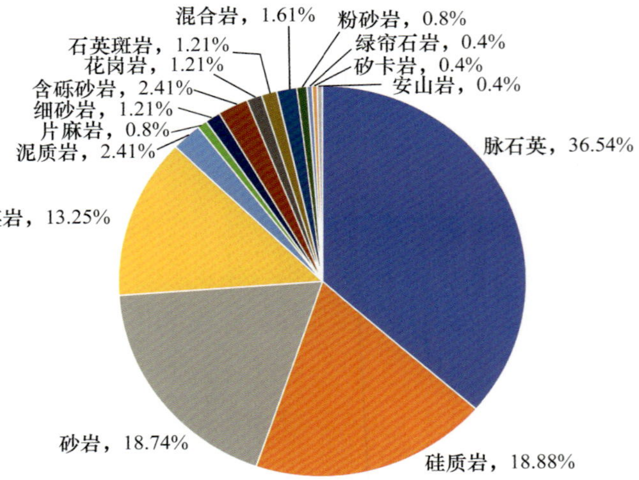

图表 2－30　上文化层石制品岩性小类的相对比例

二　石制品类型

上文化层的石制品类型有：石锤1件；完整砾石6件、断裂砾石1件、石核26件、碎片89件、石片29件；有孤立凸起片疤砾石3件、有孤立凹下片疤砾石2件、单向加工的砍砸器33件、手镐8件、单面器1件、双向加工的砍砸器13件、手斧9件、斧状器2件、刮削器20件、凹缺刮器4件、尖状器1件、雕刻器1件（表2－14；图表2－31至图表2－34）。

表2－14　**上文化层石制品类型统计**

	加工工具	被加工的对象																小计
	石锤	原料及素材					石器											
							砾石（石核）石器（71件）								石片石器（26件）			
		完整砾石	断裂砾石	石核	石片	碎片（块）	有孤立凸起片疤砾石	有孤立凹下片疤砾石	单向加工的砍砸器	手镐	单面器	双向加工的砍砸器	手斧	斧状器	刮削器	凹缺刮器	尖状器	雕刻器	
采、扰	0	0	0	13	6	15	2	1	28	6	1	12	9	2	17	2	1	1	111
第②层	1	6	1	13	23	74	1	1	5	2	0	1	0	0	3	2	0	0	133
小计（件）	1	6	1	26	29	89	3	2	33	8	1	13	9	2	20	4	1	1	249
百分比（%）	0.4	2.41	0.4	10.44	11.65	35.74	1.21	0.8	13.26	3.21	0.4	5.22	3.62	0.8	8.03	1.61	0.4	0.4	100
	0.4	60.64					38.96												

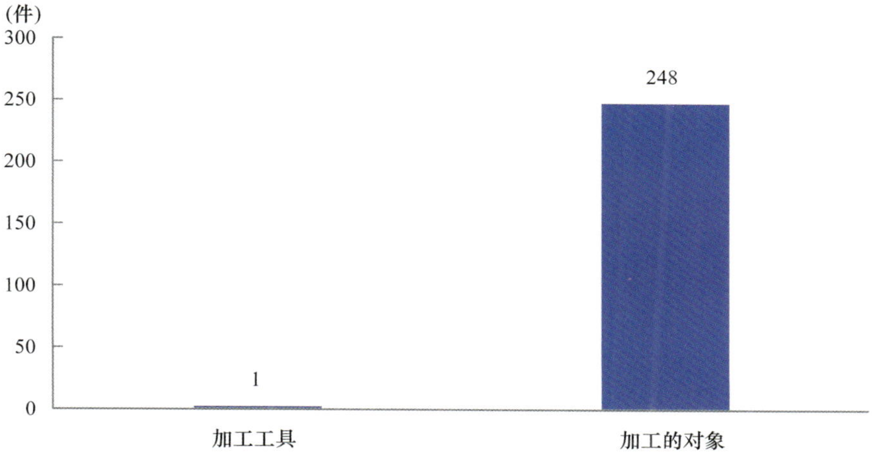

图表 2－31　上文化层石制品类型大类数量

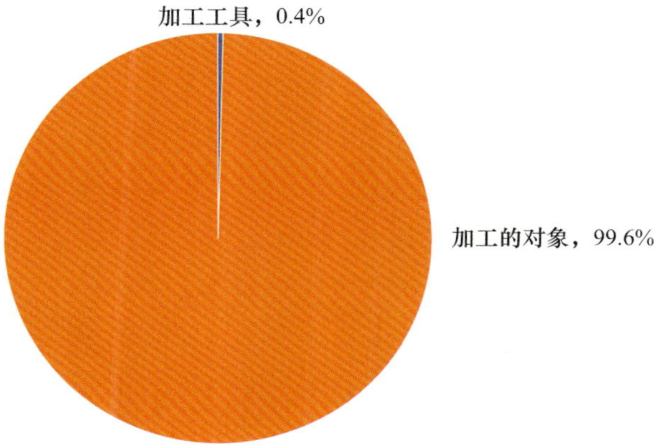

图表 2－32　上文化层石制品类型大类的相对比例

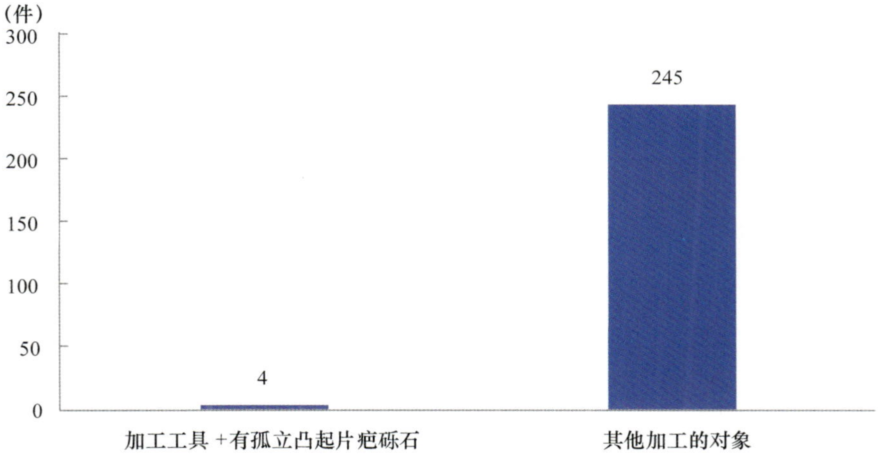

图表 2－33　上文化层石制品类型大类数量

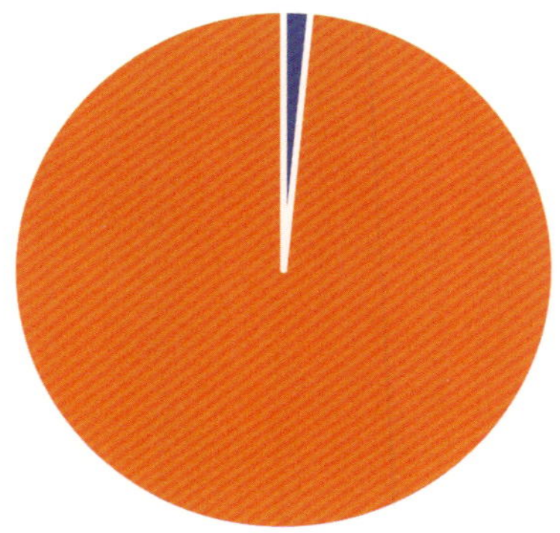

图表2－34 上文化层石制品类型大类的相对比例

（一）加工工具

学堂梁子—郧县人遗址上文化层发现的加工工具有1件石锤，为单面用石锤。

1990T345②:3（EP216），素材为砾石。自然尺寸为长97、宽87、厚48毫米，重563克。岩性为砂岩，平面、横剖面、纵剖面几何形状分别为不规则圆形、不规则椭圆形、不规则椭圆形，磨圆度一般。底面中部偏近端有不规则圆形坑疤，坑疤长度22、宽度21，深度1、左侧面、右侧面、远端面、近端面上有石皮（图2－94）。

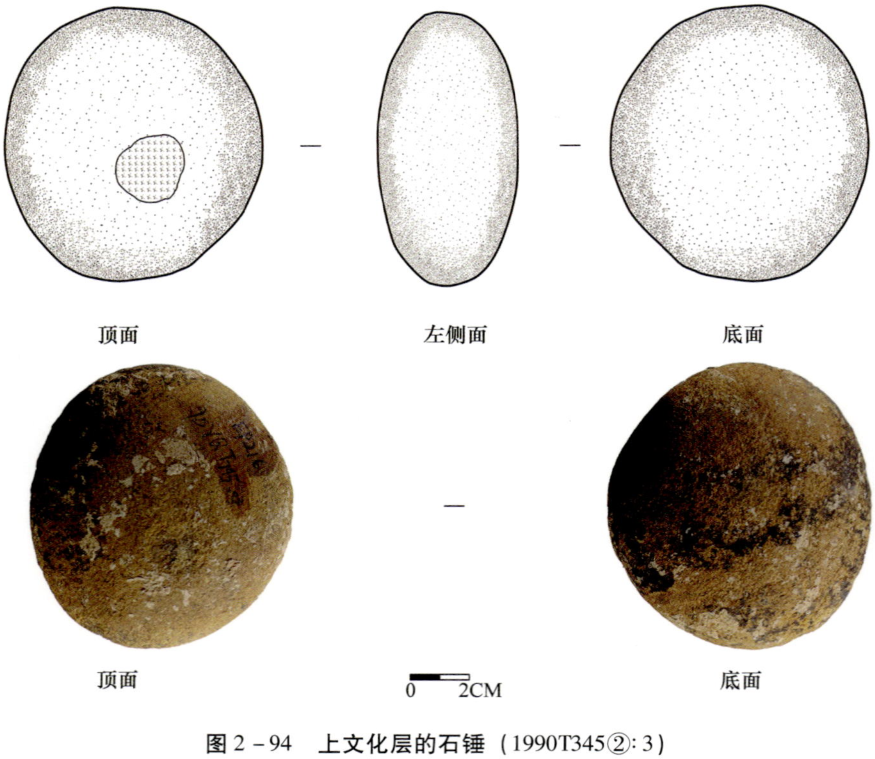

图2－94 上文化层的石锤（1990T345②:3）

（二）被加工对象

学堂梁子—郧县人遗址上文化层的被加工的对象有248件，分为原料及素材、石器两类。

1. 原料及素材

郧县人遗址上文化层的原料及素材有151件，占本文化层石制品总数的60.64%，分为完整砾石、断裂砾石、石核、碎片、石片等类型（表2-15）。

表2-15　上文化层原料及素材统计

类型	完整砾石	断裂砾石	石核	石片	碎片（块）	小计
数量	6	1	26	29	89	151
百分比（%）	3.97	0.66	17.22	19.21	58.94	100

（1）砾石。

有7件，分为完整砾石和断裂砾石两种。

1）完整砾石，有6件，均出自第②层。岩性最多的为石英岩（3件），脉石英、硅质岩和泥质岩的各有1件。

完整砾石的长度最长的达153毫米，最短的只有56毫米，超过100毫米的有2件，小于100毫米的有4件。宽度中最宽的为104毫米，最窄的为40毫米，大于100毫米的只有2件，小于100毫米的有4件。厚度中最厚的为93毫米，最薄的为32毫米，大于50毫米的有2件，小于50毫米的有4件。重量中最重的为2251克，最轻的为119克，大于1000克的有1件，小于1000克的有5件。

完整砾石的平面形状大部分为不规则四边形（5件），似圆形（1件）；横剖面形状大部分为不规则四边形（5件）和不规则椭圆形（1件）；纵剖面形状大部分为不规则四边形（5件）和不规则椭圆形（1件）。

这些完整砾石上没有使用后留下的坑疤，均为古人们从河滩上搬运到遗址中准备用来加工石器用的素材。

2）断裂砾石，有1件。

1990T344②:76，岩性为粉砂岩。其长、宽、厚分别为126、86、66毫米。重量841克。其素材为完整砾石。其平面、横剖面、纵剖面形状均为不规则四边形。

（2）碎片（块）

碎片（块）有89件，出自第②层的有74件，采集的有15件。

岩性属火成岩的最多，有55件；沉积岩的有20件；变质岩14件。以脉石英为多，有53件，其次为石英岩的有13件，砂岩的有12件，硅质岩的有7件，泥质岩、混合岩、安山岩和石英斑岩的各有1件。

碎片（块）的长度中最长的达197毫米，最短的只有14毫米，超过50毫米的有54件（其中超过100毫米的有17件），小于50毫米的有35件。宽度中最宽的为152毫米，最窄的为9毫米，小于50毫米的有55件，大于50毫米的有34件（大于100毫米的有3件）。厚度中最厚的为108毫米，最薄的为4毫米，小于50毫米的有81件，大于50毫米的只有8件（大于100毫米的有1件）。重量中最重的为2148克，最轻的为1克，小于1000克的有85件，大于1000克的有4件。

碎片（块）的平面形状大部分为不规则四边形（64件），有少量不规则三边形（21件）、不规则五边形（3件）、不规则椭圆形（1件）；横剖面形状大部分为不规则四边形（60）和不规则三边形（29件）；纵剖面形状大部分为不规则四边形（68件），不规则三边形（21件）。

这些碎片（块）上没有使用后留下的坑疤，均为古人们加工石制品时剥落下来的碎屑或断块。

上文化层的碎片（块）可拼合的标本有10件，岩性为石英岩（5件）的最多，其次为砂岩（4件）和硅质岩（1件）。

（3）石核

郧县人遗址上文化层发现的石核有26件，类型有单台面、双台面、多台面和石核剩块四种（表2-16）。

表2-16 **上文化层石核统计**

类型	单台面	双台面	多台面	石核剩块	小计
数量	13	11	1	1	26
百分比（%）	50	42	4	4	100

1）单台面石核，有13件，出自第②层的有8件，采集的有5件。岩性从大类上看，变质岩的有5件，沉积岩和火成岩各有4件。岩性小类最多为脉石英（4件），其次为砂岩（3件），混合岩和石英岩（各有2件），细砂岩和片麻岩各有1件。单台面石核的素材均为完整砾石。

单台面石核的长度中最长的达168毫米，最短的只有58毫米，超过100毫米的有11件，小于100毫米的有2件。宽度中最宽的为142毫米，最窄的为45毫米，大于100毫米的有7件，小于100毫米的有6件。厚度中最厚的为104毫米，最薄的为33毫米，小于50毫米的有12件，大于50毫米的有1件。重量中最重的为2819克，最轻的为101克，小于1000克的有8件（超过2000克的只有3件），大于1000克的有5件。

单台面石核的平面形状大部分为不规则四边形（11件），其次为不规则五边形（2件），三边形（1件）；横剖面形状大部分为不规则四边形（11件），其次为椭圆形（2件）；纵剖面形状均为不规则四边形。

这13件单台面石核中的12件的台面性质为砾石的天然石皮，只有1件为人工台面。台面位置最多的在顶面（7件），其次为在底面（5件），在右侧面的有1件。台面剥片使用率最大的为100%，最小的为19%，以在20%～29%、40%～49%的为多（各有4件），其次为在

30% ~39% 的（3 件）。在 10% ~19%、100% 的各有 1 件。单台面石核的标本绝大部分在台面的一个边缘剥片，只有 1 件在四个边缘剥片（周边全部剥片）。单个台面边缘的剥片使用率绝大部分为 100%，只有 2 个边缘在 70 ~79%。每件石核的剥片面上最多有 10 块疤，最少的有 2 块疤，以有 4 块片疤的为多（6 件），其次为有 3 块片疤的（3 件），有 6 块片疤的有 2 件，有 2 块和 10 块片疤的标本各有 1 件。

单台面石核的砾石天然石皮面积占标本总表面积的比例最多的为 90%，最少的只有 24%，没有全部被剥片的标本。以在 80% ~89% 的为多（6 件），以下依次为在 50% ~59%、70% ~79% 的（各有 2 件），在 20% ~29%、60% ~69% 和 90% ~99% 的各有 1 件。单台面石核的台面角最大的为 108°，最小的为 38°，其中以在 60°~69°的为多（有 11 个），其次为在 80°~89°（9 个），70°~79°和 90°~99°的各有 8 个，在 40°~49°和 50°~59°的各有 7 个，在 100°~109°的有 5 个，在 30°~39°的有 1 个。小于 90°的有 43 个，大于 90°的有 13 个。

单台面石核中有 7 件标本可视为特征不明显的单刃单向加工的砍砸器（chopper）。

根据石核台面的位置，我们将石核分为以下类型。

（a）台面在顶面的单台面石核。

有 7 件。此类石核的岩性从大类上看火成岩有 2 件，沉积岩有 2 件，变质岩有 3 件。岩性小类中最多的为脉石英和混合类（各 2 件），其他有砂岩（1 件）、混合岩（1 件）、细砂岩（1 件）。长度中最长的达 168 毫米，最短的只有 101 毫米，均大于或等于 100 毫米。宽度中最宽的为 142 毫米，最窄的为 81 毫米，大于或等于 100 毫米的有 6 件，小于 100 毫米的有 1 件。厚度中最厚的为 104 毫米，最薄的为 53 毫米，大于或等于 100 毫米的有 1 件，其余均小于 100 毫米。重量中最重的为 2819 克，最轻的为 795 克，大于或等于 1000 克的有 4 件，小于 1000 克的有 5 件。

台面在顶面的单台面石核的平面形状为不规则四边形的最多（5 件），其他有不规则三边形（1 件）、不规则五边形（1 件）；横剖面形状有 6 件为不规则四边形，1 件为不规则椭圆形；纵剖面形状均为不规则四边形。

台面性质均为天然砾石石皮。每个台面的剥片使用率最大的为 49%，最小的为 19%，以在 40% ~49% 的为多（3 个），其次为在 20% ~29%（2 个）、30% ~39%（有 1 个），其他在 10% ~19% 有 1 个。此类标本以在每个台面的一个边缘剥片的为多（5 件），在两个边缘剥片的标本有 2 件。每件石核的剥片面上分别可辨片疤最多的是 4 块（有 3 件），其他是 6 块（2 件）、2 块（1 件）、3 块（1 件）。其砾石天然石皮面积占标本总表面积的比例均大于 50%，最大的为 90%，最小的为 57%。此类石核的可测台面角最大的为 108°，最小的为 38°，其中以在60°~69°的为多（有 8 个），其次为在 40°~49°、50°~59°（各有 5 个），其他为在 100°~109°（3 个）、70°~79°、80°~89°、90°~99°（各有 2 个）、30°~39°（1 个）。

1995T1328②: 2（EP148），素材为完整砾石。自然尺寸为长 140、宽 81、厚 57 毫米，重 996 克。岩性为混合岩，平面、横剖面、纵剖面几何形状均为不规则四边形，磨圆度一般。近

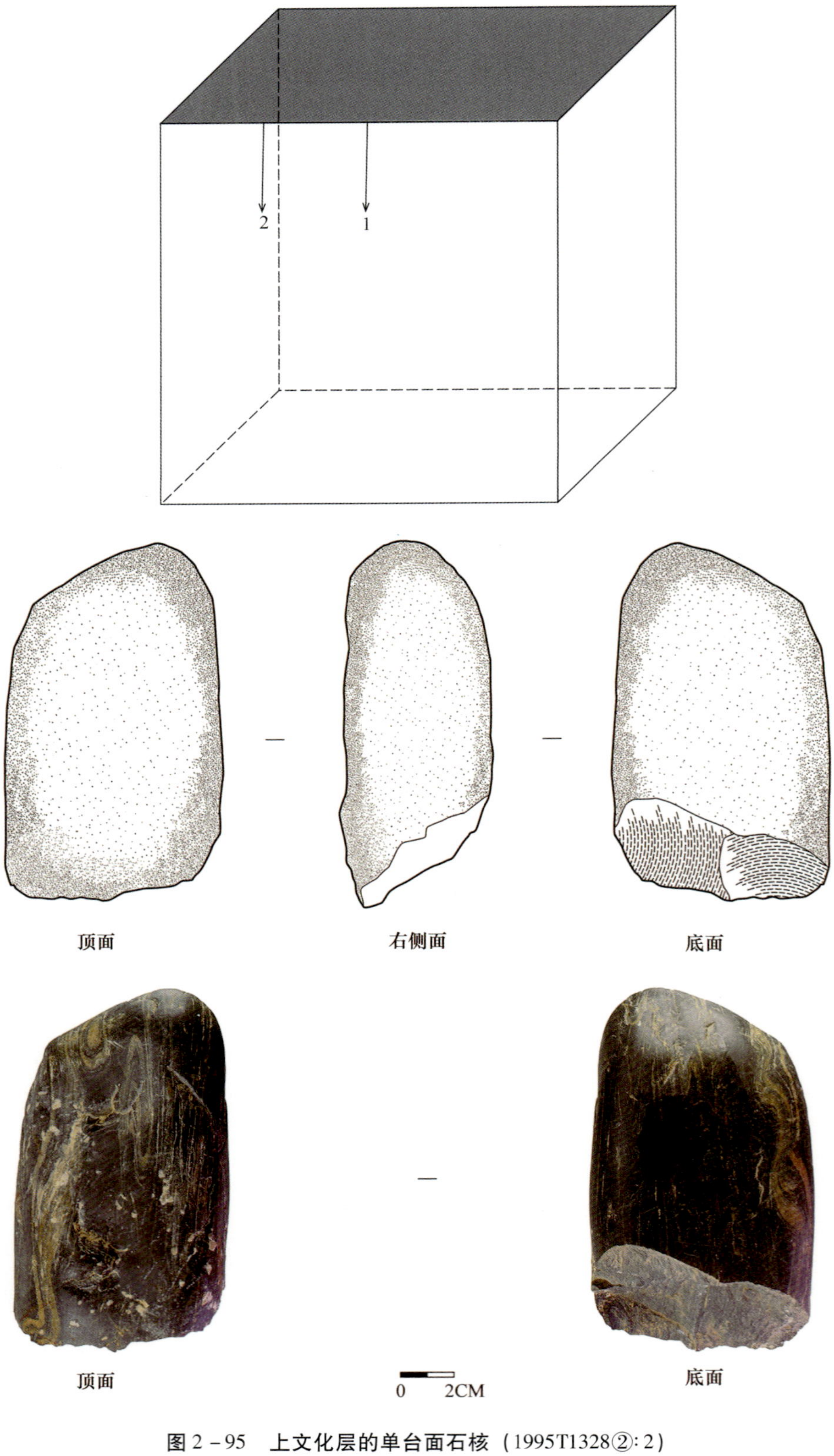

图 2－95　上文化层的单台面石核（1995T1328②: 2）

端面上有片疤，左侧面、顶面、底面、远端面、右侧面上有石皮。台面在顶面，其平面几何形状为不规则四边形，性质为天然石皮的平滑台面，剥片部位在近端边，剥片方向从顶面到底面。台面周长374毫米，近端边剥片所在边缘长度70毫米，剥片长度70毫米，剥片长度与所在边缘长度的比率为100%，即剥片所在边缘全部被利用。剥片长度与台面周长的比率为19%，即剥片所在台面利用率接近两成。打击方法为硬锤锤击法。剥片面有1个，在近端面，有2块纵向平行分布的石片疤，剥片面面积与未剥片面面积的比例为1∶9。2块石片疤的特征，按加工顺序如下：第一块为完整石片疤，长62、宽48毫米，倾斜度52°，弦长32、矢长2毫米。平面形状为不规则四边形，到对边的长度136毫米，台面角62°。第二块为完整石片疤，长48、宽43毫米，倾斜度55°，弦长29、矢长2毫米。平面形状为不规则四边形，到对边的长度129毫米，台面角63°。保留的砾石石皮的总数值为9等份，其中顶面有3等份，底面有3等份，侧面有3等份。该标本没有转动和翻动过（图2-95）。

1999年台地②∶9822（EP269），素材为完整砾石。自然尺寸为长168、宽142、厚91毫米，重2819克。岩性为混合岩，平面、横剖面、纵剖面几何形状均为不规则四边形，磨圆度一般。右侧面、远端面上有片疤，左侧面、顶面、底面、近端面上有石皮。台面在顶面，其平面几何形状为不规则四边形，性质为天然石皮的凸起台面，剥片部位在右侧边、远端边，剥片方向从顶面到底面。台面周长520毫米，远端边剥片所在边缘长度95毫米，剥片长度95毫米，剥片长度与所在边缘长度的比率为100%，即剥片所在边缘全部被利用；右侧边剥片所在边缘长度125毫米，剥片长度125毫米，剥片长度与所在边缘长度的比率为100%，即剥片所在边缘全部被利用。全部剥片长度与台面周长的比率为42%，即剥片所在台面利用率不到一半。打击方法为硬锤锤击法。剥片面有2个，分别在远端面、右侧面，各有2块纵向平行分布的石片疤，剥片面面积与未剥片面面积的比例各为1∶9，全部剥片面面积与未剥片面面积的比例为2∶8。4块石片疤的特征，按加工顺序如下：第一块为完整石片疤，长75、宽59毫米，倾斜度43°，弦长30、矢长3毫米。平面形状为不规则四边形，到对边的长度172毫米，台面角66°。第二块为完整石片疤，长82、宽56毫米，倾斜度29°，弦长20、矢长1毫米，平面形状为不规则四边形，到对边的长度162毫米，台面角64°。第三块为完整石片疤，长74、宽74毫米，倾斜度51°，弦长30、矢长2毫米。平面形状为不规则四边形，到对边的长度150毫米，台面角68°。第四块为完整石片疤，长61、宽74毫米，倾斜度49°，弦长63、矢长5毫米。平面形状为不规则四边形，到对边的长度153毫米，台面角72°。保留的砾石石皮的总数值为8等份，其中顶面有3等份，底面有2等份，侧面有3等份。该标本转动过3次，没有翻动过。该标本可视为特征不明显的单向加工的砍砸器（chopper）（图2-96）。

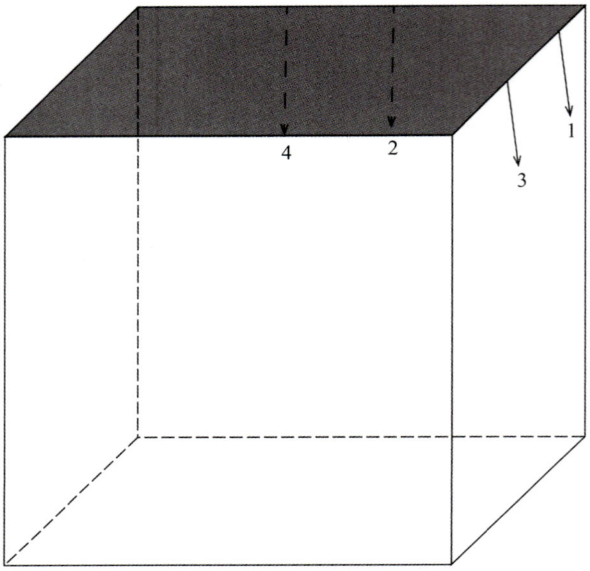

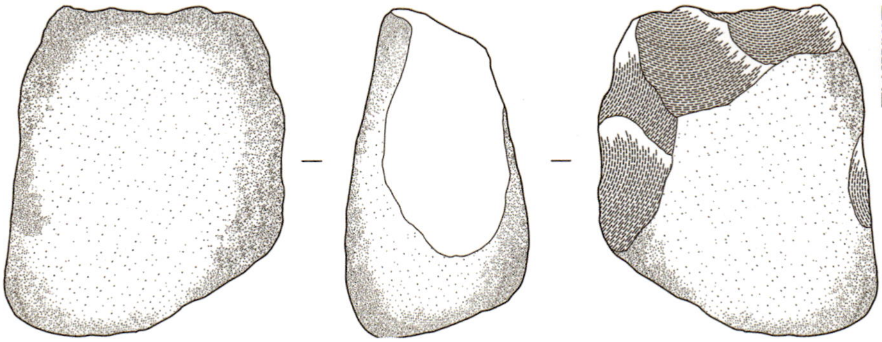

图 2－96　上文化层的单台面石核（1999 年台地②: 9822）

1995T1327②:9501（EP175），素材为完整砾石。自然尺寸为长143、宽131、厚89毫米，重2419克。岩性为脉石英，平面、横剖面、纵剖面几何形状分别为不规则五边形、不规则四边形、不规则四边形，磨圆度一般。底面、右侧面、近端面上有片疤，左侧面、顶面、远端面上有石皮。台面在顶面，其平面几何形状为不规则四边形，性质为天然石皮的凸起台面，剥片部位在右侧边、近端边，剥片方向从顶面到底面。台面周长444毫米，近端边剥片所在边缘长度110毫米，剥片长度110毫米，剥片长度与所在边缘长度的比率为100%，即剥片所在边缘全部被利用；右侧边剥片所在边缘长度144毫米，剥片长度106毫米，剥片长度与所在边缘长度的比率为74%，即剥片所在边缘没有全部被利用。全部剥片长度与台面周长的比率为49%，即剥片所在台面利用率接近一半。打击方法为硬锤锤击法。剥片面有3个，分别在底面、近端面、右侧面，分别各有1、2、3块纵向平行分布的石片疤，所有片疤呈垂直相交。各剥片面面积与未剥片面面积的比例各为1:6，全部剥片面面积与未剥片面面积的比例为3:4。6块石片疤的特征，按加工顺序如下：第一块为不完整石片疤，长123、宽114毫米，倾斜度12°，弦长、矢长难测。平面形状为不规则四边形，到对边的长度137毫米，台面角难测。第二块为不完整石片疤，长35、宽67毫米，倾斜度50°，弦长、矢长难测。平面形状为不规则四边形，到对边的长度79毫米，台面角59°。第三块为不完整石片疤，长85、宽58毫米，倾斜度74°，弦长24、矢长2毫米。平面形状为不规则四边形，到对边的长度88毫米，台面角90°。第四块为不完整石片疤，长86、宽75毫米，倾斜度86°，弦长70、矢长3毫米。平面形状为不规则四边形，到对边的长度81毫米，台面角108°。第五块为不完整石片疤，长62、宽38毫米，倾斜度77°，弦长20、矢长4毫米。平面形状为不规则四边形，到对边的长度65毫米，台面108°。第六块为完整石片疤，长54、宽80毫米，倾斜度86°，弦长65、矢长2毫米。平面形状为不规则四边形，到对边的长度79毫米，台面角99°。保留的砾石石皮的总数值为4等份，其中顶面有2等份，侧面有2等份。该标本转动过2次、翻动过1次。该标本可视为特征不明显的单向加工的砍砸器（chopper）。该标本似为双台面石核（图2-97）。

1990T344②:9（EP221），素材为砾石。自然尺寸为长149、宽119、厚104毫米，重2132克。岩性为砂岩，平面、横剖面、纵剖面几何形状均为不规则四边形，磨圆度一般。远端面上有片疤，底面、右侧面、左侧面、顶面、近端面上有石皮。台面在顶面，其平面几何形状为不规则四边形，性质为天然石皮的平滑台面，剥片部位在远端边，剥片方向从顶面到底面。台面周长440毫米，远端边剥片所在边缘长度90毫米，剥片长度90毫米，剥片长度与所在边缘长度的比率为100%，即剥片所在边缘全部被利用。剥片长度与台面周长的比率为21%，即剥片所在台面利用率不到一半。打击方法为硬锤锤击法。剥片面有1个，在远端面，有6块单极纵向平行分布的石片疤。剥片面面积与未剥片面面积的比例为1:4。6块石片疤的特征，依其加工顺序如下：第一块为不完整石片疤，长39、宽60毫米，倾斜度65°，弦长、矢长难测。平面形状为不规则四边形，到对边的长度108毫米，台面角38°。第二块为不完整石片疤，长66、宽62毫米，倾斜度75°，弦长、矢长难测。平面形状为不规则四边形，到对边的长度108毫米，

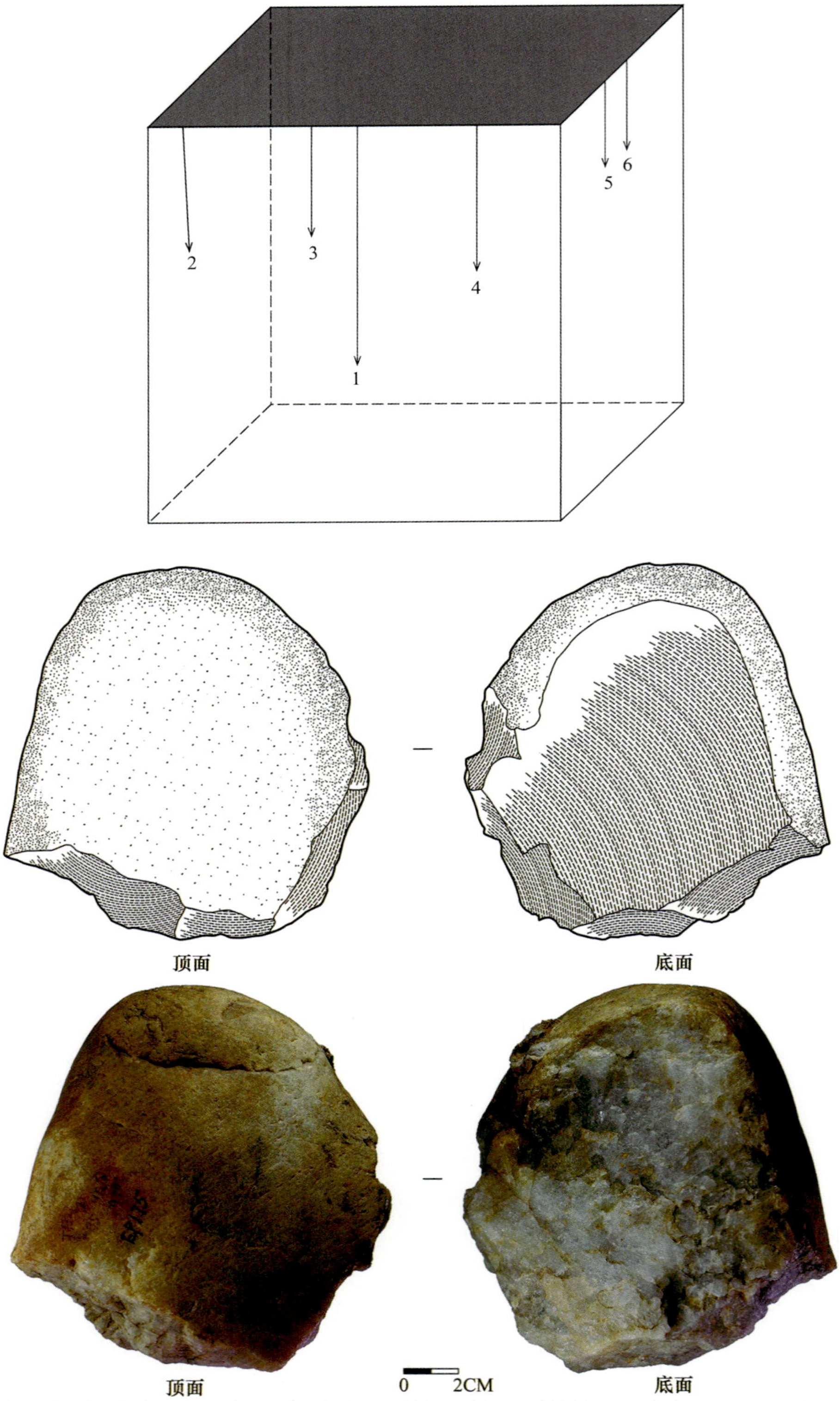

图2－97　上文化层单台面石核（1995T1327②：9501）

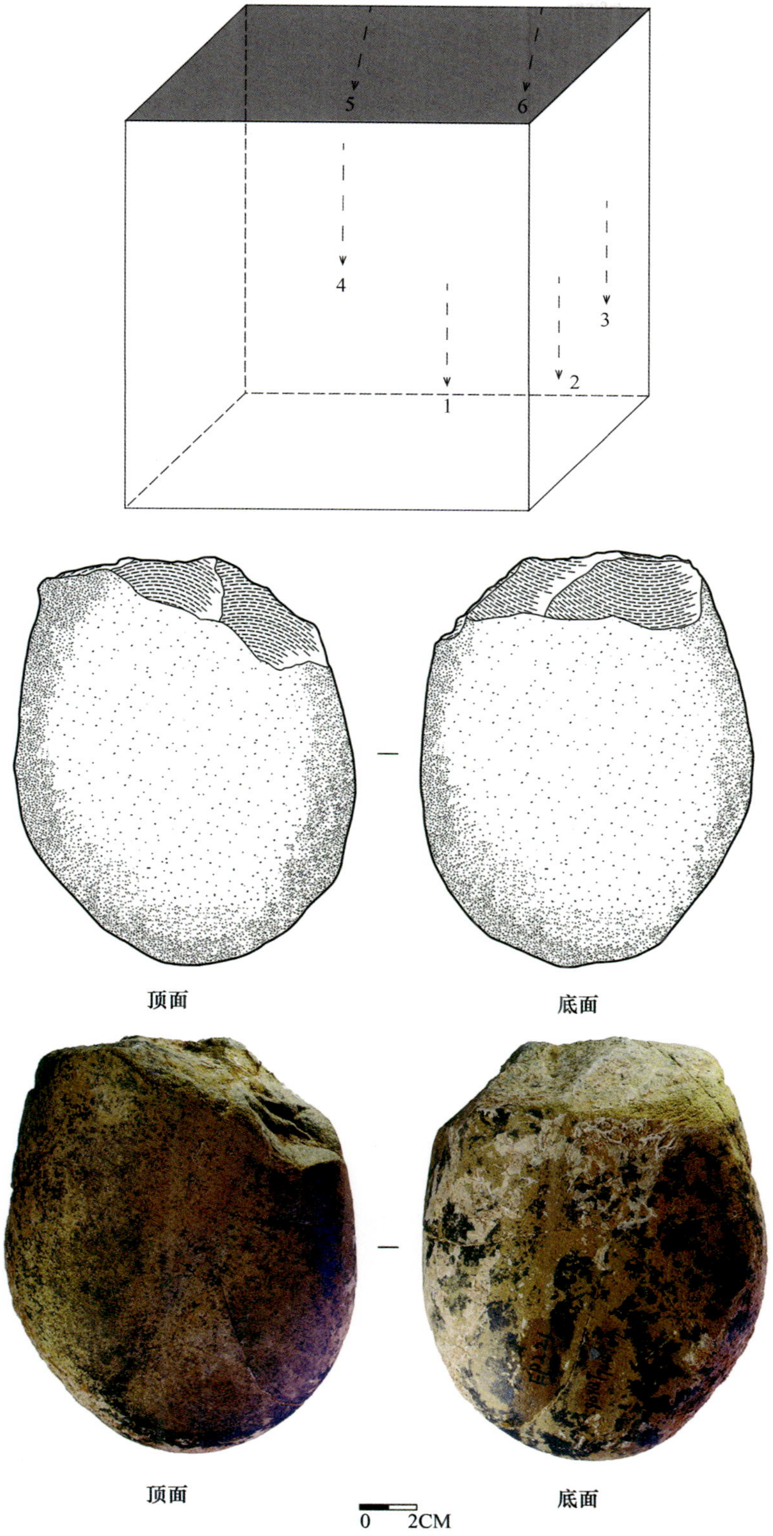

图 2－98　上文化层单台面石核（1990T344②: 9）

台面角46°。第三块为不完整石片疤，长44、宽43毫米，倾斜度85°，弦长、矢长难测。平面形状为不规则四边形，到对边的长度108毫米，台面角46°。第四块为不完整石片疤，长74、宽31毫米，倾斜度87°，弦长、矢长难测。平面形状为不规则四边形，到对边的长度108毫米，台面角50°。第五块为不完整石片疤，长56、宽45毫米，倾斜度87°，弦长40、矢长1毫米。平面形状为不规则四边形，到对边的长度108毫米，台面82°。第六块为完整石片疤，长51、宽54毫米，倾斜度81°，弦长40、矢长6毫米。平面形状为不规则四边形，到对边的长度97毫米，台面角84°。保留的砾石石皮的总数值为4等份，其中顶面有1等份，底面有1等份，侧面有2等份。该标本没有转动和翻动过（图2-98）。

1998年采集:9807（EP423），素材为完整砾石。自然尺寸为长143、宽129、厚56毫米，重926克。岩性为片麻岩，平面、横剖面、纵剖面几何形状分别为不规则三边形、不规则四边形、不规则四边形，磨圆度一般。右侧面上有片疤，左侧面、顶面、底面、远端面、近端面上有石皮。台面在顶面，其平面几何形状为不规则四边形，性质为天然石皮的平滑台面，剥片部位在右侧边，剥片方向从顶面到底面。台面周长390毫米，右侧边剥片所在边缘长度160毫米，剥片长度160毫米，剥片长度与所在边缘长度的比率为100%，即剥片所在边缘全部被利用。剥片长度与台面周长的比率为41%，即剥片所在台面利用率不到一半。打击方法为硬锤锤击法。剥片面有1个，在右侧面，有4块纵向平行分布的石片疤，剥片面面积与未剥片面面积的比例为1∶3。4块石片疤的特征，按加工顺序如下：第一块为不完整石片疤，长21、宽37毫米，倾斜度27°，弦长、矢长难测。平面形状为不规则四边形，到对边的长度104毫米，台面角47°。第二块为完整石片疤，长78、宽91毫米，倾斜度50°，弦长43、矢长6毫米。平面形状为不规则四边形，到对边的长度97毫米，台面角40°。第三块为不完整石片疤，长51、宽66毫米，倾斜度53°，弦长、矢长难测。平面形状为不规则四边形，到对边的长度106毫米，台面角55°。第四块为完整石片疤，长56、宽72毫米，倾斜度64°，弦长49、矢长8毫米。平面形状为不规则四边形，到对边的长度106毫米，台面角68°。保留的砾石石皮的总数值为3等份，其中顶面、底面、侧面各有1等份。该标本没有转动和翻动过。该标本可视为特征不明显的单向加工的砍砸器（chopper）（图2-99）。

1991年采集:9128（EP336），素材为砾石。自然尺寸为长101、宽114、厚53毫米，重795克。岩性为细砂岩，平面、横剖面、纵剖面几何形状分别为不规则平行四边形、不规则椭圆形、不规则四边形，磨圆度一般。近端面上有片疤，左侧面、顶面、底面、远端面、右侧面上有石皮。台面在顶面，其平面几何形状为不规则四边形，性质为天然石皮的凸起台面，剥片部位在近端边，剥片方向从顶面到底面。台面周长378毫米，近端边剥片所在边缘长度130毫米，剥片长度130毫米，剥片长度与所在边缘长度的比率为100%，即剥片所在边缘全部被利用。剥片长度与台面周长的比率为34%，即剥片所在台面利用率超过三成。打击方法为硬锤锤击法。剥片面有1个，在近端面，有3块纵向平行分布的石片疤，剥片面面积与未剥片面面积的比例为1∶5。3块石片疤的特征，按加工顺序如下：第一块为不完整石片疤，长34、宽76毫

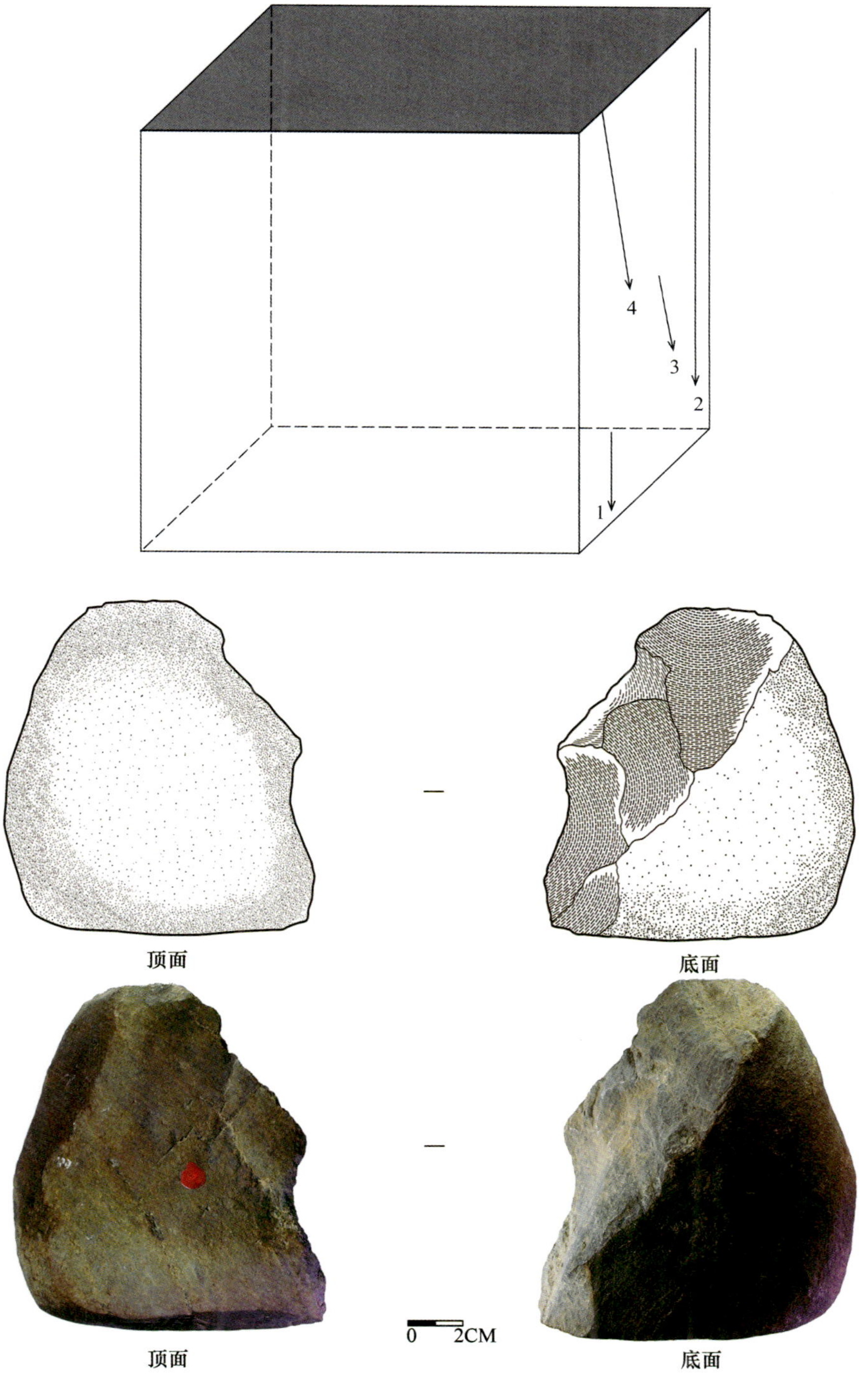

图2－99　上文化层单台面石核（1998年采集：9807）

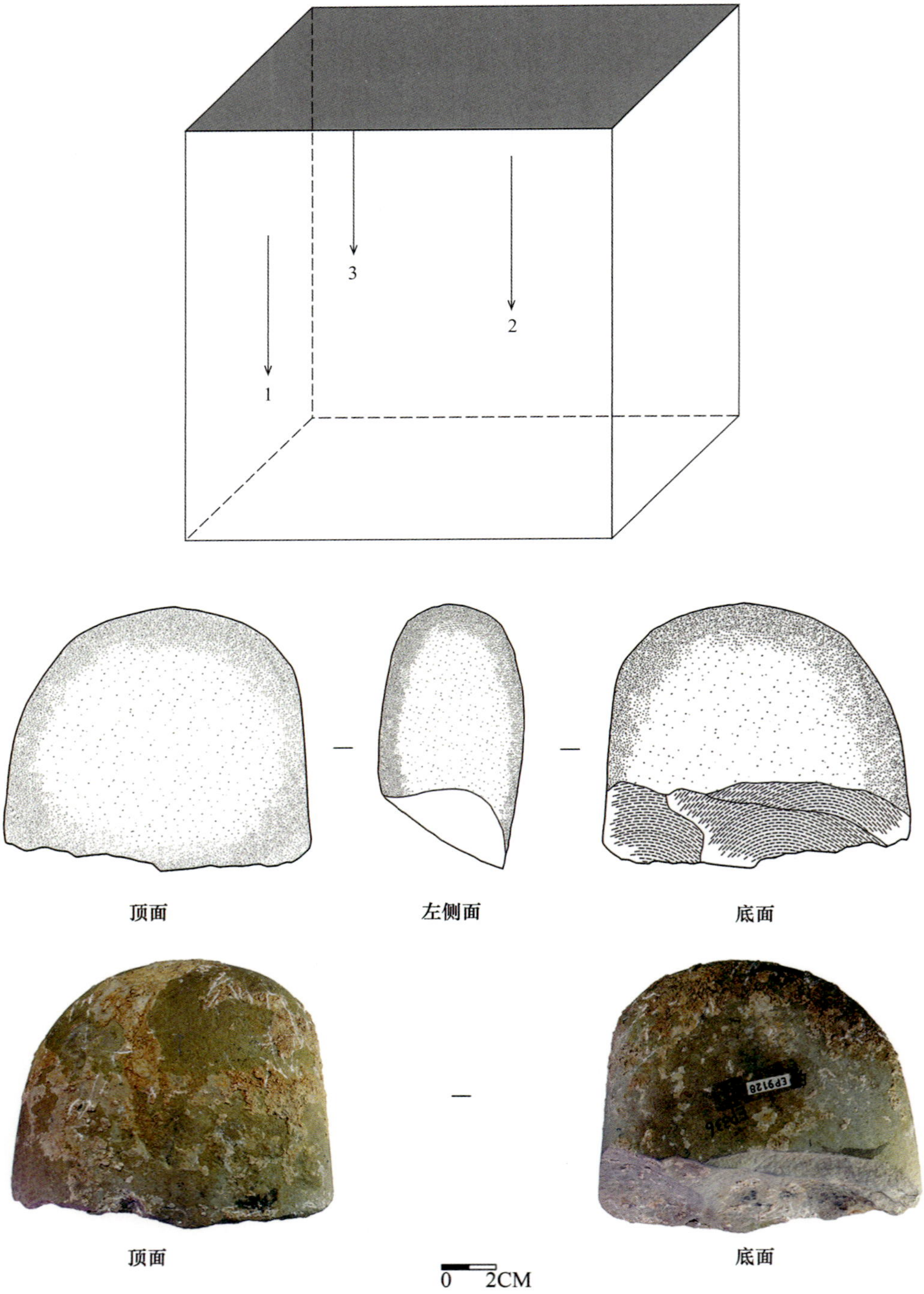

图 2－100　上文化层单台面石核（1991年采集：9128）

米，倾斜度58°，弦长、矢长难测。平面形状为不规则三边形，到对边的长度98毫米，台面角54°。第二块为不完整石片疤，长55、宽39毫米，倾斜度61°，弦长、矢长难测。平面形状为不规则四边形，到对边的长度100毫米，台面角65°。第三块为完整石片疤，长58、宽74毫米，倾斜度59°，弦长60、矢长3毫米。平面形状为不规则四边形，到对边的长度98毫米，台面角67°。保留的砾石石皮的总数值为5等份，其中顶面有2等份，底面有2等份，侧面有1等份。该标本没有转动和翻动过（图2－100）。

1991年采集：9119（EP327），素材为完整砾石。自然尺寸为长142、宽127、厚75毫米，重1474克。岩性为脉石英，平面、横剖面、纵剖面几何形状均为不规则四边形，磨圆度一般。近端面上有片疤，左侧面、顶面、底面、远端面、右侧面上有石皮。台面在顶面，其平面几何形状为不规则四边形，性质为天然石皮的平滑台面，剥片部位在近端边，剥片方向从顶面到底面。台面周长416毫米，远端边剥片所在边缘长度120毫米，剥片长度120毫米，剥片长度与所在边缘长度的比率为100%，即剥片所在边缘全部被利用。剥片长度与台面周长的比率为29%，即剥片所在台面利用率不到三成。打击方法为硬锤锤击法。剥片面有1个，在近端面，有4块纵向平行分布的石片疤，剥片面面积与未剥片面面积的比例为2∶5。4块石片疤的特征，按加工顺序如下：第一块为不完整石片疤，长31、宽50毫米，倾斜度55°，弦长、矢长难测。平面形状为不规则四边形，到对边的长度141毫米，台面角44°。第二块为完整石片疤，长79、宽71毫米，倾斜度67°，弦长29、矢长2毫米。平面形状为不规则四边形，到对边的长度141毫米，台面角58°。第三块为完整石片疤，长49、宽71毫米，倾斜度70°，弦长34、矢长2毫米。平面形状为不规则四边形，到对边的长度135毫米，台面角73°。第四块为完整石片疤，长22、宽36毫米，倾斜度65°，弦长35、矢长2毫米。平面形状为不规则四边形，到对边的长度135毫米，台面角107°。保留的砾石石皮的总数值为5等份，其中顶面有2等份，底面有2等份，侧面有1等份。该标本没有转动和翻动过。该标本可视为特征不明显的单向加工的砍砸器（chopper）（图2－101）。

（b）台面在底面的单台面石核。

有5件。此类石核的岩性从大类上看火成岩有2件，沉积岩有2件，变质岩有1件。岩性小类中最多的为脉石英和砂岩（各有2件），其他有石英岩（1件）。长度中最长的达139毫米，最短的只有58毫米，大于或等于100毫米的有3件，小于100毫米的有2件。宽度中最宽的为129毫米，最窄的为45毫米，大于或等于100毫米的有1件，小于100毫米的有4件。厚度中最厚的为73毫米，最薄的为33毫米，均小于100毫米。重量中最重的为1292克，最轻的为101克，大于或等于1000克的有1件，小于1000克的有4件。

台面在底面的单台面石核的平面形状为不规则四边形的最多（4件），其他有不规则五边形（1件）；横剖面形状有4件为不规则四边形，1件为不规则椭圆形；纵剖面形状均为不规则四边形。

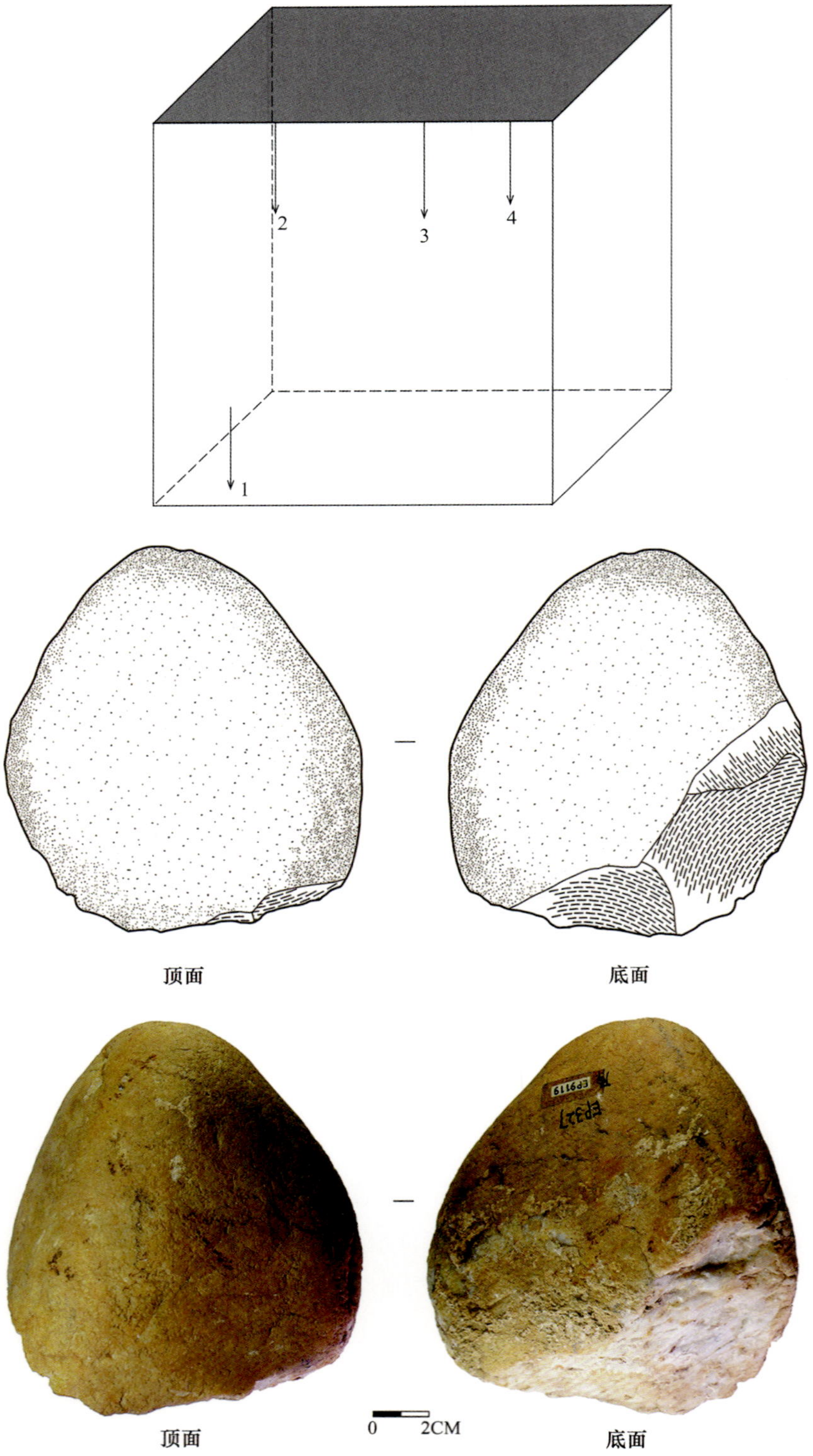

图 2－101　上文化层单台面石核（1991 年采集：9119）

台面性质为天然砾石石皮的最多（4 件），人工台面有 1 件。每个台面的剥片使用率最大的为 100%，最小的为 22%，以在 20%～29% 的为多（2 个），其他为在 30%～39%（1 件）、40%～49%（1 件）、20%～29%（1 个）。此类标本以在每个台面的一个边缘剥片的为多（4 件），在四个边缘剥片的标本有 1 件。每件石核的剥片面上分别可辨片疤最多的是 4 块（有 3 件），其他 3 块、10 块的各有 1 件。其砾石天然石皮面积占标本总表面积的比例最大的为 88%，最小的为 24%。此类石核的可测台面角最大的为 108°，最小的为 44°，其中以在 80°～89°的为多（有 7 个），其他为在 90°～99°（6 个）、70°～79°（5 个）、60°～69°（2 个）、40°～49°（1 个）、50°～59°（2 个）、100°～109°（2 个）。

1990T345②: 15（EP218），素材为完整砾石。自然尺寸为长 94、宽 91、厚 67 毫米，重 672 克。岩性为脉石英，平面、横剖面、纵剖面几何形状分别为不规则四边形、不规则椭圆形、不规则四边形，磨圆度一般。近端面上有片疤，左侧面、顶面、底面、远端面、右侧面上有石皮。台面在底面，其平面几何形状为不规则四边形，性质为天然石皮的凸起台面，剥片部位在近端边，剥片方向从底面到顶面。台面周长 292 毫米，近端边剥片所在边缘长度 95 毫米，剥片长度 95 毫米，剥片长度与所在边缘长度的比率为 100%，即剥片所在边缘全部被利用。剥片长度与台面周长的比率为 33%，即剥片所在台面利用率没有超过一半。打击方法为硬锤锤击法。剥片面有 1 个，在近端面，有 4 块单极平行分布的石片疤，剥片面面积与未剥片面面积的比例为 1∶4。4 块石片疤的特征，依其加工顺序如下：第一块为不完整石片疤，长 56、宽 31 毫米，倾斜度 70°，弦长 27、矢长 4 毫米。平面形状为不规则四边形，到对边的长度 95 毫米，台面角 78°。第二块为不完整石片疤，长 65、宽 47 毫米，倾斜度 67°，弦长 20、矢长 2 毫米。平面形状为不规则四边形，到对边的长度 88 毫米，台面角 85°。第三块为不完整石片疤，长 39、宽 27 毫米，倾斜度 75°，弦长 20、矢长 1 毫米。平面形状为不规则四边形，到对边的长度 87 毫米，台面角 95°。第四块为不完整石片疤，长 39、宽 27 毫米，倾斜度 61°，弦长 10、矢长 1 毫米。平面形状为不规则四边形，到对边的长度 87 毫米，台面角 90°。保留的砾石石皮的总数值为 4 等份，其中顶面有 1 等份，底面有 1 等份，侧面有 2 等份。该标本没有转动和翻动过。该标本似特征不明显的单向加工的单刃砍砸器（chopper）（图 2－102）。

1990T345②: 6（EP217），素材为完整砾石。自然尺寸为长 106、宽 83、厚 66 毫米，重 826 克。岩性为砂岩，平面、横剖面、纵剖面几何形状均为不规则四边形，磨圆度一般。远端面上有片疤，左侧面、顶面、底面、近端面（有节理面）、右侧面（有节理面）上有石皮。台面在底面，其平面几何形状为不规则四边形，性质为天然石皮的凸起台面，剥片部位在远端边，剥片方向从底面到顶面。台面周长 364 毫米，近端边剥片所在边缘长度 86 毫米，剥片长度 86 毫米，剥片长度与所在边缘长度的比率为 100%，即剥片所在边缘全部被利用。剥片长度与台面周长的比率为 24%，即剥片所在台面利用率没有超过一半。打击方法为硬锤锤击法。剥片面有 1 个，在远端面，有 4 块单极平行分布的石片疤，剥片面面积与未剥片面面积的比例为 1∶5。4 块石片疤的特征，按加工顺序如下：第一块为不完整石片疤，长 68、

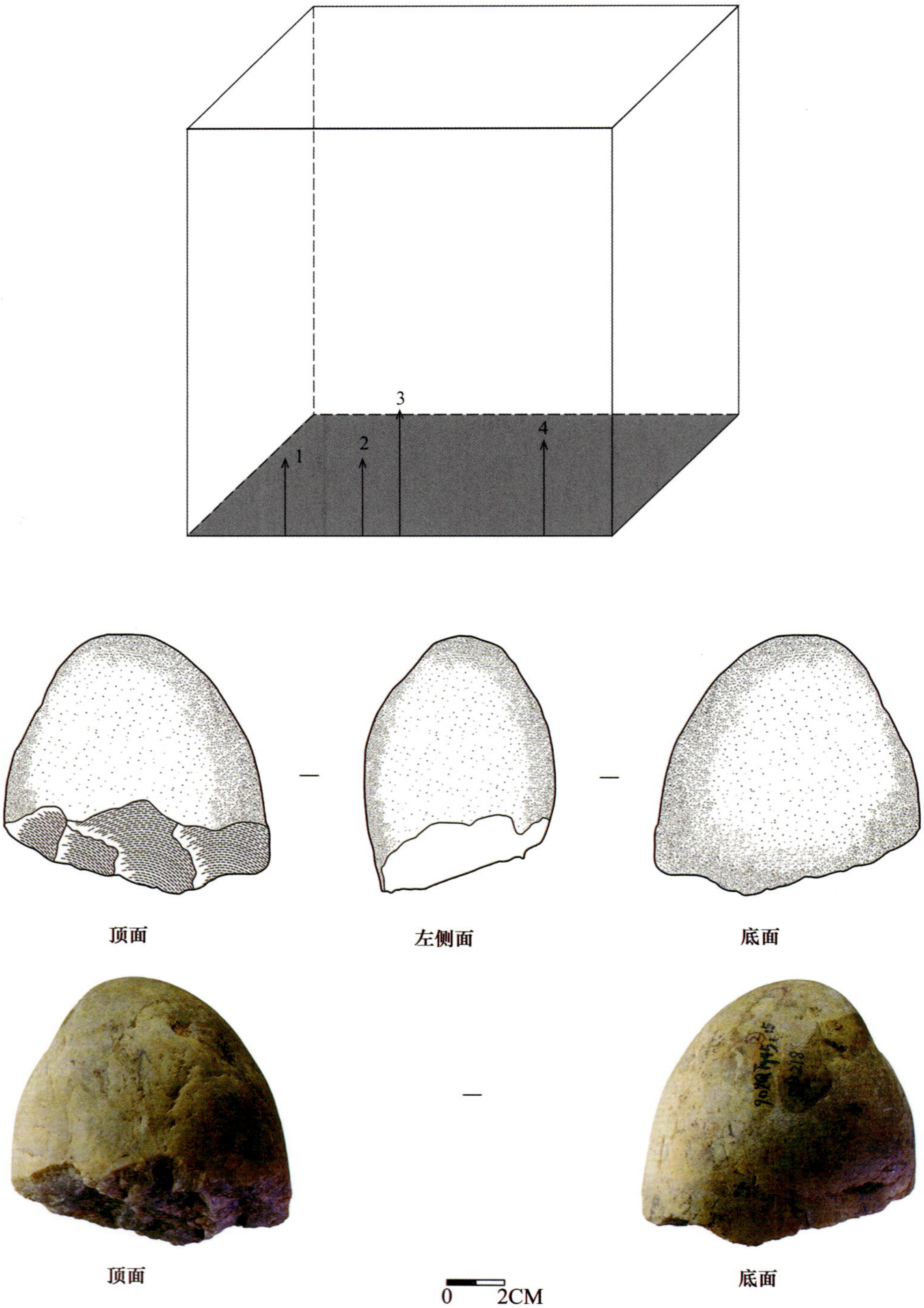

图 2－102　上文化层的单台面石核（1990T345②：15）

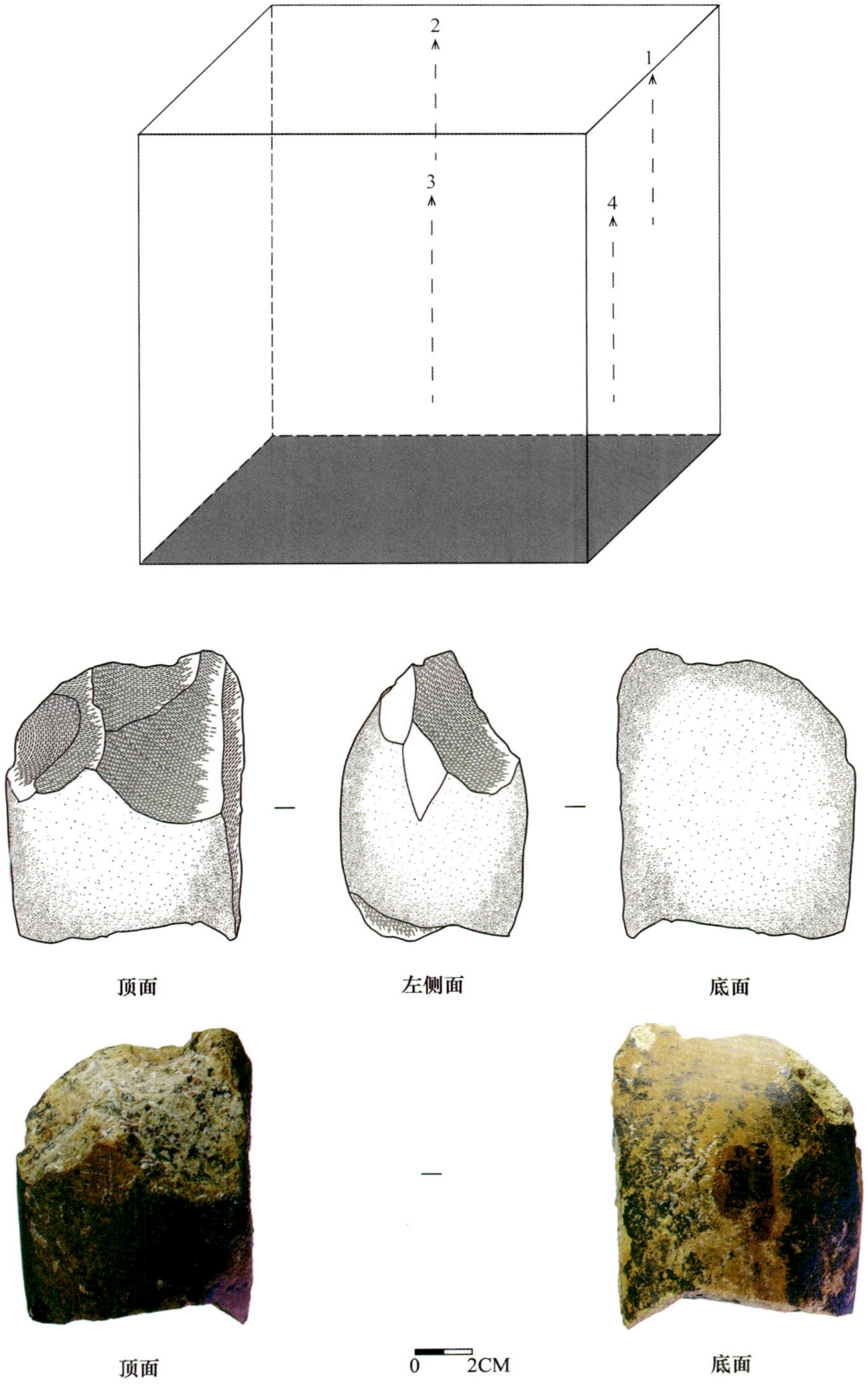

图 2 – 103　上文化层的单台面石核（1990T345②:6）

宽 47 毫米，倾斜度 27°，弦长、矢长难测。平面形状为不规则四边形，到对边的长度 98 毫米，台面角 70°。第二块为不完整石片疤，长 58、宽 38 毫米，倾斜度 48°，弦长、矢长难测。平面形状为不规则四边形，到对边的长度 103 毫米，台面角 84°。第三块为不完整石片疤，长 36、宽 39 毫米，倾斜度 50°，弦长、矢长难测。平面形状为不规则四边形，到对边的长度 99 毫米，台面角 79°。第四块为完整石片疤，长 39、宽 45 毫米，倾斜度 53°，弦长 42、矢长 6 毫米。平面形状为不规则四边形，到对边的长度 98 毫米，台面角 91°。保留的砾石石皮的总数值为 3 等份（另有 2 等份为节理面），其中顶面有 1 等份，底面有 2 等份，侧面没有石皮。该标本没有转动和翻动过（图 2－103）。

1995T1328②∶4（EP149），素材为完整砾石。自然尺寸为长 139、宽 129、厚 73 毫米，重 1292 克。岩性为砂岩，平面、横剖面、纵剖面几何形状均为不规则四边形，磨圆度一般。右侧面上有片疤，左侧面、顶面、底面、远端面、近端面上有石皮。台面在底面，其平面几何形状为不规则四边形，性质为天然石皮的凸凹不平台面，剥片部位在近端右段边，剥片方向从底面到顶面。台面周长 422 毫米，近端边剥片所在边缘长度 132 毫米，剥片长度 94 毫米，剥片长度与所在边缘长度的比率为 71%，即剥片所在边缘没有全部被利用。剥片长度与台面周长的比率为 22%，即剥片所在台面利用率没有超过一半。打击方法为硬锤锤击法。剥片面有 1 个，在右侧面，有 3 块单极平行分布的石片疤，剥片面面积与未剥片面面积的比例为 1∶7。3 块石片疤的特征，按加工顺序如下：第一块为不完整石片疤，长 34、宽 39 毫米，倾斜度 46°，弦长、矢长难测。平面形状为不规则四边形，到对边的长度 109 毫米，台面角 52°。第二块为不完整石片疤，长 28、宽 54 毫米，倾斜度 46°，弦长、矢长难测。平面形状为不规则四边形，到对边的长度 115 毫米，台面角 70°。第三块为完整石片疤，长 54、宽 92 毫米，倾斜度 69°，弦长 84、矢长 9 毫米。平面形状为不规则三边形，到对边的长度 115 毫米，台面角 77°。保留的砾石石皮的总数值为 7 等份，其中顶面有 1 等份，底面有 3 等份，侧面有 3 等份。该标本没有转动和翻动过（图 2－104）。

1995T1227②∶1－3（EP207），素材为完整砾石。自然尺寸为长 58、宽 45、厚 33 毫米，重 101 克。岩性为脉石英，平面、横剖面、纵剖面几何形状均为不规则四边形，磨圆度一般。远端面、左侧面上有片疤，右侧面、顶面、底面、近端面上有石皮。台面在底面，其平面几何形状为不规则四边形，性质为天然石皮的平滑台面，剥片部位在左侧边、远端边，剥片方向从底面到顶面。台面周长 166 毫米，左侧边剥片所在边缘长度 50 毫米，剥片长度 50 毫米，剥片长度与所在边缘长度的比率为 100%，即剥片所在边缘全部被利用；远端边剥片所在边缘长度 20 毫米，剥片长度 20 毫米，剥片长度与所在边缘长度的比率为 100%，即剥片所在边缘全部被利用。全部剥片长度与台面周长的比率为 42%，即剥片所在台面利用率没有超过一半。打击方法为硬锤锤击法。剥片面有 2 个，分别在左侧面、远端面，各有 2 块单极平行分布的石片疤，剥片面面积与未剥片面面积的比例为 1∶4。4 块石片疤的特征，按加工顺序如下：第一块为不完整石片疤，长 7、宽 27 毫米，倾斜度 47°，弦长、矢长难测。平面形状为不规则四边形，到对

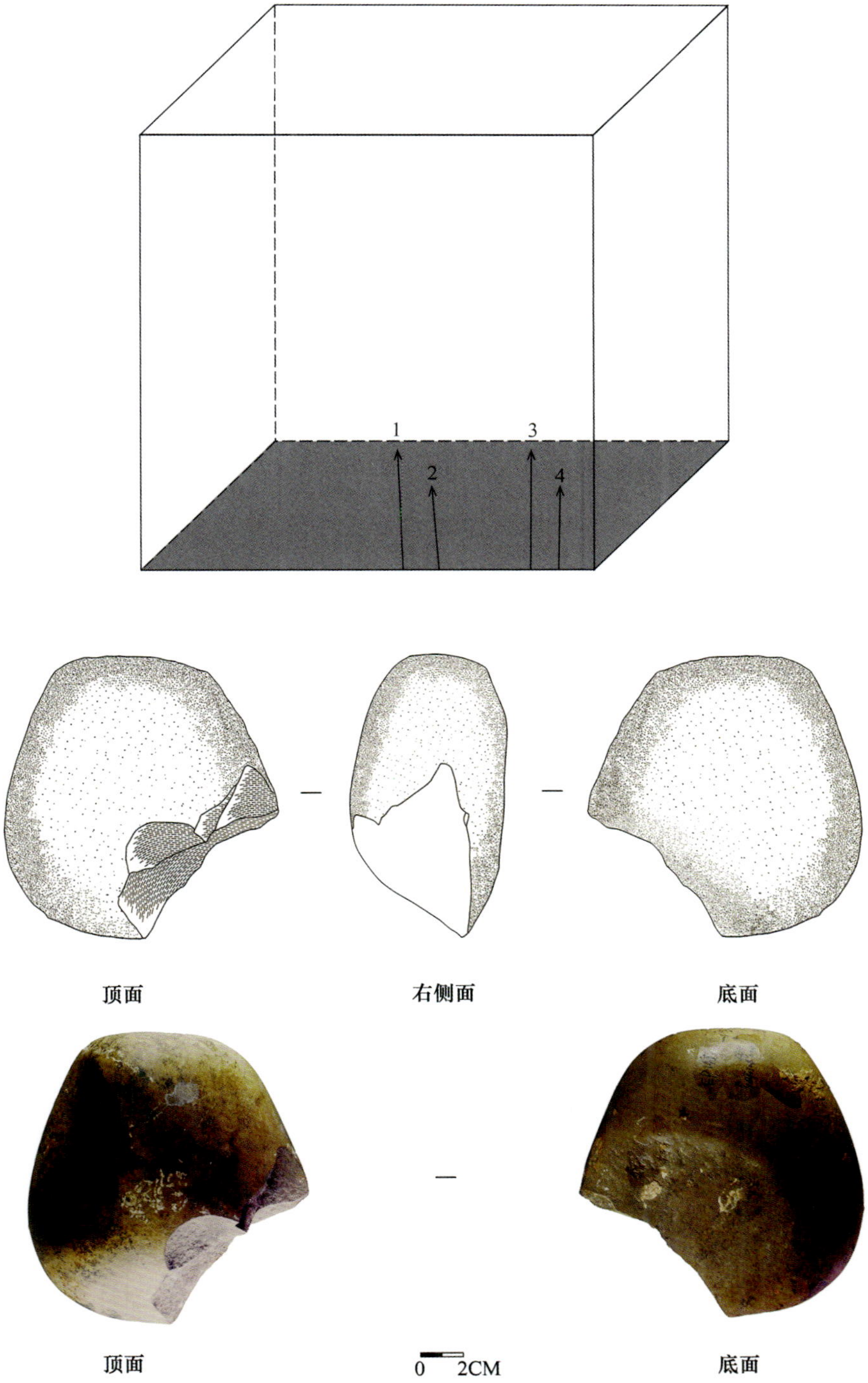

图 2-104　上文化层的单台面石核（1995T1328②:4）

边的长度42毫米，台面角44°。第二块为不完整石片疤，长31、宽128毫米，倾斜度48°，弦长、矢长难测。平面形状为不规则四边形，到对边的长度46毫米，台面角54°。第三块为完整石片疤，长11、宽23毫米，倾斜度76°，弦长18、矢长2毫米。平面形状为不规则四边形，到对边的长度59毫米，台面角84°。第四块为完整石片疤，长32、宽50毫米，倾斜度64°，弦长21、矢长3毫米。平面形状为不规则四边形，到对边的长度42毫米，台面角68°。保留的砾石石皮的总数值为4等份，其中顶面有1等份，底面有2等份，侧面有1等份。该标本转动过2次，没有翻动过。该标本似特征不明显的单向加工的单刃砍砸器（chopper）（图2－105）。

1991年采集：9122（EP330），素材为完整砾石。自然尺寸为长110、宽90、厚67毫米，重965克。岩性为石英岩，平面、横剖面、纵剖面几何形状分别为不规则五边形、不规则四边形、不规则四边形，磨圆度一般。近端面、左侧面、底面、远端面、右侧面上有片疤，顶面上有石皮。台面在底面，其平面几何形状为不规则五边形，性质为人工片疤的平滑台面，剥片部位在近端边、左侧边、远端边、右侧边，剥片方向从底面到顶面。台面周长320毫米，近端边剥片所在边缘长度72毫米，剥片长度72毫米，剥片长度与所在边缘长度的比率为100%，即剥片所在边缘全部被利用；左侧边剥片所在边缘长度60毫米，剥片长度60毫米，剥片长度与所在边缘长度的比率为100%，即剥片所在边缘全部被利用；远端边剥片所在边缘长度98毫米，剥片长度98毫米，剥片长度与所在边缘长度的比率为100%，即剥片所在边缘全部被利用；右侧边剥片所在边缘长度90毫米，剥片长度90毫米，剥片长度与所在边缘长度的比率为100%，即剥片所在边缘全部被利用。全部剥片长度与台面周长的比率为100%，即剥片所在台面全部被利用。打击方法为硬锤锤击法。剥片面有4个，分别在近端面、左侧面、远端面、右侧面，其中近端面有2块单极纵向平行分布的石片疤，剥片面面积与未剥片面面积的比例为3∶18；左侧面有2块单极纵向平行分布的石片疤，剥片面面积与未剥片面面积的比例为1∶20；远端面有3块单极纵向平行分布的石片疤，剥片面面积与未剥片面面积的比例为4∶17；右侧面有3块单极纵向平行分布的石片疤，剥片面面积与未剥片面面积的比例为3∶18。全部10块片疤呈棱柱状分布，全部剥片面面积与未剥片面面积的比例为11∶10。10块石片疤的特征，按加工顺序如下：第一块为不完整石片疤，长52、宽71毫米，倾斜度76°，弦长、矢长难以测量，平面形状为不规则四边形，到对边的长度52毫米，台面角104°。第二块为不完整石片疤，长61、宽61毫米，倾斜度88°，弦长、矢长难以测量，平面形状为不规则四边形，到对边的长度61毫米，台面角95°。第三块为不完整石片疤，长41、宽33毫米，倾斜度68°，弦长、矢长难以测量，平面形状为不规则四边形，到对边的长度52毫米，台面角80°。第四块为不完整石片疤，长52、宽47毫米，倾斜度61°，弦长、矢长难以测量，平面形状为不规则四边形，到对边的长度52毫米，台面角86°。第五块为不完整石片疤，长63、宽44毫米，倾斜度63°，弦长、矢长难以测量，平面形状为不规则四边形，到对边的长度63毫米，台面角66°。第六块为完整石片疤，长29、宽39毫米，倾斜度83°，弦长25、矢长1.5毫米。平面形状为不规则四边形，到对边的长度67毫米，台面角90°。第七块为完整石片疤，长25、宽32毫米，倾斜度89°，弦长

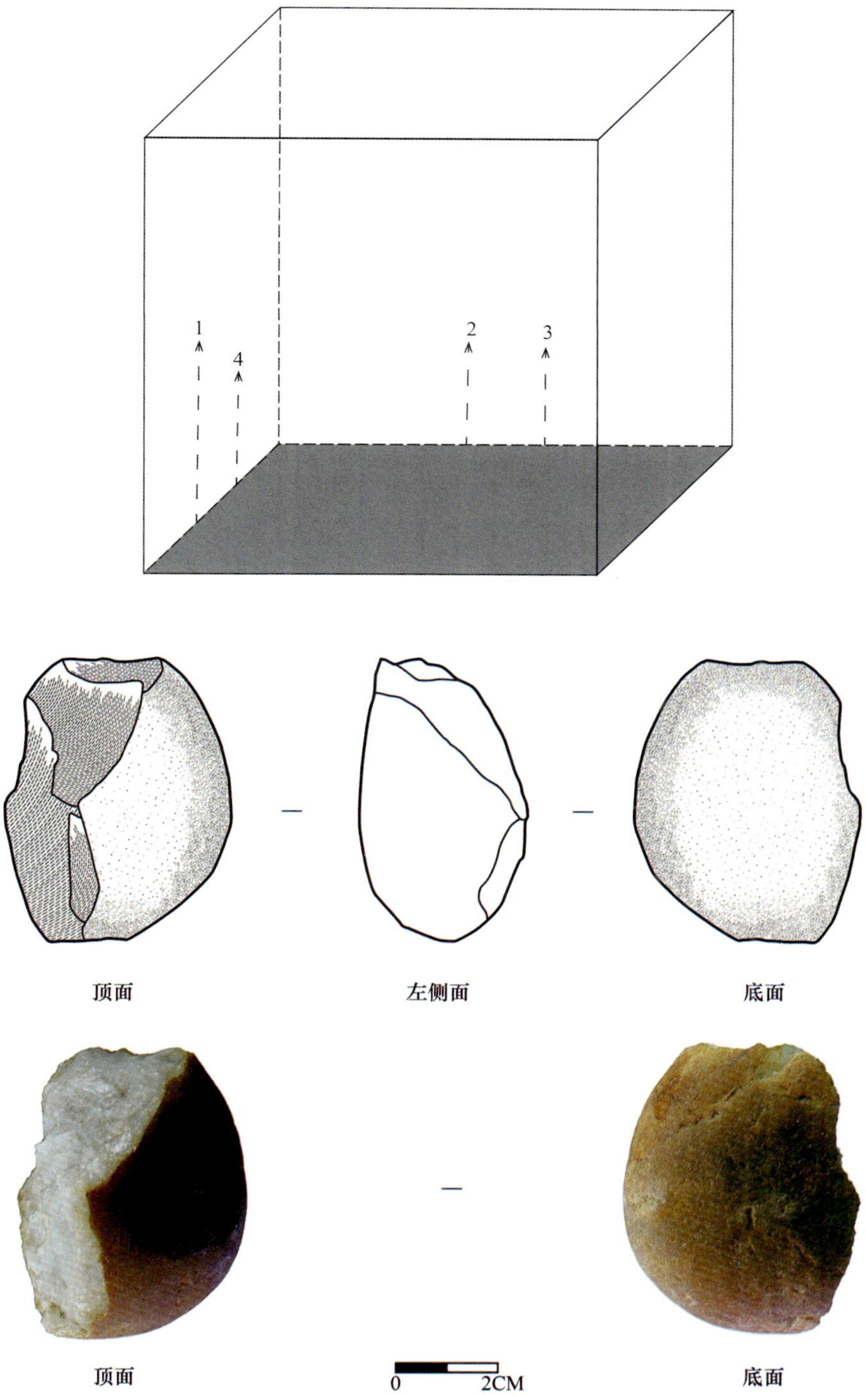

图 2－105　上文化层的单台面石核（1995T1227②：1－3）

29、矢长3毫米。平面形状为不规则四边形，到对边的长度67毫米，台面角93°。第八块为完整石片疤，长42、宽24毫米，倾斜度86°，弦长20、矢长1毫米。平面形状为不规则四边形，到对边的长度65毫米，台面角87°。第九块为完整石片疤，长54、宽40毫米，倾斜度85°，弦长35、矢长5毫米。平面形状为不规则四边形，到对边的长度64毫米，台面角80°。第十块为完整石片疤，长21、宽37毫米，倾斜度80°，弦长35、矢长1毫米。平面形状为不规则四边形，到对边的长度51毫米，台面角108°。保留的砾石石皮的总数值为5等份（另有5等份为底面的片疤），其中顶面有3等份，底面没有石皮，侧面有2等份。该标本转动过7次，没有翻动过（图2－106）。

（c）台面在右侧面的单台面石核，有1件。

1990年采集：9008（EP292），素材为完整砾石。自然尺寸为长110、宽81、厚62毫米，重703克。岩性为石英岩，平面、横剖面、纵剖面几何形状均为不规则四边形，磨圆度一般。近端面上有片疤，左侧面、顶面、远端面、底面、右侧面上有石皮。台面在右侧面，其平面几何形状为不规则四边形，性质为天然石皮的平滑台面，剥片部位在近端边，剥片方向从右侧面到左侧面。台面周长300毫米，底边剥片所在边缘长度90毫米，剥片长度90毫米，剥片长度与所在边缘长度的比率为100%，即剥片所在边缘全部被利用。剥片长度与台面周长的比率为30%，即剥片所在台面利用率刚刚超过三成。打击方法为硬锤锤击法。剥片面有1个，在近端面，有3块横向平行分布的石片疤，剥片面面积与未剥片面面积的比例为2∶8。这3块石片疤的特征如下：第一块为不完整石片疤，长18、宽24毫米，倾斜度19°，弦长、矢长难测量，平面形状为不规则四边形，到对边的长度111毫米，台面角48°。第二块为不完整石片疤，长56、宽52毫米，倾斜度27°，弦长、矢长难测量，平面形状为不规则四边形，到对边的长度111毫

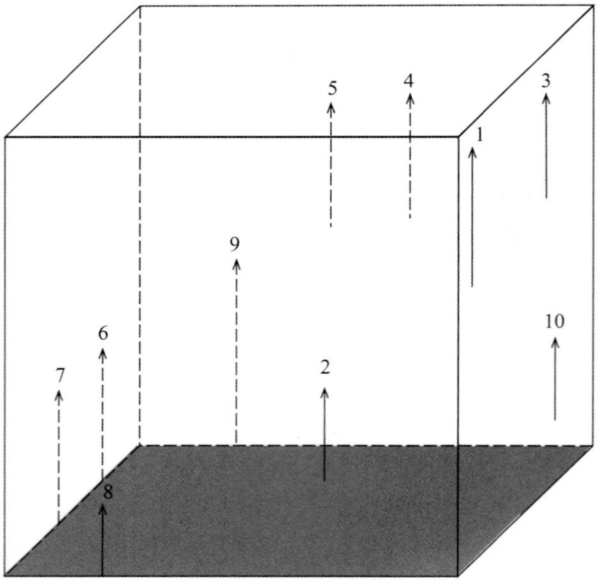

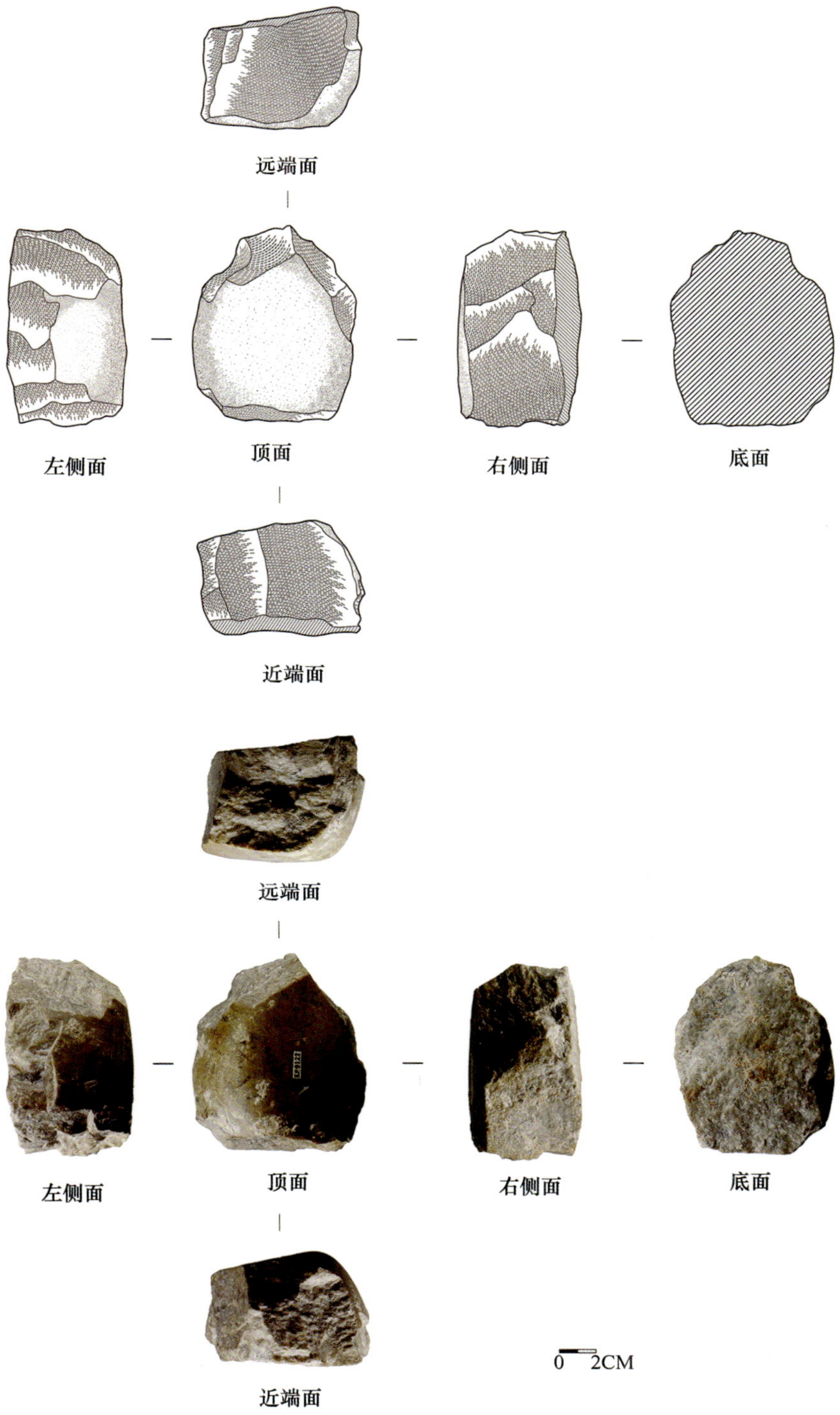

图 2－106　上文化层单台面石核（1991 年采集：9122）

米，台面角70°。第三块为完整石片疤，长61、宽66毫米，倾斜度34°，弦长32、矢长3毫米。平面形状为不规则四边形，到对边的长度111毫米，台面角68°。保留的砾石石皮的总数值为8等份，其中顶面有1等份，底面有2等份，侧面有5等份。该标本没有转动和翻动过（图2－107）。

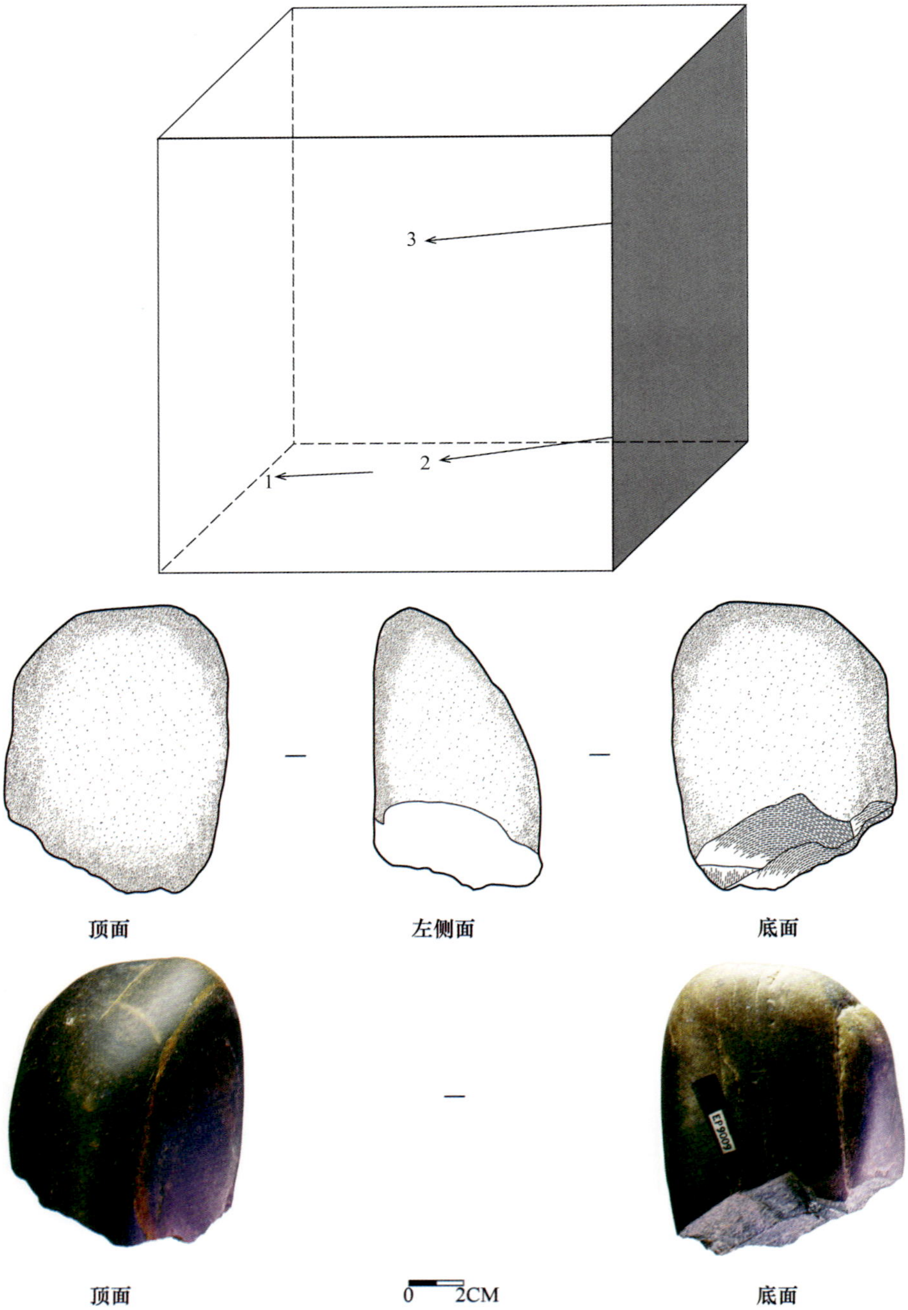

图2－107　上文化层的单台面石核（1990年采集:9008）

2）双台面石核，有11件。

岩性从大类上有火成岩5件，变质岩4件，沉积岩2件。岩性中最多的为脉石英（3件），其次为砂岩、花岗斑岩和石英岩（各有2件），绿帘石和混合岩的各有1件。双台面石核的长度最长的达225毫米，最短的只有74毫米，超过100毫米的有8件（超过200毫米的有1件），小于100毫米的有3件。宽度中最宽的为217毫米，最窄的为54毫米，大于100毫米的有9件（超过200毫米的有1件），小于100毫米的有2件。厚度中最厚的为105毫米，最薄的为47毫米，大于50毫米的有9件（超过100毫米的有1件），小于50毫米的有2件。重量中最重的为6317克，最轻的为261克，大于1000克的有7件（超过2000克的有5件），小于1000克的有4件。

双台面石核的平面形状大部分为不规则四边形（9件），其次为不规则五边形和三边形（各有1件）；横剖面形状大部分为不规则四边形（8件），其次为椭圆形（3件）；纵剖面形状大部分为不规则四边形（10件），半圆形的有1件。

根据双台面石核的两个台面位置组合不同分为两种：两个台面相连（7件）和两个台面不相连（4件）。

（a）两个台面相连的双台面石核

上文化层的两个台面相连的双台面石核有7件，根据两个台面的位置可将它们分为五类：一类是以顶面和右侧面为台面的石核（3件）；一类是以左侧面和底面为台面的石核（1件）；一类是以左侧面和顶面为台面的石核（1件）一类是以右侧面和底面为台面的石核（1件）；一类是以右侧面和近端面为台面的石核（1件）。

以顶面和右侧面为台面的3件石核的六个台面性质均为砾石的天然石皮。单个台面剥片使用率最大的为50%，最小的为23%，以在20%～29%、30%～39%的为多（各有2个），其次为在40%～49%和50%～59%的各有1个。此类标本均在每个台面的一个边缘剥片，没有在两个边缘以上剥片的标本。每件石核的剥片面上有3块的为多（2件），有5块片疤的有1件。其砾石天然石皮面积占标本总表面积的比例在60%～69%的有2件，在50%～59%的有1件。此类石核的台面角最大的为91°，最小的为57°，其中以在60°～69°的为多（有4个），其次为在80°～89°的（3个），在70°～79°的有2个，在50°～59°、90°～99°的各有1个。

此类标本中有2件可视为特征不明显的单向加工的砍砸器。

a）顶台面和右侧面台面相邻相连的石核，有3件。

1995T1327②:6（EP180），素材为完整砾石。自然尺寸为长191、宽168、厚87毫米，重2384克。岩性为砂岩，平面、横剖面、纵剖面几何形状分别为不规则三边形、不规则椭圆形、不规则四边形，磨圆度一般。远端面上有片疤，近端面、顶面、右侧面、底面、左侧面上有石皮。台面分别在顶面和右侧面。顶台面平面几何形状为不规则四边形，性质为天然石皮的凸起台面，剥片部位在远端边，剥片方向从顶面到底面。顶台面周长490毫米，远端边剥片所在边缘长度210毫米，剥片长度160毫米，剥片长度与所在边缘长度的比率为76%，即剥片所在边缘没有全部被利用。顶台面剥片长度与台面周长的比率为33%，即剥片所在台面利用率不到一半。右侧台面平面几何形状为凸起的不规则四边形，性质为天然石皮，剥片部位在远端边，剥片方向从右侧面到左侧面。右侧台面周长410毫米，远端边剥片所在边缘长度114毫米，剥片长度114毫米，剥片长度与所在边缘长度的比率100%，即剥片所在边缘全部被利用，右侧台面剥片长度与台面周长的比率为28%，即剥片所在台面利用率不到三成。打击方法为硬锤锤击法。剥片面有1个，在远端面，有3块交错分布的片疤。剥片面面积与未剥片面面积的比例为2∶4。3块石片疤的特征，按加工顺序如下：第一块为完整石片疤，长81、宽126毫米，倾斜度14°，弦长78、矢长3毫米。平面形状为不规则四边形，到对边的长度164毫米，台面角83°。第二块为完整石片疤，长98、宽126毫米，倾斜度28°，弦长117、矢长11毫米。平面形状为不规则四边形，到对边的长度152毫米，台面67°。第三块为不完整石片疤，长108、宽83毫米，倾斜度31°，弦长、矢长难测。平面形状为不规则四边形，到对边的长度162毫米，台面60°。保留的砾石石皮的总数值为4等份，其中顶面有1等份，底面有2等份，侧面有1等份。该标本没有转动过，翻动过一次（图2－108）。

1991年采集∶9111（EP319），素材为完整砾石。自然尺寸为长98、宽94、厚76毫米，重485克。岩性为脉石英，平面、横剖面、纵剖面几何形状均为不规则四边形，磨圆度一般。近端面有片疤，远端面、顶面、底面、左侧面、右侧面上有石皮。台面分别在顶面和右侧面。顶台面平面几何形状为不规则四边形，性质为天然石皮的凸起台面，剥片部位在近端边，剥片方向从顶面到底面。顶台面周长290毫米，近端边剥片所在边缘长度142毫米，剥片长度142毫米，剥片长度与所在边缘长度的比率为100%，即剥片所在边缘全部被利用。顶台面剥片长度与台面周长的比率为49%，即剥片所在台面利用率不到一半。右侧台面平面几何形状为凹下的不规则四边形，性质为天然石皮，剥片部位在近端边，剥片方向从右侧面到左侧面。右侧台面周长230毫米，远端边剥片所在边缘长度75毫米，剥片长度75毫米，剥片长度与所在边缘长度的比率为100%，即剥片所在边缘全部被利用，左侧台面剥片长度与台面周长的比率为33%，即剥片所在台面利用率刚刚超过三成。打击方法为硬锤锤击法。剥片面有1个，在近端面，有5块垂直相交分布的石片疤，近端剥片面面积与未剥片面面积的比例为2∶4。这5块石片疤的特征，按加工顺序如下：第一块为不完整石片疤，长50、宽20毫米，倾斜度10°，弦长、矢长难以测量，平面形状为不规则四边形，到对边的长度92毫米，台面角65°。第二块为不完整石片疤，长50、宽45毫米，倾斜度5°，弦长10、矢长1毫米。平面形状为不规则四边形，到对边的长度92毫米，台面57°。第三块为不完整石片疤，长52、宽83毫米，倾斜度29°，弦长27、矢长3毫米。平面形状为不规则四边形，到对边的长度82毫米，台面角88°。第四块为不完整石片疤，长38、宽51毫米，倾斜度60°，弦长29、矢长4毫米。平面形状为不规则四边形，到对边的长度78毫米，台面角73°。第五块为完整石片疤，长27、宽38毫米，倾斜度15°，弦长27、矢长1毫米。平面形状为不规则四边形，到对边的长度84毫米，台面角80°。保留的砾石石皮的总数值为4等份，其中顶面有2等份、底面有1等份、侧面有1等份。该标本没有转动过，翻动过2次（图2－109）。

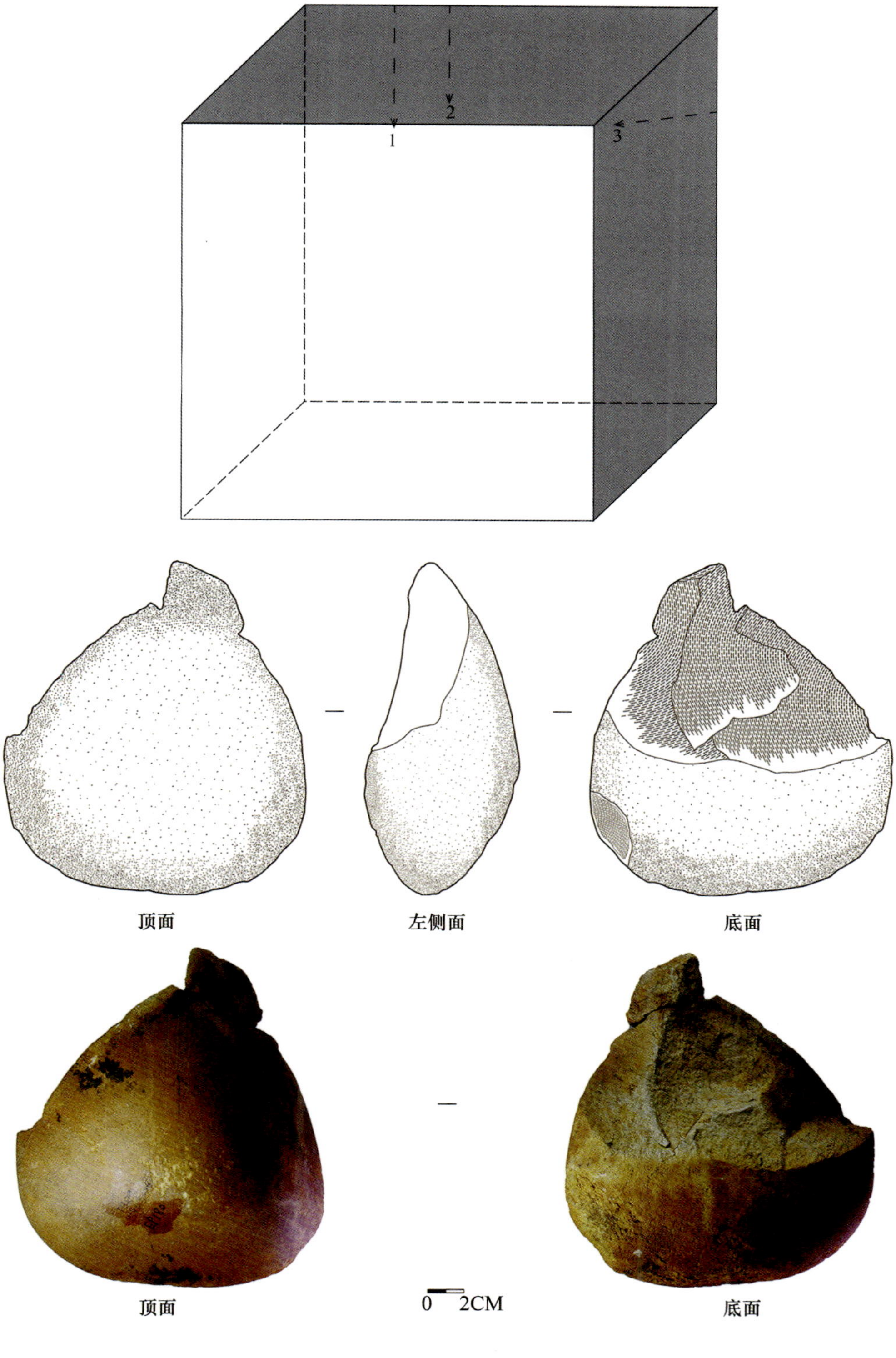

图2－108　上文化层的双台面石核（1995T1327②:6）

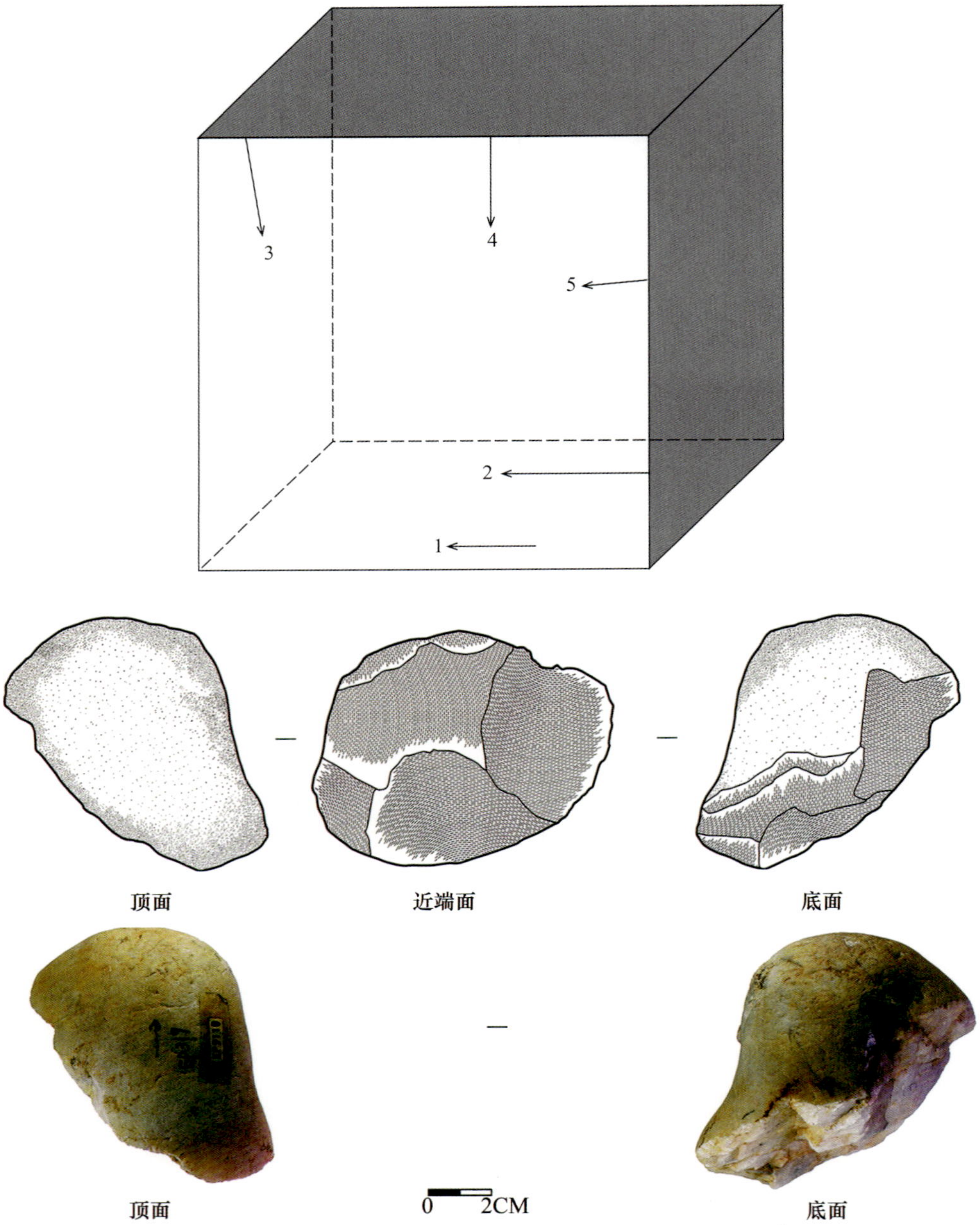

图 2－109　上文化层的双台面石核（1991 年采集: 9111）

1995 年采集: 3（EP230），素材为完整砾石。自然尺寸为长 112、宽 110、厚 60 毫米，重 957 克。岩性为石英岩，平面、横剖面、纵剖面几何形状均为不规则四边形，磨圆度一般。远端面、底面上有片疤，近端面、顶面、左侧面、右侧面上有石皮。台面分别在顶面和右侧面。顶台面平面几何形状为不规则四边形，性质为天然石皮的平滑台面，剥片部位在远端边，剥片方向从顶面到底面。顶台面周长 326 毫米，近端边剥片所在边缘长度 75 毫米，剥片长度 75 毫

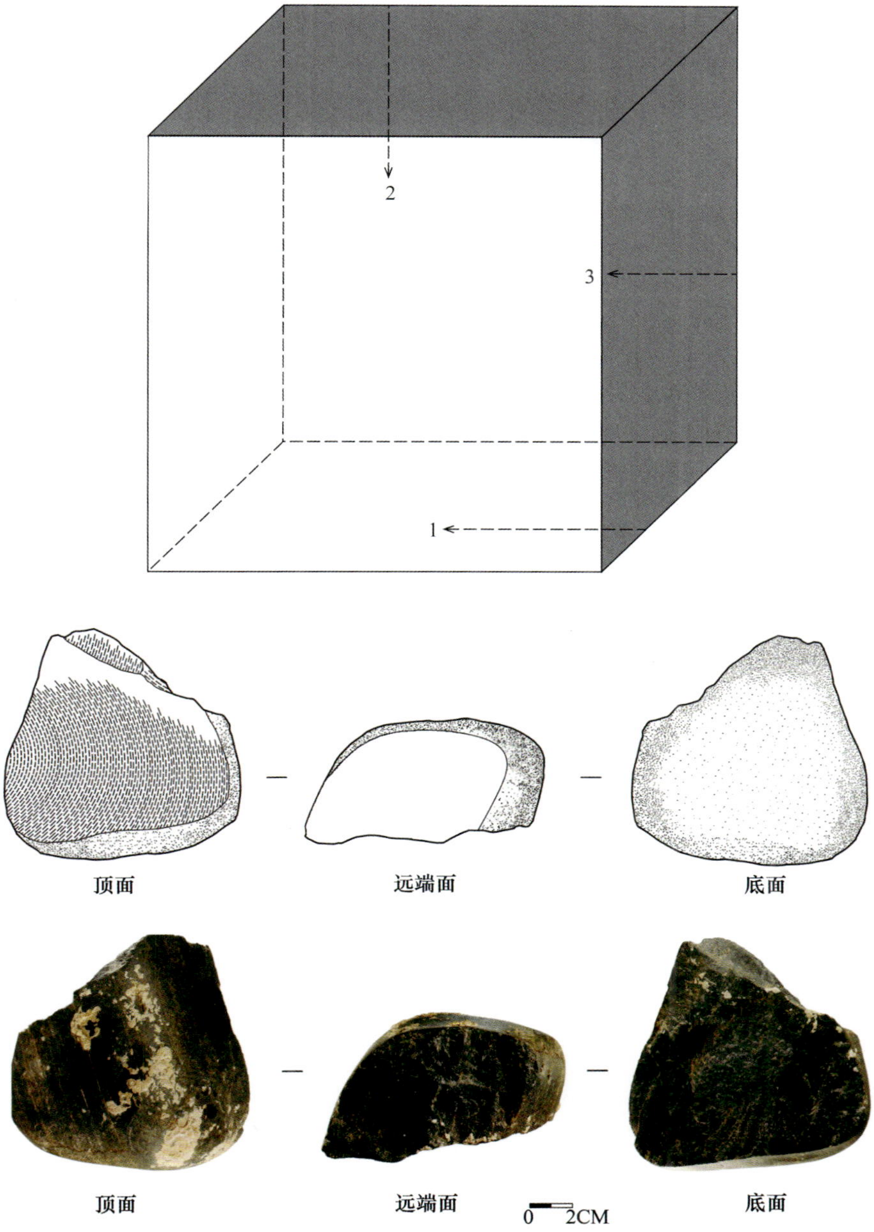

图 2－110　上文化层的双台面石核（1995 年采集: 3）

米，剥片长度与所在边缘长度的比率为 100%，即剥片所在边缘全部被利用。顶台面剥片长度与台面周长的比率为 23%，即剥片所在台面利用率刚刚超过两成。右侧台面平面几何形状为平滑的不规则四边形，性质为天然石皮，剥片部位在远端边、底边，剥片方向从右侧面到左侧面。右侧台面周长 320 毫米，远端边剥片所在边缘长度 57 毫米，剥片长度 57 毫米，剥片长度与所在边缘长度的比率为100%，即剥片所在边缘全部被利用；底边剥片所在边缘长度103毫米，剥片长度103毫米，剥片长度与所在边缘长度的比率为100%，即剥片所在边缘全部被利用。右侧台面剥片长度与台面周长的比率为50%，即剥片所在台面利用率刚刚到一半。打击方法为硬锤锤击法。剥片面有2个，分别在远端面、底面，两个剥片面上各有2块、1块单极横向分布的石片疤，全部石片疤呈垂直相交分布。远端剥片面面积与未剥片面面积的比例为1∶6，底剥片面面积与未剥片面面积的比例为2∶5，全部剥片面面积与未剥片面面积的比例为3∶4。3块石片疤的特征，按加工顺序如下：第一块为完整石片疤，长104、宽103毫米，倾斜度9°，弦长92、矢长2毫米。平面形状为不规则四边形，到对边的长度110毫米，台面角65°。第二块为完整石片疤，长55、宽72毫米，倾斜度87°，弦长72、矢长4毫米。平面形状为不规则四边形，到对边的长度111毫米，台面角91°。第三块为完整石片疤，长45、宽57毫米，倾斜度21°，弦长47、矢长3毫米。平面形状为不规则四边形，到对边的长度109毫米，台面角79°。保留的砾石石皮的总数值为4等份，其中顶面有1等份、底面没有石皮、侧面有3等份。该标本没有转动过，翻动过2次（图2－110）。

b）以左侧面和底面为台面的石核，有1件。

2000年台地②∶2018（EP380），素材为完整砾石。自然尺寸为长255、宽217、厚105毫米，重6317克。岩性为石英岩，平面、横剖面、纵剖面几何形状均为不规则四边形，磨圆度一般。近端面有片疤，远端面、顶面、底面、左侧面、右侧面上有石皮。台面分别在底面和左侧面。底台面平面几何形状为不规则四边形，性质为天然石皮的凸起台面，剥片部位在近端边，剥片方向从底面到顶面。底台面周长790毫米，近端边剥片所在边缘长度240毫米，剥片长度240毫米，剥片长度与所在边缘长度的比率为100%，即剥片所在边缘全部被利用。底台面剥片长度与台面周长的比率为30%，即剥片所在台面利用率没有超过一半。左侧台面平面几何形状为凸起的不规则四边形，性质为天然石皮，剥片部位在底边，剥片方向从左侧面到右侧面。左侧台面周长506毫米，底边剥片所在边缘长度214毫米，剥片长度214毫米，剥片长度与所在边缘长度的比率为100%，即剥片所在边缘全部被利用，左侧台面剥片长度与台面周长的比率为42%，即剥片所在台面利用率不到一半。打击方法为硬锤锤击法。剥片面有2个，分别在近端面、底面，近端剥片面上有5块单极纵向平行分布的石片疤，近端剥片面面积与未剥片面面积的比例为2∶6；底剥片面上有2块单极纵向平行分布的石片疤，底剥片面面积与未剥片面面积的比例为2∶6。全部剥片面上的7块石片疤交错分布，全部剥片面面积与未剥片面面积的比例为4∶4。7块石片疤的特征，按加工顺序如下：第一块为不完整石片疤，长52、宽68毫米，倾斜度3°，弦长、矢长难以测量，平面形状为不规则四边形，到对边的长度242毫米，台面角23°。第二块为不完整石片疤，长26、宽70毫米，倾斜度5°，弦长、矢长难以测量，平面形状为不规则四边形，到对边的长度242毫米，台面15°。第三块为不完整石片疤，长32、宽33毫米，倾斜度2°，弦长、矢长难测。平面形状为不规则四边形，到对边的长度242毫米，台面角30°。第四块为不完整石片疤，长137、宽123毫米，倾斜度40°，弦长、矢长难测。平面形状

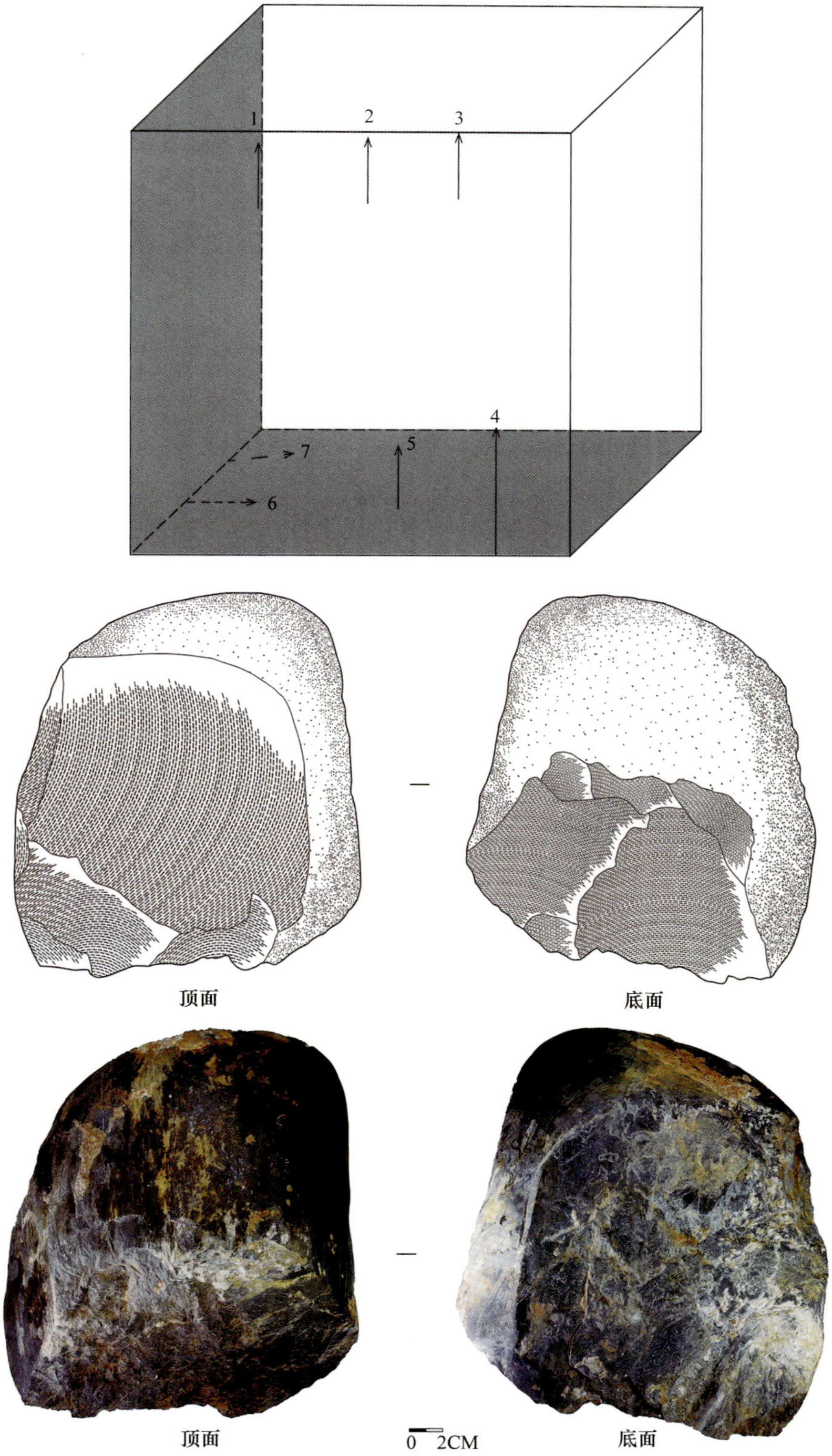

图 2－111　上文化层的双台面石核（2000 年台地②: 2018）

为不规则四边形，到对边的长度242毫米，台面角68°。第五块为完整石片疤，长145、宽85毫米，倾斜度42°，弦长120、矢长7毫米。平面形状为不规则四边形，到对边的长度241毫米，台面角52°。第六块为完整石片疤，长144、宽85毫米，倾斜度9°，弦长58、矢长4毫米。平面形状为不规则四边形，到对边的长度213毫米，台面角73°。第七块为完整石片疤，长188、宽170毫米，倾斜度6°，弦长102、矢长14毫米。平面形状为不规则四边形，到对边的长度200毫米，台面角67°。保留的砾石石皮的总数值为4等份，其中顶面有1等份、底面有1等份、侧面有2等份。该标本没有转动过，翻动过1次。该标本似特征不明显的单向加工的单刃砍砸器（chopper）（图2-111）。

c）以左侧面和顶面为台面的石核，有1件。

1995T1328②：8（EP147），素材为完整砾石。自然尺寸为长74、宽54、厚47毫米，重261克。岩性为脉石英，平面、横剖面、纵剖面几何形状分别为不规则四边形、不规则四边形、不规则圆形，磨圆度一般。右侧面、底面上有片疤，近端面、顶面、远端面、左侧面上有石皮。台面分别在顶面和左侧面。顶台面平面几何形状为不规则四边形，性质为天然石皮的凸起台面，剥片部位在右侧边，剥片方向从顶面到底面。顶台面周长202毫米，远端边剥片所在边缘长度44毫米，剥片长度44毫米，剥片长度与所在边缘长度的比率为100%，即剥片所在边缘全部被利用。顶台面剥片长度与台面周长的比率为22%，即剥片所在台面利用率不到三成。左侧台面平面几何形状为凸起的不规则四边形，性质为天然石皮，剥片部位在底边，剥片方向从左侧面到右侧面。左侧台面周长190毫米，远端边剥片所在边缘长度50毫米，剥片长度50毫米，剥片长度与所在边缘长度的比率为100%，即剥片所在边缘全部被利用，左侧台面剥片长度与台面周长的比率为26%，即剥片所在台面利用率不到三成。打击方法为硬锤锤击法。剥片面有2个，分别在底面、右侧面，各有1块单极纵向分布的片疤，它们组成垂直相交分布的石片疤，两个剥片面面积与未剥片面面积的比例各为1∶4。2块石片疤的特征，按加工顺序如下：第一块为完整石片疤，长54、宽73毫米，倾斜度9°，弦长42、矢长6毫米。平面形状为不规则四边形，到对边的长度51毫米，台面角82°。第二块为完整石片疤，长46、宽53毫米，倾斜度82°，弦长32、矢长1毫米。平面形状为不规则四边形，到对边的长度46毫米，台面95°。保留的砾石石皮的总数值为3等份，其中顶面有2等份、侧面有1等份。该标本没有转动过，翻动过1次（图2-112）。

d）以右侧面和底面为台面的石核，有1件。

1991年采集：9131（EP339），素材为完整砾石。自然尺寸为长116、宽105、厚51毫米，重686克。岩性为混合岩，平面、横剖面、纵剖面几何形状均为不规则四边形，磨圆度一般。近端面、左侧面、顶面上有片疤，远端面、底面、右侧面上有石皮。台面分别在底面和右侧面。底台面平面几何形状为不规则四边形，性质为天然石皮的平滑台面，剥片部位在近端边、左侧边，剥片方向从底面到顶面。底台面周长340毫米，近端边剥片所在边缘长度80毫米，剥片长度80毫米，剥片长度与所在边缘长度的比率为100%，即剥片所在边缘全部被利用；左侧

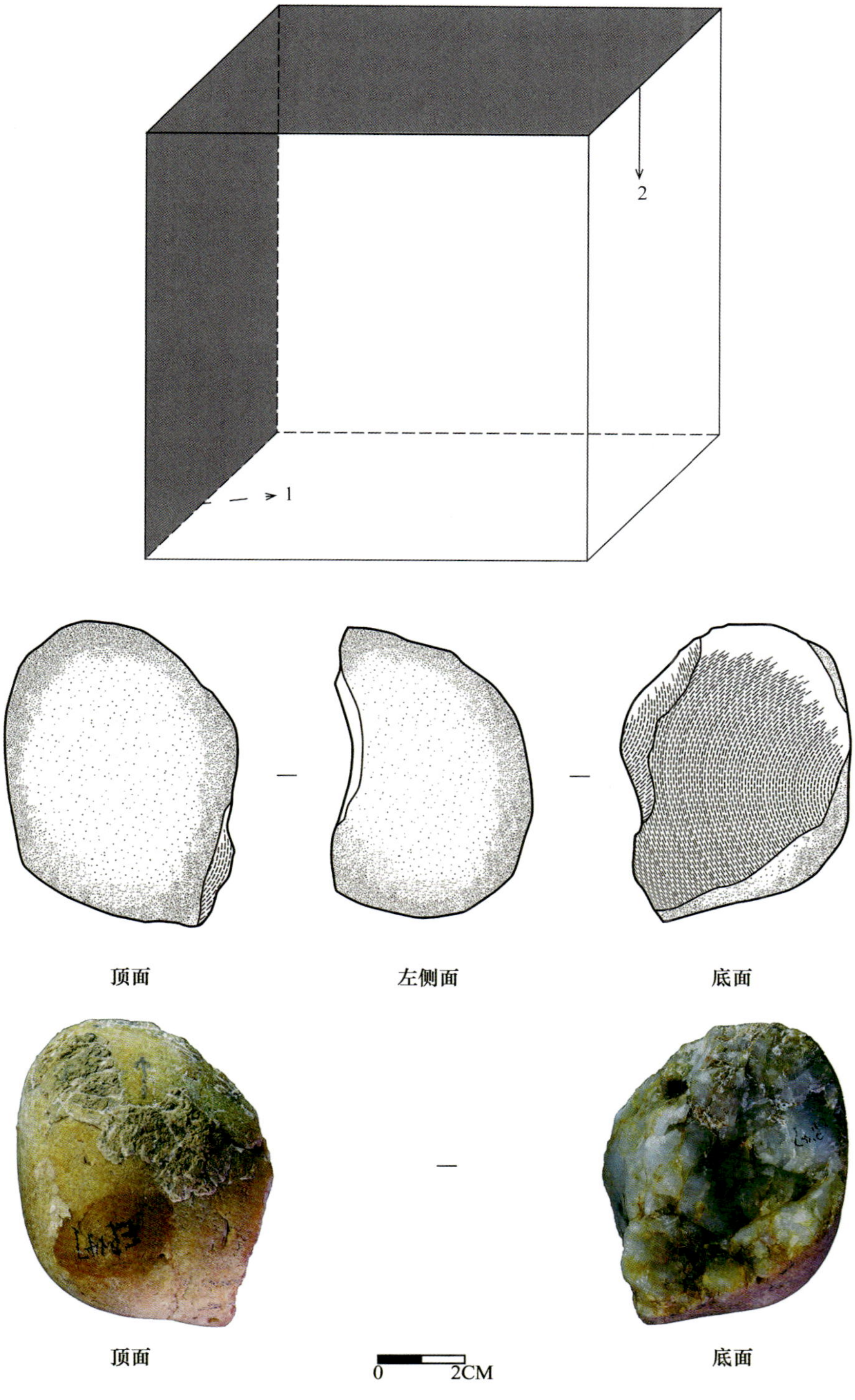

图2－112　上文化层的双台面石核（1995T1328②:8）

边剥片所在边缘长度 100 毫米，剥片长度 100 毫米，剥片长度与所在边缘长度的比率为 100%，即剥片所在边缘全部被利用。底台面剥片长度与台面周长的比率为 53%，即剥片所在台面利用率刚刚超过一半。右侧台面平面几何形状为平滑的不规则四边形，性质为天然石皮，剥片部位在近端边、顶边，剥片方向从右侧面到左侧面。右侧台面周长 260 毫米，近端边剥片所在边缘长度 43 毫米，剥片长度 43 毫米，剥片长度与所在边缘长度的比率为 100%，即剥片所在边缘全部被利用；顶边剥片所在边缘长度 87 毫米，剥片长度 87 毫米，剥片长度与所在边缘长度的比率为 100%，即剥片所在边缘全部被利用。右侧台面剥片长度与台面周长的比率为 50%，即剥片所在台面利用率刚刚到一半。打击方法为硬锤锤击法。剥片面有 3 个，分别在近端面、左侧面、顶面，近端面上有 4 块单极纵向分布的片疤，近端剥片面面积与未剥片面面积的比例为 1∶5；左侧面上有 2 块单极纵向分布的片疤，左侧剥片面面积与未剥片面面积的比例为 1∶5；顶面上有 2 块单极纵向分布的片疤，顶剥片面面积与未剥片面面积的比例为 1∶5。这 7 块片疤呈向心状相交分布，全部剥片面面积与未剥片面面积的比例为 3/∶3。这 7 块石片疤的特征，按加工顺序如下：第一块为完整石片疤，长 65、宽 73 毫米，倾斜度 6°，弦长 17、矢长 1.5 毫米。平面形状为不规则四边形，到对边的长度 112 毫米，台面角 61°。第二块为不完整石片疤，长 34、宽 31 毫米，倾斜度 45°，弦长、矢长难以测量，平面形状为不规则四边形，到对边的长度 112 毫米，台面 40°。第三块为完整石片疤，长 60、宽 58 毫米，倾斜度 45°，弦长 50、矢长 4 毫米。平面形状为不规则四边形，到对边的长度 108 毫米，台面角 50°。第四块为完整石片疤，长 53、宽 59 毫米，倾斜度 38°，弦长 40、矢长 2 毫米。平面形状为不规则四边形，到对边的长度 111 毫米，台面角 70°。第五块为完整石片疤，长 50、宽 43 毫米，倾斜度 5°，弦长 30、矢长 6 毫米。平面形状为不规则四边形，到对边的长度 108 毫米，台面角 66°。第六块为完整石片疤，长 36、宽 53 毫米，倾斜度 13°，弦长 33、矢长 2 毫米。平面形状为不规则四边形，到对边的长度 98 毫米，台面角 73°。第七块为完整石片疤，长 29、宽 53 毫米，倾斜度 74°，弦长 40、矢长 3 毫米。平面形状为不规则四边形，到对边的长度 111 毫米，台面角 73°。保留的砾石石皮的总数值为 3 等份，其中顶面有 0.5 等份、底面有 2 等份、侧面有 0.5 等份。该标本转动过 2 次，翻动过 3 次。该标本似盘状石核（图 2－113）。

e）以近端面和右侧面为台面的石核，有 1 件。

1998 年采集∶9807（EP350），素材为完整砾石。自然尺寸为长 92、宽 100、厚 91 毫米，重 1065 克。岩性为脉石英，平面、横剖面、纵剖面几何形状均为不规则四边形，磨圆度一般。近端面、左侧面、顶面、右侧面上有片疤，远端面、底面上有石皮。台面分别在近端面和右侧面。近端台面平面几何形状为不确定，性质不确定，剥片部位在底边、左侧边、顶边、右侧边，剥片方向从近端面到远端面。近端台面周长不确定，各剥片所在边缘长度不确定，各剥片长度不确定，各剥片长度与所在边缘长度的比率不确定。右侧台面平面几何形状为凸起的不规则四边形，性质为部分天然石皮、部分人工片疤的混合台面，剥片部位在近端边、顶边，剥片方向从右侧面到左侧面。右侧台面周长 310 毫米，近端边剥片所在边缘长度 85 毫米，剥片长度

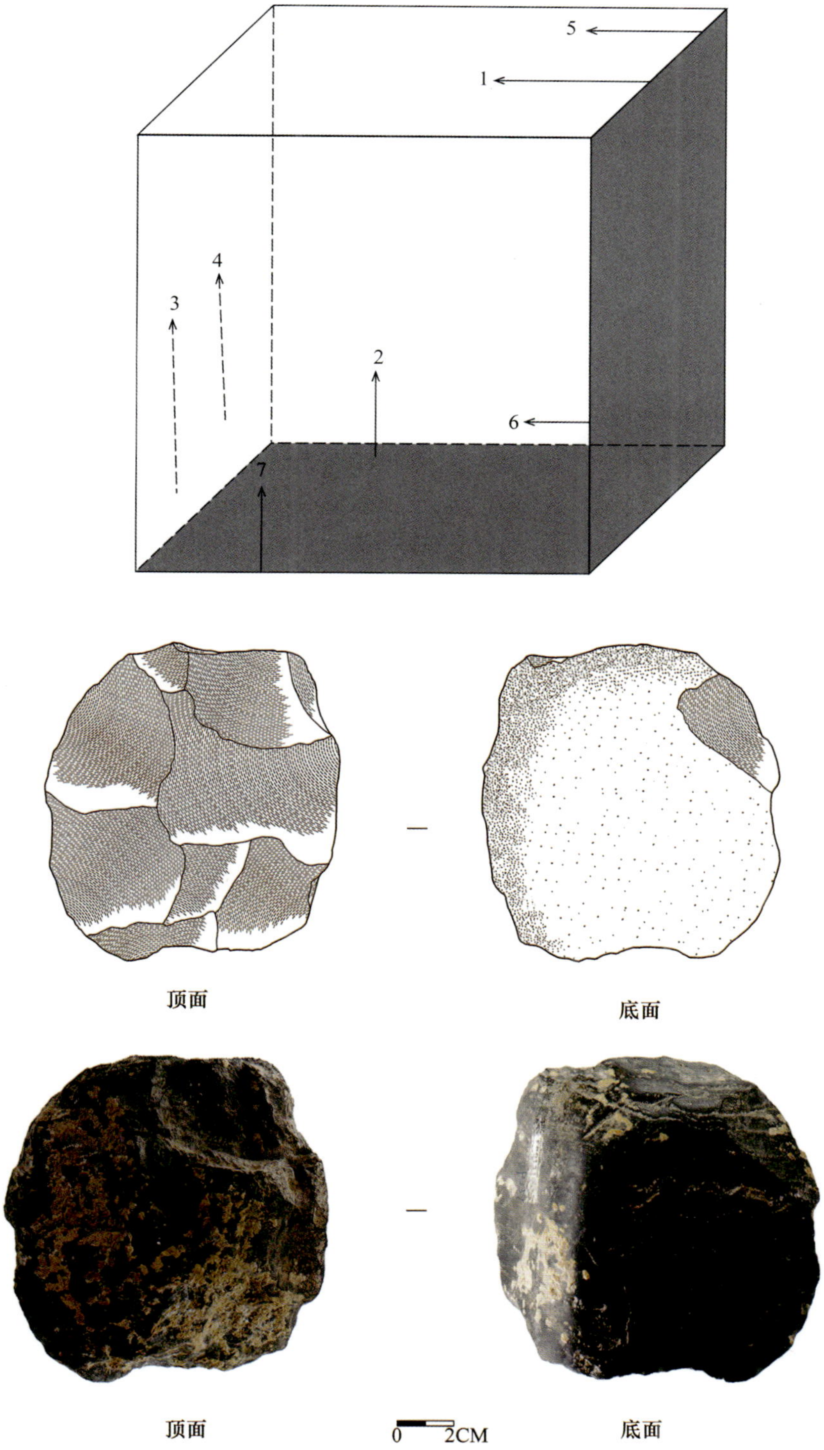

图 2 – 113　上文化层的双台面石核（1991 年采集: 9131）

45毫米，剥片长度与所在边缘长度的比率为53%，即剥片所在边缘超过一半被利用；顶边剥片所在边缘长度75毫米，剥片长度75毫米，剥片长度与所在边缘长度的比率为100%，即剥片所在边缘全部被利用。右侧台面剥片长度与台面周长的比率为39%，即剥片所在台面利用率不到一半。打击方法为硬锤锤击法。剥片面有5个，分别在底面、左侧面、顶面、右侧面、近端面，底面上有1块单极纵向分布的片疤，底剥片面面积与未剥片面面积的比例为1∶29；左侧面上有2块单极纵向分布的片疤，左侧剥片面面积与未剥片面面积的比例为3∶27；顶面上有2块单极纵向分布的片疤，顶剥片面面积与未剥片面面积的比例为3∶27；右侧面上有1块单极纵向分布的片疤，右侧剥片面面积与未剥片面面积的比例为3∶27；近端面上有2块单极纵向分布的片疤，近端剥片面面积与未剥片面面积的比例为9∶21。这8块片疤呈垂直相交分布，全部剥片面面积与未剥片面面积的比例为19∶11。这8块石片疤的特征，按加工顺序如下：第一块为不完整石片疤，长32、宽53毫米，倾斜度26°，弦长、矢长难测。平面形状为不规则四边形，到对边的长度难测，台面角难测。第二块为不完整石片疤，长26、宽40毫米，倾斜度33°，弦长、矢长难测。平面形状为不规则四边形，到对边的长度难测，台面角难测。第三块为不完整石片疤，长46、宽49毫米，倾斜度3°，弦长、矢长难测。平面形状为不规则四边形，到对边的长度难测，台面角难测。第四块为不完整石片疤，长51、宽49毫米，倾斜度3°，弦长、矢长难测。平面形状为不规则四边形，到对边的长度难测，台面角难测。第五块为不完整石片疤，长56、宽79毫米，倾斜度18°，弦长、矢长难测。平面形状为不规则四边形，到对边的长度难测，台面角难测。第六块为完整石片疤，长59、宽25毫米，倾斜度50°，弦长17、矢长0.1毫米。平面形状为不规则四边形，到对边的长度103毫米，台面81°。第七块为完整石片疤，长49、宽55毫米，倾斜度10°，弦长45、矢长3毫米。平面形状为不规则四边形，到对边的长度115毫米，台面角78°。第八块为完整石片疤，长91、宽78毫米，倾斜度2°，弦长30、矢长3毫米。平面形状为不规则四边形，到对边的长度110毫米，台面角65°。保留的砾石石皮的总数值为11等份，其中底面有6等份、侧面有5等份。该标本转动过5次，翻动过1次（图2－114）。

（b）两个台面不相连的双台面石核

上文化层两个台面不相连的双台面石核有4件，台面均在顶面和底面，两个台面相对不相连。岩性中最多的为花岗斑岩（有2件），绿帘石岩和砂岩的各有1件。长度最长的达179毫米，最短的只有117毫米，均超过100毫米。宽度中最宽的为165毫米，最窄的为101毫米，均大于100毫米。厚度中最厚的为89毫米，最薄的为63毫米，均大于50毫米。重量中最重的为2713克，最轻的为1163克，均大于1000克（超过2000克的有3件）。

此类石核的平面形状大部分为不规则四边形（3件），其次为不规则五边形（有1件）；横剖面形状为不规则四边形和椭圆形各有2件；纵剖面形状均为不规则四边形。

8个台面性质中为砾石的天然石皮的有7个，另1个性质未定。台面剥片使用率最大的为54%，最小的为9%，以在20%～29%的为多（3个），9%以下、10%～19%、30%～

39%、40%~49%、50%~59%的各有1个。有7个台面在一个边缘剥片，另一个台面在两个边缘剥片。剥片面上有4块片疤的为多（2件），有3块和10块片疤的各有1件。其砾石天然石皮面积占标本总表面积的比率在70%~79%的有2件，在20%~29%、80%~89%的各有1件。此类石核的台面角最大的为114°，最小的为34°，其中以在80°~89°的为多（有7个），其次为在50°~59°的（有4个），在100°~109°的3个，在30°~39°、40°~49°、60°~69°、70°~79°、90°~99°、110°~119°的各有1个。

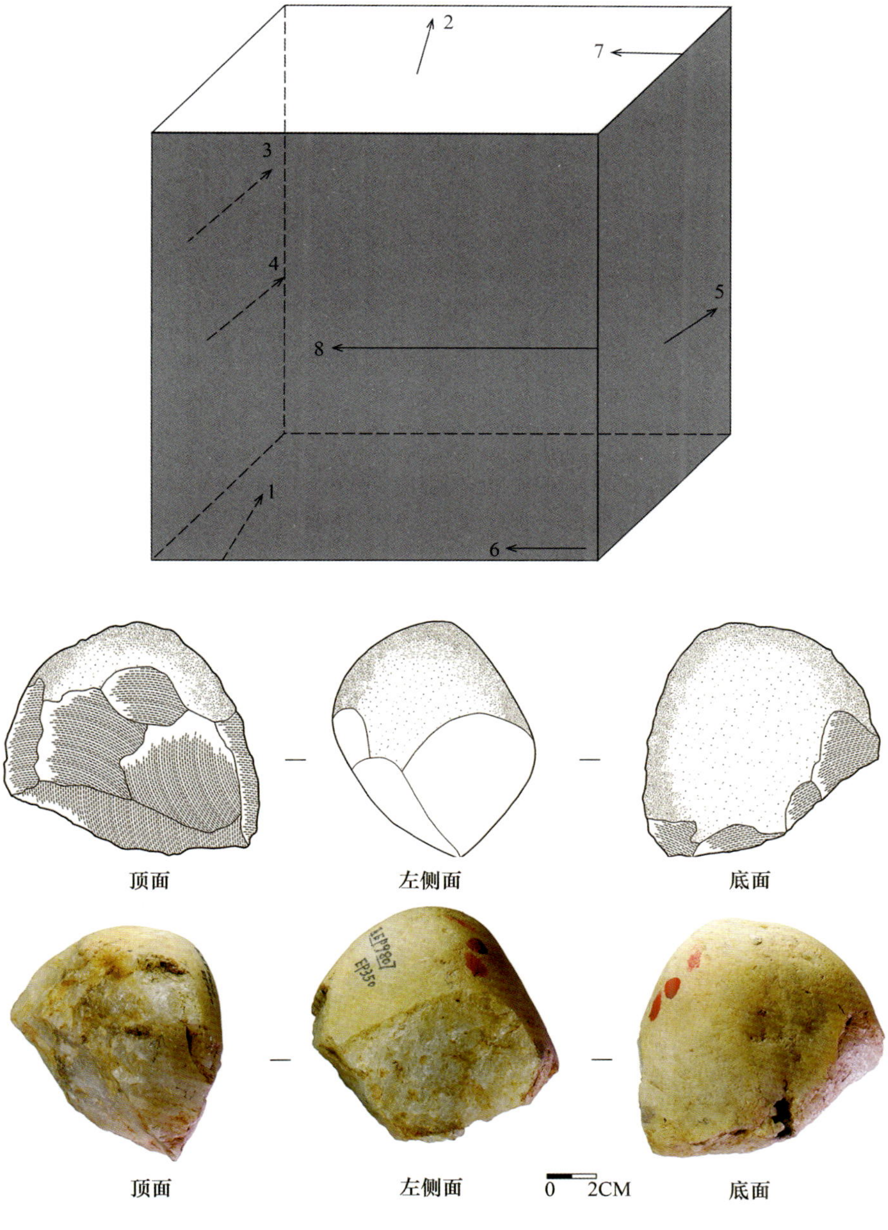

图2-114　上文化层的单台面石核（1998年采集：9807）

1998年采集：9804（EP348），素材为完整砾石。自然尺寸为长179、宽138、厚75毫米，重2510克。岩性为砂岩，平面、横剖面、纵剖面几何形状分别为不规则四边形、不规则椭圆形、不规则四边形，磨圆度一般。近端面上有片疤，远端面、顶面、左侧面、右侧面、底面上有石皮。台面分别在顶面和底面，顶台面平面几何形状为凸起的不规则四边形，性质为天然石皮，剥片部位在近端边，剥片方向从顶面到底面。顶台面周长540毫米，近端边剥片所在边缘长度162毫米，剥片长度162毫米，剥片长度与所在边缘长度的比率为100%，即剥片所在边缘全部被利用。顶台面剥片长度与台面周长的比率为30%，即剥片所在台面利用率不到一半。底台面平面几何形状为不规则四边形，性质为天然石皮的平滑台面，剥片部位在近端边，剥片方向从底面到顶面。底台面周长536毫米，近端边剥片所在边缘长度104毫米，剥片长度104毫米，剥片长度与所在边缘长度的比率为100%，即剥片所在边缘全部被利用。底台面剥片长度与台面周长的比率为19%，即剥片所在台面利用率没有超过一半。打击方法为硬锤锤击法。剥片面有1个，在近端面，有4块双极纵向交错分布的石片疤，剥片面面积与未剥片面面积的比例为1∶7。4块石片疤的特征，依其加工顺序如下：第一块为完整石片疤，长72、宽78毫米，倾斜度69°，弦长50、矢长3毫米。平面形状为不规则四边形，到对边的长度162毫米，台面角82°。第二块为完整石片疤，长47、宽53毫米，倾斜度67°，弦长30、矢长2毫米。平面形状为不规则四边形，到对边的长度142毫米，台面角104°。第三块为完整石片疤，长41、宽26毫米，倾斜度52°，弦长29、矢长3毫米。平面形状为不规则四边形，到对边的长度131毫米，台面角114°。第四块为完整石片疤，长37、宽48毫米，倾斜度60°，弦长25、矢长3毫米。平面形状为不规则四边形，到对边的长度128毫米，台面角107°。保留的砾石石皮的总数值为7等份，其中顶面有3等份、底面有3等份、侧面有1等份。该标本没有转动过，翻动过1次（图2－115）。

1990年采集：2（EP227），素材为完整砾石。自然尺寸为长117、宽101、厚63毫米，重1163克。岩性为绿帘石岩，平面、横剖面、纵剖面几何形状分别为不规则五边形、不规则四边形、不规则四边形，磨圆度一般。近端面、远端面、左侧面、右侧面上有片疤，顶面上有石皮，底面上有节理面。台面分别在顶面和底面，顶台面平面几何形状为平滑的不规则五边形，性质为天然石皮，剥片部位在左侧边、远端边，剥片方向从顶面到底面。顶台面周长296毫米，左侧边剥片所在边缘长度50毫米，剥片长度50毫米，剥片长度与所在边缘长度的比率为100%，即剥片所在边缘全部被利用；远端边剥片所在边缘长度110毫米，剥片长度110毫米，剥片长度与所在边缘长度的比率为100%，即剥片所在边缘全部被利用。顶台面剥片长度与台面周长的比率为54%，即剥片所在台面利用率刚刚超过一半。底台面平面几何形状为不规则五边形，性质为节理面的平滑台面，剥片部位在近端边、右侧边，剥片方向从底面到顶面。底台面周长362毫米，近端边剥片所在边缘长度98毫米，剥片长度98毫米，剥片长度与所在边缘长度的比率为100%，即剥片所在边缘全部被利用；右侧边剥片所在边缘长度40毫米，剥片长度40毫米，剥片长度与所在边缘长度的比率为100%，即剥片所在边缘全部被利用。底台面剥

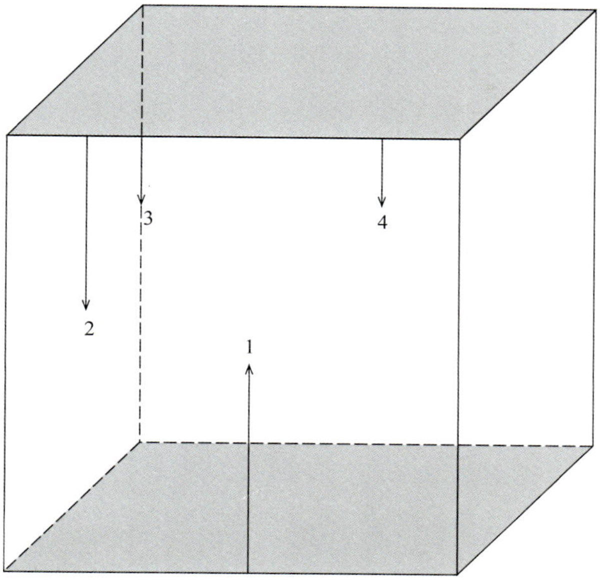

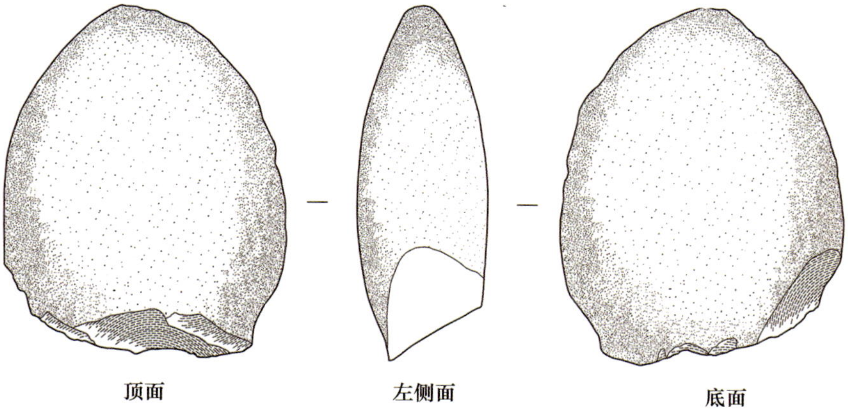

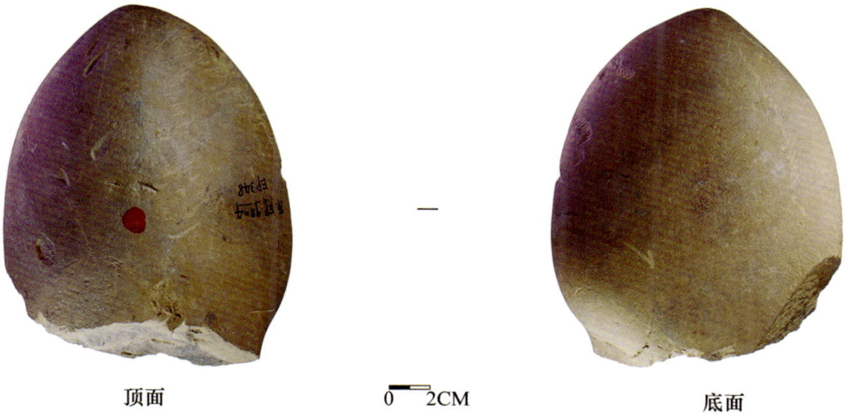

图 2－115　上文化层的双台面石核（1998 年采集: 9804）

片长度与台面周长的比率为 38%，即剥片所在台面利用率没有超过一半。打击方法为硬锤锤击法。剥片面有 3 个，分别在近端面、左侧面、右侧面，近端面上有 4 块单极纵向平行分布的石片疤，剥片面面积与未剥片面面积的比例为 2∶13；左侧面上有 3 块单极纵向平行分布的石片疤，剥片面面积与未剥片面面积的比例为 3∶12；右侧面上有 3 块单极纵向平行分布的石片疤，剥片面面积与未剥片面面积的比例为 2∶12。全部剥片面面积与未剥片面面积的比例为 8∶7。这 10 块石片疤的特征，按加工顺序如下：第一块为完整石片疤，长 31、宽 37 毫米，倾斜度 42°，弦长、矢长难测。平面形状为不规则四边形，到对边的长度 118 毫米，台面角 45°。第二块为完整石片疤，长 43、宽 65 毫米，倾斜度 60°，弦长 43、矢长 3 毫米。平面形状为不规则四边形，到对边的长度 111 毫米，台面角 67°。第三块为完整石片疤，长 33、宽 32 毫米，倾斜度 76°，弦长 22、矢长 1. 5 毫米。平面形状为不规则四边形，到对边的长度 115 毫米，台面角 89°。第四块为完整石片疤，长 33、宽 27 毫米，倾斜度 73°，弦长 24、矢长 3 毫米。平面形状为不规则四边形，到对边的长度 117 毫米，台面角 76°。第五块为完整石片疤，长 31、宽 26 毫米，倾斜度 53°，弦长、矢长难测。平面形状为不规则四边形，到对边的长度 107 毫米，台面角 50°。第六块为完整石片疤，长 54、宽 69 毫米，倾斜度 84°，弦长 54、矢长 4 毫米。平面形状为不规则四边形，到对边的长度 107 毫米，台面角 93°。第七块为完整石片疤，长 52、宽 64 毫米，倾斜度 82°，弦长 43、矢长 1 毫米。平面形状为不规则四边形，到对边的长度 105 毫米，台面角 83°。第八块为完整石片疤，长 33、宽 40 毫米，倾斜度 76°，弦长 36、矢长 1 毫米。平面形状为不规则四边形，到对边的长度 109 毫米，台面角 89°。第九块为完整石片疤，长 55、宽 73 毫米，倾斜度 85°，弦长 32、矢长 1 毫米。平面形状为不规则四边形，到对边的长度 110 毫米，台面角 89°。第十块为完整石片疤，长 40、宽 19 毫米，倾斜度 74°，弦长 17、矢长 3 毫米。平面形状为不规则四边形，到对边的长度 112 毫米，台面角 104°。保留的砾石石皮的总数值为 3 等份，均在顶面（另有 4 等份为节理面）。该标本转动过 2 次、翻动过 3 次（图 2 – 116）。

1999 年台地②∶9823（EP270），素材为完整砾石。自然尺寸为长 168、宽 165、厚 89 毫米，重 2713 克。岩性为花岗斑岩，平面、横剖面、纵剖面几何形状分别为不规则四边形、不规则椭圆形、不规则四边形，磨圆度一般。顶面、远端面上有片疤，近端面、右侧面、底面、左侧面上有石皮。台面分别在顶面和底面。顶台面平面几何形状为不规则四边形，性质为未定的凸起台面，剥片部位在远端边，剥片方向从顶面到底面。顶台面周长 564 毫米，远端边剥片所在边缘长度 150 毫米，剥片长度 150 毫米，剥片长度与所在边缘长度的比率为 100%，即剥片所在边缘全部被利用。顶台面剥片长度与台面周长的比率为 27%，即剥片所在台面利用率不到一半。底台面平面几何形状为凸起的不规则四边形，性质为天然石皮，剥片部位在远端边，剥片方向从底面到顶面。底台面周长 564 毫米，远端边剥片所在边缘长度 150 毫米，剥片长度 150 毫米，剥片长度与所在边缘长度的比率为 100%，即剥片所在边缘全部被利用，右侧台面剥片长度与台面周长的比率为 27%，即剥片所在台面利用率不到三成。打击方法为硬锤锤击法。剥

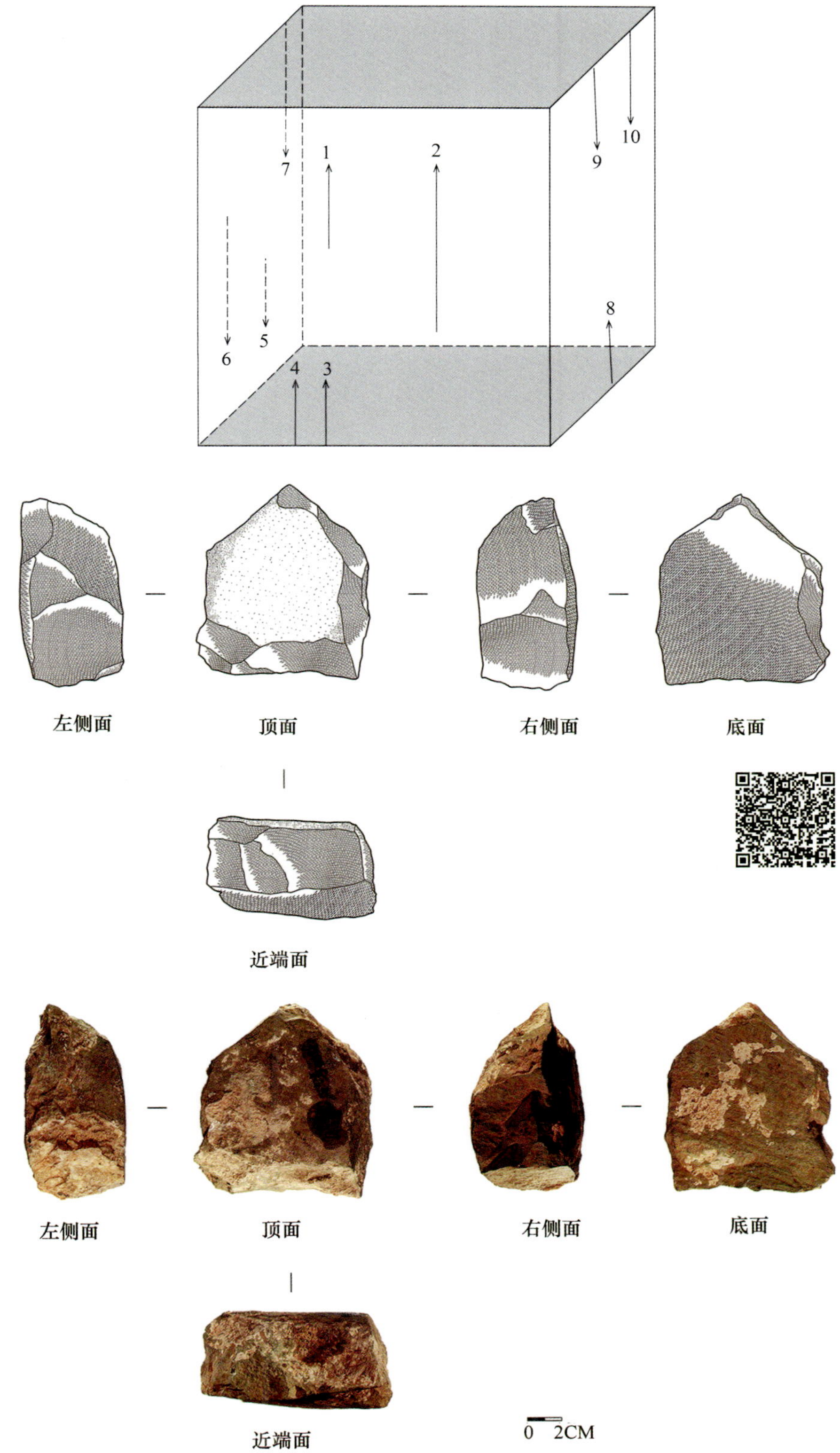

图 2－116　上文化层的双台面石核（1990 年采集：2）

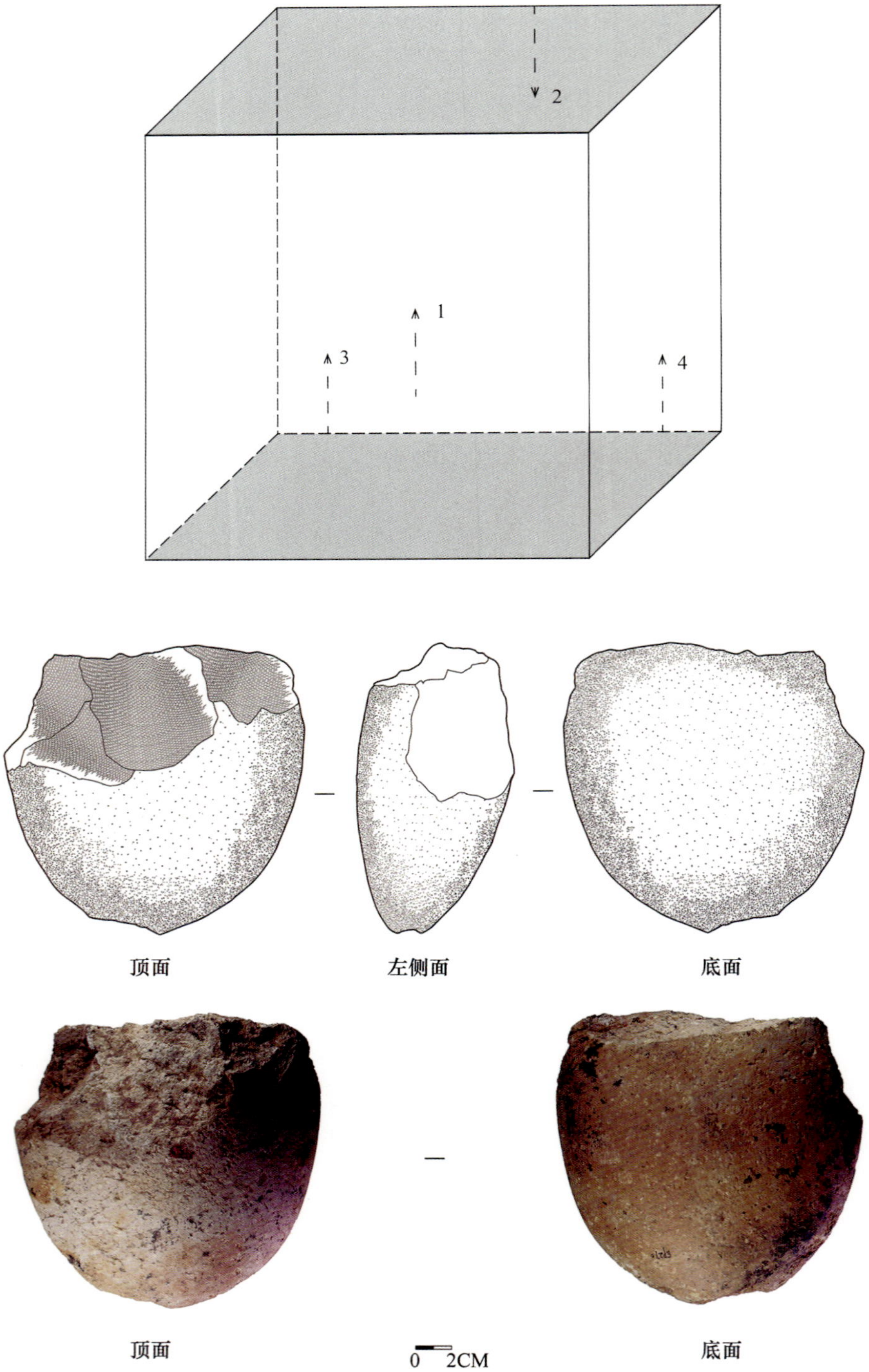

图 2－117　上文化层的双台面石核（1999 年台地②: 9823）

片面有 2 个，分别在顶面、远端面，分别有 3 块、1 块单极纵向平行的片疤，全部呈交错分布的片疤。每个剥片面面积与未剥片面面积的比例各为 1∶6，全部剥片面面积与未剥片面面积的比例为 2∶5。4 块石片疤的特征，按加工顺序如下：第一块为不完整石片疤，长 70、宽 134 毫米，倾斜度 69°，弦长、矢长难测。平面形状为不规则四边形，到对边的长度 164 毫米，台面角 84°。第二块为不完整石片疤，长 80、宽 84 毫米，倾斜度 25°，弦长、矢长难测。平面形状为不规则四边形，到对边的长度 168 毫米，台面 34°。第三块为不完整石片疤，长 78、宽 86 毫米，倾斜度 38°，弦长、矢长难测。平面形状为不规则四边形，到对边的长度 168 毫米，台面 54°。第四块为不完整石片疤，长 50、宽 69 毫米，倾斜度 36°，弦长、矢长难测。平面形状为不规则四边形，到对边的长度 168 毫米，台面 56°。保留的砾石石皮的总数值为 5 等份，其中顶面有 2 等份、底面有 3 等份。该标本没有转动过，翻动过 1 次（图 2－117）。

2000 年台地②∶2001（EP363），素材为完整砾石。自然尺寸为长 162、宽 147、厚 69 毫米，重 2131 克。岩性为花岗斑岩，平面、横剖面、纵剖面几何形状均为不规则四边形，磨圆度一般。左侧面、远端面上有片疤，近端面、右侧面、底面、右侧面上有石皮。台面分别在顶面和底面。顶台面平面几何形状为不规则四边形，性质为天然石皮的凸起台面，剥片部位在远端边，剥片方向从顶面到底面。顶台面周长 520 毫米，远端边剥片所在边缘长度 110 毫米，剥片长度 45 毫米，剥片长度与所在边缘长度的比率为 41%，即剥片所在边缘没有全部被利用。顶台面剥片长度与台面周长的比率为 9%，即剥片所在台面利用率不到一成。底台面平面几何形状为凸起的不规则四边形，性质为天然石皮，剥片部位在左侧边，剥片方向从左侧面到右侧面。底台面周长 536 毫米，左侧边剥片所在边缘长度 160 毫米，剥片长度 122 毫米，剥片长度与所在边缘长度的比率为 76%，即剥片所在边缘没有全部被利用，底台面剥片长度与台面周长的比率为 23%，即剥片所在台面利用率不到三成。打击方法为硬锤锤击法。剥片面有 2 个，分别在左侧面、远端面，分别有 2 块、1 块单极纵向平行的片疤，全部呈双极交错分布的片疤。两个剥片面面积与未剥片面面积的比例各为 2∶8、1∶9，全部剥片面面积与未剥片面面积的比例为 3∶7。3 块石片疤的特征，按加工顺序如下：第一块为不完整石片疤，长 88、宽 62 毫米，倾斜度 53°，弦长、矢长难测。平面形状为不规则四边形，到对边的长度 138 毫米，台面角 81°。第二块为完整石片疤，长 81、宽 120 毫米，倾斜度 55°，弦长 89、矢长 4 毫米。平面形状为不规则四边形，到对边的长度 138 毫米，台面 58°。第三块为不完整石片疤，长 71、宽 107 毫米，倾斜度 51°，弦长、矢长难测。平面形状为不规则四边形，到对边的长度 174 毫米，台面 58°。保留的砾石石皮的总数值为 7 等份，其中顶面有 2 等份、底面有 3 等份、侧面有 2 等份。该标本没有转动过，翻动过 1 次（图 2－118）。

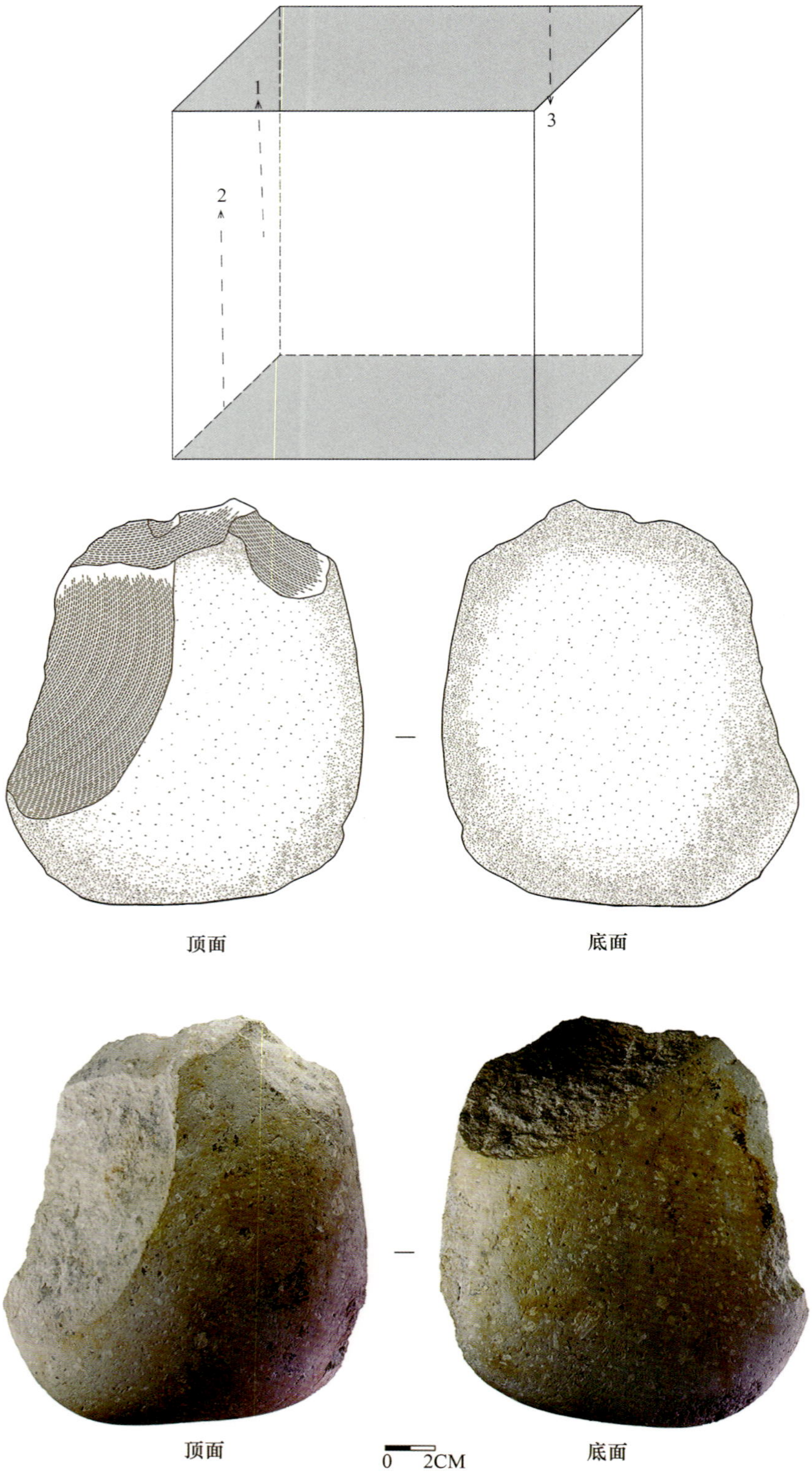

图 2 – 118　上文化层的双台面石核（2000 年台地②: 2001）

3）多台面石核，有1件。

1998年采集：9802（EP346），素材为完整砾石。自然尺寸为长143、宽108、厚91毫米，重1372克。岩性为细砂岩，平面、横剖面、纵剖面几何形状均为不规则四边形，磨圆度一般。近端面、左侧面、右侧面上有片疤，远端面、顶面、底面上有石皮。台面分别在底面、近端面和右侧面，三个台面相邻相连。底台面、近端台面平面几何形状不确定，性质不确定，剥片部位分别在近端边、底边，剥片方向从底面到顶面、近端面到远端面。底台面、近端台面周长不确定，各剥片所在边缘长度不确定，各剥片长度不确定，各剥片长度与所在边缘长度的比率不确定。右侧台面平面几何形状为平滑的不规则四边形，性质为天然石皮台面，剥片部位在顶边，剥片方向从右侧面到左侧面。右侧台面周长370毫米，顶边剥片所在边缘长度100毫米，剥片长度37毫米，剥片长度与所在边缘长度的比率为37%，即剥片所在边缘被利用没有超过一半。右侧台面剥片长度与台面周长的比率为10%，即剥片所在台面利用率刚刚到一成。打击方法为硬锤锤击法。剥片面有3个，分别在顶面、近端面、底面，顶面上有4块单极纵向分布的片疤，顶剥片面面积与未剥片面面积的比例为3∶12；近端面上有1块单极纵向分布的片疤，近端剥片面面积与未剥片面面积的比例为1∶14；底面上有3块单极纵向分布的片疤，底剥片面面积与未剥片面面积的比例为3∶12。这8块片疤呈无规律交错分布，全部剥片面面积与未剥片面面积的比例为7∶8。这8块石片疤的特征，按加工顺序如下：第一块为不完整石片疤，长65、宽63毫米，倾斜度24°，弦长、矢长难测。平面形状为不规则四边形，到对边的长度难测，台面角难测。第二块为不完整石片疤，长25、宽48毫米，倾斜度42°，弦长、矢长难测。平面形状为不规则四边形，到对边的长度难测，台面角难测。第三块为不完整石片疤，长45、宽57毫米，倾斜度46°，弦长、矢长难测。平面形状为不规则四边形，到对边的长度难测，台面角难测。第四块为不完整石片疤，长51、宽45毫米，倾斜度13°，弦长、矢长难测。平面形状为不规则四边形，到对边的长度难测，台面角难测。第五块为不完整石片疤，长74、宽70毫米，倾斜度12°，弦长、矢长难测。平面形状为不规则四边形，到对边的长度难测，台面角难测。第六块为不完整石片疤，长83、宽64毫米，倾斜度36°，弦长、矢长难测。平面形状为不规则四边形，到对边的长度难测，台面角难测。第七块为不完整石片疤，长55、宽79毫米，倾斜度73°，弦长、矢长难测。平面形状为不规则四边形，到对边的长度难测，台面角难测。第八块为完整石片疤，长60、宽49毫米，倾斜度18°，弦长37、矢长3毫米。平面形状为不规则四边形，到对边的长度106毫米，台面93°。保留的砾石石皮的总数值为8等份，其中顶面有2等份、底面有3等份、侧面有3等份。该标本没有转动过，翻动过3次。该标本似特征不明显的单向加工的单刃砍砸器（chopper）（图2－119）。

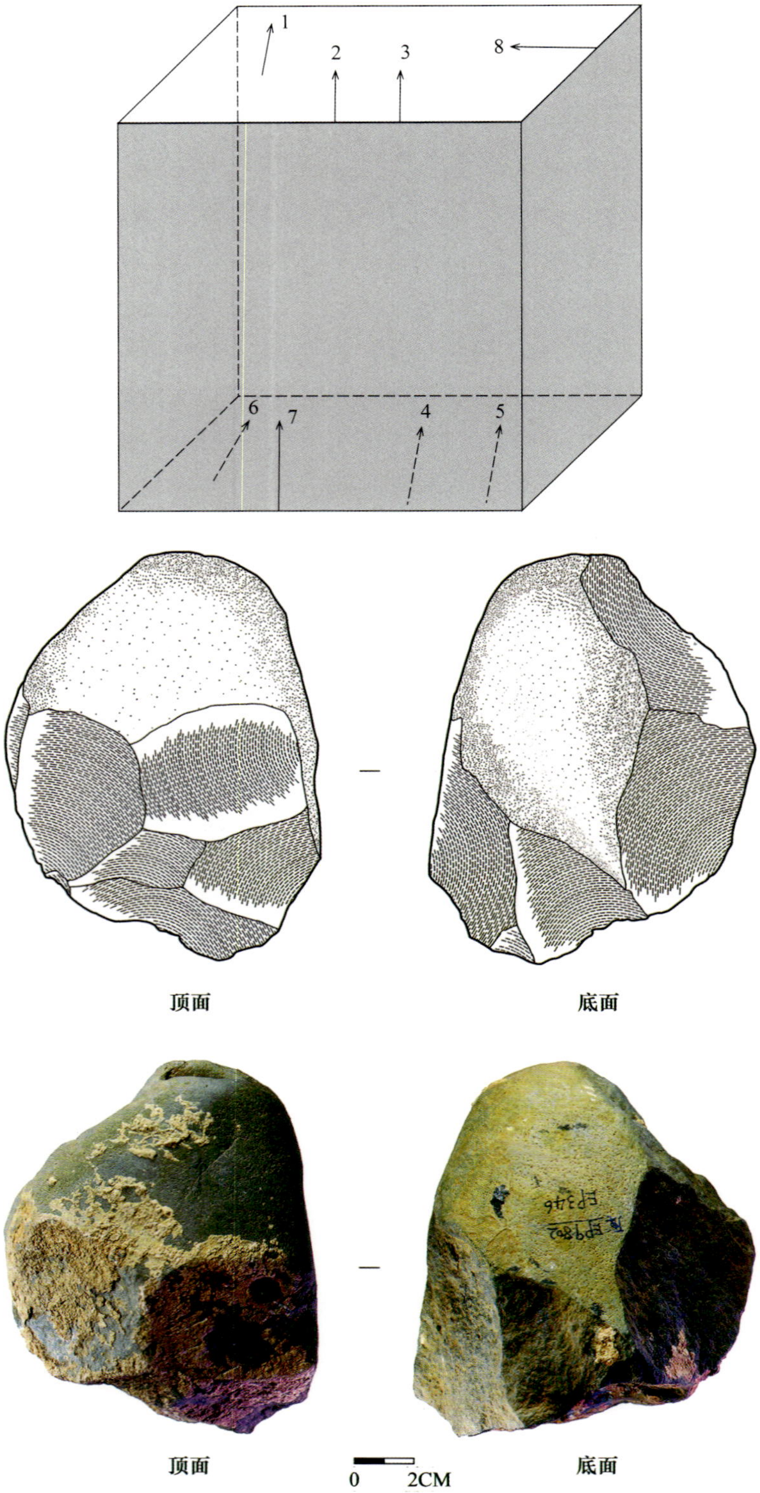

图 2－119　上文化层的多台面石核（1998 年采集：9802）

4）石核剩块，有 1 件。

2000 年台地②: 2055（EP417），素材为完整砾石。自然尺寸为长 120、宽 100、厚 98 毫米，重 1404 克。岩性为硅卡岩，平面、横剖面、纵剖面几何形状均为不规则四边形，磨圆度一般。近端面、底面、远端面、右侧面上有片疤，左侧面、顶面、底面上有石皮。可见 6 块石片疤，尺寸分别为长 75、宽 55 毫米，长 40、宽 15 毫米，长 18、宽 55 毫米，长 18、宽 52 毫米，长 50、宽 75 毫米，长 20、宽 61 毫米（图 2－120）。

图 2－120　上文化层的石核剩块（2000 年台地②: 2055）

（4）石片。

上文化层中发现的石片标本有 29 件，分为完整石片（21 件）、半边石片（4 件）和台面缺失的石片（4 件）。

1）完整石片。

有 21 件，根据其背面保留原始石皮的多少分为四类。第Ⅰ类，背面全部为砾石石皮；第Ⅱ类，背面面积大部分为砾石石皮、小部分为剥片疤；第Ⅲ类，背面面积小部分为砾石石皮、大部分为剥片疤；第Ⅳ类，背面全部为剥片疤。上文化层中没有发现第Ⅰ类背面全部为砾石石皮的石片（表 2－17；图表 2－35、图表 2－36）。

表 2－17　上文化层的完整石片统计

类型	Ⅰ类	Ⅱ类	Ⅲ类	Ⅳ类	小计
数量（件）	0	3	7	11	21
百分比（%）	0	14	33	53	100

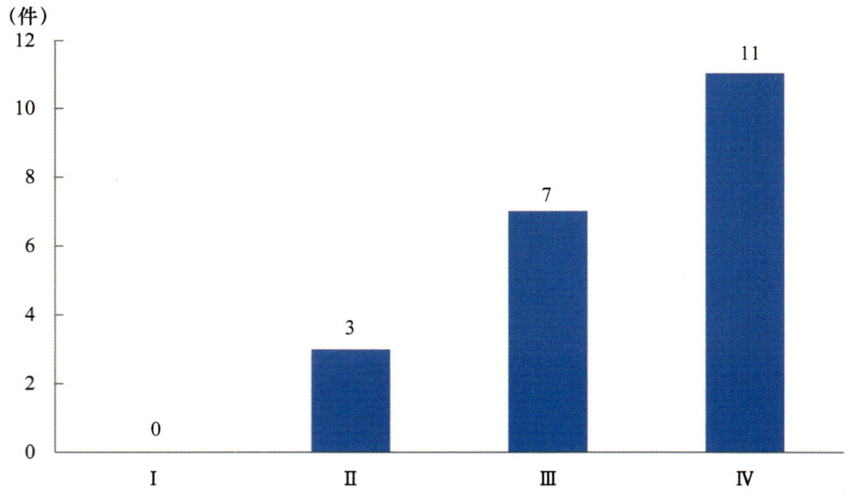

图表 2－35　上文化层的完整石片数量

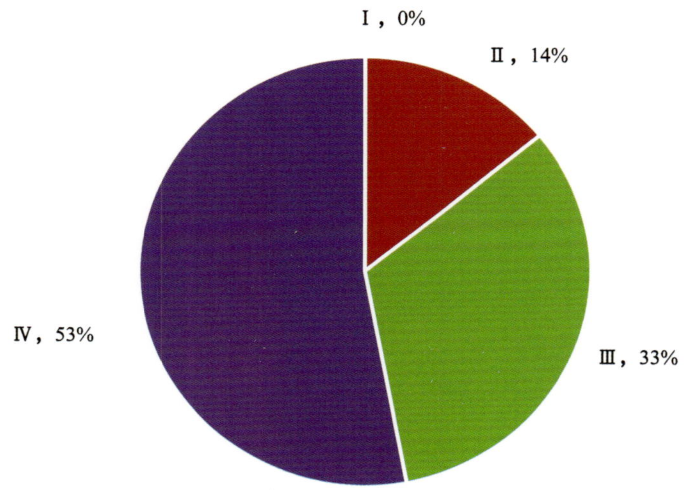

图表 2－36　上文化层的完整石片的相对比例

（a）Ⅱ类石片：背面面积大部分为砾石石皮、小部分为剥片疤的石片，有3件，岩性中最多的为硅质岩（2件），其次花岗斑岩的有1件。

此类石片长度最长的122毫米，最短的只有55毫米，均超过50毫米。宽度中最宽的为95毫米，最窄的为45毫米，大于50毫米的有2件，小于50毫米的有1件。厚度中最厚的为37毫米，最薄的为17毫米，均小于50毫米。重量中最重的为375克，最轻的为163克，均大于100克。

此类石片的平面形状均为不规则四边形；横剖面形状为不规则四边形的有2件、不规则三边形有1件；纵剖面形状为不规则四边形的有2件、不规则三边形有1件。

此类石片的台面形状均为不规则四边形（3件）。台面性质中天然台面最多（2个），其次为混合台面（1个）。半锥体大部分略发育。打击泡大部分略凸起。波纹大部分稍明显。放射线大均有。

此类石片的石片角最大的为136°，最小的为95°，另一个为113°。可测台面角最大的为103°，最小的为75°，另一个为77°。

此类石片中可拼合的标本有1件。

2000年台地②:2053（EP415），自然长度、自然宽度、自然厚度分别为84、68、34毫米，打击长度、打击宽度、打击厚度分别为68、71、34毫米，打击泡附近厚度28毫米，打击轴中段厚度21毫米。重量163克，岩性为硅质岩，平面、横剖面、纵剖面几何形状分别为不规则四边形、不规则三边形、不规则三边形。台面为部分为天然石皮、部分为人工片疤的凸起混合台面，台面弦长63毫米、厚度30毫米、矢长6毫米。可测台面角77°。左侧边为片疤，较薄；远端边为石皮，较薄；右侧边为片疤，较薄。背面上砾石石皮面积比例为70%，有一块单极纵向分布的片疤。破裂面上打击点位置略居中，打击点附近略有破碎，半锥体略发育，有一个打击泡，打击泡略发育，波纹稍明显，没有穗状物，放射线可见，主要、次要锥疤不见，没有卷边，没有双锥体，连接点为平型，没有流线型，不见柳叶纹，石片角95°（图2-121）。

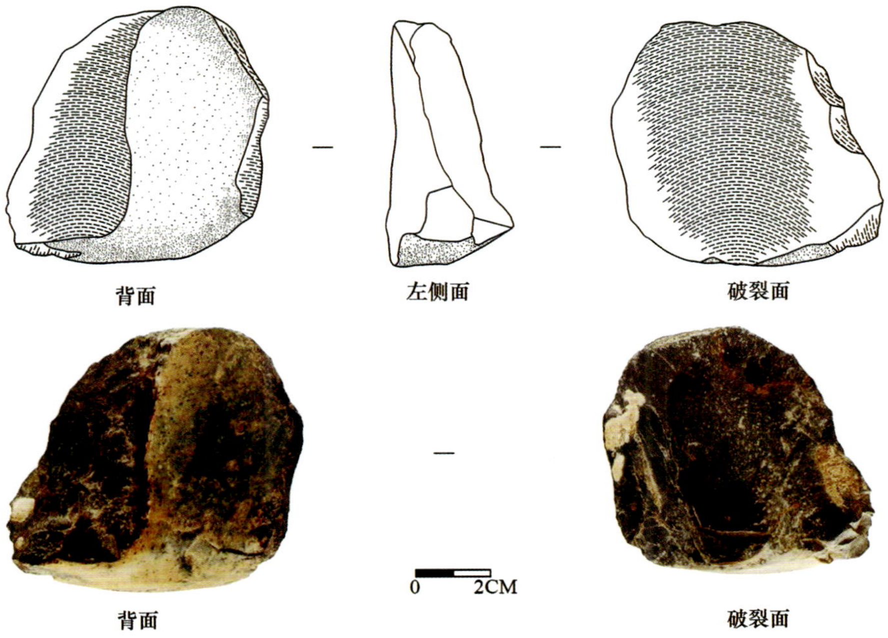

图2-121　上文化层的Ⅱ类完整石片（2000年台地②:2053）

1990年采集:9019（EP294），自然长度、自然宽度、自然厚度分别为114、95、35毫米，打击长度、打击宽度、打击厚度分别为99、93、35毫米，打击泡附近厚度31毫米，打击轴中段厚度27毫米。重量375克，岩性为硅质岩，平面、横剖面、纵剖面几何形状均为不规则四边形。台面为天然石皮的平滑台面，台面弦长50毫米、厚度28毫米、矢长为9毫米。左侧边为石皮，较薄；远端边为石皮、片疤，较薄；右侧边为片疤，较薄。背面上砾石石皮面积比例为75%，有一块单极横向分布的片疤。破裂面上打击点位置略偏左侧，打击点附近略有破碎，半锥体略发育，有一个打击泡，打击泡略发育，波纹稍明显，没有穗状物，放射线可见，主要、次要锥疤不见，没有卷边，没有双锥体，连接点为平型，没有流线型，不见柳叶纹，石片角136°（图2－122）。

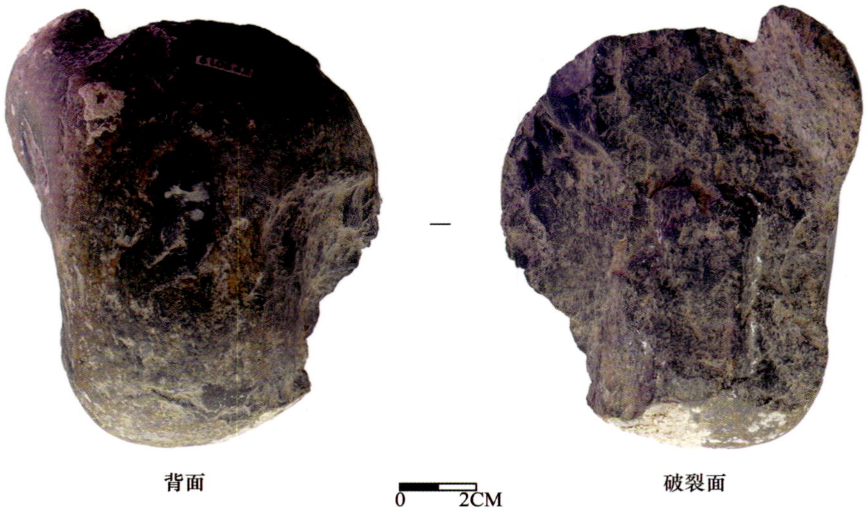

图2－122　上文化层的Ⅱ类完整石片（1990年采集:9019）

1998年台地②:9825（EP271），自然长度、自然宽度、自然厚度分别为122、92、37毫米，打击长度、打击宽度、打击厚度分别为80、117、37毫米，打击泡附近厚度28毫米，打击轴中段厚度34毫米。重量315克，岩性为花岗斑岩，平面、横剖面、纵剖面几何形状分别为不规则四边形、不规则三边形、不规则三边形。台面为天然石皮的平滑台面，台面弦长85、厚度21、矢长6毫米。台面角75°、103°。左侧边为片疤，较薄；远端边为石皮，较薄；右侧边为石皮，较薄。背面上砾石石皮比例为57%。背面上有2块片疤，呈交错分布。背面中部有一条横向的斜脊。破裂面上打击点位置略居中，打击点附近略有破碎，半锥体发育，有一个打击泡，打击泡发育，波纹稍明显，没有穗状物，放射线可见，主要、次要锥疤不见，没有卷边，没有双锥体，连接点为平型，没有流线型，不见柳叶纹，石片角113°。该标本可与EP363拼合（图2－123）。

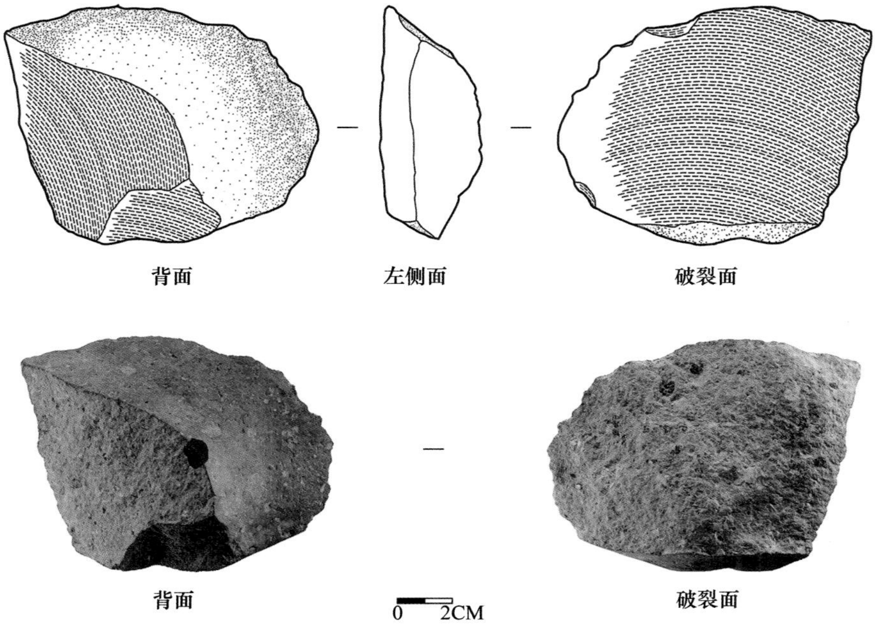

图 2－123　上文化层的完整Ⅱ类石片（1998 年台地②: 9825）

（b）Ⅲ类石片：背面面积小部分为砾石石皮、大部分为剥片疤的石片，有 7 件，6 件出自第②层、1 件为采集。岩性中最多的为砂岩（2 件），其次为脉石英、石英斑岩、含砾砂岩、泥质岩和石英岩的各有 1 件。

此类石片长度最长的达 152 毫米，最短的只有 65 毫米，均超过 50 毫米，大于 100 毫米的有 4 件。宽度中最宽的为 95 毫米，最窄的为 45 毫米，大于 50 毫米的有 5 件，小于 50 毫米的有 2 件。厚度中最厚的为 43 毫米，最薄的为 17 毫米，均小于 50 毫米。重量中最重的为 546 克，最轻的为 36 克，大于 100 克的有 5 件，小于 100 克的有 2 件。

此类石片的平面形状均为不规则四边形（4 件），有少量不规则三边形（2 件）；横剖面形状大部分为不规则三边形（4 件），少量为四边形（3 件）；纵剖面形状大部分为不规则四边形（5 件）和不规则三边形（3 件）。

此类石片的台面形状大部分为不规则四边形，其中为长四边形的有 2 件。台面性质中 6 件为天然砾石石皮台面、1 件为人工片疤的人工台面。半锥体大部分略发育。打击泡大部分略凸起。波纹大部分稍明显。放射线大部分都有。

此类石片的石片角最大的为 131°，最小的为 87°，其中以在 100°～109°、110°～119°、130°～139°的为多（各有 2 个），其次为在 80°～89°的有 1 个。可测台面角最大的为 91°，最小的为 52°，其中以在 60°～69°、80°～89°的为多（各有 3 个），在 70°～79°的有 3 个，在 50°～59°和 90°～99°的各有 1 个。

此类石片中可拼合的标本有2件。

1991年采集:9133（EP341），自然长度、自然宽度、自然厚度分别为55、45、17毫米，打击长度、打击宽度、打击厚度分别为39、57、17毫米，打击泡附近厚度11毫米，打击轴中段厚度10毫米。重量36克，岩性为泥质岩，平面、横剖面、纵剖面几何形状均为不规则四边形。台面为人工片疤的平滑台面，台面弦长19毫米、厚度3毫米、矢长2毫米。左侧边为片疤，较薄；远端边为片疤，略断裂，较薄；右侧边为石皮，较薄。背面上砾石石皮比例为40%。破裂面上打击点位置略偏右侧，打击点附近略有破碎，半锥体略发育，有一个打击泡，打击泡略散开，波纹稍明显，没有穗状物，放射线可见，主要、次要锥疤不见，卷边，没有双锥体，连接点为超过，有流线型，不见柳叶纹，石片角123°（图2－124）。

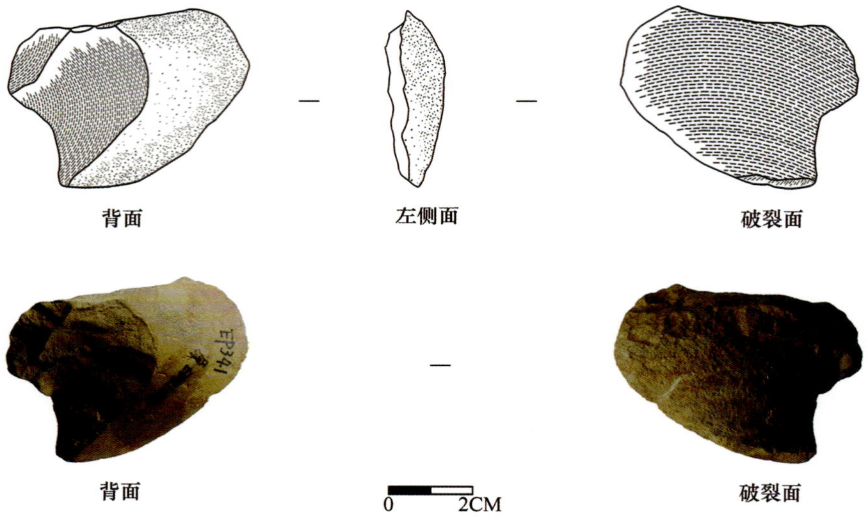

图2－124　上文化层的Ⅲ类完整石片（1991年采集:9133）

2000年台地②:2007（EP369），自然长度、自然宽度、自然厚度分别为137、95、43毫米，打击长度、打击宽度、打击厚度分别为118、127、43毫米，打击泡附近厚度23毫米，打击轴中段厚度38毫米。重量546克，岩性为脉石英，平面、横剖面、纵剖面几何形状均为不规则四边形。台面为天然石皮的凸起台面，台面弦长63毫米、厚度19毫米、矢长4毫米。台面角78°、91°、89°。左侧边为石皮、片疤，较薄；远端边为石皮，较薄；右侧边为片疤，较薄。背面上砾石石皮比例为40%。背面上有5块片疤，呈交错分布。破裂面上打击点位置略居中，打击点附近略有破碎，半锥体略发育，有一个打击泡，打击泡略发育，波纹稍明显，没有穗状物，放射线可见，主要、次要锥疤不见，没有卷边，没有双锥体，连接点为平型，没有流线型，不见柳叶纹，石片角102°（图2－125）。

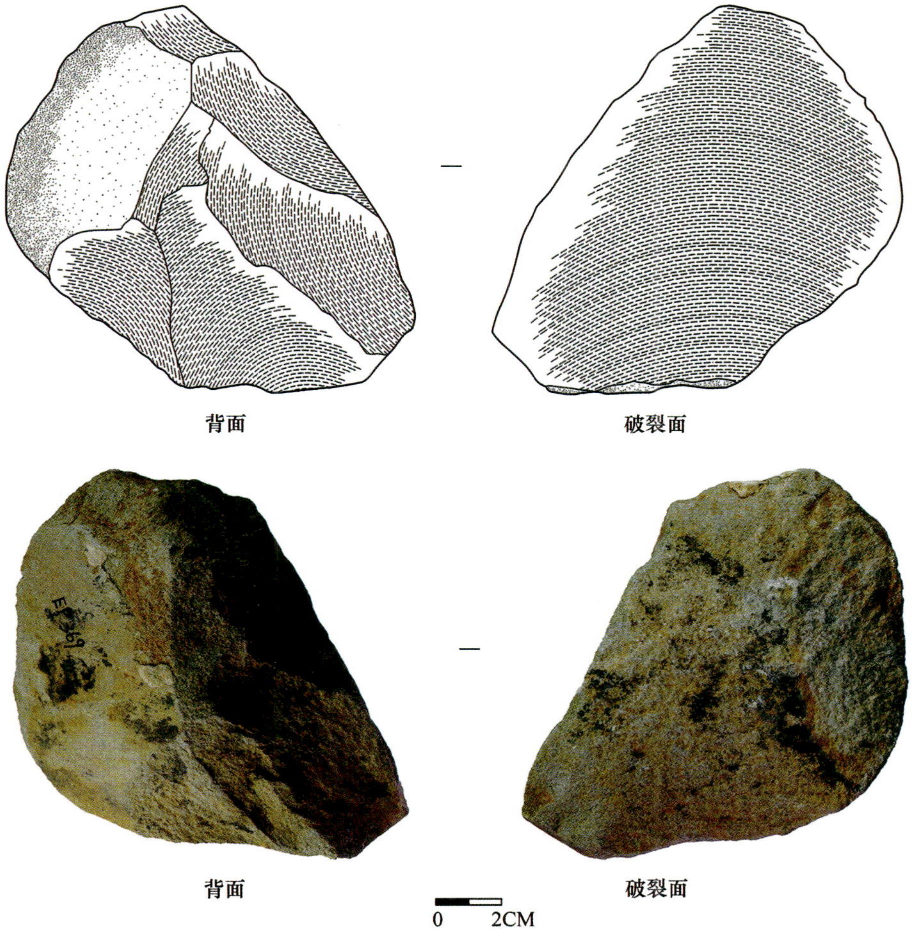

图2－125　上文化层的Ⅲ类完整石片（2000年台地②：2007）

2000年台地②：2031（EP393），自然长度、自然宽度、自然厚度分别为81、56、23毫米，打击长度、打击宽度、打击厚度分别为65、78、23毫米，打击泡附近厚度18毫米，打击轴中段厚度16毫米。重量105克，岩性为石英斑岩，平面、横剖面、纵剖面几何形状分别为不规则四边形、不规则三边形、不规则四边形。台面为天然石皮的平滑台面，台面弦长44毫米、厚度19毫米、矢长8毫米。台面角60°。左侧边为断裂，较薄；远端边为片疤，较薄；右侧边为石皮，较薄。背面上砾石石皮比例为33%。背面上有1块纵向分布的片疤，偏右侧有一条斜向纵脊。破裂面上打击点位置略居中，打击点附近略有破碎，半锥体略发育，有一个打击泡，打击泡略发育，波纹稍明显，没有穗状物，放射线可见，主要、次要锥疤不见，没有卷边，没有双锥体，连接点为平型，没有流线型，不见柳叶纹，石片角110°（图2－126）。

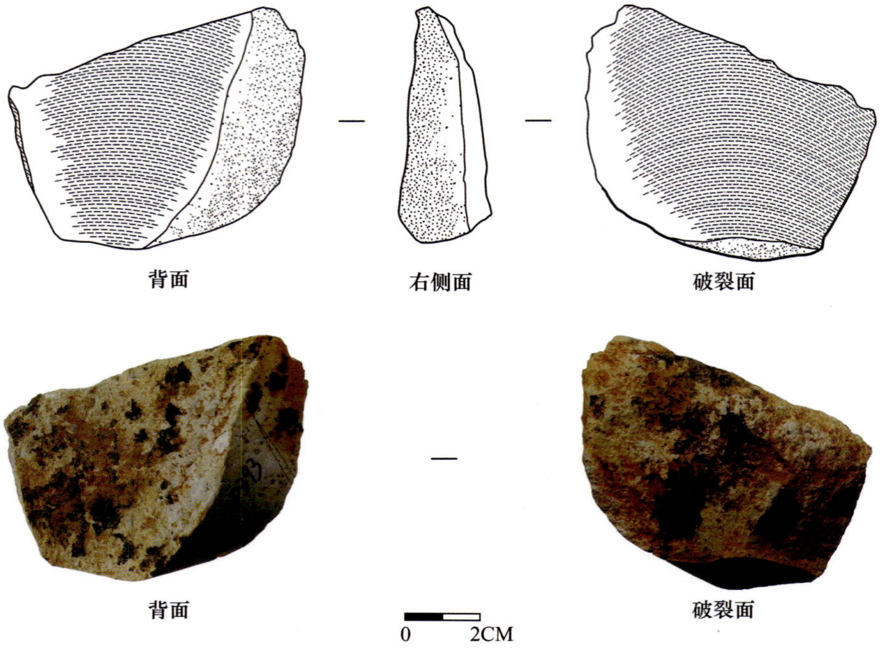

图 2－126 上文化层的Ⅲ类完整石片（2000 年台地②: 2031）

1995T1327②北 G: 5（EP189），自然长度、自然宽度、自然厚度分别为 65、48、17 毫米，打击长度、打击宽度、打击厚度分别为 50、63、17 毫米，打击泡附近厚度 15 毫米，打击轴中段厚度 11 毫米。重量 47 克，岩性为脉石英，平面、横剖面、纵剖面几何形状分别为不规则四边形、不规则三边形、不规则三边形。台面为天然石皮的凸起台面，台面弦长 54 毫米、厚度 15 毫米、矢长 10 毫米。台面角 85°。左侧边为片疤，较薄；远端边为片疤，较薄；右侧边为石皮，较薄。背面上砾石石皮比例为 13%。背面上有 1 块纵向分布的片疤。破裂面上打击点位置略居中，打击点附近略有破碎，半锥体略发育，有一个打击泡，打击泡略发育，波纹稍明显，没有穗状物，放射线可见，主要、次要锥疤不见，没有卷边，没有双锥体，连接点为平型，没有流线型，不见柳叶纹，石片角 87°（图 2－127）。

1998 年台地②: 9804（EP265），自然长度、自然宽度、自然厚度分别为 125、63、22 毫米，打击长度、打击宽度、打击厚度分别为 57、125、22 毫米，打击泡附近厚度 11 毫米，打击轴中段厚度 17 毫米。重量 124 克，岩性为含砾砂岩，平面、横剖面、纵剖面几何形状均为不规则三边形。台面为天然石皮的平滑台面，台面弦长 71 毫米、厚度 7 毫米、矢长 5 毫米。台面角 82°。左侧边为石皮，较薄；远端边为片疤，较薄；右侧边为片疤，较薄。背面上砾石石皮比例为 11%。背面上有 4 块交错分布的片疤，远端边有一条横向脊。破裂面上打击点位置略偏左，打击点附近略有破碎，半锥体略发育，有一个打击泡，打击泡略发育，波纹稍明显，有穗状物，放射线可见，主要可见、次要锥疤不见，有卷边，没有双锥体，连接点为圆型，有流线型，不见柳叶纹，石片角131°。该标本可与EP194拼合（图2－128）。

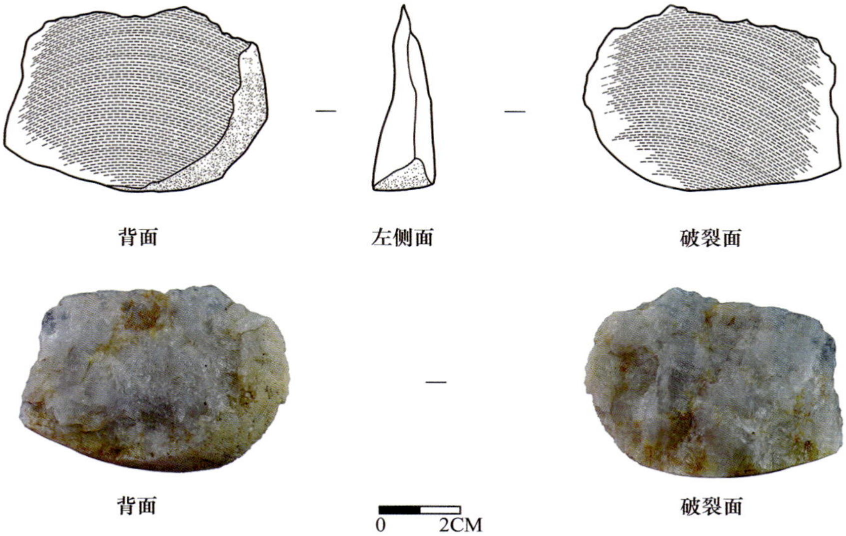

图2－127　上文化层的Ⅲ类完整石片（1995T1327②北G:5）

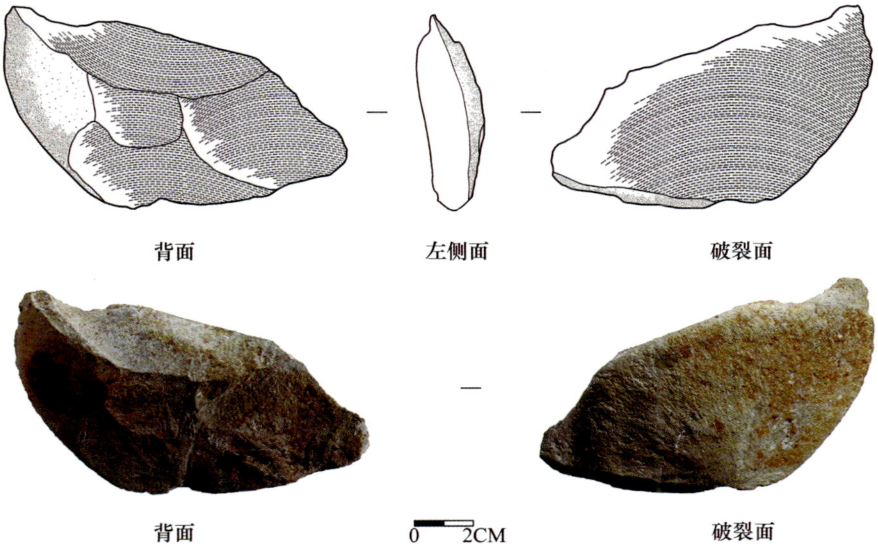

图2－128　上文化层的Ⅲ类完整石片（1998年台地②:9804）

2000年台地②:2004（EP366），自然长度、自然宽度、自然厚度分别为124、62、35毫米，打击长度、打击宽度、打击厚度分别为97、117、35毫米，打击泡附近厚度20毫米，打击轴中段厚度29毫米。重量241克，岩性为砂岩，平面、横剖面、纵剖面几何形状均为不规则三边形。台面为天然石皮的凸起台面，台面弦长60毫米、厚度17毫米、矢长2毫米。台面角70°、65°、73°。左侧边为片疤，较薄；远端边为片疤，较薄；右侧边为石皮，较薄。背面上砾石石皮比例为25%。背面上有6块交错分布的片疤。破裂面上打击点位置略偏右侧，打击点附近略有破碎，半锥体略发育，有一个打击泡，打击泡略发育，波纹稍明显，没有穗状物，放射线可见，主要、次要锥疤不见，没有卷边，没有双锥体，连接点为平型，没有流线型，不见柳叶纹，石片角111°（图2－129）。

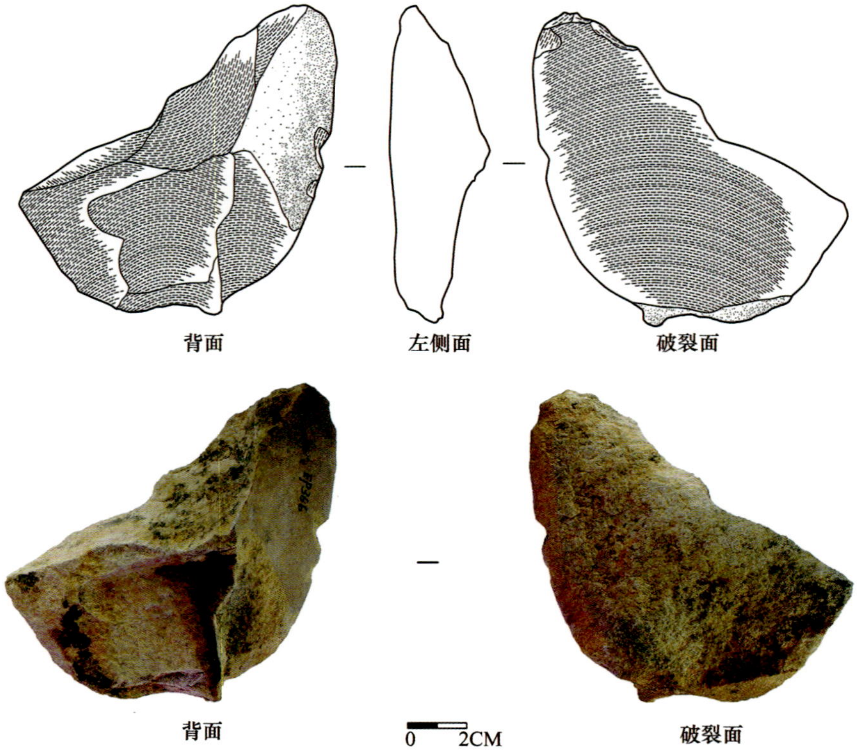

图2－129 上文化层的Ⅲ类完整石片（2000年台地②:2004）

2000年台地②:2026（EP388），自然长度、自然宽度、自然厚度分别为152、91、28毫米，打击长度、打击宽度、打击厚度分别为112、118、28毫米，打击泡附近厚度27毫米，打击轴中段厚度24毫米。重量335克，岩性为石英岩，平面、横剖面、纵剖面几何形状分别为不规则三边形、不规则四边形、不规则四边形。台面为天然石皮的平滑台面，台面弦长97毫米、厚度29毫米、矢长4毫米。台面角52°、69°。左侧边为片疤，较薄；远端边为片疤，较薄；右侧边为石皮，较薄。背面上砾石石皮比例为33%。背面上有2块单极纵向分布的片疤。破裂面上打击点位置略偏右侧，打击点附近略有破碎，半锥体略发育，有一个打击泡，打击泡略发育，波纹稍明显，没有穗状物，放射线可见，主要、次要锥疤不见，没有卷边，没有双锥体，连接点为平型，没有流线型，不见柳叶纹，石片角109°。该标本可与EP267、EP381拼合（图2－130）。

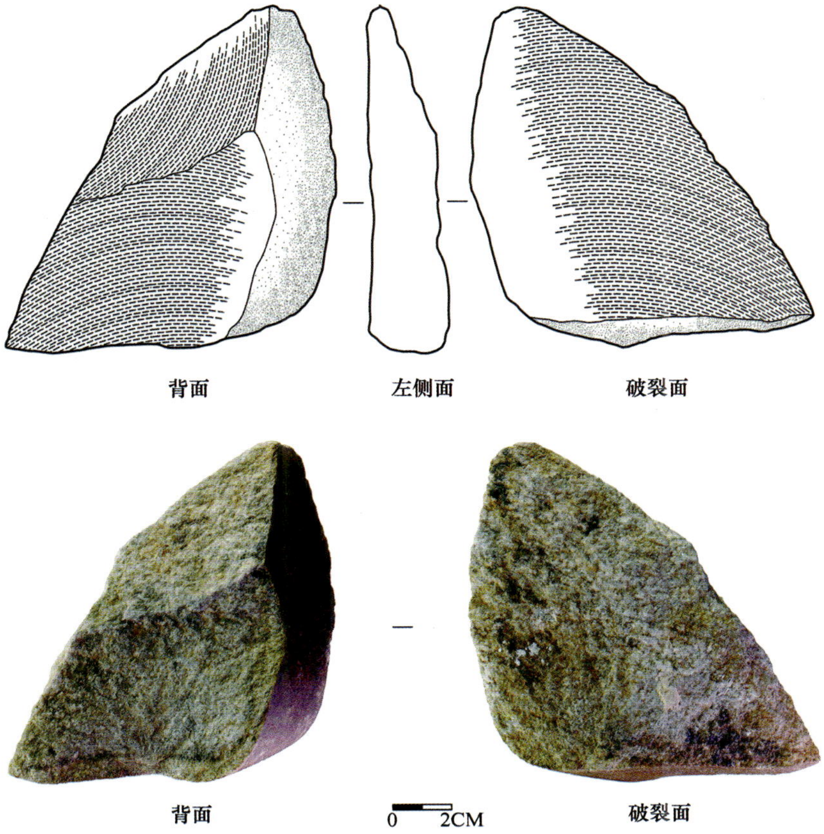

图2－130　上文化层的完整Ⅲ类石片（2000年台地②:2026）

（c）Ⅳ类石片：背面全部为剥片疤的石片，有11件，出自第②层的有9件，采集的有2件。岩性中最多的为脉石英（6件），其次为硅质岩和砂岩（各有2件），石英岩有1件。

此类石片长度最长的达100毫米，最短的只有25毫米，超过50毫米的有9件，小于50毫米的有2件。宽度中最宽的为88毫米，最窄的为20毫米，小于50毫米的有5件，大于50毫米的有6件。厚度中最厚的为40毫米，最薄的为6毫米，均小于50毫米。重量中最重的为237克，最轻的为3克，小于100克的有7件，大于100克的有4件。

此类石片的平面形状大部分为不规则四边形（7件），不规则三边形（2件）、不规则五边形和近圆形的各有1件；横剖面形状大部分为不规则三边形（7件），不规则四边形（4件）；纵剖面形状大部分为不规则四边形（8件），不规则三边形（3件）。

此类石片的台面形状大部分为不规则四边形（8件）和不规则三边形（3件）。台面性质中天然台面最多（9件），其次为人工台面和混合台面（各有1件）。半锥体大部分略发育，其次为平的，凸起和太发育的很少。打击泡大部分略凸起，其次为平的，散开和凹下的较少。波纹大部分稍明显，不明显的很少。放射线都有。

此类石片的石片角最大的为 135°，最小的为 95°，其次为在 90°～99°的（5 个），在 100°～109°的为多（有 3 个），在 110°～119°、120°～129°、10°～139°的各有 1 个。可测台面角最大的为 92°，最小的为 43°，其中以在 80°～89°的为多（有 6 个），在 60°～69°、70°～79°（各 3 个），50°～59°、90°～99°的各有 2 个，在 40°～49°的各有 1 个。

此类石片中可拼合的标本有 3 件。

1995 年采集临:2（EP503），自然长度、自然宽度、自然厚度分别为 60、60、23 毫米，打击长度、打击宽度、打击厚度分别为 61、62、23 毫米，打击泡附近厚度 22 毫米，打击轴中段厚度 12 毫米。重量 80 克，岩性为脉石英，平面、横剖面、纵剖面几何形状均为不规则四边形。台面为天然石皮的平滑台面，台面弦长 58 毫米、厚度 21 毫米、矢长 4 毫米。可测台面角 92°、81°，台面不呈唇形。左侧边、远端边、右侧边均为片疤，较薄。背面上没有砾石石皮，有 3 块单极纵向分布的片疤。破裂面上打击点位置略偏左侧，打击点附近略有破碎，半锥体略发育，有一个打击泡，打击泡略平，波纹稍明显，没有穗状物，放射线可见，主要、次要锥疤不见，没有卷边，没有双锥体，连接点为平型，没有流线型，不见柳叶纹，石片角 93°（图 2－131）。

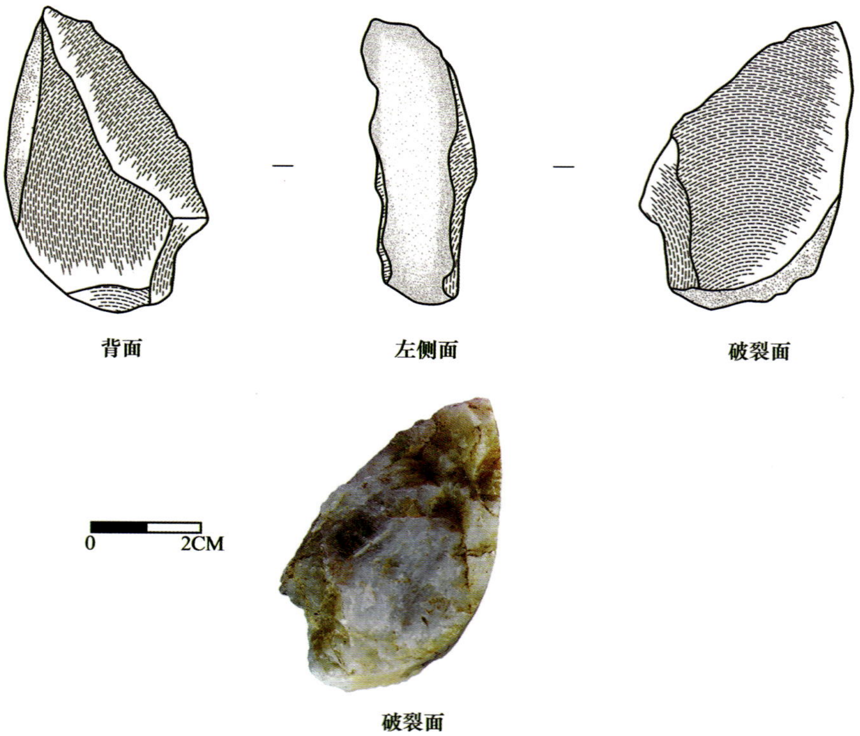

图 2－131　上文化层的Ⅳ类完整石片（1995 年采集临:2）

2000年台地②:2021（EP383），自然长度、自然宽度、自然厚度分别为53、52、27毫米，打击长度、打击宽度、打击厚度分别为53、54、27毫米，打击泡附近厚度23毫米，打击轴中段厚度19毫米。重量111克，岩性为脉石英，平面、横剖面、纵剖面几何形状分别为不规则半圆形、不规则四边形、不规则四边形。台面为天然石皮的凸起台面，台面弦长49毫米、厚度27毫米、矢长2毫米。可测台面角80°，台面不呈唇形。左侧边石皮、较薄，远端边、右侧边均为片疤，较薄。背面上没有砾石石皮，有2块交错分布的片疤。破裂面上打击点位置略居中，打击点附近略有破碎，半锥体平（无），有一个打击泡，打击泡略凹下，波纹稍明显，没有穗状物，放射线可见，主要、次要锥疤不见，没有卷边，没有双锥体，连接点为平型，没有流线型，不见柳叶纹，石片角99°（图2－132）。

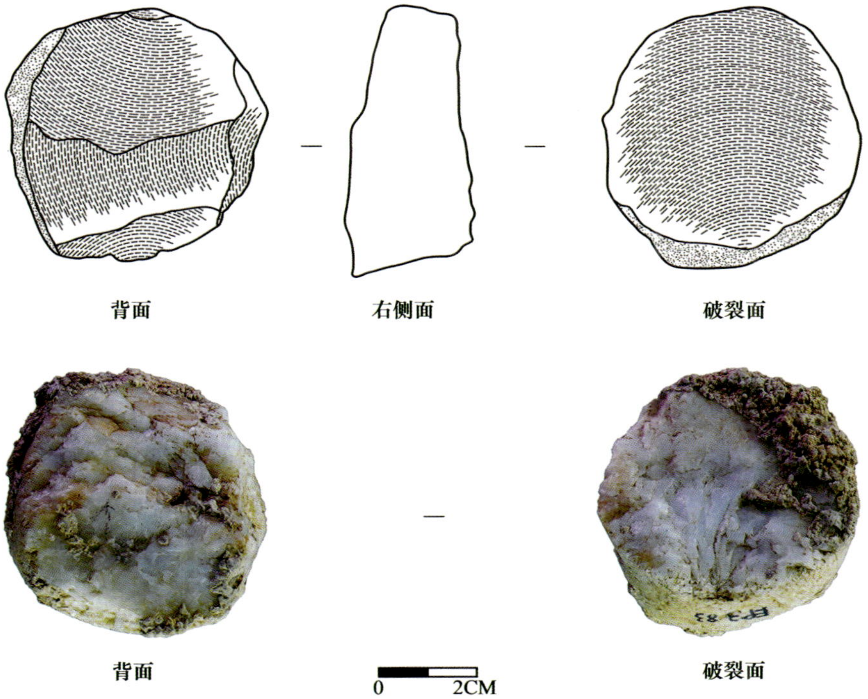

图2－132　上文化层的Ⅳ类完整石片（2000年台地②:2021）

1995T1328②:7－6（EP160），自然长度、自然宽度、自然厚度分别为27、20、11毫米，打击长度、打击宽度、打击厚度分别为26、21、11毫米，打击泡附近厚度9毫米，打击轴中段厚度6毫米。重量5克，岩性为脉石英，平面、横剖面、纵剖面几何形状分别为不规则四边形、不规则三边形、不规则三边形。台面为天然石皮的平滑台面，台面弦长17毫米、厚度10毫米、矢长5毫米。台面角80°、91°。左侧边为片疤，较薄；远端边为片疤，较薄；右侧边为片疤，较薄。背面上没有砾石石皮，有2块交错分布的片疤。破裂面上打击点位置略居中，打击点附近略有破碎，半锥体发育，有一个打击泡，打击泡散开，波纹稍明显，没有穗状物，放射线可见，主要、次要锥疤不见，没有卷边，没有双锥体，连接点为平型，没有流线型，不见柳叶纹，石片角101°（图2－133）。

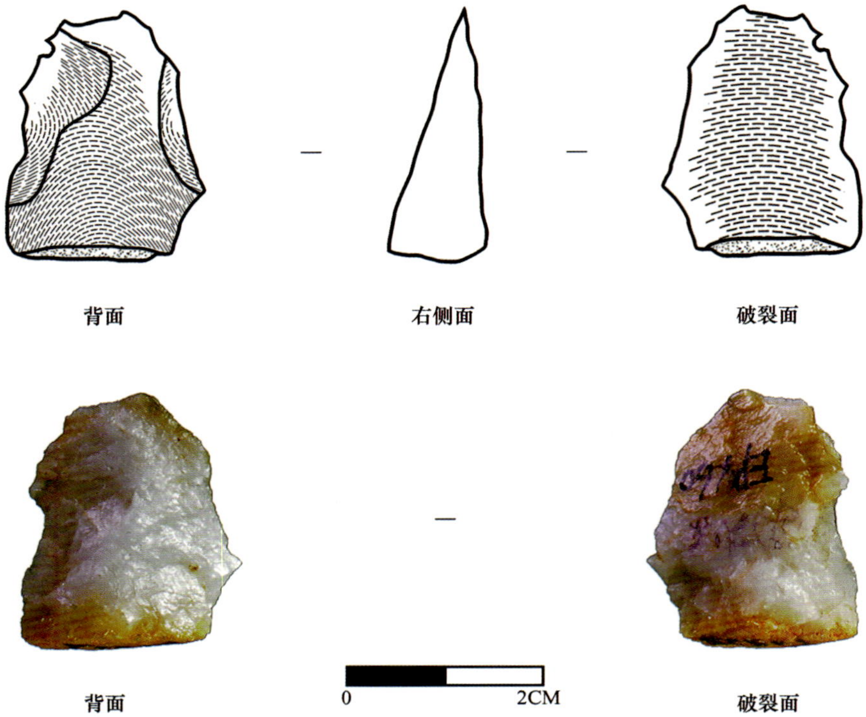

图2－133 上文化层的Ⅳ类完整石片（1995T1328②:7－6）

1995T1328②:6（EP152），自然长度、自然宽度、自然厚度分别为58、37、20毫米，打击长度、打击宽度、打击厚度分别为38、57、20毫米，打击泡附近厚度18毫米，打击轴中段厚度14毫米。重量39克，岩性为脉石英，平面、横剖面、纵剖面几何形状分别为不规则四边形、不规则三边形、不规则四边形。台面为天然石皮的凸起台面，台面弦长58毫米、厚度19毫米、矢长15毫米。台面角79°。左侧边为片疤，较薄；远端边为片疤，较薄；右侧边为片疤，较薄。背面上没有砾石石皮，有1块纵向分布的片疤。破裂面上打击点位置略居中，打击点附近略有破碎，半锥体略发育，有一个打击泡，打击泡散开，波纹稍明显，没有穗状物，放射线可见，主要、次要锥疤不见，没有卷边，没有双锥体，连接点为平型，没有流线型，不见柳叶纹，石片角103°（图2－134）。

1995T1327②北G:1（EP186），自然长度、自然宽度、自然厚度分别为97、88、40毫米，打击长度、打击宽度、打击厚度分别为82、91、40毫米，打击泡附近厚度24毫米，打击轴中段厚度25毫米。重量237克，岩性为脉石英，平面、横剖面、纵剖面几何形状分别为不规则三

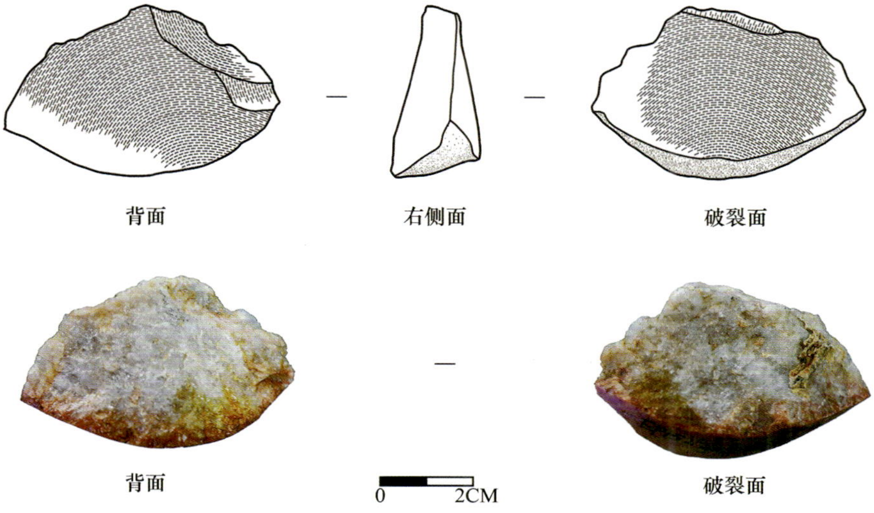

图 2－134　上文化层的Ⅳ类完整石片（1995T1328②:6）

边形、不规则三边形、不规则四边形。台面为天然石皮的凸起台面，台面弦长 91 毫米、厚度 32 毫米、矢长 14 毫米。台面角 74°、85°。左侧边为片疤，较薄；远端边为片疤，较薄；右侧边为片疤，较薄。背面上没有砾石石皮，有 2 块纵向分布的片疤，中部有一条纵向脊。破裂面上打击点位置略偏右，打击点附近略有破碎，半锥体略发育，有一个打击泡，打击泡凹下，波纹稍明显，没有穗状物，放射线可见，主要、次要锥疤不见，没有卷边，没有双锥体，连接点为平型，没有流线型，不见柳叶纹，石片角 100°（图 2－135）。

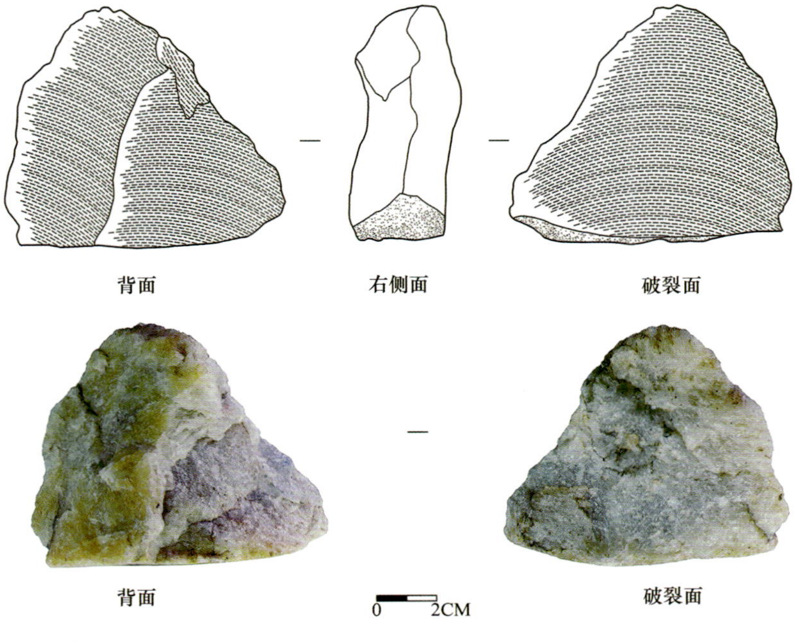

图 2－135　上文化层的Ⅳ类完整石片（1995T1327②北 G:1）

1990T345②:1（EP247），自然长度、自然宽度、自然厚度分别为52、41、16毫米，打击长度、打击宽度、打击厚度分别为43、45、16毫米，打击泡附近厚度13毫米，打击轴中段厚度14毫米。重量235克，岩性为硅质岩，平面、横剖面、纵剖面几何形状均为不规则四边形。台面为部分天然石皮、部分人工片疤的凸起混合台面，台面弦长38毫米、厚度14毫米、矢长为2毫米。台面角43°、50°。左侧边为片疤，较薄；远端边为片疤，较薄；右侧边为片疤，较薄。背面上没有砾石石皮，有4块交错分布的片疤。破裂面上打击点位置略居中，打击点附近略有破碎，半锥体略发育，有一个打击泡，打击泡略发育，波纹稍明显，没有穗状物，放射线可见，主要、次要锥疤不见，没有卷边，没有双锥体，连接点为平型，没有流线型，不见柳叶纹，石片角135°（图2－136）。

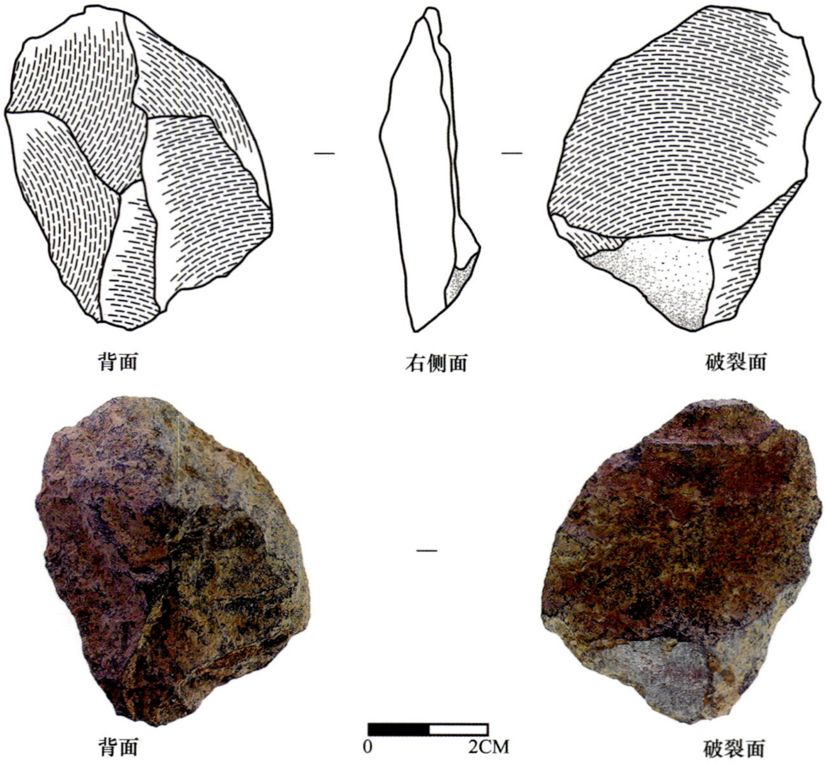

图2－136　上文化层的Ⅳ类完整石片（1990T345②:1）

2000年台地②:2048（EP410），自然长度、自然宽度、自然厚度分别为25、20、6毫米，打击长度、打击宽度、打击厚度分别为24、20、6毫米，打击泡附近厚度3毫米，打击轴中段厚度4毫米。重量3克，岩性为脉石英，平面、横剖面、纵剖面几何形状分别为不规则五边形、不规则三边形、不规则三边形。台面为人工片疤的平滑台面，台面弦长7毫米、厚度4毫米、矢长1毫米。台面角89°。左侧边为片疤，较薄；远端边为片疤，较薄；右侧边为片疤，较薄。

背面上没有砾石石皮，有1块纵向分布的片疤。破裂面上打击点位置略偏左，打击点附近略有破碎，半锥体略平，有一个打击泡，打击泡平，波纹稍明显，没有穗状物，放射线可见，主要、次要锥疤不见，没有卷边，没有双锥体，连接点为平型，没有流线型，不见柳叶纹，石片角94°（图2－137）。

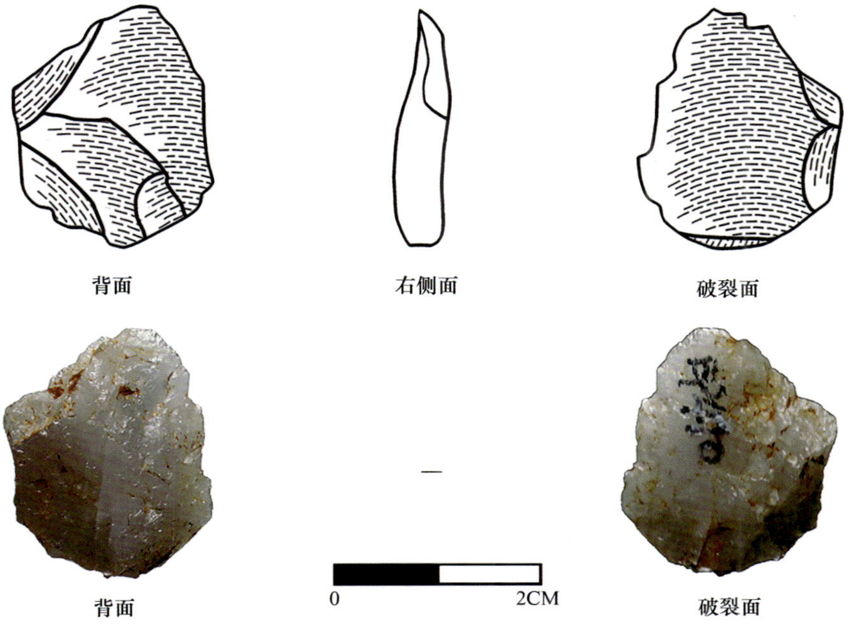

图2－137　上文化层的Ⅳ类完整石片（2000年台地②:2048）

2000年台地②:2040（EP402），自然长度、自然宽度、自然厚度分别为61、35、18毫米，打击长度、打击宽度、打击厚度分别为34、62、18毫米，打击泡附近厚度10毫米，打击轴中段厚度9毫米。重量28克，岩性为砂岩，平面、横剖面、纵剖面几何形状均为不规则四边形。台面为天然石皮的平滑台面，台面弦长55毫米、厚度21毫米、矢长6毫米。台面角难测。左侧边为片疤，较薄；远端边为片疤，较薄；右侧边为片疤，较薄。背面上没有砾石石皮。背面上为节理面。破裂面上打击点位置略偏左，打击点附近略有破碎，半锥体略发育，有一个打击泡，打击泡两发育，波纹稍明显，没有穗状物，放射线可见，主要、次要锥疤不见，没有卷边，没有双锥体，连接点为平型，没有流线型，不见柳叶纹，石片角118°。该标本可与EP401拼合（图2－138）。

1995T1228②:1－2（EP206），自然长度、自然宽度、自然厚度分别为100、87、23毫米，打击长度、打击宽度、打击厚度分别为92、84、23毫米，打击泡附近厚度18毫米，打击轴中段厚度16毫米。重量200克，岩性为硅质岩，平面、横剖面、纵剖面几何形状均为不规则四边

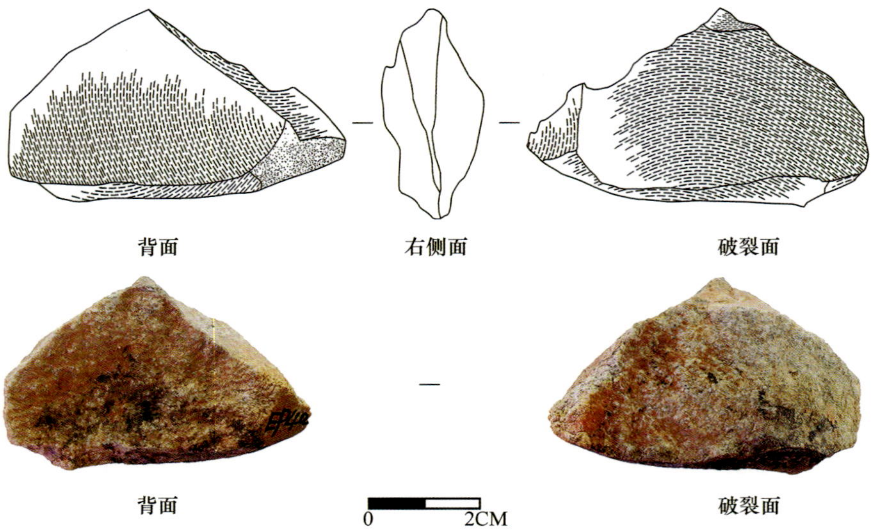

图 2 – 138　上文化层的Ⅳ类完整石片（2000 年台地②: 2040）

形。台面为天然石皮的平滑台面，台面弦长 33 毫米、厚度 15 毫米、矢长 11 毫米。台面角 53°、65°。左侧边为片疤，较薄；远端边为石皮，较薄；右侧边为片疤，较薄。背面上没有砾石石皮，有 4 块交错分布的片疤。破裂面上打击点位置略偏右，打击点附近略有破碎，半锥体太发育，有一个打击泡，打击泡凸起，波纹稍明显，有穗状物，放射线可见，主要锥疤可见、次要锥疤不见，有卷边，没有双锥体，连接点为圆型，有流线型，不见柳叶纹，石片角 122°。该标本可与 EP203 拼合（图 2 – 139）。

1990T545②: 6（EP212），自然长度、自然宽度、自然厚度分别为 83、52、18 毫米，打击长度、打击宽度、打击厚度分别为 46、77、18 毫米，打击泡附近厚度 11 毫米，打击轴中段厚度 4 毫米。重量 40 克，岩性为砂岩，平面、横剖面、纵剖面几何形状分别为不规则三边形、不规则三边形、不规则四边形。台面为天然石皮的平滑台面，台面弦长 60 毫米、厚度 11 毫米、矢长 7 毫米。台面角 84°、69°、61°。左侧边为片疤，较薄；远端边为片疤，较薄；右侧边为石皮、片疤，较薄。背面上没有砾石石皮。背面上有 4 块交错分布的片疤，左侧边、右侧边各有一条纵向脊。破裂面上打击点位置略偏右，打击点附近略有破碎，半锥体发育，有一个打击泡，打击泡发育，波纹稍明显，有穗状物，放射线可见，主要可见、次要锥疤不见，有卷边，没有双锥体，连接点为圆型，有流线型，不见柳叶纹，石片角 95°（图 2 – 140）。

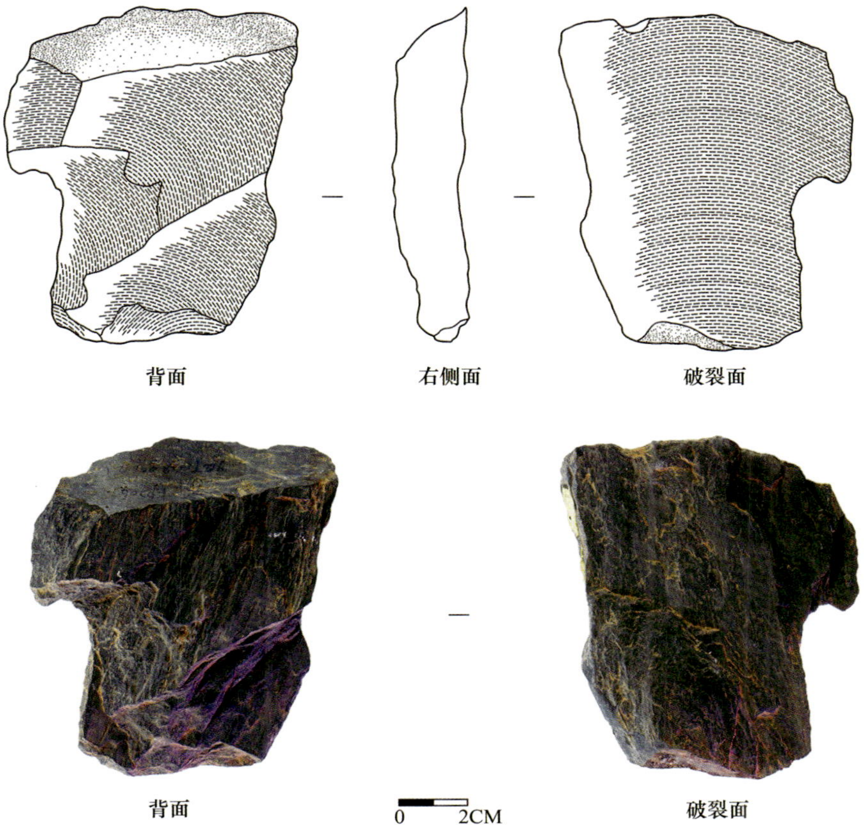

图 2-139 上文化层的Ⅳ类完整石片（1995T1228②:1-2）

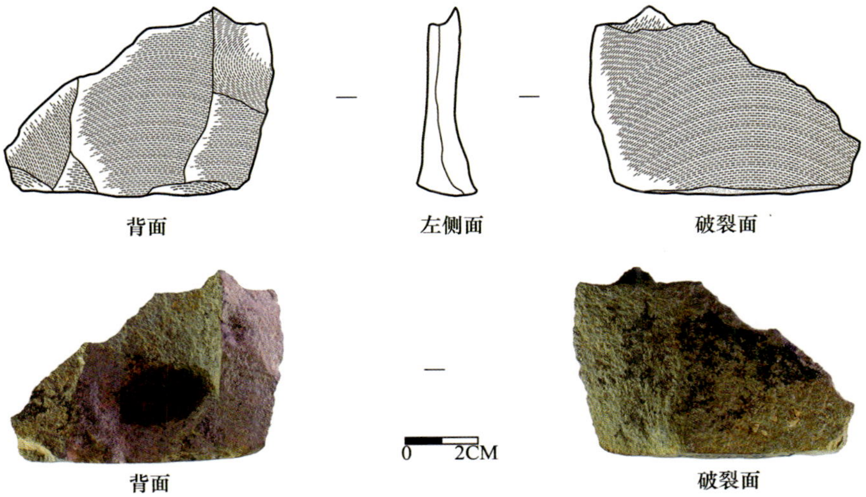

图 2-140 上文化层的Ⅲ类完整石片（1990T545②:6）

1999 年台地②: 9808（EP267），自然长度、自然宽度、自然厚度分别为 103、61、27 毫米，打击长度、打击宽度、打击厚度分别为 100、62、27 毫米，打击泡附近厚度 21 毫米，打击轴中段厚度 15 毫米。重量 134 克，岩性为石英岩，平面、横剖面、纵剖面几何形状分别为不规则四边形、不规则三边形、不规则三边形。背面上没有砾石石皮。背面上有一块单极纵向片疤。可测台面角 70°，可测石片角 98°。该标本可与 EP381、EP388 拼合（图 2 – 141）。

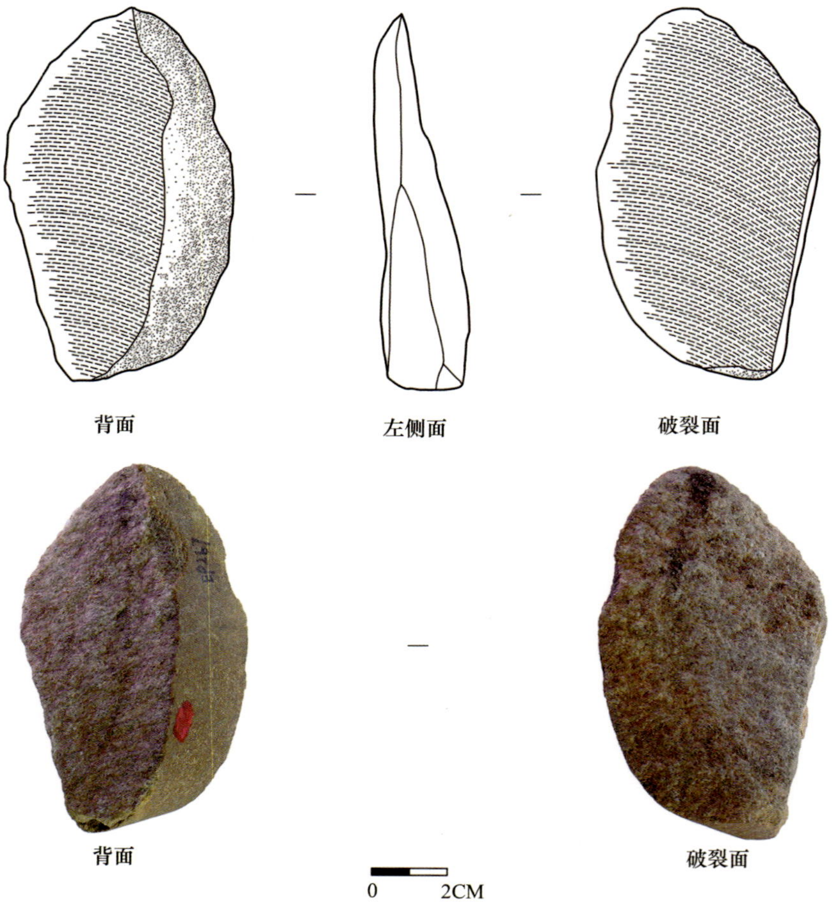

图 2 – 141　上文化层的存右侧半边石片（1999 年台地②: 9808）

2）半边石片。

有 5 件，可分为存近端半边、存左侧半边和存右侧半边三种。

（a）存近端半边石片，有 1 件。

2000 年台地②: 2043（EP405），自然长度、自然宽度、自然厚度分别为 80、53、35 毫米，打击长度、打击宽度、打击厚度分别为 33、80、35 毫米，打击泡附近厚度 30 毫米。重量 153 克，岩性为砂岩，平面、横剖面、纵剖面几何形状均为不规则四边形。可测台面角 62°、61°，可测石片角 123°。该标本可与 EP392、EP395、EP404 拼合（图 2 – 142）。

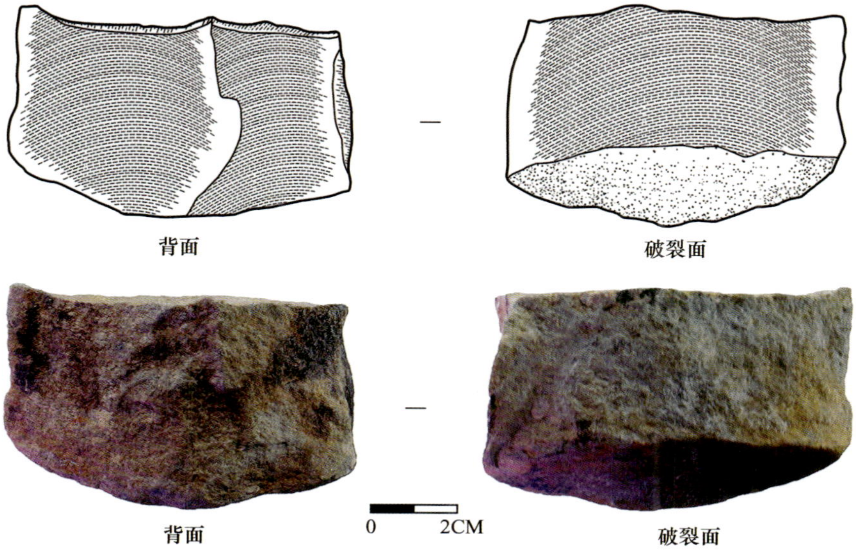

图 2－142　上文化层的存近端半边石片（2000 年台地②：2043）

（b）存左侧半边石片，有 2 件。

1995T1327②：8－1（EP183），自然长度、自然宽度、自然厚度分别为 112、87、41 毫米，打击长度、打击宽度、打击厚度分别为 92、119、41 毫米，打击泡附近厚度 27 毫米，打击轴中段厚度 24 毫米。重量 338 克，岩性为砂岩，平面、横剖面、纵剖面几何形状均为不规则四边形。可测台面角 87°，可测石片角 101°。该标本可与 EP389 拼合。

1995T1328②：12－8（EP172），自然长度、自然宽度、自然厚度分别为 23、14、6 毫米，打击长度、打击宽度、打击厚度分别为 21、13、6 毫米，打击泡附近厚度 4 毫米，打击轴中段厚度 3 毫米。重量 0.9 克，岩性为脉石英，平面、横剖面、纵剖面几何形状分别为不规则四边形、不规则四边形、不规则三边形。可测台面角 72°，可测石片角 104°（图 2－143）。

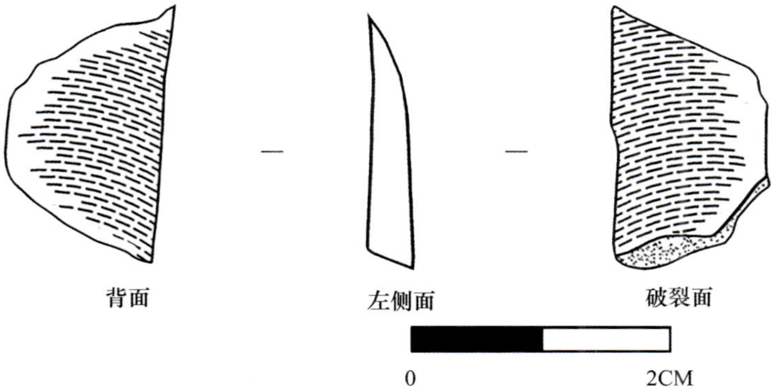

图 2－143　上文化层的存左侧半边石片（1995T1328②：12－8）

（c）存右侧半边石片，有 1 件。

1995T1327②北 G∶4（EP188），自然长度、自然宽度、自然厚度分别为 77、56、19 毫米，打击长度、打击宽度、打击厚度分别为 50、53、19 毫米，打击泡附近厚度 13 毫米，打击轴中段厚度 14 毫米。重量 68 克，岩性为硅质岩，平面、横剖面、纵剖面几何形状均为不规则四边形。可测台面角 65°，可测石片角 109°（图 2 – 144）。

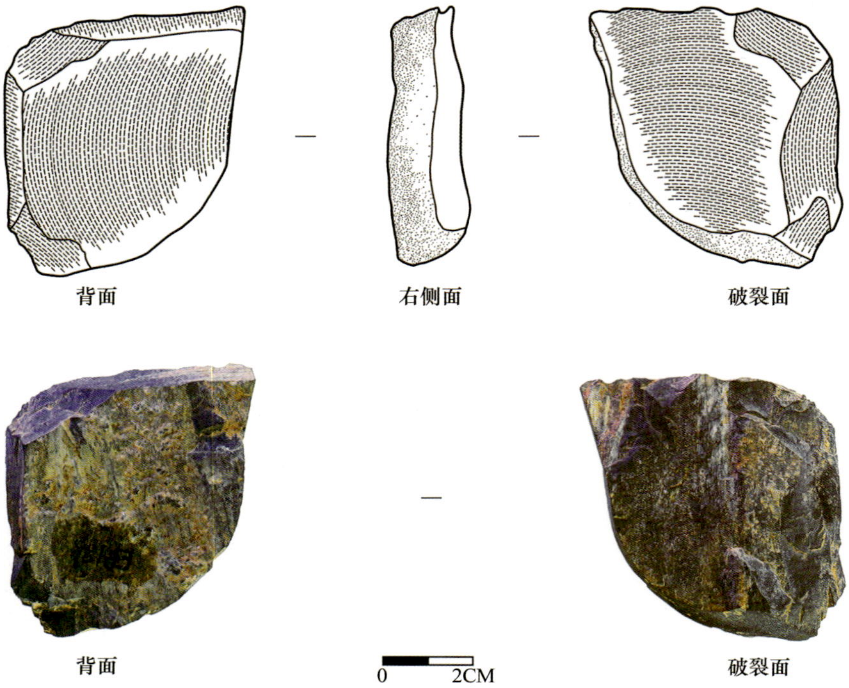

图 2 – 144　上文化层的存右侧半边石片（1995T1327②北 G∶4）

3）台面缺失的石片

有 4 件。出自第②层的有 3 件，采集的有 1 件。岩性分别为脉石英、硅质岩、砂岩和石英斑岩。

此类石片长度最长的达 169 毫米，最短的只有 52 毫米，均超过 50 毫米。宽度中最宽的为 118 毫米，最窄的为 50 毫米。厚度中最厚的为 62 毫米，最薄的为 20 毫米，小于 50 毫米的有 3 件，大于 50 毫米的有 1 件。重量中最重的为 1061 克，最轻的为 40 克，大于 100 克的有 3 件，小于 100 克的有 1 件。

此类石片的平面形状大部分为不规则四边形（3 件），不规则五边形的有 1 件；横剖面形状大部分为不规则四边形（3 件），不规则三边形（1 件）；纵剖面形状均为不规则四边形。

2000年台地②:2009（EP371），自然长度、自然宽度、自然厚度分别为103、81、39毫米。重量355克，岩性为脉石英，平面、纵剖面、横剖面几何形状均为不规则四边形（图2-145）。

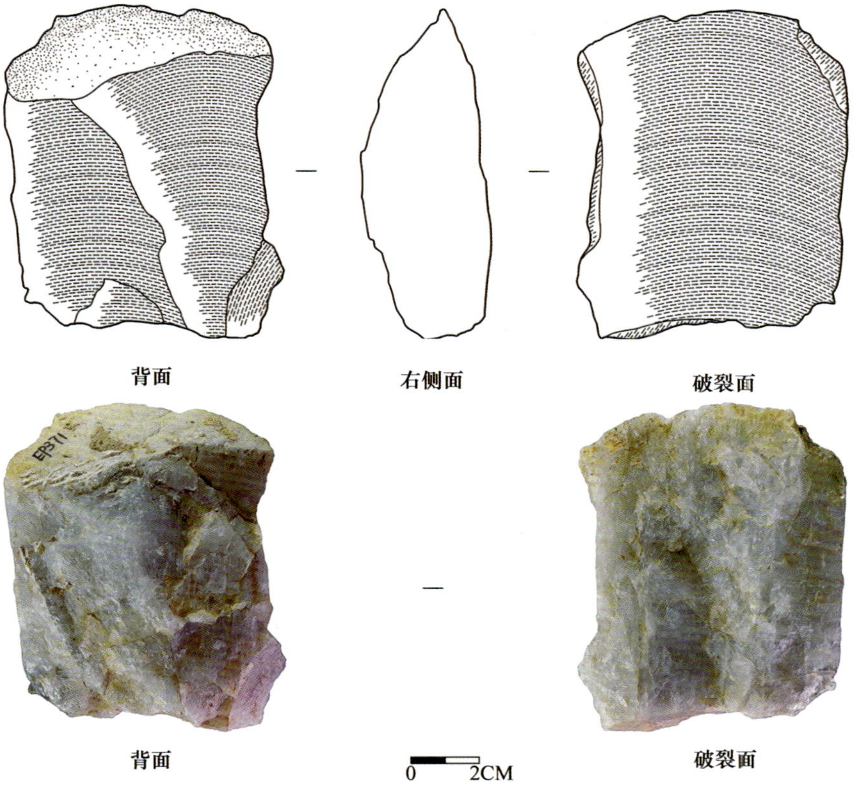

图2-145 上文化层的台面缺失石片（2000年台地②:2009）

1995T1327②:9505-1（EP185），自然长度、自然宽度、自然厚度分别为52、50、20毫米。重量40克，岩性为石英斑岩，平面、纵剖面、横剖面几何形状分别为不规则五边形、不规则三边形、不规则四边形（图2-146）。

1995T1327②:9509（EP184），自然长度、自然宽度、自然厚度分别为169、118、62毫米。重量1061克，岩性为砂岩，平面、纵剖面、横剖面几何形状均为不规则四边形，可拼合EP183、EP187、EP389（图2-147）。

1991年采集:9114（EP322），自然长度、自然宽度、自然厚度分别为99、81、32毫米。重量248克，岩性为硅质岩，平面、横剖面、纵剖面几何形状均为不规则四边形（图2-148）。

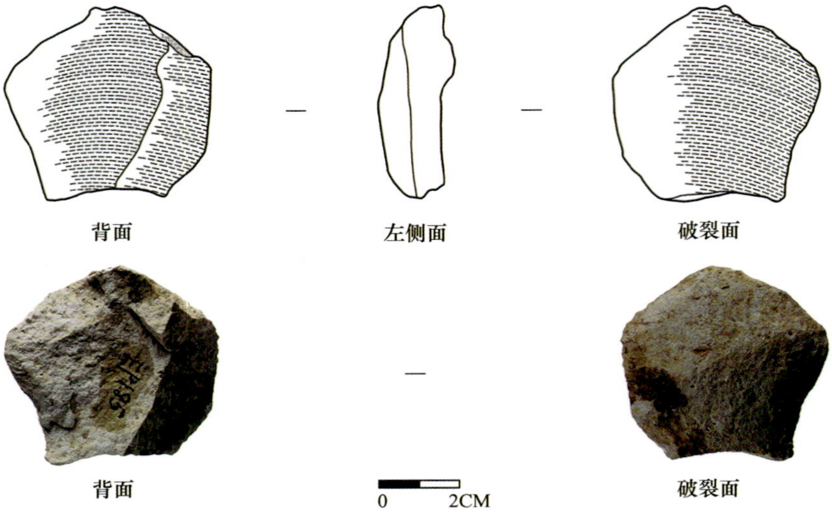

图 2－146　上文化层的台面缺失石片（1995T1327②：9505－1）

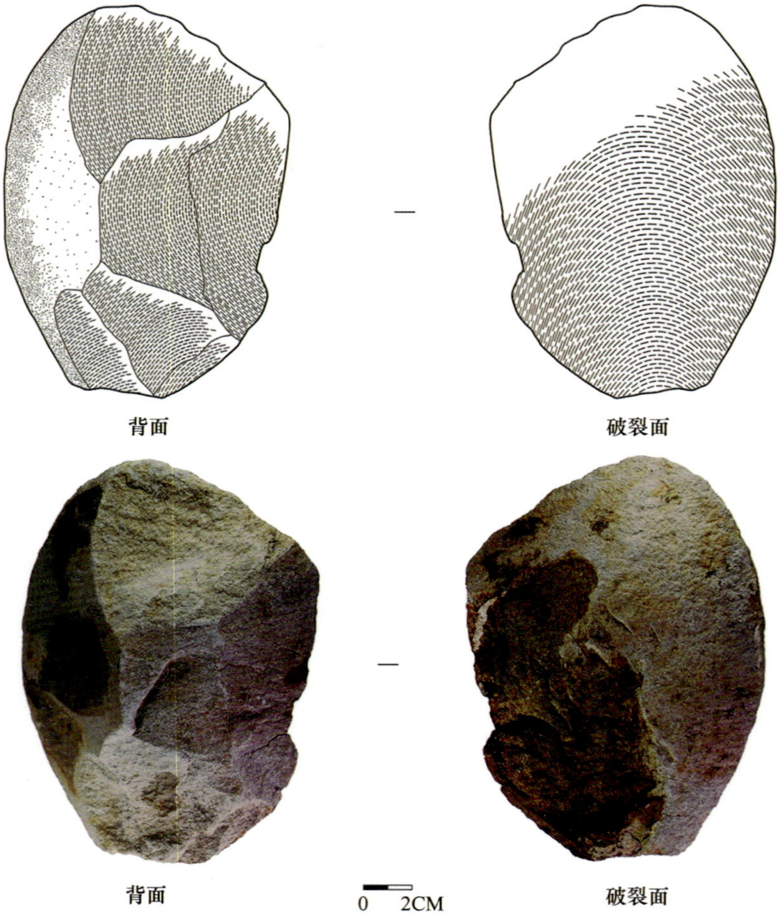

图 2－147　上文化层的台面缺失石片（1995T1327②：9509）

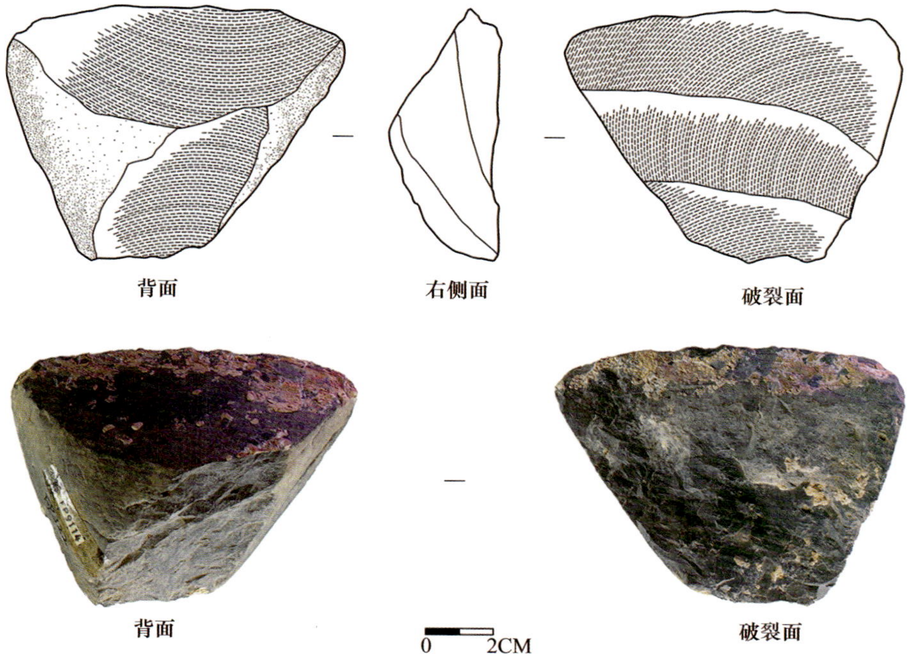

图 2－148　上文化层的台面缺失石片（1991 年采集: 9114）

2. 石器

郧县人遗址上文化层的石器可分为砾石石器（71 件）和石片石器（26 件）两类（表 2－18；图表 2－37、图表 2－38）。

表 2－18　**上文化层石器统计**

类型	砾石（石核）石器（71 件）								石片石器（26 件）				小计
	有凸起孤疤砾石	有凹下孤疤砾石	单向加工的砍砸器	手镐	单面器	双向加工的砍砸器	手斧	斧状器	刮削器	凹缺刮器	尖状器	雕刻器	
扰土及采集	2	1	28	6	1	12	9	2	17	2	1	1	82
第②层	1	1	5	2	0	1	0	0	3	2	0	0	15
小计	3	2	33	8	1	13	9	2	20	4	1	1	97
百分比（%）	3	2	34	8.3	1	13.4	9.3	2	21	4	1	1	100
	73								27				

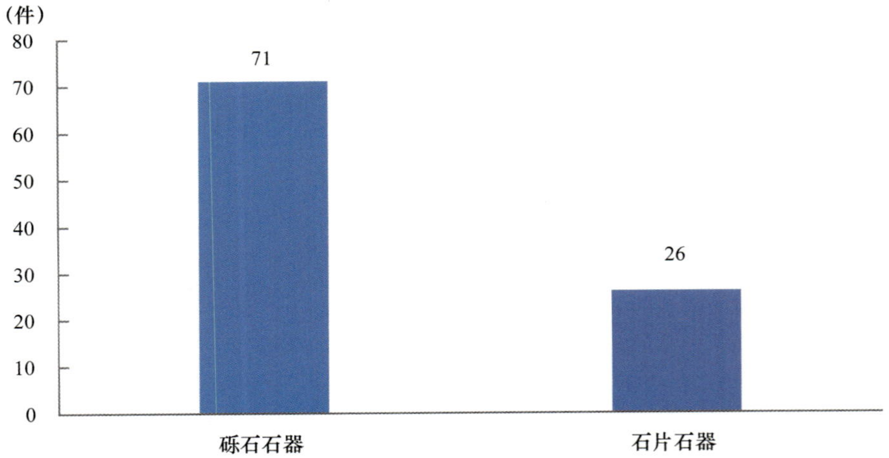

图表2－37　上文化层石器大类数量

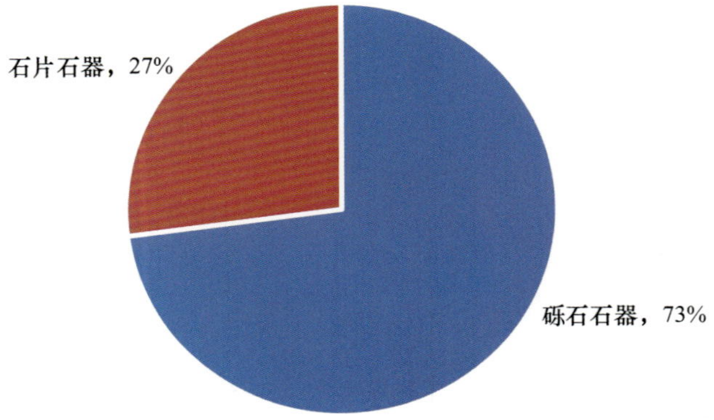

图表2－38　上文化层石器大类相对比例

（1）砾石石器。

有71件。可分为有孤立凸起片疤的砾石、有孤立凹下片疤的砾石、单向加工的砍砸器、手镐、单面器、双向加工的砍砸器、手斧、斧状器等类型（表2－19；图表2－39、图表2－40）。

表2－19　**上文化层砾石石器统计**　单位：件，%

类型	砾石（石核）石器								小计
	有凸起孤疤砾石	有凹下孤疤砾石	单向加工的砍砸器	手镐	单面器	双向加工的砍砸器	手斧	斧状器	
扰土及采集	2	1	28	6	1	12	9	2	61
第②层	1	1	5	2	0	1	0	0	10
小计	3	2	33	8	1	13	9	2	71
百分比	4	3	47	11	1	18	13	3	100
	100								

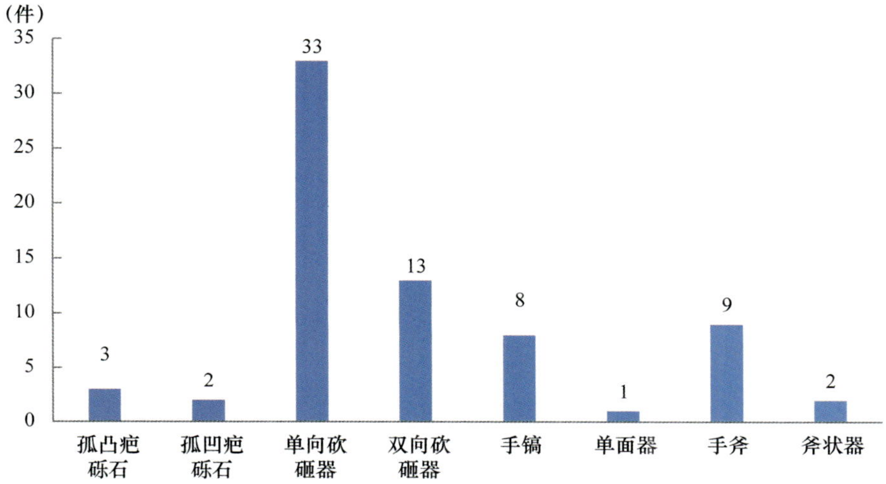

图表 2－39　上文化层砾石石器数量

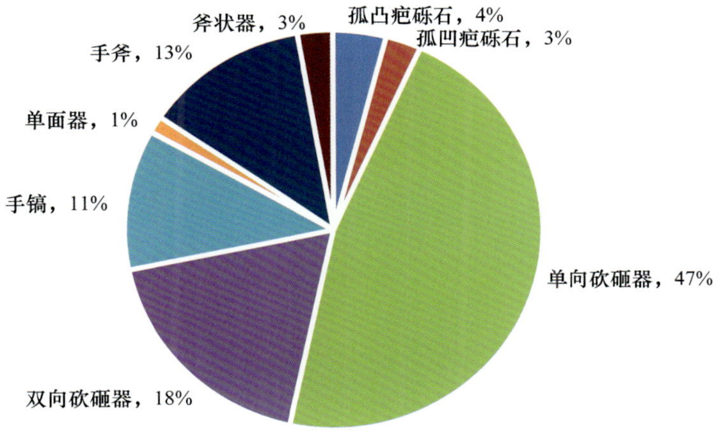

图表 2－40　上文化层砾石石器相对比例

1）有孤立凸起片疤的砾石，有 3 件。

这类标本可视为石锤。出自第②层的有 1 件，采集的有 2 件。岩性中最多的为脉石英（2 件），其次为砂岩的有 1 件。长度最长的达 180 毫米，最短的只有 128 毫米，另 1 件长度为 153 毫米，均超过 100 毫米。宽度中最宽的为 150 毫米，最窄的为 54 毫米，另 1 件宽度为 130 毫米，大于 100 毫米的有 2 件，小于 100 毫米的有 1 件。厚度中最厚的为 89 毫米，最薄的为 52 毫米，另 1 件长度为 65 毫米，均大于 50 毫米。重量中最重的为 2861 克，最轻的为 508 克，另 1 件重量为 1504 克，大于 1000 克的有 2 件（超过 2000 克的有 1 件），小于 1000

克的有 1 件。

其平面形状大部分为不规则四边形（2 件），其次为不规则五边形（1 件）；横剖面形状大部分为不规则四边形（2 件），其次为椭圆形（1 件）；纵剖面形状大部分为不规则四边形（2 件），椭圆形的有 1 件。

孤立片疤的位置在远端的有 2 件，在左侧的 1 件。片疤的打击方向均为从顶面向底面。

1995T1327②: 9507（EP178），素材为砾石。自然尺寸为长 180、宽 150、厚 89 毫米，重 2861 克。岩性为脉石英，平面、横剖面、纵剖面几何形状分别为不规则五边形、不规则椭圆形、不规则椭圆形，磨圆度一般。远端面上有片疤，右侧面、顶面、底面、左侧面、近端面上有石皮。孤立凸起片疤在远端面的顶边，打击方向从顶面到底面。打击方法为硬锤锤击法。孤立石片疤为完整石片疤，长 29、宽 48 毫米，倾斜度 36°，弦长 28、矢长 3 毫米。平面形状为不规则四边形，到对边的长度 138 毫米，台面角 56°（图 2－149）。

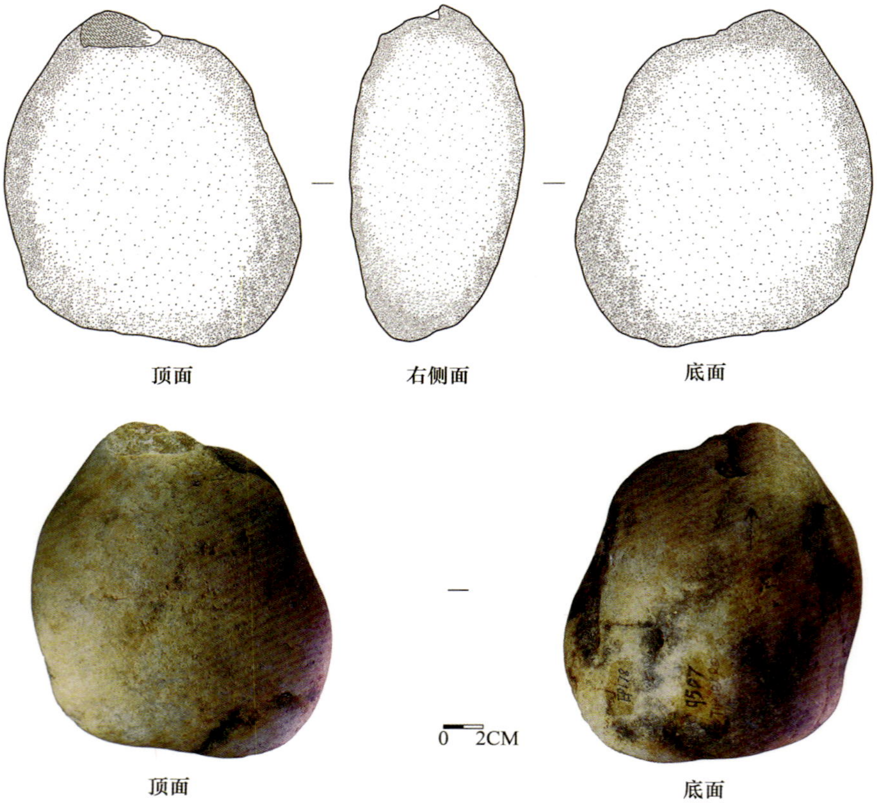

图 2－149　上文化层有孤立凸起片疤的砾石（1995T1327②: 9507）

1999 年采集: 9901（EP362），素材为砾石。自然尺寸为长 128、宽 54、厚 52 毫米，重 508 克。岩性为砂岩，平面、横剖面、纵剖面几何形状均为不规则四边形，磨圆度一般。底面上有片疤，右侧面、顶面、底面、左侧面、远端面上有石皮。孤立凸起片疤左侧面，打击方向从顶面到底面。打击方法为硬锤锤击法。孤立石片疤为完整石片疤，长 47、宽 66 毫米，倾斜度 11°，弦长 43、矢长 2 毫米。平面形状为不规则四边形，到对边的长度 53 毫米，台面角 67°（图 2 – 150）。

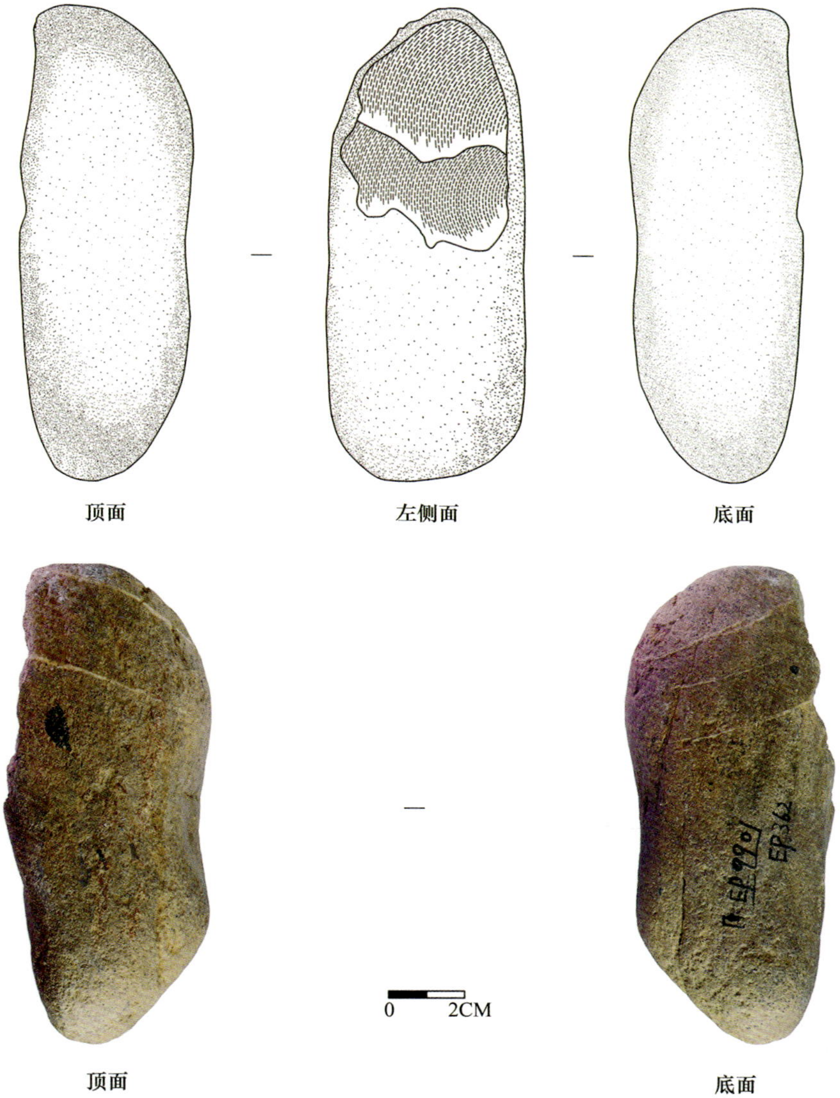

图 2 – 150 上文化层有孤立凸起片疤的砾石（1999 年采集: 9901）

1998 年采集: 9803（EP347），素材为砾石。自然尺寸为长 153、宽 130、厚 65 毫米，重 1504 克。岩性为脉石英，平面、横剖面、纵剖面几何形状均为不规则四边形，磨圆度一般。远端面上有片疤，右侧面、顶面、底面、左侧面、近端面上有石皮。孤立凸起片疤在远端面，打击方向从顶面到底面。打击方法为硬锤锤击法。孤立石片疤为完整石片疤，长73、宽110毫米，倾斜度32°，弦长35、矢长2毫米。平面形状为不规则四边形，到对边的长度143毫米，台面角41°（图2－151）。

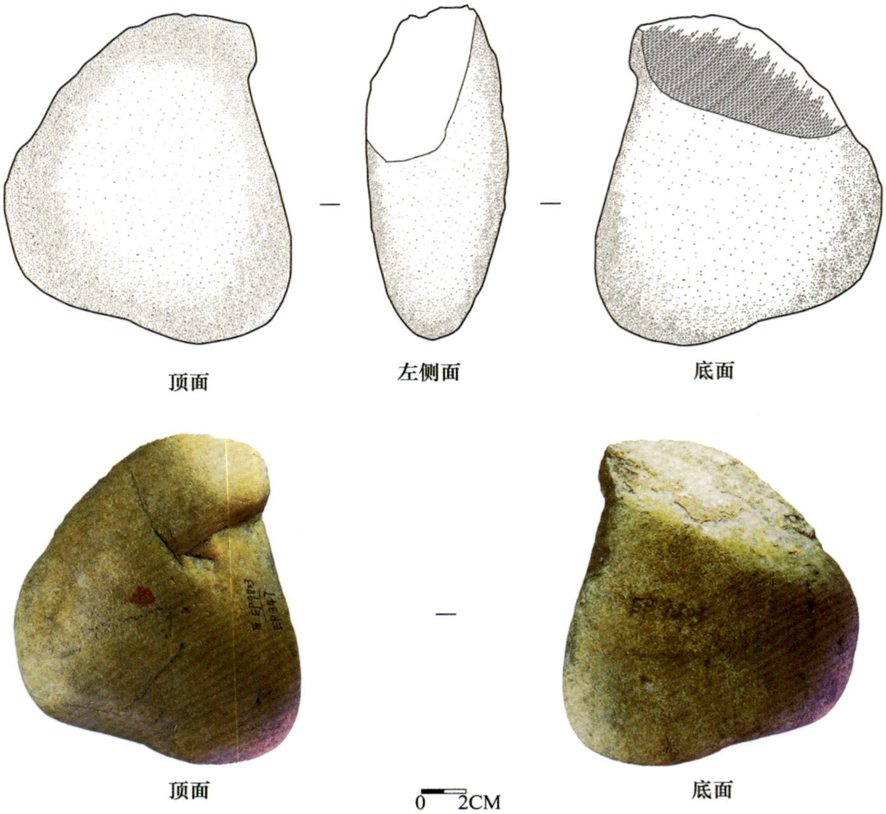

图2－151　上文化层有孤立凸起片疤的砾石（1998年采集：9803）

2）有孤立凹下片疤的砾石，有2件。

这类标本可视为特征不明显的单向加工的砍砸器。出自第②层和采集的各有1件。岩性分别为砂岩和硅质岩。长度分别为90和131毫米，宽度分别为105、106毫米，厚度分别为42、70毫米。重量分别为329、1096克。

其平面形状均为不规则四边形；横剖面形状分别为不规则三边形和椭圆形；纵剖面形状均为不规则四边形。

孤立片疤的位置分别在远端面和右侧面。片疤的方向分别为正向和反向。

孤立片疤的位置分别在远端面（1件）和右侧边（1件）。片疤的方向分别为正向（1件）和反向（1件）。

1990年采集：9004（EP288），素材为砾石。自然尺寸为长131、宽103、厚70毫米，重

1096 克。岩性为硅质岩，平面、横剖面、纵剖面几何形状分别为不规则四边形、不规则三边形、不规则四边形，磨圆度一般。右侧面上有片疤，左侧面、顶面、近端面、远端面、底面上有石皮。孤立凹下片疤在右侧，打击方向从底面到顶面。打击方法为硬锤锤击法。孤立石片疤为完整石片疤，长 60、宽 73 毫米，倾斜度 21°，弦长 22、矢长 1 毫米。平面形状为不规则四边形，到对边的长度 83 毫米，台面角 41°（图 2－152）。

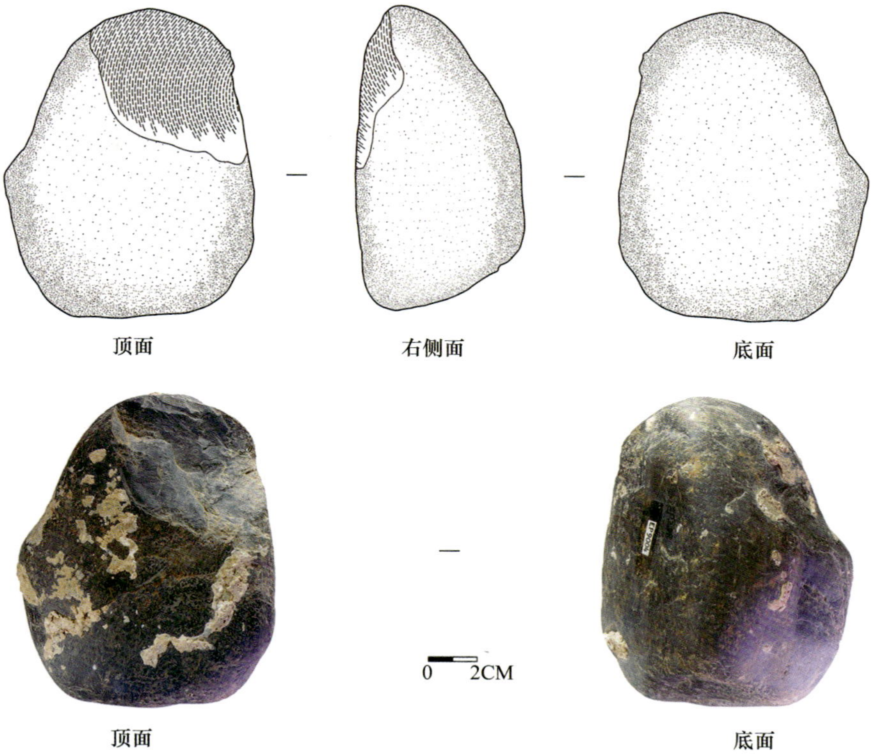

图 2－152　上文化层有孤立凹下片疤的砾石（1990 年采集：9004）

1991T743②G：105（EP208），素材为近端断裂砾石。自然尺寸为长 90、宽 106、厚 42 毫米，重 329 克。岩性为砂岩，平面、横剖面、纵剖面几何形状分别为不规则四边形、不规则椭圆形、不规则四边形，磨圆度一般。远端面上有片疤，左侧面、底面、近端面、顶面、右侧面上有石皮。孤立凹下片疤在远端面，打击方向从顶面到底面。打击方法为硬锤锤击法。孤立石片疤为完整石片疤，长 43、宽 50 毫米，倾斜度 27°，弦长 46、矢长 6 毫米。平面形状为不规则四边形，到对边的长度 83 毫米，台面角 55°（图 2－153）。

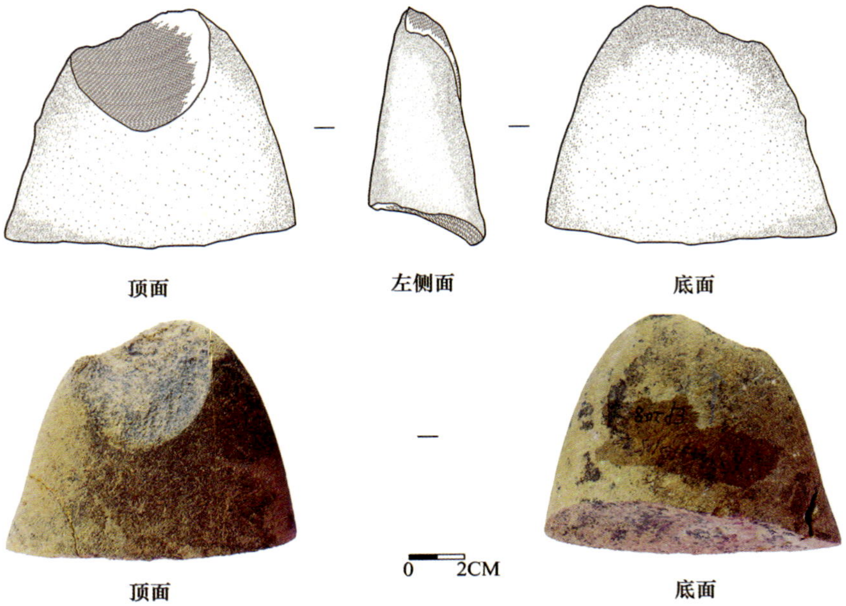

图 2 - 153　上文化层有孤立凹下片疤的砾石（1991T743②G: 105）

3）单向加工的砍砸器（chopper）。

有 33 件。根据刃缘数量的多少及组合可分为单刃（12 件）、双刃（14 件）、多刃（6 件）和单刃 + 有孤立凹下片疤的砾石（1 件）四类（表 2 - 20；图表 2 - 41、图表 2 - 42）。

表 2 - 20　　上文化层单向加工的砍砸器统计

类型	单刃	双刃	多刃	单刃 + 有孤立凹下片疤的砾石	小计
数量（件）	12	14	6	1	33
百分比（%）	36. 36	42. 43	18. 18	3. 03	100

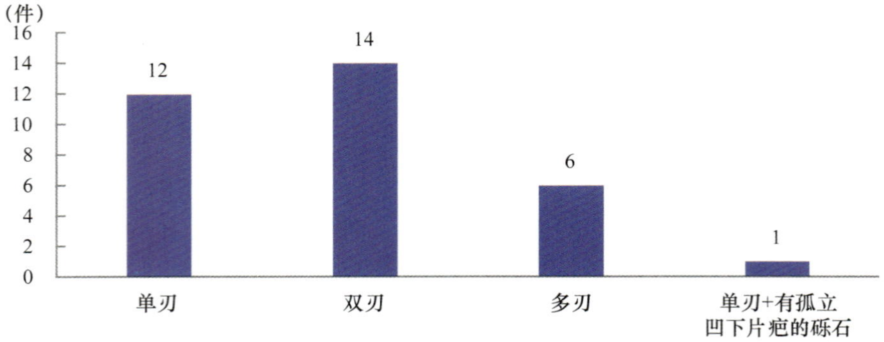

图表 2 - 41　上文化层单向加工的砍砸器数量

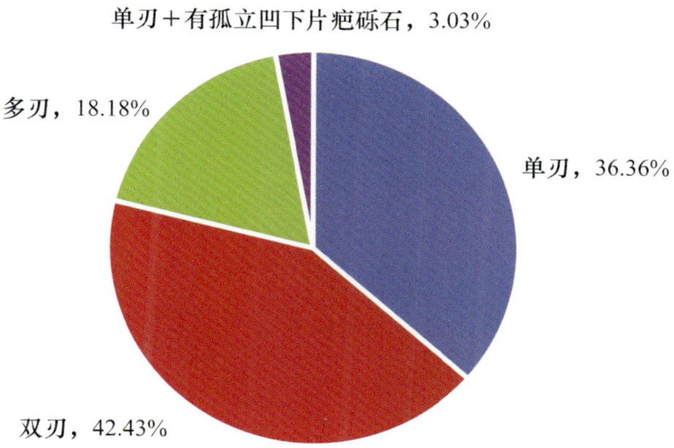

图表 2－42　上文化层单向加工的砍砸器相对比例

（a）单刃单向加工的砍砸器，有 12 件。

根据其刃缘位置的不同，又可分为端刃和侧刃两种，均为采集而得。

端刃单向加工的砍砸器，有 9 件，可分为刃缘在近端（6 件）和远端（3 件）两种。

a）刃缘在近端边的单刃单向加工的砍砸器，有 6 件。岩性中硅质岩有 2 件，石英岩、砂岩、脉石英和泥质岩的各有 1 件。素材最多的为完整砾石（4 件），其次为单台面石核（2 件）。长度中最长的达 193 毫米，最短的只有 9 毫米，超过 100 毫米的有 5 件，小于 100 毫米的有 1 件。宽度中最宽的为 125 毫米，最窄的为 79 毫米，大于 100 毫米的有 3 件，小于 100 毫米的有 3 件。厚度中最厚的为 92 毫米，最薄的为 33 毫米，均小于 100 毫米。重量中最重的为 2606 克，最轻的为 234 克，大于 1000 克的有 4 件，小于 1000 克的有 2 件。

此类标本的平面形状大部分为不规则四边形（5 件），其次为五边形（1 件）；横剖面形状均为不规则四边形；纵剖面形状均为不规则四边形。刃缘平视均呈凸刃；侧视均为弧刃。第二步加工的小疤有 3 块的标本最多（3 件），有 2 块的次之（2 件），有 5 块小疤的有 1 件。加工方向中以正向的为多，有 5 件，另 1 件为反向。

此类标本中可测刃角最大的为 104°，最小的为 28°，其中以在 70°～79°的为多（有 6 个），其次为在 60°～69°的有 6 个，在 90°～99°的有 2 个，在 100°～109°、50°～59°、70°～79°、20°～29°的各有 1 个。

1991 年采集: 9107（EP315），素材为单台面石核。自然尺寸为长 144、宽 125、厚 60 毫米，重 1015 克。岩性为砂岩，平面、横剖面、纵剖面几何形状均为不规则四边形，磨圆度一般。近端面上有片疤，右侧面、左侧面、顶面、底面、远端面上有石皮。台面在近端面，其平面几何形状为不规则四边形，性质为天然石皮的凸起台面，剥片部位在顶边，剥片方向从近端面到远端面。台面周长 320 毫米，顶边剥片所在边缘长度 140 毫米，剥片长度 140 毫米，剥片长度与所在边缘长度的比率为 100%，即剥片所在边缘全部被利用。剥片长度与台面周长的比率为44%，即剥片所在台面利用率没有超过一半。打击方法为硬锤锤击法。剥片面有1个，在顶面，有5块单极纵向交错分布的石片疤，剥片面面积与未剥片面面积的比例为2∶5。5块石片疤的特征，按加工顺序如下：第一块为不完整石片疤，长40、宽33毫米，倾斜度6°，弦长、矢长难以测量，平面形状为不规则四边形，到对边的长度144毫米，台面角42°。第二块为不完整石片疤，长74、宽59毫米，倾斜度4°，弦长、矢长难以测量，平面形状为不规则四边形，到对边的长度122毫米，台面角73°。第三块为不完整石片疤，长66、宽46毫米，倾斜度5°，弦长、矢长难以测量，平面形状为不规则四边形，到对边的长度142毫米，台面角67°。第四块为不完整石片疤，长69、宽36毫米，倾斜度6°，弦长、矢长难以测量，平面形状为不规则四边形，到对边的长度144毫米，台面角58°。第五块为不完整石片疤，长39、宽47毫米，倾斜度14°，弦长、矢长难以测量，平面形状为不规则四边形，到对边的长度133毫米，台面角70°。保留的砾石石皮的总数值为5等份，其中顶面有1等份，底面有2等份，侧面有2等份。打击方向总数量为5个，均在顶面。该标本没有转动和翻动过。有一条刃缘，在近端边，平面形状为凸刃，侧视形状为弧形刃，加工层次为三个系列，弧长120、弦长114、矢长10毫米。3块加工石片疤均在顶面，它们的特征，按加工顺序如下：第一块为完整石片疤，长34、宽31毫米，倾斜度19°，弦长29、矢长2毫米。平面形状为不规则四边形，到对边的长度123毫米。所属边缘在近端边，刃角75°，为正向加工。片疤平视为普通型，片疤侧视为陡型，片疤深度为厚型，片疤剖视形态为凹下型。第二块为完整石片疤，长53、宽65毫米，倾斜度25°，弦长34、矢长2毫米。平面形状为不规则四边形，到对边的长度131毫米。所层边缘在近端边，刃角77°，为正向加工。片疤平视为普通型，片疤侧视为陡型，片疤深度为厚型，片疤剖视形态为凹下型。第三块为完整石片疤，长26、宽43毫米，倾斜度35°，弦长44、矢长1毫米。平面形状为不规则三边形，到对边的长度101毫米。所属边缘在近端边，刃角74°，为正向加工。片疤平视为普通型，片疤侧视为陡型，片疤深度为厚型，片疤剖视形态为凹下型（图2－154）。

1991年采集：9106（EP314），素材为完整砾石。自然尺寸为长93、宽79、厚33毫米，重234克。岩性为硅质岩，平面、横剖面、纵剖面几何形状均为不规则四边形，磨圆度一般。近端面上有片疤，右侧面、左侧面、顶面、底面、远端面上有石皮。有一条刃缘，在近端边，平面形状为凸刃，侧视形状为弧形刃，加工层次为一个系列，弧长106、弦长82、矢长23毫米。2块加工石片疤均在顶面，它们的特征，按加工顺序如下：第一块为完整石片疤，长53、宽56毫米。倾斜度28°，弦长48、矢长9毫米。平面形状为不规则四边形，到对边的长度82毫米。所属边缘在近端边，刃角43°，为正向加工。片疤平视为侵入型，片疤侧视为加高型，片疤深度为薄型，片疤剖视形态为凹下型。第二块为完整石片疤，长40、宽40毫米，倾斜度30°，弦长19、矢长2毫米。平面形状为不规则四边形，到对边的长度69毫米。所属边缘在近端边，刃角50°，为正向加工。片疤平视为侵入型，片疤侧视为加高型，片疤深度为薄型，片疤剖视形态为凹下型（图2－155）。

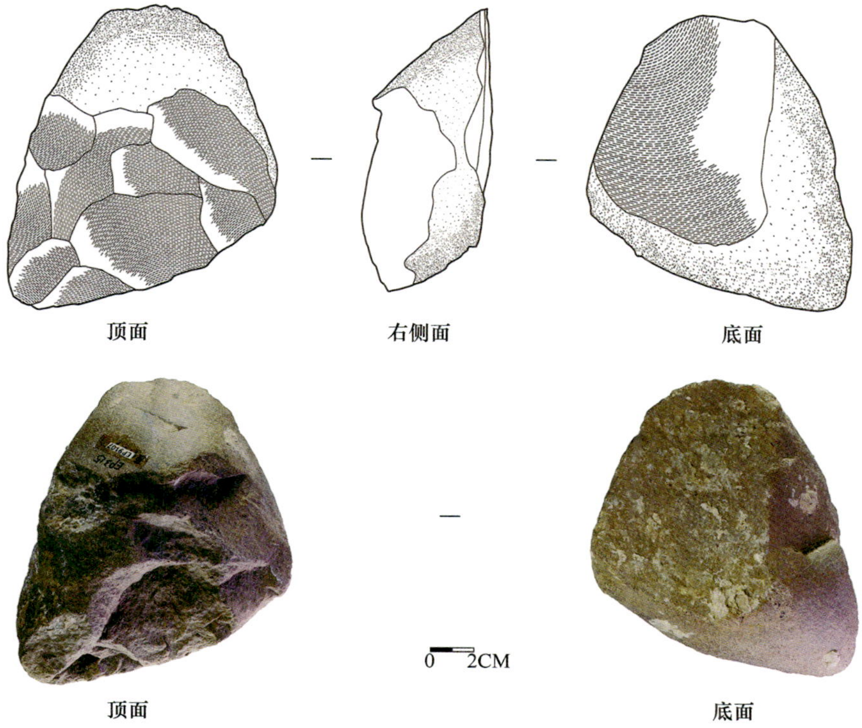

图 2－154　上文化层单刃单向加工的砍砸器（1991 年采集: 9107）

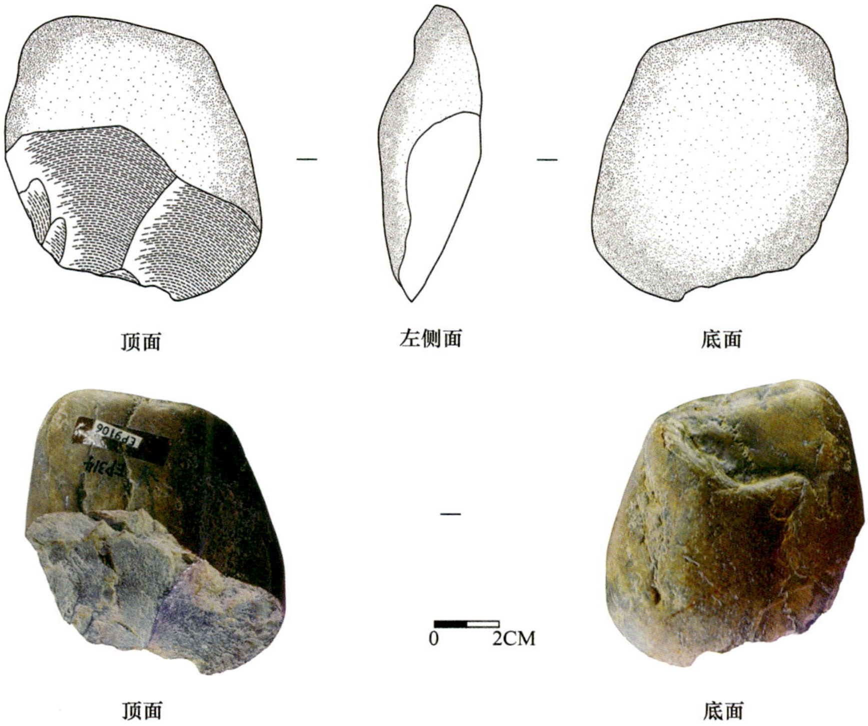

图 2－155　上文化层单刃单向加工的砍砸器（1991 年采集: 9106）

1991年采集：9117（EP325），素材为单台面石核。自然尺寸为长92、宽102、厚77毫米，重1035克。岩性为脉石英，平面、横剖面、纵剖面几何形状均为不规则四边形，磨圆度一般。近端面上有片疤，右侧面、左侧面、顶面、底面、远端面上有石皮。台面在底面，其平面几何形状为不规则四边形，性质为天然石皮的平滑台面，剥片部位在近端边，剥片方向从底面到顶面。台面周长304毫米，近端边剥片所在边缘长度104毫米，剥片长度104毫米，剥片长度与所在边缘长度的比率为100%，即剥片所在边缘全部被利用。剥片长度与台面周长的比率为34%，即剥片所在台面利用率没有超过一半。打击方法为硬锤锤击法。剥片面有1个，在近端面，有2块单极纵向平行分布的石片疤，剥片面面积与未剥片面面积的比例为2∶6。2块石片疤的特征，按加工顺序如下：第一块为不完整石片疤，长48、宽72毫米，倾斜度65°，弦长、矢长难以测量，平面形状为不规则四边形，到对边的长度91毫米，台面角65°。第二块为不完整石片疤，长52、宽36毫米，倾斜度78°，弦长、矢长难以测量，平面形状为不规则四边形，到对边的长度90毫米，台面角82°。砾石石皮的总数值为6等份，其中顶面有1等份、底面有2等份、侧面有3等份。打击方向总数量为2个，均在侧面。该标本没有转动和翻动过。有一条刃缘，在近端边，平面形状为凸刃，侧视形状为弧形刃，加工层次为两个系列，弧长104、弦长94、矢长7毫米。5块加工石片疤均在侧面，它们的特征，依其加工顺序如下：第一块为完整石片疤，长28、宽19毫米，倾斜度75°，弦长10、矢长0.1毫米。平面形状为不规则四边形，到对边的长度92毫米。所属边缘在近端边，刃角86°，为正向加工。片疤平视为普通型，片疤侧视为陡型，片疤深度为薄型，片疤剖视形态为凹下型。第二块为完整石片疤，长46、宽34毫米，倾斜度78°，弦长23、矢长3毫米。平面形状为不规则四边形，到对边的长度88毫米。所属边缘在近端边，刃角90°，为正向加工。片疤平视为普通型，片疤侧视为陡型，片疤深度为薄型，片疤剖视形态为凹下型。第三块为完整石片疤，长51、宽26毫米，倾斜度85°，弦长17、矢长3毫米。平面形状为不规则四边形，到对边的长度88毫米。所属边缘在近端边，刃角104°，为正向加工。片疤平视为普通型，片疤侧视为陡型，片疤深度为薄型，片疤剖视形态为凹下型。第四块为完整石片疤，长37、宽25毫米，倾斜度87°，弦长35、矢长2毫米。平面形状为不规则四边形，到对边的长度87毫米。所属边缘在近端边，刃角87°，为正向加工。片疤平视为普通型，片疤侧视为陡型，片疤深度为薄型，片疤剖视形态为凹下型。第五块为完整石片疤，长17、宽30毫米，倾斜度89°，弦长12、矢长0.1毫米。平面形状为不规则四边形，到对边的长度86毫米。所属边缘在近端边，刃角93°，为正向加工。片疤平视为普通型，片疤侧视为陡型，片疤深度为薄型，片疤剖视形态为凹下型（图2－156）。

1995年采集：7（EP235），素材为完整砾石。自然尺寸为长121、宽120、厚64毫米，重1164克。岩性为石英岩，平面、横剖面、纵剖面几何形状分别为不规则五边形、不规则四边形、不规则四边形，磨圆度一般。近端面上有片疤，右侧面、左侧面、顶面、底面、远端面上有石皮。有一条刃缘，在近端边，平面形状为凸刃，侧视形状为弧形刃，加工层次为一个系列，弧长106、弦长95、矢长20毫米。2块加工石片疤均在侧面，它们的特征，按加工顺序如

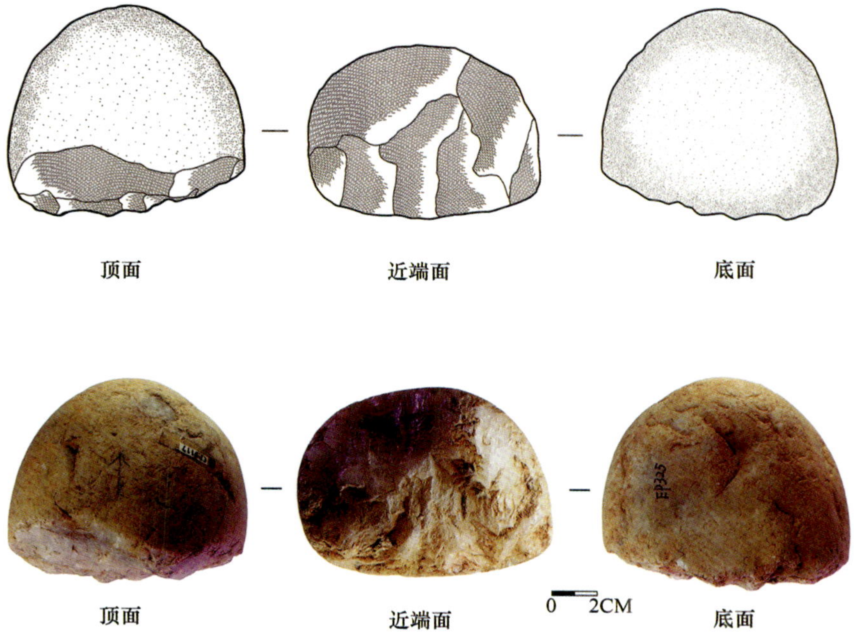

图 2－156 上文化层单刃单向加工的砍砸器（1991 年采集：9117）

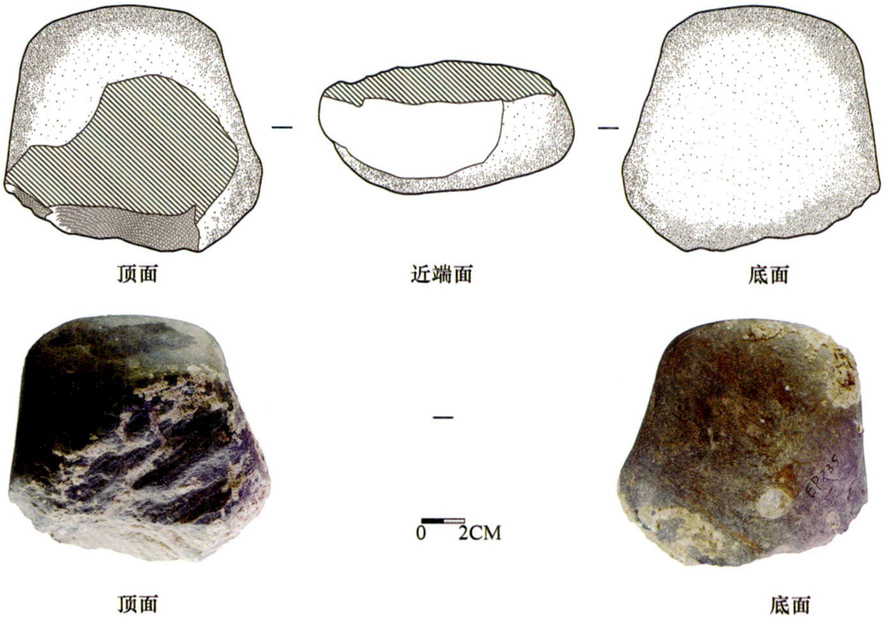

图 2－157 上文化层单刃单向加工的砍砸器（1995 年采集：7）

下：第一块为完整石片疤，长24、宽33毫米，倾斜度68°，弦长23、矢长2毫米。平面形状为不规则四边形，到对边的长度111毫米。所属边缘在近端边，刃角79°，为正向加工。片疤平视为普通型，片疤侧视为陡型，片疤深度为厚型，片疤剖视形态为凹下型。第二块为完整石片疤，长44、宽76毫米，倾斜度64°，弦长70、矢长9毫米。平面形状为不规则四边形，到对边的长度116毫米。所在边缘为近端边，刃角69°，为正向加工。片疤平视为普通型，片疤侧视为陡型，片疤深度为厚型，片疤剖视形态为浅阶梯型（图2－157）。

2000年采集: 2051（EP413），素材为完整砾石。自然尺寸为长193、宽125、厚92毫米，重2606克。岩性为硅质岩，平面、横剖面、纵剖面几何形状均为不规则四边形，磨圆度一般。近端面上有片疤，右侧面、左侧面、顶面、底面、远端面上有石皮。有一条刃缘，在近端右段边，平面形状为凸刃，侧视形状为弧形刃，加工层次为一个系列，弧长100、弦长89、矢长19毫米。3块加工石片疤均在侧面，它们的特征，按加工顺序如下：第一块为不完整石片疤，长93、宽106毫米，倾斜度43°，弦长、矢长难测。平面形状为不规则四边形，到对边的长度133

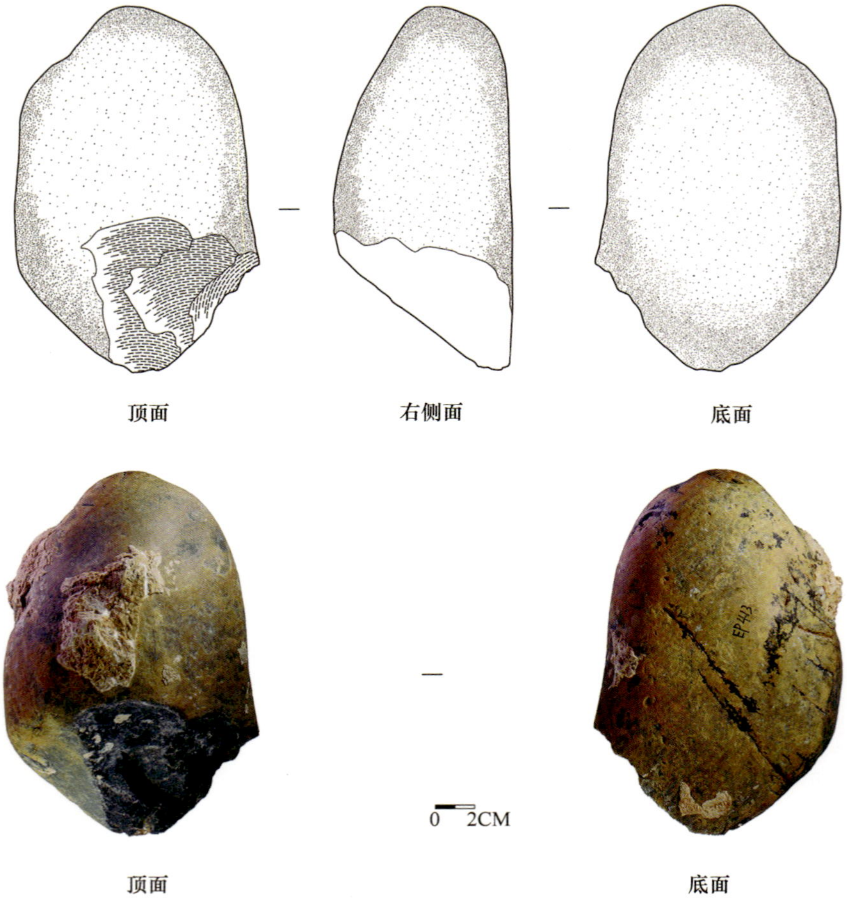

图2－158　上文化层单刃单向加工的砍砸器（2000年采集: 2051）

毫米。所属边缘在近端边，刃角难测，为正向加工。片疤平视为普通型，片疤侧视为加高型，片疤深度为薄型，片疤剖视形态为凹下型。第二块为不完整石片疤，长 60、宽 74 毫米，倾斜度 56°，弦长、矢长难测。平面形状为不规则四边形，到对边的长度 133 毫米。所属边缘在近端边，刃角难测，为正向加工。片疤平视为普通型，片疤侧视为加高型，片疤深度为厚型，片疤剖视形态为凹下型。第三块为完整石片疤，长 34、宽 64 毫米，倾斜度 80°，弦长 48、矢长 5 毫米。平面形状为不规则四边形，到对边的长度 133 毫米。所属边缘在近端边，刃角 67°，为正向加工。片疤平视为普通型，片疤侧视为陡型，片疤深度为厚型，片疤剖视形态为凹下型（图 2－158）。

1991 年采集: 9118（EP326），素材为断块。自然尺寸为长 106、宽 91、厚 49 毫米，重 598 克。岩性为泥质岩，平面、横剖面、纵剖面几何形状均为不规则四边形，磨圆度一般。近端面上有片疤，右侧面、左侧面、顶面、底面、远端面上有石皮。有一条刃缘，在近端边，平面形状为凸刃，侧视形状为弧形刃，加工层次为一个系列，弧长 130、弦长 95、矢长 27 毫米。3 块加工石片疤均在底面，它们的特征，按加工顺序如下：第一块为完整石片疤，长 30、宽 56 毫米，倾斜度 34°，弦长 37、矢长 3 毫米。平面形状为不规则四边形，到对边的长度 96 毫米。所属边缘在近端边，刃角 68°，为反向加工。片疤平视为普通型，片疤侧视为陡型，片疤深度为厚型，片疤剖视形态为浅阶梯型。第二块为完整石片疤，长 36、宽 55 毫米，倾斜度 48°，弦长 47、矢长 5 毫米。平面形状为不规则四边形，到对边的长度 102 毫米。所属边缘在近端边，刃角 66°，为反向加工。片疤平视为普通型，片疤侧视为陡型，片疤深度为薄型，片疤剖视形态为浅阶梯型。第三块为完整石片疤，长 15、宽 32 毫米，倾斜度 44°，弦长 30、矢长 1 毫米。平面形状为不规则四边形，到对边的长度 102 毫米。所属边缘在近端边，刃角 77°，为反向加工。片疤平视为普通型，片疤侧视为陡型，片疤深度为厚型，片疤剖视形态为浅阶梯型（图 2－159）。

b）刃缘位置在远端边的单刃单向加工的砍砸器，有 3 件。

岩性以石英岩为多（2 件），其次为砂岩（1 件）。此类标本均采自地表。素材均为完整砾石。长度中最长的达 176 毫米，最短的只有 91 毫米，另 1 件长度为 122 毫米，超过 100 毫米的有 2 件，小于 100 毫米的有 1 件。宽度中最宽的为 112 毫米，最窄的为 98 毫米，另 1 件宽度为 100 毫米，大于 100 毫米的有 2 件，小于 100 毫米的有 1 件。厚度中最厚的为 57 毫米，最薄的为 44 毫米，另 1 件厚度 49 毫米，小于 50 毫米的有 2 件，大于 50 毫米的有 1 件。重量中最重的为 1331 克，最轻的为 566 克，另 1 件重量为 648 克，均小于 1000 克。

此类标本的平面形状均为不规则四边形；横剖面形状分别为不规则四边形、三边形和椭圆形；纵剖面形状均为不规则四边形。

刃缘平视呈凸刃的为多（2 件），呈凹刃的有 1 件；侧视均呈弧刃。第二步加工的小疤分别有 2、3、4 块。加工方向中以反向为多（2 件），正向的有 1 件。

此类标本中可测刃角最大的为 86°，最小的为 54°，其中以在 50°～59°的为多（有 4 个），其次为在 60°～69°、70°～79°、80°～89°的各有 1 个。难测的有 2 个。

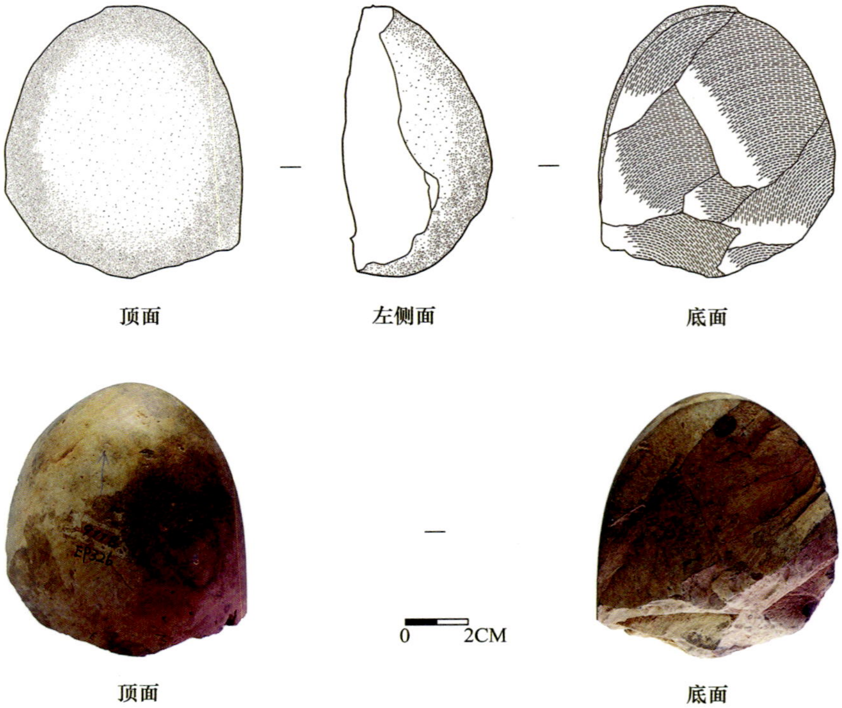

图2－159　上文化层单刃单向加工的砍砸器（1991年采集:9118）

1990年采集:9005（EP289），素材为完整砾石。自然尺寸为长176、宽112、厚57毫米，重1331克。岩性为砂岩，平面、横剖面、纵剖面几何形状分别为不规则四边形、不规则三边形、不规则四边形，磨圆度一般。远端面上有片疤，右侧面、左侧面、顶面、底面、近端面上有石皮。有一条刃缘，在远端边，平面形状为凸刃，侧视形状为弧形刃，加工层次为两个系列，弧长60、弦长56、矢长2毫米。3块加工石片疤均在底面，它们的特征，按加工顺序如下：第一块为不完整石片疤，长91、宽41毫米，倾斜度9°，弦长、矢长难测。平面形状为不规则四边形，到对边的长度173毫米。所属边缘在远端边，刃角难测，为反向加工。片疤平视为侵入型，片疤侧视为加高型，片疤深度为厚型，片疤剖视形态为凹下型。第二块为不完整石片疤，长43、宽22毫米，倾斜度19°，弦长、矢长难测。平面形状为不规则四边形，到对边的长度173毫米。所属边缘在远端边，刃角54°，为反向加工。片疤平视为普通型，片疤侧视为加高型，片疤深度为薄型，片疤剖视形态为凹下型。第三块为完整石片疤，长62、宽55毫米，倾斜度20°，弦长53、矢长5毫米。平面形状为不规则四边形，到对边的长度173毫米。所属边缘在远端边，刃角58°，为反向加工。片疤平视为普通型，片疤侧视为加高型，片疤深度为厚型，片疤剖视形态为凹下型（图2－160）。

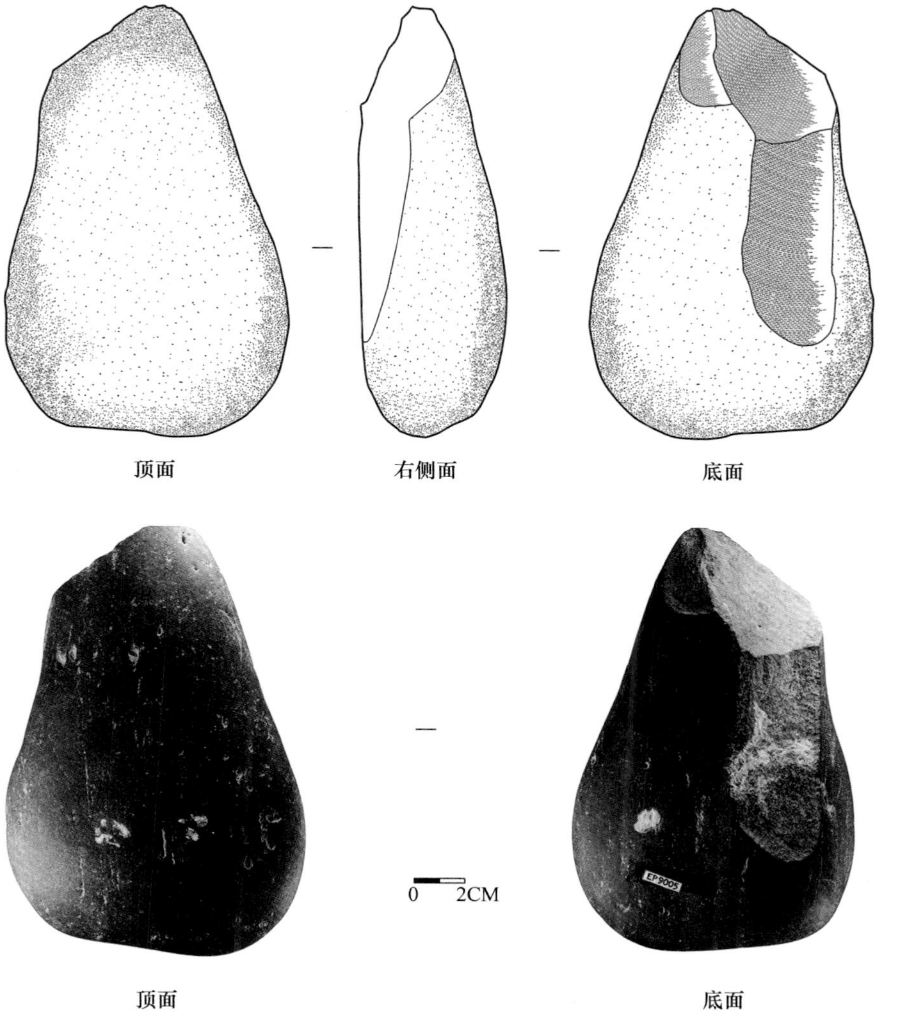

图 2-160　上文化层单刃单向加工的砍砸器（1990 年采集: 9005）

1990 年采集: 9006（EP290），素材为完整砾石。自然尺寸为长 122、宽 100、厚 44 毫米，重 648 克。岩性为石英岩，平面、横剖面、纵剖面几何形状分别为不规则四边形、不规则椭圆形、不规则四边形，磨圆度一般。远端面上有片疤，右侧面、顶面、底面、近端面上有石皮，左侧面为节理面、断裂。有一条刃缘，在远端边，平面形状为凹刃，侧视形状为弧形刃，加工层次为一个系列，弧长 45、弦长 42、矢长 3 毫米。2 块加工石片疤均在底面，它们的特征，按加工顺序如下：第一块为不完整石片疤，长 46、宽 38 毫米，倾斜度 45°，弦长、矢长难测。平面形状为不规则四边形，到对边的长度 114 毫米。所属边缘在远端边，刃角难测，为反向加工。片疤平视为普通型，片疤侧视为加高型，片疤深度为薄型，片疤剖视形态为凹下型。第二块为不完整石片疤，长 45、宽 36 毫米，倾斜度 55°，弦长、矢长难测。平面形状为不规则四边形，到对边的长度 114 毫米。所属边缘在远端边，刃角 57°，为反向加工。片疤平视为普通型，片疤侧视为加高型，片疤深度为薄型，片疤剖视形态为凹下型（图 2 – 161）。

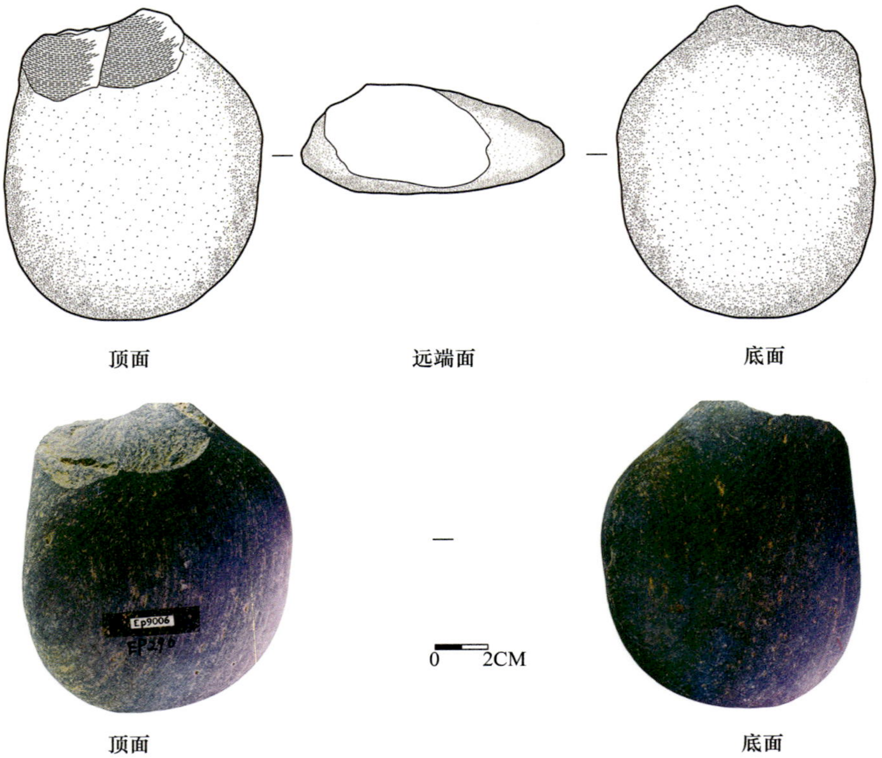

图 2 – 161　上文化层单刃单向加工的砍砸器（1990 年采集: 9006）

1991 年采集: 9127（EP335），素材为完整砾石。自然尺寸为长 91、宽 98、厚 49 毫米，重 566 克。岩性为砂岩，平面、横剖面、纵剖面几何形状均为不规则四边形，磨圆度一般。右侧面上有片疤，近端面、左侧面、顶面、底面、远端面上有石皮。有一条刃缘，在右侧边，平面形状为凸刃，侧视形状为弧形刃，加工层次为两个系列，弧长 98、弦长 90、矢长 9 毫米。4 块加工石片疤中均在侧面，它们的特征，按加工顺序如下：第一块为不完整石片疤，长 7、宽 44 毫米，倾斜度 25°，弦长、矢长难测。平面形状为不规则四边形，到对边的长度 83 毫米。所属边缘在右侧边，刃角难测，为正向加工。片疤平视为普通型，片疤侧视为陡型，片疤深度为薄型，片疤剖视形态为凹下型。第二块为不完整石片疤，长 53、宽 47 毫米，倾斜度 28°，弦长 29、矢长 2 毫米。平面形状为不规则四边形，到对边的长度 96 毫米。所属边缘在右侧边，刃角 86°，为正向加工。片疤平视为普通型，片疤侧视为陡型，片疤深度为薄型，片疤剖视形态为凹下型。第三块为完整石片疤，长 48、宽 60 毫米，倾斜度 65°，弦长 48、矢长 4 毫米。平面形状为不规则四边形，到对边的长度 83 毫米。所属边缘在右侧边，刃角 70°，为正向加工。片疤平视为普通型，片疤侧视为陡型，片疤深度为薄型，片疤剖视形态为凹下型。第四块为完整石片疤，长 23、宽 20 毫米，倾斜度 64°，弦长 17、矢长 1 毫米。平面形状为不规则四边形，到对边的长度 93 毫米。所属边缘在右侧边，刃角 66°，为正向加工。片疤平视为普通型，片疤侧视为陡型，片疤深度为薄型，片疤剖视形态为凹下型（图 2－162）。

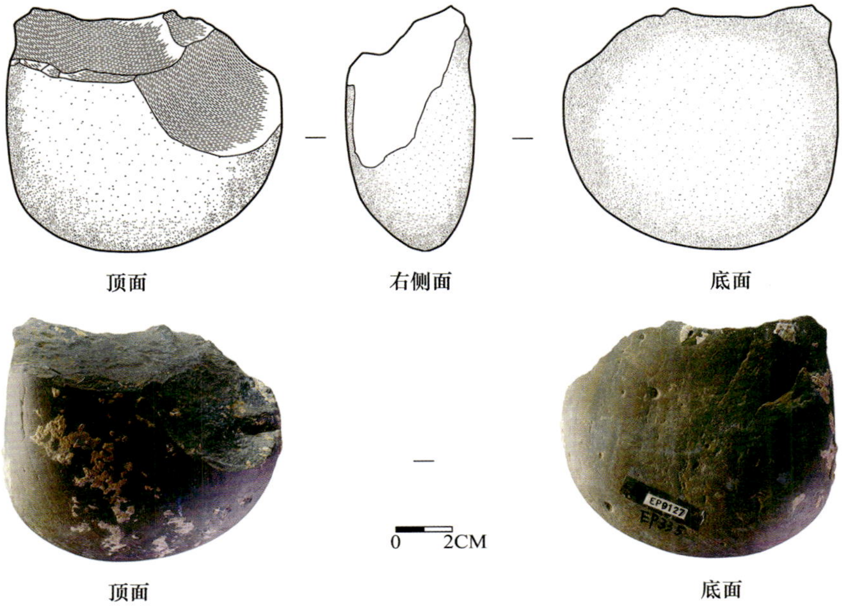

图 2－162 上文化层单刃单向加工的砍砸器（1991 年采集:9127）

侧刃单向加工的砍砸器，可分为刃缘在左侧边、右侧边两类。

c）刃缘位置在左侧边的单向加工的砍砸器，有 2 件。

1990 年采集:8（EP233），素材为双台面石核。自然尺寸为长 146、宽 98、厚 88 毫米，重 1474 克。岩性为石英岩，平面、横剖面、纵剖面几何形状均为不规则四边形，磨圆度一般。远端面上有片疤，右侧面、左侧面、顶面、底面、近端面上有石皮。两个台面分别在底面、右侧面，底台面平面几何形状均为不规则四边形，性质为天然石皮的凸起台面，剥片部位在远端边，剥片方向从底面到顶面。台面周长 366 毫米，远端边剥片所在边缘长度 100 毫米，剥片长度 100 毫米，剥片长度与所在边缘长度的比率为 100%，即剥片所在边缘全部被利用。剥片长度与台面周长的比率为 27%，即剥片所在台面利用率没有超过一半；右侧台面平面几何形状均为不规则四边形，性质为天然石皮的平滑台面，剥片部位在远端边，剥片方向从右侧面到左侧面。台面周长 250 毫米，远端边剥片所在边缘长度 60 毫米，剥片长度 60 毫米，剥片长度与所在边缘长度的比率 100%，即剥片所在边缘全部被利用。剥片长度与台面周长的比率为 24%，即剥片所在台面利用率没有超过一半。打击方法为硬锤锤击法。剥片面有 1 个，在远端面，有 2 块垂直相交分布的石片疤，剥片面面积与未剥片面面积的比例为 1:6。2 块石片疤的特征，按加工顺序如下：第一块为不完整石片疤，长 69、宽 65 毫米，倾斜度 51°，弦长、矢长难以测量，平面形状为不规则四边形，到对边的长度 115 毫米，台面角 58°。第二块为完整石片疤，长 61、宽 50 毫米，倾斜度 12°，弦长 41、矢长 9 毫米。平面形状为不规则四边形，到对边的长度 106 毫米，台面角 103°。砾石石皮的总数值为 6 等份，其中顶面有 1 等份、底面有 2 等份、侧面有 3 等份。打击方向总数量为 2 个，均在侧面。该标本没有转动过，翻动过 1 次。有一条刃缘，在左侧远段边，平面形状为凸刃，侧视形状为弧形刃，加工层次为两个系列，弧长 100、弦长 75、矢长 15 毫米。2 块加工石片疤均在侧面，它们的特征，依其加工顺序如下：第一块为完整石片疤，长 32、宽 46 毫米，倾斜度 53°，弦长 40、矢长 5 毫米。平面形状为不规则四边形，到对边的长度 149 毫米。所属边缘在左侧边，刃角 42°，为正向加工。片疤平视为普通型，片疤侧视为加高型，片疤深度为厚型，片疤剖视形态为浅阶梯型。第二块为完整石片疤，长 26、宽 44 毫米，倾斜度 78°，弦长 39、矢长 3 毫米。平面形状为不规则四边形，到对边的长度 115 毫米。所属边缘在左侧边，刃角 68°，为正向加工。片疤平视为普通型，片疤侧视为加高型，片疤深度为厚型，片疤剖视形态为凹下型（图 2－163）。

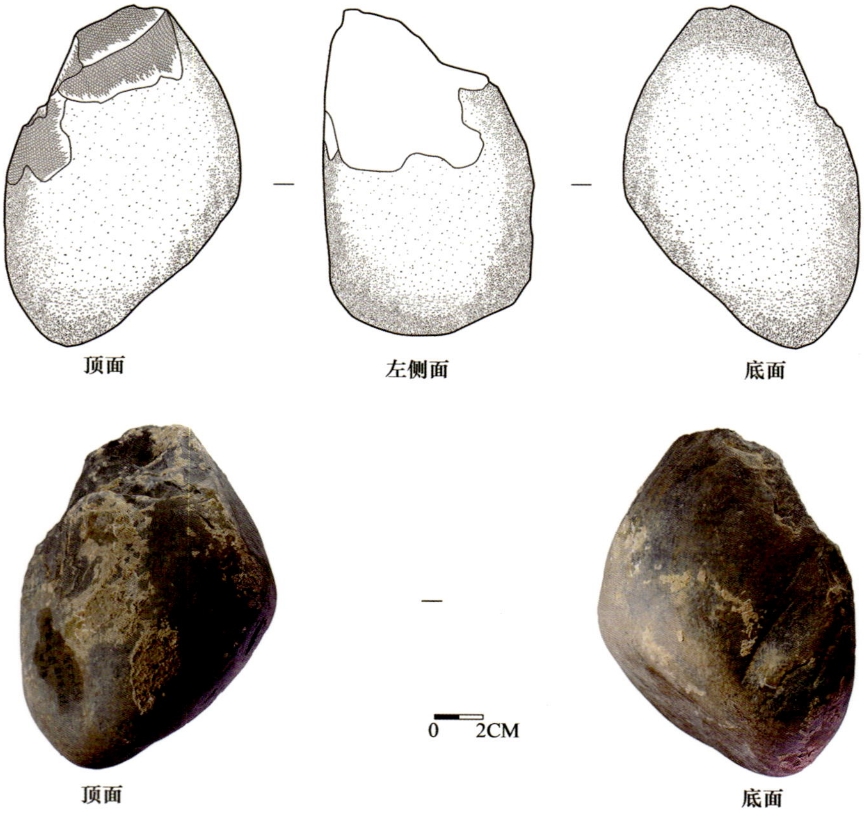

图 2－163　上文化层单刃单向加工的砍砸器（1990 年采集:8）

1990 年采集: 1（EP226），素材为断块。自然尺寸为长 81、宽 61、厚 43 毫米，重 229 克。岩性为脉石英，平面、横剖面、纵剖面几何形状分别为不规则五边形、不规则四边形、不规则四边形，磨圆度一般。左侧面上有片疤，右侧面、远端面、顶面、底面、近端面上有石皮。有一条刃缘，在左侧边，平面形状为凸刃，侧视形状为弧形刃，加工层次为一个系列，弧长 95、弦长 76、矢长 20 毫米。2 块加工石片疤均在侧面，它们的特征，按加工顺序如下：第一块为完整石片疤，长 45、宽 49 毫米，倾斜度 45°，弦长 27、矢长 3 毫米。平面形状为不规则四边形，到对边的长度 66 毫米。所属边缘在左侧边，刃角 66°，为正向加工。片疤平视为侵入型，片疤侧视为加高型，片疤深度为薄型，片疤剖视形态为凹下型。第二块为完整石片疤，长 29、宽 46 毫米，倾斜度 55°，弦长 40、矢长 4 毫米。平面形状为不规则四边形，到对边的长度 61 毫米。所属边缘在左侧边，刃角 81°，为正向加工。片疤平视为侵入型，片疤侧视为加高型，片疤深度为薄型，片疤剖视形态为凹下型（图 2 - 164）。

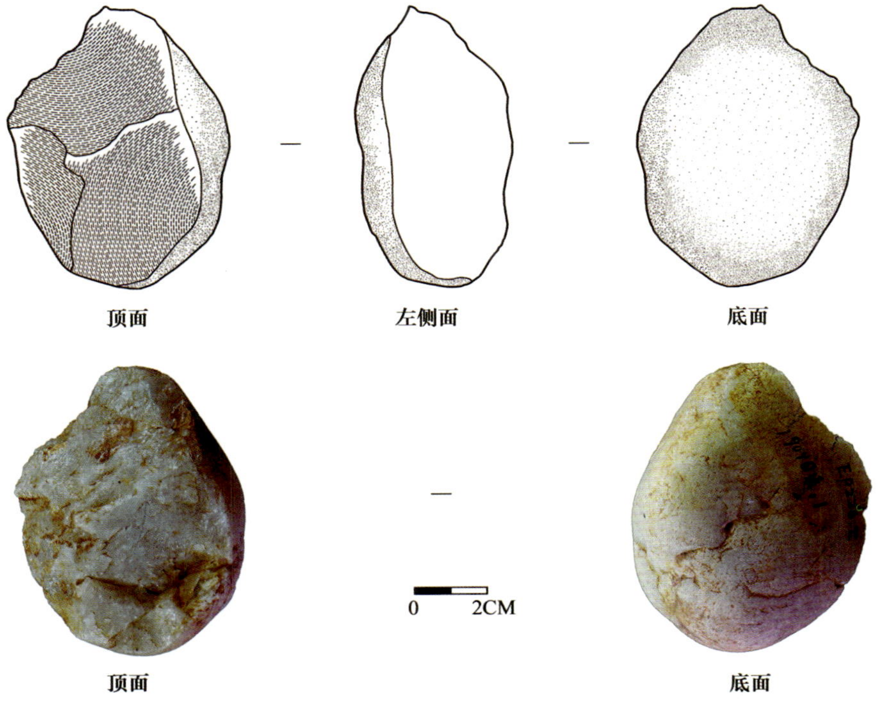

图 2 - 164　上文化层单刃单向加工的砍砸器（1990 年采集: 1）

d）刃缘位置在右侧边的单向加工的砍砸器，有 1 件。

1998 年采集: 9809（EP352），素材为完整砾石。自然尺寸为长 141、宽 120、厚 62 毫米，重 1247 克。岩性为石英岩，平面、横剖面、纵剖面几何形状分别为不规则四边形、不规则椭圆形、不规则四边形，磨圆度一般。右侧面上有片疤，近端面、左侧面、顶面、底面、远端面上有石皮。有一条刃缘，在右侧边，平面形状为凸刃，侧视形状为弧形刃，加工层次为两个系列，弧长 126、弦长 104、矢长 17 毫米。5 块加工石片疤中均在顶面，它们的特征，按加工顺序如下：第一块为不完整石片疤，长 62、宽 109 毫米，倾斜度 15°，弦长、矢长难测。平面形状为不规则四边形，到对边的长度 137 毫米。所属边缘在右侧边，刃角难测，为正向加工。片疤平视为侵入型，片疤侧视为加高型，片疤深度为薄型，片疤剖视形态为凹下型。第二块为完整石片疤，长 72、宽 89 毫米，倾斜度 36°，弦长 15、矢长 2 毫米。平面形状为不规则四边形，到对边的长度 137 毫米。所属边缘在右侧边，刃角 59°，为正向加工。片疤平视为侵入型，片疤侧视为加高型，片疤深度为厚型，片疤剖视形态为凹下型。第三块为完整石片疤，长 32、宽 60 毫米，倾斜度 29°，弦长 24、矢长 3 毫米。平面形状为不规则四边形，到对边的长度 115 毫米。所属边缘在右侧边，刃角 68°，为正向加工。片疤平视为普通型，片疤侧视为加高型，片疤深度为薄型，片疤剖视形态为凹下型。第四块为完整石片疤，长 8、宽 18 毫米，倾斜度 35°，弦长 12、矢长 1 毫米。平面形状为不规则四边形，到对边的长度 119 毫米。所属边缘在右侧边，刃角 71°，为正向加工。片疤平视为普通型，片疤侧视为加高型，片疤深度为薄型，片疤剖视形态为凹下型。第五块为完整石片疤，长 16、宽 29 毫米，倾斜度 52°，弦长 28、矢长 2. 5

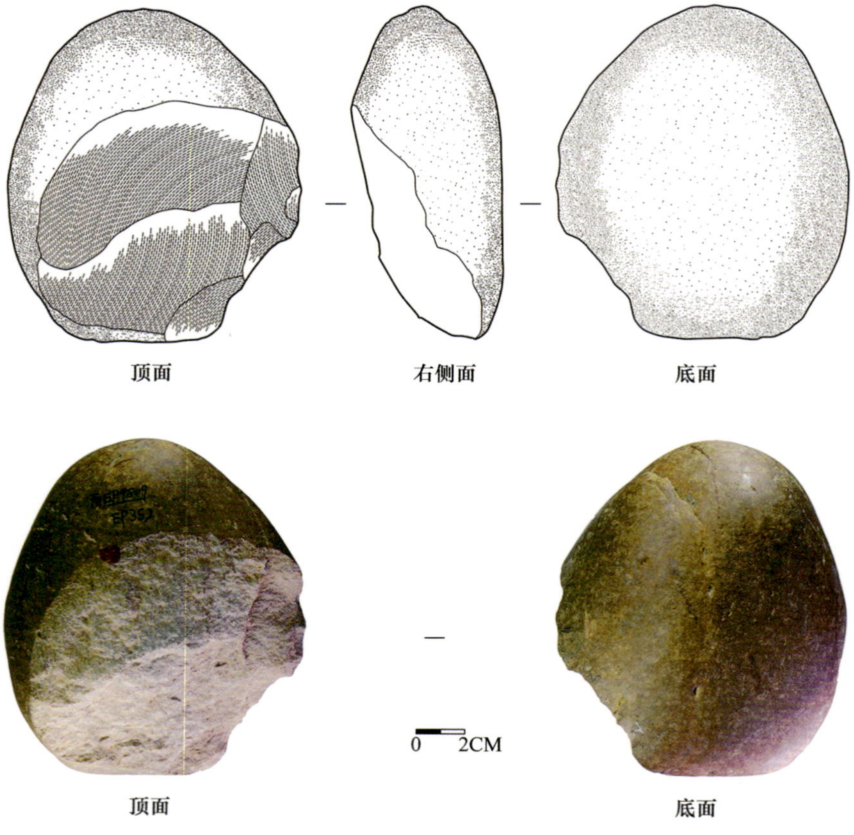

图 2 - 165　上文化层单刃单向加工的砍砸器（1998 年采集: 9809）

毫米。平面形状为不规则四边形，到对边的长度120毫米。所属边缘在右侧边，刃角64°，为正向加工。片疤平视为普通型，片疤侧视为加高型，片疤深度为薄型，片疤剖视形态为凹下型（图2-165）。

e）单刃单向加工的砍砸器+有孤立凸起片疤砾石的砍砸器，有1件。

1995年采集:4（EP231），素材为完整砾石。自然尺寸为长159、宽92、厚57毫米，重957克。岩性为石英岩，平面、横剖面、纵剖面几何形状分别为不规则椭圆形、不规则四边形、不规则四边形，磨圆度一般。右侧面上有片疤，近端面、左侧面、顶面、底面、远端面（有孤立片疤）上有石皮。有一条刃缘，在右侧边，平面形状为凸刃，侧视形状为弧形刃，加工层次为一个系列，弧长160、弦长128、矢长31毫米。2块加工石片疤中均在侧面，它们的特征，按加工顺序如下：第一块为不完整石片疤，长59、宽91毫米，倾斜度49°，弦长73、矢长11毫米。平面形状为不规则四边形，到对边的长度90毫米。所属边缘在右侧边，刃角难测，为反向加工。片疤平视为侵入型，片疤侧视为加高型，片疤深度为薄型，片疤剖视形态为凹下型。第二块为完整石片疤，长35、宽66毫米，倾斜度58°，弦长67、矢长4毫米。平面形状为不规则四边形，到对边的长度99毫米。所属边缘在右侧边，刃角80°，为反向加工。片疤平视为普通型，片疤侧视为加高型，片疤深度为薄型，片疤剖视形态为凹下型。孤立凸起片疤为完整石片疤，长22、宽30毫米，倾斜度78°，弦长27、矢长2毫米。平面形状为不规则椭圆形，到对边的长度107毫米。所属边缘在远端边，刃角106°，为正向加工。片疤平视为普通型，片疤侧视为加高型，片疤深度为薄型，片疤剖视形态为凹下型（图2-166）。

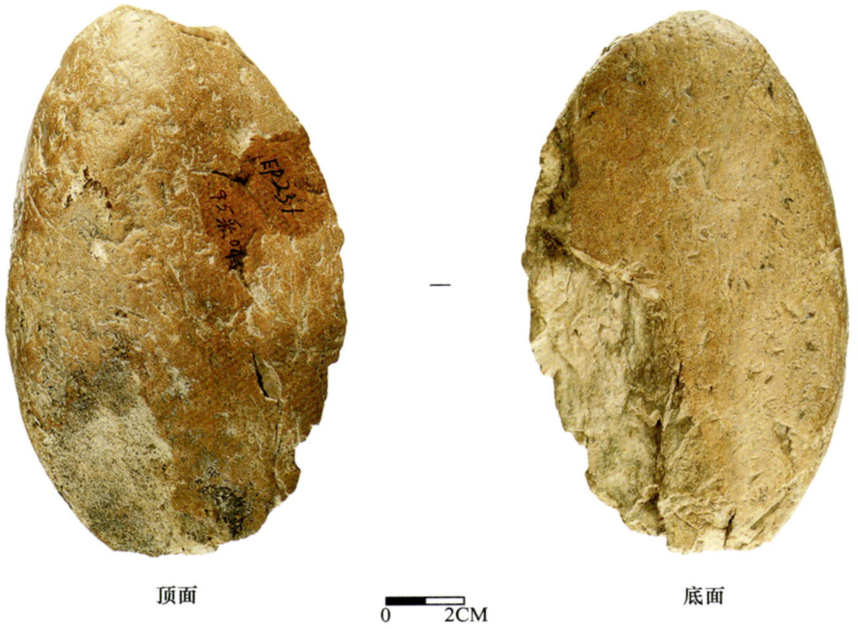

图2-166　上文化层单刃单向加工的砍砸器（1995年采集:4）

（b）双刃单向加工的砍砸器，有14件，根据两条刃缘之间的关系可分为两条刃缘相连（12件）和不相连（2件）两类。

两条刃缘相连的双刃单向加工的砍砸器，有12件，根据两条刃缘相连后是否成尖刃可分为成尖（1件）和不成尖（11件）两类。

a）两条刃缘相连后成尖刃的砍砸器，有1件。

1998年采集:9808（EP351），素材为完整砾石。自然尺寸为长143、宽85、厚43毫米，重619克。岩性为砂岩，平面、横剖面、纵剖面几何形状均为不规则四边形，磨圆度一般。近端面上有片疤，远端面、左侧面、右侧面、顶面、底面上有石皮。有两条刃缘相邻相连成尖，分别为：一条刃缘在近端左段边，平面形状为凸刃，侧视形状为弧形刃，加工层次为一个系列，弧长27、弦长25、矢长2毫米；一条刃缘在近端右段边，平面形状为凸刃，侧视形状为弧形刃，加工层次为一个系列，弧长69、弦长65、矢长3毫米。3块加工石片疤均在侧面，依加工顺序它们的特征如下：第一块为完整石片疤，长63、宽35毫米，倾斜度30°，弦长20、矢长1.5毫米。平面形状为不规则四边形，到对边的长度98毫米。所属边缘在近端边，刃角60°，为正向加工。片疤平视为侵入型，片疤侧视为加高型，片疤深度为薄型，片疤剖视形态为凹下型。第二块为完整石片疤，长57、宽54毫米，倾斜度44°，弦长23、矢长3毫米。平面形状为不规则四边形，到对边的长度121毫米。所属边缘在近端边，刃角42°，为正向加工。片疤平视为侵入型，片疤侧视为加高型，片疤深度为薄型，片疤剖视形态为凹下型。第三块为完整石片疤，长54、宽33毫米，倾斜度46°，弦长27、矢长3毫米。平面形状为不规则四边形，到对边的长度89毫米。所属边缘在近端边，刃角50°，为正向加工。片疤平视为普通型，片疤侧视为加高型，片疤深度为薄型，片疤剖视形态为凹下型（图2－167）。

b）两条刃缘相连后不成尖刃的砍砸器有11件。

该类标本的岩性以砂岩、硅质岩为多（各有4件），石英岩的有2件，含砾砂岩的只有1件。此类标本除1件出自第②层外，其余均采自地表。素材以完整砾石为多（7件），单台面石核有3件，断块有1件。长度中最长的达285毫米，最短的只有64毫米，超过100毫米的有9件，小于100毫米的有2件。宽度中最宽的为146毫米，最窄的为60毫米，除2件小于100毫米外，其余均大于100毫米。厚度中最厚的为97毫米，最薄的为15毫米，大于50毫米的有7件，小于50毫米的有4件。重量中最重的为2741克，最轻的为66克，小于1000克的有6件，大于1000克的有5件（其中3件大于2000克）。

此类标本的平面形状多为不规则四边形（9件），椭圆形和三边形各有1件；横剖面形状多为不规则四边形（10件），椭圆形的有1件；纵剖面形状多为不规则四边形（9件），椭圆形和三边形各有1件。

依据两条刃缘的位置的不同，可分为远端边和右侧边相连、近端边左段和近端边右段相连、近端边和右侧边相连、近端边到左侧边和远端边到右侧边相连、左侧边和右侧边相连五种情况。

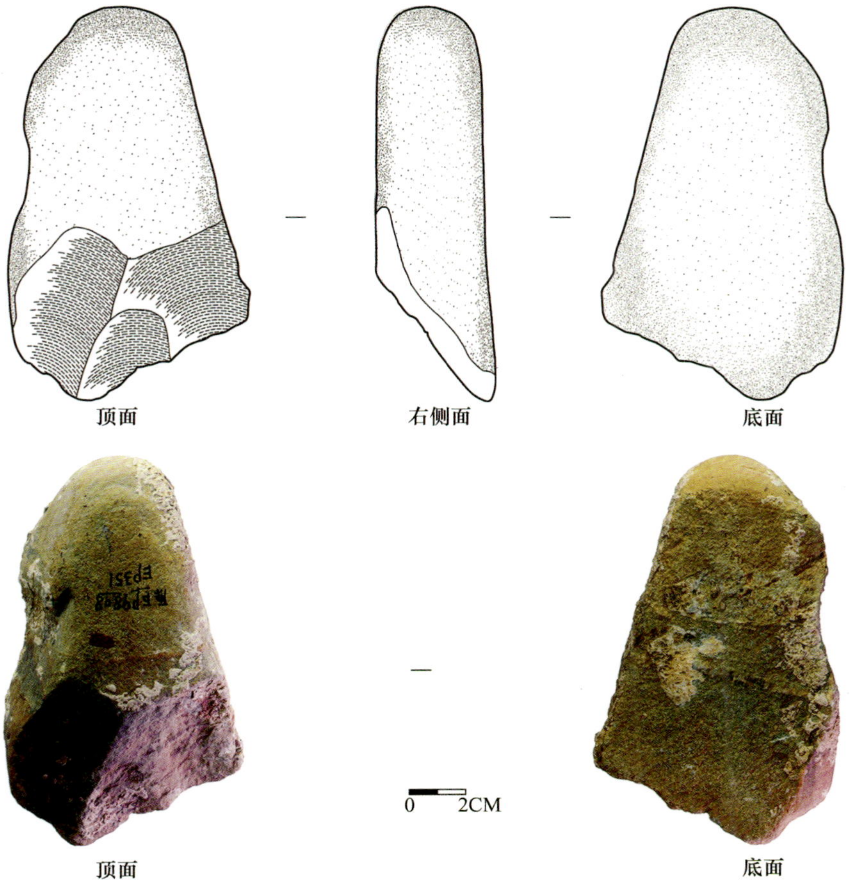

图 2－167　上文化层双刃相邻相连成尖的单向加工的砍砸器（1998 年采集：9808）

近端左边段和近端右边段相连不成尖的双刃砍砸器（chopper），有 2 件。

2000 年采集：2046（EP408），素材为完整砾石。自然尺寸为长 171、宽 144、厚 86 毫米，重 2119 克。岩性为硅质岩，平面、横剖面和纵剖面几何形状均为不规则四边形，磨圆度一般。右侧面、远端面、左侧面、底面、顶面上均有石皮，近端面上有加工片疤。有两条刃缘，分别为：一条刃缘在近端左段边，平面形状为凸刃，侧视形状为弧形刃，加工层次为一个系列，弧长 80、弦长 73、矢长 6 毫米；一条刃缘在近端右段边，平面形状为凸刃，侧视形状为弧形刃，加工层次为一个系列，弧长 108、弦长 100、矢长 17 毫米。4 块加工石片疤均在侧面，按加工顺序它们的特征如下：第一块为完整石片疤，长 109、宽 71 毫米，倾斜度 28°，弦长 55、矢长 2 毫米。平面形状为不规则四边形，到对边的长度 145 毫米。所属边缘在近端边，刃角 67°，为正向加工。片疤平视为侵入型，片疤侧视为陡型，片疤深度为薄型，片疤剖视形态为凹下型。第二块为完整石片疤，长 84、宽 74 毫米，倾斜度 40°，弦长 51、矢长 4 毫米。平面形状为不规则四边形，到对边的长度 159 毫米。所属边缘在近端边，刃角 77°，为正向加工。片疤平视为普通型，片疤侧视为陡型，片疤深度为厚型，片疤剖视形态为浅阶梯型。第三块为完整石片疤，长53、宽59毫米，倾斜度60°，弦长55、矢长6毫米。平面形状为不规则四边形，到对边的长度137毫米。所属边缘在近端边，刃角87°，为正向加工。片疤平视为普通型，片疤侧视为陡型，片疤深度为厚型，片疤剖视形态为浅阶梯型。第四块为完整石片疤，长36、宽24毫米，倾斜度39°，弦长25、矢长2毫米。平面形状为不规则四边形，到对边的长度146毫米。所属边缘在近端边，刃角81°，为正向加工。片疤平视为普通型，片疤侧视为陡型，片疤深度为薄型，片疤剖视形态为凹下型（图2－168）。

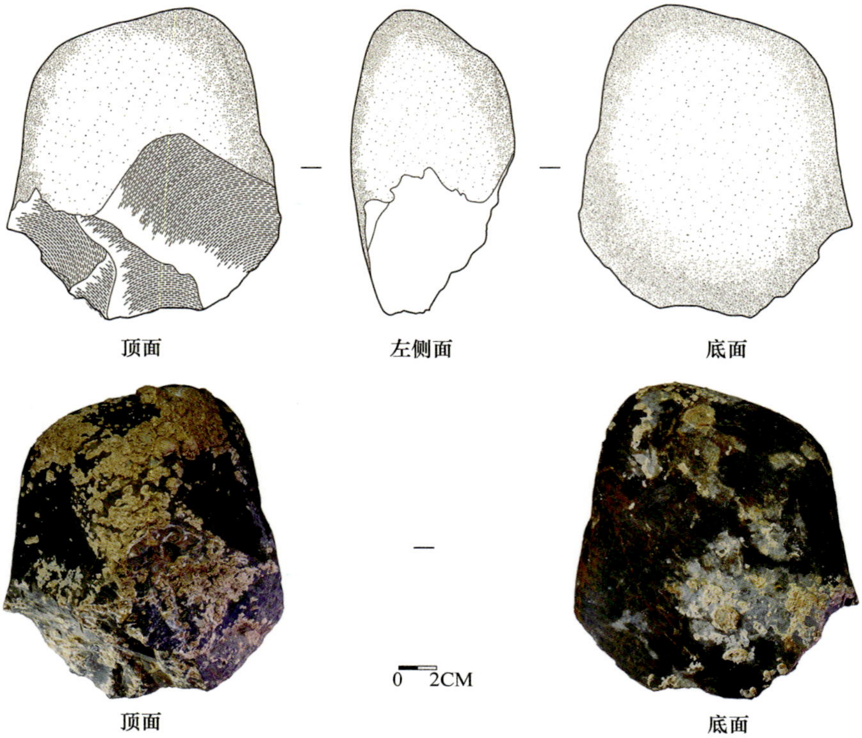

图2－168　上文化层双刃相邻相连不成尖的单向加工的砍砸器（2000年采集:2046）

1995年采集:9509（EP234），素材为完整砾石。自然尺寸为长200、宽141、厚80毫米，重2385克。岩性为石英岩，平面、横剖面、纵剖面几何形状分别为不规则五边形、不规则四边形、不规则四边形，磨圆度一般。近端面上有片疤，右侧面、左侧面、顶面、底面、远端面上有石皮。有两条刃缘，分别在近端左段边、近端右段边，近端左段边平面形状为“S”形刃，侧视形状为弧形刃，加工层次为一个系列，弧长80、弦长77、矢长5毫米；近端右段边平面形状为凸刃，侧视形状为弧形刃，加工层次为一个系列，弧长70、弦长67、矢长4毫米。2块加工石片疤均在侧面，它们的特征，按加工顺序如下：第一块为完整石片疤，长61、宽89毫米，倾斜度52°，弦长45、矢长5毫米。平面形状为不规则四边形，到对边的长度161毫米。所属边缘在近端边，刃角63°，为正向加工。片疤平视为侵入型，片疤侧视为加高型，片疤深度为厚型，片疤剖视形态为凹下型。第二块为完整石片疤，长76、宽89毫米，倾斜度42°，弦长

45、矢长 3 毫米。平面形状为不规则四边形，到对边的长度 146 毫米。所属边缘在近端边，刃角 49°，为正向加工。片疤平视为普通型，片疤侧视为加高型，片疤深度为厚型，片疤剖视形态为凹下型（图 2－169）。

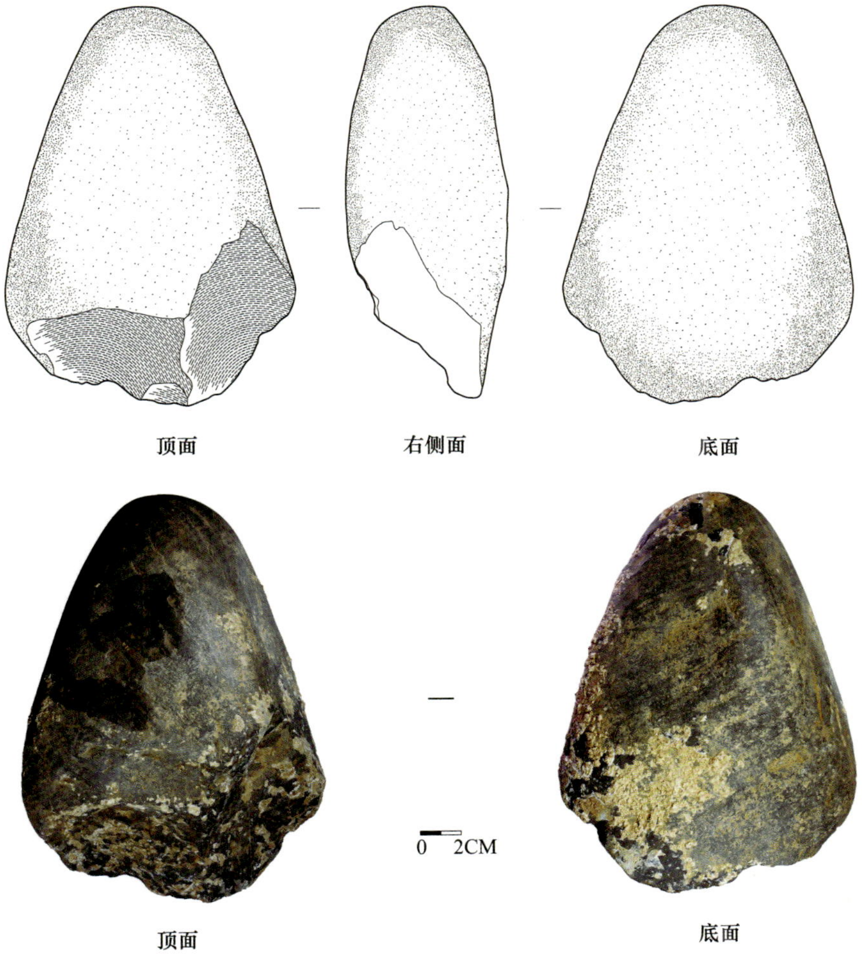

图 2－169　上文化层双刃相邻相连不成尖的单向加工的砍砸器（1995 年采集: 9509）

近端边、右侧边双刃相连不成尖的双刃砍砸器（chopper），有 2 件。

1995T1327②: 9505（EP181），素材为完整砾石。自然尺寸为长 156、宽 127、厚 97 毫米，重 1999 克。岩性为砂岩，平面、横剖面和纵剖面几何形状均为不规则四边形，磨圆度一般。左侧面、远端面、顶面、底面上均有石皮，右侧面、近端面上有加工片疤。有两条刃缘，分别为：一条刃缘在近端边，平面形状为凹刃，侧视形状为弧形刃，加工层次为一个系列，弧长 80、弦长 70、矢长 5 毫米；一条刃缘在右侧边，平面形状为凸刃，侧视形状为弧形刃，加工层次为两个系列，弧长 110、弦长 98、矢长 14 毫米。5 块加工石片疤均在侧面，按加工顺序它们的特征如下：第一块为不完整石片疤，长47、宽55毫米，倾斜度72°，弦长、矢长难测。平面形状为不规则四边形，到对边的长度124毫米。所属边缘在右侧边，刃角难测，为正向加工。片疤平视为普通型，片疤侧视为陡型，片疤深度为厚型，片疤剖视形态为凹下型。第二块为完整石片疤，长45、宽110毫米，倾斜度65°，弦长70、矢长3毫米。平面形状为不规则四边形，到对边的长度124毫米。所属边缘在右侧边，刃角57°，为正向加工。片疤平视为普通型，片疤侧视为陡型，片疤深度为厚型，片疤剖视形态为凹下型。第三块为完整石片疤，长71、宽98毫米，倾斜度70°，弦长28、矢长2毫米。平面形状为不规则四边形，到对边的长度124毫米。所属边缘在右侧边，刃角51°，为正向加工。片疤平视为普通型，片疤侧视为陡型，片疤深度为厚型，片疤剖视形态为凹下型。第四块为完整石片疤，长91、宽98毫米，倾斜度65°，弦长54、矢长4毫米。平面形状为不规则四边形，到对边的长度129毫米。所属边缘在近端边，刃角62°，为正向加工。片疤平视为普通型，片疤侧视为陡型，片疤深度为厚型，片疤剖视形态为凹下型。第五块为完整石片疤，长32、宽30毫米，倾斜度71°，弦长26、矢长3毫米。平面形状为不规则四边形，到对边的长度127毫米。所属边缘在右侧边，刃角75°，为正向加工。片疤平视为普通型，片疤侧视为陡型，片疤深度为厚型，片疤剖视形态为凹下型（图2－170）。

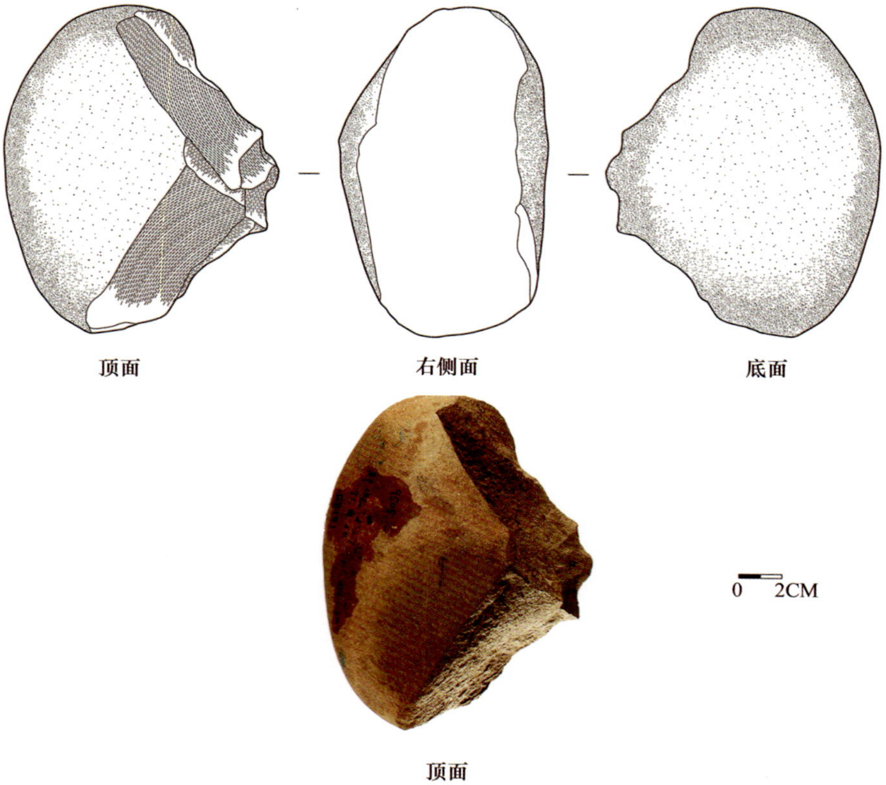

图2－170　上文化层双刃相邻相连不成尖的单向加工的砍砸器（1995T1327②:9505）

1998 年采集: 9817（EP360），素材为完整砾石。自然尺寸为长 117、宽 95、厚 38 毫米，重 569 克。岩性为石英岩，平面、横剖面和纵剖面几何形状均为不规则四边形，磨圆度一般。左侧面、远端面、顶面、底面上均有石皮，右侧面、近端面上有加工片疤。有两条刃缘，相邻相连不成尖，分别为：一条刃缘在近端边，平面形状为凸刃，侧视形状为弧形刃，加工层次为两个系列，弧长 90、弦长 86、矢长 11 毫米；一条刃缘在右侧边，平面形状为凸刃，侧视形状为弧形刃，加工层次为一个系列，弧长 70、弦长 63、矢长 5 毫米。5 块加工石片疤均在侧面，按加工顺序它们的特征如下：第一块为完整石片疤，长 47、宽 58 毫米，倾斜度 54°，弦长 28、矢长 2 毫米。平面形状为不规则四边形，到对边的长度 88 毫米。所属边缘在近端边，刃角 70°，为反向加工。片疤平视为侵入型，片疤侧视为加高型，片疤深度为薄型，片疤剖视形态为凹下型。第二块为完整石片疤，长 50、宽 32 毫米，倾斜度 45°，弦长 20、矢长 2 毫米。平面形状为不规则四边形，到对边的长度 102 毫米。所属边缘在近端边，刃角 68°，为反向加工。片疤平视为侵入型，片疤侧视为加高型，片疤深度为薄型，片疤剖视形态为浅阶梯型。第三块为完整石片疤，长 33、宽 54 毫米，倾斜度 63°，弦长 29、矢长 3 毫米。平面形状为不规则四边形，到对边的长度 112 毫米。所属边缘在右侧边，刃角 79°，为反向加工。片疤平视为普通型，片疤侧视为加高型，片疤深度为薄型，片疤剖视形态为凹下型。第四块为完整石片疤，长 15、宽 16 毫米，倾斜度 47°，弦长 13、矢长 0.5 毫米。平面形状为不规则四边形，到对边的长度 121 毫米。所属边缘在右侧边，刃角 85°，为反向加工。片疤平视为普通型，片疤侧视为陡型，片疤深度为薄型，片疤剖视形态为凹下型。第五块为完整石片疤，长 23、宽 32 毫米，倾斜度 58°，弦长 29、矢长 3 毫米。平面形状为不规则四边形，到对边的长度 88 毫米。所属边缘在近端边，刃角 60°，为反向加工。片疤平视为普通型，片疤侧视为陡型，片疤深度为薄型，片疤剖视形态为凹下型（图 2－171）。

远端边和右侧边两条刃缘相连的双刃单向加工的砍砸器，有 2 件。

1990 年采集: 9020（EP295），素材为完整砾石。自然尺寸为长 64、宽 60、厚 15 毫米，重 66 克。岩性为砂岩，平面、横剖面和纵剖面几何形状均为不规则四边形，磨圆度一般。近端面、左侧面、远端面、顶面、底面上均有石皮，右侧面、远端面上有加工片疤。有两条刃缘，相邻相连不成尖，分别为：一条刃缘在远端边，平面形状为凸刃，侧视形状为弧形刃，加工层次为一个系列，弧长 50、弦长 46、矢长 1.5 毫米；一条刃缘在右侧边，平面形状为直刃，侧视形状为弧形刃，加工层次为一个系列，弧长 45、弦长 42、矢长 1 毫米。2 块加工石片疤均在顶面，按加工顺序它们的特征如下：第一块为完整石片疤，长 34、宽 53 毫米，倾斜度 21°，弦长 32、矢长 1 毫米。平面形状为不规则四边形，到对边的长度 57 毫米。所属边缘在右侧边，刃角 32°，为正向加工。片疤平视为普通型，片疤侧视为加高型，片疤深度为薄型，片疤剖视形态为凹下型。第二块为完整石片疤，长 38、宽 55 毫米，倾斜度 17°，弦长 30、矢长 1.5 毫米。平面形状为不规则四边形，到对边的长度 59 毫米。所属边缘在远端边，刃角 33°，为正向加工。片疤平视为普通型，片疤侧视为加高型，片疤深度为薄型，片疤剖视形态为凹下型（图 2－172）。

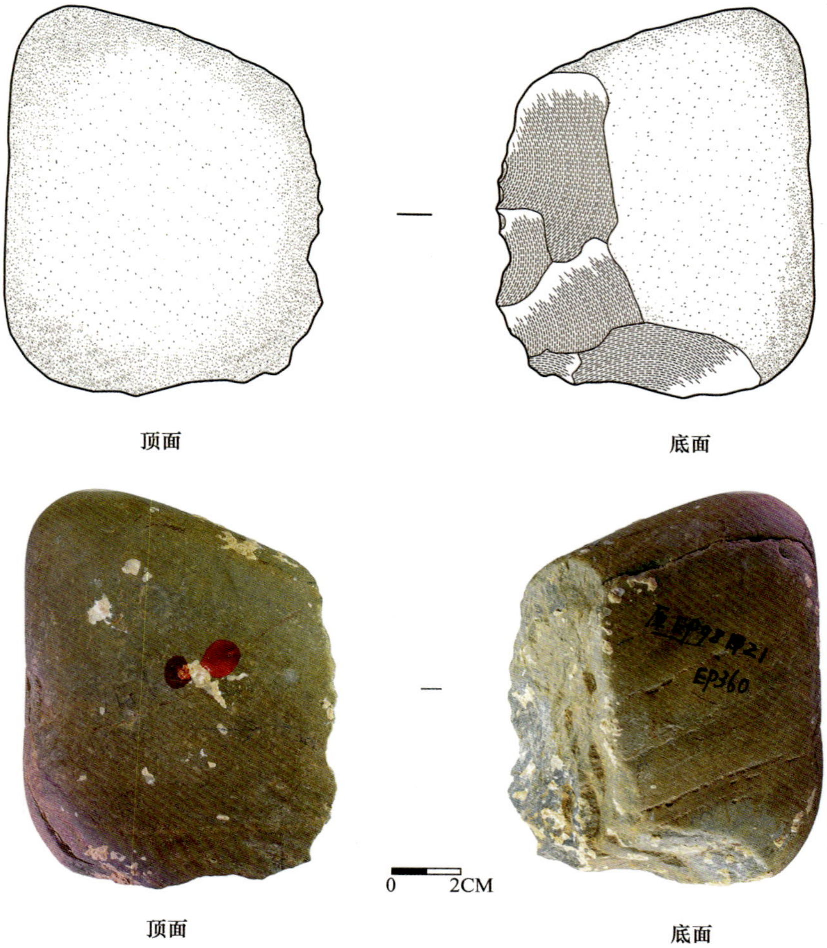

图 2 - 171　上文化层双刃相邻相连不成尖的单向加工的砍砸器（1998 年采集: 9817）

右侧边和远端边两条刃缘相连的双刃单向加工的砍砸器，有 1 件。

1991 年采集: 9120（EP328），素材为完整砾石。自然尺寸为长 114、宽 97、厚 62 毫米，重 951 克。岩性为砂岩，平面、横剖面和纵剖面几何形状均为不规则四边形，磨圆度一般。近端面、右侧面、远端面、顶面、底面上均有石皮，左侧面、远端面上有加工片疤。有两条刃缘，相邻相连不成尖，分别为：一条刃缘在远端边，平面形状为凸刃，侧视形状为弧形刃，加工层次为一个系列，弧长 58、弦长 55、矢长 2 毫米；一条刃缘在左侧边，平面形状为“S”形刃，侧视形状为弧形刃，加工层次为一个系列，弧长 95、弦长 88、矢长 15 毫米。4 块加工石片疤均在侧面，按加工顺序它们的特征如下：第一块为完整石片疤，长 65、宽 83 毫米，倾斜度 70°，弦长 30、矢长 3 毫米。平面形状为不规则四边形，到对边的长度 92 毫米。所属边缘在右侧边，刃角 73°，为反向加工。片疤平视为普通型，片疤侧视为陡型，片疤深度为薄型，片疤剖视形态为凹下型。第二块为完整石片疤，长 51、宽 38 毫米，倾斜度 77°，弦长 19、矢长 1 毫

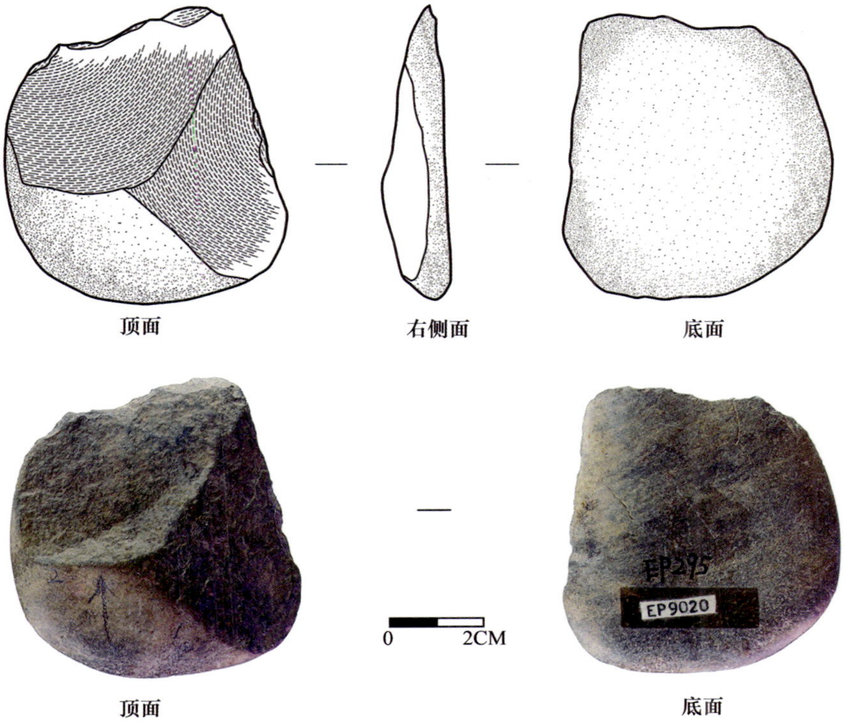

图 2－172　上文化层双刃相邻相连不成尖的单向加工的砍砸器（1990 年采集: 9020）

米。平面形状为不规则四边形，到对边的长度 101 毫米。所属边缘在右侧边，刃角 81°，为反向加工。片疤平视为普通型，片疤侧视为陡型，片疤深度为薄型，片疤剖视形态为凹下型。第三块为完整石片疤，长 58、宽 71 毫米，倾斜度 87°，弦长 36、矢长 1.5 毫米。平面形状为不规则四边形，到对边的长度 104 毫米。所属边缘在远端边，刃角 80°，为反向加工。片疤平视为普通型，片疤侧视为陡型，片疤深度为薄型，片疤剖视形态为凹下型。第四块为完整石片疤，长 33、宽 35 毫米，倾斜度 82°，弦长 24、矢长 2 毫米。平面形状为不规则四边形，到对边的长度 97 毫米。所属边缘在右侧边，刃角 82°，为反向加工。片疤平视为普通型，片疤侧视为陡型，片疤深度为薄型，片疤剖视形态为凹下型（图 2－173）。

近端边—左侧边和远端边—右侧边两条刃缘相连的双刃单向加工的砍砸器，有 1 件。

1995 年采集: 9512（EP237），素材为完整砾石。自然尺寸为长 175、宽 132、厚 62 毫米，重 1309 克。岩性为硅质岩，平面、横剖面和纵剖面几何形状均为不规则四边形，磨圆度一般。底面、顶面上均有石皮，右侧面、远端面、左侧面、近端面上有加工片疤。有两条刃缘，分别为：一条刃缘在近端—左侧边，平面形状为凸刃，侧视形状为弧形刃，加工层次为一个系列，弧长 180、弦长 124、矢长 45 毫米；一条刃缘在远端—左侧边，平面形状为凸刃，侧视形状为弧形刃，加工层次为一个系列，弧长 240、弦长 156、矢长 60 毫米。5 块加工石片疤中有 2 块在

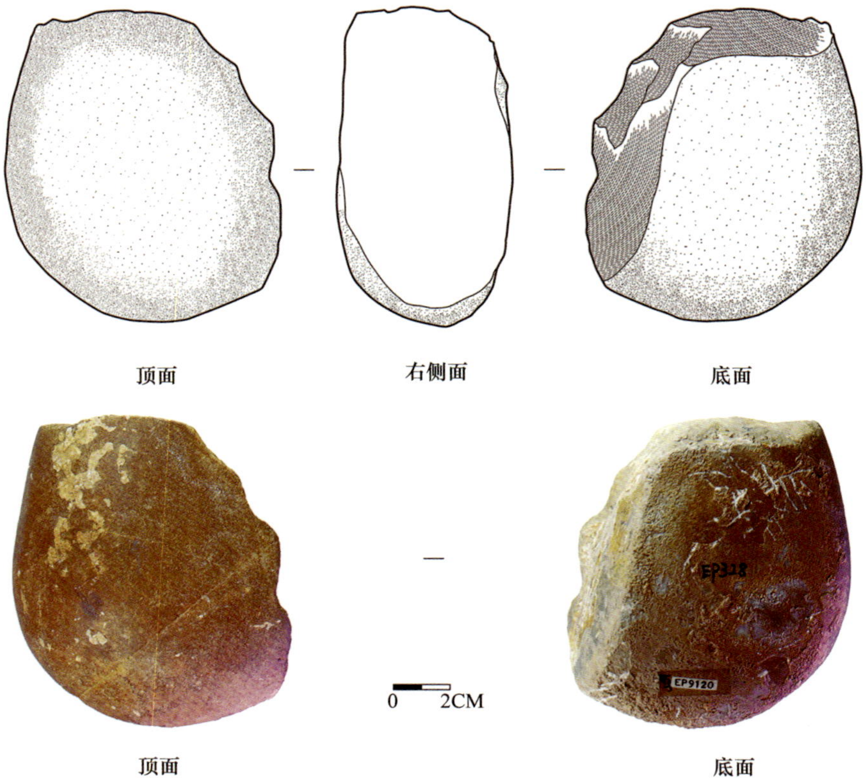

图2-173 上文化层双刃相邻相连不成尖的单向加工的砍砸器（1991年采集:9120）

顶面、3块在底面，按加工顺序它们的特征如下：第一块为不完整石片疤，长50、宽127毫米，倾斜度6°，弦长、矢长难测。平面形状为不规则四边形，到对边的长度140毫米。所属边缘在右侧—远端边，刃角难测，为反向加工。片疤平视为侵入型，片疤侧视为普通型，片疤深度为薄型，片疤剖视形态为凹下型。第二块为完整石片疤，长64、宽109毫米，倾斜度17°，弦长85、矢长6毫米。平面形状为不规则四边形，到对边的长度130毫米。所属边缘在右侧—远端边，刃角45°，为反向加工。片疤平视为侵入型，片疤侧视为普通型，片疤深度为薄型，片疤剖视形态为凹下型。第三块为完整石片疤，长41、宽105毫米，倾斜度33°，弦长105、矢长15毫米。平面形状为不规则四边形，到对边的长度130毫米。所属边缘在右侧—远端边，刃角77°，为反向加工。片疤平视为普通型，片疤侧视为普通型，片疤深度为薄型，片疤剖视形态为浅阶梯型。第四块为完整石片疤，长103、宽76毫米，倾斜度25°，弦长57、矢长5毫米。平面形状为不规则四边形，到对边的长度170毫米。所属边缘在左侧—近端边，刃角82°，为正向加工。片疤平视为侵入型，片疤侧视为普通型，片疤深度为薄型，片疤剖视形态为凹下型。第五块为完整石片疤，长68、宽124毫米，倾斜度38°，弦长46、矢长3毫米。平面形状为不规则四边形，到对边的长度122毫米。所属边缘在左侧—近端边，刃角73°，为正向加工。片疤平视为侵入型，片疤侧视为普通型，片疤深度为薄型，片疤剖视形态为凹下型（图2-174）。

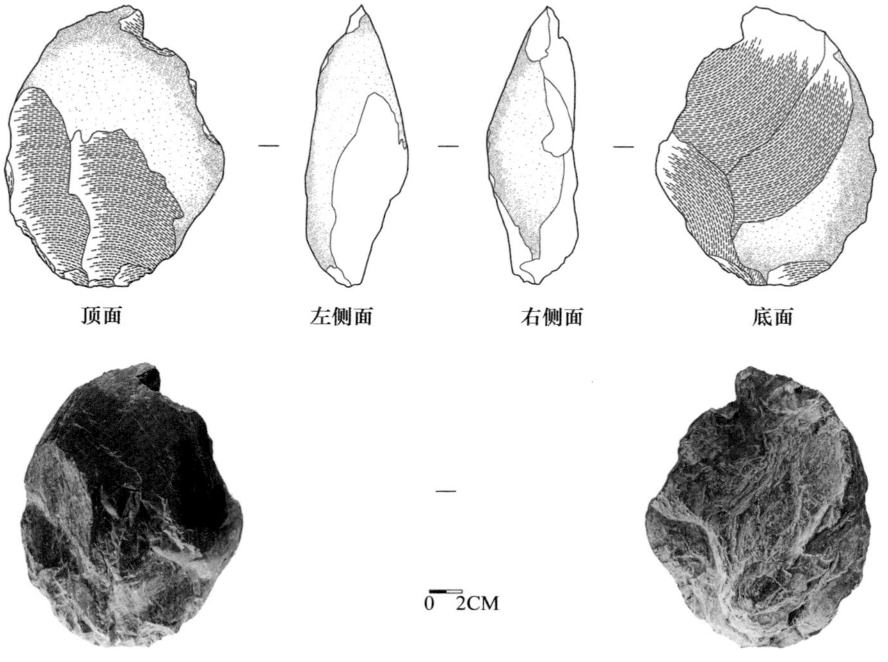

图 2－174　上文化层双刃相邻相连不成尖的单向加工的砍砸器（1995 年采集：9512）

左侧边和右侧边两条刃缘相连的双刃单向加工的砍砸器，有 1 件。

1990 年采集（上砾石层）：10（EP238），素材为单台面石核。自然尺寸为长 135、宽 117、厚 64 毫米，重 997 克。岩性为含砾砂岩，平面、横剖面和纵剖面几何形状均为不规则四边形，磨圆度一般。近端面、底面上有石皮，右侧面、远端面、左侧面、顶面上有片疤。台面在底面，其平面几何形状为不规则四边形，性质为天然石皮的凸起台面，剥片部位在左侧边、远端边，剥片方向从底面到顶面。台面周长 400 毫米，左侧边剥片所在边缘长度 136 毫米，剥片长度 136 毫米，剥片长度与所在边缘长度的比率为 100%，即剥片所在边缘全部被利用；右侧边剥片所在边缘长度 124 毫米，剥片长度 124 毫米，剥片长度与所在边缘长度的比率为 100%，即剥片所在边缘全部被利用。全部剥片长度与台面周长的比率为 65%，即剥片所在台面利用率超过一半。打击方法为硬锤锤击法。剥片面有 1 个，在顶面，有 2 块交错分布的石片疤，该剥片面面积与未剥片面面积的比例为 3∶5。2 块石片疤的特征，按加工顺序如下：第一块为不完整石片疤，长 32、宽 60 毫米，倾斜度 21°，弦长、矢长难测。平面形状为不规则四边形，到对边的长度 127 毫米，台面角 47°。第二块为不完整石片疤，长 32、宽 51 毫米，倾斜度 10°，弦长、矢长难测。平面形状为不规则四边形，到对边的长度 118 毫米，台面角 57°。保留的砾石石皮的总数值为 5 等份，其中顶面有 1 等份、底面有 4 等份，侧面上没有石皮。该标本转动过 1 次，没有翻动过。有两条刃缘，分别为：一条刃缘在左侧边，平面形状为凸刃，侧视形状为弧形刃，加工层次为两个系列，弧长 130、弦长 120、矢长 19 毫米；一条刃缘在右侧边，平面形状为凸刃，侧视形状为弧形刃，加工层次为三个系列，弧长 132、弦长 108、矢长 21 毫米。6 块加工石片疤均在顶面，依加工顺序它们的特征如下：第一块为不完整石片疤，长 47、宽 27 毫米，倾斜度 38°，弦长、矢长难测。平面形状为不规则四边形，到对边的长度 119 毫米。所属边缘在左侧边，刃角 67°，为正向加工。片疤平视为侵入型，片疤侧视为加高型，片疤深度为薄型，片疤剖视形态为凹下型。第二块为不完整石片疤，长 53、宽 21 毫米，倾斜度 45°，弦长、矢长难测。平面形状为不规则四边形，到对边的长度 134 毫米。所属边缘在右侧边，刃角 59°，为正向加工。片疤平视为普通型，片疤侧视为加高型，片疤深度为薄型，片疤剖视形态为凹下型。第三块为完整石片疤，长 43、宽 60 毫米，倾斜度 43°，弦长 52、矢长 4 毫米。平面形状为不规则四边形，到对边的长度 116 毫米。所属边缘在左侧边，刃角 62°，为正向加工。片疤平视为普通型，片疤侧视为加高型，片疤深度为薄型，片疤剖视形态为凹下型。第四块为完整石片疤，长 57、宽 70 毫米，倾斜度 40°，弦长 40、矢长 1 毫米。平面形状为不规则四边形，到对边的长度 115 毫米。所属边缘在左侧边，刃角 71°，为正向加工。片疤平视为侵入型，片疤侧视为加高型，片疤深度为薄型，片疤剖视形态为侵入型。第五块为完整石片疤，长 63、宽 95 毫米，倾斜度 38°，弦长 29、矢长 1 毫米。平面形状为不规则四边形，到对边的长度 114 毫米。所属边缘在右侧边，刃角 67°，为正向加工。片疤平视为侵入型，片疤侧视为加高型，片疤深度为薄型，片疤剖视形态为凹下型。第六块为完整石片疤，长 27、宽 52 毫米，倾斜度 36°，弦长 20、矢长 1 毫米。平面形状为不规则四边形，到对边的长度 118 毫米。所属边缘在右侧边，刃角 72°，为正向加工。片疤平视为普通型，片疤侧视为加高型，片疤深度为薄型，片疤剖视形态为凹下型（图 2－175）。

左侧边和近端边两条刃缘相连的双刃单向加工的砍砸器，有 1 件。1990 年采集：9036（EP301），素材为断块。自然尺寸为长 152、宽 104、厚 41 毫米，重 688 克。岩性为硅质岩，平面、横剖面和纵剖面几何形状分别为不规则三边形、不规则四边形、不规则三边形，磨圆度一般。右侧面、远端面、顶面上均有石皮，底面、左侧面、近端面上有加工片疤。有两条刃缘，分别为：一条刃缘在近端边，平面形状为“S”形刃，侧视形状为弧形刃，加工层次为一个系列，弧长 110、弦长 96、矢长 15 毫米；一条刃缘在左侧边，平面形状为凸刃，侧视形状为弧形刃，加工层次为一个系列，弧长 160、弦长 144、矢长 18 毫米。3 块加工石片疤均在底面，依加工顺序它们的特征如下：第一块为完整石片疤，长 51、宽 117 毫米，倾斜度 45°，弦长 113、矢长 16 毫米。平面形状为不规则四边形，到对边的长度 96 毫米。所属边缘在左侧边，刃角 50°，为反向加工。片疤平视为侵入型，片疤侧视为加高型，片疤深度为厚型，片疤剖视形态为凹下型。第二块为完整石片疤，长 35、宽 63 毫米，倾斜度 25°，弦长 63、矢长 5 毫米。平面形状为不规则四边形，到对边的长度 133 毫米。所属边缘在近端边，刃角 67°，为反向加工。片疤平视为普通型，片疤侧视为加高型，片疤深度为薄型，片疤剖视形态为凹下型。第三块为完整石片疤，长 33、宽 54 毫米，倾斜度 22°，弦长 25、矢长 3 毫米。平面形状为不规则四边形，

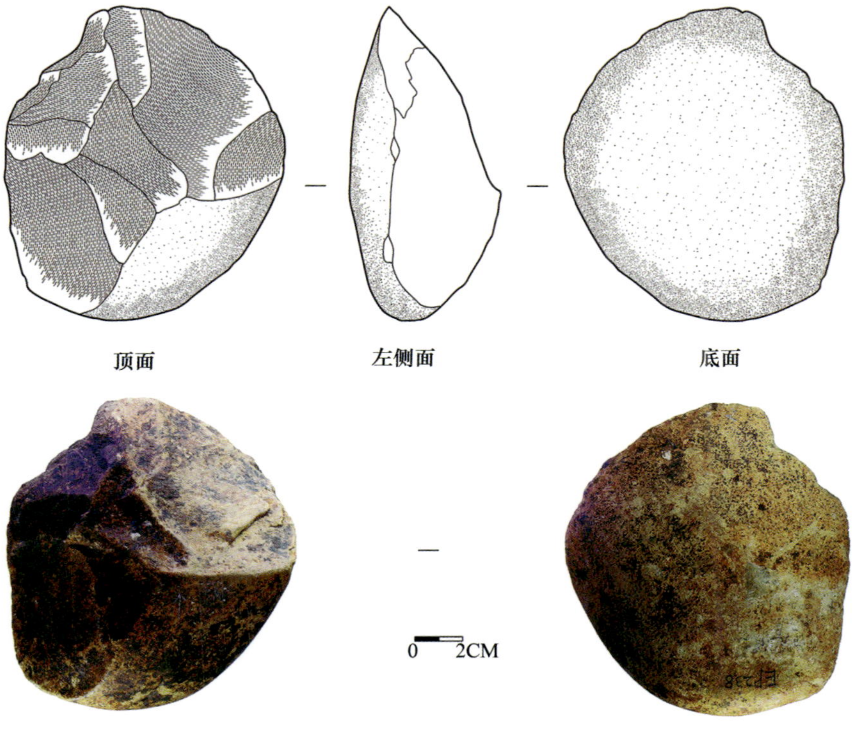

图 2－175　上文化层双刃相邻相连不成尖的单向加工的砍砸器 [1990 年采集（上砾石层）: 10]

到对边的长度 142 毫米。所属边缘在近端边，刃角 39°，为反向加工。片疤平视为普通型，片疤侧视为加高型，片疤深度为薄型，片疤剖视形态为凹下型（图 2－176）。

2000 年台地②: 2056（EP418），素材为单台面石核。自然尺寸为长 285、宽 146、厚 61 毫米，重 2741 克。岩性为砂岩，平面、横剖面和纵剖面几何形状分别为不规则椭圆形、不规则椭圆形、不规则四边形，磨圆度一般。左侧面、近端面、底面、顶面上均有石皮，远端面、右侧面上有片疤。台面在顶面，其平面几何形状为不规则四边形，性质为天然石皮的凸起台面，剥片部位在右侧边、远端边，剥片方向从顶面到底面。台面周长 690 毫米，右侧边剥片所在边缘长度 250 毫米，剥片长度 166 毫米，剥片长度与所在边缘长度的比率为 67%，即剥片所在边缘超过一半被利用；远端边剥片所在边缘长度 90 毫米，剥片长度 90 毫米，剥片长度与所在边缘长度的比率为 100%，即剥片所在边缘全部被利用。全部剥片长度与台面周长的比率为 37%，即剥片所在台面利用率不到一半。打击方法为硬锤锤击法。剥片面有 2 个，分别在右侧面、远端面，右侧面上有 5 块纵向分布的石片疤，该剥片面面积与未剥片面面积的比例为 6: 29；远端面上有 1 块横向分布的石片疤，该剥片面面积与未剥片面面积的比例为 1: 34。全部片疤呈交错分布，全部剥片面面积与未剥片面面积的比例为 7: 28。6 块石片疤的特征，按剥片顺序如下：

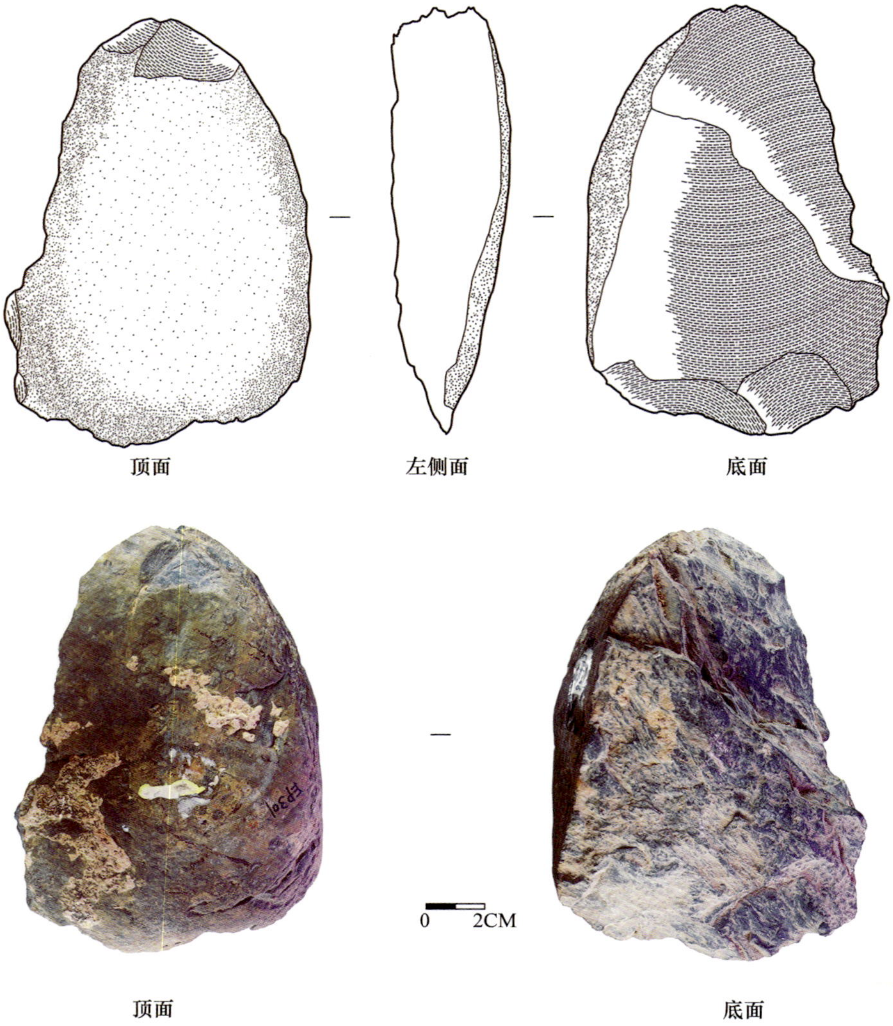

图 2－176　上文化层双刃相邻相连不成尖的单向加工的砍砸器（1990 年采集：9036）

第一块为不完整石片疤，长 23、宽 38 毫米，倾斜度 15°，弦长、矢长难测。平面形状为不规则四边形，到对边的长度 128 毫米，台面角 58°。第二块为不完整石片疤，长 45、宽 44 毫米，倾斜度 10°，弦长、矢长难测。平面形状为不规则四边形，到对边的长度 138 毫米，台面角 55°。第三块为不完整石片疤，长 24、宽 54 毫米，倾斜度 30°，弦长、矢长难测。平面形状为不规则四边形，到对边的长度 121 毫米，台面角 66°。第四块为不完整石片疤，长 52、宽 66 毫米，倾斜度 28°，弦长、矢长难测。平面形状为不规则四边形，到对边的长度 145 毫米，台面角 76°。第五块为完整石片疤，长 73、宽 55 毫米，倾斜度 40°，弦长 44、矢长 11 毫米。平面形状为不规则四边形，到对边的长度 274 毫米，台面角 64°。第六块为不完整石片疤，长 42、宽 78 毫米，倾斜度 28°，弦长、矢长难测。平面形状为不规则四边形，到对边的长度 120 毫米，台面角 60°。砾石石皮的总数值为 28 等份，其中底面有 8 等份、顶面有 15 等份、侧面有 5 等份。该标本转动过 2 次、没有翻动过。有两条刃缘（似手镐（Pic）），分别为：一条刃缘在右侧边，平面形状为“S”形刃，侧视形状为弧形刃，加工层次为三个系列，弧长 194、弦长 182、矢长 12 毫米；一条刃缘在远端边，平面形状为“S 形”刃，侧视形状为弧形刃，加工层次为一个系列，弧长 78、弦长 68、矢长 12 毫米。9 块加工石片疤中有 8 块在顶面、1 块在底面，按加工顺序它们的特征如下：第一块为完整石片疤，长 40、宽 64 毫米，倾斜度 39°，弦长 27、矢长 2 毫米。平面形状为不规则四边形，到对边的长度 131 毫米。所属边缘在右侧边，刃角 87°，为反向加工。片疤平视为普通型，片疤侧视为陡型，片疤深度为薄型，片疤剖视形态为凹下型。第二块为完整石片疤，长 19、宽 27 毫米，倾斜度 38°，弦长 16、矢长 3 毫米。平面形状为不规则四边形，到对边的长度 141 毫米。所属边缘在右侧边，刃角 71°，为反向加工。片疤平视为普通型，片疤侧视为陡型，片疤深度为薄型，片疤剖视形态为凹下型。第三块为完整石片疤，长 28、宽 35 毫米，倾斜度 29°，弦长 13、矢长 1 毫米。平面形状为不规则四边形，到对边的长度 120 毫米。所属边缘在右侧边，刃角 72°，为反向加工。片疤平视为普通型，片疤侧视为陡型，片疤深度为薄型，片疤剖视形态为浅阶梯型。第四块为完整石片疤，长 36、宽 41 毫米，倾斜度 41°，弦长 25、矢长 4 毫米。平面形状为不规则四边形，到对边的长度 118 毫米。所属边缘在右侧边，刃角 68°，为反向加工。片疤平视为普通型，片疤侧视为陡型，片疤深度为薄型，片疤剖视形态为浅阶梯型。第五块为完整石片疤，长 23、宽 51 毫米，倾斜度 42°，弦长 39、矢长 5 毫米。平面形状为不规则四边形，到对边的长度 112 毫米。所属边缘在右侧边，刃角 67°，为反向加工。片疤平视为普通型，片疤侧视为陡型，片疤深度为薄型，片疤剖视形态为凹下型。第六块为完整石片疤，长 20、宽 31 毫米，倾斜度 45°，弦长 23、矢长 3 毫米。平面形状为不规则四边形，到对边的长度 92 毫米。所属边缘在右侧边，刃角 63°，为反向加工。片疤平视为普通型，片疤侧视为陡型，片疤深度为薄型，片疤剖视形态为凹下型。第七块为完整石片疤，长 10、宽 25 毫米，倾斜度 61°，弦长 25、矢长 1 毫米。平面形状为不规则四边形，到对边的长度 137 毫米。所属边缘在右侧边，刃角 73°，为反向加工。片疤平视为普通型，片疤侧视为陡型，片疤深度为薄型，片疤剖视形态为凹下型。第八块为完整石片疤，长 55、宽 28 毫米，倾斜度 42°，弦长 17、矢长 2 毫米。平面形状为不规则四边形，到对边的长度 202 毫米。所属边缘在远端边，刃角 81°，为反向加工。片疤平视为普通型，片疤侧视为陡型，片疤深度为薄型，片疤剖视形态为凹下型。第九块为完整石片疤，长 13、宽 37 毫米，倾斜度 58°，弦长 36、矢长 4 毫米。平面形状为不规则四边形，到对边的长度 148 毫米。所属边缘在远端边，刃角 83°，为反向加工。片疤平视为普通型，片疤侧视为陡型，片疤深度为薄型，片疤剖视形态为凹下型（图 2－177）。

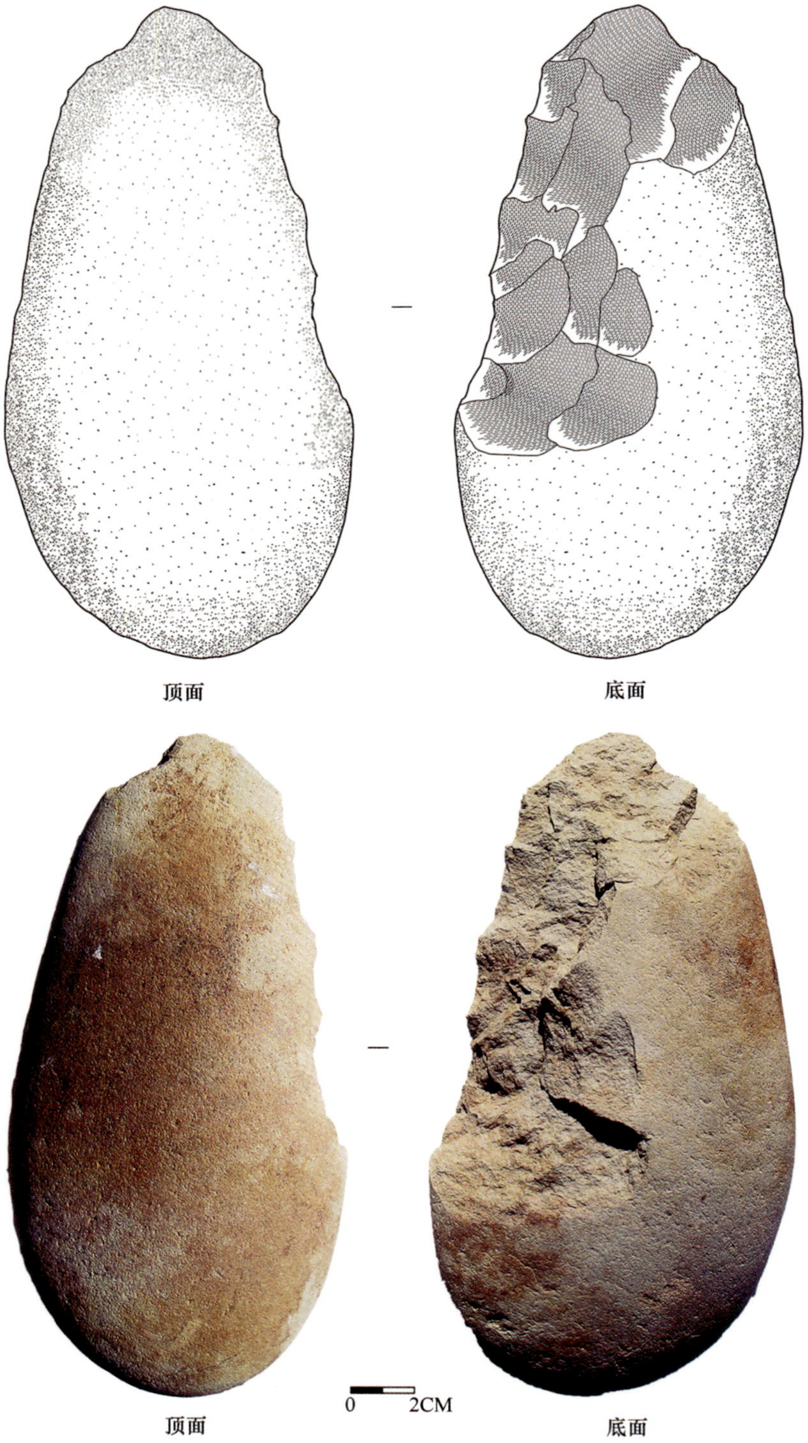

图 2－177　上文化层双刃相邻相连不成尖的单向加工的砍砸器（2000年台地②：2056）

1991 年采集: 9125（EP333），素材为单台面石核。自然尺寸为长 155、宽 107、厚 45 毫米，重 920 克。岩性为硅质岩，平面、横剖面和纵剖面几何形状均为不规则四边形，磨圆度一般。右侧面、近端面、左侧面、底面、顶面上均有石皮，远端面上有片疤。台面在顶面，其平面几何形状为不规则四边形，性质为天然石皮的凸起台面，剥片部位在远端边，剥片方向从顶面到底面。台面周长 418 毫米，远端边剥片所在边缘长度 160 毫米，剥片长度 160 毫米，剥片长度与所在边缘长度的比率为 100%，即剥片所在边缘全部被利用。剥片长度与台面周长的比率为 38%，即剥片所在台面利用率不到一半。打击方法为硬锤锤击法。剥片面有 1 个，在近端面，有 5 块纵向平行分布的石片疤，剥片面面积与未剥片面面积的比例为 2: 7。5 块石片疤的特征，按加工顺序如下：第一块为不完整石片疤，长 41、宽 33 毫米，倾斜度 15°，弦长、矢长难测。平面形状为不规则四边形，到对边的长度 132 毫米，台面角 27°。第二块为不完整石片疤，长 20、宽 50 毫米，倾斜度 25°，弦长、矢长难测。平面形状为不规则四边形，到对边的长度 155 毫米，台面角 31°。第三块为不完整石片疤，长 62、宽 35 毫米，倾斜度 35°，弦长、矢长难测。平面形状为不规则四边形，到对边的长度 132 毫米，台面角 25°。第四块不完整石片疤，长 61、宽 42 毫米，倾斜度 43°，弦长、矢长难测。平面形状为不规则四边形，到对边的长度 132 毫米，台面角 43°。第五块不完整石片疤，长 37、宽 50 毫米，倾斜度 40°，弦长、矢长难测。平面形状为不规则四边形，到对边的长度 155 毫米，台面角 38°。砾石石皮的总数值为 7 等份，其中顶面有 4 等份、底面有 2 等份、侧面有 1 等份。该标本没有转动和翻动过。有两条刃缘，分别为：一条刃缘在远端右段边，平面形状为凸刃，侧视形状为弧形刃，加工层次为一个系列，弧长 100、弦长 92、矢长 15 毫米；一条刃缘在远端左段边，平面形状为凸刃，侧视形状为弧形刃，加工层次为一个系列，弧长 67、弦长 65、矢长 5 毫米。4 块加工石片疤均在侧面，按加工顺序它们的特征如下：第一块为完整石片疤，长 35、宽 38 毫米，倾斜度 41°，弦长 29、矢长 2 毫米。平面形状为不规则四边形，到对边的长度 148 毫米。所属边缘在远端边，刃角 73°，为反向加工。片疤平视为普通型，片疤侧视为加高型，片疤深度为薄型，片疤剖视形态为凹下型。第二块为完整石片疤，长 30、宽 31 毫米，倾斜度 47°，弦长 21、矢长 2 毫米。平面形状为不规则四边形，到对边的长度 130 毫米。所属边缘在远端边，刃角 56°，为反向加工。片疤平视为普通型，片疤侧视为加高型，片疤深度为薄型，片疤剖视形态为凹下型。第三块为完整石片疤，长 23、宽 60 毫米，倾斜度 63°，弦长 34、矢长 2 毫米。平面形状为不规则四边形，到对边的长度 112 毫米。所属边缘在远端边，刃角 71°，为反向加工。片疤平视为普通型，片疤侧视为加高型，片疤深度为薄型，片疤剖视形态为凹下型。第四块为完整石片疤，长 26、宽 48 毫米，倾斜度 48°，弦长 37、矢长 2 毫米。平面形状为不规则四边形，到对边的长度 99 毫米。所属边缘在远端边，刃角 51°，为反向加工。片疤平视为普通型，片疤侧视为加高型，片疤深度为薄型，片疤剖视形态为浅阶梯型（图 2 – 178）。

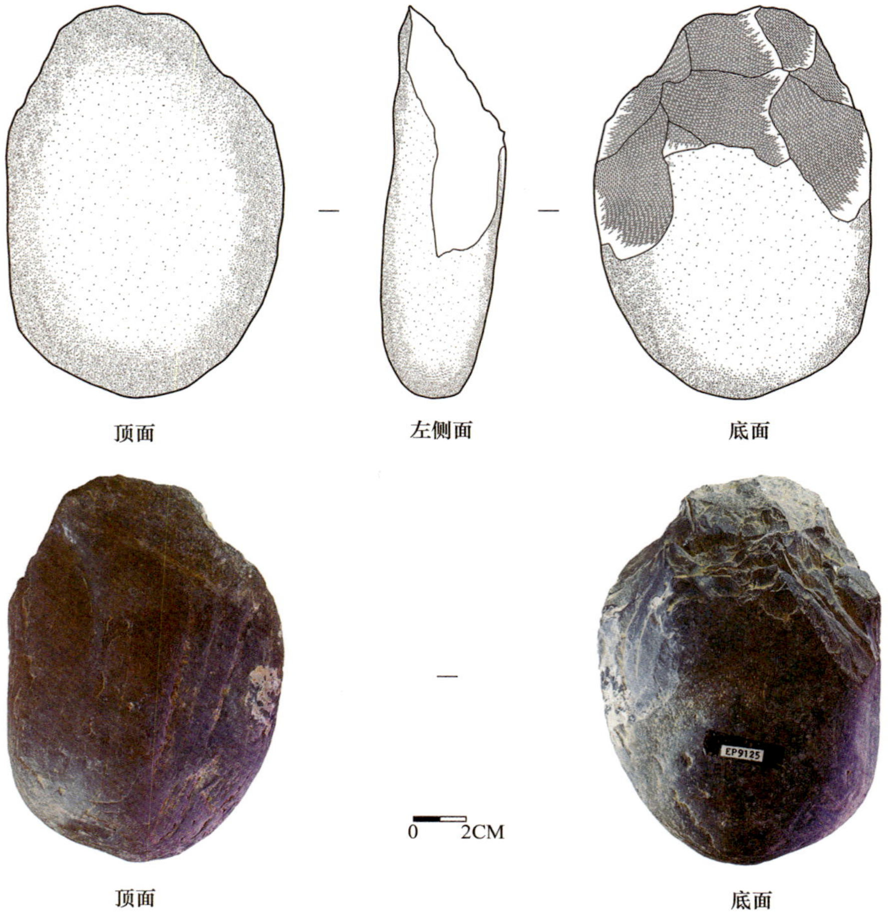

图 2－178　上文化层双刃相邻相连不成尖的单向加工的砍砸器（1991 年采集: 9125）

两条刃缘相对不相连的双刃单向加工的砍砸器有 2 件。

近端边、远端边双刃相对不相连的双刃砍砸器（chopper）。

1995T1328②: 1（EP153），素材为完整砾石。自然尺寸为长 189、宽 123、厚 93 毫米，重 2643 克。岩性为砂岩，平面、横剖面和纵剖面几何形状分别为不规则四边形、不规则椭圆形、不规则四边形，磨圆度一般。左侧面、右侧面、顶面、底面上均有石皮，近端面、远端面上有加工片疤。有两条刃缘，分别为：一条刃缘在近端边，平面形状为凸刃，侧视形状为弧形刃，加工层次为两个系列，弧长 130、弦长 115、矢长 17 毫米；一条刃缘在远端边，平面形状为凸刃，侧视形状为弧形刃，加工层次为一个系列，弧长 95、弦长 86、矢长 12 毫米。6 块加工石片疤中有 5 块在侧面、1 块在顶面，按加工顺序它们的特征如下：第一块为不完整石片疤，长 34、宽 81 毫米，倾斜度 25°，弦长、矢长难测。平面形状为不规则四边形，到对边的长度 191 毫米。所属边缘在近端边，刃角难测，为正向加工。片疤平视为普通型，片疤侧视为陡型，片疤深度为薄型，片疤剖视形态为凹下型。第二块为不完整石片疤，长 68、宽 61 毫米，倾斜度 76°，弦长、矢长难测。平面形状为不规则四边形，到对边的长度 191 毫米。所属边缘在近端边，刃角 98°，为正向加工。片疤平视为普通型，片疤侧视为陡型，片疤深度为薄型，片疤剖视形态为凹下型。第三块为完整石片疤，长 66、宽 78 毫米，倾斜度 51°，弦长 40、矢长 3 毫米。平面形状为不规则四边形，到对边的长度 181 毫米。所属边缘在近端边，刃角 75°，为正向加工。片疤平视为普通型，片疤侧视为陡型，片疤深度为薄型，片疤剖视形态为凹下型。第四块为完整石片疤，长 38、宽 50 毫米，倾斜度 53°，弦长 30、矢长 3 毫米。平面形状为不规则四边形，到对边的长度 177 毫米。所属边缘在近端边，刃角 80°，为正向加工。片疤平视为普通型，片疤侧视为陡型，片疤深度为薄型，片疤剖视形态为凹下型。第五块为不完整石片疤，长 71、宽 112 毫米，倾斜度 17°，弦长、矢长难测。平面形状为不规则四边形，到对边的长度 132 毫米。所属边缘在远端边，刃角 68°，为正向加工。片疤平视为侵入型，片疤侧视为陡型，片疤深度为薄型，片疤剖视形态为凹下型。第六块为完整石片疤，长 40、宽 78 毫米，倾斜度 53°，弦长 48、矢长 4 毫米。平面形状为不规则四边形，到对边的长度 132 毫米。所属边缘在远端边，刃角 78°，为正向加工。片疤平视为普通型，片疤侧视为陡型，片疤深度为薄型，片疤剖视形态为凹下型（图 2－179）。

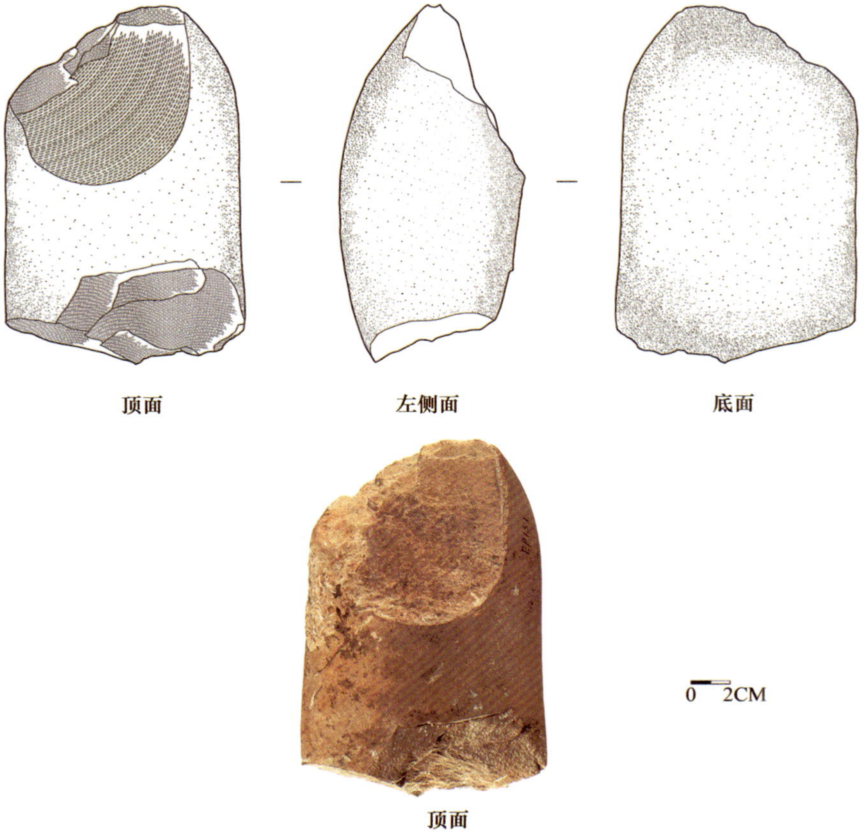

图 2－179　上文化层双刃相对不相连的单向加工的砍砸器（1995T1328②:1）

左侧边、右侧边双刃相对不相连的双刃砍砸器（chopper） + 有孤立凸起片疤的砾石。

2000 年台地②: 2017（EP379），素材为完整砾石。自然尺寸为长 144、宽 101、厚 48 毫米，重 799 克。岩性为砂岩，平面、横剖面和纵剖面几何形状均为不规则四边形，磨圆度一般。近端面、远端面、顶面、底面上均有石皮，右侧面、左侧面上有加工片疤。有两条刃缘，分别为：一条刃缘在左侧边，平面形状略为“S”形刃，侧视形状为弧形刃，加工层次为两个系列，弧长 67、弦长 58、矢长 12 毫米；一条刃缘在右侧边，平面形状为凸刃，侧视形状为弧形刃，加工层次为两个系列，弧长 90、弦长 84、矢长 8 毫米。7 块加工石片疤均在底面，按加工顺序它们的特征如下：第一块为不完整石片疤，长 24、宽 53 毫米，倾斜度 25°，弦长、矢长难测。平面形状为不规则四边形，到对边的长度 100 毫米。所属边缘在右侧边，刃角难测，为反向加工。片疤平视为普通型，片疤侧视为加高型，片疤深度为薄型，片疤剖视形态为凹下型。第二块为不完整石片疤，长 55、宽 49 毫米，倾斜度 11°，弦长、矢长难测。平面形状为不规则四边形，到对边的长度 126 毫米。所属边缘在左侧边，刃角难测，为反向加工。片疤平视为侵入型，片疤侧视为加高型，片疤深度为薄型，片疤剖视形态为凹下型。第三块为完整石片疤，长 19、宽 31 毫米，倾斜度 37°，弦长 24、矢长 2 毫米。平面形状为不规则四边形，到对边的长度 89 毫米。所属边缘在右侧边，刃角 91°，为反向加工。片疤平视为普通型，片疤侧视为加高型，片疤深度为薄型，片疤剖视形态为凹下型。第四块为完整石片疤，长 17、宽 37 毫米，倾斜度 37°，弦长 35、矢长 3 毫米。平面形状为不规则四边形，到对边的长度 58 毫米。所属边缘在右侧边，刃角 95°，为反向加工。片疤平视为普通型，片疤侧视为加高型，片疤深度为薄型，片疤剖视形态为凹下型。第五块为完整石片疤，长 8、宽 25 毫米，倾斜度 41°，弦长 22、矢长 2 毫米。平面形状为不规则四边形，到对边的长度 100 毫米。所属边缘在右侧边，刃角 90°，为反向加工。片疤平视为普通型，片疤侧视为加高型，片疤深度为薄型，片疤剖视形态为凹下型。第六块为完整石片疤，长 13、宽 28 毫米，倾斜度 36°，弦长 26、矢长 7 毫米。平面形状为不规则四边形，到对边的长度 72 毫米。所属边缘在左侧边，刃角 60°，为反向加工。片疤平视为普通型，片疤侧视为加高型，片疤深度为薄型，片疤剖视形态为凹下型。第七块为完整石片疤，长 7、宽 19 毫米，倾斜度 57°，弦长 16、矢长 2 毫米。平面形状为不规则四边形，到对边的长度 59 毫米。所属边缘在左侧边，刃角 73°，为反向加工。片疤平视为普通型，片疤侧视为加高型，片疤深度为薄型，片疤剖视形态为凹下型；孤立凸起片疤为完整石片疤，长 28、宽 44 毫米，倾斜度 20°，弦长 35、矢长 4 毫米。平面形状为不规则四边形，到对边的长度 118 毫米。所属边缘在近端边，刃角 53°，为正向加工。片疤平视为普通型，片疤侧视为加高型，片疤深度为薄型，片疤剖视形态为凹下型（图 2 – 180）。

（c）多刃单向加工的砍砸器（chopper），有 6 件，均为拥有三条刃缘的砍砸器。根据三条刃缘之间的关系分为三条刃缘相邻相连成梯形刃（5 件）和不成梯形刃（1 件）两类。

a）近端边、右侧边、远端边三刃相邻相连不成梯形刃的砍砸器（chopper），1 件。

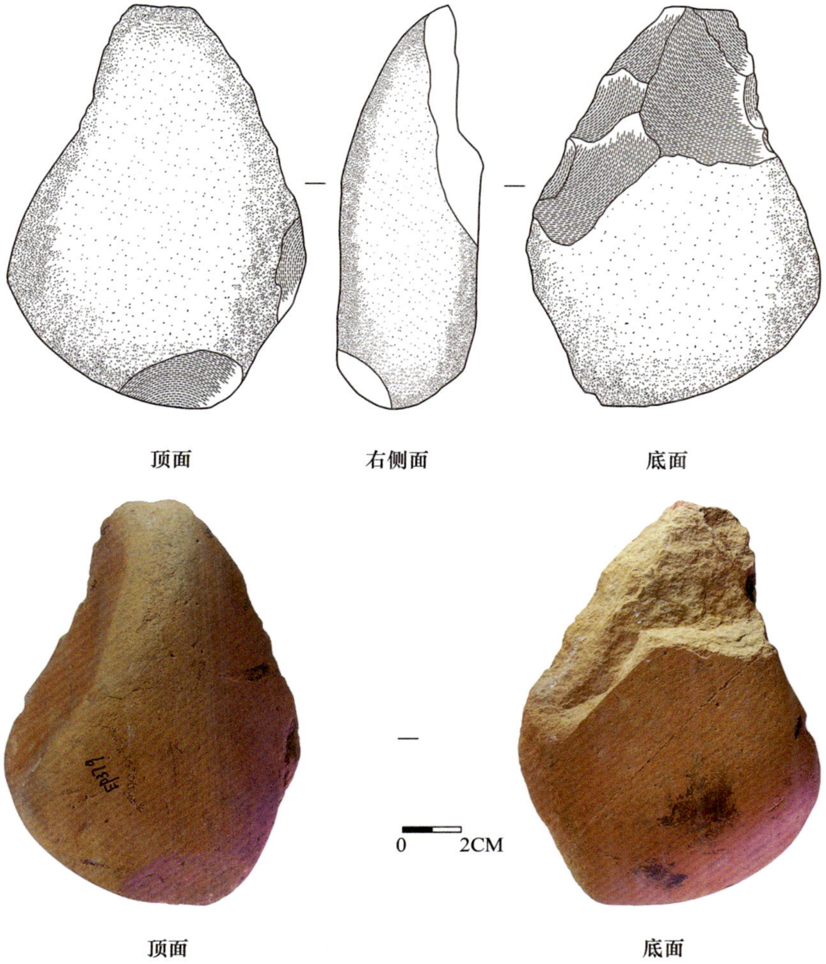

图 2－180　上文化层双刃相对不相连的单向加工的砍砸器（2000 年台地②：2017）

1995T1327②：9502（EP176），素材为完整砾石。自然尺寸为长 256、宽 143、厚 79 毫米，重 3268 克。岩性为砂岩，平面、横剖面、纵剖面几何形状分别为不规则四边形、不规则三边形、不规则四边形，磨圆度一般。近端面、远端面、右侧面、顶面上有片疤，左侧面、底面上有石皮。有三条刃缘，相邻相连不成梯形刃，分别为：一条刃缘在近端边，平面形状为凸刃，侧视形状为弧形刃，加工层次为一个系列，弧长 106、弦长 98、矢长 11 毫米；一条刃缘在远端边，平面形状为凸刃，侧视形状为弧形刃，加工层次为一个系列，弧长 60、弦长 56、矢长 5 毫米；一条刃缘在右侧边，平面形状为凸刃，侧视形状为弧形刃，加工层次为两个系列，弧长 314、弦长 256、矢长 51 毫米。8 块加工的片疤均在顶面。这 8 块加工石片疤的特征按加工顺序如下：第一块为不完整石片疤，长 108、宽 94 毫米，倾斜度 8°，弦长、矢长难测。平面形状为不规则四边形，到对边的长度 140 毫米。所属边缘在右侧边，刃角难测，为正向加工。片疤平视为侵入型，片疤侧视为加高型，片疤深度为薄型，片疤剖视形态为凹下型。第二块为完整石片疤，长142、宽106毫米，倾斜度10°，弦长94、矢长10毫米。平面形状为不规则四边形，到对边的长度132毫米。所属边缘在右侧边，刃角65°，为正向加工。片疤平视为侵入型，片疤侧视为加高型，片疤深度为薄型，片疤剖视形态为凹下型。第三块为不完整石片疤，长71、宽98毫米，倾斜度42°，弦长50、矢长9毫米。平面形状为不规则三边形，到对边的长度121毫米。所属边缘在右侧边，刃角82°，为正向加工。片疤平视为侵入型，片疤侧视为加高型，片疤深度为薄型，片疤剖视形态为凹下型。第四块为完整石片疤，长74、宽79毫米，倾斜度42°，弦长50、矢长3毫米。平面形状为不规则四边形，到对边的长度168毫米。所属边缘在远端边，刃角79°，为正向加工。片疤平视为普通型，片疤侧视为加高型，片疤深度为薄型，片疤剖视形态为凹下型。第五块为完整石片疤，长80、宽63毫米，倾斜度49°，弦长67、矢长10毫米。平面形状为不规则四边形，到对边的长度130毫米。所属边缘在右侧边，刃角60°，为正向加工。片疤平视为普通型，片疤侧视为加高型，片疤深度为薄型，片疤剖视形态为凹下型。第六块为完整石片疤，长60、宽68毫米，倾斜度30°，弦长42、矢长3毫米。平面形状为不规则四边形，到对边的长度161毫米。所属边缘在近端边，刃角81°，为正向加工。片疤平视为普通型，片疤侧视为加高型，片疤深度为薄型，片疤剖视形态为浅阶梯型。第七块为完整石片疤，长36、宽54毫米，倾斜度54°，弦长51、矢长1.5毫米。平面形状为不规则四边形，到对边的长度122毫米。所属边缘在近端边，刃角38°，为正向加工。片疤平视为普通型，片疤侧视为加高型，片疤深度为薄型，片疤剖视形态为浅阶梯型。第八块为完整石片疤，长44、宽42毫米，倾斜度12°，弦长25、矢长0.5毫米。平面形状为不规则四边形，到对边的长度140毫米。所属边缘在右侧边，刃角67°，为正向加工。片疤平视为普通型，片疤侧视为加高型，片疤深度为薄型，片疤剖视形态为凹下型（图2-181）。

b）三刃相邻相连呈梯形刃的砍砸器（chopper），有5件。

近端边、左侧边、远端边三刃相邻相连呈梯形刃的砍砸器（chopper），有1件。

1991年采集:9112（EP320），素材为完整砾石。自然尺寸为长88、宽73、厚46毫米，重337克。岩性为脉石英，平面几何形状、横剖面、纵剖面几何形状均为不规则四边形，磨圆度一般。近端面、左侧面、远端面、顶面上有片疤，右侧面、顶面、底面上有石皮。有三条刃缘，分别为：一条刃缘在近端边，平面形状为凹刃，侧视形状为弧形刃，加工层次为两个系列，弧长40、弦长34、矢长3毫米；一条刃缘在左侧边，平面形状为凸刃，侧视形状为弧形刃，加工层次为两个系列，弧长75、弦长72、矢长4毫米；一条刃缘在远端边，平面形状为凸刃，侧视形状为弧形刃，加工层次为两个系列，弧长50、弦长47、矢长3毫米。8块加工的片疤均在顶面。这8块加工石片疤的特征，按加工顺序如下：第一块为不完整石片疤，长18、宽50毫米，倾斜度3°，弦长、矢长难测。平面形状为不规则四边形，到对边的长度72毫米。所属边缘在左侧边，刃角难以测量，为正向加工。片疤平视为侵入型，片疤侧视为加高型，片疤深度为薄型，片疤剖视形态为凹下型。第二块为不完整石片疤，长42、宽42毫米，倾斜度35°，弦长、矢长难测。平面形状为不规则四边形，到对边的长度82毫米。所属边缘在近端边，刃角难测，为正向加工。片疤平视为侵入型，片疤侧视为加高型，片疤深度为薄型，片疤剖视形态为凹下型。第三块为不完整石片疤，长48、宽26毫米，倾斜度37°，弦长17、矢长2毫

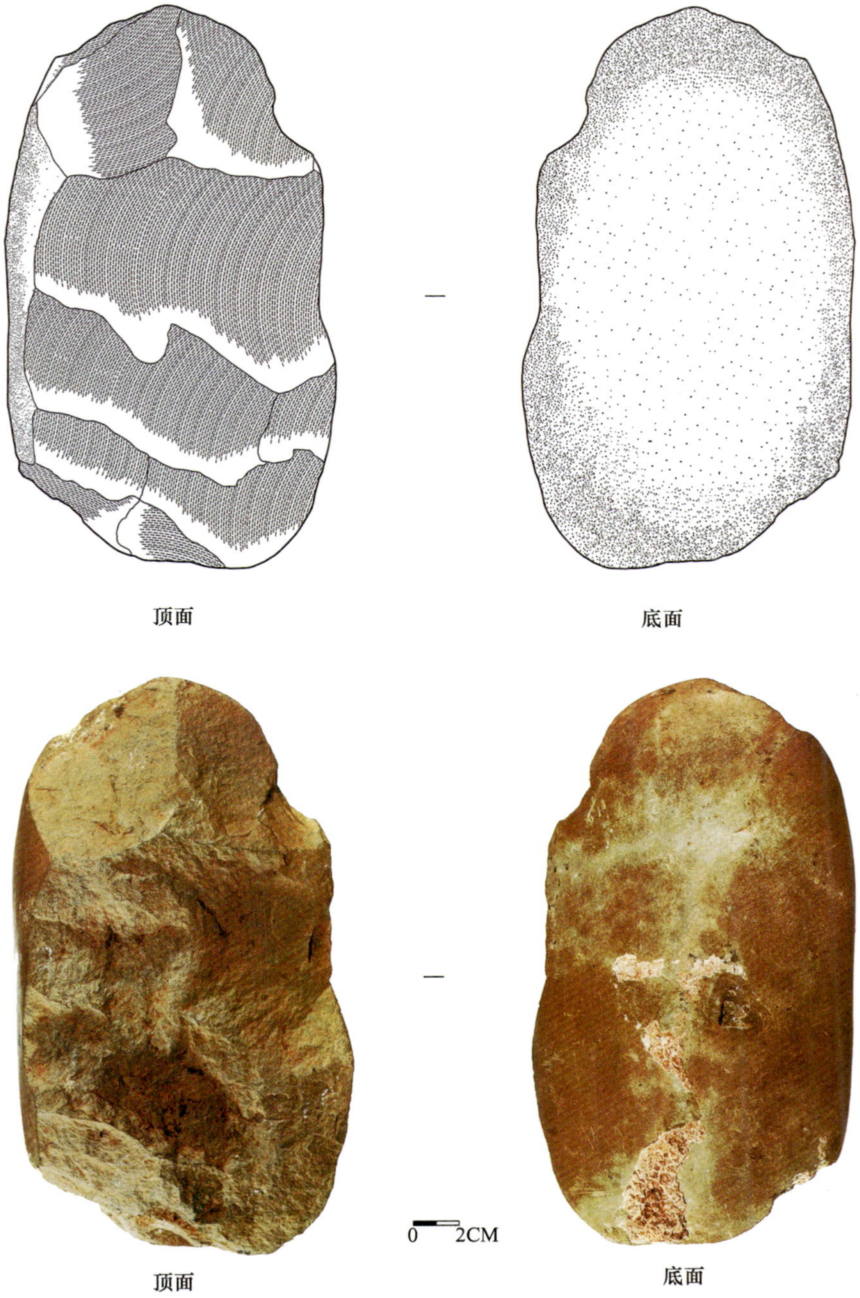

图 2 - 181　上文化层的多刃单向加工的砍砸器（1995T1327②: 9502）

米。平面形状为不规则四边形，到对边的长度 78 毫米。所属边缘在近端边，刃角 83°，为正向加工。片疤平视为侵入型，片疤侧视为加高型，片疤深度为薄型，片疤剖视形态为凹下型。第四块为不完整石片疤，长 32、宽 25 毫米，倾斜度 38°，弦长 16、矢长 2 毫米。平面形状为不规则四边形，到对边的长度 79 毫米。所属边缘在近端边，刃角 78°，为正向加工。片疤平视为侵入型，片疤侧视为加高型，片疤深度为薄型，片疤剖视形态为凹下型。第五块为完整石片疤，长 42、宽 49 毫米，倾斜度 59°，弦长 25、矢长 5 毫米。平面形状为不规则四边形，到对边的长度 63 毫米。所属边缘在左侧边，刃角 97°，为正向加工。片疤平视为侵入型，片疤侧视为加高型，片疤深度为薄型，片疤剖视形态为凹下型。第六块为完整石片疤，长 20、宽 45 毫米，倾斜度 40°，弦长 44、矢长 2 毫米。平面形状为不规则四边形，到对边的长度 72 毫米。所属边缘在左侧边，刃角 80°，为正向加工。片疤平视为普通型，片疤侧视为陡型，片疤深度为薄型，片疤剖视形态为凹下型。第七块为不完整石片疤，长 53、宽 22 毫米，倾斜度 76°，弦长 18、矢长 1 毫米。平面形状为不规则四边形，到对边的长度 90 毫米。所属边缘在远端边，刃角 79°，为正向加工。片疤平视为侵入型，片疤侧视为加高型，片疤深度为薄型，片疤剖视形态为凹下型。第八块为不完整石片疤，长 44、宽 40 毫米，倾斜度 62°，弦长 24、矢长 5 毫米。平面形状为不规则四边形，到对边的长度 80 毫米。所属边缘在远端边，刃角 92°，为正向加工。片疤平视为普通型，片疤侧视为加高型，片疤深度为薄型，片疤剖视形态为凹下型（图 2－182）。

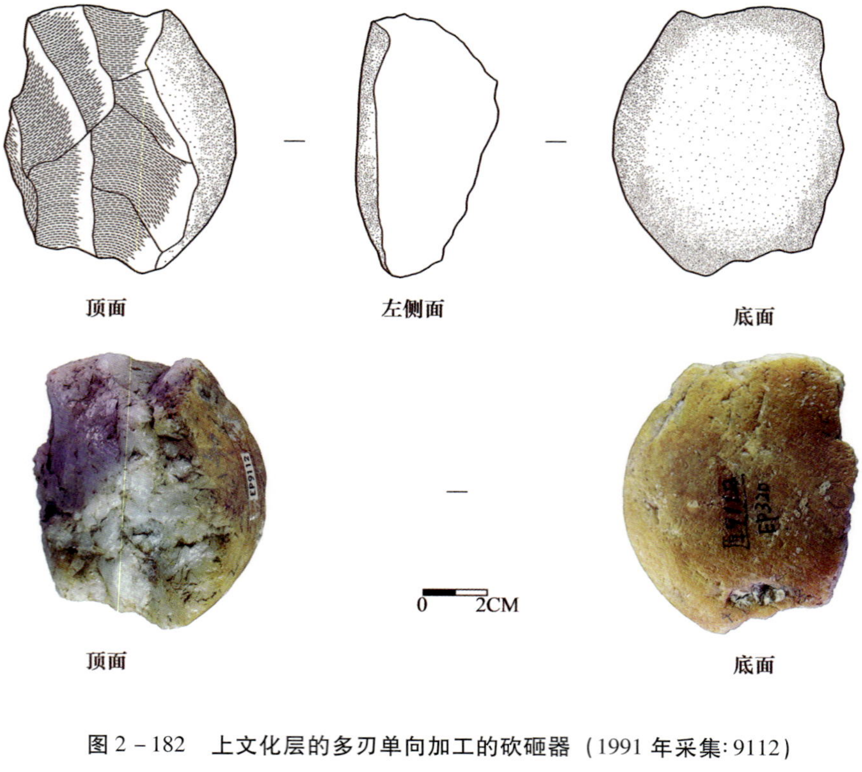

图 2－182　上文化层的多刃单向加工的砍砸器（1991 年采集：9112）

近端边、右侧近段边、右侧中远段边三刃相邻相连呈梯形刃的砍砸器，1件。

1998年采集:9809（EP349），素材为单台面石核。自然尺寸为长141、宽115、厚89毫米，重1423克。岩性为砂岩，平面、横剖面、纵剖面几何形状均为不规则四边形，磨圆度一般。近端面、右侧面、顶面上有片疤，左侧面、远端面、底面上有石皮。台面在底面，其平面几何形状为不规则四边形，性质为天然石皮的凸起台面，剥片部位在近端边、右侧近段边、右侧远段边，剥片方向从底面到顶面。台面周长420毫米，近端边剥片所在边缘长度73毫米，剥片长度73毫米，剥片长度与所在边缘长度的比率为100%，即剥片所在边缘全部被利用；右侧近段边剥片所在边缘长度83毫米，剥片长度83毫米，剥片长度与所在边缘长度的比率为100%，即剥片所在边缘全部被利用；右侧远段边剥片所在边缘长度94毫米，剥片长度94毫米，剥片长度与所在边缘长度的比率为100%，即剥片所在边缘全部被利用。剥片长度与台面周长的比率为60%，即剥片所在台面利用率超过一半。打击方法为硬锤锤击法。剥片面有2个，分别在近端面、右侧面，近端面上有2块纵向平行分布的石片疤，剥片面面积与未剥片面面积的比例为1:7；右侧面上有4块横向平行分布的石片疤，剥片面面积与未剥片面面积的比例为2:6。全部片疤呈交错分布，全部剥片面面积与未剥片面面积的比例为3:5。6块石片疤的特征，按加工顺序如下：第一块为不完整石片疤，长13、宽18毫米，倾斜度56°，弦长、矢长难以测量。平面形状为不规则三边形，到对边的长度115毫米，台面角60°。第二块为不完整石片疤，长88、宽29毫米，倾斜度57°，弦长、矢长难以测量。平面形状为不规则四边形，到对边的长度134毫米，台面角68°。第三块为完整石片疤，长95、宽69毫米，倾斜度52°，弦长16、矢长1毫米。平面形状为不规则四边形，到对边的长度115毫米，台面角50°。第四块为不完整石片疤，长37、宽19毫米，倾斜度54°，弦长、矢长难以测量。平面形状为不规则四边形，到对边的长度145毫米，台面角95°。第五块为完整石片疤，长99、宽50毫米，倾斜度50°，弦长22、矢长4毫米。平面形状为不规则四边形，到对边的长度134毫米，台面角60°。第六块为不完整石片疤，长95、宽58毫米，倾斜度62°，弦长、矢长难以测量。平面形状为不规则四边形，到对边的长度145毫米，台面角70°。砾石石皮的总数值为5等份，其中顶面有1等份、底面有3等份、侧面有1等份。加工方向总数量为6个，均在侧面。该标本转动过3次、没有翻动过。有三条刃缘，分别为：一条刃缘在近端边，平面形状为凹刃，侧视形状为弧形刃，加工层次为两个系列，弧长73、弦长70、矢长3毫米；一条刃缘在右侧近段边，平面形状为凸刃，侧视形状为弧形刃，加工层次为两个系列，弧长83、弦长72、矢长11毫米；一条刃缘在右侧远段边，平面形状为凸刃，侧视形状为弧形刃，加工层次为两个系列，弧长94、弦长83、矢长3毫米。4块加工的片疤均在侧面。这4块加工石片疤的特征，依其加工顺序如下：第一块为完整石片疤，长35、宽72毫米，倾斜度70°，弦长59、矢长3毫米。平面形状为不规则四边形，到对边的长度90毫米。所属边缘在右侧边，刃角72°，为正向加工。片疤平视为普通型，片疤侧视为陡型，片疤深度为厚型，片疤剖视形态为凹下型。第二块为完整石片疤，长42、宽23毫米，倾斜度57°，弦长20、矢长2毫米。平面形状为不规则三边形，到对边的长度117毫米。所属边缘在右侧边，刃角 63°，为正向加工。片疤平视为普通型，片疤侧视为陡型，片疤深度为薄型，片疤剖视形态为凹下型。第三块为完整石片疤，长 19、宽 34 毫米，倾斜度 77°，弦长 31、矢长 2 毫米。平面形状为不规则四边形，到对边的长度 140 毫米。所属边缘在右侧边，刃角 85°，为正向加工。片疤平视为普通型，片疤侧视为陡型，片疤深度为薄型，片疤剖视形态为凹下型。第四块为完整石片疤，长 24、宽 61 毫米，倾斜度 80°，弦长 60、矢长 4 毫米。平面形状为不规则四边形，到对边的长度 114 毫米。所属边缘在近端边，刃角 89°，为正向加工。片疤平视为普通型，片疤侧视为陡型，片疤深度为厚型，片疤剖视形态为凹下型（图 2 – 183）。

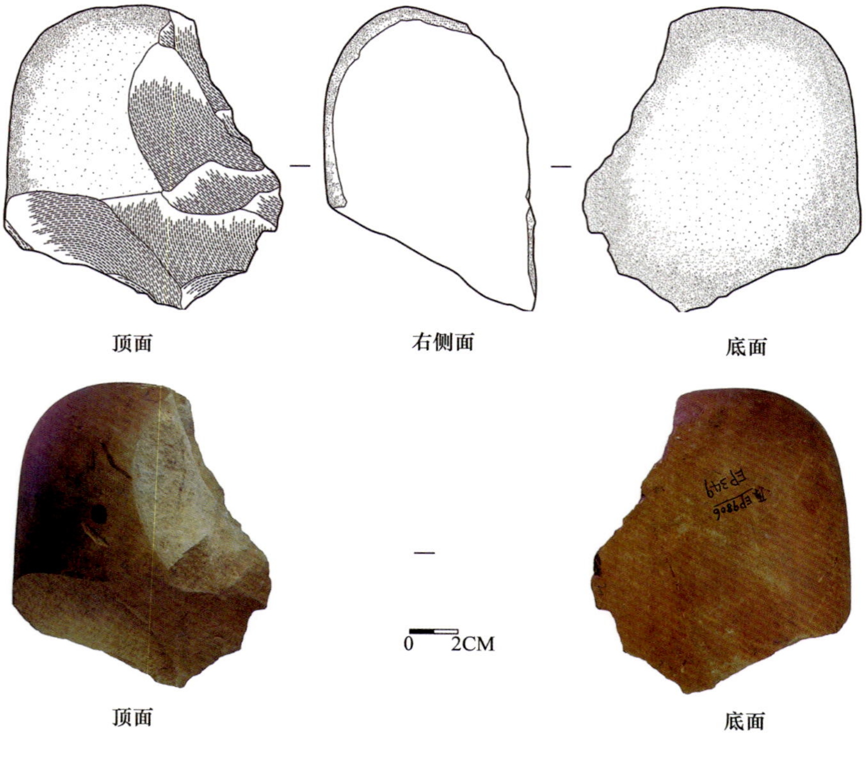

图 2 – 183　上文化层的多刃单向加工的砍砸器（1998 年采集: 9809）

近端左段边、近端中段边、近端远段边三刃相邻相连呈梯形刃的砍砸器，有 1 件。

1998 年采集: 9818（EP361），素材为完整砾石。自然尺寸为长 116、宽 109、厚 52 毫米，重 647 克。岩性为砂岩，平面几何形状、横剖面、纵剖面几何形状分别为不规则四边形、不规则椭圆形、不规则四边形，磨圆度一般。近端面、顶面上有片疤，右侧面、顶面、底面、左侧面、远端面上有石皮。有三条刃缘，分别为：一条刃缘在近端左边段，平面形状为凸刃，侧视形状为弧形刃，加工层次为一个系列，弧长 58、弦长 55、矢长 3 毫米；一条刃缘在近端中段边，平面形状为凹刃，侧视形状为弧形刃，加工层次为一个系列，弧长 49、弦长 39、矢长 5 毫米；一条刃缘在近端远段边，平面形状为凸刃，侧视形状为弧形刃，加工层次为一个系列，弧长60、弦长55、矢长4毫米。3块加工的片疤均在顶面。这3块加工石片疤的特征。它们的特征，按加工顺序如下：第一块为完整石片疤，长59、宽57毫米，倾斜度31°，弦长55、矢长4毫米。平面形状为不规则四边形，到对边的长度101毫米。所属边缘在近端边，刃角63°，为正向加工。片疤平视为侵入型，片疤侧视为加高型，片疤深度为薄型，片疤剖视形态为凹下型。第二块为完整石片疤，长58、宽41毫米，倾斜度33°，弦长39、矢长5毫米。平面形状为不规则四边形，到对边的长度109毫米。所属边缘在近端边，刃角55°，为正向加工。片疤平视为侵入型，片疤侧视为加高型，片疤深度为薄型，片疤剖视形态为凹下型。第三块为完整石片疤，长56、宽68毫米，倾斜度43°，弦长55、矢长3毫米。平面形状为不规则四边形，到对边的长度103毫米。所属边缘在近端边，刃角50°，为正向加工。片疤平视为侵入型，片疤侧视为加高型，片疤深度为薄型，片疤剖视形态为凹下型（图2-184）。

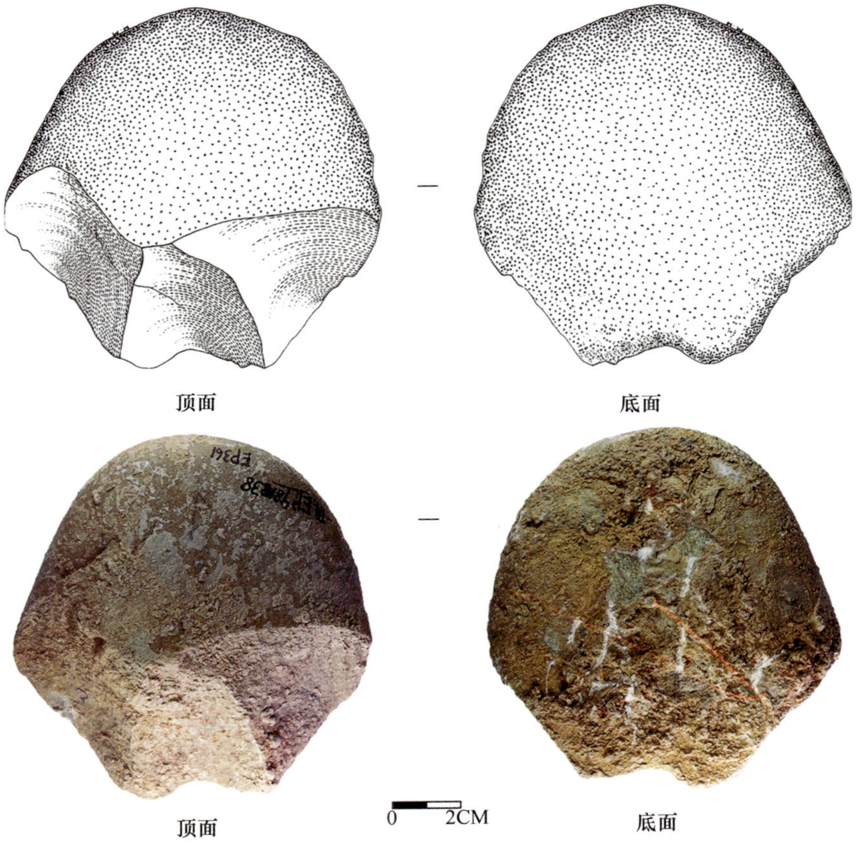

图2-184　上文化层的多刃单向加工的砍砸器（1998年采集：9818）

左侧近段边、左侧远段边、远端边三刃相邻相连呈梯形刃的砍砸器（chopper），有1件。1990年采集：9001（EP285），素材为完整砾石。自然尺寸为长154、宽134、厚62毫米，重1598克。岩性为石英岩，平面几何形状、横剖面、纵剖面几何形状均为不规则四边形，磨圆度一般。远端面、左侧面、顶面上有片疤，左侧面、底面、底面、近端面上有石皮。有三条刃缘，分别为：一条刃缘在右侧近段边，平面形状为凸刃，侧视形状为弧形刃，加工层次为两个系列，弧长68、弦长62、矢长4毫米；一条刃缘在右侧远段边，平面形状为凹刃，侧视形状为弧形刃，加工层次为两个系列，弧长112、弦长108、矢长4毫米；一条刃缘在近端边，平面形状为凹刃，侧视形状为弧形刃，加工层次为两个系列，弧长65、弦长60、矢长4毫米。10块加工的片疤均在侧面。这10块加工石片疤的特征，按加工顺序如下：第一块为不完整石片疤，长39、宽60毫米，倾斜度60°，弦长、矢长难测。平面形状为不规则四边形，到对边的长度138毫米。所属边缘在近端边，刃角难测，为正向加工。片疤平视为普通型，片疤侧视为加高型，片疤深度为薄型，片疤剖视形态为凹下型。第二块为完整石片疤，长76、宽91毫米，倾斜度36°，弦长41、矢长2毫米。平面形状为不规则四边形，到对边的长度119毫米。所属边缘在右侧边，刃角65°，为正向加工。片疤平视为普通型，片疤侧视为加高型，片疤深度为薄型，片疤剖视形态为凹下型。第三块为完整石片疤，长27、宽40毫米，倾斜度72°，弦长39、矢长3毫米。平面形状为不规则四边形，到对边的长度152毫米。所属边缘在近端边，刃角59°，为正向加工。片疤平视为普通型，片疤侧视为陡型，片疤深度为薄型，片疤剖视形态为凹下型。第四块为完整石片疤，长38、宽56毫米，倾斜度68°，弦长27、矢长2毫米。平面形状为不规则四边形，到对边的长度162毫米。所属边缘在近端边，刃角64°，为正向加工。片疤平视为普通型，片疤侧视为加高型，片疤深度为薄型，片疤剖视形态为凹下型。第五块为完整石片疤，长51、宽43毫米，倾斜度88°，弦长33、矢长3毫米。平面形状为不规则四边形，到对边的长度120毫米。所属边缘在右侧边，刃角64°，为正向加工。片疤平视为普通型，片疤侧视为陡型，片疤深度为薄型，片疤剖视形态为凹下型。第六块为不完整石片疤，长32、宽69毫米，倾斜度48°，弦长、矢长难测。平面形状为不规则四边形，到对边的长度142毫米。所属边缘在右侧边，刃角难测，为正向加工。片疤平视为普通型，片疤侧视为加高型，片疤深度为薄型，片疤剖视形态为凹下型。第七块为完整石片疤，长23、宽28毫米，倾斜度65°，弦长11、矢长1毫米。平面形状为不规则四边形，到对边的长度130毫米。所属边缘在右侧边，刃角91°，为正向加工。片疤平视为普通型，片疤侧视为加高型，片疤深度为薄型，片疤剖视形态为凹下型。第八块为完整石片疤，长24、宽27毫米，倾斜度63°，弦长17、矢长1毫米。平面形状为不规则四边形，到对边的长度148毫米。所属边缘在右侧边，刃角73°，为正向加工。片疤平视为普通型，片疤侧视为陡型，片疤深度为薄型，片疤剖视形态为凹下型。第九块为完整石片疤，长25、宽25毫米，倾斜度63°，弦长19、矢长1.5毫米。平面形状为不规则四边形，到对边的长度146毫米。所属边缘在右侧边，刃角88°，为正向加工。片疤平视为普通型，片疤侧视为陡型，片疤深度为薄型，片疤剖视形态为凹下型。第十块为完整石片疤，长15、宽31毫米，倾斜度67°，弦长29、矢长1.5毫米。平面形状为不规则四边形，到对边的长度126毫米。所属边缘在右侧边，刃角62°，为正向加工。片疤平视为普通型，片疤侧视为陡型，片疤深度为薄型，片疤剖视形态为凹下型（图 2－185）。

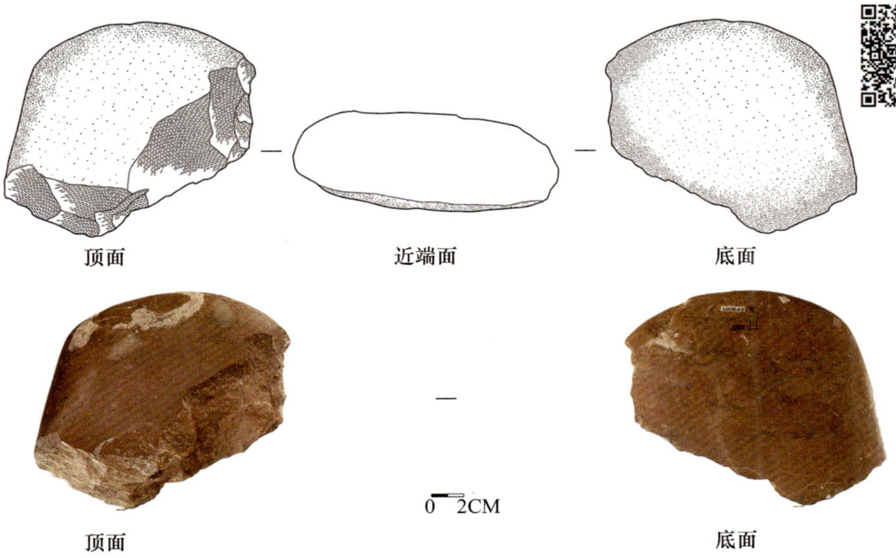

图 2－185　上文化层的多刃单向加工的砍砸器（1990 年采集：9001）

左侧边、右侧边、远端边三刃相邻相连呈梯形刃的砍砸器，有 1 件。

1995T1327②：9504（EP194），素材为完整砾石（似斧状器）。自然尺寸为长 193、宽 130、厚 67 毫米，重 1642 克。岩性为含砾砂岩，平面、横剖面、纵剖面几何形状分别为不规则四边形、不规则椭圆形、不规则四边形，磨圆度一般。左侧面、远端面、右侧面、顶面上有片疤，底面、近端面上有石皮。有三条刃缘，相邻相连呈梯形刃，分别为：一条刃缘在左侧边，平面形状为凸刃，侧视形状为弧形刃，加工层次为两个系列，弧长 142、弦长 130、矢长 12 毫米；一条刃缘在远端边，平面形状为凹刃，侧视形状为弧形刃，加工层次为两个系列，弧长 40、弦长 38、矢长 1.5 毫米；一条刃缘在右侧边，平面形状为凸刃，侧视形状为弧形刃，加工层次为两个系列，弧长 104、弦长 98、矢长 3 毫米。11 块加工的片疤中有 10 块在顶面、1 块在底面。这 11 块加工石片疤的特征按加工顺序如下：第一块为不完整石片疤，长 17、宽 34 毫米，倾斜度 11°，弦长、矢长难测。平面形状为不规则四边形，到对边的长度 174 毫米。所属边缘在左侧边，刃角难测，为正向加工。片疤平视为侵入型，片疤侧视为加高型，片疤深度为薄型，片疤剖视形态为凹下型。第二块为完整石片疤，长 86、宽 104 毫米，倾斜度 5°，弦长 59、矢长 3 毫米。平面形状为不规则四边形，到对边的长度 117 毫米。所属边缘在左侧边，刃角 59°，为正向加工。片疤平视为侵入型，片疤侧视为加高型，片疤深度为薄型，片疤剖视形态为凹下型。第三块为不完整石片疤，长 33、宽 43 毫米，倾斜度 24°，弦长、矢长难测。平面形状为不规则四边形，到对边的长度 189 毫米。所属边缘在远端边，刃角难测，为正向加工。片疤平视为普通型，片疤侧视为加高型，片疤深度为薄型，片疤剖视形态为凹下型。第四块为完整石片疤，长58、宽123毫米，倾斜度28°，弦长60、矢长3毫米。平面形状为不规则四边形，到对边的长度105毫米。所属边缘在右侧边，刃角45°，为正向加工。片疤平视为侵入型，片疤侧视为加高型，片疤深度为薄型，片疤剖视形态为凹下型。第五块为不完整石片疤，长60、宽68毫米，倾斜度27°，弦长、矢长难测。平面形状为不规则四边形，到对边的长度123毫米。所属边缘在左侧边，刃角70°，为正向加工。片疤平视为侵入型，片疤侧视为加高型，片疤深度为薄型，片疤剖视形态为凹下型。第六块为不完整石片疤，长56、宽42毫米，倾斜度29°，弦长、矢长难测。平面形状为不规则四边形，到对边的长度130毫米。所属边缘在左侧边，刃角79°，为正向加工。片疤平视为侵入型，片疤侧视为加高型，片疤深度为薄型，片疤剖视形态为凹下型。第七块为完整石片疤，长61、宽67毫米，倾斜度23°，弦长30、矢长3毫米。平面形状为不规则四边形，到对边的长度127毫米。所属边缘在右侧边，刃角69°，为正向加工。片疤平视为侵入型，片疤侧视为加高型，片疤深度为薄型，片疤剖视形态为凹下型。第八块为完整石片疤，长13、宽39毫米，倾斜度47°，弦长37、矢长2毫米。平面形状为不规则四边形，到对边的长度189毫米。所属边缘在远端边，刃角65°，为正向加工。片疤平视为普通型，片疤侧视为加高型，片疤深度为薄型，片疤剖视形态为凹下型。第九块为完整石片疤，长20、宽42毫米，倾斜度39°，弦长41、矢长4毫米。平面形状为不规则四边形，到对边的长度127毫米。所属边缘在左侧边，刃角73°，为正向加工。片疤平视为普通型，片疤侧视为加高型，片疤深度为薄型，片疤剖视形态为凹下型。第十块为完整石片疤，长11、宽33毫米，倾斜度57°，弦长25、矢长1毫米。平面形状为不规则四边形，到对边的长度96毫米。所属边缘在左侧边，刃角71°，为反向加工。片疤平视为普通型，片疤侧视为加高型，片疤深度为薄型，片疤剖视形态为凹下型。第十一块为完整石片疤，长10、宽40毫米，倾斜度38°，弦长40、矢长3毫米。平面形状为不规则四边形，到对边的长度101毫米。所属边缘在右侧边，刃角52°，为正向加工。片疤平视为普通型，片疤侧视为加高型，片疤深度为薄型，片疤剖视形态为凹下型。该标本可与EP265拼合（图2－186）。

4）手镐，有8件，出自第②层的有2件，采集有6件。

岩性以硅质岩和砂岩为多（各有3件），石英岩和含砾砂岩的各有1件。素材以完整砾石为多（6件），单台面石核有1件，裂片有1件。长度中最长的达283毫米，最短的仅147毫米，均超过100毫米（超过200毫米的有3件）。宽度中最宽的为174毫米，最窄的为83毫米，大于100毫米的有5件，小于100毫米的有2件。厚度中最厚的为124毫米，最薄的为46毫米，大于50毫米的有6件（超过100毫米的有2件），小于50毫米的有2件。重量中最重的为3706克，最轻的为614克，大于1000克的有5件（超过2000克的有3件），小于1000克的有3件。

此类标本的平面形状多为不规则四边形（6件），椭圆形有2件；横剖面形状多为不规则四边形（7件），椭圆形的有1件；纵剖面形状多为不规则四边形（7件），椭圆形有1件。

构成手镐尖端的大部分为左、右两个刃缘（6件），其次为左侧和远端刃缘（1件），近端

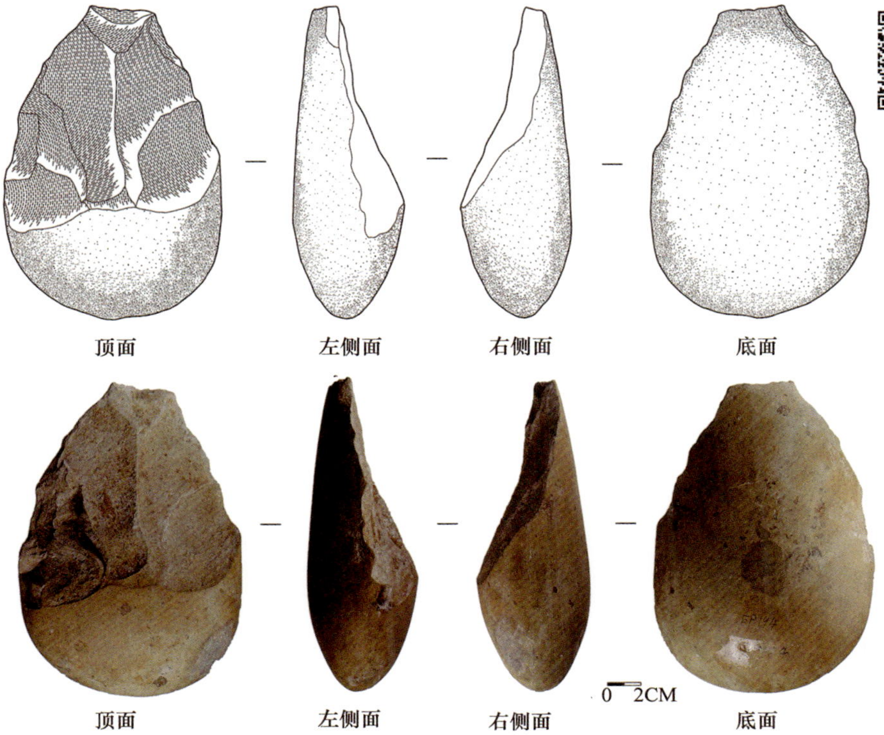

图 2-186　上文化层的多刃单向加工的砍砸器（1995T1327②: 9504）

刃和右侧刃缘（1 件）。刃缘平视多呈凸刃（9 个），呈凹刃的有 3 个，呈“S”形刃的有 4 个；侧视均呈弧刃。第二步加工的小疤以有 6 块的为多（3 件）；其次为有 5 块（有 2 件）；有 9、3、8 块小疤的各有 1 件。加工方向以正向的为多（5 件），反向加工的只有 3 件。可测刃角最大的为 95°，最小的为 41°，其中以在 70°～79°的为多（13 个），其次为在 80°～89°的（有 9 个），其他在 60°～69°、50°～59°、90°～99°、40°～49°的各有 7 个、3 个、3 个、1 个。有 2 件标本可与其他的标本拼合。

（a）由左侧、右侧边两条刃缘构成尖端的手镐，有 4 件。

2000 年台地②: 2019（EP381），素材为完整砾石。自然尺寸为长 184、宽 137、厚 124 毫米，重 2717 克。岩性为石英岩，平面、横剖面、纵剖面几何形状均为不规则四边形，磨圆度一般。近端面、顶面上有石皮，左侧面、远端面、右侧面、底面上有加工石片疤。有两条刃缘，分别在左侧、右侧边，左、右两个刃缘相邻相连成尖端，尖端由两侧小疤加工而成，左侧刃缘的平面形状为凸刃，侧视形状为弧形刃，加工层次为一个系列，弧长 156、弦长 148、矢长 20 毫米；右侧刃缘的平面形状为凹凸，侧视形状为弧形刃，加工层次为两个系列，弧长 180、弦长 153、矢长 36 毫米。有 5 块加工的石片疤，均在侧面。5 块加工石片疤的特征，按加工顺序如下：第一块为完整石片疤，长 72、宽 142 毫米，倾斜度 38°，弦长 148、矢长 20 毫米。平面形状为不规则四边形，到对边的长度 148 毫米。所属边缘在左侧边，刃角为 87°，为反向加工。片疤平视为侵入型，片疤侧视为加高型，片疤深度为薄型，片疤剖视形态为凹下型。第二块为不完整石片疤，长 66、宽 87 毫米，倾斜度 20°，弦长、矢长难测。平面形状为不规则四边形，到对边的长度 133 毫米。所属边缘在右侧边，刃角难测，为反向加工。片疤平视为侵入型，片疤侧视为加高型，片疤深度为薄型，片疤剖视形态为凹下型。第三块为完整石片疤，长 102、宽 61 毫米，倾斜度 25°，弦长 27、矢长 2 毫米。平面形状为不规则四边形，到对边的长度 133 毫米。所属边缘在右侧边，刃角 78°，为反向加工。片疤平视为侵入型，片疤侧视为加高型，片疤深度为薄型，片疤剖视形态为凹下型。第四块为完整石片疤，长 63、宽 91 毫米，倾斜度 16°，弦长 51、矢长 4 毫米。平面形状为不规则四边形，到对边的长度 115 毫米。所属边缘在右侧边，刃角 87°，为反向加工。片疤平视为普通型，片疤侧视为加高型，片疤深度为薄型，片疤剖视形态为凹下型。第五块为完整石片疤，长 27、宽 48 毫米，倾斜度 28°，弦长 34、矢长 2 毫米。平面形状为不规则四边形，到对边的长度 125 毫米。所属边缘在右侧边，刃角为 77°，为反向加工。片疤平视为普通型，片疤侧视为加高型，片疤深度为薄型，片疤剖视形态为凹下型。该标本可拼合 EP267、EP388（图 2－187）。

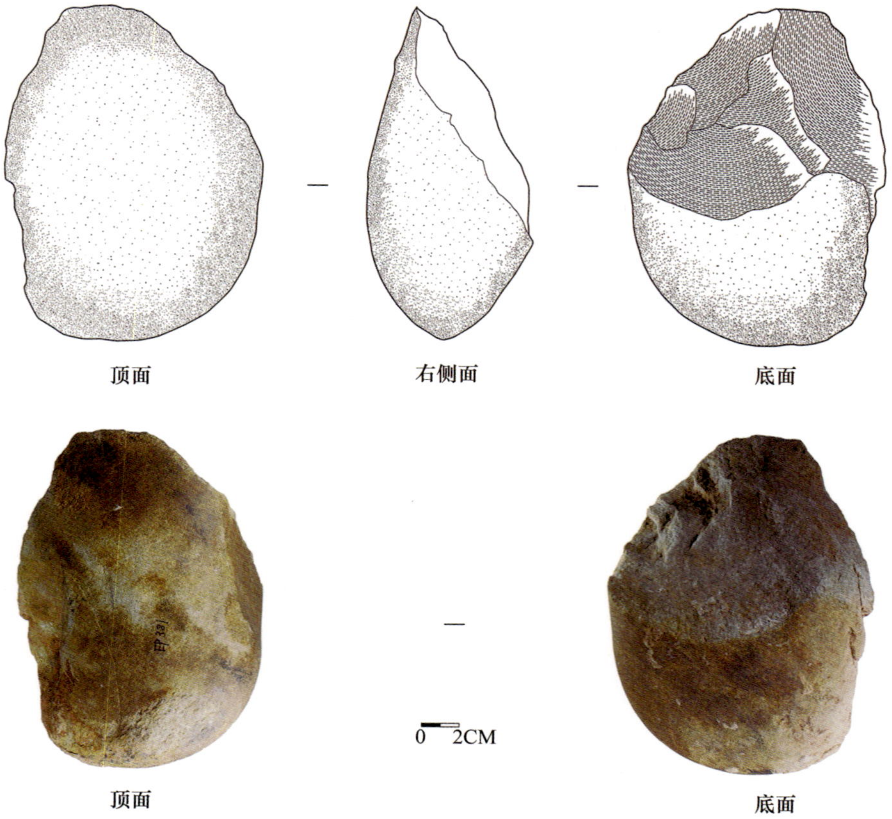

图 2－187　上文化层的手镐（2000 年台地②：2019）

1995T1327②:5－1（EP179），素材为完整砾石。自然尺寸为长220、宽174、厚113毫米，重3706克。岩性为砂岩，平面、横剖面、纵剖面几何形状均为不规则四边形，磨圆度一般。近端面、底面上有石皮，左侧面、远端面、右侧面、顶面上有加工石片疤。有两条刃缘，分别在左侧、右侧边，左、右两个刃缘相邻相连成尖端，尖端由两侧小疤加工而成，左侧刃缘的平面形状为“S”形刃，侧视形状为弧形刃，加工层次为两个系列，弧长218、弦长193、矢长26毫米；右侧刃缘的平面形状为凸刃，侧视形状为弧形刃，加工层次为两个系列，弧长142、弦长133、矢长6毫米。有6块加工的石片疤，均在顶面。6块加工石片疤的特征，按加工顺序如下：第一块为完整石片疤，长125、宽92毫米，倾斜度20°，弦长63、矢长4毫米。平面形状为不规则四边形，到对边的长度159毫米。所属边缘在左侧边，刃角为83°，为正向加工。片疤平视为侵入型，片疤侧视为加高型，片疤深度为薄型，片疤剖视形态为凹下型。第二块为不完整石片疤，长100、宽118毫米，倾斜度43°，弦长、矢长难测。平面形状为不规则四边形，到对边的长度155毫米。所属边缘在左侧边，刃角难测，为正向加工。片疤平视为普通型，片疤侧视为加高型，片疤深度为厚型，片疤剖视形态为凹下型。第三块为不完整石片疤，长39、宽45毫米，倾斜度53°，弦长、矢长难测。平面形状为不规则四边形，到对边的长度155毫米。所属边缘在左侧边，刃角难测，为正向加工。片疤平视为普通型，片疤侧视为加高型，片疤深度为厚型，片疤剖视形态为凹下型。第四块为不完整石片疤，长88、宽144毫米，倾斜度32°，弦长、矢长难测。平面形状为不规则四边形，到对边的长度175毫米。所属边缘在右侧边，刃角难测，为正向加工。片疤平视为侵入型，片疤侧视为加高型，片疤深度为厚型，片疤剖视形态为凹下型。第五块为完整石片疤，长76、宽139毫米，倾斜度37°，弦长97、矢长9毫米。平面形状为不规则四边形，到对边的长度175毫米。所属边缘在右侧边，刃角80°，为正向加工。片疤平视为侵入型，片疤侧视为加高型，片疤深度为厚型，片疤剖视形态为凹下型。第六块为完整石片疤，长48、宽91毫米，倾斜度65°，弦长84、矢长12毫米。平面形状为不规则四边形，到对边的长度155毫米。所属边缘在左侧边，刃角为73°，为正向加工。片疤平视为普通型，片疤侧视为加高型，片疤深度为厚型，片疤剖视形态为凹下型。该标本可拼合EP369（图2－188）。

2000年台地②:2054（EP416），素材为完整砾石。自然尺寸为长180、宽97、厚51毫米，重797克。岩性为硅质岩，平面、横剖面和纵剖面几何形状分别为不规则四边形、不规则三边形、不规则四边形，磨圆度一般。近端面、顶面、右侧面上有片疤，左侧面、远端面、底面上有石皮。有两条刃缘（尖端由两侧加工的片疤组成），分别为：一条刃缘在右侧边，平面形状为凹刃，侧视形状为弧形刃，加工层次为一个系列，弧长50、弦长49、矢长4毫米；一条刃缘在左侧边，平面形状为凸刃，侧视形状为弧形刃，加工层次为两个系列，弧长212、弦长180、矢长30毫米。8块加工的片疤均在侧面，加工较多的面在侧面。8块加工石片疤的特征，按加工顺序如下：第一块为完整石片疤，长44、宽62毫米，倾斜度12°，弦长20、矢长1毫米。平面形状为不规则长四边形，到对边的长度72毫米。所属边缘在右侧边，刃角78°，为正向加工。片疤平视为侵入型，片疤侧视为陡型，片疤深度为薄型，片疤剖视形态为凹下型。第

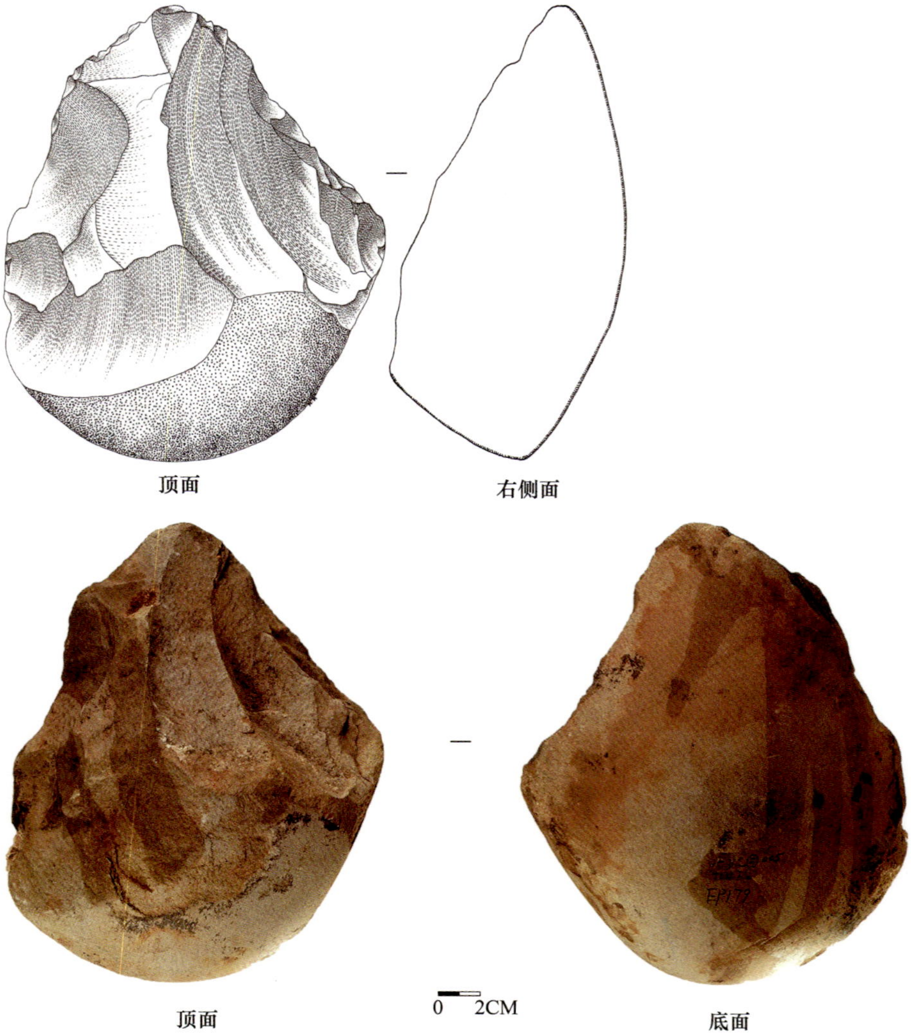

图 2－188　上文化层的手镐（1995T1327②: 5－1）

二块为完整石片疤，长 61、宽 88 毫米，倾斜度 27°，弦长 55、矢长 3 毫米。平面形状为不规则长四边形，到对边的长度 87 毫米。所属边缘在右侧边，刃角 82°，为正向加工。片疤平视为侵入型，片疤侧视为陡型，片疤深度为薄型，片疤剖视形态为凹下型。第三块为完整石片疤，长 50、宽 70 毫米，倾斜度 48°，弦长 37、矢长 3 毫米。平面形状为不规则四边形，到对边的长度 90 毫米。所属边缘在右侧边，刃角 63°，为正向加工。片疤平视为侵入型，片疤侧视为陡型，片疤深度为薄型，片疤剖视形态为凹下型。第四块为完整石片疤，长 62、宽 78 毫米，倾斜度 18°，弦长 37、矢长 4 毫米。平面形状为不规则四边形，到对边的长度 104 毫米。所属边缘在近端边，刃角 66°，为正向加工。片疤平视为侵入型，片疤侧视为陡型，片疤深度为厚型，片疤剖视形态为浅阶梯型。第五块为完整石片疤，长 19、宽 33 毫米，倾斜度 70°，弦长 29、矢长 2

毫米。平面形状为不规则四边形，到对边的长度90毫米。所属边缘在右侧边，刃角92°，为正向加工。片疤平视为普通型，片疤侧视为陡型，片疤深度为薄型，片疤剖视形态为凹下型。第六块为完整石片疤，长23、宽16毫米，倾斜度70°，弦长14、矢长1.5毫米。平面形状为不规则四边形，到对边的长度84毫米。所属边缘在右侧边，刃角81°，为正向加工。片疤平视为普通型，片疤侧视为陡型，片疤深度为薄型，片疤剖视形态为凹下型。第七块为完整石片疤，长20、宽26毫米，倾斜度63°，弦长19、矢长3毫米。平面形状为不规则四边形，到对边的长度79毫米。所属边缘在右侧边，刃角69°，为正向加工。片疤平视为普通型，片疤侧视为陡型，片疤深度为薄型，片疤剖视形态为凹下型。第八块为完整石片疤，长13、宽19毫米，倾斜度44°，弦长15、矢长3毫米。平面形状为不规则四边形，到对边的长度153毫米。所属边缘在右侧边，刃角70°，为正向加工。片疤平视为普通型，片疤侧视为陡型，片疤深度为薄型，片疤剖视形态为浅阶梯型（图2－189）。

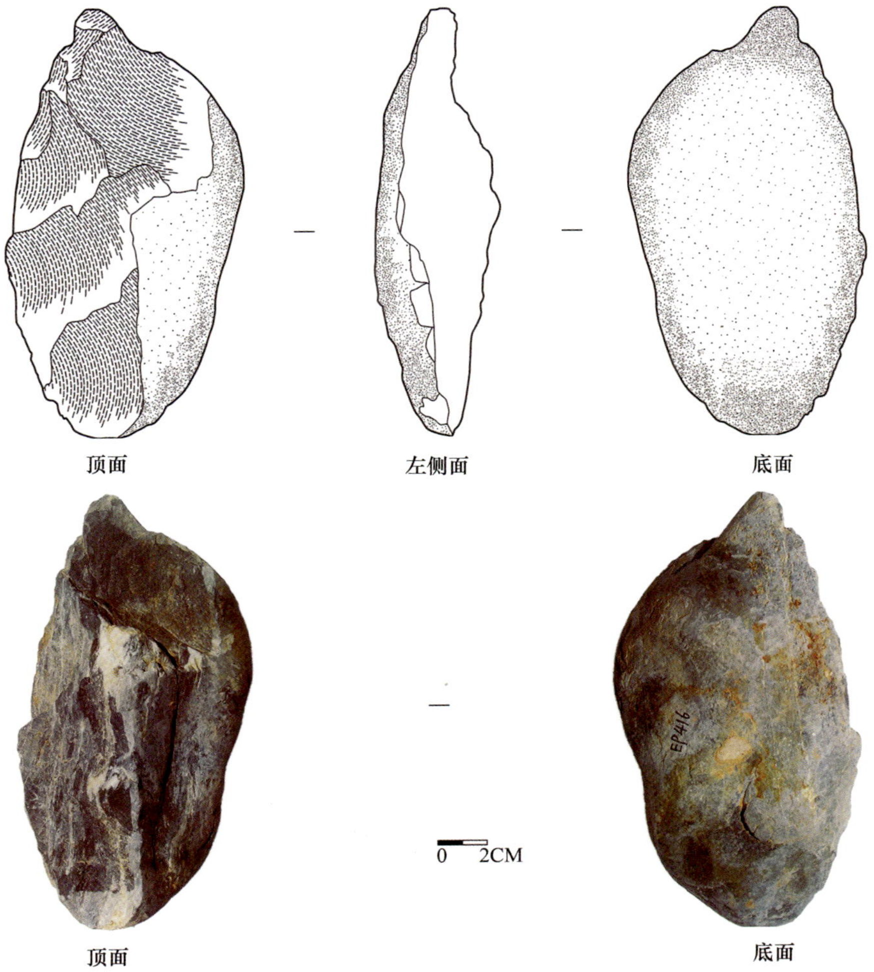

图2－189　上文化层的手镐（2000年台地②:2054）

1991年采集: 9123（EP331），素材为完整砾石。自然尺寸为长271、宽106、厚61毫米，重2117克。岩性为砂岩，平面、横剖面和纵剖面几何形状分别为不规则椭圆形、不规则四边形、不规则四边形，磨圆度一般。左侧面、右侧面上有片疤，远端面有节理面，右侧面、底面、顶面、近端面上有石皮。有两条刃缘（尖端由两侧加工的片疤组成，略呈圆弧刃），分别为：一条刃缘在左侧边，平面形状为凸刃，侧视形状为弧形刃，加工层次为一个系列，弧长104、弦长92、矢长16毫米；一条刃缘在右侧边，平面形状为凸刃，侧视形状为弧形刃，加工层次为一个系列，弧长282、弦长253、矢长32毫米。6块加工的片疤有1块在底面、5块在侧面，加工较多的面在侧面。6块加工石片疤的特征，按加工顺序如下：第一块为完整石片疤，长57、宽55毫米，倾斜度36°，弦长30、矢长1毫米。平面形状为不规则四边形，到对边的长度104毫米。所属边缘在右侧边，刃角70°，为反向加工。片疤平视为普通型，片疤侧视为加高型，片疤深度为薄型，片疤剖视形态为凹下型。第二块为完整石片疤，长48、宽82毫米，倾斜度35°，弦长35、矢长1毫米。平面形状为不规则四边形，到对边的长度109毫米。所属边缘在右侧边，刃角95°，为反向加工。片疤平视为普通型，片疤侧视为加高型，片疤深度为薄型，片疤剖视形态为凹下型。第三块为完整石片疤，长61、宽79毫米，倾斜度42°，弦长60、矢长4毫米。平面形状为不规则四边形，到对边的长度105毫米。所属边缘在右侧边，刃角65°，为反向加工。片疤平视为普通型，片疤侧视为加高型，片疤深度为薄型，片疤剖视形态为凹下型。第四块为完整石片疤，长41、宽59毫米，倾斜度52°，弦长56、矢长3毫米。平面形状为不规则四边形，到对边的长度100毫米。所属边缘在右侧边，刃角65°，为反向加工。片疤平视为普通型，片疤侧视为加高型，片疤深度为薄型，片疤剖视形态为凹下型。第五块为完整石片疤，长48、宽66毫米，倾斜度25°，弦长50、矢长5毫米。平面形状为不规则四边形，到对边的长度88毫米。所属边缘在左侧边，刃角74°，为反向加工。片疤平视为普通型，片疤侧视为加高型，片疤深度为薄型，片疤剖视形态为凹下型。第六块为完整石片疤，长35、宽69毫米，倾斜度27°，弦长27、矢长2毫米。平面形状为不规则四边形，到对边的长度102毫米。所在边缘为右侧边，刃角80°，为反向加工。片疤平视为普通型，片疤侧视为加高型，片疤深度为薄型，片疤剖视形态为凹下型（图2－190）。

2000年台地②: 2050（EP412），素材为单台面石核。自然尺寸为长135、宽90、厚46毫米，重696克。岩性为硅质岩，平面、横剖面和纵剖面几何形状均为不规则四边形，磨圆度一般。近端面、顶面、右侧面上有片疤，左侧面、远端面、底面上有石皮。台面在底面，其平面几何形状为不规则四边形，性质为天然石皮的凸起台面，剥片部位在近端边、右侧边，剥片方向从底面到顶面。台面周长366毫米，右侧边剥片所在边缘长度198毫米，剥片长度198毫米，剥片长度与所在边缘长度的比率为100%，即剥片所在边缘全部被利用；近端边剥片所在边缘长度68毫米，剥片长度68毫米，剥片长度与所在边缘长度的比率为100%，即剥片所在边缘全部被利用。全部剥片长度与台面周长的比率为73%，即剥片所在台面利用率超过一半。打击方法为硬锤锤击法。剥片面有2个，分别在近端面、顶面，近端面上有2块纵向分布的石片疤，剥片面面积与未剥片面面积的比例为2∶7；顶面上有2块横向分布的石片疤，剥片面面积与未剥片面面积的比例为1∶8。全部片疤呈交错，全部剥片面面积与未剥片面面积的比例为3∶6。4

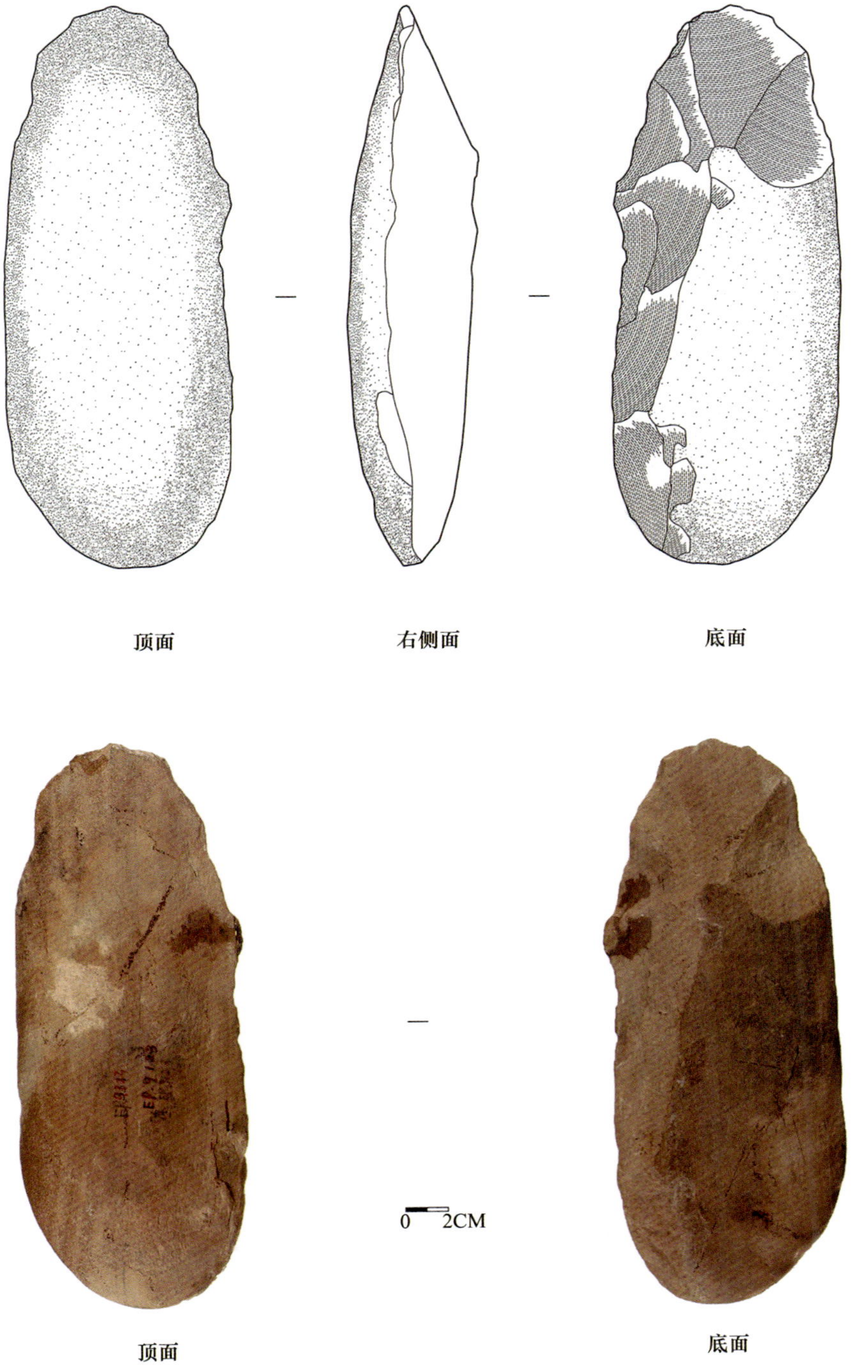

图 2－190　上文化层的手镐（1991 年采集：9123）

块石片疤的特征，按加工顺序如下：第一块为不完整石片疤，长 42、宽 94 毫米，倾斜度 8°，弦长、矢长难以测量。平面形状为不规则长四边形，到对边的长度 76 毫米，台面角 8°。第二块为不完整石片疤，长 14、宽 20 毫米，倾斜度 25°，弦长、矢长难测。平面形状为不规则四边形，到对边的长度 119 毫米，台面角 45°。第三块为不完整石片疤，长 30、宽 56 毫米，倾斜度 46°，弦长、矢长难以测量。平面形状为不规则长四边形，到对边的长度 119 毫米，台面角 64°。第四块为不完整石片疤，长 26、宽 86 毫米，倾斜度 45°，弦长、矢长难测。平面形状为不规则四边形，到对边的长度 76 毫米，台面角 55°。砾石石皮的总数值为 6 等份，其中顶面有 1 等份，底面有 4 等份，侧面有 1 等份。打击方向总数量为 4 个，其中 2 个在侧面、2 个在顶面。该标本转动过 2 次，没有翻动过。有两条条刃缘（尖端由两侧加工的小疤组成），分别为：一条刃缘在近端边，平面形状为“S”形刃，侧视形状为弧形刃，加工层次为三个系列，弧长 68、弦长 64、矢长 2 毫米；一条刃缘在右侧边，平面形状为凸刃，侧视形状为弧形刃，加工层次为三个系列，弧长 198、弦长 129、矢长 20 毫米。9 块加工的片疤中 1 块在底面、8 块在侧面，加工较多的面在侧面。9 块加工石片疤的特征，依其加工顺序如下：第一块为完整石片疤，长 50、宽 44 毫米，倾斜度 53°，弦长 34、矢长 1 毫米。平面形状为不规则长四边形，到对边的长度 90 毫米。所属边缘在右侧边，刃角 50°，为正向加工。片疤平视为普通型，片疤侧视为陡型，片疤深度为厚型，片疤剖视形态为凹下型。第二块为完整石片疤，长 21、宽 63 毫米，倾斜度 60°，弦长 52、矢长 2 毫米。平面形状为不规则长四边形，到对边的长度 81 毫米。所属边缘在近端边，刃角 71°，为正向加工。片疤平视为普通型，片疤侧视为陡型，片疤深度为厚型，片疤剖视形态为凹下型。第三块为完整石片疤，长 25、宽 56 毫米，倾斜度 78°，弦长 40、矢长 4 毫米。平面形状为不规则四边形，到对边的长度 79 毫米。所属边缘在右侧边，刃角 70°，为正向加工。片疤平视为普通型，片疤侧视为陡型，片疤深度为厚型，片疤剖视形态为凹下型。第四块为完整石片疤，长 23、宽 40 毫米，倾斜度 88°，弦长 36、矢长 3 毫米。平面形状为不规则四边形，到对边的长度 66 毫米。所属边缘在右侧边，刃角 94°，为正向加工。片疤平视为普通型，片疤侧视为陡型，片疤深度为厚型，片疤剖视形态为浅阶梯型。第五块为完整石片疤，长 21、宽 29 毫米，倾斜度 60°，弦长 25、矢长 1. 5 毫米。平面形状为不规则四边形，到对边的长度 92 毫米。所属边缘在右侧边，刃角 56°，为正向加工。片疤平视为普通型，片疤侧视为陡型，片疤深度为薄型，片疤剖视形态为凹下型。第六块为完整石片疤，长 7、宽 19 毫米，倾斜度 83°，弦长 18、矢长 2 毫米。平面形状为不规则四边形，到对边的长度 86 毫米。所属边缘在右侧边，刃角 72°，为正向加工。片疤平视为普通型，片疤侧视为陡型，片疤深度为薄型，片疤剖视形态为凹下型。第七块为完整石片疤，长 11、宽 32 毫米，倾斜度 31°，弦长 25、矢长 1. 5 毫米。平面形状为不规则四边形，到对边的长度 92 毫米。所属边缘在右侧边，刃角 53°，为反向加工。片疤平视为普通型，片疤侧视为陡型，片疤深度为薄型，片疤剖视形态为凹下型。第八块为完整石片疤，长 7、宽 16 毫米，倾斜度 72°，弦长 14、矢长 0. 1 毫米。平面形状为不规则四边形，到对边的长度 76 毫米。所属边缘在右侧边，刃角 63°，为正向加工。片疤平视为普通型，片疤侧视为陡型，片疤深度为薄型，片疤剖视形态为凹下型。第九块为完整石片疤，长 14、宽 18 毫米，倾斜度 79°，弦长 15、矢长 1. 5 毫米。平面形状为不规则四边形，到对边的长度85毫米。所属边缘在右侧边，刃角78°，为正向加工。片疤平视为普通型，片疤侧视为陡型，片疤深度为薄型，片疤剖视形态为凹下型（图2－191）。

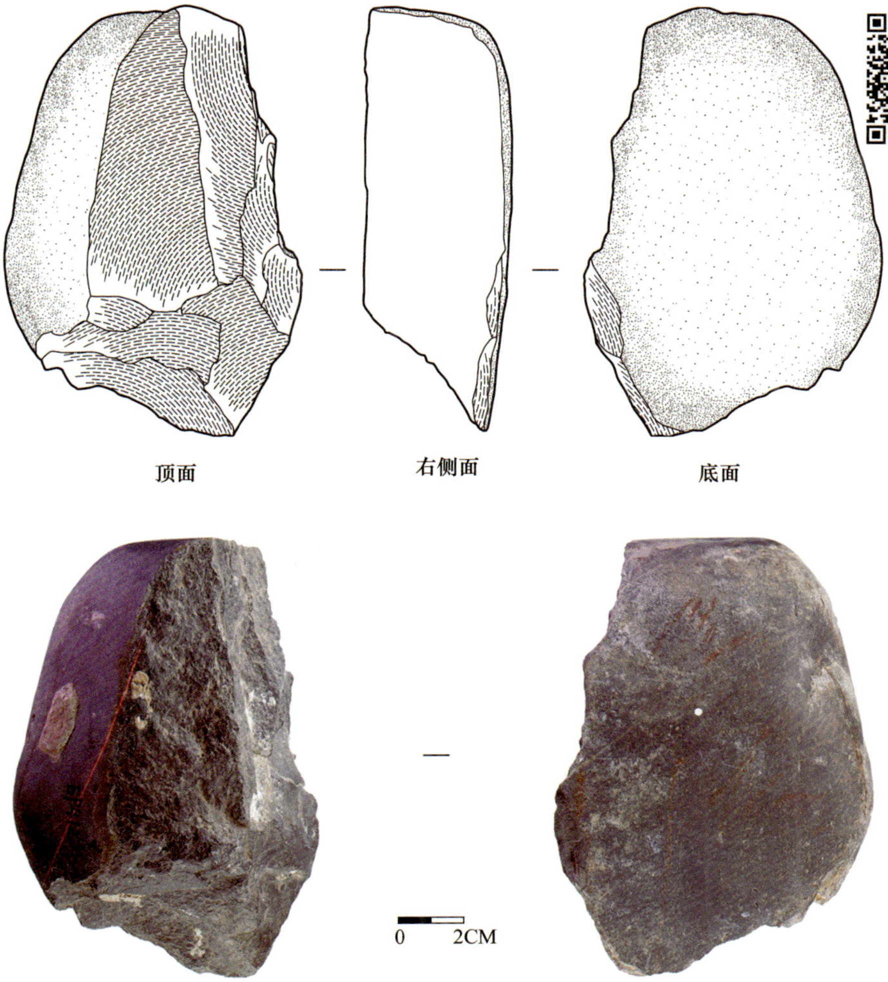

图2－191　上文化层的手镐（2000年台地②:2050）

（c）由左侧边、远端边两条刃缘构成尖端的手镐，有1件。（EP229）

1995年采集:2（EP229），素材为完整砾石。自然尺寸为长283、宽109、厚72毫米，重1969克。岩性为砂岩，平面、横剖面和纵剖面几何形状均为不规则椭圆形，磨圆度一般。左侧面、远端面上有片疤，右侧面、底面、顶面、近端面上有石皮。有两条刃缘（尖端由两侧加工的片疤组成，略呈圆弧刃），分别为：一条刃缘在左侧边，平面形状为凸刃，侧视形状为弧形刃，加工层次为两个系列，弧长220、弦长216、矢长18毫米；一条刃缘在远端边，平面形状为凸刃，侧视形状为弧形刃，加工层次为一个系列，弧长62、弦长52、矢长16毫米。6块加工的片疤均在顶面，加工较多的面在顶面。6块加工石片疤的特征，按加工顺序如下：第一块为完整石片疤，长 85、宽 155 毫米，倾斜度 40°，弦长 43、矢长 3 毫米。平面形状为不规则四边形，到对边的长度 94 毫米。所属边缘在左侧边，刃角 85°，为反向加工。片疤平视为侵入型，片疤侧视为加高型，片疤深度为薄型，片疤剖视形态为凹下型。第二块为完整石片疤，长 58、宽 56 毫米，倾斜度 60°，弦长 44、矢长 4 毫米。平面形状为不规则四边形，到对边的长度 93 毫米。所属边缘在左侧边，刃角 65°，为正向加工。片疤平视为侵入型，片疤侧视为加高型，片疤深度为薄型，片疤剖视形态为凹下型。第三块为完整石片疤，长 51、宽 55 毫米，倾斜度 15°，弦长 51、矢长 15 毫米。平面形状为不规则四边形，到对边的长度 284 毫米。所属边缘在远端边，刃角 41°，为正向加工。片疤平视为普通型，片疤侧视为加高型，片疤深度为薄型，片疤剖视形态为凹下型。第四块为完整石片疤，长 64、宽 60 毫米，倾斜度 66°，弦长 43、矢长 3 毫米。平面形状为不规则四边形，到对边的长度 96 毫米。所属边缘在左侧边，刃角 88°，为正向加工。片疤平视为侵入型，片疤侧视为加高型，片疤深度为薄型，片疤剖视形态为凹下型。第五块为完整石片疤，长 30、宽 50 毫米，倾斜度 40°，弦长 43、矢长 0.5 毫米。平面形状为不规则四边形，到对边的长度 85 毫米。所属边缘在左侧边，刃角 77°，为正向加工。片疤平视为普通型，片疤侧视为加高型，片疤深度为薄型，片疤剖视形态为凹下型。第六块为完整石片疤，长 22、宽 33 毫米，倾斜度 42°，弦长 26、矢长 0.2 毫米。平面形状为不规则四边形，到对边的长度 100 毫米。所属边缘在左侧边，刃角 78°，为正向加工。片疤平视为普通型，片疤侧视为加高型，片疤深度为薄型，片疤剖视形态为凹下型（图 2－192）。

（d）由近端左段边、近端右段边两条刃缘构成尖端的手镐，有 1 件。

1998 年采集：9812（EP355），素材为砾石裂片（似石片）。自然尺寸为长 147、宽 83、厚 46 毫米，重 614 克。岩性为硅质岩，平面、横剖面和纵剖面几何形状均为不规则四边形，磨圆度一般。左侧面、右侧面、远端面上有片疤，右侧面、底面、顶面、近端面上有石皮。有两条刃缘（尖端由两侧加工的片疤组成），分别为：一条刃缘在近端左段边，平面形状为凸刃，侧视形状为弧形刃，加工层次为一个系列，弧长 154、弦长 128、矢长 33 毫米；一条刃缘在近端右段边，平面形状为凹刃，侧视形状为弧形刃，加工层次为一个系列，弧长 37、弦长 31、矢长 7 毫米。5 块加工的片疤均在侧面，加工较多的面在侧面。5 块加工石片疤的特征，按加工顺序如下：第一块为不完整石片疤，长 27、宽 37 毫米，倾斜度 27°，弦长、矢长难测。平面形状为不规则四边形，到对边的长度 84 毫米。所属边缘在左侧边，刃角难测，为正向加工。片疤平视为普通型，片疤侧视为加高型，片疤深度为薄型，片疤剖视形态为凹下型。第二块为完整石片疤，长 50、宽 68 毫米，倾斜度 38°，弦长 36、矢长 7 毫米。平面形状为不规则四边形，到对边的长度 77 毫米。所属边缘在右侧边，刃角 48°，为正向加工。片疤平视为普通型，片疤侧视为加高型，片疤深度为薄型，片疤剖视形态为凹下型。第三块为完整石片疤，长 32、宽 74 毫米，倾斜度 54°，弦长 50、矢长 2 毫米。平面形状为不规则四边形，到对边的长度 84 毫米。所属边缘在左侧边，刃角 59°，为正向加工。片疤平视为普通型，片疤侧视为加高型，片疤深度为薄型，片疤剖视形态为凹下型。第四块为完整石片疤，长 38、宽 91 毫米，倾斜度 73°，弦长 68、矢长 2 毫米。平面形状为不规则四边形，到对边的长度 62 毫米。所属边缘在左侧边，刃角

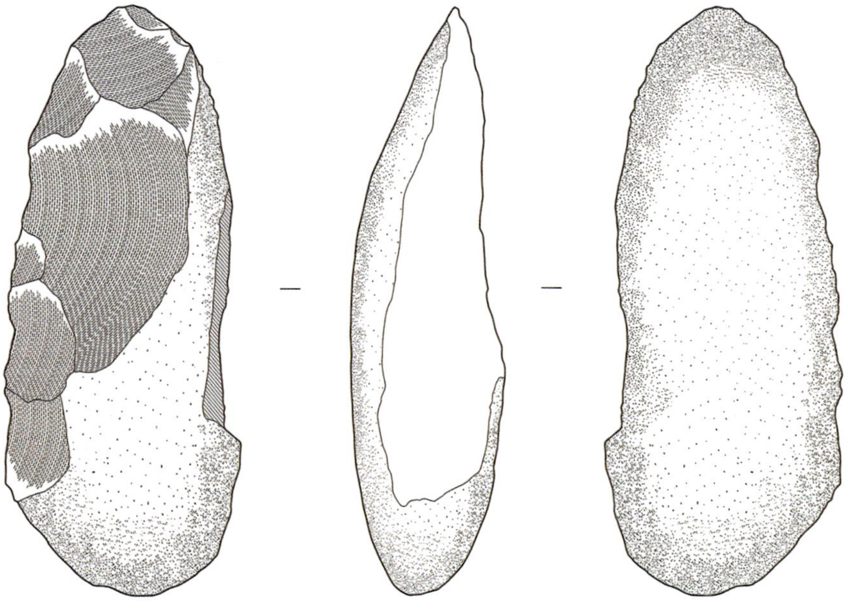

顶面　　左侧面　　底面

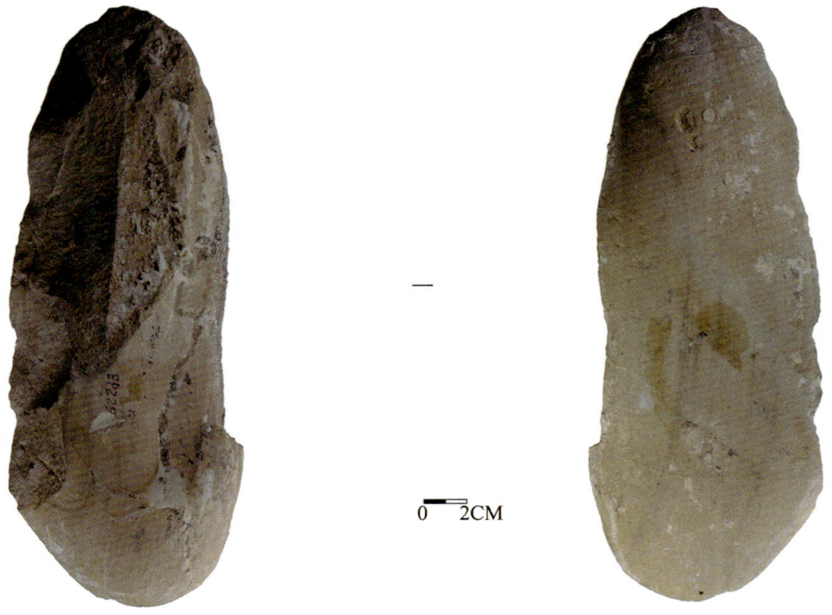

顶面　　底面

图 2－192　上文化层的手镐（1995 年采集：2）

65°，为正向加工。片疤平视为普通型，片疤侧视为加高型，片疤深度为薄型，片疤剖视形态为凹下型。第五块为完整石片疤，长 15、宽 24 毫米，倾斜度 82°，弦长 18、矢长 2 毫米。平面形状为不规则三边形，到对边的长度 79 毫米。所属边缘在左侧边，刃角 66°，为正向加工。片疤平视为普通型，片疤侧视为陡型，片疤深度为薄型，片疤剖视形态为凹下型（图 2－193）。

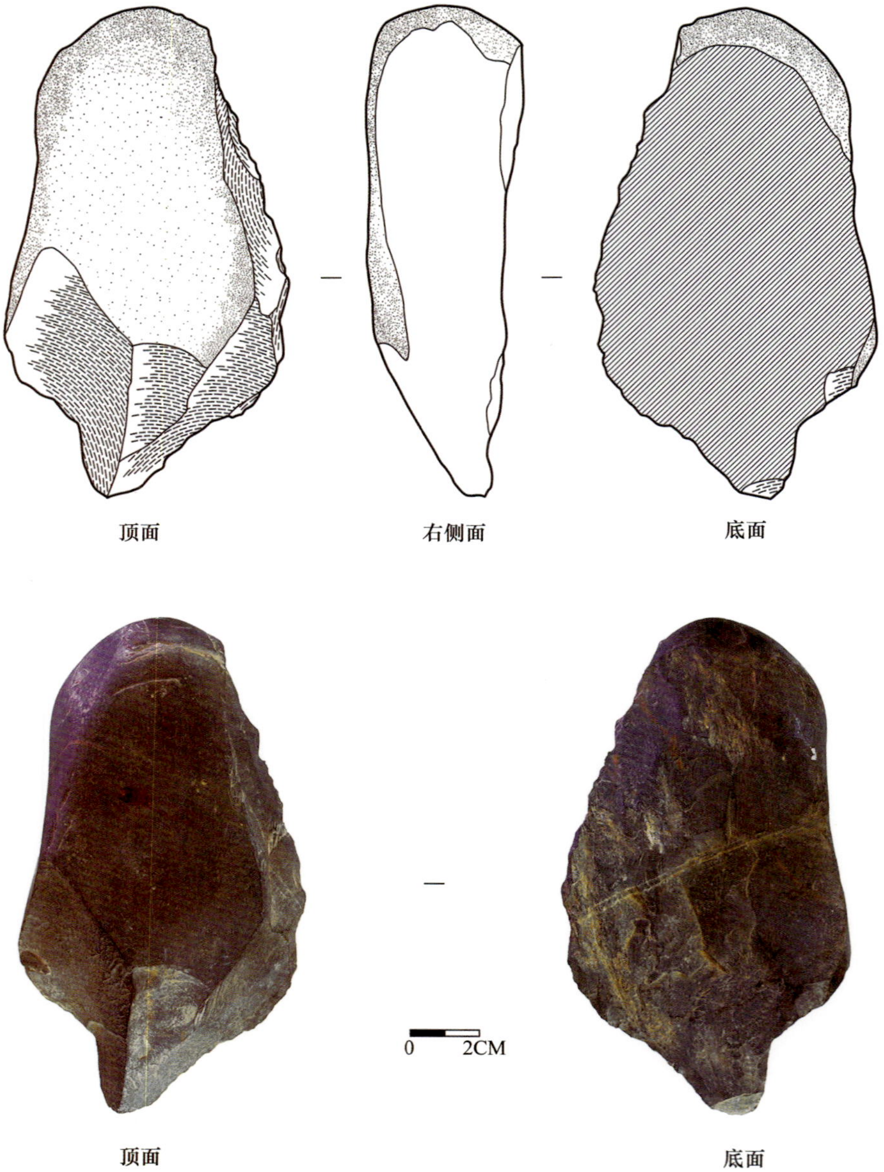

图 2－193　上文化层的手镐（1998 年采集：9812）

（e）由远端左段边、远端右段边两条刃缘构成尖端的手镐，有1件。

手镐＋有孤立凹下片疤的砾石，有1件。

1990年采集：3（EP240），素材为完整砾石。自然尺寸为长161、宽115、厚55毫米，重1202克。岩性为含砾砂岩，平面、横剖面和纵剖面几何形状分别为不规则四边形、不规则椭圆形、不规则四边形，磨圆度一般。远端面上有片疤，近端面上有孤立片疤，左侧面、底面、顶面、右侧面上有石皮。有两条刃缘（尖端由两侧加工的片疤组成），分别为：一条刃缘在远端左段边，平面形状为凹刃，侧视形状为弧形刃，加工层次为一个系列，弧长70、弦长68、矢长3毫米；一条刃缘在远端右段边，平面形状为“S”形刃，侧视形状为弧形刃，加工层次为一个系列，弧长65、弦长59、矢长4毫米。3块加工的片疤均在侧面，加工较多的面在侧面。3块加工石片疤的特征，按加工顺序如下：第一块为不完整石片疤，长22、宽31毫米，倾斜度17°，弦长、矢长难测。平面形状为不规则三边形，到对边的长度108毫米。所属边缘在远端边，刃角难测，为反向加工。片疤平视为普通型，片疤侧视为加高型，片疤深度为薄型，片疤剖视形态为凹下型。第二块为完整石片疤，长48、宽61毫米，倾斜度30°，弦长46、矢长4毫米。平面形状为不规则长四边形，到对边的长度133毫米。所属边缘在远端边，刃角54°，为正向加工。片疤平视为普通型，片疤侧视为加高型，片疤深度为薄型，片疤剖视形态为凹下型。第三块为完整石片疤，长48、宽83毫米，倾斜度47°，弦长70、矢长7毫米。平面形状为不规则四边形，到对边的长度108毫米。所属边缘在远端边，刃角65°，为反向加工。片疤平视为普通型，片疤侧视为加高型，片疤深度为薄型，片疤剖视形态为凹下型；孤立片疤在近端边，为完整石片疤，长48、宽77毫米，倾斜度56°，弦长62、矢长6毫米。平面形状为不规则椭圆形，到对边的长度163毫米。所在边缘为近端边，刃角83°，为正向加工。片疤平视为普通型，片疤侧视为加高型，片疤深度为薄型，片疤剖视形态为凹下型（图2－194）。

5）单面器，有1件。

1998年采集：9801（EP345），素材为断片（似零台面石片）。自然尺寸为长222、宽131、厚54毫米，重1563克。岩性为硅质岩，平面、横剖面、纵剖面几何形状分别为不规则椭圆形、不规则三边形、不规则四边形，磨圆度一般。顶面上有石皮，近端面、左侧面、远端面、右侧面、底面上有加工石片疤。有四条刃缘（似盘状），分别在近端边、左侧边、远端边、右侧边。近端刃缘的平面形状为凸刃，侧视形状为弧形刃，加工层次为两个系列，弧长114、弦长98、矢长21毫米；左侧刃缘的平面形状为凸刃，侧视形状为弧形刃，加工层次为一个系列，弧长188、弦长179、矢长20毫米；远端刃缘的平面形状为凸刃，侧视形状为弧形刃，加工层次为一个系列，弧长68、弦长60、矢长21毫米；右侧刃缘的平面形状为凸刃，侧视形状为弧形刃，加工层次为一个系列，弧长224、弦长205、矢长27毫米。有10块加工的石片疤，均在底面。这10块加工石片疤的特征，按加工顺序如下：第一块为完整石片疤，长101、宽94毫米，倾斜度6°，弦长83、矢长10毫米。平面形状为不规则四边形，到对边的长度223毫米。所属边缘在近端边，刃角为42°，为反向加工。片疤平视为侵入型，片疤侧视为加高型，片疤深度为

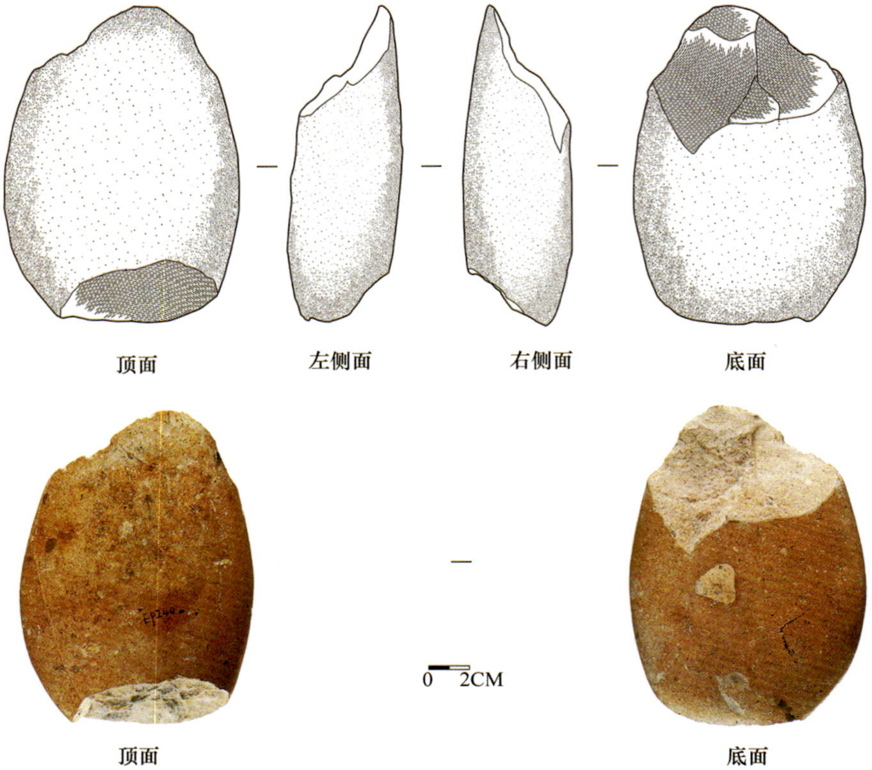

图 2－194 上文化层的手镐＋有孤立凹下片疤的砾石（1990年采集:3）

厚型，片疤剖视形态为浅阶梯型。第二块为完整石片疤，长54、宽96毫米，倾斜度16°，弦长74、矢长3毫米。平面形状为不规则四边形，到对边的长度129毫米。所属边缘在右侧边，刃角16°，为反向加工。片疤平视为普通型，片疤侧视为加高型，片疤深度为薄型，片疤剖视形态为凹下型。第三块为完整石片疤，长159、宽69毫米，倾斜度27°，弦长30、矢长1.5毫米。平面形状为不规则四边形，到对边的长度203毫米。所属边缘在右侧边，刃角41°，为反向加工。片疤平视为普通型，片疤侧视为加高型，片疤深度为薄型，片疤剖视形态为凹下型。第四块为完整石片疤，长28、宽59毫米，倾斜度41°，弦长60、矢长4毫米。平面形状为不规则四边形，到对边的长度215毫米。所属边缘在近端边，刃角67°，为反向加工。片疤平视为普通型，片疤侧视为加高型，片疤深度为薄型，片疤剖视形态为凹下型。第五块为完整石片疤，长108、宽56毫米，倾斜度7°，弦长45、矢长6毫米。平面形状为不规则四边形，到对边的长度219毫米。所属边缘在远端边，刃角为37°，为反向加工。片疤平视为侵入型，片疤侧视为加高型，片疤深度为薄型，片疤剖视形态为浅阶梯型。第六块为完整石片疤，长77、宽63毫米，倾斜度6°，弦长77、矢长4毫米。平面形状为不规则四边形，到对边的长度204毫米。所属边缘在右侧边，刃角为53°，为反向加工。片疤平视为普通型，片疤侧视为加高型，片疤深度为厚型，片疤剖视形态为浅阶梯型。第七块为完整石片疤，长15、宽43毫米，倾斜度18°，弦长

40、矢长2毫米。平面形状为不规则四边形，到对边的长度135毫米。所属边缘在左侧边，刃角71°，为反向加工。片疤平视为普通型，片疤侧视为加高型，片疤深度为薄型，片疤剖视形态为凹下型。第八块为完整石片疤，长16、宽50毫米，倾斜度21°，弦长56、矢长3毫米。平面形状为不规则四边形，到对边的长度118毫米。所属边缘在左侧边，刃角49°，为反向加工。片疤平视为普通型，片疤侧视为加高型，片疤深度为薄型，片疤剖视形态为凹下型。第九块为完整石片疤，长25、宽55毫米，倾斜度16°，弦长46、矢长3毫米。平面形状为不规则四边形，到对边的长度105毫米。所属边缘在左侧边，刃角65°，为反向加工。片疤平视为普通型，片疤侧视为加高型，片疤深度为薄型，片疤剖视形态为凹下型。第十块为完整石片疤，长18、宽28毫米，倾斜度18°，弦长15、矢长1毫米。平面形状为不规则四边形，到对边的长度203毫米。所属边缘在远端边，刃角为46°，为反向加工。片疤平视为普通型，片疤侧视为加高型，片疤深度为薄型，片疤剖视形态为凹下型（图2-195）。

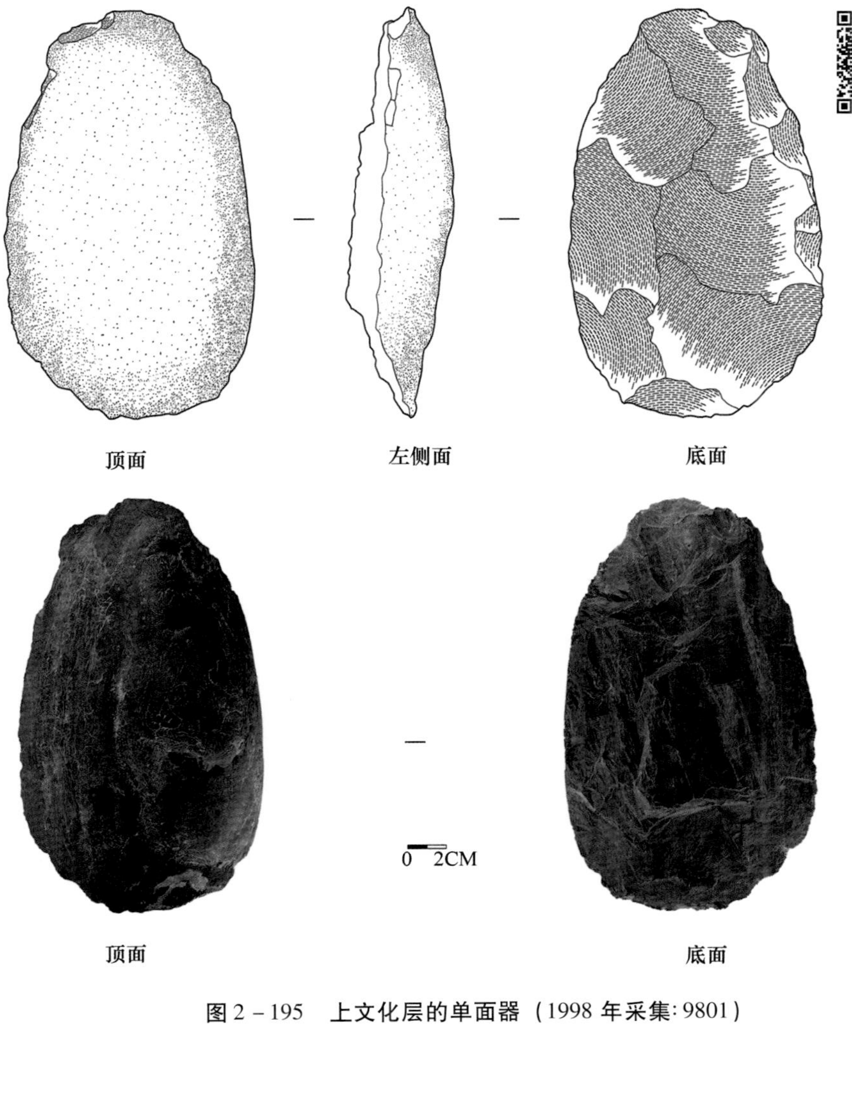

图2-195　上文化层的单面器（1998年采集:9801）

6）双向加工的砍砸器（chopping-tool）。

有 13 件，分为单刃、双刃和多刃三种。

（a）单刃双向加工的砍砸器，有 5 件，均为端刃，可分为刃缘在近端（4 件）和远端(1 件）两种。

a）刃缘在近端边的砍砸器（chopping-tool），有 4 件。

1990 年采集: 9007（EP291），素材为完整砾石。自然尺寸为长 120、宽 87、厚 47 毫米，重 596 克。岩性为泥质岩，平面、横剖面、纵剖面几何形状均为不规则四边形，磨圆度一般。近端面上有片疤，右侧面、左侧面、顶面、底面、远端面上有石皮。有一条刃缘，在近端边，平面形状为凸刃，侧视形状为弧形刃，加工层次为两个系列，弧长 80、弦长 67、矢长 18 毫米。5 块加工石片疤中有 3 块在顶面、2 块在底面，它们的特征，按加工顺序如下：第一块为不完整石片疤，长 69、宽 71 毫米，倾斜度 25°，弦长、矢长难测。平面形状为不规则四边形，到对边的长度 118 毫米。所属边缘在近端边，刃角难测，为正向加工。片疤平视为侵入型，片疤侧视为加高型，片疤深度为薄型，片疤剖视形态为凹下型。第二块为不完整石片疤，长 16、宽 38 毫米，倾斜度 50°，弦长、矢长难测。平面形状为不规则四边形，到对边的长度 118 毫米。所属边缘在近端边，刃角 61°，为正向加工。片疤平视为普通型，片疤侧视为加高型，片疤深度为薄型，片疤剖视形态为凹下型。第三块为完整石片疤，长 21、宽 38 毫米，倾斜度 48°，弦长 25、矢长 2 毫米。平面形状为不规则四边形，到对边的长度 110 毫米。所属边缘在近端边，刃角 66°，为正向加工。片疤平视为普通型，片疤侧视为加高型，片疤深度为薄型，片疤剖视形态为凹下型。第四块为不完整石片疤，长 26、宽 9 毫米，倾斜度 48°，弦长、矢长难测。平面形状为不规则四边形，到对边的长度 112 毫米。所属边缘在近端边，刃角 88°，为反向加工。片疤平视为普通型，片疤侧视为加高型，片疤深度为薄型，片疤剖视形态为凹下型。第五块为完整石片疤，长 41、宽 44 毫米，倾斜度 30°，弦长 25、矢长 2 毫米。平面形状为不规则四边形，到对边的长度 110 毫米。所属边缘在近端边，刃角 66°，为反向加工。片疤平视为普通型，片疤侧视为加高型，片疤深度为薄型，片疤剖视形态为凹下型（图 2 - 196）。

1998 年采集: 9815（EP358），素材为完整砾石。自然尺寸为长 110、宽 101、厚 70 毫米，重 962 克。岩性为脉石英，平面、横剖面、纵剖面几何形状均为不规则四边形，磨圆度一般。近端面上有片疤，右侧面、左侧面、顶面、底面、远端面上有石皮。有一条刃缘，在近端边，平面形状为凸刃，侧视形状为弧形刃，加工层次为一个系列，弧长 73、弦长 69、矢长 9 毫米。4 块加工石片疤中有 2 块在顶面、2 块在侧面，它们的特征，按加工顺序如下：第一块为不完整石片疤，长 43、宽 41 毫米，倾斜度 11°，弦长、矢长难测。平面形状为不规则四边形，到对边的长度 92 毫米。所属边缘在近端边，刃角难测，为正向加工。片疤平视为普通型，片疤侧视为加高型，片疤深度为薄型，片疤剖视形态为凹下型。第二块为不完整石片疤，长 20、宽 17 毫米，倾斜度 38°，弦长、矢长难测。平面形状为不规则四边形，到对边的长度 91 毫米。所属边缘在近端边，刃角难测，为正向加工。片疤平视为普通型，片疤侧视为加高型，片疤深度为薄

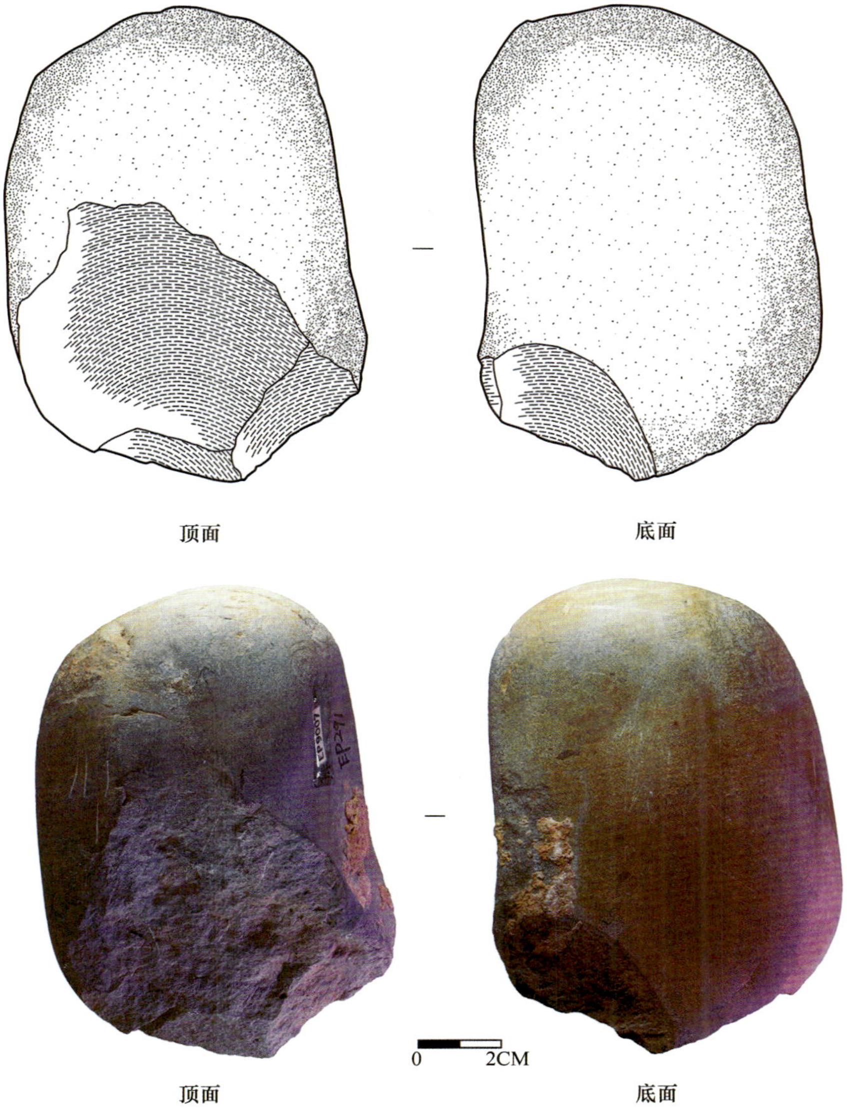

图 2－196　上文化层的双向加工的单刃砍砸器（1990 年采集: 9007）

型，片疤剖视形态为凹下型。第三块为不完整石片疤，长 62、宽 83 毫米，倾斜度 65°，弦长、矢长难测。平面形状为不规则四边形，到对边的长度 93 毫米。所属边缘在近端边，刃角 87°，为反向加工。片疤平视为普通型，片疤侧视为陡型，片疤深度为薄型，片疤剖视形态为凹下型。第四块为完整石片疤，长 25、宽 30 毫米，倾斜度 85°，弦长 15、矢长 1 毫米。平面形状为不规则四边形，到对边的长度 93 毫米。所属边缘在近端边，刃角 87°，为反向加工。片疤平视为普通型，片疤侧视为陡型，片疤深度为薄型，片疤剖视形态为凹下型（图 2－197）。

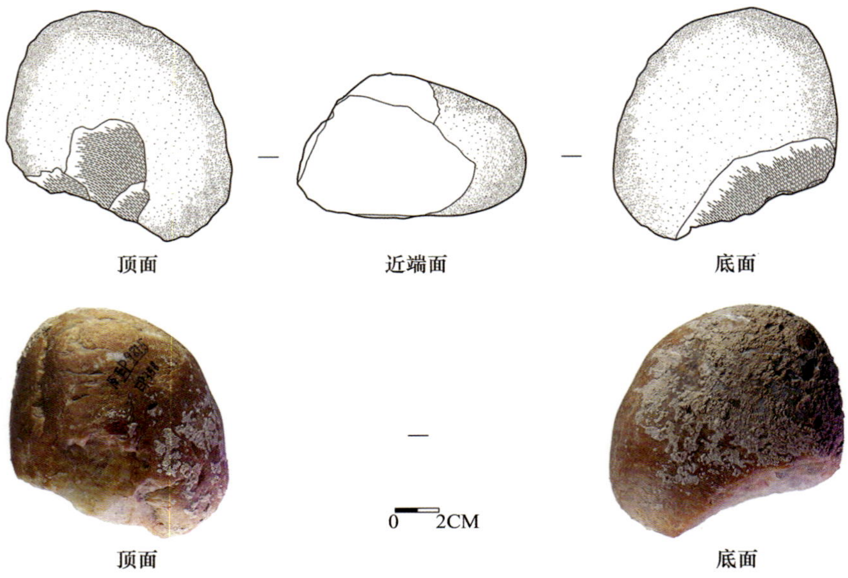

图 2－197　上文化层的双向加工的单刃砍砸器（1998年采集:9815）

1990年采集:9037（EP302），素材为完整砾石。自然尺寸为长98、宽74、厚52毫米，重536克。岩性为砂岩，平面、横剖面、纵剖面几何形状均为不规则四边形，磨圆度一般。近端面上有片疤，右侧面、左侧面、顶面、底面、远端面上有石皮。有一条刃缘，在近端边，平面形状为凸刃，侧视形状为弧形刃，加工层次为两个系列，弧长65、弦长60、矢长9毫米。5块加工石片疤中有3块在顶面、2块在底面，它们的特征，按加工顺序如下：第一块为不完整石片疤，长61、宽62毫米，倾斜度31°，弦长、矢长难测。平面形状为不规则四边形，到对边的长度100毫米。所属边缘在近端边，刃角难测，为反向加工。片疤平视为普通型，片疤侧视为加高型，片疤深度为薄型，片疤剖视形态为凹下型。第二块为不完整石片疤，长41、宽39毫米，倾斜度43°，弦长、矢长难测。平面形状为不规则四边形，到对边的长度100毫米。所属边缘在近端边，刃角难测，为反向加工。片疤平视为普通型，片疤侧视为加高型，片疤深度为薄型，片疤剖视形态为凹下型。第三块为不完整石片疤，长17、宽36毫米，倾斜度44°，弦长、矢长难测。平面形状为不规则四边形，到对边的长度89毫米。所属边缘在近端边，刃角难测，为正向加工。片疤平视为普通型，片疤侧视为加高型，片疤深度为薄型，片疤剖视形态为凹下型。第四块为不完整石片疤，长26、宽32毫米，倾斜度50°，弦长27、矢长2毫米。平面形状为不规则四边形，到对边的长度95毫米。所属边缘在近端边，刃角67°，为正向加工。片疤平视为普通型，片疤侧视为加高型，片疤深度为薄型，片疤剖视形态为凹下型。第五块为完整石片疤，长28、宽39毫米，倾斜度59°，弦长34、矢长2.5毫米。平面形状为不规则四边形，到对边的长度91毫米。所属边缘在近端边，刃角 77°，为正向加工。片疤平视为普通型，片疤侧视为加高型，片疤深度为薄型，片疤剖视形态为凹下型（图 2－198）。

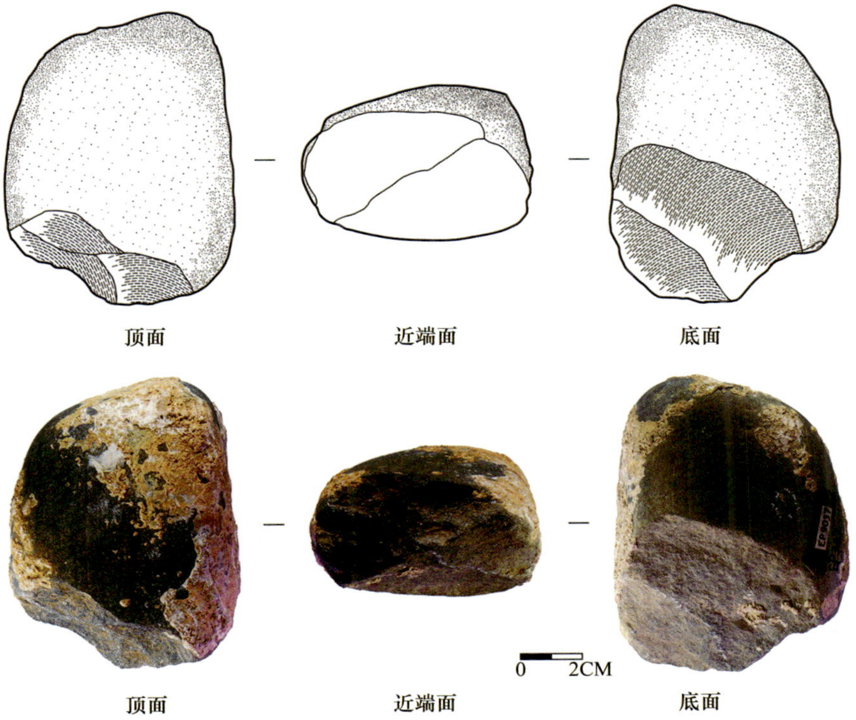

图 2－198　上文化层的双向加工的单刃砍砸器（1990 年采集∶9037）

1990 年采集∶9011（EP293），素材为单台面石核。自然尺寸为长 106、宽 110、厚 95 毫米，重 1414 克。岩性为石英岩，平面、横剖面、纵剖面几何形状均为不规则四边形，磨圆度一般。近端面上有片疤，右侧面、左侧面、顶面、底面、远端面上有石皮。台面在近端面，台面平面几何形状为不规则四边形，性质为天然石皮的凸起台面，剥片部位在顶边，剥片方向从近端面到远端面。台面周长 360 毫米，顶边剥片所在边缘长度 110 毫米，剥片长度 110 毫米，剥片长度与所在边缘长度的比率为 100%，即剥片所在边缘全部被利用。剥片长度与台面周长的比率为 31%，即剥片所在台面利用率没有超过一半。打击方法为硬锤锤击法。剥片面有 1 个，在顶面，有 3 块单极纵向分布的石片疤，剥片面面积与未剥片面面积的比例为 2∶7。3 块石片疤的特征，按加工顺序如下：第一块为不完整石片疤，长 23、宽 15 毫米，倾斜度 60°，弦长、矢长难以测量，平面形状为不规则四边形，到对边的长度 102 毫米，台面角 68°；第二块为不完整石片疤，长 37、宽 78 毫米，倾斜度 54°，弦长、矢长难测。平面形状为不规则四边形，到对边的长度 104 毫米，台面角 77°；第三块为不完整石片疤，长 59、宽 39 毫米，倾斜度 50°，弦长、矢长难测。平面形状为不规则四边形，到对边的长度 102 毫米，台面角 70°。保留的砾石石皮的总数值为 7 等份，其中顶面有 1 等份、底面有 2 等份、侧面有 4 等份。打击方向总数量为 3 个，均在侧面。该标本没有转动过，翻动过 1 次。有一条刃缘，在远端边，平面形状为“S”形刃，侧视形状为“S”形刃，加工层次为两个系列，弧长 95、弦长 89、矢长 3 毫米。5 块加工石片疤有 3 块在侧面、2 块在底面，它们的特征，按加工顺序如下：第一块为不完整石片疤，长 34、宽 39 毫米，倾斜度 32°，弦长、矢长难测。平面形状为不规则四边形，到对边的长度 100 毫米。所属边缘在远端边，刃角 96°，为正向加工。片疤平视为普通型，片疤侧视为加高型，片疤深度为薄型，片疤剖视形态为凹下型。第二块为不完整石片疤，长 15、宽 30 毫米，倾斜度 38°，弦长、矢长难测。平面形状为不规则四边形，到对边的长度 97 毫米。所属边缘在远端边，刃角 94°，为正向加工。片疤平视为普通型，片疤侧视为加高型，片疤深度为薄型，片疤剖视形态为凹下型。第三块为不完整石片疤，长 13、宽 17 毫米，倾斜度 27°，弦长、矢长难测。平面形状为不规则四边形，到对边的长度 97 毫米。所属边缘在远端边，刃角 86°，为正向加工。片疤平视为普通型，片疤侧视为加高型，片疤深度为薄型，片疤剖视形态为凹下型。第四块为完整石片疤，长 70、宽 54 毫米，倾斜度 60°，弦长 32、矢长 2 毫米。平面形状为不规则四边形，到对边的长度 92 毫米。所属边缘在远端边，刃角 85°，为反向加工。片疤平视为普通型，片疤侧视为陡型，片疤深度为厚型，片疤剖视形态为凹下型。第五块为不完整石片疤，长 43、宽 54 毫米，倾斜度 77°，弦长 44、矢长 7 毫米。平面形状为不规则四边形，到对边的长度 94 毫米。所属边缘在远端边，刃角 81°，为反向加工。片疤平视为普通型，片疤侧视为陡型，片疤深度为厚型，片疤剖视形态为凹下型（图 2－199）。

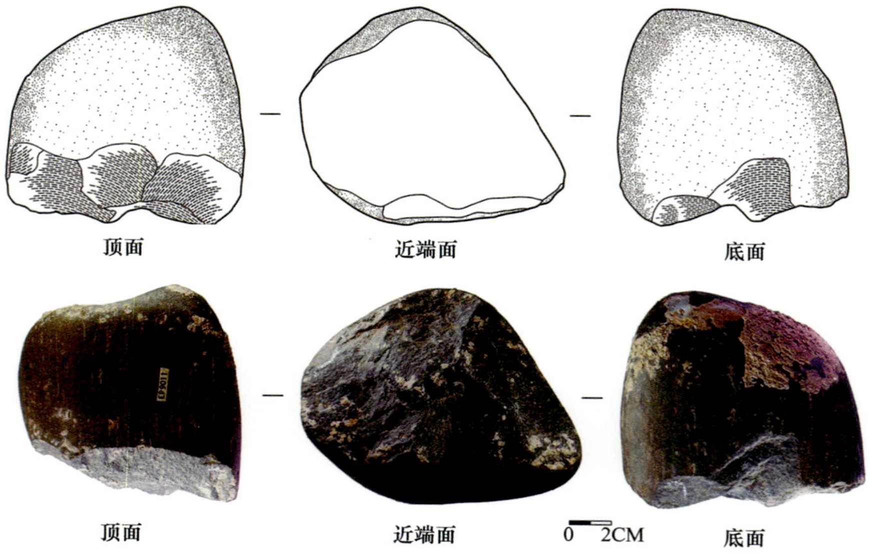

图 2－199　上文化层的双向加工的单刃砍砸器（1990 年采集: 9011）

b）刃缘在远端边双向加工的砍砸器（chopping-tool），有1件。

1995年采集: 9506（EP232），素材为完整砾石。自然尺寸为长186、宽150、厚63毫米，重2269克。岩性为硅质岩，平面、横剖面、纵剖面几何形状分别为不规则椭圆形、不规则椭圆形、不规则椭圆形，磨圆度一般。远端面上有片疤，左侧面、右侧面、顶面、底面、近端面上有石皮。有一条刃缘，在远端边，平面形状为凸刃，侧视形状为"S"形刃，加工层次为一个系列，弧长114、弦长91、矢长19毫米。3块加工石片疤有2块在顶面、1块在底面，它们的特征，按加工顺序如下：第一块为不完整石片疤，长38、宽21毫米，倾斜度25°，弦长、矢长难测。平面形状为不规则四边形，到对边的长度177毫米。所属边缘在远端边，刃角75°，为正向加工。片疤平视为普通型，片疤侧视为加高型，片疤深度为薄型，片疤剖视形态为凹下型。第二块为完整石片疤，长75、宽86毫米，倾斜度37°，弦长50、矢长5毫米。平面形状为不规则四边形，到对边的长度182毫米。所属边缘在远端边，刃角60°，为正向加工。片疤平视为普通型，片疤侧视为加高型，片疤深度为薄型，片疤剖视形态为凹下型。第三块为完整石片疤，长44、宽66毫米，倾斜度33°，弦长45、矢长3毫米。平面形状为不规则四边形，到对边的长度165毫米。所属边缘在远端边，刃角66°，反正向加工。片疤平视为普通型，片疤侧视为加高型，片疤深度为薄型，片疤剖视形态为凹下型（图2－200）。

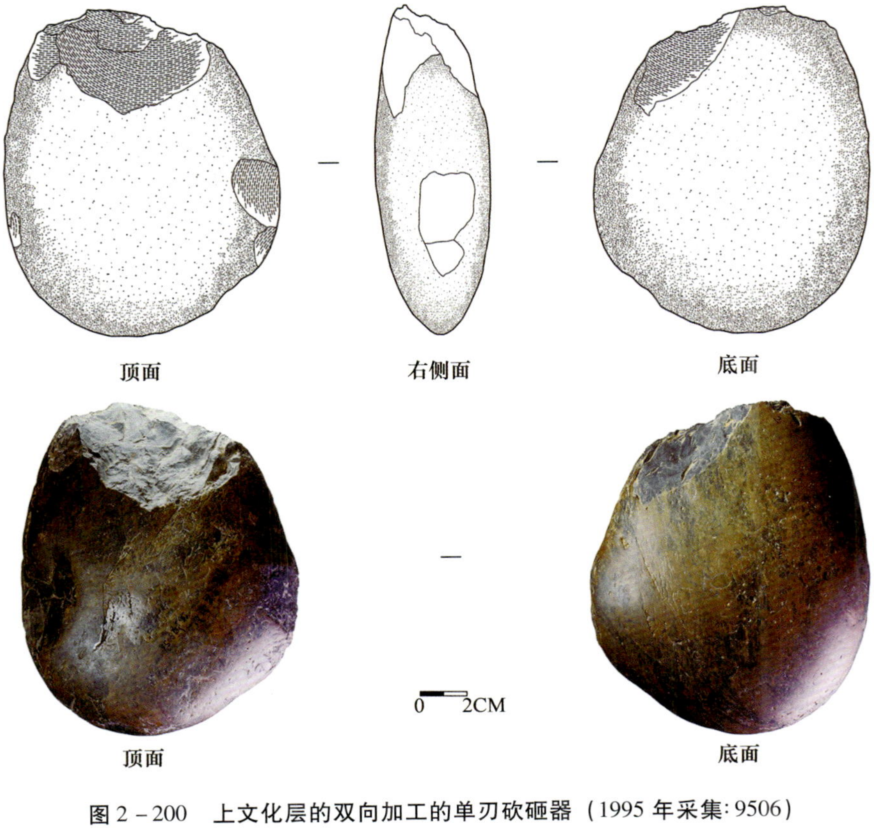

图2－200　上文化层的双向加工的单刃砍砸器（1995年采集: 9506）

（b）双刃双向加工的砍砸器，有 6 件，分为双刃双向加工的砍砸器（1 件）和单刃单向加工的砍砸器 + 单刃双向加工的砍砸器（5 件）两种。

a）单刃单向加工的砍砸器 + 单刃双向加工的砍砸器，有 5 件。此类标本又可分为两条刃缘相连不成尖和相连成尖两种。

双刃相连不成尖的标本，有 3 件，岩性分别为细砂岩、脉石英和泥质岩。素材分别为单台面石核、断片。长度分别为 107、72、102 毫米，宽度分别为 98、64、102 毫米，厚度分别为 80、43、72 毫米。重量分别为 963、238、833 克。

此类标本的平面形状分别为不规则四边形为（2 件）、五边形（1 件），横剖面、纵剖面形状均为不规则四边形。刃缘位置分别在左仙近段边和左侧远段边、近端边和右侧边、左侧边和远端边。刃缘平视均呈凸刃，侧视以弧刃为多（3 个），另 3 个分别为“S”形（1 个）和曲折刃（2 个）。第二步加工的小疤分别有 6、7、8 块。加工方向中均以正向为主。

可测刃角最大的为 95°，最小的为 48°，其中以在 70° ~ 79°（7 个），其次为 80° ~ 89°（4 个），50° ~ 59°（4 个），90° ~ 99°（3 个），60° ~ 69°（2 个），40° ~ 49°（1 个）。

左侧边、远端边双刃相连不成尖的双刃砍砸器（单刃 chopper + 单刃 chopping-tool），有 1 件。

1990 年采集: 9002（EP286），素材为单台面石核。自然尺寸为长 102、宽 102、厚 72 毫米，重 833 克。岩性为泥质岩，平面、横剖面、纵剖面几何形状均为不规则四边形，磨圆度一般。远端面、左侧面、顶面上有片疤，近端面、右侧面、顶面、底面上有石皮。台面在底面，其平面几何形状为不规则四边形，性质为天然石皮的凸起台面，剥片部位在左侧边、远端边，剥片方向从底面到顶面。台面周长 332 毫米，左侧边剥片所在边缘长度 91 毫米，剥片长度 91 毫米，剥片长度与所在边缘长度的比率为 100%，即剥片所在边缘全部被利用；远端边剥片所在边缘长度 75 毫米，剥片长度 75 毫米，剥片长度与所在边缘长度的比率为 100%，即剥片所在边缘全部被利用。全部剥片长度与台面周长的比率为 50%，即剥片所在台面有一半被利用。打击方法为硬锤锤击法。剥片面有 2 个，分别在左侧面、远端面，其中左侧面有 2 块单极横向平行分布的石片疤，剥片面面积与未剥片面面积的比例为 2∶7；远端面有 4 块单极纵向平行分布的石片疤，剥片面面积与未剥片面面积的比例为 2∶7。全部 10 块片疤呈没有规律交错分布，全部剥片面面积与未剥片面面积的比例为 4∶5。6 块石片疤的特征，按加工顺序如下：第一块为不完整石片疤，长 21、宽 36 毫米，倾斜度 5°，弦长、矢长难以测量，平面形状为不规则四边形，到对边的长度 96 毫米，台面角 7°；第二块为不完整石片疤，长 11、宽 32 毫米，倾斜度 49°，弦长、矢长难以测量，平面形状为不规则四边形，到对边的长度 96 毫米，台面角 55°；第三块为不完整石片疤，长 46、宽 40 毫米，倾斜度 70°，弦长、矢长难以测量，平面形状为不规则四边形，到对边的长度 104 毫米，台面角 69°；第四块为不完整石片疤，长 65、宽 40 毫米，倾斜度 75°，弦长、矢长难以测量，平面形状为不规则四边形，到对边的长度 88 毫米，台面角 76°；第五块为不完整石片疤，长 68、宽 45 毫米，倾斜度 56°，弦长、矢长难以测量，平面形状为不规则四边形，到对边的长度 100 毫米，台面角 68°；第六块为不完整石片疤，长 75、宽 55 毫米，倾斜度 71°，弦长、矢长难测。平面形状为不规则四边形，到对边的长度 96 毫米，台面角 71°。保留的砾石石皮的总数值为 5 等份，其中顶面有 1 等份、底面有 1 等份、侧面有 3 等份。该标本转动过 2 次，没有翻动过。有两条刃缘，分别为：一条刃缘在左侧边，平面形状为凸刃，侧视形状为弧形刃，加工层次为三个系列，弧长 91、弦长 81、矢长 16 毫米；一条刃缘在远端边，平面形状为凸刃，侧视形状为弧形刃，加工层次为两个系列，弧长 75、弦长 71、矢长 4 毫米。6 块加工石片疤有 2 块在底面、4 块在侧面，按加工顺序它们的特征依次为：第一块为完整石片疤，长 43、宽 35 毫米，倾斜度 53°，弦长 27、矢长 1 毫米。平面形状为不规则三边形，到对边的长度 101 毫米。所属边缘在远端边，刃角 48°，为正向加工。片疤平视为普通型，片疤侧视为加高型，片疤深度为薄型，片疤剖视形态为凹下型。第二块为完整石片疤，长 46、宽 41 毫米，倾斜度 57°，弦长 25、矢长 2 毫米。平面形状为不规则四边形，到对边的长度 96 毫米。所属边缘在远端边，刃角 48°，为正向加工。片疤平视为普通型，片疤侧视为加高型，片疤深度为薄型，片疤剖视形态为凹下型。第三块为完整石片疤，长 23、宽 20 毫米，倾斜度 58°，弦长 18、矢长 2 毫米。平面形状为不规则四边形，到对边的长度 94 毫米。所属边缘在左侧边，刃角 64°，为正向加工。片疤平视为普通型，片疤侧视为加高型，片疤深度为薄型，片疤剖视形态为凹下型。第四块为完整石片疤，长 18、宽 36 毫米，倾斜度 18°，弦长 37、矢长 3 毫米。平面形状为不规则四边形，到对边的长度 94 毫米。所属边缘在左侧边，刃角 53°，为反向加工。片疤平视为普通型，片疤侧视为加高型，片疤深度为薄型，片疤剖视形态为凹下型。第五块为完整石片疤，长 32、宽 44 毫米，倾斜度 62°，弦长 39、矢长 4 毫米。平面形状为不规则四边形，到对边的长度 87 毫米。所属边缘在左侧边，刃角 65°，为正向加工。片疤平视为普通型，片疤侧视为加高型，片疤深度为薄型，片疤剖视形态为凹下型。第六块为完整石片疤，长 15、宽 18 毫米，倾斜度 21°，弦长 19、矢长 0.5 毫米。平面形状为不规则四边形，到对边的长度 101 毫米。所属边缘在左侧边，刃角 78°，为反向加工。片疤平视为普通型，片疤侧视为加高型，片疤深度为薄型，片疤剖视形态为凹下型（图 2－201）。

近端边、右侧边双刃相连不成尖的双刃砍砸器（单刃 chopper + 单刃 chopping-tool），有 1 件。

1991 年采集：9109（EP317），素材为断块。自然尺寸为长 72、宽 64、厚 43 毫米，重 238 克。岩性为脉石英，平面、横剖面、纵剖面几何形状均为不规则四边形，磨圆度一般。近端面、右侧面上有石皮，近端面、顶面、底面、左侧面上有片疤。有两条刃缘，相邻相连不成尖，分别为：一条刃缘在近端边，平面形状为凸刃，侧视形状为“S”形刃，加工层次为一个

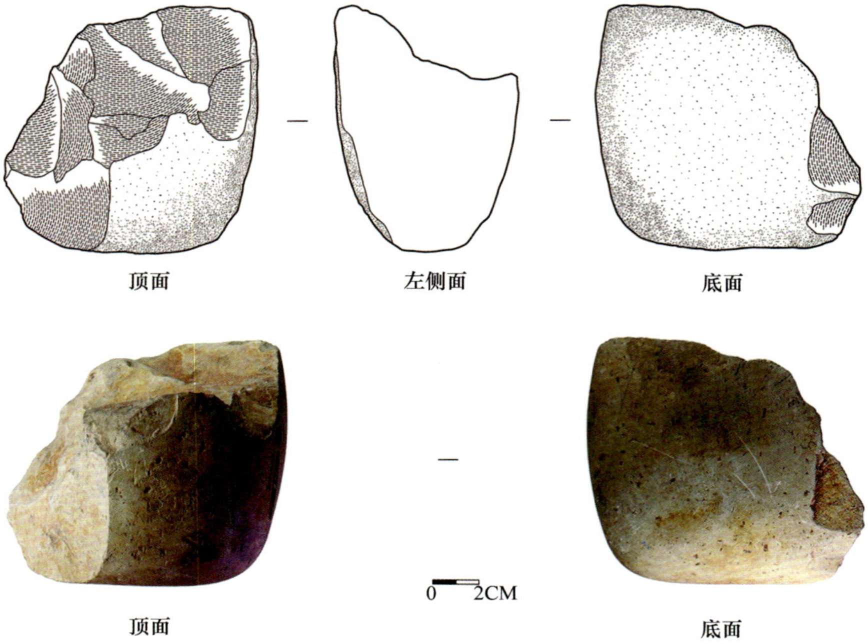

图 2 - 201　上文化层的双向加工的双刃砍砸器（1990 年采集: 9002）

系列，弧长 45、弦长 40、矢长 7 毫米；一条刃缘在右侧边，平面形状为凸刃，侧视形状为“S”形刃，加工层次为一个系列，弧长 95、弦长 70、矢长 25 毫米。7 块加工石片疤有 2 块在底面、5 块在顶面，按加工顺序它们的特征依次为：第一块为完整石片疤，长 24、宽 21 毫米，倾斜度 42°，弦长 20、矢长 2. 5 毫米。平面形状为不规则四边形，到对边的长度 67 毫米。所属边缘在右侧边，刃角 95°，为正向加工。片疤平视为普通型，片疤侧视为加高型，片疤深度为薄型，片疤剖视形态为凹下型。第二块为完整石片疤，长 49、宽 48 毫米，倾斜度 26°，弦长 15、矢长 2 毫米。平面形状为不规则四边形，到对边的长度 69 毫米。所属边缘在右侧边，刃角 82°，为正向加工。片疤平视为侵入型，片疤侧视为加高型，片疤深度为薄型，片疤剖视形态为凹下型。第三块为完整石片疤，长 32、宽 39 毫米，倾斜度 39°，弦长 11、矢长 2 毫米。平面形状为不规则四边形，到对边的长度 69 毫米。所属边缘在右侧边，刃角 57°，为反向加工。片疤平视为普通型，片疤侧视为加高型，片疤深度为薄型，片疤剖视形态为凹下型。第四块为完整石片疤，长 24、宽 26 毫米，倾斜度 64°，弦长 24、矢长 2 毫米。平面形状为不规则三边形，到对边的长度 70 毫米。所属边缘在右侧边，刃角 93°，为反向加工。片疤平视为普通型，片疤侧视为加高型，片疤深度为薄型，片疤剖视形态为凹下型。第五块为完整石片疤，长 10、宽 16 毫米，倾斜度 53°，弦长 14、矢长 1 毫米。平面形状为不规则四边形，到对边的长度 70 毫米。所属边缘在近端边，刃角 91°，为正向加工。片疤平视为普通型，片疤侧视为加高型，片疤深度为薄型，片疤剖视形态为凹下型。第六块为完整石片疤，长 12、宽 18 毫米，倾斜度 42°，弦长 14、矢长 0.5 毫米。平面形状为不规则四边形，到对边的长度 72 毫米。所属边缘在近端边，刃角 76°，为正向加工。片疤平视为普通型，片疤侧视为加高型，片疤深度为薄型，片疤剖视形态为凹下型。第七块为完整石片疤，长 12、宽 19 毫米，倾斜度 49°，弦长 14、矢长 1 毫米。平面形状为不规则四边形，到对边的长度 70 毫米。所属边缘在近端边，刃角 87°，为正向加工。片疤平视为普通型，片疤侧视为加高型，片疤深度为薄型，片疤剖视形态为凹下型（图 2－202）。

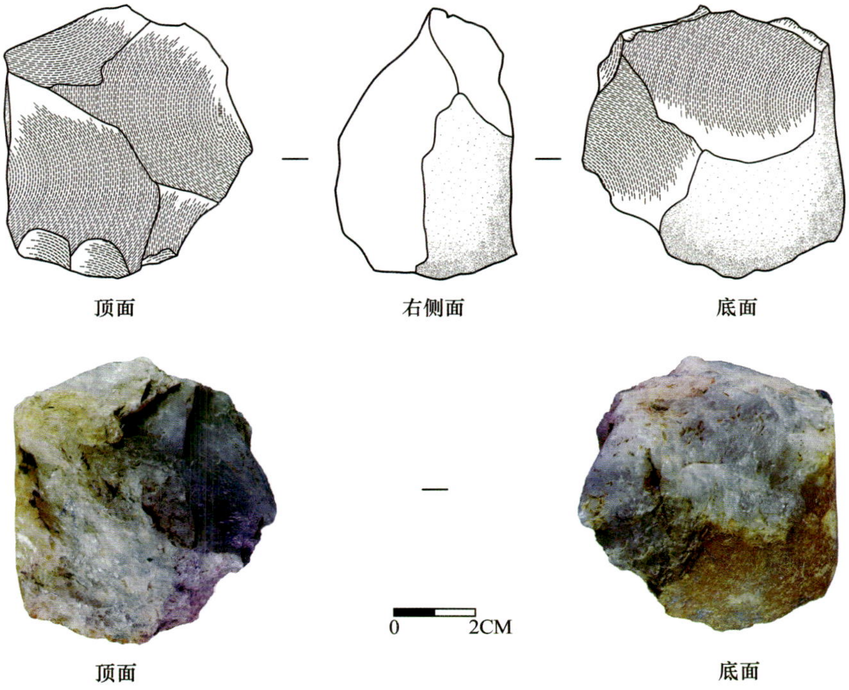

图 2－202　上文化层的双向加工的双刃砍砸器（1991 年采集：9109）

左侧近段边、左侧远段边双刃相连不成尖的双刃砍砸器（单刃 chopper＋单刃 cchopping-tool）。

1990T344②：22（EP222），素材为单台面石核。自然尺寸为长 107、宽 98、厚 80 毫米，重 963 克。岩性为细砂岩，平面、横剖面、纵剖面几何形状分别为不规则五边形、不规则四边形、不规则四边形，磨圆度一般。左侧面、右侧面、顶面、底面上有片疤，近端面、远端面上有石皮。台面在底面，其平面几何形状为不规则四边形，性质为天然石皮的平滑台面，剥片部位在左侧边，剥片方向从底面→顶面。台面周长 336 毫米，左侧边剥片所在边缘长度 146 毫米，剥片长度 146 毫米，剥片长度/所在边缘长度的比率为 100%，即剥片所在边缘全部被利用。剥片长度/台面周长的比率为 44%，即剥片所在台面利用率没有超过一半。打击方法为硬锤锤击法。剥片面有 1 个，在顶面近端，有 4 块交错分布的石片疤，剥片面面积与未剥片面面积的比例为 1∶3。4 块石片疤的特征，依其打片顺序如下：第一块为不完整石片疤，长 31、宽 24 毫米，倾斜度 33°，弦长、矢长难以测量，平面形状为不规则四边形，到对边的长度 115 毫米，台面角 43°。第二块为不完整石片疤，长 67、宽 52 毫米，倾斜度 81°，弦长、矢长难以测量，平面形状为不规则四边形，到对边的长度 91 毫米，台面角 48°。第三块为不完整石片疤，长 28、宽 62 毫米，倾斜度 30°，弦长、矢长难以测量，平面形状为不规则四边形，到对边的长度 115 毫米，台面角 36°。第四块为不完整石片疤，长 69、宽 71 毫米，倾斜度 38°，弦长、矢长难以测量，平面形状为不规则四边形，到对边的长度 115 毫米，台面角 35°。保留的砾石石皮的总数值为 6 等份，其中顶面有 1 等份，底面有 2 等份，侧面有 3 等份。打击方向总数量为 4 个，均在顶面。该标本没有转动过、没有翻动过。有两条刃缘，分别为：一条刃缘在左侧近段边，平面形状为凸刃，侧视形状为“ > ”（曲折）刃，加工层次为三个系列，弧长 80、弦长 68、矢长 16 毫米；一条刃缘在左侧远段边，平面形状为凸刃，侧视形状为弧形刃，加工层次为两个系列，弧长 67、弦长 61、矢长 2 毫米。8 块加工石片疤有 6 块在侧面、2 块在底面，依加工顺序它们的特征如下：第一块为不完整石片疤，长 54、宽 21 毫米，倾斜度 46°，弦长、矢长难测。平面形状为不规则四边形，到对边的长度 107 毫米。所属边缘在左侧边，刃角 75°，为反向加工。片疤平视为侵入型，片疤侧视为加高型，片疤深度为薄型，片疤剖视形态为凹下型。第二块为不完整石片疤，长 42、宽 53 毫米，倾斜度 47°，弦长、矢长难测。平面形状为不规则四边形，到对边的长度 95 毫米。所属边缘在左侧边，刃角 72°，为反向加工。片疤平视为普通型，片疤侧视为加高型，片疤深度为薄型，片疤剖视形态为凹下型。第三块为完整石片疤，长 9、宽 26 毫米，倾斜度 37°，弦长 14、矢长 1 毫米。平面形状为不规则四边形，到对边的长度 107 毫米。所属边缘在左侧边，刃角 72°，为正向加工。片疤平视为侵入型，片疤侧视为加高型，片疤深度为薄型，片疤剖视形态为凹下型。第四块为完整石片疤，长 22、宽 27 毫米，倾斜度 28°，弦长 19、矢长 1 毫米。平面形状为不规则四边形，到对边的长度 95 毫米。所属边缘在左侧边，刃角 50°，为正向加工。片疤平视为侵入型，片疤侧视为加高型，片疤深度为薄型，片疤剖视形态为凹下型。第五块为完整石片疤，长 50、宽 46 毫米，倾斜度 61°，弦长 18、矢长 2 毫米。平面形状为不规则四边形，到对边的长度 83 毫米。所属边缘在左侧边，刃角 78°，为正向加工。片疤平视为普通型，片疤侧视为加高型，片疤深度为薄型，片疤剖视形态为凹下型。第六块为完整石片疤，长 11、宽 31 毫米，倾斜度 73°，弦长 29、矢长 4 毫米。平面形状为不规则四边形，到对边的长度 76 毫米。所属边缘在左侧边，刃角 83°，为正向加工。片疤平视为普通型，片疤侧视为加高型，片疤深度为薄型，片疤剖视形态为凹下型。第七块为完整石片疤，长 14、宽 17 毫米，倾斜度 74°，弦长 14、矢长 2 毫米。平面形状为不规则四边形，到对边的长度 80 毫米。所属边缘在左侧边，刃角 71°，为正向加工。片疤平视为普通型，片疤侧视为加高型，片疤深度为薄型，片疤剖视形态为凹下型。第八块为完整石片疤，长 11、宽 17 毫米，倾斜度 84°，弦长 12、矢长 1 毫米。平面形状为不规则四边形，到对边的长度 85 毫米。所属边缘在左侧边，刃角 87°，为正向加工。片疤平视为普通型，片疤侧视为加高型，片疤深度为薄型，片疤剖视形态为凹下型（图 2－203）。

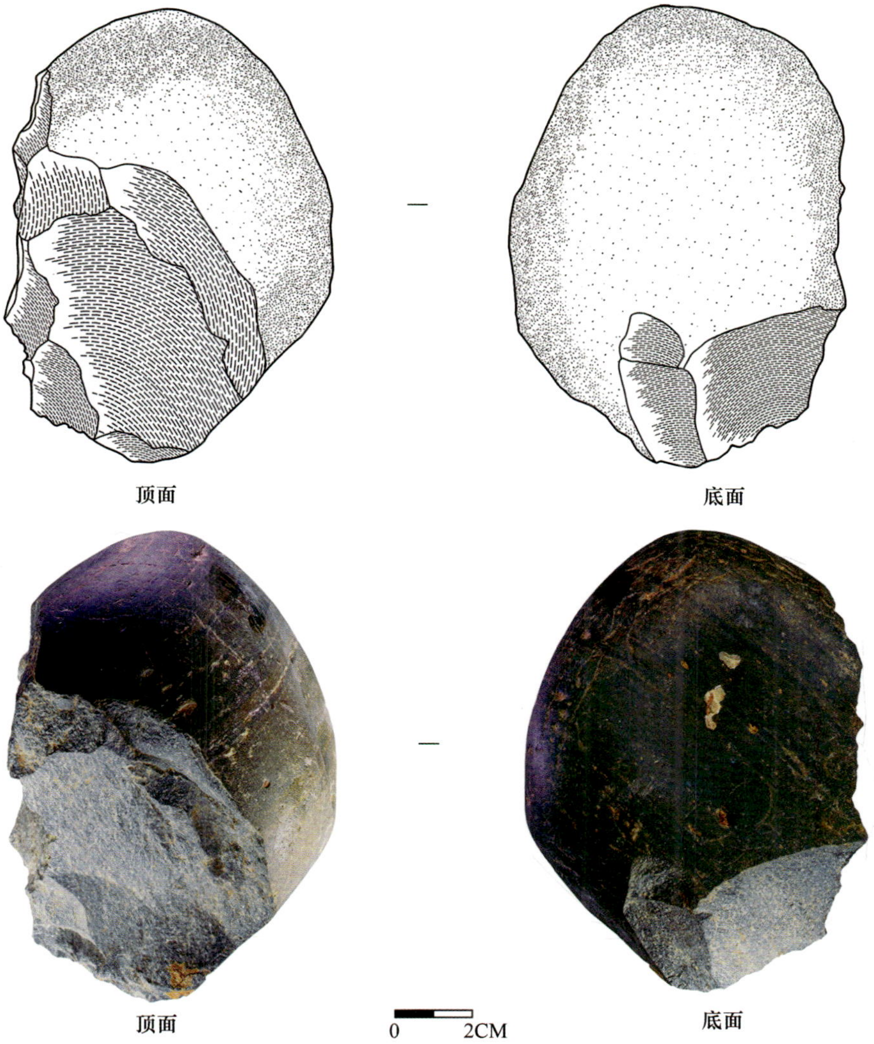

图 2－203　上文化层的双向加工的双刃砍砸器（1990T344②: 22）

双刃相连成尖刃的标本，有 2 件，岩性分别为含砾砂岩和硅质岩。素材分别为完整砾石和砾石裂片。长度分别为 180 毫米、167 毫米。宽度分别为 150 毫米、97 毫米。厚度分别为 68 毫米、47 毫米。重量分别为 1828 克、759 克。

此类标本的平面形状分别为不规则四边形和三边形，横剖面、纵剖面形状均为不规则四边形。刃缘位置均分别在左侧边和右侧边。刃缘平视均呈凸刃，侧视以弧刃为多（3 个），另 1 个为曲折刃。第二步加工的小疤分别有 6、10 块。加工方向分别以正向为主和以反向为主。

可测刃角最大的为 88°，最小的为 49°，其中以在 80°～89°的为多（8 个），其次为 50°～59°、60°～69°、70°～79°（各有 2 个），在 40°～49°的有 1 个，难测的有 1 个。

左侧边、右侧边双刃相连成尖的双刃砍砸器（单刃 chopper + 单刃 chopping-tool），有 1 件。

2000 年台地②: 2052（EP414），素材为砾石裂片（似石片）。自然尺寸为长 167、宽 97、厚 47 毫米，重 759 克。岩性为硅质岩，平面、横剖面、纵剖面几何形状分别为不规则三边形、不规则四边形、不规则四边形，磨圆度一般。远端面、右侧面、顶面、底面上有片疤，近端面、左侧面上有石皮。有两条刃缘，相邻相连成尖，分别为：一条刃缘在左侧边，平面形状为凸刃，侧视形状为弧形刃，加工层次为一个系列，弧长 170、弦长 161、矢长 15 毫米；一条刃缘在右侧边，平面形状为凸刃，侧视形状为弧形刃，加工层次为一个系列，弧长 164、弦长 154、矢长 16 毫米。9 块加工石片疤有 2 块在侧面、7 块在底面，按加工顺序它们的特征依次为：第一块为不完整石片疤，长 30、宽 61 毫米，倾斜度 10°，弦长 41、矢长 2 毫米。平面形状为不规则四边形，到对边的长度 96 毫米。所属边缘在右侧边，刃角 83°，为反向加工。片疤平视为普通型，片疤侧视为加高型，片疤深度为薄型，片疤剖视形态为浅阶梯型。第二块为完整石片疤，长 38、宽 70 毫米，倾斜度 48°，弦长 25、矢长 2 毫米。平面形状为不规则四边形，到对边的长度 91 毫米。所属边缘在右侧边，刃角 86°，为正向加工。片疤平视为普通型，片疤侧视为陡型，片疤深度为薄型，片疤剖视形态为阶梯型。第三块为完整石片疤，长 22、宽 14 毫米，倾斜度 18°，弦长 30、矢长 1. 5 毫米。平面形状为不规则四边形，到对边的长度 83 毫米。所属边缘在右侧边，刃角 72°，为反向加工。片疤平视为普通型，片疤侧视为加高型，片疤深度为薄型，片疤剖视形态为浅阶梯型。第四块为完整石片疤，长 14、宽 39 毫米，倾斜度 86°，弦长 38、矢长 1 毫米。平面形状为不规则四边形，到对边的长度 83 毫米。所属边缘在右侧边，刃角 86°，为正向加工。片疤平视为普通型，片疤侧视为陡型，片疤深度为薄型，片疤剖视形态为阶梯型。第五块为完整石片疤，长 23、宽 46 毫米，倾斜度 29°，弦长 45、矢长 2 毫米。平面形状为不规则四边形，到对边的长度 65 毫米。所属边缘在右侧边，刃角 49°，为反向加工。片疤平视为普通型，片疤侧视为加高型，片疤深度为薄型，片疤剖视形态为凹下型。第六块为完整石片疤，长 21、宽 30 毫米，倾斜度 21°，弦长 17、矢长 2 毫米。平面形状为不规则四边形，到对边的长度 32 毫米。所属边缘在右侧边，刃角 75°，为反向加工。片疤平视为普通型，片疤侧视为加高型，片疤深度为薄型，片疤剖视形态为凹下型。第七块为完整石片疤，长 18、宽 35 毫米，倾斜度 9°，弦长 35、矢长 1. 5 毫米。平面形状为不规则四边形，到对边的长度 45 毫米。所属边缘在左侧边，刃角 80°，为反向加工。片疤平视为普通型，片疤侧视为加高型，片疤深度为薄型，片疤剖视形态为凹下型。第八块为完整石片疤，长 33、宽 59 毫米，倾斜度 4°，弦长 38、矢长 1 毫米。平面形状为不规则四边形，到对边的长度 76 毫米。所属边缘在左侧边，刃角 81°，为反向加工。片疤平视为普通型，片疤侧视为加高型，片疤深度为薄型，片疤剖视形态为凹下型。第九块为完整石片疤，长 27、宽 27 毫米，倾斜度 8°，弦长 18、矢长 2 毫米。平面形状为不规则四边形，到对边的长度 90 毫米。所属边缘在左侧边，刃角 88°，为反向加工。片疤平视为普通型，片疤侧视为加高型，片疤深度为薄型，片疤剖视形态为凹下型。第十块为完整石片疤，长 25、宽 35 毫米，倾斜度 10°，弦长 31、矢长 4 毫米。平面形状为不规则四边形，到对边的长度92毫米。所属边缘在左侧边，刃角85°，为反向加工。片疤平视为普通型，片疤侧视为加高型，片疤深度为薄型，片疤剖视形态为凹下型（图2－204）。

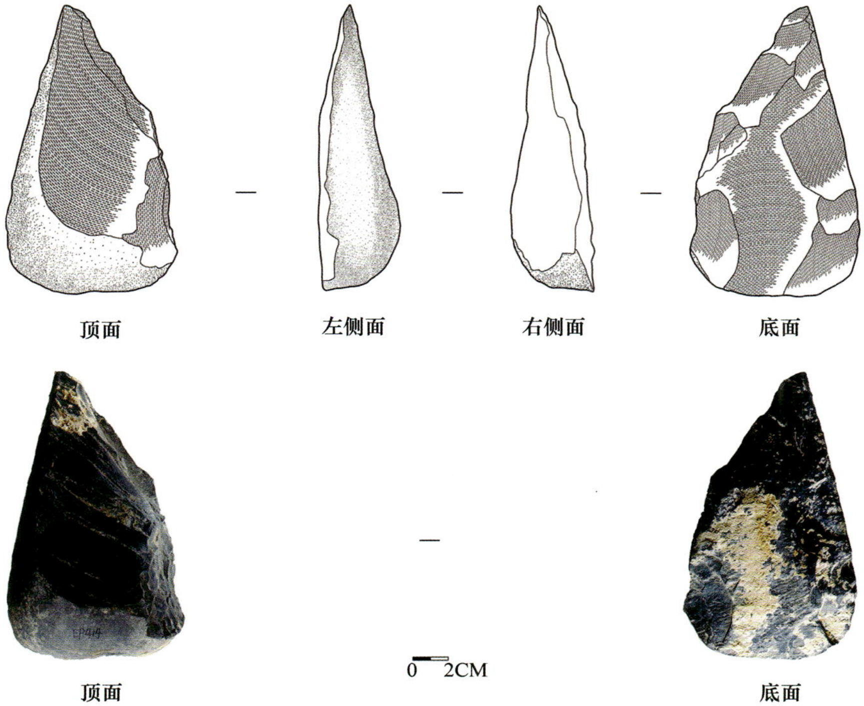

图2－204　上文化层的双向加工的双刃砍砸器（2000年台地②: 2052）

1991年采集: 9121（EP329），素材为完整砾石。自然尺寸为长180、宽150、厚68毫米，重1828克。岩性为含砾砂岩，平面、横剖面、纵剖面几何形状均为不规则四边形，磨圆度一般。近端面、右侧面、左侧面上有片疤，近端面、顶面、底面上有石皮。有两条刃缘，相邻相连不成尖，分别为：一条刃缘在左侧边，平面形状为凸刃，侧视形状为弧形刃，加工层次为一个系列，弧长128、弦长113、矢长13毫米；一条刃缘在右侧边，平面形状为凸刃，侧视形状为“S”形刃，加工层次为一个系列，弧长136、弦长118、矢长17毫米。6块加工石片疤有2块在侧面、4块在顶面，按加工顺序它们的特征依次为：第一块为不完整石片疤，长46、宽57毫米，倾斜度26°，弦长、矢长难测。平面形状为不规则三边形，到对边的长度137毫米。所属边缘在左侧边，刃角难测，为正向加工。片疤平视为侵入型，片疤侧视为普通型，片疤深度为薄型，片疤剖视形态为凹下型。第二块为完整石片疤，长63、宽65毫米，倾斜度45°，弦长38、矢长2毫米。平面形状为不规则四边形，到对边的长度137毫米。所属边缘在左侧边，刃角68°，为正向加工。片疤平视为侵入型，片疤侧视为普通型，片疤深度为薄型，片疤剖视形态为凹下型。第三块为完整石片疤，长59、宽81毫米，倾斜度43°，弦长36、矢长2毫米。平面形状为不规则四边形，到对边的长度 133 毫米。所属边缘在左侧边，刃角 60°，为正向加工。片疤平视为侵入型，片疤侧视为普通型，片疤深度为薄型，片疤剖视形态为凹下型。第四块为完整石片疤，长 59、宽 84 毫米，倾斜度 16°，弦长 86、矢长 13 毫米。平面形状为不规则四边形，到对边的长度 145 毫米。所属边缘在右侧边，刃角 55°，为正向加工。片疤平视为侵入型，片疤侧视为普通型，片疤深度为薄型，片疤剖视形态为凹下型。第五块为完整石片疤，长 89、宽 114 毫米，倾斜度 45°，弦长 60、矢长 2 毫米。平面形状为不规则四边形，到对边的长度 148 毫米。所属边缘在右侧边，刃角 55°，为反向加工。片疤平视为侵入型，片疤侧视为普通型，片疤深度为薄型，片疤剖视形态为凹下型。第六块为完整石片疤，长 40、宽 47 毫米，倾斜度 46°，弦长 35、矢长 3 毫米。平面形状为不规则四边形，到对边的长度 158 毫米。所属边缘在右侧边，刃角 88°，为反向加工。片疤平视为普通型，片疤侧视为普通型，片疤深度为薄型，片疤剖视形态为凹下型（图 2 – 205）。

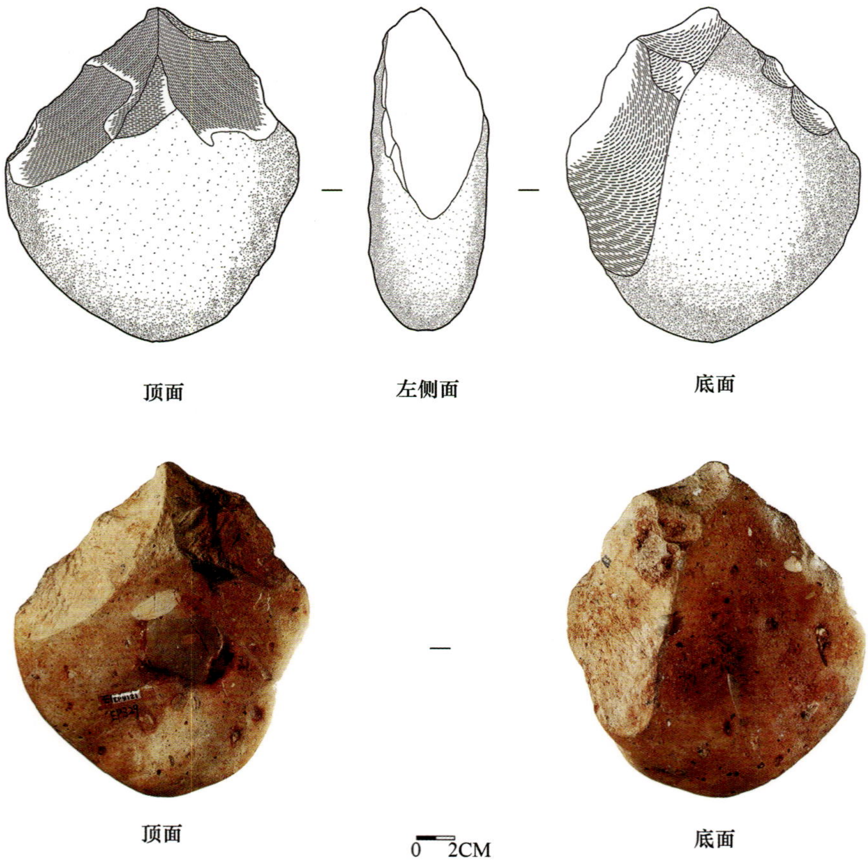

图 2 – 205　上文化层的双向加工的双刃砍砸器（1991 年采集: 9121）

1995 年采集：临 101（EP507），素材为完整砾石。自然尺寸为长 115、宽 98、厚 68 毫米，重 994 克。岩性为脉石英，平面、横剖面和纵剖面几何形状均为不规则四边形，磨圆度一般。右侧面、近端面、顶面、底面上均有石皮，左侧面、远端面上有加工片疤。有两条刃缘，分别为：一条刃缘在远端边，平面形状为凸刃，侧视形状为“S”形刃，加工层次为一个系列，弧长 80、弦长 69、矢长 13 毫米；一条刃缘在左侧边，平面形状为凸刃，侧视形状为“S”形刃，加工层次为一个系列，弧长 125、弦长 98、矢长 27 毫米。7 块加工石片疤有 3 块在顶面、4 块在侧面，按加工顺序它们的特征依次为：第一块为不完整石片疤，长 67、宽 93 毫米，倾斜度 62°，弦长 96、矢长 10 毫米。平面形状为不规则四边形，到对边的长度 103 毫米。所属边缘在左侧边，刃角 65°，为反向加工。片疤平视为侵入型，片疤侧视为加高型，片疤深度为厚型，片疤剖视形态为凹下型。第二块为完整石片疤，长 61、宽 48 毫米，倾斜度 8°，弦长 40、矢长 3 毫米。平面形状为不规则四边形，到对边的长度 101 毫米。所属边缘在左侧边，刃角 65°，为正向加工。片疤平视为侵入型，片疤侧视为加高型，片疤深度为厚型，片疤剖视形态为凹下型。第三块为完整石片疤，长 48、宽 42 毫米，倾斜度 14°，弦长 38、矢长 2 毫米。平面形状为不规则四边形，到对边的长度 95 毫米。所属边缘在左侧边，刃角 63°，为正向加工。片疤平视为侵入型，片疤侧视为加高型，片疤深度为厚型，片疤剖视形态为凹下型。第四块为完整石片疤，长 64、宽 48 毫米，倾斜度 15°，弦长 37、矢长 4 毫米。平面形状为不规则四边形，到对边的长度 117 毫米。所属边缘在右侧边，刃角 70°，为正向加工。片疤平视为侵入型，片疤侧视为加高型，片疤深度为厚型，片疤剖视形态为凹下型。第五块为完整石片疤，长 53、宽 56 毫米，倾斜度 73°，弦长 35、矢长 5 毫米。平面形状为不规则四边形，到对边的长度 115 毫米。所属边缘在右侧边，刃角 71°，为反向加工。片疤平视为普通型，片疤侧视为加高型，片疤深度为厚型，片疤剖视形态为凹下型。第六块为完整石片疤，长 35、宽 37 毫米，倾斜度 34°，弦长 30、矢长 4 毫米。平面形状为不规则四边形，到对边的长度 121 毫米。所属边缘在右侧边，刃角 82°，为正向加工。片疤平视为普通型，片疤侧视为加高型，片疤深度为厚型，片疤剖视形态为凹下型。第七块为完整石片疤，长 47、宽 44 毫米，倾斜度 57°，弦长 42、矢长 3 毫米。平面形状为不规则四边形，到对边的长度 94 毫米。所属边缘在左侧边，刃角 93°，为正向加工。片疤平视为普通型，片疤侧视为加高型，片疤深度为厚型，片疤剖视形态为凹下型（图 2－206）。

（c）多刃双向加工的砍砸器，有 2 件。

a）近端左中段边、近端右段边、右侧边三刃相邻相连呈舌形刃的砍砸器（chopping-tool），有 1 件。

1995 年采集：临 100（EP508），素材为完整砾石。自然尺寸为长 152、宽 140、厚 110 毫米，重 1446 克。岩性为硅质岩，平面、横剖面、纵剖面几何形状均为不规则四边形，磨圆度一般。左侧面、远端面、底面、顶面上有片疤，右侧面、近端面上有石皮。有三条刃缘，相邻相连呈舌形刃，分别为：一条刃缘在近端边，平面形状为凹刃，侧视形状为“S”形刃，加工层次为一个系列，弧长 140、弦长 117、矢长 13 毫米；一条刃缘在近端右段边，平面形状为锯齿

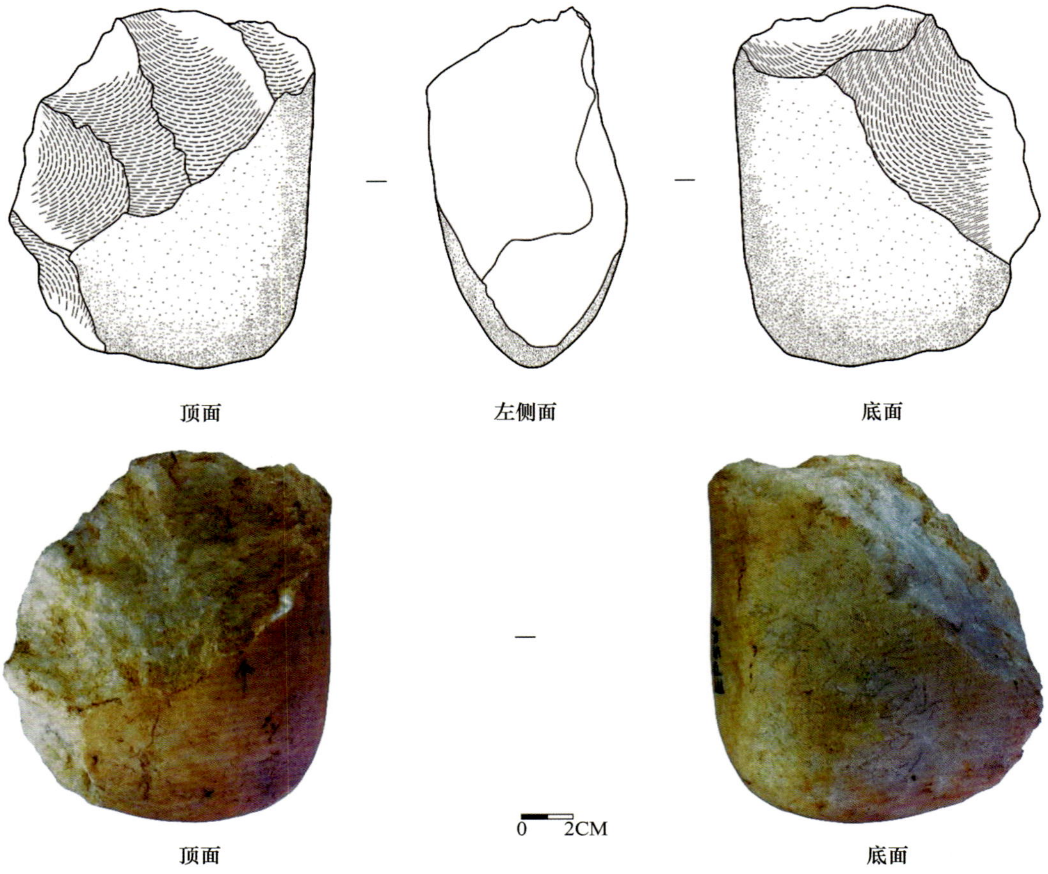

图 2－206 上文化层的双向加工的双刃砍砸器（1995 年采集：临 101）

刃，侧视形状为弧形刃，加工层次为一个系列，弧长 30、弦长 24、矢长 2 毫米；一条刃缘在右侧边，平面形状为“S”形刃，侧视形状为“S”形刃，加工层次为一个系列，弧长 155、弦长 145、矢长 6 毫米。8 块加工的片疤中有 6 块在底面、2 块在侧面。这 8 块加工石片疤的特征按加工顺序如下：第一块为完整石片疤，长 88、宽 162 毫米，倾斜度 45°，弦长 93、矢长 15 毫米。平面形状为不规则四边形，到对边的长度 102 毫米。所属边缘在近端边，刃角 70°，为正向加工。片疤平视为侵入型，片疤侧视为加高型，片疤深度为厚型，片疤剖视形态为凹下型。第二块为完整石片疤，长 87、宽 154 毫米，倾斜度 53°，弦长 142、矢长 4 毫米。平面形状为不规则四边形，到对边的长度 128 毫米。所属边缘在右侧边，刃角 56°，为正向加工。片疤平视为侵入型，片疤侧视为加高型，片疤深度为厚型，片疤剖视形态为凹下型。第三块为完整石片疤，长 19、宽 34 毫米，倾斜度 38°，弦长 30、矢长 3 毫米。平面形状为不规则四边形，到对边的长度 125 毫米。所属边缘在右侧边，刃角 85°，为反向加工。片疤平视为普通型，片疤侧视为普通型，片疤深度为薄型，片疤剖视形态为凹下型。第四块为完整石片疤，长 18、宽 14 毫米，倾斜度30°，弦长15、矢长1毫米。平面形状为不规则四边形，到对边的长度132毫米。所属边缘在右侧边，刃角78°，为反向加工。片疤平视为普通型，片疤侧视为普通型，片疤深度为薄型，片疤剖视形态为凹下型。第五块为完整石片疤，长18、宽66毫米，倾斜度48°，弦长63、矢长7毫米。平面形状为不规则四边形，到对边的长度129毫米。所属边缘在右侧边，刃角73°，为反向加工。片疤平视为普通型，片疤侧视为普通型，片疤深度为薄型，片疤剖视形态为浅阶梯型。第六块为完整石片疤，长27、宽35毫米，倾斜度54°，弦长28、矢长4毫米。平面形状为不规则四边形，到对边的长度41毫米。所属边缘在近端边，刃角86°，为反向加工。片疤平视为普通型，片疤侧视为普通型，片疤深度为薄型，片疤剖视形态为浅阶梯型。第七块为完整石片疤，长13、宽20毫米，倾斜度24°，弦长20、矢长5毫米。平面形状为不规则半圆形，到对边的长度94毫米。所属边缘在近端边，刃角83°，为反向加工。片疤平视为普通型，片疤侧视为普通型，片疤深度为薄型，片疤剖视形态为凹下型。第八块为完整石片疤，长10、宽29毫米，倾斜度28°，弦长26、矢长4毫米。平面形状为不规则半圆形，到对边的长度104毫米。所属边缘在近端边，刃角72°，为反向加工。片疤平视为普通型，片疤侧视为普通型，片疤深度为薄型，片疤剖视形态为凹下型（图2－207）。

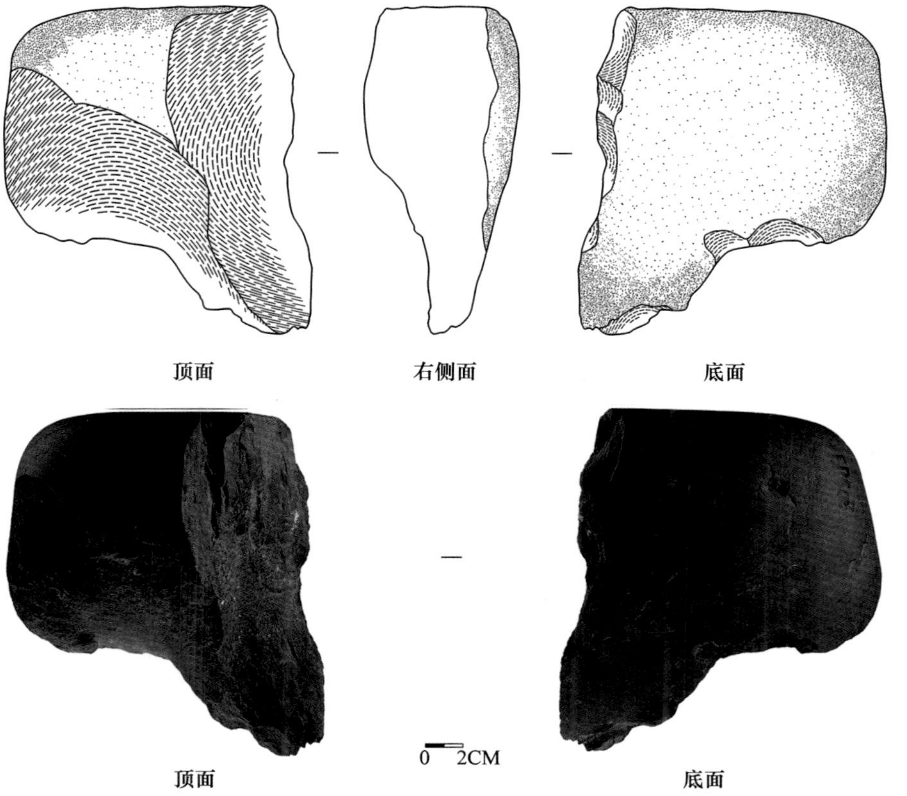

图2－207　上文化层的双向加工的多刃砍砸器（1995年采集：临100）

近端边、右侧边、远端边双刃相连成梯形刃的多刃砍砸器（双刃单向加工的 chopper + 单刃双向加工的 chopping-tool），有 1 件。

1995 年采集:11（EP236），素材为单台面石核。自然尺寸为长 145、宽 92、厚 69 毫米，重 933 克。岩性为砂岩，平面、横剖面和纵剖面几何形状均为不规则四边形，磨圆度一般。左侧面、底面、顶面上均有石皮，近端面、远端面、右侧面上有片疤。台面在底面，其平面几何形状为不规则四边形，性质为天然石皮的凸起台面，剥片部位在右侧边，剥片方向从底面到顶面。台面周长 370 毫米，剥片所在边缘长度 160 毫米，剥片长度 160 毫米，剥片长度与所在边缘长度的比率为 100%，即剥片所在边缘全部被利用。打击方法为硬锤锤击法。剥片面有 1 个，在顶面，有 7 块单极横向分布的石片疤，剥片面面积与未剥片面面积的比例为 2:3。7 块石片疤的特征，按加工顺序如下：第一块为不完整石片疤，长 19、宽 78 毫米，倾斜度 5°，弦长、矢长难测。平面形状为不规则四边形，到对边的长度 89 毫米，台面角 26°；第二块为不完整石片疤，长 14、宽 14 毫米，倾斜度 11°，弦长、矢长难测。平面形状为不规则四边形，到对边的长度 89 毫米，台面角 40°；第三块为不完整石片疤，长 34、宽 46 毫米，倾斜度 35°，弦长、矢长难测。平面形状为不规则四边形，到对边的长度 89 毫米，台面角 45°；第四块为不完整石片疤，长 32、宽 59 毫米，倾斜度 10°，弦长、矢长难测。平面形状为不规则四边形，到对边的长度 89 毫米，台面角 22°；第五块为不完整石片疤，长 56、宽 50 毫米，倾斜度 34°，弦长、矢长难测。平面形状为不规则四边形，到对边的长度 89 毫米，台面角 47°；第六块为不完整石片疤，长 49、宽 43 毫米，倾斜度 31°，弦长、矢长难测。平面形状为不规则四边形，到对边的长度 89 毫米，台面角 53°；第七块为不完整石片疤，长 57、宽 54 毫米，倾斜度 54°，弦长、矢长难测。平面形状为不规则四边形，到对边的长度 89 毫米，台面角 70°。砾石石皮的总数值为 3 等份，其中顶面没有石皮、底面有 2 等份、侧面有 1 等份石皮。该标本没有转动和翻动过。有三条刃缘，分别为：一条刃缘在近端边，平面形状为凹刃，侧视形状为弧形刃，加工层次为一个系列，弧长 40、弦长 33、矢长 3 毫米；一条刃缘在右侧边，平面形状为凹刃，侧视形状为弧形刃，加工层次为两个系列，弧长 122、弦长 120、矢长 5 毫米；一条刃缘在远端边，平面形状为凹刃，侧视形状为弧形刃，加工层次为一个系列，弧长 38、弦长 33、矢长 2 毫米。5 块加工石片疤中有 4 块在侧面、1 块在底面，按加工顺序它们的特征依次为：第一块为完整石片疤，长 51、宽 38 毫米，倾斜度 48°，弦长 33、矢长 3 毫米。平面形状为不规则四边形，到对边的长度 113 毫米。所属边缘在右侧远段边，刃角 71°，为正向加工。片疤平视为普通型，片疤侧视为加高型，片疤深度为薄型，片疤剖视形态为凹下型。第二块为完整石片疤，长 44、宽 30 毫米，倾斜度 63°，弦长 20、矢长 3 毫米。平面形状为不规则四边形，到对边的长度 85 毫米。所属边缘在右侧边，刃角 78°，为正向加工。片疤平视为普通型，片疤侧视为加高型，片疤深度为薄型，片疤剖视形态为凹下型。第三块为完整石片疤，长 47、宽 41 毫米，倾斜度 66°，弦长 37、矢长 3 毫米。平面形状为不规则四边形，到对边的长度 81 毫米。所属边缘在右侧边，刃角 85°，为正向加工。片疤平视为普通型，片疤侧视为加高型，片疤深度为薄型，片疤剖视形态为凹下型。第四块为不完整石片疤，长36、宽68毫米，倾斜度59°，弦长、矢长难测。平面形状为不规则四边形，到对边的长度142毫米。所属边缘在近端边，刃角70°，为正向加工。片疤平视为普通型，片疤侧视为陡型，片疤深度为薄型，片疤剖视形态为浅阶梯型。第五块为完整石片疤，长36、宽37毫米，倾斜度58°，弦长30、矢长2毫米。平面形状为不规则四边形，到对边的长度142毫米。所属边缘在近端边，刃角67°，为反向加工。片疤平视为普通型，片疤侧视为陡型，片疤深度为薄型，片疤剖视形态为凹下型（图2－208）。

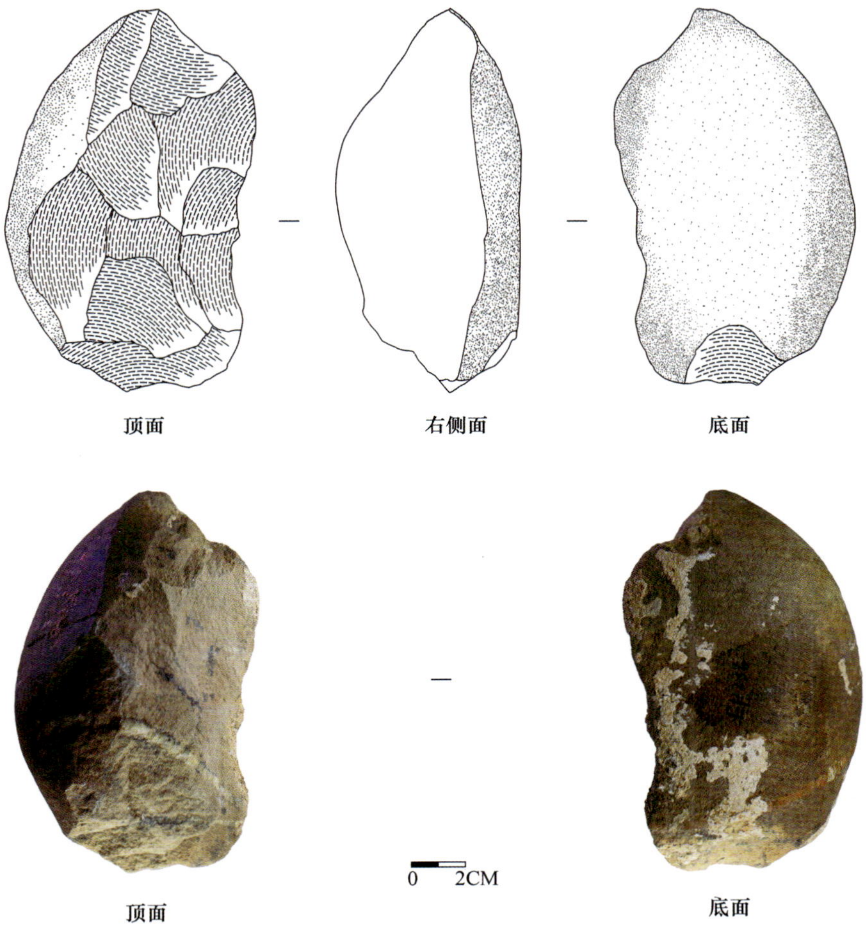

图2－208　上文化层的双向加工的多刃砍砸器（1995年采集：11）

7）斧状器，有2件。

1991年采集：9130（EP338），素材为砾石裂片（似石片）。自然尺寸为长143、宽96、厚54毫米，重741克。岩性为硅质岩，平面、纵剖面、横剖面几何形状均为不规则四边形，磨圆度一般。有三条刃缘，分别为：一条刃缘在左侧边，平面形状为凸刃，侧视形状为弧形刃，加工层次为一个系列，弧长160、弦长135、矢长30毫米；一条刃缘在远端边，平面形状为凸刃，侧视形状为弧形刃，加工层次为一个系列，弧长57、弦长54、矢长3毫米；一条刃缘在右侧边，平面形状为凸刃，侧视形状为弧形刃，加工层次为一个系列，弧长 90、弦长 77、矢长 12 毫米。5 块加工石片疤有 2 块在顶面、3 块在底面，加工面积较多的在底面，它们的特征，按加工顺序如下：第一块为完整石片疤，长 46、宽 87 毫米，倾斜度 18°，弦长 75、矢长 16 毫米。平面形状为不规则四边形，到对边的长度 96 毫米。所属边缘在左侧边，刃角 72°，为反向加工。片疤平视为侵入型，片疤侧视为加高型，片疤深度为薄型，片疤剖视形态为凹下型。第二块为完整石片疤，长 68、宽 74 毫米，倾斜度 29°，弦长 54、矢长 3 毫米。平面形状为不规则四边形，到对边的长度 119 毫米。所属边缘在远端边，刃角 47°，为正向加工。片疤平视为侵入型，片疤侧视为加高型，片疤深度为薄型，片疤剖视形态为凹下型。第三块为完整石片疤，长 32、宽 85 毫米，倾斜度 54°，弦长 55、矢长 3 毫米。平面形状为不规则四边形，到对边的长度 89 毫米。所属边缘在右侧边，刃角 63°，为反向加工。片疤平视为普通型，片疤侧视为加高型，片疤深度为厚型，片疤剖视形态为凹下型。第四块为完整石片疤，长 36、宽 64 毫米，倾斜度 39°，弦长 39、矢长 4 毫米。平面形状为不规则四边形，到对边的长度 89 毫米。所属边缘在右侧边，刃角 63°，为正向加工。片疤平视为普通型，片疤侧视为加高型，片疤深度为薄型，片疤剖视形态为浅阶梯型。第五块为完整石片疤，长 14、宽 28 毫米，倾斜度 9°，弦长 17、矢长 1.5 毫米。平面形状为不规则四边形，到对边的长度 89 毫米。所属边缘在左侧边，刃角 83°，为反向加工。片疤平视为普通型，片疤侧视为加高型，片疤深度为薄型，片疤剖视形态为凹下型（图 2－209）。

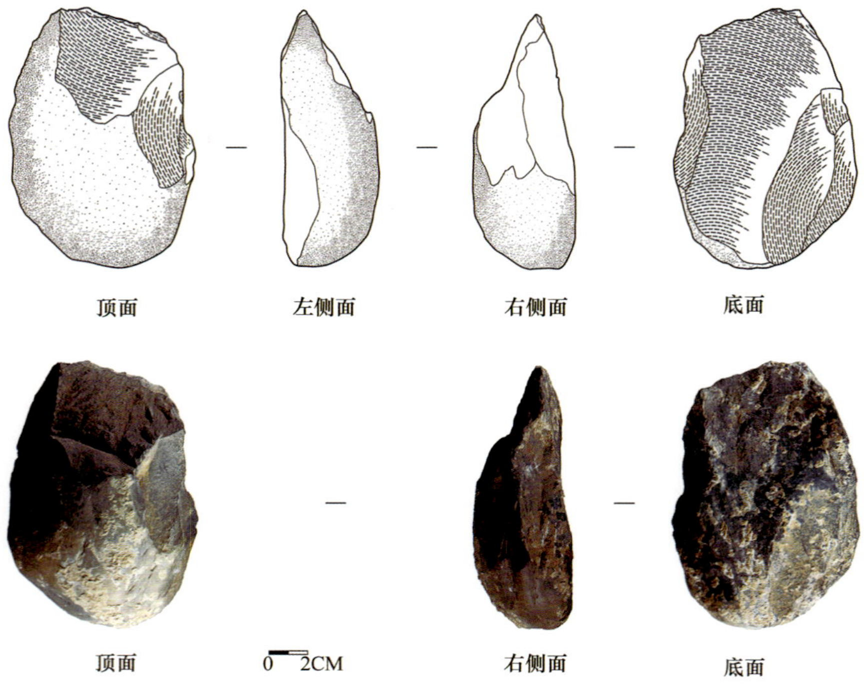

图 2－209　上文化层的双向加工的斧状器（1991 年采集：9130）

1990年采集:9035（EP300），素材为砾石裂片（似石片）。自然尺寸为长146、宽114、厚39毫米，重492克。岩性为粉砂岩，平面、纵剖面、横剖面几何形状均为不规则四边形，磨圆度一般。有三条刃缘，分别为：一条刃缘在左侧边，平面形状为凸刃，侧视形状为弧形刃，加工层次为一个系列，弧长184、弦长157、矢长36毫米；一条刃缘在远端边，平面形状为凸刃，侧视形状为弧形刃，加工层次为一个系列，弧长58、弦长52、矢长3毫米；一条刃缘在右侧边，平面形状为凹刃，侧视形状为弧形刃，加工层次为一个系列，弧长108、弦长103、矢长10毫米。8块加工石片疤有2块在顶面、6块在底面，加工面积较多的在底面，它们的特征，按加工顺序如下：第一块为完整石片疤，长59、宽99毫米，倾斜度18°，弦长60、矢长12毫米。平面形状为不规则四边形，到对边的长度80毫米。所属边缘在右侧边，刃角50°，为反向加工。片疤平视为侵入型，片疤侧视为加高型，片疤深度为薄型，片疤剖视形态为凹下型。第二块为完整石片疤，长24、宽33毫米，倾斜度33°，弦长24、矢长1毫米。平面形状为不规则四边形，到对边的长度85毫米。所属边缘在右侧边，刃角60°，为反向加工。片疤平视为普通型，片疤侧视为加高型，片疤深度为薄型，片疤剖视形态为凹下型。第三块为完整石片疤，长36、宽46毫米，倾斜度25°，弦长13、矢长3毫米。平面形状为不规则四边形，到对边的长度90毫米。所属边缘在左侧边，刃角69°，为反向加工。片疤平视为普通型，片疤侧视为加高型，片疤深度为薄型，片疤剖视形态为凹下型。第四块为完整石片疤，长31、宽85毫米，倾斜度50°，弦长88、矢长8毫米。平面形状为不规则四边形，到对边的长度81毫米。所属边缘在左侧边，刃角50°，为反向加工。片疤平视为普通型，片疤侧视为加高型，片疤深度为薄型，片疤剖视形态为凹下型。第五块为完整石片疤，长17、宽43毫米，倾斜度32°，弦长41、矢长2毫米。平面形状为不规则四边形，到对边的长度82毫米。所属边缘在左侧边，刃角53°，为反向加工。片疤平视为普通型，片疤侧视为加高型，片疤深度为薄型，片疤剖视形态为凹下型。第六块为完整石片疤，长19、宽28毫米，倾斜度24°，弦长19、矢长1毫米。平面形状为不规则四边形，到对边的长度68毫米。所属边缘在左侧边，刃角48°，为反向加工。片疤平视为普通型，片疤侧视为加高型，片疤深度为薄型，片疤剖视形态为凹下型。第七块为完整石片疤，长20、宽55毫米，倾斜度55°，弦长47、矢长2毫米。平面形状为不规则四边形，到对边的长度125毫米。所属边缘在远端边，刃角57°，为正向加工。片疤平视为普通型，片疤侧视为加高型，片疤深度为薄型，片疤剖视形态为凹下型。第八块为完整石片疤，长30、宽36毫米，倾斜度44°，弦长15、矢长2毫米。平面形状为不规则四边形，到对边的长度78毫米。所属边缘在左侧边，刃角69°，为正向加工。片疤平视为普通型，片疤侧视为加高型，片疤深度为薄型，片疤剖视形态为凹下型（图2-210）。

8）手斧

有9件，均从地表采集。这些手斧的所有素材都是砾石或砾石裂片。岩性大多为质地不好的硅质（灰）岩，有1件，混合岩（8件）。手斧大部分选用较平的砾石裂片（6件），2件用略粗大的砾石，1件用双台面石核。在这些素材中，古人们一般选用较长的素材：椭圆形（4

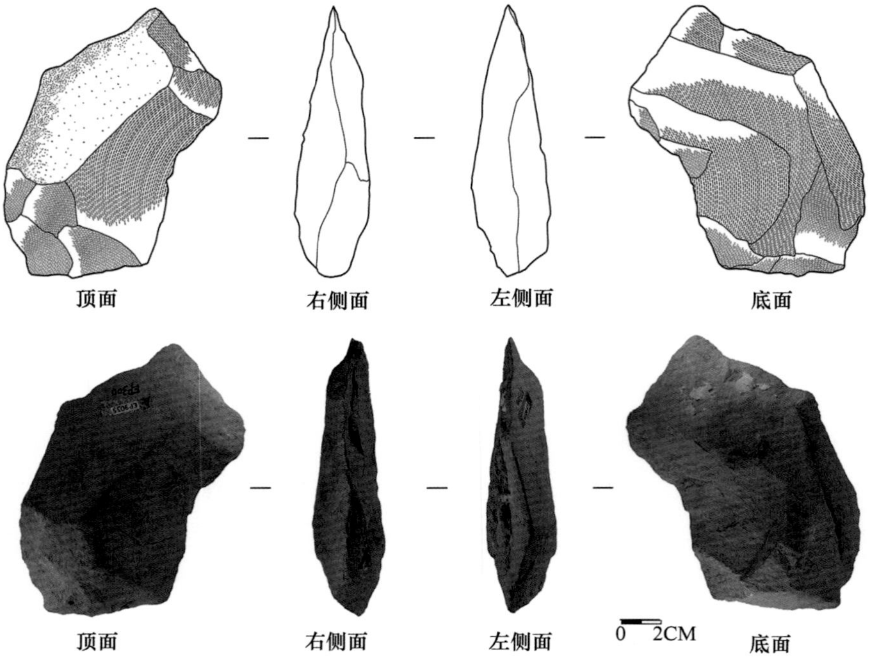

图 2 – 210　上文化层的双向加工的斧状器（1990 年采集: 9035）

件）、长椭圆形（3 件）和四边形（2 件）。显然，古人们在制作此类标本的时候喜好选择附近河滩中较扁平和长条形的砾石。

这些手斧中长度最长的达 222 毫米，最短的仅 133 毫米，均超过 100 毫米（超过 200 毫米的有 4 件）。宽度中最宽的为 126 毫米，最窄的为 74 毫米，大于 100 毫米的有 6 件，小于 100 毫米的有 3 件。厚度中最厚的为 68 毫米，最薄的为 29 毫米，小于 50 毫米的有 5 件，大于 50 毫米的有 4 件。重量中最重的为 1396 克，最轻的为 241 克，大于 1000 克的有 6 件，小于 1000 克的有 3 件。

由于受到素材的形状和加工的片疤的限制，这些手斧的形状有以下类型：杏仁形（2 件），矛尖形（4 件），长矛尖形（2 件），菱形（1 件）。刃缘均在左、右两侧边，刃缘平视以呈凸刃为多（8 个），曲折刃“ < ”（5 个），凹刃和“S”形刃各有 2 个，弧刃 1 个；侧视以呈“S”形刃为多（12 个），弯曲刃（4 个），弧刃（2 个）。第二步加工的小疤以有 10 块的为多（3 件），其他分别为 14、8、27、13、12、9 块小疤。加工方向以反向为主的为多（6 件），以正向为主的有 3 件。

可测刃角最大的为 108°，最小的为 26°，其中以在 60° ~ 69°的为多（21 个），其次为 50° ~ 59°的有 19 个，70° ~ 79°的有 17 个，在 80° ~ 89°的有 10 个，在 30° ~ 39°的有 5 个，在 40° ~ 49°和 90° ~ 99°的各有 4 个，在 20° ~ 29°和 100° ~ 109°的各有 1 个，另有 9 个难测。

（a）矛尖形手斧，有4件。

1994年采集：郧阳博物馆藏分62（EP504），素材为砾石裂片。自然尺寸为长167、宽94、厚50毫米，重量658克。岩性为灰黑色混合岩，平面、横剖面和纵剖面几何形状分别为不规则三边形、三边形、四边形。近端面有石皮，左侧面、远端面、右侧面、顶面和底面均有加工片疤。有两条刃缘，分别在左侧边和右侧边，二者相邻相连成矛尖形，左侧刃平面形状呈“S”形刃，侧视形状为“S”形刃，弧长120、弦长109、矢长7毫米；右侧刃平面形状呈“S”刃，侧视形状略呈“S”形刃，弧长190、弦长162、矢长30毫米。有10块加工的片疤，加工较多的面在底面（6块），顶面有4块。10块加工石片疤的特征，按加工顺序如下：第一块为不完整石片疤，长35、宽48毫米，倾斜度4°，弦长、矢长难测。平面形状为不规则四边形，到对边的长度44毫米。所属边缘在左侧边，刃角难测，为正向加工。片疤平视形态为侵入型，片疤侧视形态为普通型，片疤深度为薄型，片疤剖视形态为凹下型。第二块为完整石片疤，长79、宽124毫米，倾斜度18°，弦长60、矢长11毫米。平面形状为不规则四边形，到对边的长度95毫米。所属边缘在左侧边，刃角67°，为正向加工。片疤平视形态为侵入型，片疤侧视形态为普通型，片疤深度为厚型，片疤剖视形态为凹下型。第三块为完整石片疤，长13、宽53毫米，倾斜度76°，弦长44、矢长2毫米。平面形状为不规则四边形，到对边的长度47毫米。所属边缘在左侧边，刃角90°，为反向加工。片疤平视形态为普通型，片疤侧视形态为普通型，片疤深度为薄型，片疤剖视形态为凹下型。第四块为完整石片疤，长25、宽38毫米，倾斜度37°，弦长43、矢长13毫米。平面形状为不规则四边形，到对边的长度79毫米。所属边缘在左侧边，刃角75°，为反向加工。片疤平视形态为普通型，片疤侧视形态为普通型，片疤深度为厚型，片疤剖视形态为凹下型。第五块为完整石片疤，长28、宽40毫米，倾斜度23°，弦长22、矢长1毫米。平面形状为不规则四边形，到对边的长度97毫米。所属边缘在左侧边，刃角72°，为反向加工。片疤平视形态为普通型，片疤侧视形态为普通型，片疤深度为厚型，片疤剖视形态为凹下型。第六块为完整石片疤，长28、宽62毫米，倾斜度17°，弦长40、矢长4毫米。平面形状为不规则四边形，到对边的长度96毫米。所属边缘在右侧边，刃角51°，为反向加工。片疤平视形态为普通型，片疤侧视形态为普通型，片疤深度为厚型，片疤剖视形态为凹下型。第七块为完整石片疤，长19、宽38毫米，倾斜度25°，弦长40、矢长2毫米。平面形状为不规则四边形，到对边的长度95毫米。所属边缘在右侧边，刃角83°，为反向加工。片疤平视形态为普通型，片疤侧视形态为普通型，片疤深度为厚型，片疤剖视形态为凹下型。第八块为完整石片疤，长16、宽31毫米，倾斜度16°，弦长25、矢长2毫米。平面形状为不规则四边形，到对边的长度96毫米。所属边缘在右侧边，刃角93°，为反向加工。片疤平视形态为普通型，片疤侧视形态为普通型，片疤深度为厚型，片疤剖视形态为凹下型。第九块为完整石片疤，长29、宽40毫米，倾斜度54°，弦长30、矢长4毫米。平面形状为不规则四边形，到对边的长度50毫米。所属边缘在右侧边，刃角78°，为正向加工。片疤平视形态为普通型，片疤侧视形态为陡型，片疤深度为厚型，片疤剖视形态为凹下型。第十块为完整石片疤，长18、宽41

毫米，倾斜度67°，弦长35、矢长5毫米。平面形状为不规则四边形，到对边的长度59毫米。所属边缘在右侧边，刃角74°，为正向加工。片疤平视形态为普通型，片疤侧视形态为陡型，片疤深度为厚型，片疤剖视形态为凹下型。手斧周长430毫米，其中左侧刃缘两面加工长度120毫米，右侧刃缘两面加工长度85毫米，两面加工的总长度205毫米。可测刃角中，顶面左侧刃缘的刃角平均值67°，顶面右侧刃缘的刃角平均值76°，顶面左、右侧刃缘的刃角平均值72°，顶面刃角最大值78°；底面左侧刃缘的刃角平均值79°，底面右侧刃缘的刃角平均值76°，底面左、右侧刃缘的刃角平均值78°，底面刃角最大值93°。手斧左侧刃缘的刃角平均值73°，左侧刃缘刃角最大值90°；右侧刃缘的刃角平均值76°，右侧刃缘刃角最大值93°（图2－211）。

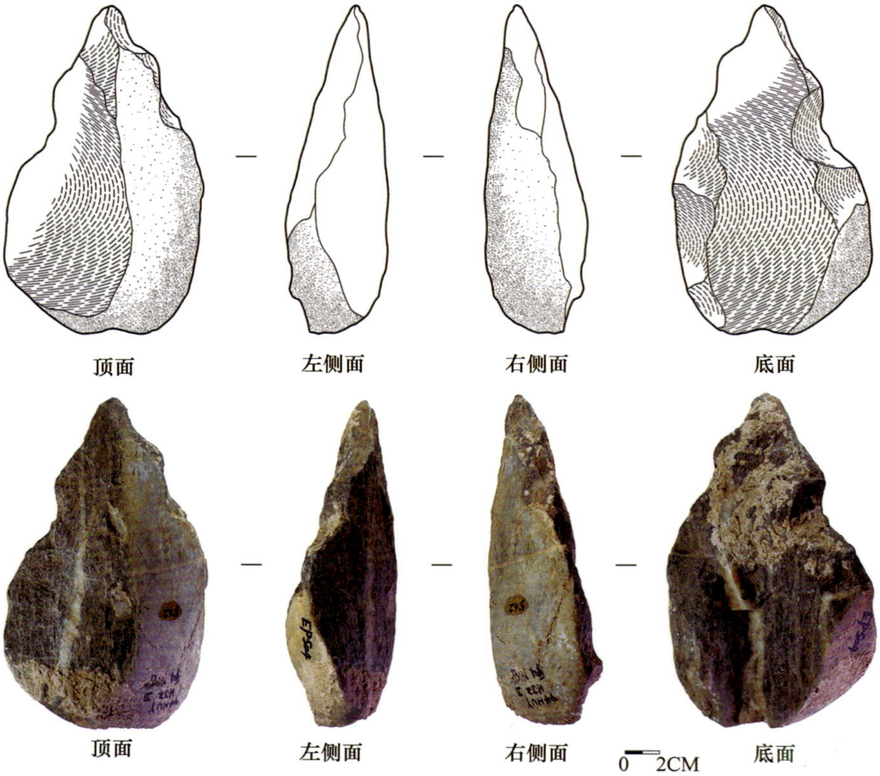

图2－211　上文化层的手斧（1994年采集：郧阳博物馆藏分62）

1990年采集：9039（EP500），素材为砾石裂片。自然尺寸为长153、宽99、厚44毫米，重量697克。岩性为黑色硅质岩，平面、横剖面和纵剖面几何形状均为不规则四边形。近端面有石皮，左侧面、远端面、右侧面、顶面和底面均有加工片疤。有两条刃缘，分别在左侧边和右侧边，二者相邻相连成矛尖形，左侧刃平面形状呈凸刃，侧视形状为“S”形刃，弧长46、弦长43、矢长7毫米；右侧刃平面形状呈“S”刃，侧视形状略呈“S”形刃，弧长148、弦长131、矢长8毫米。有13块加工的片疤，加工较多的面中顶面（8块）和底面（5块）相近

（加工面积比例）。13块加工石片疤的特征，按其加工顺序如下：第一块为不完整石片疤，长77、宽108毫米，倾斜度11°，弦长、矢长难测。平面形状为不规则四边形，到对边的长度89毫米。所属边缘在右侧边，刃角难测，为反向加工。片疤平视形态为侵入型，片疤侧视形态为加高型，片疤深度为薄型，片疤剖视形态为凹下型。第二块为不完整石片疤，长86、宽101毫米，倾斜度2°，弦长、矢长难测。平面形状为不规则四边形，到对边的长度93毫米。所属边缘在左侧边，刃角难测，为正向加工。片疤平视形态为普通型，片疤侧视形态为加高型，片疤深度为薄型，片疤剖视形态为凹下型。第三块为完整石片疤，长25、宽7毫米，倾斜度37°，弦长35、矢长2毫米。平面形状为不规则四边形，到对边的长度97毫米。所属边缘在右侧边，刃角63°，为反向加工。片疤平视形态为普通型，片疤侧视形态为加高型，片疤深度为厚型，片疤剖视形态为浅阶梯型。第四块为不完整石片疤，长28、宽68毫米，倾斜度54°，弦长、矢长难测。平面形状为不规则四边形，到对边的长度92毫米。所属边缘在右侧边，刃角73°，为正向加工。片疤平视形态为普通型，片疤侧视形态为陡型，片疤深度为厚型，片疤剖视形态为凹下型。第五块为完整石片疤，长37、宽72毫米，倾斜度35°，弦长68、矢长6毫米。平面形状为不规则四边形，到对边的长度65毫米。所属边缘在右侧边，刃角53°，为正向加工。片疤平视形态为普通型，片疤侧视形态为陡型，片疤深度为厚型，片疤剖视形态为凹下型。第六块为完整石片疤，长53、宽46毫米，倾斜度17°，弦长36、矢长5毫米。平面形状为不规则四边形，到对边的长度51毫米。所属边缘在左侧边，刃角52°，为反向加工。片疤平视形态为侵入型，片疤侧视形态为加高型，片疤深度为厚型，片疤剖视形态为凹下型。第七块为完整石片疤，长11、宽34毫米，倾斜度67°，弦长20、矢长1毫米。平面形状为不规则四边形，到对边的长度92毫米。所属边缘在右侧边，刃角48°，为正向加工。片疤平视形态为普通型，片疤侧视形态为加高型，片疤深度为厚型，片疤剖视形态为凹下型。第八块为完整石片疤，长18、宽29毫米，倾斜度22°，弦长12、矢长1.5毫米。平面形状为不规则四边形，到对边的长度56毫米。所属边缘在右侧边，刃角65°，为反向加工。片疤平视形态为普通型，片疤侧视形态为陡型，片疤深度为薄型，片疤剖视形态为凹下型。第九块为不完整石片疤，长31、宽40毫米，倾斜度16°，弦长、矢长难测。平面形状为不规则四边形，到对边的长度94毫米。所属边缘在左侧边，刃角难测，为正向加工。片疤平视形态为普通型，片疤侧视形态为陡型，片疤深度为厚型，片疤剖视形态为凹下型。第十块为完整石片疤，长22、宽26毫米，倾斜度21°，弦长25、矢长3毫米。平面形状为不规则四边形，到对边的长度94毫米。所属边缘在左侧边，刃角68°，为正向加工。片疤平视形态为普通型，片疤侧视形态为陡型，片疤深度为厚型，片疤剖视形态为凹下型。第十一块为完整石片疤，长35、宽44毫米，倾斜度29°，弦长16、矢长1毫米。平面形状为不规则四边形，到对边的长度61毫米。所属边缘在左侧边，刃角68°，为正向加工。片疤平视形态为普通型，片疤侧视形态为陡型，片疤深度为厚型，片疤剖视形态为浅阶梯型。第十二块为完整石片疤，长7、宽11毫米，倾斜度32°，弦长10、矢长1毫米。平面形状为不规则四边形，到对边的长度142毫米。所属边缘在左侧边，刃角58°，为反向加工。片

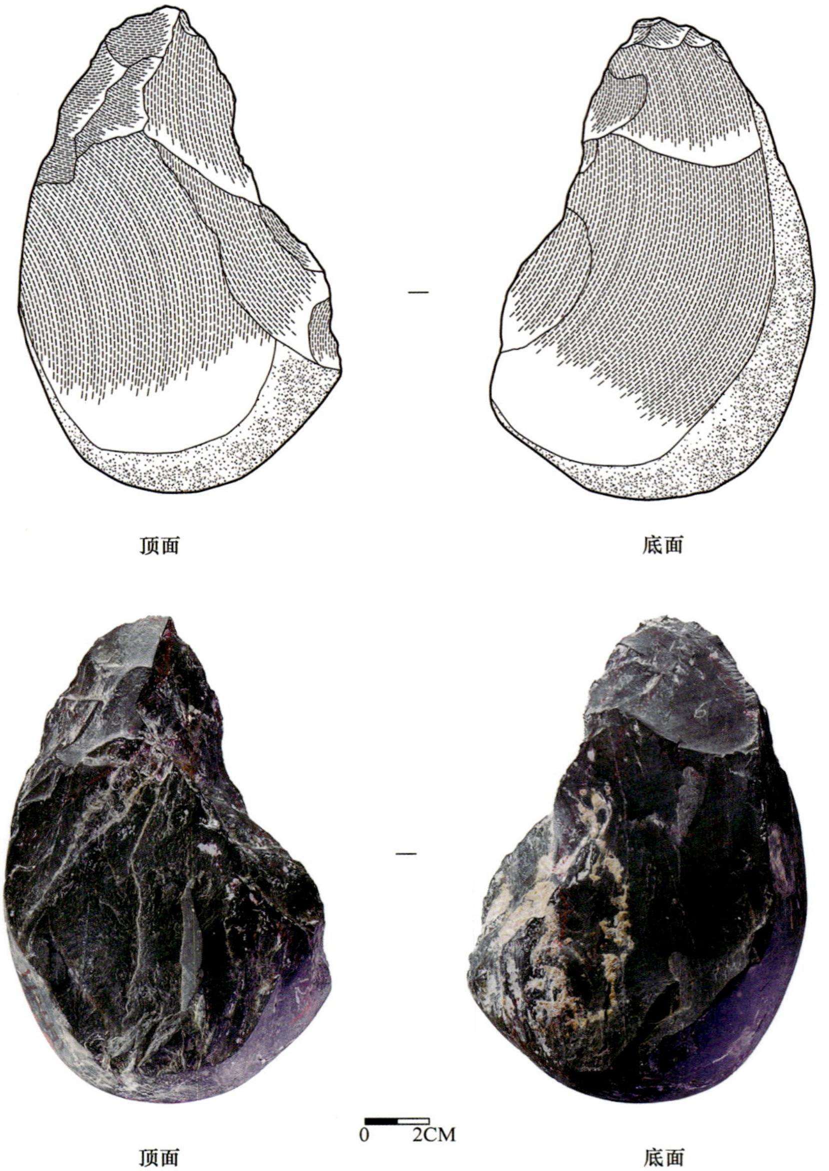

图 2－212　上文化层的手斧（1990 年采集: 9039）

疤平视形态为普通型，片疤侧视形态为陡型，片疤深度为厚型，片疤剖视形态为浅阶梯型。第十三块为完整石片疤，长 17、宽 26 毫米，倾斜度 62°，弦长 20、矢长 1.5 毫米。平面形状为不规则四边形，到对边的长度 91 毫米。所属边缘在右侧边，刃角 94°，为正向加工。片疤平视形态为普通型，片疤侧视形态为陡型，片疤深度为厚型，片疤剖视形态为浅阶梯型。手斧周长 406 毫米，其中左侧刃缘两面加工长度 46 毫米，右侧刃缘两面加工长度 148 毫米，两面加工的总长度194毫米。可测刃角中，顶面左侧刃缘的刃角平均值68°，顶面右侧刃缘的刃角平均值67°，顶面左、右侧刃缘的刃角平均值68°，顶面刃角最大值94°；底面左侧刃缘的刃角平均值58°，底面右侧刃缘的刃角平均值60°，底面左、右侧刃缘的刃角平均值59°，底面刃角最大值65°。手斧左侧刃缘的刃角平均值63°，左侧刃缘刃角最大值68°；右侧刃缘的刃角平均值64°，右侧刃缘刃角最大值94°（图2－212）。

1995年采集：9502（EP505），素材为砾石裂片。自然尺寸为长183、宽107、厚62毫米，重量1396克。岩性为灰黑色硅质岩，平面、横剖面和纵剖面几何形状分别为不规则四边形、不规则三边形、不规则四边形。近端面有石皮，左侧面、远端面、右侧面、顶面均有加工片疤，底面全部为片疤。有两条刃缘，分别在左侧边和右侧边，二者相邻相连成矛尖形，左侧刃平面形状呈“S”形刃，侧视形状为“S”形刃，弧长160、弦长140、矢长15毫米；右侧刃平面形状呈凸刃，侧视形状略呈“S”形刃，弧长110、弦长104、矢长5毫米。有14块加工的片疤，加工较多的面在底面（6块），顶面有4块、侧面有4块。14块加工石片疤的特征，按其加工顺序如下：第一块为不完整石片疤，长20、宽45毫米，倾斜度83°，弦长、矢长难测。平面形状为不规则四边形，到对边的长度107毫米。所属边缘在左侧边，刃角难测，为反向加工。片疤平视形态为普通型，片疤侧视形态为陡型，片疤深度为薄型，片疤剖视形态为平型。第二块为不完整石片疤，长35、宽64毫米，倾斜度30°，弦长、矢长难测。平面形状为不规则四边形，到对边的长度100毫米。所属边缘在左侧边，刃角难测，为反向加工。片疤平视形态为普通型，片疤侧视形态为普通型，片疤深度为薄型，片疤剖视形态为凹下型。第三块为完整石片疤，长41、宽70毫米，倾斜度22°，弦长35、矢长2毫米。平面形状为不规则四边形，到对边的长度86毫米。所属边缘在左侧边，刃角49°，为反向加工。片疤平视形态为侵入型，片疤侧视形态为普通型，片疤深度为薄型，片疤剖视形态为凹下型。第四块为完整石片疤，长30、宽33毫米，倾斜度18°，弦长35、矢长5毫米。平面形状为不规则四边形，到对边的长度41毫米。所属边缘在左侧边，刃角70°，为反向加工。片疤平视形态为侵入型，片疤侧视形态为普通型，片疤深度为薄型，片疤剖视形态为凹下型。第五块为完整石片疤，长22、宽38毫米，倾斜度20°，弦长30、矢长3毫米。平面形状为不规则四边形，到对边的长度49毫米。所属边缘在右侧边，刃角53°，为反向加工。片疤平视形态为侵入型，片疤侧视形态为普通型，片疤深度为薄型，片疤剖视形态为凹下型。第六块为完整石片疤，长49、宽82毫米，倾斜度10°，弦长80、矢长7毫米。平面形状为不规则四边形，到对边的长度99毫米。所属边缘在右侧边，刃角59°，为反向加工。片疤平视形态为侵入型，片疤侧视形态为普通型，片疤深度为薄型，片疤剖视形态为凹下型。第七块为完整石片疤，长14、宽42毫米，倾斜度49°，弦长30、矢长2毫米。平面形状为不规则四边形，到对边的长度107毫米。所属边缘在左侧边，刃角83°，为反向加工。片疤平视形态为普通型，片疤侧视形态为普通型，片疤深度为薄型，片疤剖视形态为凹下型。第八块为不完整石片疤，长21、宽32毫米，倾斜度27°，弦长、矢长难测。平面形状为不规则四边形，到对边的长度59毫米。所属边缘在右侧边，刃角难测，为正向加工。片疤平视形态为侵入型，片疤侧视形态为普通型，片疤深度为薄型，片疤剖视形态为平型。第九块为完整石片疤，长36、宽68毫米，倾斜度45°，弦长55、矢长3毫米。平面形状为不规则四边形，到对边的长度90毫米。所属边缘在右侧边，刃角52°，为正向加工。片疤平视形态为普通型，片疤侧视形态为普通型，片疤深度为厚型，片疤剖视形态为凹下型。第十块为完整石片疤，长20、宽29毫米，倾斜度60°，弦长20、矢长2毫米。平面形状为不规则四边形，到对边的长度103毫米。所属边缘在右侧边，刃角73°，为正向加工。片疤平视形态为普通型，片疤侧视形态为陡型，片疤深度为厚型，片疤剖视形态为浅阶梯型。第十一块为完整石片疤，长47、宽60毫米，倾斜度38°，弦长60、矢长2毫米。平面形状为不规则四边形，到对边的长度88毫米。所属边缘在左侧边，刃角53°，为正向加工。片疤平视形态为侵入型，片疤侧视形态为加高型，片疤深度为厚型，片疤剖视形态为凹下型。第十二块为完整石片疤，长18、宽37毫米，倾斜度48°，弦长33、矢长3毫米。平面形状为不规则四边形，到对边的长度57毫米。所属边缘在右侧边，刃角60°，为正向加工。片疤平视形态为普通型，片疤侧视形态为陡型，片疤深度为薄型，片疤剖视形态为凹下型。第十三块为完整石片疤，长45、宽61毫米，倾斜度67°，弦长60、矢长3毫米。平面形状为不规则四边形，到对边的长度95毫米。所属边缘在左侧边，刃角77°，为正向加工。片疤平视形态为普通型，片疤侧视形态为加高型，片疤深度为厚型，片疤剖视形态为浅阶梯型。第十四块为完整石片疤，长33、宽39毫米，倾斜度69°，弦长30、矢长2毫米。平面形状为不规则四边形，到对边的长度106毫米。所属边缘在左侧边，刃角84°，为正向加工。片疤平视形态为普通型，片疤侧视形态为加高型，片疤深度为厚型，片疤剖视形态为浅阶梯型。手斧周长460毫米，其中左侧刃缘两面加工长度160毫米，右侧刃缘两面加工长度110毫米，两面加工的总长度270毫米。可测刃角中，顶面左侧刃缘的刃角平均值71°，顶面右侧刃缘的刃角平均值62°，顶面左、右侧刃缘的刃角平均值67°，顶面刃角最大值84°；底面左侧刃缘的刃角平均值56°，底面右侧刃缘的刃角平均值67°，底面左、右侧刃缘的刃角平均值62°，底面刃角最大值83°。手斧左侧刃缘的刃角平均值64°，左侧刃缘刃角最大值84°；右侧刃缘的刃角平均值65°，右侧刃缘刃角最大值83°（图2-213）。

1991年采集:9126（EP334），素材为砾石裂片（似石片）。自然尺寸为长134、宽74、厚29毫米，重量241克。岩性为黑色硅质岩，平面、横剖面和纵剖面几何形状均为不规则四边形。近端面有石皮，左侧面、远端面、右侧面、顶面和底面均有加工片疤。有两条刃缘，分别在左侧边和右侧边，二者相邻相连成矛尖形，左侧刃平面形状呈曲折形刃，侧视形状为“S”形刃，弧长122、弦长111、矢长15毫米；右侧刃平面形状呈凸刃，侧视形状略呈“S”形刃，弧长105、弦长101、矢长12毫米。有14块加工的片疤，加工较多的面在底面（7块），顶面也有7块。14块加工石片疤的特征，按加工顺序如下：第一块为不完整石片疤，长34、宽55毫米，倾斜度31°，弦长、矢长难测。平面形状为不规则四边形，到对边的长度72毫米。所属

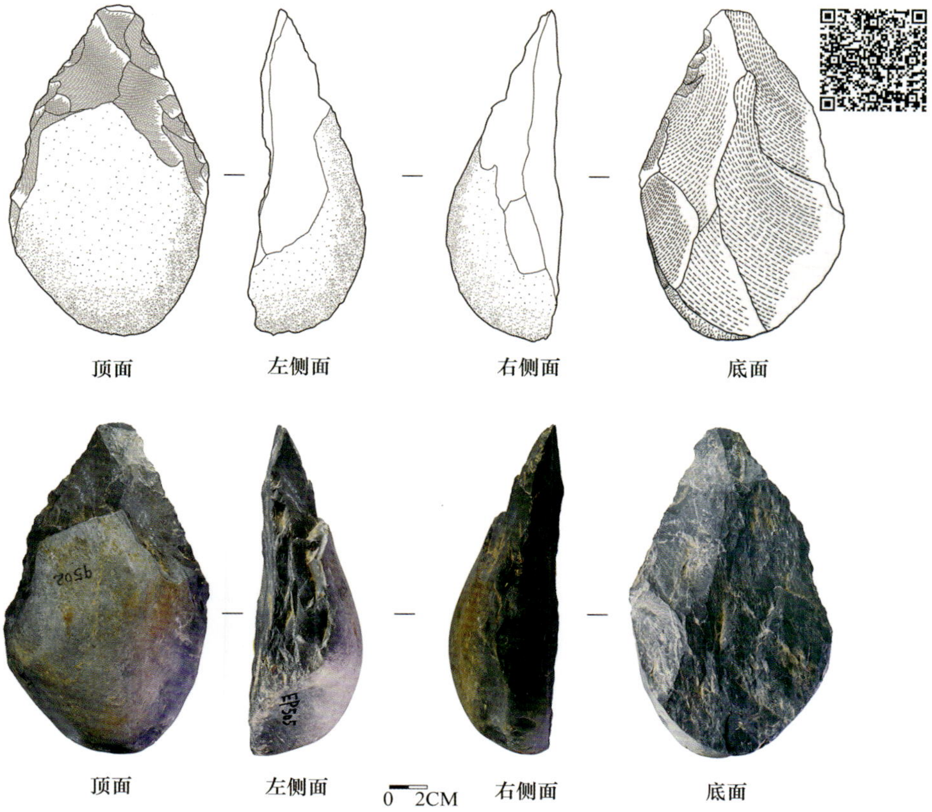

图 2－213　上文化层的手斧（1995 年采集：9502）

边缘在左侧边，刃角难测，为正向加工。片疤平视形态为侵入型，片疤侧视形态为加高型，片疤深度为薄型，片疤剖视形态为凹下型。第二块为不完整石片疤，长 29、宽 38 毫米，倾斜度 15°，弦长、矢长难测。平面形状为不规则四边形，到对边的长度 59 毫米。所属边缘在左侧边，刃角难测，为正向加工。片疤平视形态为侵入型，片疤侧视形态为加高型，片疤深度为薄型，片疤剖视形态为凹下型。第三块为完整石片疤，长 36、宽 60 毫米，倾斜度 56°，弦长 68、矢长 6 毫米。平面形状为不规则四边形，到对边的长度 59 毫米。所属边缘在左侧边，刃角 56°，为正向加工。片疤平视形态为侵入型，片疤侧视形态为加高型，片疤深度为薄型，片疤剖视形态为浅阶梯型。第四块为完整石片疤，长 13、宽 36 毫米，倾斜度 38°，弦长 24、矢长 1 毫米。平面形状为不规则四边形，到对边的长度 72 毫米。所属边缘在左侧边，刃角 73°，为反向加工。片疤平视形态为普通型，片疤侧视形态为加高型，片疤深度为薄型，片疤剖视形态为凹下型。第五块为完整石片疤，长 9、宽 29 毫米，倾斜度 14°，弦长 21、矢长 0.1 毫米。平面形状为不规则四边形，到对边的长度 70 毫米。所属边缘在左侧边，刃角 71°，为反向加工。片疤平视形态为普通型，片疤侧视形态为加高型，片疤深度为薄型，片疤剖视形态为凹下型。第六块为完整石片疤，长 18、宽 31 毫米，倾斜度 16°，弦长 25、矢长 2 毫米。平面形状为不规则四边形，到对边的长度 59 毫米。所属边缘在左侧边，刃角 56°，为反向加工。片疤平视形态为侵入型，片疤侧视形态为加高型，片疤深度为薄型，片疤剖视形态为凹下型。第七块为完整石片疤，长 13、宽 25 毫米，倾斜度 24°，弦长 20、矢长 1 毫米。平面形状为不规则四边形，到对边的长度 19 毫米。所属边缘在左侧边，刃角 67°，为反向加工。片疤平视形态为侵入型，片疤侧视形态为加高型，片疤深度为薄型，片疤剖视形态为凹下型。第八块为完整石片疤，长 8、宽 29 毫米，倾斜度 79°，弦长 23、矢长 1.5 毫米。平面形状为不规则四边形，到对边的长度 75 毫米。所属边缘在左侧边，刃角 65°，为正向加工。片疤平视形态为普通型，片疤侧视形态为加高型，片疤深度为薄型，片疤剖视形态为浅阶梯型。第九块为不完整石片疤，长 18、宽 51 毫米，倾斜度 12°，弦长、矢长难测。平面形状为不规则四边形，到对边的长度 75 毫米。所属边缘在右侧边，刃角难测，为反向加工。片疤平视形态为侵入型，片疤侧视形态为加高型，片疤深度为薄型，片疤剖视形态为凹下型。第十块为完整石片疤，长 15、宽 51 毫米，倾斜度 27°，弦长 44、矢长 3 毫米。平面形状为不规则四边形，到对边的长度 37 毫米。所属边缘在右侧边，刃角 43°，为反向加工。片疤平视形态为普通型，片疤侧视形态为加高型，片疤深度为薄型，片疤剖视形态为凹下型。第十一块为完整石片疤，长 19、宽 40 毫米，倾斜度 58°，弦长 36、矢长 3 毫米。平面形状为不规则四边形，到对边的长度 31 毫米。所属边缘在右侧边，刃角 43°，为正向加工。片疤平视形态为侵入型，片疤侧视形态为加高型，片疤深度为薄型，片疤剖视形态为凹下型。第十二块为完整石片疤，长 7、宽 23 毫米，倾斜度 25°，弦长 17、矢长 0.5 毫米。平面形状为不规则四边形，到对边的长度 17 毫米。所属边缘在右侧边，刃角 50°，为正向加工。片疤平视形态为普通型，片疤侧视形态为加高型，片疤深度为薄型，片疤剖视形态为凹下型。第十三块为完整石片疤，长 16、宽 35 毫米，倾斜度 51°，弦长 22、矢长 0.2 毫米。平面形状为不规则四边形，到对边的长度 71 毫米。所属边缘在右侧边，刃角 65°，为正向加工。片疤平视形态为普通型，片疤侧视形态为加高型，片疤深度为薄型，片疤剖视形态为凹下型。第十四块为完整石片疤，长 12、宽 34 毫米，倾斜度 57°，弦长 23、矢长 0.2 毫米。平面形状为不规则四边形，到对边的长度 71 毫米。所属边缘在右侧边，刃角 74°，为正向加工。片疤平视形态为普通型，片疤侧视形态为加高型，片疤深度为薄型，片疤剖视形态为凹下型。手斧周长 340 毫米，其中左侧刃缘两面加工长度 110 毫米，右侧刃缘两面加工长度 105 毫米，两面加工的总长度 215 毫米。可测刃角中，顶面左侧刃缘的刃角平均值 61°，顶面右侧刃缘的刃角平均值 53°，顶面左、右侧刃缘的刃角平均值 57°，顶面刃角最大值 65°；底面左侧刃缘的刃角平均值 67°，底面右侧刃缘的刃角平均值 58°，底面左、右侧刃缘的刃角平均值 63°，底面刃角最大值 73°。手斧左侧刃缘的刃角平均值 64°，左侧刃缘刃角最大值 73°；右侧刃缘的刃角平均值 56°，右侧刃缘刃角最大值 73°（图 2 - 214）。

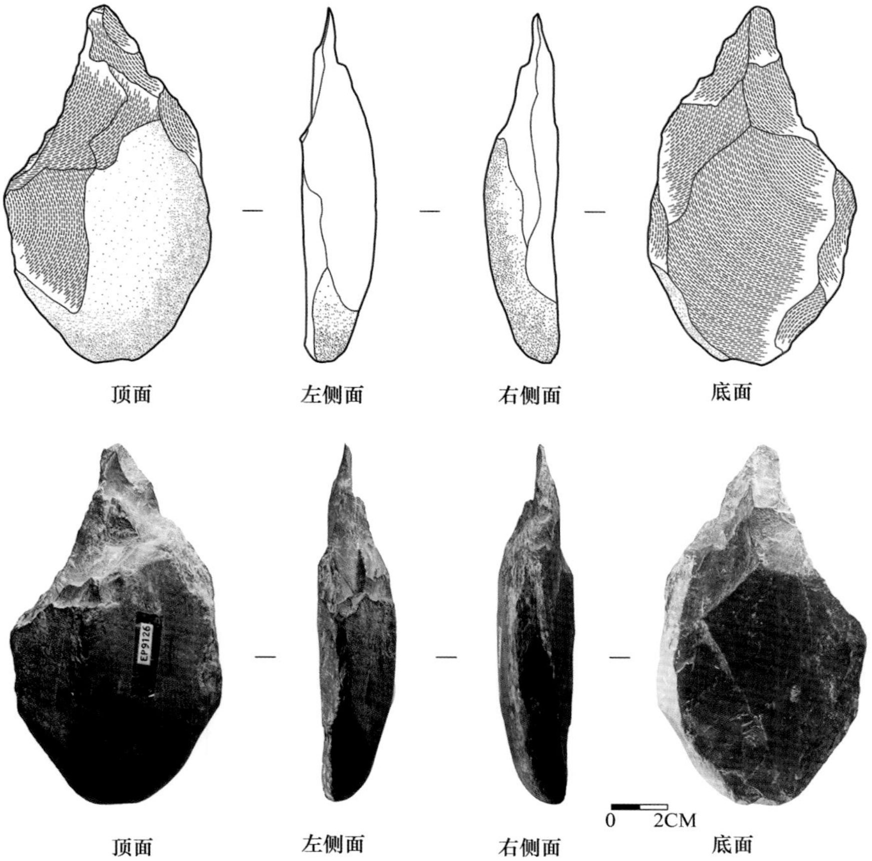

图 2-214　上文化层的手斧（1991 年采集: 9126）

（b）加长矛尖形手斧，有 2 件。

1991 年采集: 9135（EP342），素材为双台面石核。自然尺寸为长 214、宽 104、厚 62 毫米，重量 1099 克。岩性为黑色硅质岩，平面、横剖面和纵剖面几何形状均为不规则四边形。近端面有石皮，左侧面、远端面、右侧面和顶面均有加工片疤，底面全部为片疤。台面分别在顶面和底面，顶台面平面几何形状不确定，性质不确定，剥片部位在近端边、左侧边、右侧边，剥片方向从顶面到底面。顶台面周长 506 毫米，近端边剥片所在边缘长度 230 毫米，剥片长度 230 毫米，剥片长度与所在边缘长度的比率为 100%，即剥片所在边缘全部被利用；左侧边剥片所在边缘长度 206 毫米，剥片长度 206 毫米，剥片长度与所在边缘长度的比率为 100%，即剥片所在边缘全部被利用；右侧边剥片所在边缘长度 70 毫米，剥片长度 70 毫米，剥片长度与所在边缘长度的比率为 100%，即剥片所在边缘全部被利用。顶台面剥片长度与台面周长的比率为 100%，即剥片所在台面全部被利用。底台面平面几何形状不确定，性质为不确定，剥片部位在左侧边、右侧边，剥片方向从底面到顶面。底台面周长 506 毫米，左侧边剥片所在边缘长度

230 毫米，剥片长度 168 毫米，剥片长度与所在边缘长度的比率为 73%，即剥片所在边缘超过一半被利用；右侧边剥片所在边缘长度 206 毫米，剥片长度 150 毫米，剥片长度与所在边缘长度的比率为 73%，即剥片所在边缘超过一半被利用。底台面全部剥片长度与台面周长的比率为 62%，即剥片所在台面利用率超过一半。打击方法为硬锤锤击法。剥片面有 2 个，分别在顶面、底面，顶剥片面有 4 块单极纵向交错分布的石片疤，剥片面面积与未剥片面面积的比例为 8: 17；底剥片面有 6 块单极纵向交错分布的石片疤，剥片面面积与未剥片面面积的比例为 12: 13。这 10 块石片疤的特征，按加工顺序如下：第一块为不完整石片疤，长 20、宽 55 毫米，倾斜度 36°，弦长、矢长难测。平面形状为不规则四边形，到对边的长度 102 毫米，台面角难测。第二块为不完整石片疤，长 53、宽 56 毫米，倾斜度 1°，弦长、矢长难测。平面形状为不规则四边形，到对边的长度 211 毫米，台面角难测。第三块为不完整石片疤，长 41、宽 56 毫米，倾斜度 15°，弦长、矢长难测。平面形状为不规则四边形，到对边的长度 98 毫米，台面角难测。第四块为不完整石片疤，长 28、宽 29 毫米，倾斜度 6°，弦长、矢长难测。平面形状为不规则四边形，到对边的长度 211 毫米，台面角难测。第五块为不完整石片疤，长 37、宽 45 毫米，倾斜度 18°，弦长、矢长难测。平面形状为不规则四边形，到对边的长度 211 毫米，台面角难测。第六块为不完整石片疤，长 39、宽 50 毫米，倾斜度 19°，弦长、矢长难测。平面形状为不规则四边形，到对边的长度 211 毫米，台面角难测。第七块为不完整石片疤，长 42、宽 133 毫米，倾斜度 37°，弦长、矢长难测。平面形状为不规则四边形，到对边的长度 101 毫米，台面角难测。第八块为不完整石片疤，长 34、宽 84 毫米，倾斜度 51°，弦长、矢长难测。平面形状为不规则四边形，到对边的长度 121 毫米，台面角难测。第九块为不完整石片疤，长 61、宽 36 毫米，倾斜度 45°，弦长、矢长难测。平面形状为不规则四边形，到对边的长度 121 毫米，台面角难测。第十块为不完整石片疤，长 42、宽 86 毫米，倾斜度 33°，弦长、矢长难测。平面形状为不规则四边形，到对边的长度 104 毫米，台面角难测。砾石石皮的总数值为 5 等份，其中顶面有 4 等份、侧面有 1 等份。该标本转动过 6 次、翻动过 1 次。有两条刃缘，分别在左侧边和右侧边，二者相邻相连成矛尖形，左侧刃平面形状呈凸刃，侧视形状为连续“S”形刃，弧长 230、弦长 203、矢长 34 毫米；右侧刃平面形状呈凸刃，侧视形状略呈连续“S”形刃，弧长 206、弦长 194、矢长 27 毫米。有 27 块加工的片疤（有 3 块为加工非刃缘），加工较多的面在底面（16 块），顶面有 11 块。27 块加工石片疤的特征，按其加工顺序如下：第一块为完整石片疤，长 23、宽 62 毫米，倾斜度 69°，弦长 49、矢长 3 毫米。平面形状为不规则四边形，到对边的长度 100 毫米。所属边缘在右侧边，刃角 84°，为正向加工。片疤平视形态为普通型，片疤侧视形态为陡型，片疤深度为薄型，片疤剖视形态为凹下型。第二块为完整石片疤，长 43、宽 59 毫米，倾斜度 26°，弦长 39、矢长 3 毫米。平面形状为不规则四边形，到对边的长度 103 毫米。所属边缘在右侧边，刃角 93°，为反向加工。片疤平视形态为普通型，片疤侧视形态为陡型，片疤深度为薄型，片疤剖视形态为凹下型。第三块为完整石片疤，长 18、宽 33 毫米，倾斜度33°，弦长20、矢长1毫米。平面形状为不规则三边形，到对边的长度94毫米。所属边缘在右侧边，刃角85°，为反向加工。片疤平视形态为普通型，片疤侧视形态为陡型，片疤深度为薄型，片疤剖视形态为凹下型。第四块为完整石片疤，长7、宽7毫米，倾斜度23°，弦长12、矢长1毫米。平面形状为不规则三边形，到对边的长度80毫米。所属边缘在右侧边，刃角93°，为反向加工。片疤平视形态为普通型，片疤侧视形态为陡型，片疤深度为薄型，片疤剖视形态为凹下型。第五块为完整石片疤，长24、宽45毫米，倾斜度41°，弦长37、矢长2毫米。平面形状为不规则四边形，到对边的长度97毫米。所属边缘在右侧边，刃角68°，为反向加工。片疤平视形态为普通型，片疤侧视形态为陡型，片疤深度为薄型，片疤剖视形态为凹下型。第六块为完整石片疤，长19、宽56毫米，倾斜度57°，弦长13、矢长0.5毫米。平面形状为不规则四边形，到对边的长度88毫米。所属边缘在右侧边，刃角80°，为正向加工。片疤平视形态为普通型，片疤侧视形态为陡型，片疤深度为薄型，片疤剖视形态为凹下型。第七块为完整石片疤，长37、宽63毫米，倾斜度27°，弦长25、矢长1毫米。平面形状为不规则四边形，到对边的长度79毫米。所属边缘在右侧边，刃角55°，为反向加工。片疤平视形态为普通型，片疤侧视形态为陡型，片疤深度为薄型，片疤剖视形态为凹下型。第八块为完整石片疤，长8、宽22毫米，倾斜度50°，弦长10、矢长1毫米。平面形状为不规则四边形，到对边的长度68毫米。所属边缘在右侧边，刃角64°，为正向加工。片疤平视形态为普通型，片疤侧视形态为陡型，片疤深度为薄型，片疤剖视形态为凹下型。第九块为不完整石片疤，长31、宽50毫米，倾斜度40°，弦长10、矢长0.1毫米。平面形状为不规则四边形，到对边的长度51毫米。所属边缘在右侧边，刃角78，为正向加工。片疤平视形态为普通型，片疤侧视形态为陡型，片疤深度为薄型，片疤剖视形态为凹下型。第十块为完整石片疤，长7、宽20毫米，倾斜度74°，弦长15、矢长1毫米。平面形状为不规则四边形，到对边的长度58毫米。所属边缘在右侧边，刃角77°，为正向加工。片疤平视形态为普通型，片疤侧视形态为陡型，片疤深度为薄型，片疤剖视形态为凹下型。第十一块为完整石片疤，长23、宽33毫米，倾斜度21°，弦长29、矢长3毫米。平面形状为不规则四边形，到对边的长度31毫米。所属边缘在右侧边，刃角55°，为反向加工。片疤平视形态为普通型，片疤侧视形态为陡型，片疤深度为薄型，片疤剖视形态为凹下型。第十二块为完整石片疤，长12、宽31毫米，倾斜度46°，弦长20、矢长2毫米。平面形状为不规则四边形，到对边的长度38毫米。所属边缘在右侧边，刃角51°，为正向加工。片疤平视形态为普通型，片疤侧视形态为陡型，片疤深度为薄型，片疤剖视形态为凹下型。第十三块为完整石片疤，长6、宽12毫米，倾斜度37°，弦长9、矢长0.1毫米。平面形状为不规则三边形，到对边的长度18毫米。所属边缘在右侧边，刃角65°，为反向加工。片疤平视形态为普通型，片疤侧视形态为陡型，片疤深度为薄型，片疤剖视形态为凹下型。第十四块为完整石片疤，长8、宽15毫米，倾斜度12°，弦长7、矢长0.5毫米。平面形状为不规则四边形，到对边的长度15毫米。所属边缘在左侧边，刃角63°，为反向加工。片疤平视形态为普通型，片疤侧视形态为陡型，片疤深度为薄型，片疤剖视形态为凹下型。第十五块为完整石片疤，长51、宽99毫米，倾斜度18°，弦长53、矢长2毫米。平面形状为不规则四边形，到对边的长度84毫米。所属边缘在左侧边，刃角60°，为反向加工。片疤平视形态为普通型，片疤侧视形态为陡型，片疤深度为薄型，片疤剖视形态为凹下型。第十六块为完整石片疤，长25、宽34毫米，倾斜度40°，弦长19、矢长1.5毫米。平面形状为不规则四边形，到对边的长度52毫米。所属边缘在左侧边，刃角72°，为正向加工。片疤平视形态为普通型，片疤侧视形态为陡型，片疤深度为薄型，片疤剖视形态为凹下型。第十七块为完整石片疤，长14、宽30毫米，倾斜度38°，弦长16、矢长2.5毫米。平面形状为不规则四边形，到对边的长度53毫米。所属边缘在左侧边，刃角84°，为反向加工。片疤平视形态为普通型，片疤侧视形态为陡型，片疤深度为薄型，片疤剖视形态为凹下型。第十八块为完整石片疤，长7、宽31毫米，倾斜度60°，弦长15、矢长1毫米。平面形状为不规则四边形，到对边的长度85毫米。所属边缘在左侧边，刃角78°，为正向加工。片疤平视形态为普通型，片疤侧视形态为陡型，片疤深度为薄型，片疤剖视形态为凹下型。第十九块为完整石片疤，长4、宽14毫米，倾斜度75°，弦长13、矢长1.5毫米。平面形状为不规则四边形，到对边的长度95毫米。所属边缘在左侧边，刃角82°，为正向加工。片疤平视形态为普通型，片疤侧视形态为陡型，片疤深度为薄型，片疤剖视形态为凹下型。第二十块为完整石片疤，长10、宽22毫米，倾斜度53°，弦长21、矢长1毫米。平面形状为不规则四边形，到对边的长度112毫米。所属边缘在左侧边，刃角84°，为正向加工。片疤平视形态为普通型，片疤侧视形态为陡型，片疤深度为薄型，片疤剖视形态为凹下型。第二十一块为完整石片疤，长12、宽25毫米，倾斜度64°，弦长18、矢长0.5毫米。平面形状为不规则四边形，到对边的长度98毫米。所属边缘在左侧边，刃角86°，为反向加工。片疤平视形态为普通型，片疤侧视形态为陡型，片疤深度为薄型，片疤剖视形态为凹下型。第二十二块为完整石片疤，长15、宽18毫米，倾斜度32°，弦长16、矢长2毫米。平面形状为不规则四边形，到对边的长度108毫米。所属边缘在左侧边，刃角89°，为正向加工。片疤平视形态为普通型，片疤侧视形态为陡型，片疤深度为薄型，片疤剖视形态为凹下型。第二十三块为不完整石片疤，长11、宽21毫米，倾斜度79°，弦长17、矢长1毫米。平面形状为不规则四边形，到对边的长度105毫米。所属边缘在左侧边，刃角90°，为反向加工。片疤平视形态为普通型，片疤侧视形态为陡型，片疤深度为薄型，片疤剖视形态为凹下型。第二十四块为完整石片疤，长28、宽49毫米，倾斜度82°，弦长21、矢长1.5毫米。平面形状为不规则四边形，到对边的长度99毫米。所属边缘在左侧边，刃角75°，为反向加工。片疤平视形态为普通型，片疤侧视形态为陡型，片疤深度为薄型，片疤剖视形态为凹下型。第二十五块为完整石片疤，长18、宽44毫米，倾斜度21°，弦长26、矢长3毫米。平面形状为不规则四边形，到对边的长度102毫米。所属边缘在近端边，刃角85°，为反向加工。片疤平视形态为普通型，片疤侧视形态为陡型，片疤深度为薄型，片疤剖视形态为凹下型。第二十六块为完整石片疤，长21、宽40毫米，倾斜度32°，弦长30、矢长1毫米。平面形状为不规则四边形，到对边的长度136毫米。所属边缘在近端边，刃角72°，为反向加工。片疤平视形态为普通型，片疤侧视形态为陡型，片疤深度为薄型，片疤剖视形态为凹下型。第二十七块为完整石片疤，长27、宽30毫米，倾斜度42°，弦长33、矢长3毫米。平面形状为不规则四边形，到对边的长度18毫米。所属边缘在右侧边，刃角65°，为反向加工。片疤平视形态为普通型，片疤侧视形态为陡型，片疤深度为薄型，片疤剖视形态为凹下型。手斧周长512毫米，其中左侧刃缘两面加工长度168毫米，右侧刃缘两面加工长度206毫米，两面加工的总长度374毫米。可测刃角中，顶面左侧刃缘的刃角平均值81°，顶面右侧刃缘的刃角平均值72°，顶面左、右侧刃缘的刃角平均值77°，顶面刃角最大值89°；底面左侧刃缘的刃角平均值76°，底面右侧刃缘的刃角平均值71°，底面左、右侧刃缘的刃角平均值74°，底面刃角最大值93°。手斧左侧刃缘的刃角平均值79°，左侧刃缘刃角最大值90°；右侧刃缘的刃角平均值72°，右侧刃缘刃角最大值93°（图2－215）。

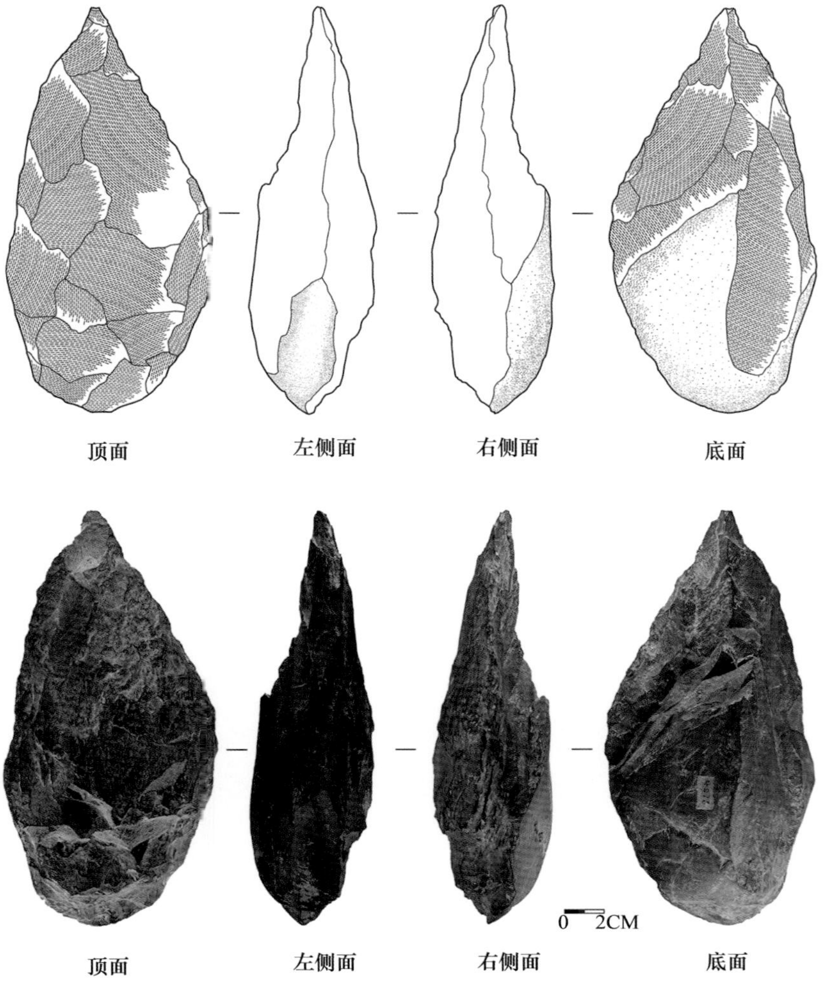

图2－215　上文化层的手斧（1991年采集：9135）

1991 年采集: 9134（EP343），素材为砾石。自然尺寸为长 222、宽 105、厚 68 毫米，重量 1396 克。岩性为黑色硅质岩，平面、横剖面和纵剖面几何形状均为不规则四边形。近端面有石皮，左侧面、远端面、右侧面、顶面和底面均有加工片疤。有两条刃缘，分别在左侧边和右侧边，二者相邻相连成矛尖形（加长型），左侧刃平面形状呈凹刃，侧视形状为连续弧形刃，弧长 140、弦长 129、矢长 10 毫米；右侧刃平面形状略呈凸刃，侧视形状略呈“S”形刃，弧长 210、弦长 184、矢长 30 毫米。有 8 块加工的片疤，加工较多的面在底面（5 块），顶面有 2 块，侧面有 1 块。8 块加工石片疤的特征，按加工顺序如下：第一块为完整石片疤，长 58、宽 108 毫米，倾斜度 26°，弦长 54、矢长 3 毫米。平面形状为不规则四边形，到对边的长度 72 毫米。所属边缘在左侧边，刃角 37°，为反向加工。片疤平视形态为侵入型，片疤侧视形态为加高型，片疤深度为薄型，片疤剖视形态为凹下型。第二块为完整石片疤，长 49、宽 82 毫米，倾斜度 50°，弦长 91、矢长 5 毫米。平面形状为不规则四边形，到对边的长度 92 毫米。所属边缘在左侧边，刃角 58°，为反向加工。片疤平视形态为侵入型，片疤侧视形态为加高型，片疤深度为薄型，片疤剖视形态为凹下型。第三块为完整石片疤，长 60、宽 100 毫米，倾斜度 18°，弦长、矢长难测。平面形状为不规则四边形，到对边的长度 122 毫米。所属边缘在左侧边，刃角难测，为正向加工。片疤平视形态为侵入型，片疤侧视形态为加高型，片疤深度为薄型，片疤剖视形态为凹下型。第四块为完整石片疤，长 62、宽 170 毫米，倾斜度 37°，弦长 141、矢长 8 毫米。平面形状为不规则四边形，到对边的长度 77 毫米。所属边缘在左侧边，刃角 37°，为正向加工。片疤平视形态为侵入型，片疤侧视形态为加高型，片疤深度为薄型，片疤剖视形态为凹下型。第五块为完整石片疤，长 57、宽 165 毫米，倾斜度 67°，弦长 126、矢长 9 毫米。平面形状为不规则四边形，到对边的长度 87 毫米。所属边缘在右侧边，刃角 67°，为正向加工。片疤平视形态为侵入型，片疤侧视形态为加高型，片疤深度为陡型，片疤剖视形态为凹下型。第六块为完整石片疤，长 14、宽 48 毫米，倾斜度 37°，弦长 34、矢长 3 毫米。平面形状为不规则四边形，到对边的长度 46 毫米。所属边缘在左侧边，刃角 48°，为正向加工。片疤平视形态为普通型，片疤侧视形态为加高型，片疤深度为陡型，片疤剖视形态为阶梯型。第七块为完整石片疤，长 7、宽 23 毫米，倾斜度 57°，弦长 25、矢长 3 毫米。平面形状为不规则四边形，到对边的长度 23 毫米。所属边缘在左侧边，刃角 75°，为正向加工。片疤平视形态为普通型，片疤侧视形态为加高型，片疤深度为平型，片疤剖视形态为凹下型。第八块为完整石片疤，长 8、宽 13 毫米，倾斜度 52°，弦长 11、矢长 1.5 毫米。平面形状为不规则四边形，到对边的长度 17 毫米。所属边缘在左侧边，刃角 51°，为正向加工。片疤平视形态为普通型，片疤侧视形态为加高型，片疤深度为平型，片疤剖视形态为凹下型。手斧周长 518 毫米，其中左侧刃缘两面加工长度 170 毫米，右侧刃缘两面加工长度 148 毫米，两面加工的总长度 318 毫米。可测刃角中，顶面左侧刃缘的刃角平均值 53°，顶面右侧刃缘的刃角平均值 67°，顶面左、右侧刃缘的刃角平均值 60°，顶面刃角最大值 75°；底面左侧刃缘的刃角平均值 48°，底面右侧刃缘没有加工的小疤，底面左、右侧刃缘的刃角平均值48°，底面刃角最大值58°。手斧左侧刃缘的刃角平均值51°，左侧刃缘刃角最大值75°；右侧刃缘的刃角平均值67°，右侧刃缘刃角最大值67°（图2－216）。

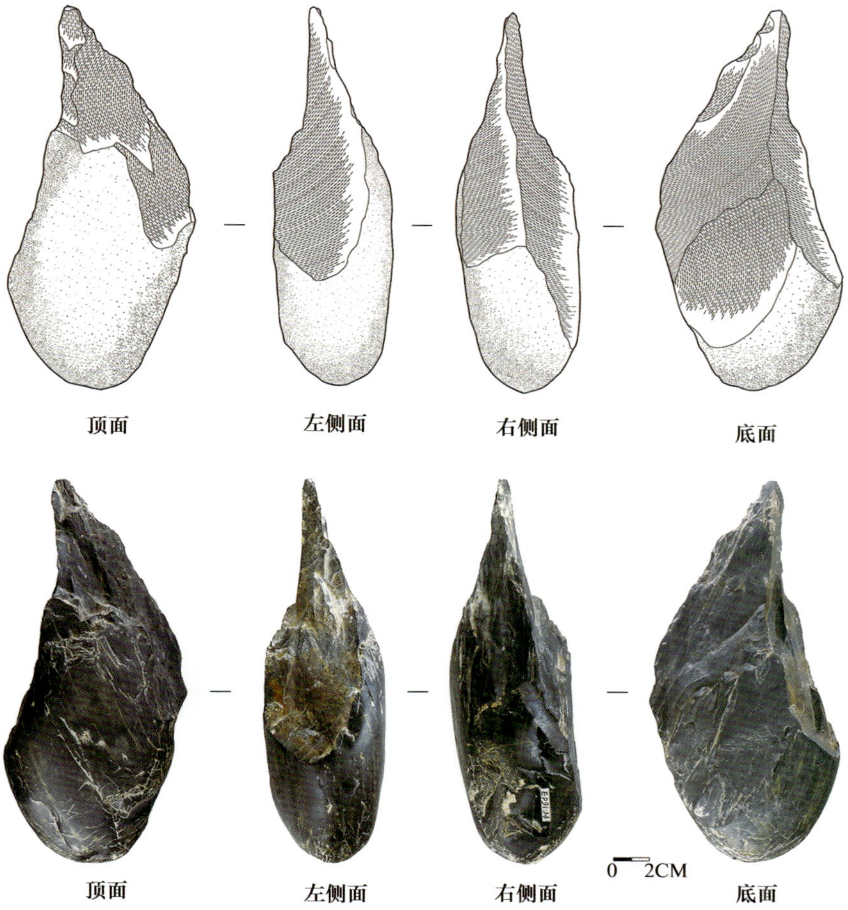

图2－216　上文化层的手斧（1991年采集:9134）

（c）杏仁形手斧，有2件。

1990年采集:9038（EP303），素材为砾石裂片（似石片）。自然尺寸为长194、宽120、厚49毫米，重量1074克。岩性为灰黑色硅质岩，平面、横剖面和纵剖面几何形状均为不规则四边形。近端面有石皮，左侧面、远端面、右侧面、顶面均有加工片疤，底面全部为片疤。有两条刃缘，分别在左侧边和右侧边，二者相邻相连成杏仁形，左侧刃平面形状呈凸刃，侧视形状为"S"形刃，弧长170、弦长160、矢长18毫米；右侧刃平面形状呈凸刃，侧视形状略呈"S"形刃，弧长106、弦长95、矢长5毫米。有9块加工的片疤，加工较多的面在顶面（5块疤），底面有4块疤。9块加工石片疤的特征，按加工顺序如下：第一块为不完整石片疤，长142、宽72毫米，倾斜度43°，弦长、矢长难测。平面形状为不规则四边形，到对边的长度166毫米。所属边缘在右侧边，刃角30°，为正向加工。片疤平视形态为侵入型，片疤侧视形态为加高型，片疤深度为薄型，片疤剖视形态为凹下型。第二块为不完整石片疤，长66、宽136毫米，倾斜度28°，弦长、矢长难测。平面形状为不规则四边形，到对边的长度188毫米。所属边缘在左侧边，刃角38°，为正向加工。片疤平视形态为侵入型，片疤侧视形态为加高型，片疤深度为薄型，片疤剖视形态为凹下型。第三块为不完整石片疤，长61、宽98毫米，倾斜度27°，弦长、矢长难测。平面形状为不规则四边形，到对边的长度135毫米。所属边缘在右侧边，刃角31°，为正向加工。片疤平视形态为普通型，片疤侧视形态为加高型，片疤深度为薄型，片疤剖视形态为凹下型。第四块为不完整石片疤，长42、宽46毫米，倾斜度71°，弦长、矢长难测。平面形状为不规则四边形，到对边的长度95毫米。所属边缘在左侧边，刃角26°，为反向加工。片疤平视形态为普通型，片疤侧视形态为加高型，片疤深度为薄型，片疤剖视形态为凹下型。第五块为完整石片疤，长31、宽46毫米，倾斜度11°，弦长43、矢长3毫米。平面形状为不规则四边形，到对边的长度111毫米。所属边缘在右侧边，刃角60°，为反向加工。片疤平视形态为普通型，片疤侧视形态为加高型，片疤深度为薄型，片疤剖视形态为凹下型。第六块为完整石片疤，长25、宽94毫米，倾斜度33°，弦长78、矢长0.5毫米。平面形状为不规则月牙形，到对边的长度119毫米。所属边缘在左侧边，刃角53°，为反向加工。片疤平视形态为普通型，片疤侧视形态为加高型，片疤深度为薄型，片疤剖视形态为凹下型。第七块为完整石片疤，长10、宽40毫米，倾斜度70°，弦长59、矢长7毫米。平面形状为不规则月牙形，到对边的长度98毫米。所属边缘在左侧边，刃角63°，为正向加工。片疤平视形态为普通型，片疤侧视形态为加高型，片疤深度为薄型，片疤剖视形态为凹下型。第八块为不完整石片疤，长15、宽29毫米，倾斜度36°，弦长26、矢长4毫米。平面形状为不规则月牙形，到对边的长度125毫米。所属边缘在右侧边，刃角67°，为反向加工。片疤平视形态为普通型，片疤侧视形态为加高型，片疤深度为薄型，片疤剖视形态为凹下型。第九块为完整石片疤，长25、宽41毫米，倾斜度43°，弦长30、矢长3毫米。平面形状为不规则四边形，到对边的长度118毫米。所属边缘在右侧边，刃角70°，为正向加工。片疤平视形态为普通型，片疤侧视形态为加高型，片疤深度为薄型，片疤剖视形态为浅阶梯型。手斧周长525毫米，其中左侧刃缘两面加工长度170毫米，右侧刃缘两面加工长度106毫米，两面加工的总长度276毫米。可测刃角中，顶面左侧刃缘的刃角平均值51°，顶面右侧刃缘的刃角平均值44°，顶面左、右侧刃缘的刃角平均值48°，顶面刃角最大值70°；底面左侧刃缘的刃角平均值40°，底面右侧刃缘的刃角平均值64°，底面左、右侧刃缘的刃角平均值52°，底面刃角最大值67°。手斧左侧刃缘的刃角平均值46°，左侧刃缘刃角最大值63°；右侧刃缘的刃角平均值54°，右侧刃缘刃角最大值70°（图2-217）。

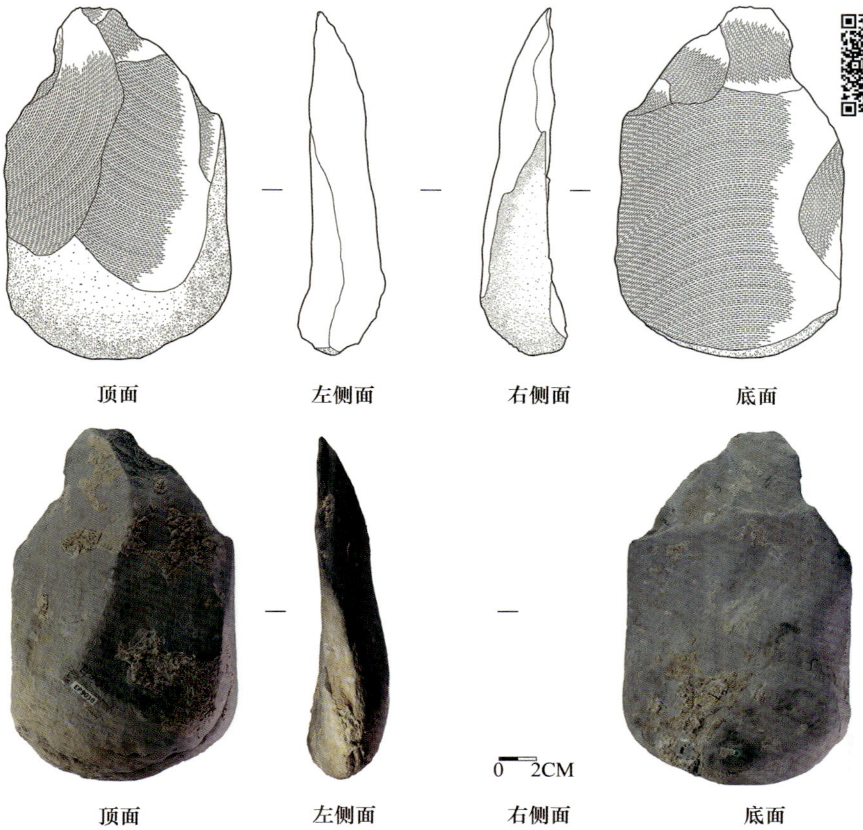

图 2-217　上文化层的手斧（1990 年采集:9038）

1991 年采集:9105（EP313），素材为砾石裂片。自然尺寸为长 200、宽 126、厚 44 毫米，重量 1287 克。岩性为黑色硅质岩，平面、横剖面和纵剖面几何形状均为不规则四边形。近端面、左侧面有石皮，远端面、右侧面、顶面均有加工片疤，底面全部为片疤及节理面。有两条刃缘，分别在左侧边和右侧边，二者相邻相连成杏仁形。左侧刃平面形状呈“S”刃，侧视形状略呈“S”形刃，弧长 206、弦长 179、矢长 28 毫米；右侧刃平面形状呈“>”形刃，侧视形状为“S”形刃，弧长 152、弦长 135、矢长 21 毫米。有 10 块加工的片疤，加工较多的面在顶面（6 块疤），底面有 4 块疤。这 10 块加工石片疤的特征，按加工顺序如下：第一块为不完整石片疤，长 68、宽 65 毫米，倾斜度 5°，弦长、矢长难测。平面形状为不规则四边形，到对边的长度 126 毫米。所属边缘在左侧边，刃角难测，为正向加工。片疤平视形态为侵入型，片疤侧视形态为加高型，片疤深度为薄型，片疤剖视形态为凹下型。第二块为完整石片疤，长 44、宽 48 毫米，倾斜度 21°，弦长 30、矢长 4 毫米。平面形状为不规则四边形，到对边的长度 105 毫米。所属边缘在左侧边，刃角 50°，为正向加工。片疤平视形态为侵入型，片疤侧视形态为加高型，片疤深度为薄型，片疤剖视形态为凹下型。第三块为完整石片疤，长 68、宽 124 毫米，倾斜度25°，弦长121、矢长11毫米。平面形状为不规则四边形，到对边的长度126毫米。所属边缘在左侧边，刃角63°，为正向加工。片疤平视形态为侵入型，片疤侧视形态为加高型，片疤深度为薄型，片疤剖视形态为凹下型。第四块为完整石片疤，长42、宽84毫米，倾斜度43°，弦长82、矢长5毫米。平面形状为不规则四边形，到对边的长度114毫米。所属边缘在右侧边，刃角72°，为正向加工。片疤平视形态为普通型，片疤侧视形态为加高型，片疤深度为薄型，片疤剖视形态为凹下型。第五块为完整石片疤，长36、宽47毫米，倾斜度27°，弦长37、矢长2毫米。平面形状为不规则四边形，到对边的长度130毫米。所属边缘在右侧边，刃角60°，为正向加工。片疤平视形态为普通型，片疤侧视形态为加高型，片疤深度为薄型，片疤剖视形态为浅阶梯型。第六块为完整石片疤，长26、宽45毫米，倾斜度33°，弦长36、矢长7毫米。平面形状为不规则四边形，到对边的长度106毫米。所属边缘在右侧边，刃角60°，为正向加工。片疤平视形态为普通型，片疤侧视形态为加高型，片疤深度为薄型，片疤剖视形态为浅阶梯型。第七块为完整石片疤，长20、宽34毫米，倾斜度33°，弦长33、矢长3毫米。平面形状为不规则四边形，到对边的长度128毫米。所属边缘在右侧边，刃角63°，为反向加工。片疤平视形态为普通型，片疤侧视形态为加高型，片疤深度为薄型，片疤剖视形态为凹下型。第八块为完整石片疤，长29、宽74毫米，倾斜度35°，弦长66、矢长3毫米。平面形状为不规则四边形，到对边的长度120毫米。所属边缘在左侧边，刃角68°，为反向加工。片疤平视形态为普通型，片疤侧视形态为加高型，片疤深度为薄型，片疤剖视形态为凹下型。第九块为完整石片疤，长48、宽60毫米，倾斜度23°，弦长37、矢长1毫米。平面形状为不规则四边形，到对边的长度131毫米。所属边缘在右侧边，刃角60°，为反向加工。片疤平视形态为侵入型，片疤侧视形态为加高型，片疤深度为薄型，片疤剖视形态为凹下型。第十块为完整石片疤，长44、宽90毫米，倾斜度33°，弦长29、矢长3毫米。平面形状为不规则四边形，到对边的长度97毫米。所属边缘在左侧边，刃角50°，为反向加工。片疤平视形态为侵入型，片疤侧视形态为加高型，片疤深度为薄型，片疤剖视形态为凹下型。手斧周长518毫米，其中左侧刃缘两面加工长度75毫米，右侧刃缘两面加工长度120毫米，两面加工的总长度195毫米。可测刃角中，顶面左侧刃缘的刃角平均值57°，顶面右侧刃缘的刃角平均值64°，顶面左、右侧刃缘的刃角平均值61°，顶面刃角最大值72°；底面左侧刃缘的刃角平均值59°，底面右侧刃缘的刃角平均值68°，底面左、右侧刃缘的刃角平均值64°，底面刃角最大值75°。手斧左侧刃缘的刃角平均值58°，左侧刃缘刃角最大值63°；右侧刃缘的刃角平均值66°，右侧刃缘刃角最大值75°（图2－218）。

（d）菱形手斧，有1件。

1990年采集:9040（EP304），素材为完整砾石。自然尺寸为长201、宽110、厚57毫米，重量1088克。岩性为黑色硅质岩，平面、横剖面和纵剖面几何形状分别为不规则四边形、不规则三边形、不规则四边形。近端面有石皮，左侧面、远端面、右侧面、顶面均有加工片疤，底

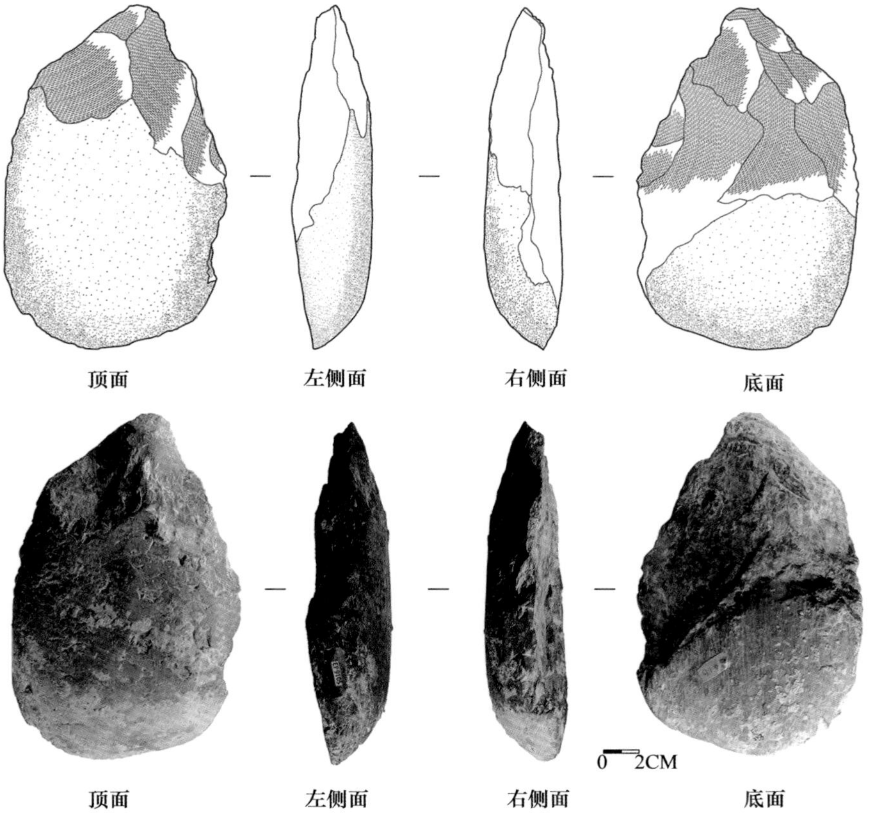

图 2－218　上文化层的手斧（1991 年采集：9105）

面全部为片疤。有两条刃缘，分别在左侧边和右侧边，二者相邻相连成菱形，左侧刃平面形状呈“S”形刃，侧视形状为“S”形刃，弧长 120、弦长 110、矢长 10 毫米；右侧刃平面形状呈凸刃，侧视形状略呈“S”形刃，弧长 170、弦长 148、矢长 30 毫米。有 12 块加工的片疤，加工较多的面在底面（8 块），顶面有 4 块。12 块加工石片疤的特征，按加工顺序如下：第一块为不完整石片疤，长 45、宽 50 毫米，倾斜度 13°，弦长、矢长难测。平面形状为不规则四边形，到对边的长度 108 毫米。所属边缘在右侧边，刃角难测，为反向加工。片疤平视形态为侵入型，片疤侧视形态为加高型，片疤深度为薄型，片疤剖视形态为凹下型。第二块为完整石片疤，长 66、宽 58 毫米，倾斜度 25°，弦长 37、矢长 3 毫米。平面形状为不规则四边形，到对边的长度 108 毫米。所属边缘在右侧边，刃角 62°，为反向加工。片疤平视形态为侵入型，片疤侧视形态为加高型，片疤深度为薄型，片疤剖视形态为凹下型。第三块为完整石片疤，长 55、宽 58 毫米，倾斜度 18°，弦长 40、矢长 4 毫米。平面形状为不规则四边形，到对边的长度 98 毫米。所属边缘在右侧边，刃角 80°，为反向加工。片疤平视形态为侵入型，片疤侧视形态为加高型，片疤深度为薄型，片疤剖视形态为凹下型。第四块为完整石片疤，长48、宽125毫米，倾斜度30°，弦长110、矢长11毫米。平面形状为不规则四边形，到对边的长度101毫米。所属边缘在左侧边，刃角53°，为反向加工。片疤平视形态为侵入型，片疤侧视形态为加高型，片疤深度为薄型，片疤剖视形态为凹下型。第五块为完整石片疤，长41、宽44毫米，倾斜度13°，弦长43、矢长6毫米。平面形状为不规则三边形，到对边的长度117毫米。所属边缘在右侧边，刃角51°，为反向加工。片疤平视形态为侵入型，片疤侧视形态为加高型，片疤深度为薄型，片疤剖视形态为凹下型。第六块为完整石片疤，长65、宽82毫米，倾斜度26°，弦长52、矢长3毫米。平面形状为不规则四边形，到对边的长度101毫米。所属边缘在左侧边，刃角53°，为正向加工。片疤平视形态为侵入型，片疤侧视形态为加高型，片疤深度为薄型，片疤剖视形态为凹下型。第七块为完整石片疤，长74、宽98毫米，倾斜度30°，弦长65、矢长6毫米。平面形状为不规则四边形，到对边的长度137毫米。所属边缘在右侧边，刃角51°，为正向加工。片疤平视形态为侵入型，片疤侧视形态为加高型，片疤深度为薄型，片疤剖视形态为凹下型。第八块为完整石片疤，长24、宽29毫米，倾斜度45°，弦长20、矢长1.5毫米。平面形状为不规则四边形，到对边的长度107毫米。所属边缘在左侧边，刃角72°，为正向加工。片疤平视形态为普通型，片疤侧视形态为加高型，片疤深度为薄型，片疤剖视形态为凹下型。第九块为完整石片疤，长25、宽18毫米，倾斜度10°，弦长17、矢长0.5毫米。平面形状为不规则三边形，到对边的长度67毫米。所属边缘在左侧边，刃角79°，为正向加工。片疤平视形态为普通型，片疤侧视形态为加高型，片疤深度为薄型，片疤剖视形态为凹下型。第十块为完整石片疤，长22、宽33毫米，倾斜度36°，弦长30、矢长1.5毫米。平面形状为不规则四边形，到对边的长度100毫米。所属边缘在右侧边，刃角108°，为反向加工。片疤平视形态为普通型，片疤侧视形态为陡型，片疤深度为薄型，片疤剖视形态为凹下型。第十一块为完整石片疤，长54、宽78毫米，倾斜度34°，弦长65、矢长16毫米。平面形状为不规则四边形，到对边的长度114毫米。所属边缘在左侧边，刃角73°，为正向加工。片疤平视形态为普通型，片疤侧视形态为陡型，片疤深度为薄型，片疤剖视形态为凹下型。第十二块为完整石片疤，长8、宽30毫米，倾斜度48°，弦长18、矢长1.5毫米。平面形状为不规则四边形，到对边的长度98毫米。所属边缘在左侧边，刃角72°，为正向加工。片疤平视形态为普通型，片疤侧视形态为陡型，片疤深度为薄型，片疤剖视形态为凹下型。手斧周长505毫米，其中左侧刃缘两面加工长度120毫米，右侧刃缘两面加工长度83毫米，两面加工的总长度203毫米。可测刃角中，顶面左侧刃缘的刃角平均值68°，顶面右侧刃缘的刃角平均值51°，顶面左、右侧刃缘的刃角平均值60°，顶面刃角最大值79°；底面左侧刃缘的刃角平均值63°，底面右侧刃缘的刃角平均值78°，底面左、右侧刃缘的刃角平均值71°，底面刃角最大值108°。手斧左侧刃缘的刃角平均值66°，左侧刃缘刃角最大值79°；右侧刃缘的刃角平均值65°，右侧刃缘刃角最大值108°（图2－219）。

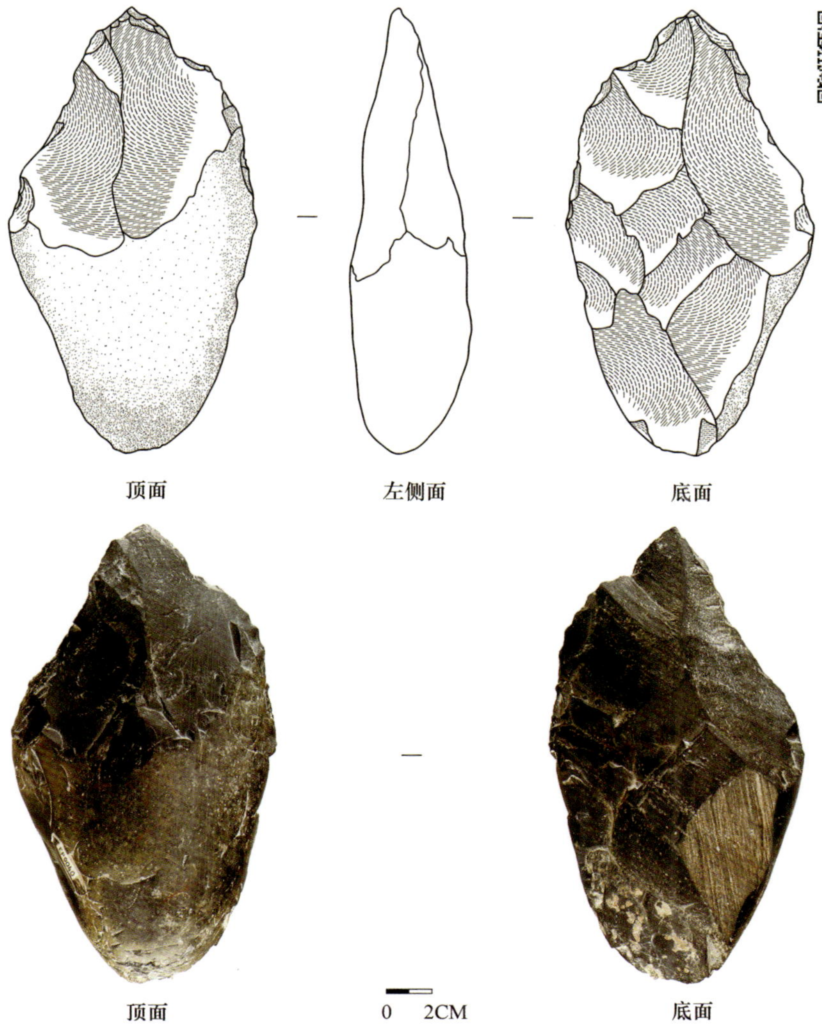

图 2－219　上文化层的手斧（1990 年采集: 9040）

（2）石片石器（小石器）

有 26 件，分为刮削器、凹缺刮器、尖状器、雕刻器、刮削器＋凹缺刮器等类型。

表 2－21　　上文化层石片石器类型统计

类型	刮削器	凹缺刮器	尖状器	雕刻器	小计
扰土及采集	17	2	1	1	21
第②层	3	2	0	0	5
数量	20	4	1	1	26
百分比（%）	77	15	4	4	100

1）刮削器，有 20 件。根据刃缘数量的多少可分为单刃、双刃和多刃三类。

（a）单刃刮削器有 13 件，岩性以脉石英为多（8 件），其次为硅质岩（3 件）和砂岩（2 件）。素材分别为完整石片（5 件）、碎片（7 件）和半边石片（1 件）。长度中最长的达 141 毫米，最短的只有 36 毫米，超过 100 毫米的有 3 件。宽度中最宽的为 95 毫米，最窄的为 21 毫米，均小于 100 毫米。厚度中最厚的为 50 毫米，最薄的为 10 毫米，除 1 件为 50 毫米外，其余均小于 50 毫米。重量中最重的为 500 克，最轻的为 9 克，均小于 1000 克。

此类标本的平面形状以四边形为多（11 件），其次为五边形（2 件）；横剖面形状分别为四边形（8 件）、三边形（4 件）和椭圆形（1 件）；纵剖面形状以四边形为多（10 件），其次为三边形（3 件）。

刃缘以在远端边的为多（4 件），其次为在左侧边和右侧边（各有 3 件），远端边—右侧边的有 2 件，在近端边的只有 1 件。刃缘平视以呈凸刃的为多（12 件），呈凹刃的只有 1 件；侧视呈弧刃的为多（8 件），呈“S”形刃的有 3 件，呈直刃的有 2 件。第二步加工的小疤以有 3 块的为多（6 件），其次为有 2 块小疤（3 件），有 5 块小疤的有 2 件，有 4 块、8 块小疤的各有 1 件。加工方向以反向为主的为多（8 件），以正向为主的次之（5 件）。

可测刃角最大的为 93°，最小的为 48°，其中以在 70° ~ 79°的为多（15 个），其次为 80° ~ 89°的有 14 个，60° ~ 69°的有 8 个，在 50° ~ 59°的有 5 个，在 40° ~ 49°和 90° ~ 99°的各有 1 个，另有 1 个难测。

a）刃缘在远端边的单刃刮削器，有 4 件。

1991 年采集: 9124（EP332），素材为完整石片。自然尺寸为长 92、宽 84、厚 31 毫米，打击长度、打击宽度、打击厚度分别为 84、92、31 毫米，打击泡附近厚度 25 毫米，打击轴中段厚度 25 毫米，重 223 克。岩性为硅质岩，平面、横剖面、纵剖面几何形状均为不规则四边形，磨圆度一般。有一条刃缘，在远端边，刃缘平面形状为凸刃（略呈锯齿状），侧视形状为弧形刃，弧长 97、弦长 87、矢长 15 毫米，加工层次为一个系列。破裂面上有 3 块加工片疤。3 块加工石片疤的特征，按加工顺序如下：第一块为完整石片疤，长 31、宽 49 毫米，倾斜度 24°，弦长 38、矢长 6 毫米。平面形状为不规则四边形，到对边的长度 75 毫米。所属边缘在远端边，刃角 55°，为反向加工。片疤平视为普通型，片疤侧视为加高型，片疤深度为薄型，片疤剖视形态为凹下型。第二块为完整石片疤，长 16、宽 41 毫米，倾斜度 29°，弦长 24、矢长 3 毫米。平面形状为不规则四边形，到对边的长度 82 毫米。所属边缘在远端边，刃角 56°，为反向加工。片疤平视为普通型，片疤侧视为加高型，片疤深度为薄型，片疤剖视形态为凹下型。第三块为完整石片疤，长 20、宽 22 毫米，倾斜度 29°，弦长 19、矢长 2 毫米。平面形状为不规则三边形，到对边的长度 80 毫米。所属边缘在远端边，刃角 53°，为反向加工。片疤平视为普通型，片疤侧视为加高型，片疤深度为薄型，片疤剖视形态为凹下型（图 2 – 220）。

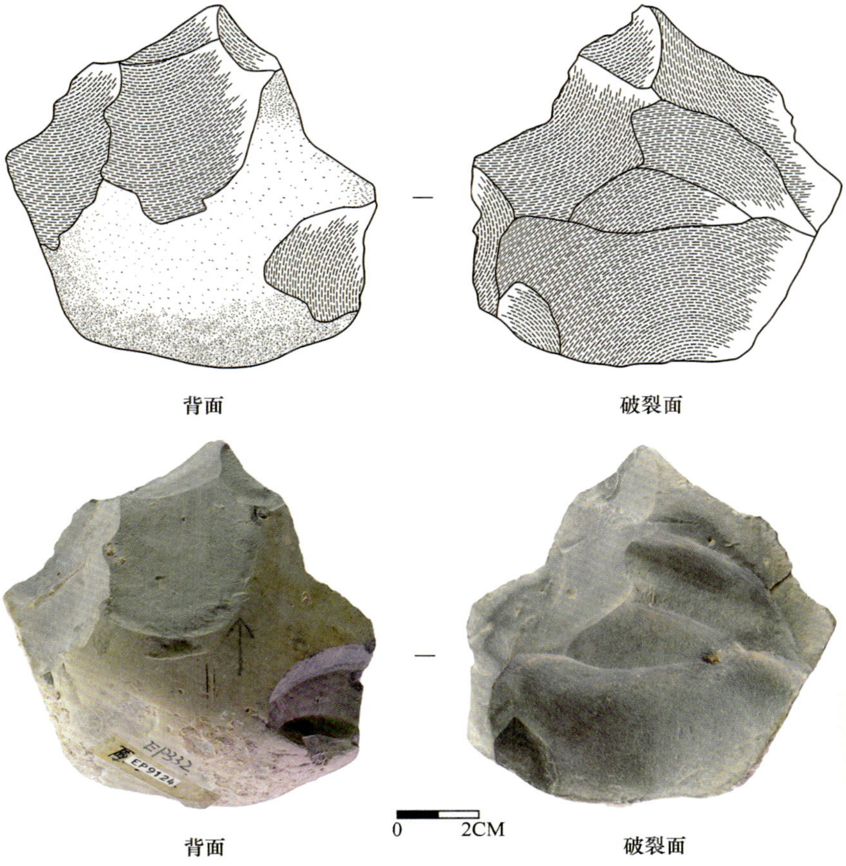

图 2－220　上文化层的单刃刮削器（1991 年采集：9124）

1998 年采集：9813（EP356），素材为完整石片。自然尺寸为长 104、宽 70、厚 31 毫米，打击长度、打击宽度、打击厚度分别为 95、68、31 毫米，打击泡附近厚度 29 毫米，打击轴中段厚度 20 毫米，重 221 克。岩性为硅质岩，平面、横剖面、纵剖面几何形状分别为不规则四边形、不规则三边形、不规则四边形，磨圆度一般。有一条刃缘，在远端边，刃缘平面形状为凸刃，侧视形状为弧形刃，弧长 65、弦长 57、矢长 13 毫米，加工层次为一个系列。背面上有 3 块加工片疤。3 块加工石片疤的特征，按加工顺序如下：第一块为完整石片疤，长 25、宽 37 毫米，倾斜度 22°，弦长 23、矢长 2 毫米。平面形状为不规则四边形，到对边的长度 105 毫米。所属边缘在远端边，刃角 58°，为正向加工。片疤平视为普通型，片疤侧视为陡型，片疤深度为薄型，片疤剖视形态为凹下型。第二块为完整石片疤，长 10、宽 12 毫米，倾斜度 42°，弦长 10、矢长 1 毫米。平面形状为不规则四边形，到对边的长度 90 毫米。所属边缘在远端边，刃角 48°，为正向加工。片疤平视为普通型，片疤侧视为陡型，片疤深度为薄型，片疤剖视形态为凹下型。第三块为完整石片疤，长 7、宽 28 毫米，倾斜度 76°，弦长27、矢长2毫米。平面形状为不规则三边形，到对边的长度101毫米。所属边缘在远端边，刃角79°，为正向加工。片疤平视为普通型，片疤侧视为陡型，片疤深度为薄型，片疤剖视形态为凹下型（图2-221）。

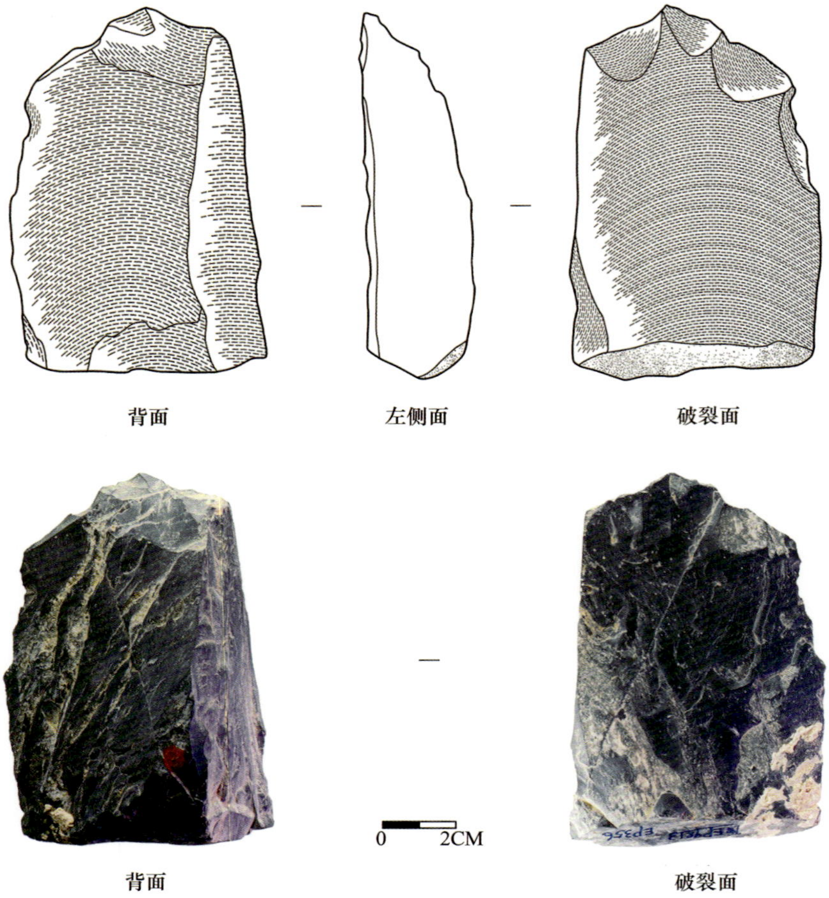

图2-221　上文化层单刃刮削器（1998年采集：9813）

1998年采集：9810（EP353），素材为断块。自然尺寸为长75、宽63、厚36毫米，重183克。岩性为脉石英，平面、横剖面、纵剖面几何形状均为不规则四边形，磨圆度一般。有一条刃缘，在远端边，刃缘平面形状为凸刃，侧视形状为直刃，弧长46、弦长43、矢长3毫米，加工层次为一个系列。破裂面上有2块加工片疤。2块加工石片疤的特征，按加工顺序如下：第一块为完整石片疤，长41、宽21毫米，倾斜度16°，弦长17、矢长3毫米。平面形状为不规则四边形，到对边的长度71毫米。所属边缘在远端边，刃角80°，为反向加工。片疤平视为侵入型，片疤侧视为陡型，片疤深度为薄型，片疤剖视形态为凹下型。第二块为完整石片疤，长30、宽33毫米，倾斜度27°，弦长25、矢长3毫米。平面形状为不规则四边形，到对边的长度

68 毫米。所属边缘在远端边，刃角 74°，为反向加工。片疤平视为侵入型，片疤侧视为陡型，片疤深度为薄型，片疤剖视形态为浅阶梯型（图 2－222）。

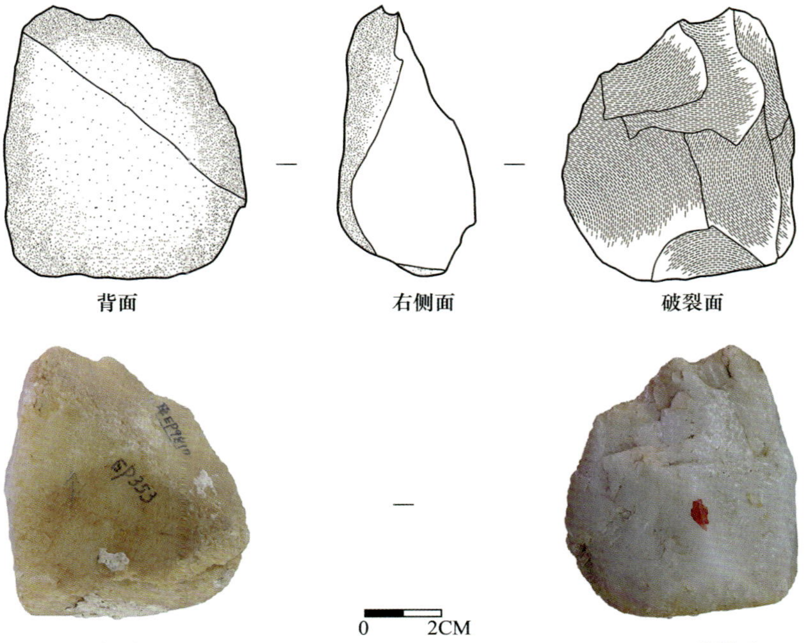

图 2－222　上文化层单刃刮削器（1998 年采集: 9810）

1990 年采集: 9044（EP308），素材为断片。自然尺寸为长 54、宽 48、厚 16 毫米，重 39 克。岩性为脉石英，平面、横剖面、纵剖面几何形状均为不规则四边形，磨圆度一般。有一条刃缘，在远端边，刃缘平面形状为凸刃，侧视形状为“S”形刃，弧长 50、弦长 44、矢长 5 毫米，加工层次为一个系列。背面上有 6 块、破裂面上有 2 块加工片疤。这 8 块加工石片疤的特征，按加工顺序如下：第一块为不完整石片疤，长 20、宽 20 毫米，倾斜度 17°，弦长、矢长难测。平面形状为不规则三边形，到对边的长度 49 毫米。所属边缘在远端边，刃角 80°，为正向加工。片疤平视为侵入型，片疤侧视为陡型，片疤深度为薄型，片疤剖视形态为凹下型。第二块为完整石片疤，长 4、宽 7 毫米，倾斜度 44°，弦长 9、矢长 0.5 毫米。平面形状为不规则四边形，到对边的长度 38 毫米。所属边缘在远端边，刃角 71°，为正向加工。片疤平视为普通型，片疤侧视为陡型，片疤深度为薄型，片疤剖视形态为凹下型。第三块为完整石片疤，长 2、宽 4 毫米，倾斜度 56°，弦长 4、矢长 0.5 毫米。平面形状为不规则四边形，到对边的长度 38 毫米。所属边缘在远端边，刃角 86°，为反向加工。片疤平视为普通型，片疤侧视为陡型，片疤深度为薄型，片疤剖视形态为凹下型。第四块为完整石片疤，长 4、宽 6 毫米，倾斜度 52°，弦长 5、矢长 0. 2 毫米。平面形状为不规则四边形，到对边的长度 45 毫米。所属边缘在远端边，刃角 76°，为正向加工。片疤平视为普通型，片疤侧视为陡型，片疤深度为薄型，片疤剖视形态为凹下型。第五块为完整石片疤，长 2、宽 6 毫米，倾斜度 63°，弦长 4、矢长 0. 5 毫米。平面形状为不规则四边形，到对边的长度 48 毫米。所属边缘在远端边，刃角 85°，为正向加工。片疤平视为普通型，片疤侧视为陡型，片疤深度为薄型，片疤剖视形态为凹下型。第六块为完整石片疤，长 4、宽 7 毫米，倾斜度 62°，弦长 6、矢长 1. 5 毫米。平面形状为不规则四边形，到对边的长度 39 毫米。所属边缘在远端边，刃角 80°，为正向加工。片疤平视为普通型，片疤侧视为陡型，片疤深度为薄型，片疤剖视形态为凹下型。第七块为完整石片疤，长 2、宽 6 毫米，倾斜度 67°，弦长 3、矢长 0. 5 毫米。平面形状为不规则四边形，到对边的长度 36 毫米。所属边缘在远端边，刃角 80°，为正向加工。片疤平视为普通型，片疤侧视为陡型，片疤深度为薄型，片疤剖视形态为凹下型。第八块为完整石片疤，长 4、宽 13 毫米，倾斜度 64°，弦长 10、矢长 1 毫米。平面形状为不规则四边形，到对边的长度 46 毫米。所属边缘在远端边，刃角 78°，为反向加工。片疤平视为普通型，片疤侧视为陡型，片疤深度为薄型，片疤剖视形态为凹下型（图 2－223）。

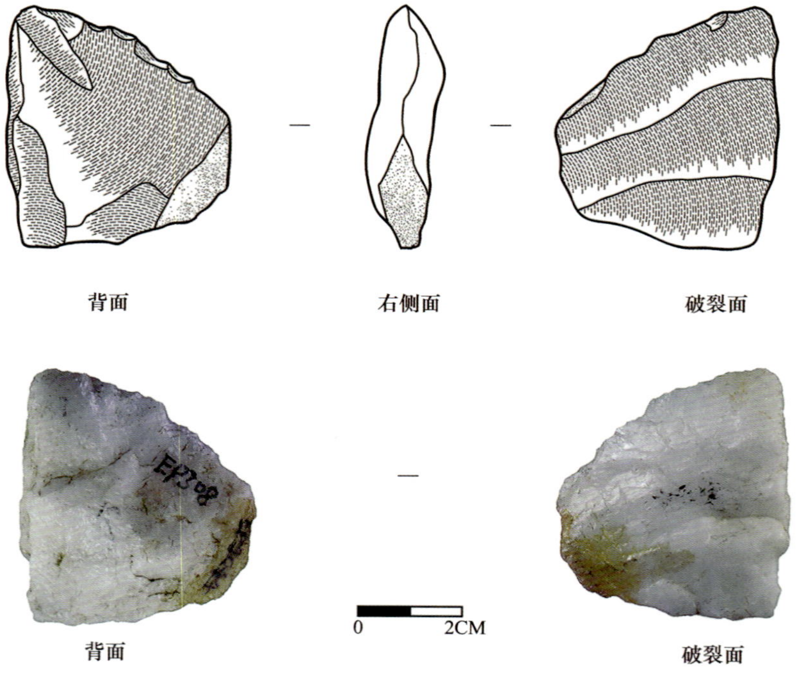

图 2－223　上文化层单刃刮削器（1990 年采集：9044）

b）刃缘在左侧边的单刃刮削器，有 3 件。

1991 年采集：9102（EP310），素材为断片。自然尺寸为长 48、宽 21、厚 11 毫米，重 9 克。岩性为脉石英，平面、横剖面、纵剖面几何形状分别为不规则四边形、不规则三边形、不规则四边形，磨圆度一般。有一条刃缘，在左侧边，刃缘平面形状为凸刃，侧视形状为直刃，弧长23、弦长29、矢长5毫米，加工层次为一个系列。背面上有2块加工片疤。这2块加工石片疤的特征，按加工顺序如下：第一块为完整石片疤，长7、宽13毫米，倾斜度72°，弦长8、矢长1毫米。平面形状为不规则四边形，到对边的长度19毫米。所属边缘在左侧边，刃角80°，为正向加工。片疤平视为普通型，片疤侧视为陡型，片疤深度为薄型，片疤剖视形态为凹下型。第二块为完整石片疤，长9、宽19毫米，倾斜度84°，弦长17、矢长2毫米。平面形状为不规则四边形，到对边的长度18毫米。所属边缘在左侧边，刃角82°，为反向加工。片疤平视为普通型，片疤侧视为陡型，片疤深度为薄型，片疤剖视形态为凹下型（图2－224）。

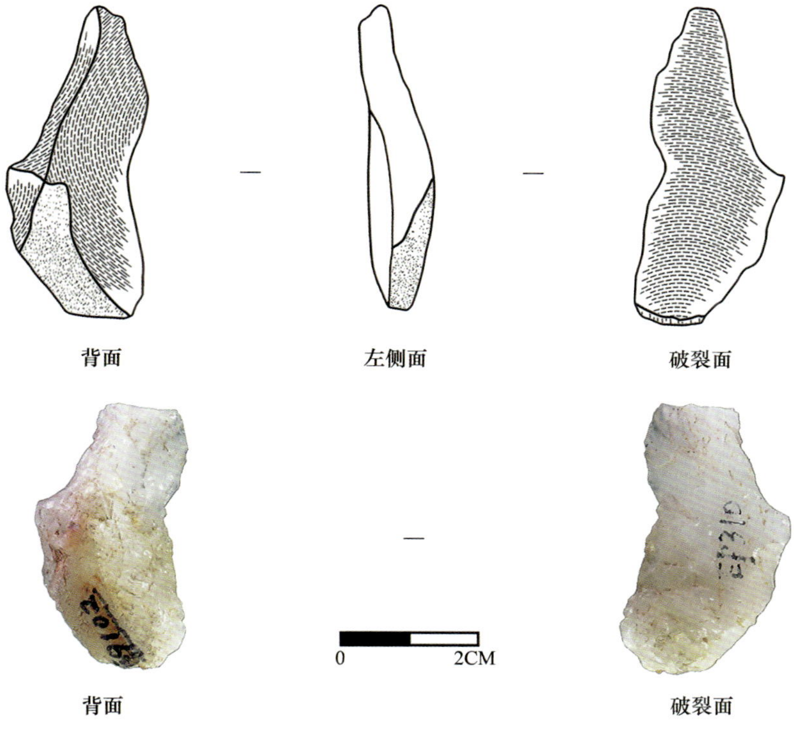

图2－224　上文化层单刃刮削器（1991年采集:9102）

1990年采集:9041（EP305），素材为完整石片。自然尺寸为长57、宽45、厚20毫米，打击长度、打击宽度、打击厚度分别为55、49、21毫米，打击泡附近厚度18毫米，打击轴中段厚度9毫米，重31克。岩性为脉石英，平面、横剖面、纵剖面几何形状分别为不规则五边形、不规则四边形、不规则三边形，磨圆度一般。有一条刃缘，在左侧边，刃缘平面形状为凸刃，侧视形状为弧刃，弧长27、弦长25、矢长1毫米，加工层次为一个系列。破裂面上有3块加工片疤。这3块加工石片疤的特征，按加工顺序如下：第一块为完整石片疤，长3、宽4毫米，倾斜度86°，弦长10、矢长1毫米。平面形状为不规则长四边形，到对边的长度25毫米。所属边缘在右侧边，刃角 93°，为反向加工。片疤平视为普通型，片疤侧视为陡型，片疤深度为薄型，片疤剖视形态为凹下型。第二块为完整石片疤，长 3、宽 8 毫米，倾斜度 64°，弦长 10、矢长 0.5 毫米。平面形状为不规则四边形，到对边的长度 31 毫米。所属边缘在右侧边，刃角 73°，为反向加工。片疤平视为普通型，片疤侧视为陡型，片疤深度为薄型，片疤剖视形态为凹下型。第三块为完整石片疤，长 2、宽 5 毫米，倾斜度 78°，弦长 5、矢长 1 毫米。平面形状为不规则四边形，到对边的长度 28 毫米。所属边缘在右侧边，刃角 88°，为反向加工。片疤平视为普通型，片疤侧视为陡型，片疤深度为薄型，片疤剖视形态为凹下型（图 2－225）。

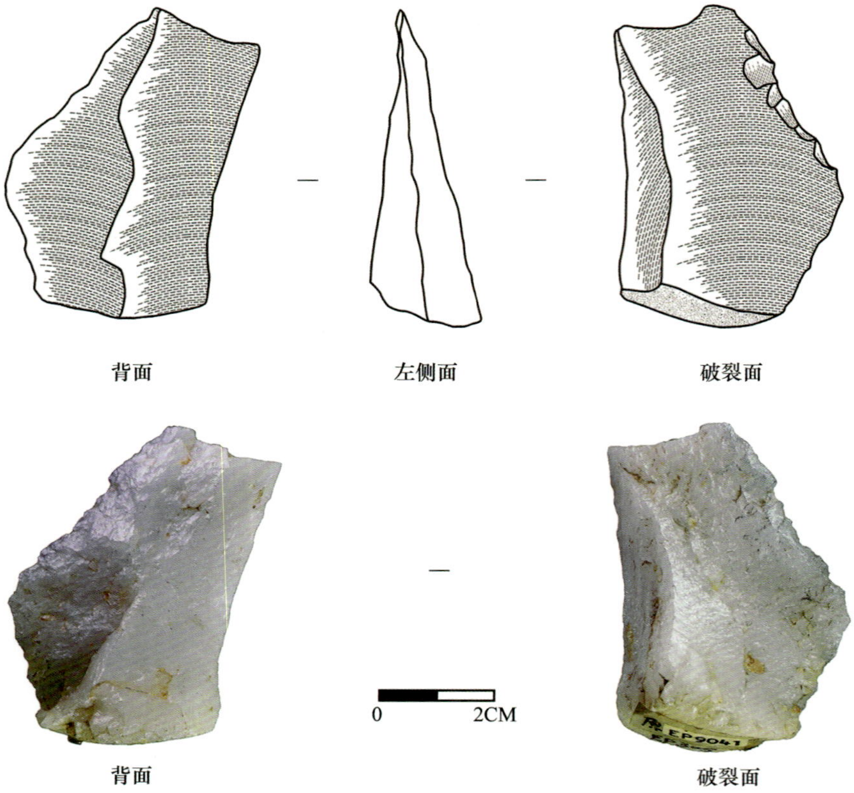

图 2－225　上文化层单刃刮削器（1990 年采集: 9041）

1995T1327②北 G: 6（EP190），素材为完整石片。自然尺寸为长 54、宽 46、厚 19 毫米，打击长度、打击宽度、打击厚度分别为 55、46、19 毫米，打击泡附近厚度 17 毫米，打击轴中段厚度 12 毫米，重 48 克。岩性为脉石英，平面、横剖面、纵剖面几何形状分别为不规则五边形、不规则椭圆形、不规则三边形，磨圆度一般。有一条刃缘，在左侧边，刃缘平面形状为凸刃，侧视形状为弧形刃，弧长 73、弦长 54、矢长 9 毫米，加工层次为一个系列。破裂面上有 3 块加工片疤。这 3 块加工石片疤的特征，按加工顺序如下：第一块为完整石片疤，长 11、宽 13 毫米，倾斜度34°，弦长9、矢长1毫米。平面形状为不规则四边形，到对边的长度44毫米。所属边缘在左侧边，刃角75°，为反向加工。片疤平视为普通型，片疤侧视为陡型，片疤深度为薄型，片疤剖视形态为凹下型。第二块为完整石片疤，长8、宽16毫米，倾斜度43°，弦长12、矢长1毫米。平面形状为不规则四边形，到对边的长度44毫米。所属边缘在左侧边，刃角76°，为反向加工。片疤平视为普通型，片疤侧视为陡型，片疤深度为薄型，片疤剖视形态为凹下型。第三块为完整石片疤，长7、宽16毫米，倾斜度57°，弦长11、矢长1毫米。平面形状为不规则四边形，到对边的长度41毫米。所属边缘在左侧边，刃角68°，为反向加工。片疤平视为普通型，片疤侧视为陡型，片疤深度为薄型，片疤剖视形态为凹下型（图2-226）。

图2-226　上文化层单刃刮削器（1995T1327②北G:6）

c）刃缘在右侧边的单刃刮削器，有3件。

1990年采集:9042（EP306），素材为断片。自然尺寸为长42、宽26、厚10毫米，重12克。岩性为脉石英，平面、横剖面、纵剖面几何形状均为不规则四边形，磨圆度一般。有一条刃缘，在右侧边，刃缘平面形状为凸刃，侧视形状为“S”形刃，弧长31、弦长26、矢长5毫米，加工层次为一个系列。背面上有4块加工片疤、破裂面上有1块加工片疤。这5块加工石片疤的特征，依其加工顺序如下：第一块为不完整石片疤，长14、宽13毫米，倾斜度26°，弦长、矢长难测。平面形状为不规则四边形，到对边的长度25毫米。所属边缘在右侧边，刃角难测，为反向加工。片疤平视为普通型，片疤侧视为普通型，片疤深度为薄型，片疤剖视形态为凹下型。第二块为完整石片疤，长5、宽12毫米，倾斜度34°，弦长8、矢长0.5毫米。平面形状为不规则四边形，到对边的长度27毫米。所属边缘在右侧边，刃角77°，为正向加工。片疤平视为普通型，片疤侧视为普通型，片疤深度为薄型，片疤剖视形态为凹下型。第三块为完整石片疤，长6、宽8毫米，倾斜度34°，弦长4、矢长0.5毫米。平面形状为不规则四边形，到对边的长度25毫米。所属边缘在右侧边，刃角82°，为正向加工。片疤平视为普通型，片疤侧视为普通型，片疤深度为薄型，片疤剖视形态为凹下型。第四块为完整石片疤，长 7、宽 7 毫米，倾斜度 40°，弦长 7、矢长 1 毫米。平面形状为不规则四边形，到对边的长度 25 毫米。所属边缘在右侧边，刃角 87°，为正向加工。片疤平视为普通型，片疤侧视为普通型，片疤深度为薄型，片疤剖视形态为凹下型。第五块为完整石片疤，长 4、宽 9 毫米，倾斜度 54°，弦长 7、矢长 0.5 毫米。平面形状为不规则四边形，到对边的长度 26 毫米。所属边缘在右侧边，刃角 103°，为正向加工。片疤平视为普通型，片疤侧视为普通型，片疤深度为薄型，片疤剖视形态为凹下型（图 2－227）。

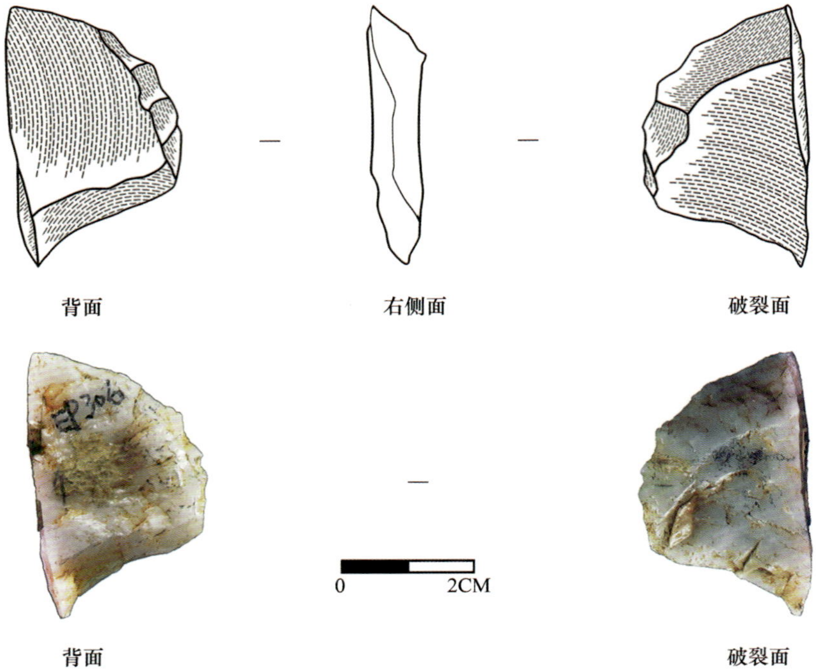

图 2－227　上文化层单刃刮削器（1990 年采集: 9042）

1991 年采集: 9132（EP340），素材为断片。自然尺寸为长 101、宽 75、厚 26 毫米，重 158 克。岩性为砂岩，平面、横剖面、纵剖面几何形状均为不规则四边形，磨圆度一般。有一条刃缘，在右侧边，刃缘平面形状为凹刃，侧视形状为弧形刃，弧长 58、弦长 54、矢长 2 毫米，加工层次为一个系列。破裂面上有 2 块加工片疤。这 2 块加工石片疤的特征，按加工顺序如下：第一块为完整石片疤，长 20、宽 43 毫米，倾斜度 29°，弦长 21、矢长 1 毫米。平面形状为不规则四边形，到对边的长度 67 毫米。所属边缘在右侧边，刃角 85°，为反向加工。片疤平视为普通型，片疤侧视为陡型，片疤深度为薄型，片疤剖视形态为凹下型。第二块为完整石片疤，长 18、宽 33 毫米，倾斜度 41°，弦长 15、矢长 1 毫米。平面形状为不规则四边形，到对边的长度 66 毫米。所属边缘在右侧边，刃角 88°，为反向加工。片疤平视为普通型，片疤侧视为陡型，片疤深度为薄型，片疤剖视形态为凹下型（图 2－228）。

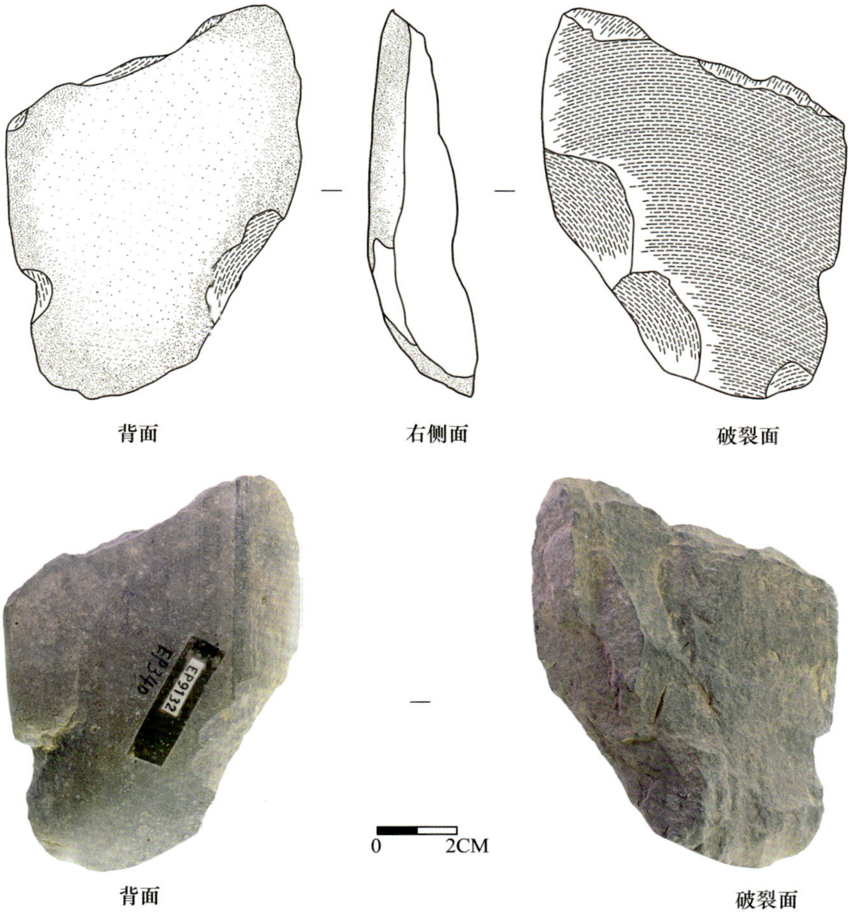

图 2－228　上文化层单刃刮削器（1991 年采集: 9132）

1991 年采集: 9110（EP318），素材为完整石片。自然尺寸为长 36、宽 30、厚 11 毫米，打击长度、打击宽度、打击厚度分别为 36、30、11 毫米，打击泡附近厚度 4 毫米，打击轴中段厚度 9 毫米，重 9 克。岩性为脉石英，平面、横剖面、纵剖面几何形状分别为不规则四边形、不规则三边形、不规则四边形，磨圆度一般。有一条刃缘，在近端边，刃缘平面形状为凸刃，侧视形状为弧形刃，弧长 27、弦长 25、矢长 1 毫米，加工层次为一个系列。破裂面上有 3 块加工片疤。3 块加工石片疤的特征，按加工顺序如下：第一块为完整石片疤，长 3、宽 4 毫米，倾斜度 86°，弦长 10、矢长 1 毫米。平面形状为不规则四边形，到对边的长度 25 毫米。所属边缘在右侧边，刃角 93°，为反向加工。片疤平视为普通型，片疤侧视为陡型，片疤深度为薄型，片疤剖视形态为凹下型。第二块为完整石片疤，长 3、宽 8 毫米，倾斜度 64°，弦长 10、矢长 0. 5 毫米。平面形状为不规则四边形，到对边的长度 31 毫米。所属边缘在远端边，刃角 73°，为反向加工。片疤平视为普通型，片疤侧视为陡型，片疤深度为薄型，片疤剖视形态为凹下型。第三块为完整石片疤，长 2、宽 5 毫米，倾斜度 78°，弦长 5、矢长 1 毫米。平面形状为不规则三边形，到对边的长度 28 毫米。所属边缘在远端边，刃角 88°，为反向加工。片疤平视为普通型，片疤侧视为陡型，片疤深度为薄型，片疤剖视形态为凹下型（图 2－229）。

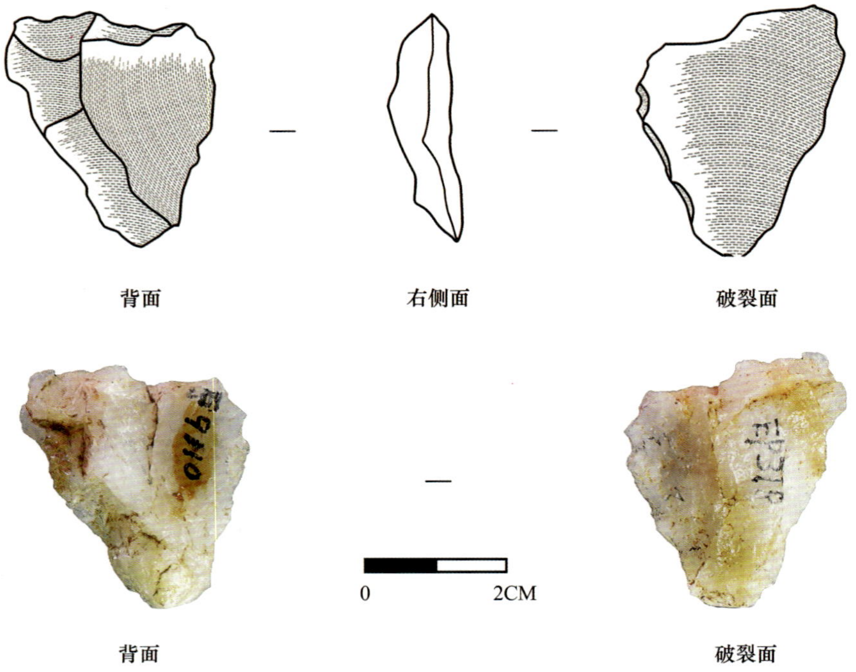

图 2－229　上文化层单刃刮削器（1991 年采集: 9110）

d）刃缘在远端边——右侧边的单刃刮削器，有 2 件。

1998 年台地②: 9805（EP266），素材为右半石片。自然尺寸为长 97、宽 68、厚 50 毫米，重 268 克。岩性为砂岩，平面、横剖面、纵剖面几何形状分别为不规则四边形、不规则三边形、不规则三边形，磨圆度一般。有一条刃缘，在远端边，刃缘平面形状为凸刃，侧视形状为弧形刃，弧长 82、弦长 61、矢长 12 毫米，加工层次为一个系列。破裂面上有 4 块加工片疤。4 块加工石片疤的特征，按加工顺序如下：第一块为完整石片疤，长 44、宽 48 毫米，倾斜度 42°，弦长 29、矢长 1.5 毫米。平面形状为不规则四边形，到对边的长度 69 毫米。所属边缘在远端边，刃角 60°，为反向加工。片疤平视为普通型，片疤侧视为普通型，片疤深度为薄型，片疤剖视形态为凹下型。第二块为完整石片疤，长 8、宽 20 毫米，倾斜度 33°，弦长 19、矢长 2 毫米。平面形状为不规则四边形，到对边的长度 64 毫米。所属边缘远端边，刃角 70°，为反向加工。片疤平视为普通型，片疤侧视为普通型，片疤深度为薄型，片疤剖视形态为凹下型。第三块为完整石片疤，长 8、宽 23 毫米，倾斜度 35°，弦长 22、矢长 2 毫米。平面形状为不规则四边形，到对边的长度75毫米。所属边缘在远端边，刃角60°，为反向加工。片疤平视为普通型，片疤侧视为普通型，片疤深度为薄型，片疤剖视形态为凹下型。第四块为完整石片疤，长8、宽19毫米，倾斜度53°，弦长18、矢长1.5毫米。平面形状为不规则四边形，到对边的长度92毫米。所属边缘在远端边，刃角66°，为反向加工。片疤平视为普通型，片疤侧视为陡普通型，片疤深度为薄型，片疤剖视形态为凹下型（图2－230）。

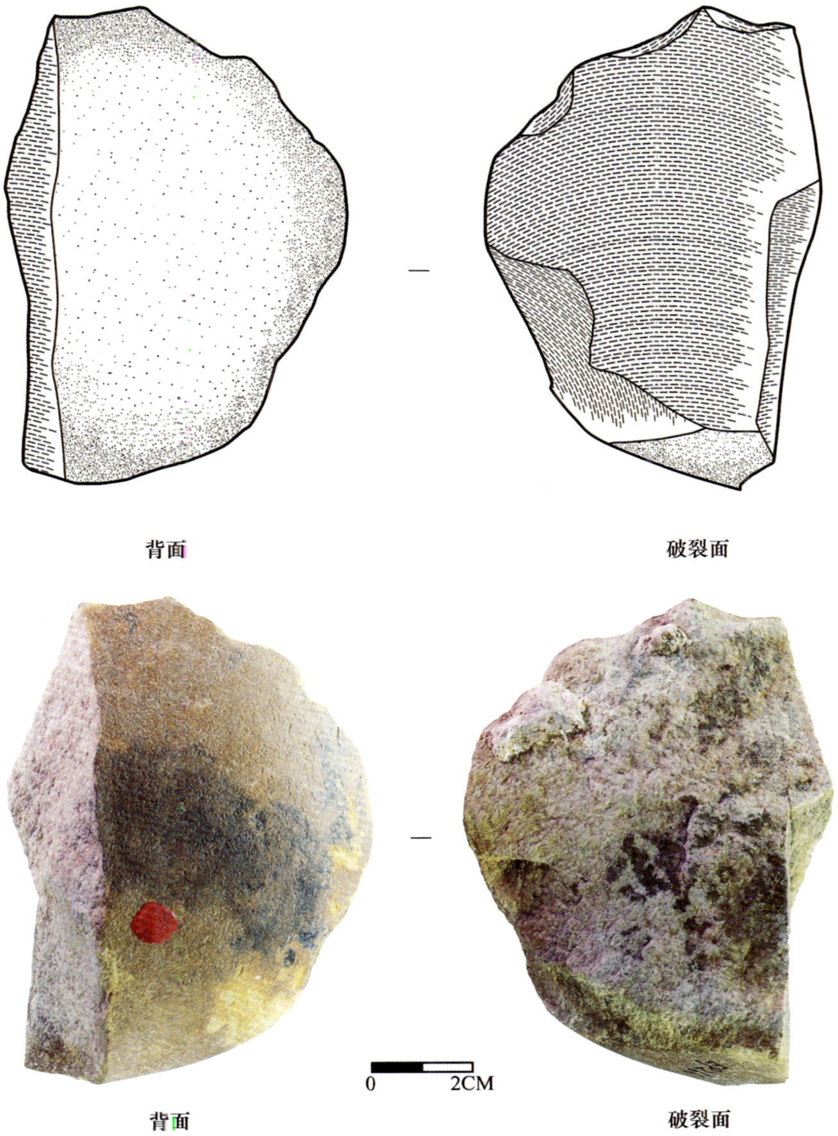

图2－230　上文化层单刃刮削器（1998年台地②:9805）

1998年采集:9814（EF357），素材为砾石裂片。自然尺寸为长141、宽95、厚35毫米，重500克。岩性为硅质岩，平面、横剖面、纵剖面几何形状均为不规则四边形，磨圆度一般。有一条刃缘，在远端边——右侧边，刃缘平面形状为凸刃，侧视形状为弧形刃，弧长110、弦长91、矢长20毫米，加工层次为一个系列。背面上有1块、破裂面上有2块加工片疤。3块加工石片疤的特征，依其加工顺序如下：第一块为完整石片疤，长33、宽70毫米，倾斜度61°，弦长62、矢长3毫米。平面形状为不规则四边形，到对边的长度93毫米。所属边缘在右侧边，刃角65°，为正向加工。片疤平视为普通型，片疤侧视为加高型，片疤深度为薄型，片疤剖视形态为凹下型。第二块为完整石片疤，长13、宽19毫米，倾斜度57°，弦长16、矢长1毫米。平面形状为不规则三边形，到对边的长度97毫米。所属边缘在远端边，刃角54°，为反向加工。片疤平视为普通型，片疤侧视为加高型，片疤深度为薄型，片疤剖视形态为凹下型。第三块为完整石片疤，长34、宽54毫米，倾斜度19°，弦长22、矢长2毫米。平面形状为不规则四边形，到对边的长度100毫米。所属边缘在右侧边，刃角63°，为反向加工。片疤平视为普通型，片疤侧视为加高型，片疤深度为薄型，片疤剖视形态为凹下型（图2－231）。

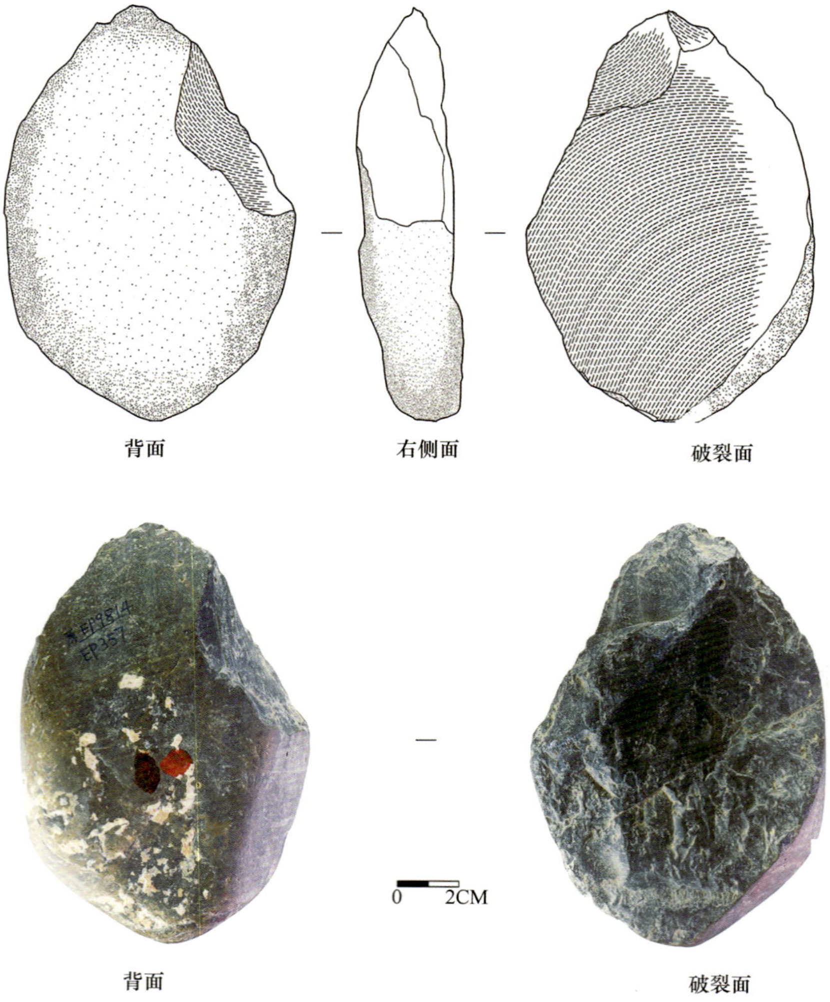

图2－231　上文化层单刃刮削器（1998年采集：9814）

e）刃缘在近端边的单刃刮削器，有 1 件。

1991 年采集: 9113（EP321），素材为断片。自然尺寸为长 53、宽 50、厚 37 毫米，重 99 克。岩性为硅质岩，平面、横剖面、纵剖面几何形状均为不规则四边形，磨圆度一般。有一条刃缘，在近端边，刃缘平面形状为凸刃，侧视形状为“S”形刃，弧长 68、弦长 50、矢长 13 毫米，加工层次为一个系列。背面上有 2 块、破裂面上有 1 块加工片疤。3 块加工石片疤的特征，按加工顺序如下：第一块为完整石片疤，长 26、宽 35 毫米，倾斜度 30°，弦长 29、矢长 2 毫米。平面形状为不规则四边形，到对边的长度 52 毫米。所属边缘在近端边，刃角 74°，为反向加工。片疤平视为普通型，片疤侧视为陡型，片疤深度为薄型，片疤剖视形态为凹下型。第二块为完整石片疤，长 11、宽 20 毫米，倾斜度 52°，弦长 9、矢长 0. 1 毫米。平面形状为不规则四边形，到对边的长度 48 毫米。所属边缘在近端边，刃角 70°，为正向加工。片疤平视为普通型，片疤侧视为陡型，片疤深度为薄型，片疤剖视形态为凹下型。第三块为完整石片疤，长 15、宽 16 毫米，倾斜度 28°，弦长 10、矢长 2 毫米。平面形状为不规则四边形，到对边的长度 51 毫米。所属边缘在近端边，刃角 82°，为正向加工。片疤平视为普通型，片疤侧视为加高型，片疤深度为薄型，片疤剖视形态为凹下型（图 2 – 232）。

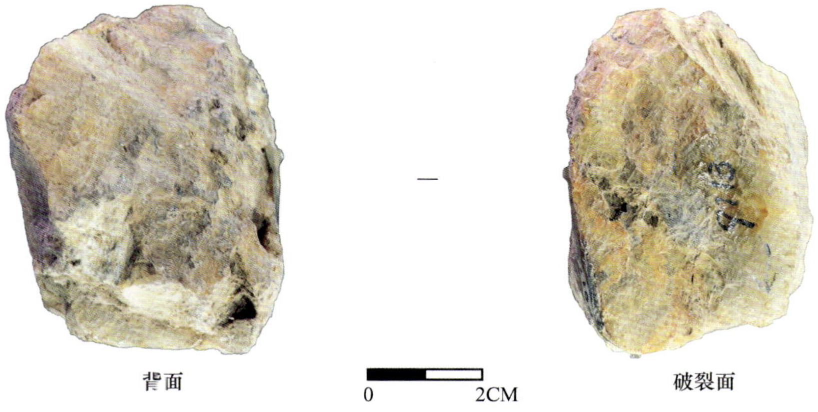

图 2 – 232　上文化层单刃刮削器（1991 年采集: 9113）

（b）双刃刮削器，有 2 件。

两条刃缘在远端边、右侧边相邻相连不成尖的双刃刮削器，有 1 件。

1991 年采集: 9103（EF311），素材为完整石片。自然尺寸为长 42、宽 37、厚 17 毫米，重 17 克。岩性为脉石英，平面、横剖面、纵剖面几何形状均为不规则四边形，磨圆度一般。有两条刃缘，分别在远端边、右侧边，远端刃缘平面形状为凸刃，侧视形状为弧形刃，弧长 26、弦长 23、矢长 5 毫米，加工层次为一个系列；右侧刃缘平面形状为凸刃，侧视形状为弧形刃，弧长 37、弦长 32、矢长 7 毫米，加工层次为一个系列。4 块加工片疤均在背面。这 4 块加工石片疤的特征，按加工顺序如下：第一块为完整石片疤，长 3、宽 11 毫米，倾斜度 71°，弦长 11、矢长 0.5 毫米。平面形状为不规则四边形，到对边的长度 34 毫米。所属边缘在远端边，刃角 64°，为正向加工。片疤平视为普通型，片疤侧视为陡型，片疤深度为薄型，片疤剖视形态为凹下型。第二块为完整石片疤，长 4、宽 13 毫米，倾斜度 82°，弦长 12、矢长 0.5 毫米。平面形状为不规则四边形，到对边的长度 35 毫米。所属边缘在远端边，刃角 73°，为正向加工。片疤平视为普通型，片疤侧视为陡型，片疤深度为薄型，片疤剖视形态为凹下型。第三块为完整石片疤，长 10、宽 20 毫米，倾斜度 60°，弦长 17、矢长 3 毫米。平面形状为不规则四边形，到对边的长度 28 毫米。所属边缘在右侧边，刃角 78°，为正向加工。片疤平视为普通型，片疤侧视为陡型，片疤深度为薄型，片疤剖视形态为凹下型。第四块为完整石片疤，长 5、宽 16 毫米，倾斜度 62°，弦长 14、矢长 2 毫米。平面形状为不规则四边形，到对边的长度 27 毫米。所属边缘在右侧边，刃角 60°，为正向加工。片疤平视为普通型，片疤侧视为陡型，片疤深度为薄型，片疤剖视形态为凹下型（图 2－233）。

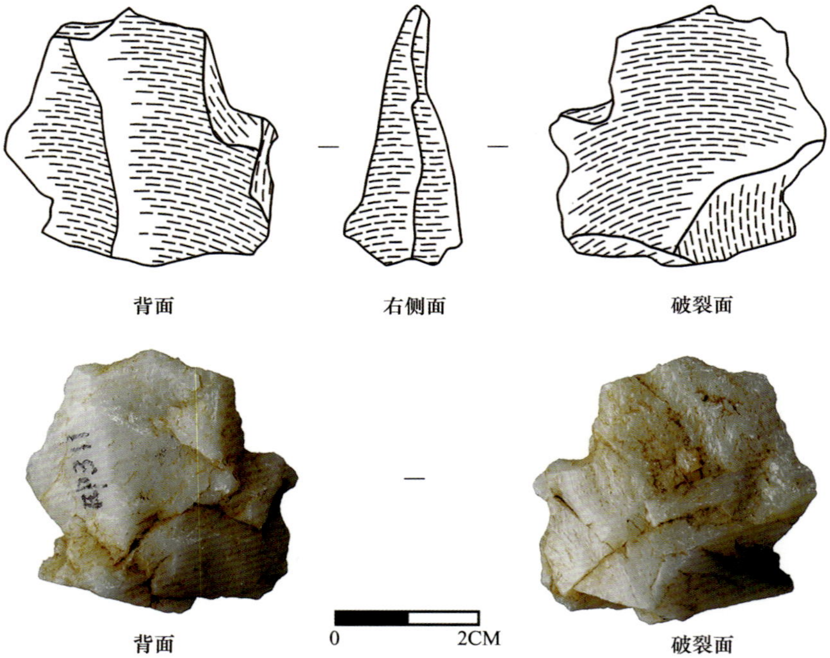

图 2－233 上文化层双刃刮削器（1991 年采集:9103）

两条刃缘在远端边、左侧边相邻相连不成尖的双刃刮削器，有 1 件。

1998 年采集:9811（EP354），素材为断片。自然尺寸为长 68、宽 57、厚 51 毫米，重 215 克。岩性为脉石英，平面、横剖面、纵剖面几何形状分别为不规则四边形、不规则三边形、不规则四边形，磨圆度一般。有两条刃缘，分别在远端边、左侧边，远端刃缘平面形状为凸刃，侧视形状为“S”形刃，弧长 50、弦长 45、矢长 5 毫米，加工层次为一个系列；左侧刃缘平面形状为凸刃，侧视形状为“S”形刃，弧长 55、弦长 46、矢长 4 毫米，加工层次为一个系列。6

块加工片疤有4块在破裂面、2块在侧面。这6块加工石片疤的特征，按加工顺序如下：第一块为完整石片疤，长55、宽47毫米，倾斜度2°，弦长30、矢长2毫米。平面形状为不规则四边形，到对边的长度57毫米。所属边缘在左侧边，刃角70°，为反向加工。片疤平视为侵入型，片疤侧视为加高型，片疤深度为薄型，片疤剖视形态为凹下型。第二块为完整石片疤，长23、宽20毫米，倾斜度72°，弦长8、矢长1毫米。平面形状为不规则四边形，到对边的长度58毫米。所属边缘在左侧边，刃角72°，为正向加工。片疤平视为普通型，片疤侧视为加高型，片疤深度为薄型，片疤剖视形态为凹下型。第三块为完整石片疤，长13、宽21毫米，倾斜度37°，弦长17、矢长3毫米。平面形状为不规则四边形，到对边的长度60毫米。所属边缘在左侧边，刃角87°，为反向加工。片疤平视为普通型，片疤侧视为加高型，片疤深度为薄型，片疤剖视形态为凹下型。第四块为完整石片疤，长35、宽36毫米，倾斜度60°，弦长32、矢长4毫米。平面形状为不规则四边形，到对边的长度71毫米。所属边缘在远端边，刃角75°，为正向加工。片疤平视为普通型，片疤侧视为加高型，片疤深度为薄型，片疤剖视形态为凹下型。第五块为完整石片疤，长15、宽32毫米，倾斜度38°，弦长21、矢长1毫米。平面形状为不规则四边形，到对边的长度64毫米。所属边缘在远端边，刃角85°，为反向加工。片疤平视为普通型，片疤侧视为加高型，片疤深度为薄型，片疤剖视形态为凹下型。第六块为完整石片疤，长20、宽17毫米，倾斜度42°，弦长8、矢长0.5毫米。平面形状为不规则四边形，到对边的长度71毫米。所属边缘在远端边，刃角75°，为反向加工。片疤平视为普通型，片疤侧视为加高型，片疤深度为薄型，片疤剖视形态为凹下型（图2－234）。

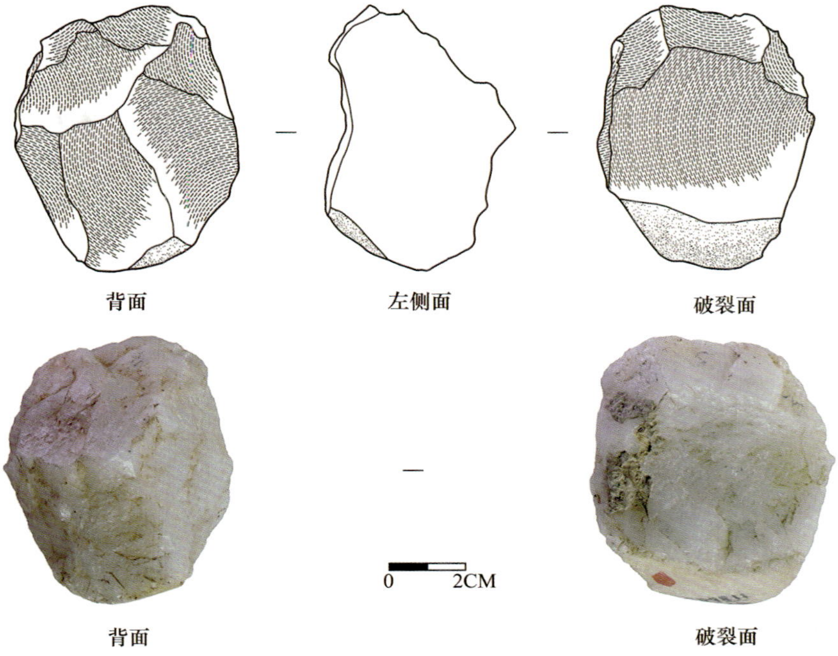

图2－234　上文化层双刃刮削器（1998年采集:9811）

（c）多刃刮削器，有 2 件。这两件均为拥有 3 个刃缘且相邻相连不成梯形刃。

三条刃缘在左侧边、远端边、右侧边相邻相连不成梯形刃的多刃刮削器，有 1 件。

1991 年采集：9115（EP323），素材为完整零台面石片。自然尺寸为长 144、宽 97、厚 22 毫米，重 383 克。岩性为含砾砂岩，平面、横剖面、纵剖面几何形状分别为不规则五边形、不规则椭圆形、不规则椭圆形，磨圆度一般。有三条刃缘，分别在左侧边、远端边、右侧边，左侧刃缘平面形状为凸刃，侧视形状为弧形刃，弧长 65、弦长 58、矢长 10 毫米，加工层次为一个系列；远端刃缘平面形状为凸刃，侧视形状为弧形刃，弧长 148、弦长 125、矢长 36 毫米，加工层次为一个系列；右侧刃缘平面形状为凸刃，侧视形状为弧形刃，刃弧长 55、弦长 50、矢长 8 毫米，加工层次为一个系列。7 块加工片疤有 3 块在背面、4 块在底面。这 7 块加工石片疤的特征，按加工顺序如下：第一块为完整石片疤，长 12、宽 28 毫米，倾斜度 46°，弦长 26、矢长 1 毫米。平面形状为不规则四边形，到对边的长度 113 毫米。所属边缘在左侧边，刃角 69°，为反向加工。片疤平视为普通型，片疤侧视为普通型，片疤深度为薄型，片疤剖视形态为凹下型。第二块为完整石片疤，长 17、宽 29 毫米，倾斜度 29°，弦长 23、矢长 1.5 毫米。平面形状为不规则四边形，到对边的长度 104 毫米。所属边缘在远端边，刃角 67°，为反向加工。片疤平视为普通型，片疤侧视为普通型，片疤深度为薄型，片疤剖视形态为凹下型。第三块为完整石片疤，长 6、宽 20 毫米，倾斜度 63°，弦长 17、矢长 1.5 毫米。平面形状为不规则四边形，到对边的长度 104 毫米。所属边缘在远端边，刃角 78°，为正向加工。片疤平视为普通型，片疤侧视为普通型，片疤深度为薄型，片疤剖视形态为凹下型。第四块为完整石片疤，长 5、宽 18 毫米，倾斜度 56°，弦长 11、矢长 1 毫米。平面形状为不规则四边形，到对边的长度 102 毫米。所属边缘在远端边，刃角 69°，为正向加工。片疤平视为普通型，片疤侧视为普通型，片疤深度为薄型，片疤剖视形态为凹下型。第五块为完整石片疤，长 16、宽 39 毫米，倾斜度 26°，弦长 29、矢长 3 毫米。平面形状为不规则四边形，到对边的长度 82 毫米。所属边缘在远端边，刃角 71°，为反向加工。片疤平视为普通型，片疤侧视为普通型，片疤深度为薄型，片疤剖视形态为凹下型。第六块为完整石片疤，长 9、宽 18 毫米，倾斜度 52°，弦长 9、矢长 0.5 毫米。平面形状为不规则四边形，到对边的长度 90 毫米。所属边缘在远端边，刃角 66°，为正向加工。片疤平视为普通型，片疤侧视为普通型，片疤深度为薄型，片疤剖视形态为凹下型。第七块为完整石片疤，长 10、宽 18 毫米，倾斜度 37°，弦长 27、矢长 1.5 毫米。平面形状为不规则四边形，到对边的长度 142 毫米。所属边缘在右侧边，刃角 60°，为反向加工。片疤平视为普通型，片疤侧视为普通型，片疤深度为薄型，片疤剖视形态为凹下型（图 2－235）。

三条刃缘在左侧边、近端边、右侧边相邻相连不成梯形刃的多刃刮削器，有 1 件。

1995 年采集：9507（EP506），素材为断片。自然尺寸为长 186、宽 105、厚 35 毫米，重 741 克。岩性为硅质岩，平面、横剖面、纵剖面几何形状分别为不规则三边形、不规则三边形、不规则四边形，磨圆度一般。有三条刃缘，分别在左侧边、近端边、右侧边，左侧刃缘平面形状

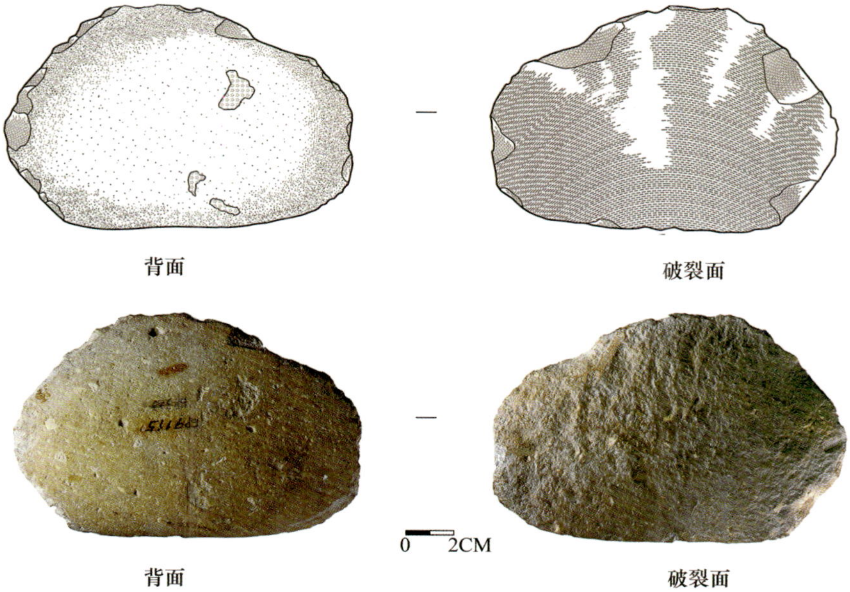

图 2-235　上文化层的多刃刮削器（1991 年采集：9115）

为“S”形刃，侧视形状为弧形刃，弧长 140、弦长 123、矢长 33 毫米，加工层次为一个系列；近端刃缘平面形状为凹刃，侧视形状为弧形刃，弧长 30、弦长 25、矢长 3 毫米，加工层次为一个系列；右侧刃缘平面形状为凸刃，侧视形状为直刃，刃弧长 75、弦长 68、矢长 8 毫米，加工层次为一个系列。5 块加工片疤均在破裂面。这 5 块加工石片疤的特征，按加工顺序如下：第一块为完整石片疤，长 54、宽 57 毫米，倾斜度 23°，弦长 60、矢长 7 毫米。平面形状为不规则四边形，到对边的长度 57 毫米。所属边缘在左侧边，刃角 48°，为反向加工。片疤平视为普通型，片疤侧视为加高型，片疤深度为厚型，片疤剖视形态为浅阶梯型。第二块为完整石片疤，长 31、宽 82 毫米，倾斜度 34°，弦长 58、矢长 4 毫米。平面形状为不规则四边形，到对边的长度 89 毫米。所属边缘在左侧边，刃角 92°，为反向加工。片疤平视为普通型，片疤侧视为加高型，片疤深度为薄型，片疤剖视形态为浅阶梯型。第三块为完整石片疤，长 11、宽 34 毫米，倾斜度 61°，弦长 24、矢长 1 毫米。平面形状为不规则四边形，到对边的长度 104 毫米。所属边缘在右侧边，刃角 65°，为反向加工。片疤平视为普通型，片疤侧视为普通型，片疤深度为薄型，片疤剖视形态为平型。第四块为完整石片疤，长 10、宽 23 毫米，倾斜度 34°，弦长 22、矢长 1 毫米。平面形状为不规则四边形，到对边的长度 105 毫米。所属边缘在右侧边，刃角 50°，为反向加工。片疤平视为普通型，片疤侧视为普通型，片疤深度为薄型，片疤剖视形态为平型。第五块为完整石片疤，长 7、宽 26 毫米，倾斜度 52°，弦长 26、矢长 3 毫米。平面形状为不规则四边形，到对边的长度 172 毫米。所属边缘在近端边，刃角 65°，为反向加工。片疤平视为普通型，片疤侧视为普通型，片疤深度为薄型，片疤剖视形态为凹下型（图 2-236）。

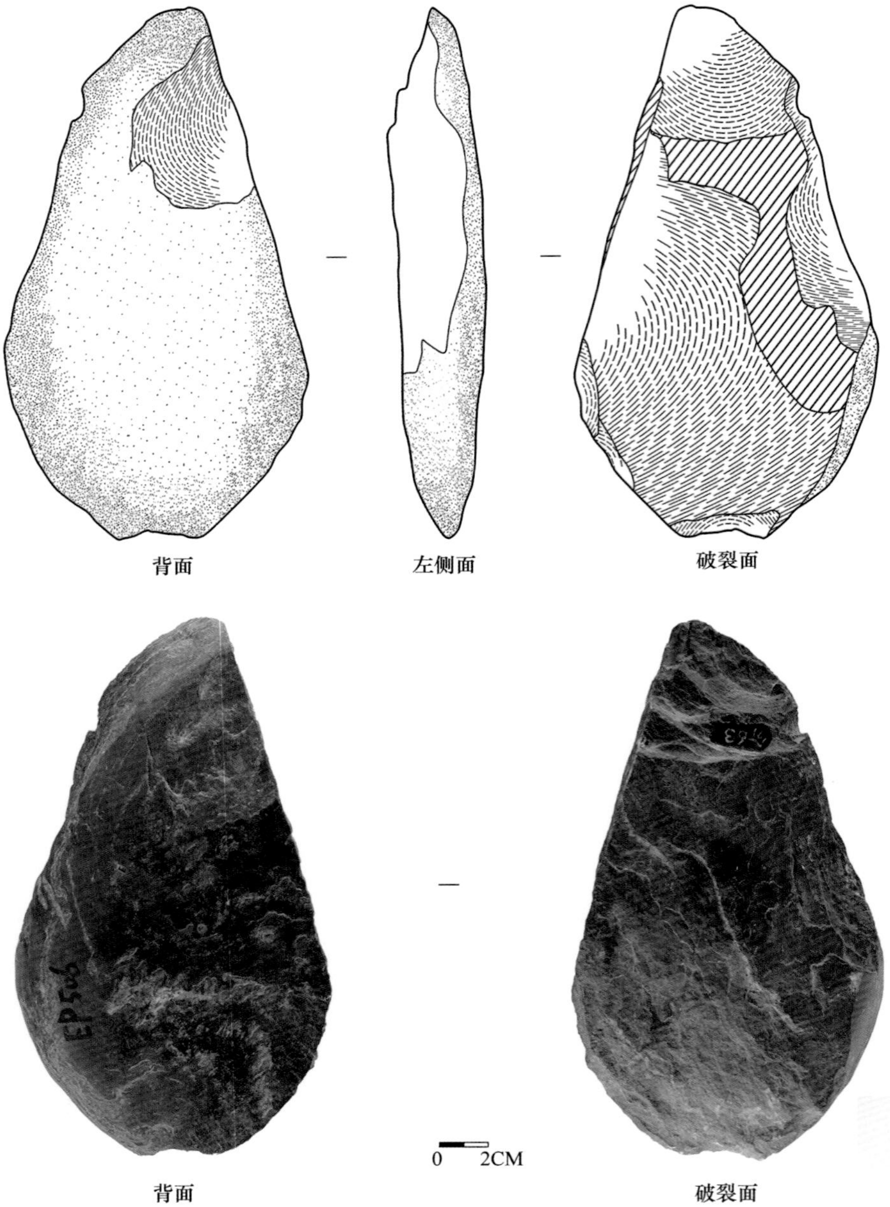

图 2－236　上文化层的多刃刮削器（1995 年采集: 9507）

（d）双刃刮削器＋单刃凹缺刮器，有 2 件。

刃缘在左侧边、右侧边、近端右段边的刮削器，有 1 件。

1995 年采集: 9501（EP344），素材为断片。自然尺寸为长 74、宽 64、厚 30 毫米，重 132 克。岩性为脉石英，平面、横剖面、纵剖面几何形状分别为不规则四边形、不规则三边形、不规则三边形，磨圆度一般。有三条刃缘，分别在左侧边、右侧边、近端右段边，左侧刃缘平面形状为凸刃，侧视形状为弧形刃，弧长 80、弦长 74、矢长 3 毫米，加工层次为一个系列；右侧刃缘平面形状为凸刃，侧视形状为弧形刃，弧长 62、弦长 57、矢长 4 毫米，加工层次为一个系列；近端右段刃平面形状为凹刃，侧视形状为弧形刃，弧长 20、弦长 18、矢长 3 毫米，加工层次为一个系列。16 块加工片疤有 4 块在背面、8 块在破裂面、4 块在侧面。这 16 块加工石片疤的特征，依其加工顺序如下：第一块为完整石片疤，长 6、宽 7 毫米，倾斜度 11°，弦长 8、矢长 1 毫米。平面形状为不规则四边形，到对边的长度 42 毫米。所属边缘在左侧边，刃角 79°，为反向加工。片疤平视为普通型，片疤侧视为陡型，片疤深度为薄型，片疤剖视形态为凹下型。第二块为完整石片疤，长 4、宽 8 毫米，倾斜度 15°，弦长 8、矢长 1 毫米。平面形状为不规则四边形，到对边的长度 45 毫米。所属边缘在左侧边，刃角 86°，为反向加工。片疤平视为普通型，片疤侧视为陡型，片疤深度为薄型，片疤剖视形态为凹下型。第三块为完整石片疤，长 3、宽 9 毫米，倾斜度 30°，弦长 10、矢长 1 毫米。平面形状为不规则四边形，到对边的长度 50 毫米。所属边缘在左侧边，刃角 88°，为反向加工。片疤平视为普通型，片疤侧视为陡型，片疤深度为薄型，片疤剖视形态为凹下型。第四块为完整石片疤，长 5、宽 8 毫米，倾斜度 18°，弦长 9、矢长 0.5 毫米。平面形状为不规则四边形，到对边的长度 59 毫米。所属边缘在左侧边，刃角 71°，为反向加工。片疤平视为普通型，片疤侧视为陡型，片疤深度为薄型，片疤剖视形态为凹下型。第五块为完整石片疤，长 5、宽 9 毫米，倾斜度 82°，弦长 7、矢长 1 毫米。平面形状为不规则四边形，到对边的长度 66 毫米。所属边缘在左侧边，刃角 80°，为正向加工。片疤平视为普通型，片疤侧视为陡型，片疤深度为薄型，片疤剖视形态为凹下型。第六块为完整石片疤，长 4、宽 6 毫米，倾斜度 20°，弦长 4、矢长 0.2 毫米。平面形状为不规则四边形，到对边的长度 60 毫米。所属边缘在左侧边，刃角 79°，为反向加工。片疤平视为普通型，片疤侧视为陡型，片疤深度为薄型，片疤剖视形态为凹下型。第七块为完整石片疤，长 7、宽 10 毫米，倾斜度 83°，弦长 7、矢长 1 毫米。平面形状为不规则四边形，到对边的长度 59 毫米。所属边缘在左侧边，刃角 81°，为正向加工。片疤平视为普通型，片疤侧视为陡型，片疤深度为薄型，片疤剖视形态为凹下型。第八块为完整石片疤，长 4、宽 8 毫米，倾斜度 23°，弦长 9、矢长 1 毫米。平面形状为不规则四边形，到对边的长度 55 毫米。所属边缘在左侧边，刃角 82°，为反向加工。片疤平视为普通型，片疤侧视为陡型，片疤深度为薄型，片疤剖视形态为凹下型。第九块为完整石片疤，长 6、宽 10 毫米，倾斜度 89°，弦长 11、矢长 1 毫米。平面形状为不规则四边形，到对边的长度 38 毫米。所属边缘在左侧边，刃角 82°，为正向加工。片疤平视为普通型，片疤侧视为陡型，片疤深度为薄型，片疤剖视形态为凹下型。第十块为完整石片疤，长 6、宽 8 毫米，倾斜度 85°，弦长 9、矢长 0.2 毫米。平面形状为不规则四边形，到对边的长度 61 毫米。所属边缘在左侧边，刃角 81°，为正向加工。片疤平视为普通型，片疤侧视为陡型，片疤深度为薄型，片疤剖视形态为凹下型。第十一块为完整石片疤，长 4、宽 7 毫米，倾斜度 57°，弦长 7、矢长 0.5 毫米。平面形状为不规则四边形，到对边的长度 58 毫米。所属边缘在右侧边，刃角 60°，为正向加工。片疤平视为普通型，片疤侧视为陡型，片疤深度为薄型，片疤剖视形态为凹下型。第十二块为完整石片疤，长 5、宽 6 毫米，倾斜度 42°，弦长 9、矢长 0.5 毫米。平面形状为不规则四边形，到对边的长度 49 毫米。所属边缘在右侧边，刃角 83°，为正向加工。片疤平视为普通型，片疤侧视为陡型，片疤深度为薄型，片疤剖视形态为凹下型。第十三块为完整石片疤，长 8、宽 20 毫米，倾斜度 60°，弦长 17、矢长 2 毫米。平面形状为不规则四边形，到对边的长度 61 毫米。所属边缘在右侧边，刃角 79°，为正向加工。片疤平视为普通型，片疤侧视为陡型，片疤深度为薄型，片疤剖视形态为凹下型。第十四块为完整石片疤，长 12、宽 10 毫米，倾斜度 45°，弦长 16、矢长 2 毫米。平面形状为不规则四边形，到对边的长度 64 毫米。所属边缘在右侧边，刃角 73°，为反向加工。片疤平视为普通型，片疤侧视为陡型，片疤深度为薄型，片疤剖视形态为凹下型。第十五块为完整石片疤，长 8、宽 12 毫米，倾斜度 57°，弦长 6、矢长 0.5 毫米。平面形状为不规则四边形，到对边的长度 62 毫米。所属边缘在右侧边，刃角 87°，为正向加工。片疤平视为普通型，片疤侧视为陡型，片疤深度为薄型，片疤剖视形态为凹下型。第十六块为完整石片疤（凹缺刃，一击而成），长 15、宽 23 毫米，倾斜度 35°，弦长 18、矢长 3 毫米。平面形状为不规则四边形，到对边的长度 66 毫米。所属边缘在近端边，刃角 71°，为反向加工。片疤平视为普通型，片疤侧视为陡型，片疤深度为薄型，片疤剖视形态为凹下型（图 2－237）。

图 2－237　上文化层的多刃刮削器（1995 年采集: 9501）

刃缘在左侧边、近端边、右侧边的多刃刮削器。

1990 年采集: 9043（EP307），素材为断片。自然尺寸为长 38、宽 24、厚 19 毫米，重 16 克。岩性为脉石英，平面、横剖面、纵剖面几何形状均为不规则四边形，磨圆度一般。有三条刃缘，分别在左侧边、近端边、右侧边，左侧刃缘平面形状为凹刃，侧视形状为弧形刃，弧长 18、弦长 17、矢长 3 毫米，加工层次为一个系列；近端刃缘平面形状为凸刃，侧视形状为弧形刃，弧长 35、弦长 27、矢长 9 毫米，加工层次为一个系列；右侧刃平面形状为凸刃（略呈锯齿状），侧视形状为“S”形刃，弧长25、弦长24、矢长5毫米，加工层次为一个系列。6块加工片疤均在侧面。这6块加工石片疤的特征，按加工顺序如下：第一块为完整石片疤，长11、宽8毫米，倾斜度73°，弦长6、矢长0.5毫米。平面形状为不规则三边形，到对边的长度22毫米。所属边缘在右侧边，刃角95°，为正向加工。片疤平视为普通型，片疤侧视为陡型，片疤深度为薄型，片疤剖视形态为凹下型。第二块为完整石片疤，长12、宽14毫米，倾斜度70°，弦长13、矢长1毫米。平面形状为不规则四边形，到对边的长度23毫米。所属边缘在近端边，刃角92°，为反向加工。片疤平视为普通型，片疤侧视为陡型，片疤深度为薄型，片疤剖视形态为凹下型。第三块为完整石片疤，长14、宽11毫米，倾斜度75°，弦长11、矢长1毫米。平面形状为不规则四边形，到对边的长度32毫米。所属边缘在近端边，刃角89°，为反向加工。片疤平视为普通型，片疤侧视为陡型，片疤深度为薄型，片疤剖视形态为凹下型。第四块为完整石片疤，长15、宽13毫米，倾斜度72°，弦长8、矢长0.1毫米。平面形状为不规则四边形，到对边的长度20毫米。所属边缘在右侧边，刃角87°，为反向加工。片疤平视为普通型，片疤侧视为陡型，片疤深度为薄型，片疤剖视形态为凹下型。第五块为完整石片疤，长18、宽10毫米，倾斜度67°，弦长7、矢长0.5毫米。平面形状为不规则四边形，到对边的长度40毫米。所属边缘在右侧边，刃角69°，为正向加工。片疤平视为普通型，片疤侧视为陡型，片疤深度为薄型，片疤剖视形态为凹下型。第六块为完整石片疤（凹缺刮器刃，一击而成），长10、宽19毫米，倾斜度80°，弦长17、矢长3毫米。平面形状为不规则四边形，到对边的长度24毫米。所属边缘在左侧边，刃角81°，为正向加工。片疤平视为普通型，片疤侧视为陡型，片疤深度为薄型，片疤剖视形态为凹下型（图2－238）。

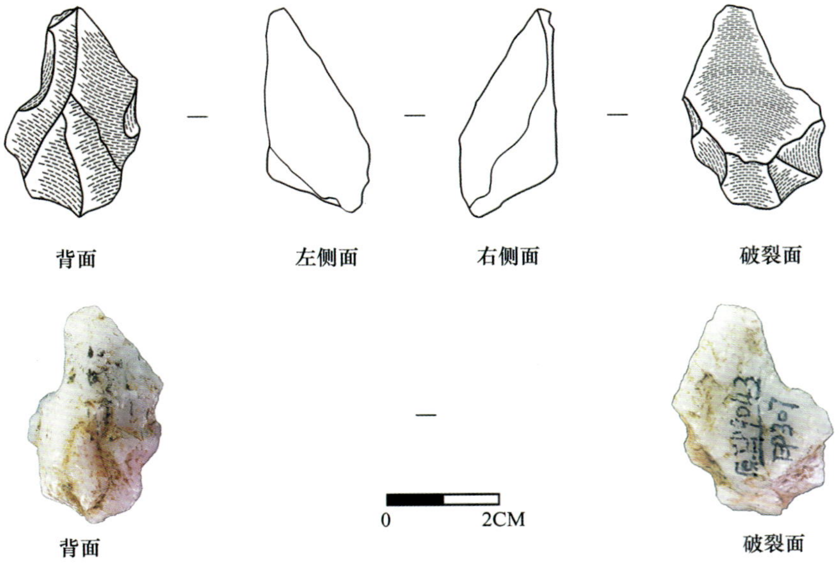

图2－238　上文化层的多刃刮削器（1990年采集：9043）

（e）双刃刮削器 + 单刃凹缺刮器 + 单刃雕刻器，有 1 件。

2000 年台地②: 2049（EP411），素材为断片。自然尺寸为长 33、宽 33、厚 14 毫米，重 11 克。岩性为脉石英，平面、横剖面、纵剖面几何形状均为不规则四边形，磨圆度一般。有四条刃缘，分别在近端边、左侧远段边、右侧边、右侧近段边，近端刃缘平面形状为凹刃（凹缺刮器刃），侧视形状为弧形刃，弧长 16、弦长 13、矢长 2 毫米，加工层次为一个系列；左侧远段刃缘平面形状为凸刃（雕刻器刃），侧视形状为弧形刃，弧长 6、弦长 6、矢长 0.1 毫米，加工层次为一个系列；右侧刃缘平面形状为凹刃，侧视形状为弧形刃，弧长 36、弦长 34、矢长 2.5 毫米，加工层次为一个系列；右侧近段刃弧长 6、弦长 6、矢长 0.1 毫米，加工层次为一个系列。6 块加工片疤均在侧面。这 6 块加工石片疤的特征，按加工顺序如下：第一块为完整石片疤，长 8、宽 20 毫米，倾斜度 86°，弦长 12、矢长 1.5 毫米。平面形状为不规则四边形，到对边的长度 9 毫米。所属边缘在右侧边，刃角 93°，为正向加工。片疤平视为普通型，片疤侧视为陡型，片疤深度为薄型，片疤剖视形态为凹下型。第二块为完整石片疤，长 11、宽 10 毫米，倾斜度 83°，弦长 17、矢长 3 毫米。平面形状为不规则四边形，到对边的长度 27 毫米。所属边缘在右侧边，刃角 98°，为正向加工。片疤平视为普通型，片疤侧视为陡型，片疤深度为薄型，片疤剖视形态为凹下型。第三块为完整石片疤，长 6、宽 9 毫米，倾斜度 76°，弦长 4、矢长 0.2 毫米。平面形状为不规则四边形，到对边的长度 19 毫米。所属边缘在右侧边，刃角 98°，为正向加工。片疤平视为普通型，片疤侧视为陡型，片疤深度为薄型，片疤剖视形态为凹下型。第四块为完整石片疤，长 7、宽 7 毫米，倾斜度 59°，弦长 6、矢长 0.1 毫米。平面形状为不规则四边形，到对边的长度 30 毫米。所属边缘在右侧边，刃角 68°，为正向加工。片疤平视为普通型，片疤侧视为陡型，片疤深度为薄型，片疤剖视形态为凹下型。第五块为完整石片疤，长 4、宽 14 毫米，倾斜度 74°，弦长 13、矢长 2 毫米。平面形状为不规则四边形，到对边的长度 19 毫米。所属边缘在近端边，刃角 67°，为正向加工。片疤平视为普通型，片疤侧视为陡型，片疤深度为薄型，片疤剖视形态为凹下型。第六块为完整石片疤，长 7、宽 7 毫米，倾斜度 8°，弦长 6、矢长 0.1 毫米。平面形状为不规则四边形，到对边的长度 35 毫米。所属边缘在左侧边，刃角 38°，为正向加工。片疤平视为普通型，片疤侧视为陡型，片疤深度为薄型，片疤剖视形态为凹下型（图 2－239）。

2）凹缺刮器，4 件，均为单刃。岩性分别为脉石英和硅质岩（各有 2 件）。素材分别为碎片（3 件）和半边石片（1 件）。长度中最长的达 114 毫米，最短的仅 50 毫米，小于 100 毫米的有 3 件，超过 100 毫米的有 1 件。宽度中最宽的为 102 毫米，最窄的为 36 毫米，小于 100 毫米的有 3 件，超过 100 毫米的有 1 件。厚度中最厚的为 33 毫米，最薄的为 11 毫米，均小于 50 毫米；重量中最重的为 382 克，最轻的为 24 克，均小于 1000 克。

此类标本的平面形状以四边形的为多（3 件），三边形的少（1 件）；横剖面形状分别为四边形（3 件）和三边形（1 件）；纵剖面形状分别为四边形（3 件）和三边形（1 件）。

刃缘以在左侧边（2 件）的为多，其次为在右侧边和远端边（各有 1 件）。刃缘平视均为

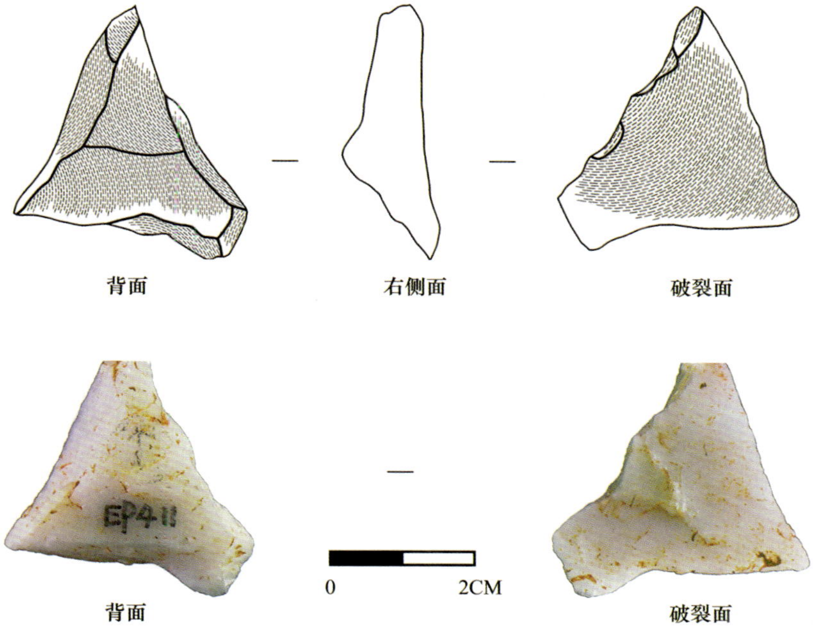

图 2－239　上文化层的多刃刮削器（2000 年台地②：2049）

凹刃；侧视以呈弧刃的为多（3 件），直刃的只有 1 件。第二步加工的小疤均为 1 块小疤。加工方向以正向为多（3 件），反向次之（1 件）。

（a）刃缘在左侧边的单刃凹缺刮器，有 2 件。

1995T1327②北 G：9（EP193），素材为左侧半边石片。自然尺寸为长 62、宽 36、厚 15 毫米，重 28 克。岩性为脉石英，平面、横剖面、纵剖面几何形状分别为不规则四边形、不规则四边形、不规则三边形，磨圆度一般。有一条刃缘，在左侧边（一击而成），刃缘平面形状为凹刃，侧视形状为直刃，弧长 15、弦长 13、矢长 3 毫米，加工层次为一个系列。有 1 块加工片疤在背面上，这块加工石片疤为完整石片疤，长 7、宽 14 毫米，倾斜度 79°，弦长 13、矢长 3 毫米。平面形状为不规则四边形，到对边的长度 31 毫米。所属边缘在左侧边，刃角 78°，为正向加工。片疤平视为普通型，片疤侧视为普通型，片疤深度为薄型，片疤剖视形态为凹下型（图 2－240）。

1995T1228②：4（EP205），素材为断片。自然尺寸为长 50、宽 49、厚 11 毫米，重 24 克。岩性为硅质岩，平面、横剖面、纵剖面几何形状分别为不规则三边形、不规则三边形、不规则四边形，磨圆度一般。有一条刃缘，在左侧边（一击而成），刃缘平面形状为凹刃，侧视形状为弧形刃，弧长 10、弦长 9、矢长 3 毫米，加工层次为一个系列。有 1 块加工片疤在背面上，这块加工石片疤为完整石片疤，长 2、宽 6 毫米，倾斜度 38°，弦长 9、矢长 3 毫米。平面形状为不规则三边形，到对边的长度 43 毫米。所属边缘在左侧边，刃角 51°，为正向加工。片疤平视为普通型，片疤侧视为普通型，片疤深度为薄型，片疤剖视形态为凹下型（图 2－241）。

图 2－240　上文化层的单刃凹缺刮器（1995T1327②北 G:9）

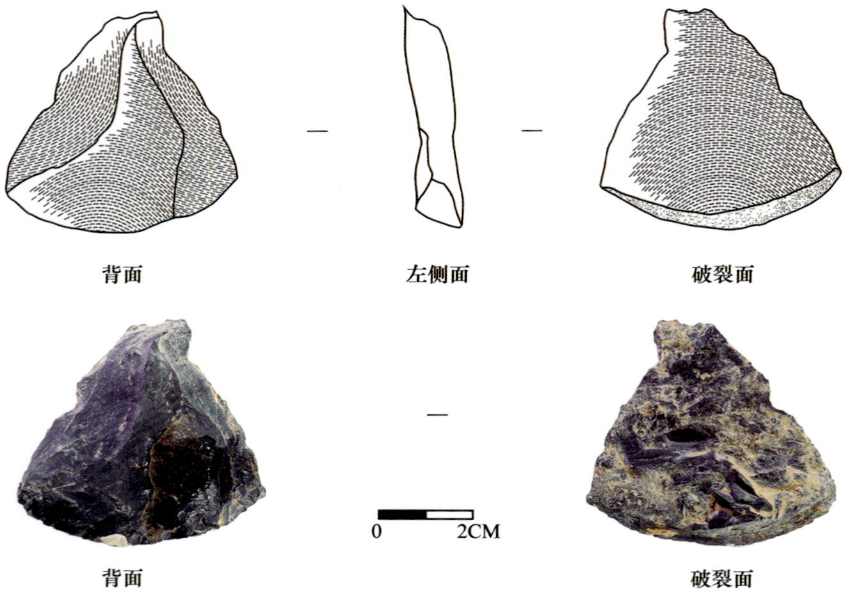

图 2－241　上文化层的单刃凹缺刮器（1995T1228②:4）

（b）刃缘在右侧边的单刃凹缺刮器，有 1 件。

1991 年采集:9108（EP316），素材为断片。自然尺寸为长 114、宽 102、厚 33 毫米，重 382 克。岩性为硅质岩，平面、横剖面、纵剖面几何形状均为不规则四边形，磨圆度一般。有一条刃缘，在右侧边，刃缘平面形状为凹刃（凹缺刮器刃，一击而成），侧视形状为弧形刃，弧长80、弦长77、矢长7毫米，加工层次为一个系列。这块加工片疤在破裂面，为完整石片疤，长33、宽86毫米，倾斜度23°，弦长77、矢长7毫米。平面形状为不规则四边形，到对边的长度92毫米。所属边缘在右侧边，刃角64°，为反向加工。片疤平视为普通型，片疤侧视为加高型，片疤深度为薄型，片疤剖视形态为凹下型（图2－242）。

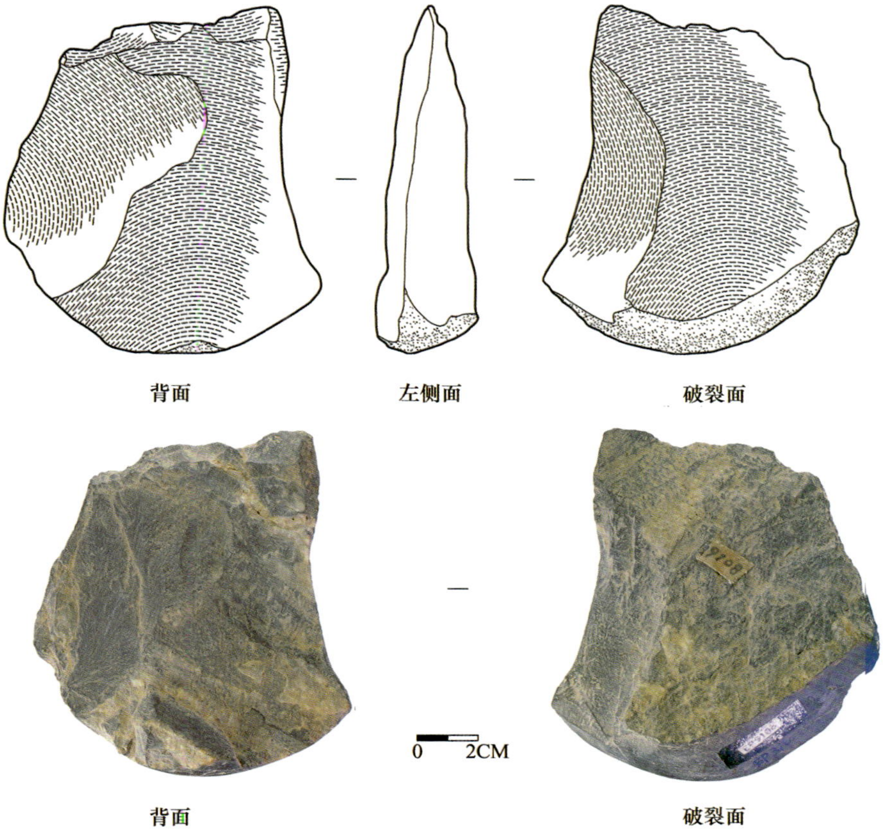

图2－242　上文化层的单刃凹缺刮器（1991年采集:9108）

（c）刃缘在远端边的单刃凹缺刮器，有1件。

1991年采集:9101（EP309），素材为断片。自然尺寸为长50、宽43、厚15毫米，重34克。岩性为脉石英，平面、横剖面、纵剖面几何形状均为不规则四边形，磨圆度一般。有一条刃缘，在远端边，刃缘平面形状为凹刃（凹缺刮器刃，一击而成），侧视形状为弧形刃，弧长16、弦长15、矢长2毫米，加工层次为一个系列。这块加工片疤在背面，为完整石片疤，长5、宽15毫米，倾斜度75°，弦长15、矢长2毫米。平面形状为不规则四边形，到对边的长度46米。所属边缘在远端边，刃角88°，为正向加工。片疤平视为普通型，片疤侧视为加高型，片疤深度为薄型，片疤剖视形态为凹下型（图2－243）。

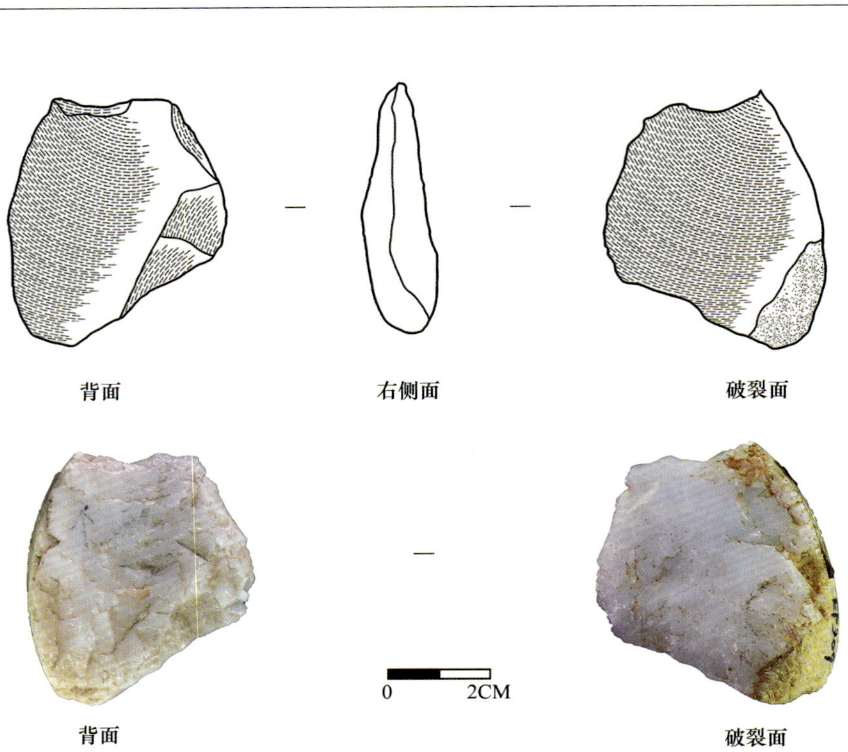

图 2－243　上文化层的单刃凹缺刮器（1991 年采集: 9101）

3）尖状器，有 1 件。

两条刃缘在远端边、左侧边相交呈尖的尖状器（歪尖尖状器）。

1991 年采集: 9129（EP337），素材为完整石片。自然尺寸为长 81、宽 71、厚 20 毫米，重 88 克。岩性为硅质岩，平面、横剖面、纵剖面几何形状均为不规则四边形，磨圆度一般。有两条刃缘，分别在远端边、左侧边，远端刃缘平面形状为凹刃，侧视形状为弧形刃，弧长 68、弦长 62、矢长 4 毫米，加工层次为一个系列；左侧刃缘平面形状为凸刃，侧视形状为弧形刃，弧长 78、弦长 68、矢长 8 毫米，加工层次为一个系列。3 块加工片疤有 2 块在背面、1 块在破裂面。这 3 块加工石片疤的特征，按加工顺序如下：第一块为完整石片疤，长 3、宽 13 毫米，倾斜度 60°，弦长 12、矢长 2 毫米。平面形状为不规则四边形，到对边的长度 66 毫米。所属边缘在左侧边，刃角 58°，为正向加工。片疤平视为普通型，片疤侧视为陡型，片疤深度为薄型，片疤剖视形态为凹下型。第二块为完整石片疤，长 10、宽 14 毫米，倾斜度 81°，弦长 18、矢长 3 毫米。平面形状为不规则四边形，到对边的长度 63 毫米。所属边缘在左侧边，刃角 78°，为正向加工。片疤平视为普通型，片疤侧视为陡型，片疤深度为薄型，片疤剖视形态为凹下型。第三块为完整石片疤，长 3、宽 18 毫米，倾斜度 44°，弦长 17、矢长 3 毫米。平面形状为不规则四边形，到对边的长度 44 毫米。所属边缘在远端边，刃角 75°，为反向加工。片疤平视为普通型，片疤侧视为陡型，片疤深度为薄型，片疤剖视形态为凹下型（图 2－244）。

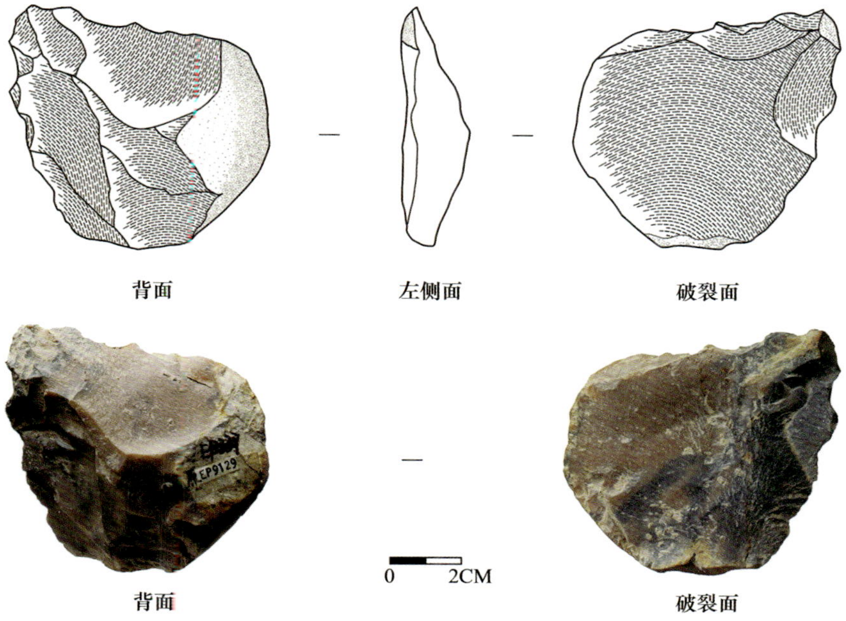

图 2－244　上文化层的尖状器（1991 年采集: 9129）

4）雕刻器，有 1 件。

1991 年采集: 9104（EP312），素材为完整石片。自然尺寸为长 107、宽 66、厚 28 毫米，重 151 克。岩性为片麻岩，平面、横剖面、纵剖面几何形状均为不规则四边形，磨圆度一般。有一条刃缘，在左侧远角，刃缘平面形状为凸刃，侧视形状为弧形刃，雕刻器刃的两个面夹角 81°，刃角 81°，雕刻刃缘宽度 8 毫米（图 2－245）。

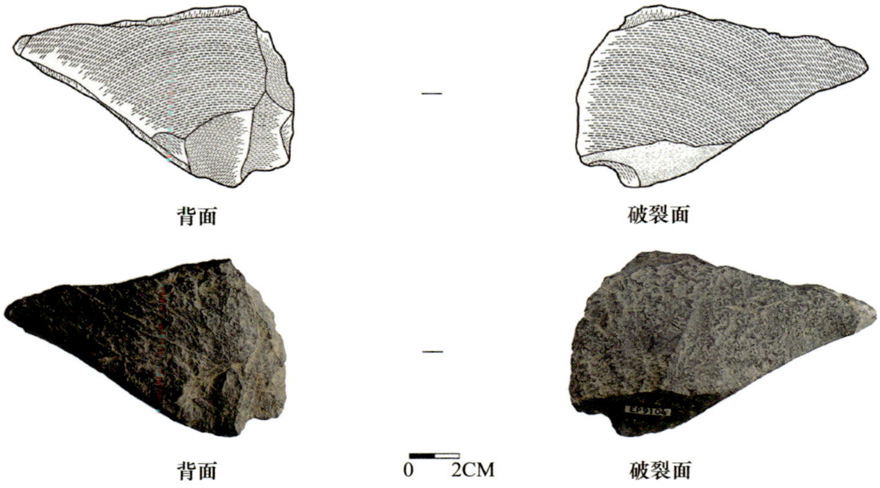

图 2－245　上文化层的雕刻器（1991 年采集: 9104）

三　小结

上文化层发现的石制品的数量最多，在岩性的大类上，沉积岩的比例比中文化层有所增加，而且超过了火成岩的比例。岩性种类继续增加，虽仍以脉石英为主，但比例大有下降；其次为砂岩的标本，比例有所增加；硅质岩和石英岩的标本，比例也有增加；而泥质岩、含砾砂岩、混合岩、细砂岩、花岗斑岩、石英斑岩、粉砂岩、片麻岩、绿帘石、矽卡岩和安山岩的标本较少。

上文化层的石制品类型最为丰富，计有：完整砾石、断裂砾石、石核、碎片、石片、石锤、有孤立凸起片疤的砾石、有孤立凹下片疤的砾石、单向加工的砍砸器、手镐、单面器、双向加工的砍砸器、手斧、斧状器、刮削器、凹缺刮器、尖状器、雕刻器。其中出现了下文化层和中文化层都不曾出现过的类型，如手镐、手斧、斧状器、尖状器和雕刻器，尤其是手斧的出现，标志着郧县人的加工石器的水平达到了一个新的高度。

石核单个台面的可测利用率以在 20% ~29% 的为多（11 个），其次为在 30% ~39%、40% ~49% 的（各有 4 个）其他的为 50% ~59% （4 个），10% ~19% （3 个），9% 以下（1 个）。总体看，在 20% ~49% 的稍多。单个石核的剥片率（保留砾石石皮的比率）以在 50% ~59% 和 80% ~89% 的为多（各有 7 个），其次为在 60% ~69% 的（有 5 个）其他的为 70% ~79% （4 个），30% ~39% （2 个），20% ~29% 和 90% ~99% （各有 1 个）。总体看，在 50% ~89% 的稍多。

石核可测台面角中以在 80° ~89°的为多（22 个），其次为 60° ~69°的有 20 个，70° ~79°的有 16 个，在 50° ~59°的有 15 个，在 90° ~99°的有 11 个，在 40° ~49°有 9 个，100° ~109°的有 8 个，在 30° ~39°有 3 个，在 20° ~29°、110° ~119°和 9°% 以下的各有 1 个，另有几个难测。总体看，以 50° ~99°的为多。

石器的可测刃角中以在 70° ~79°的为多（114 个），其次为 60° ~69°的有 110 个，80° ~89°的有 93 个，在 50° ~59°的有 59 个，在 90° ~99°的有 27 个，在 40° ~49°有 20 个，30° ~39°的各有 11 个，在 100° ~109°有 2 个，在 20° ~29°的有 1 个，另有几个难测。总体来看，以 60° ~89°的为多。

第四节　拼合研究

学堂梁子—郧县人遗址中发现的石制品中可拼合的标本，有 55 件，占标本总数的 11%，可拼合成 22 件（表 2 - 22；图表 2 - 43）。

表 2-22　可拼合标本与不可拼合标本统计

项目	可拼合标本	不可拼合标本
数量（件）	55	454
百分比（%）	11	89

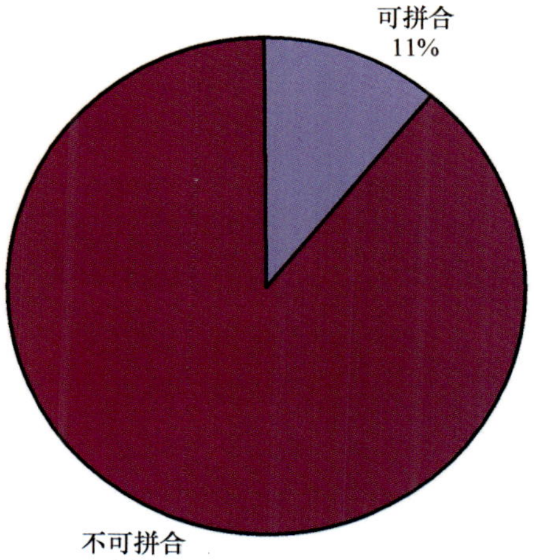

图表 2-43　可拼合标本与不可拼合标本的相对比例

一　拼合标本的岩性

学堂梁子—郧县人遗址可拼合的标本，其岩性在大类上分属火成岩、沉积岩和变质岩三种。火成岩有 26 件，有脉石英和花岗斑岩；变质岩有 13 件，有石英岩和片麻岩；沉积岩有 16 件，有砂岩、硅质岩和含砾砂岩三种（表 2-23；图表 2-44 至图表 2-47）。

表 2-23　可拼合石制品岩性统计

项目	火成岩		变质岩		沉积岩		
	脉石英	花岗斑岩	石英岩	片麻岩	砂岩	含砾砂岩	硅质岩
数量（件）	24	2	11	2	12	2	2
百分比（%）	43.64	3.64	20	3.64	21.8	3.64	3.64
	47.28		23.64		29.08		

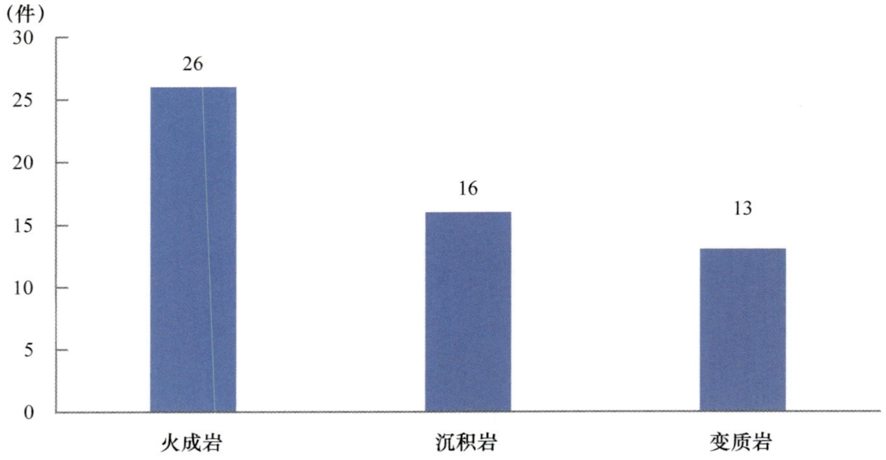

图表 2－44　可拼合石制品岩性大类数量

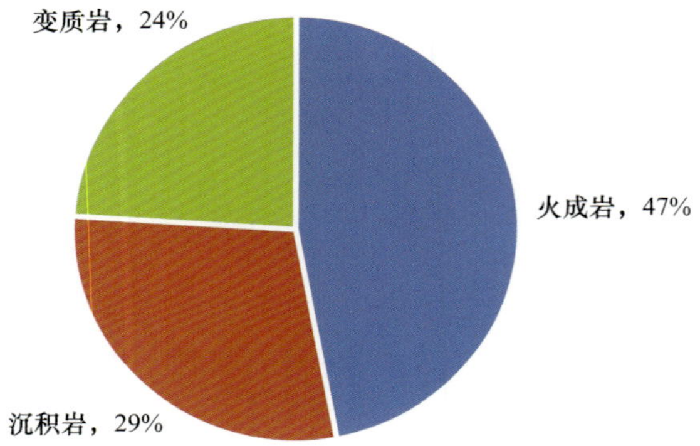

图表 2－45　可拼合石制品岩性大类的相对比例

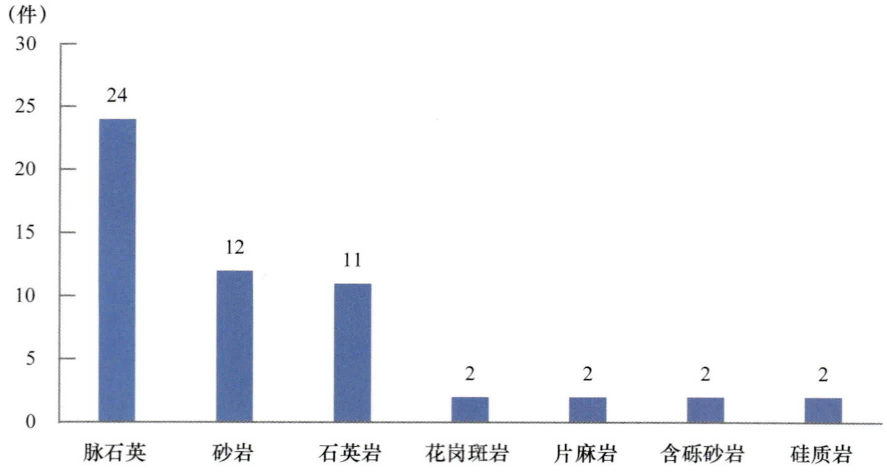

图表 2－46　可拼合石制品岩性小类数量

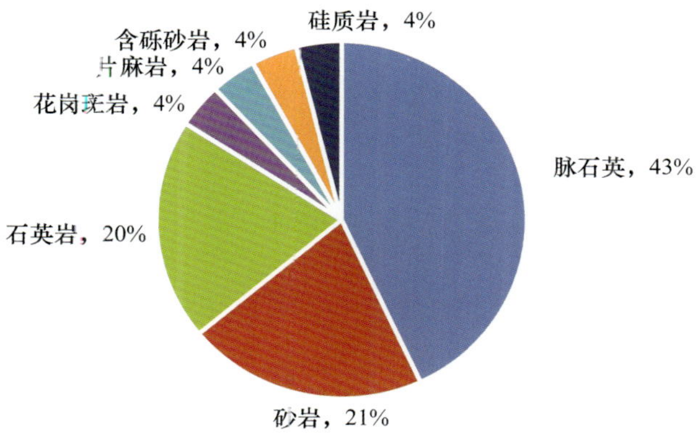

图表 2－47　可拼合石制品岩性小类的相对比例

二　拼合标本的出土层位

郧县人遗址可拼合的标本中有 26 件出自第③层，其余的 29 件都出自第②层。但由于这些标本大部分没有详细记录出土的信息，很多标本都缺失三维坐标信息，这对于复原它们的具体位置及拼合顺序造成了很大的困难（表 2－24；图表 2－48、图表 2－49）。

表 2－24　可拼合石制品在地层中的分布

出土层位	第②层	第③层
数量	29	26
百分比（%）	52.7	47.3

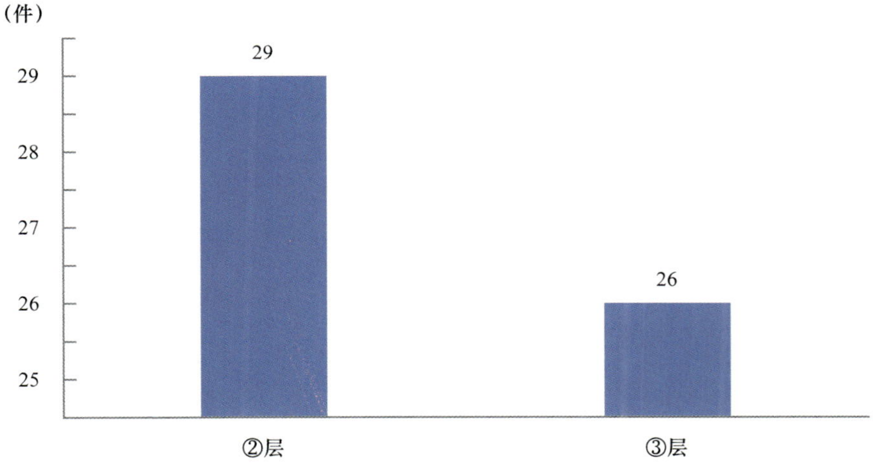

图表 2－48　可拼合石制品地层中的分布数量

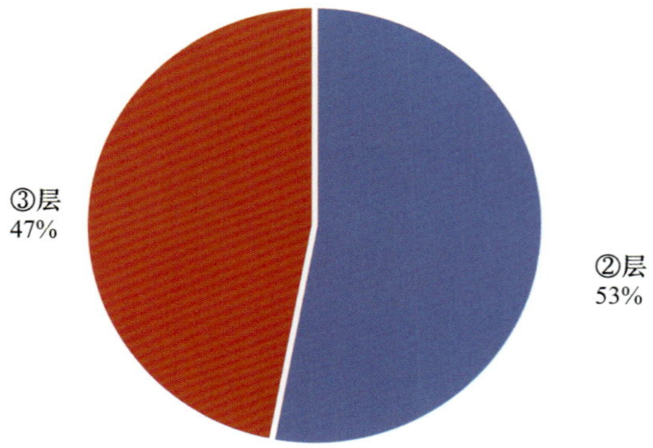

图表 2－49　可拼合石制品地层中的分布相对比例

三　拼合石制品的类型

郧县人遗址可拼合标本中按照标本的类型可分为以下两类：一类是石器和（石器）素材之间的拼合，一类是（石器）素材之间的拼合。

1. 石器和（石器）素材之间的拼合

有 9 件，依拼合石制品的不同类型分为四类：第一类是 1 件手镐和 1 件石片的拼合；第二类是 1 件多刃砍砸器和 1 件石片的拼合；第三类是 1 件砍砸器和 2 件石片的拼合；第四类是 1 件单刃凹缺刮器和 1 件完整石片的拼合。

（1）第一类拼合有一组 2 件，1 件手镐和 1 件石片的拼合，标本编号分别为 1995T1327②: 5－1（EP179）和 2000 年台地②: 2007（EP369），它们的岩性均为砂岩。1995T1327②: 5－1（EP179）为 1 件手镐，2000 年台地②: 2007（EP369）为 1 件天然台面石片（图 2－246）。

（2）第二类拼合有一组 2 件，是 1 件多刃砍砸器和 1 件石片的拼合，标本编号分别为 1995T1327②G: 14（EP194）和 1998 台地②: 9804（EP265），它们的岩性均为含砾砂岩。1995T1327②G: 14（EP194）为 1 件多刃砍砸器，1998 台地②: 9804（EP265）为 1 件天然台面石片（图 2－247）。

（3）第三类拼合有一组 3 件，是 1 件手镐和 2 件石片的拼合，标本编号分别为 1998 台地②: 9808（EP267）、2000 台地②: 19（EP381）和 2000 台地②: 26（EP388），它们的岩性均为石英岩。2000 台地②: 19（EP381）为 1 件手镐，1998 台地②: 9808（EP267）、2000 台地②: 26（EP388）为 2 件天然台面石片（图 2－248）。

第四类拼合标本有一组 2 件，是 1 件完整石片和 1 件凹缺刮器的拼合。标本编号分别为 1998 台地②: 9820（EP268）和 1998 台地②: 9832（EP279），它们的岩性均为脉石英。1998 台地②: 9832（EP279）为 1 件单刃凹缺刮器，1998 台地②: 9820（EP268）为 1 件天然台面石片（图 2－249）。

图 2－246　可拼合石制品（1995T1327②: 5－1 和 2000 年台地②: 2007）

图 2－247　可拼合石制品（1995T1327②G: 14 和 1998 台地②: 9804）

图 2－248　可拼合石制品（1998 台地②:9808、2000 台地②:19 和 2000 台地②:26）

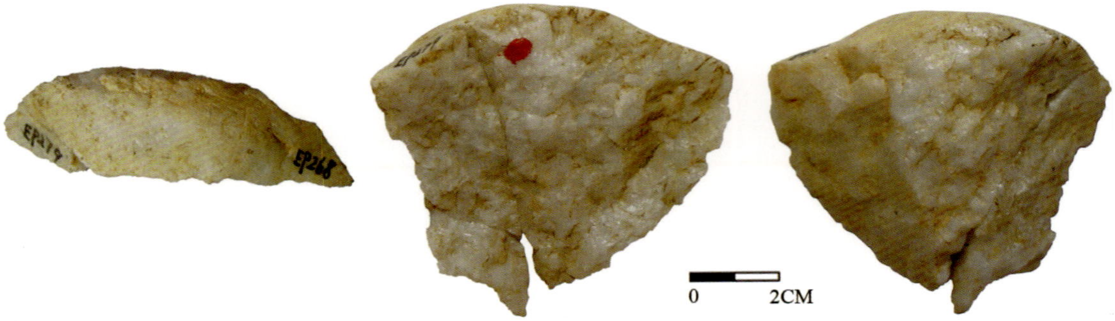

图2－249　可拼合石制品（1998台地②:9820和1998台地②:9832）

2.（石器）素材之间的拼合

根据拼合标本的类型和数量可将（石器）素材之间的拼合分为六类：第一类是石核和完整石片的拼合；第二类是石核和碎片（块）之间的拼合；第三类是完整石片和碎片（块）之间的拼合；第四类是完整石片、半边石片和碎片（块）之间的拼合；第五类是半边石片、台面缺失石片和碎片（块）之间的拼合；第六类是半边石片和碎片（块）之间的拼合，第七类是碎片（块）之间的拼合。

（1）第一类石核和石片的拼合标本只有一种，有一组2件，即1件石核和1件石片的拼合。标本编号分别为1998台地②:9824（EP271）和2000台地②:1（EP363），它们的岩性均为花岗斑岩。2000台地②:1（EP363）为1件双台面石核，两个台面均为天然台面；1998台地②:9824（EP271）为1件天然台面石片（图2－250）。

（2）第二类是1件石核与2件碎片（块）的拼合。有一组3件，标本编号分别为2000台地②:11（EP373）、2000台地②:18（EP380）和2000台地②:41（EP403），它们的岩性均为石英岩。EP380为1件双台面石核，台面均为天然台面；2000台地②:41（EP403）和2000台地②:11（EP373）为2件碎块（图2－251）。

第三类是石片和碎片（块）之间的拼合，有三组6件。第一组拼合标本的编号分别为1995T1327③:6（EP31）和1995T1327③:3（EP32），它们的岩性均为石英岩。1995T1327③:6（EP31）为一件完整石片，台面为天然台面；1995T1327③:3（EP32）为一件碎片（图2－252）。

第二组拼合标本的编号分别为1995T1228②:1－1（EP203）和1995T1228②:1－2（EP206），它们的岩性均为硅质岩，1995T1228②:1－2（EP206）为1件天然台面石片，1995T1228②:1－1（EP203）为1件碎片（图2－253）。

第三组拼合标本的编号分别为2000台地②:39（EP401）和2000台地②:40（EP402），它们的岩性均为砂岩，2000台地②:40（EP402）为1件天然台面石片，2000台地②:39（EP401）为1件碎片（图2－254）。

图 2－250 可拼合石制品（1998 台地②: 9824 和 2000 台地②: 1）

图2－251　郧县人遗址可拼合石制品（2000台地②:11、2000台地②:18和2000台地②:41）

图 2－252　拼合石制品（1995T1327③：6 和 1995T1327③：3）

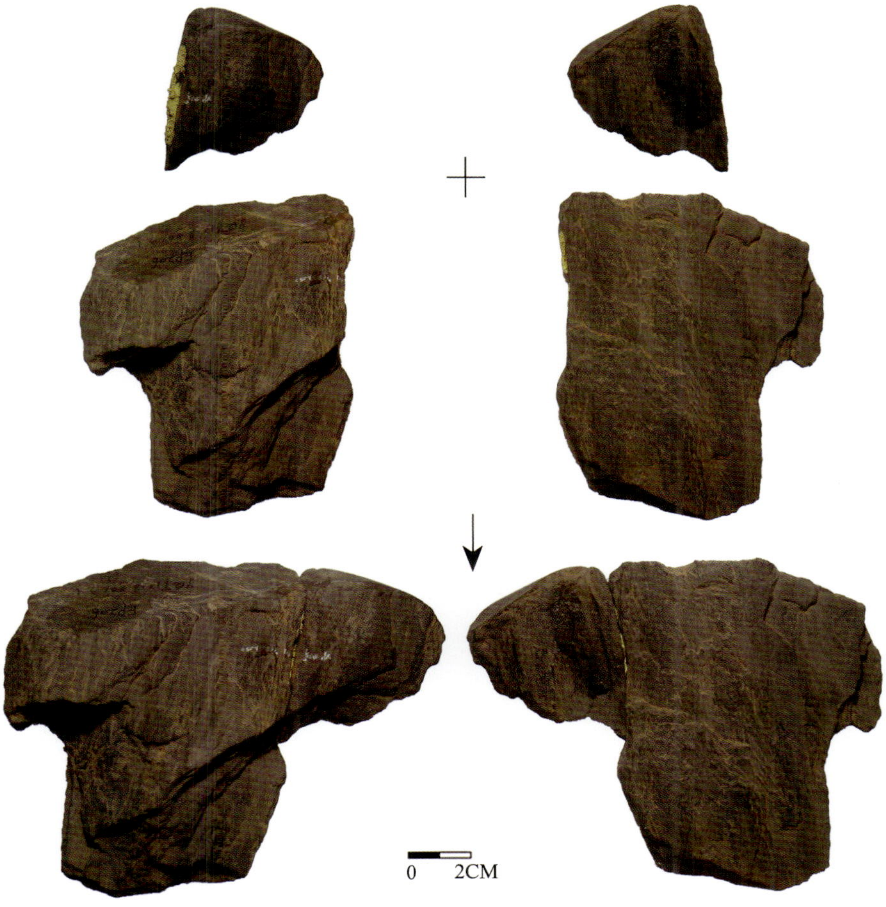

图 2－253　可拼合石制品（1995T1228②：1－1（EP203）和 1995T1228②：1－2）

图2-254 可拼合石制品（2000台地②:39和2000台地②:40）

第四类是完整石片、半边石片和碎片（块）之间的拼合，有一组3件。拼合标本的编号分别为1990T544③:3（EP116）、1990T544③:6（EP122）和1990T544③:7-1（EP123），它们的岩性均为脉石英，1990T544③:3（EP116）为存左侧半边石片、1990T544③:6（EP122）为碎片和1990T544③:7-1（EP123）为完整石片（图2-255）。

第五类是半边石片、台面缺失石片和碎片（块）之间的拼合，有一组4件，标本编号分别为1995T1327②:8-1（EP183）、1995T1327②:9-1（EP184）、1995T1327②G:2（EP187）和2000台地②:2027（EP389），它们的岩性均为砂岩，1995T1327②:8-1（EP183）为一件左侧半边石片、1995T1327②:9-1（EP184）为1件台面缺失石片外，其余的两件均为碎片（块）（图2-256）。

第六类是半边石片和碎片（块）之间的拼合，有一组4件，拼合标本的编号分别为2000台地②:30（EP392）、2000台地②:33（EP395）、2000台地②:42（EP404）和2000台地②:43（EP405），它们的岩性均为砂岩，2000台地②:43（EP405）为石片的近端面部分，2000台地②:33（EP395）、2000台地②:42（EP404）、2000台地②:30（EP392）均为碎片（块）（图2-257）。

第七类是碎片（块）之间的拼合。可分为三种类型，第一种为 2 件碎片（块）之间的拼合，有八组 16 件。第一组标本编号分别为 1990T945③: 18（EP77）和 1990T945③: 13（EP89），它们的岩性均为脉石英（图 2 – 258）。

第二组拼合标本的编号分别为 1995T1327③: 13 – 20（EP48）和 1995T1327③: 13 – 44（EP69），它们的岩性均为脉石英，均为碎片（块）（图 2 – 259）。

第三组拼合标本的编号分别为 1990T945③: 20（EP78）和 1990T945③: 7（EP90），它们的岩性均为片麻岩，均为碎块（片）（图 2 – 260）。

第四组拼合标本的编号分别为 1995T1327③: 13 – 7（EP38）和 1995T1327③: 13 – 9（EP43），它们的岩性均为脉石英（图 2 – 261）。

第五组拼合标本的编号分别为 1995T1327③: 13 – 16（EP45）和 1995T1327③: 13 – 18（EP46），它们的岩性均为脉石英（图 2 – 262）。

图 2 – 255　可拼合石制品（1990T544③: 3、1990T544③: 6 和 1990T544③: 7 – 1）

图 2 - 256　可拼合石制品（1995T1327②: 8 - 1、1995T1327②: 9 - 1、1995T1327②G: 2 和 2000 台地②: 2027）

图 2-257　可拼合石制品（2000 台地②: 30、2000 台地②: 33、2000 台地②: 42 和 2000 台地②: 43）

图 2－258　**可拼合石制品**（1990T945③: 18 和 1990T945③: 13）

图 2－259　**可拼合石制品**（1995T1327③: 13－20 和 1995T1327③: 13－44）

图 2－260　可拼合石制品（1990T945③: 20 和 1990T945③: 7）

图 2－261　可拼合石制品（1995T1327③: 13－7 和 1995T1327③: 13－9）

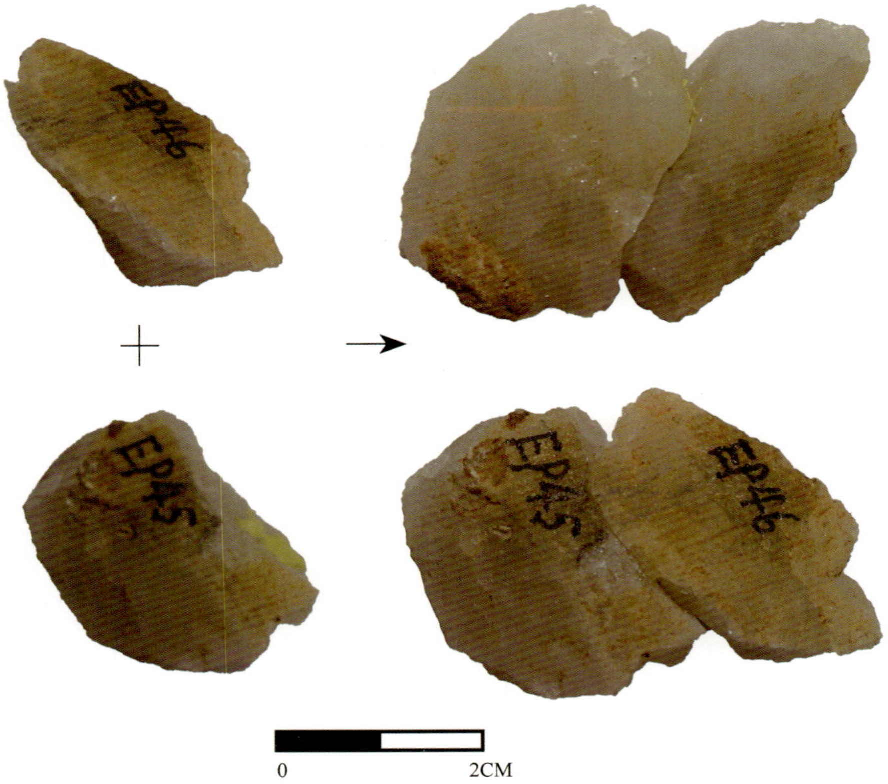

图2－262　可拼合石制品（1995T1327③: 13－16和1995T1327③: 13－18）

第六组拼合标本的编号分别为1995T1327③: 13－29（EP56）和1995T1327③: 13－32（EP59），它们的岩性均为脉石英（图2－263）。

图2－263　可拼合石制品（1995T1327③: 13－29和1995T1327③: 13－32）

第七组拼合标本的编号分别为1990T945③: 4（EP73）和1990T945③: 10（EP74），它们的岩性均为脉石英（图2－264）。

第八组拼合标本的编号分别为1990T945③: 15（EP76）和1990T945③: 2－15（EP82），它们的岩性均为脉石英（图2－265）。

图 2－264　可拼合石制品（1990T945③：4 和 1990T945③：10）

图 2－265　可拼合石制品（1990T945③：15 和 1990T945③：2－15）

第二种是3件碎块的拼合。标本编号分别2000台地②：3（EP365）、2000台地②：28（EP390）、2000台地②：37（EP399）。它们的岩性均为石英岩（图2－266）。

图2－266 可拼合石制品（1998台地②：9824和2000台地②：01）

第三种是5件碎片（块）的拼合，有一组5件，标本编号分别为1990T544③：7（EP118）、1990T544③：5（EP121）、1990T544③：8－1（EP124）、1990T544③：8－2（EP125）和1990T544③：8－3（EP126），它们的岩性均为脉石英，均为碎片（块）（图2－267）。

四 小结

在郧县人遗址发现的509件石制品中，可以拼合的标本有22组55件，占石制品总数的11%，充分说明郧县人是在遗址所在地制造石器、使用石器，最后遗弃它们。遗留下来的石制品没有受到太大的流水冲刷和搬运作用，属于原地埋藏。因此，郧县人（曲远河口学堂梁子）遗址是远古郧县人的生息之地，他们经历了环境的变化，在这里生活了相当长一段时间，这里既是郧县人的石器制造场，也是他们狩猎的场所。

图 2－267　可拼合石制品（1990T544③：7、1990T544③：5、1990T544③：8－1、1990T544③：8－2 和 1990T544③：8－3）

第三章　学堂梁子—郧县人文化面貌

第一节　中、上文化层面貌

学堂梁子—郧县人遗址发现的石制品虽然数量不多，尤其是第④层（下文化层）发现的只有21件。在讨论时暂不计入下文化层石制品，只讨论上文化层和中文化层的演化关系。

经过拼合后，下文化层、中文化层、上文化层的石器分别有3件、31件、97件。

一　中文化层石器特征

1. 石器岩性

学堂梁子—郧县人遗址中文化层发现的石器有31件。岩性大类中属沉积岩18件，占此层石器总数的58.06%；火成岩有12件，占此层石器总数的38.71%；变质岩只有1件，占此层石器总数的3.23%。岩性小类中以脉石英为最多，有12件，占此层石器总数的38.71%；其次为硅质岩标本，有6件，占此层石器总数的19.36%；再次为砂岩标本，有4件，占此层石器总数的12.9%；而泥质岩、细砂岩各有3件，各占9.67%，含砾砂岩、粉砂岩和石英岩标本较少，分别只有1件，各占3.23%（表3－1；图表3－1至图表3－4）。

表3－1　　中文化层石器岩性统计

类型	沉积岩						变质岩	火成岩	小计
	硅质岩	砂岩	泥质岩	含砾砂岩	细砂岩	粉砂岩	石英岩	脉石英	
中文化层	6	4	3	1	3	1	1	12	31
百分比（%）	19.36	12.9	9.67	3.23	9.67	3.23	3.23	38.71	100
	58.06						3.23	38.71	100

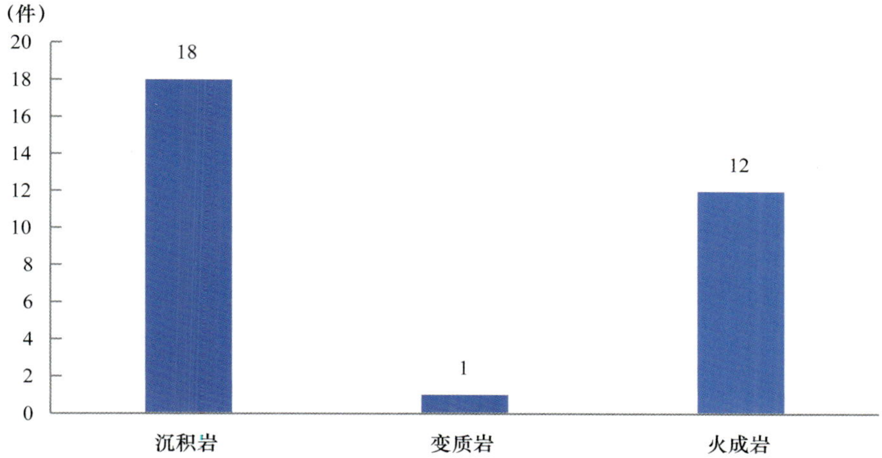

图表 3－1　中文化层石器岩性大类数量

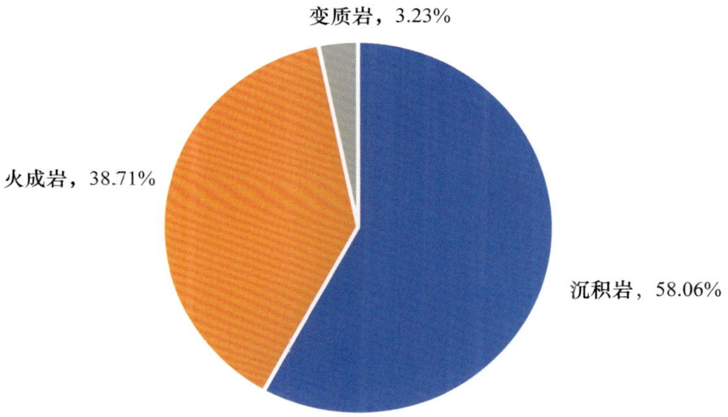

图表 3－2　中文化层石器岩性大类相对比例

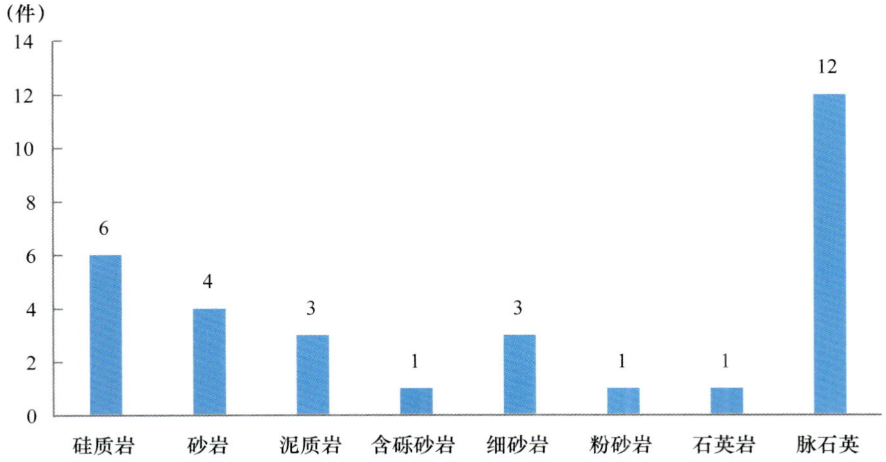

图表 3－3　中文化层石器岩性小类数量

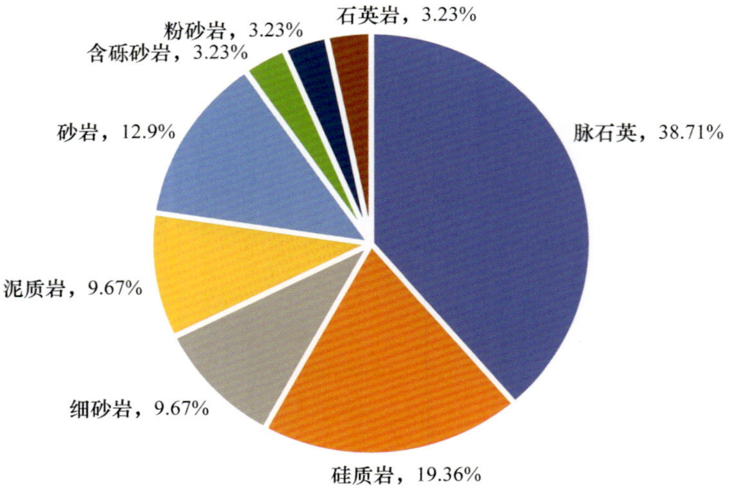

图表 3－4　中文化层石器岩性小类相对比例

2. 石器类型

郧县人遗址中文化层的石器大类可分为砾石石器（20 件）和石片石器（11 件）两类。以砾石石器为主，砾石石器占此层石器总数的 64.52%；以石片石器为辅，石片石器占 35.48%。

石器小类中以单向加工的砍砸器为主，有 12 件，占本层石器总数的 38.71%；其次是刮削器，有 6 件，占 19.36%；其他有双向加工的砍砸器，有 5 件，占 16.13%；凹缺刮器有 3 件，占 9.67%；有孤立凸起片疤的砾石、尖凸，各有 2 件，各占 6.45%；有孤立凹下片疤的砾石最少，只有 1 件，占 3.23%（表 3－2；图表 3－5 至图表 3－8）。

表 3－2　**中文化层石器类型统计**

类型	砾石（石核）石器				石片石器			小计
	有孤立凸起片疤的砾石	有孤立凹下片疤的砾石	单向加工的砍砸器	双向加工的砍砸器	刮削器	凹缺刮器	尖凸	
中文化层（件）	2	1	12	5	6	3	2	31
百分比（%）	6.45	3.23	38.71	16.13	19.36	9.67	6.45	100
	64.52				35.48			

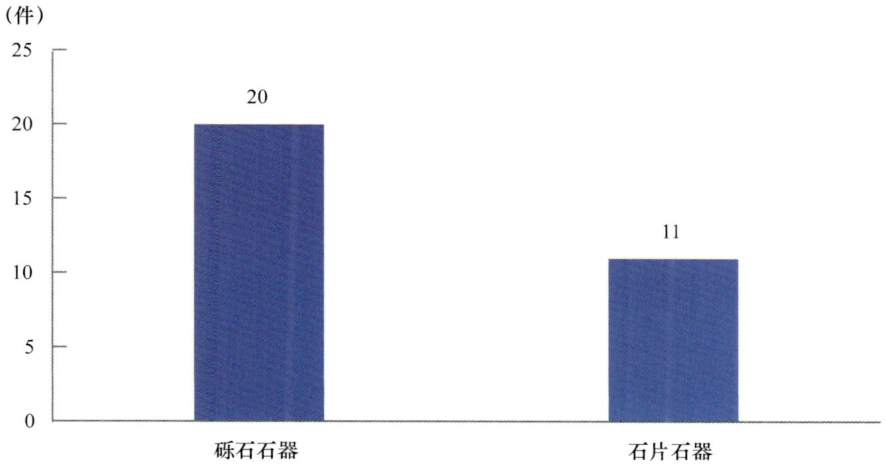

图表 3－5　中文化层石器大类数量

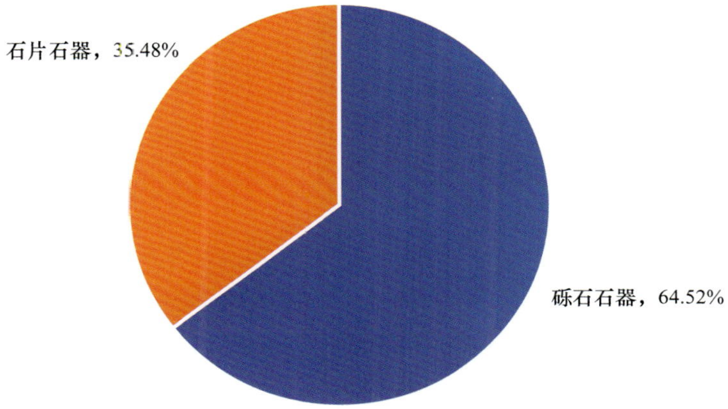

图表 3－6　中文化层石器岩性大类相对比例

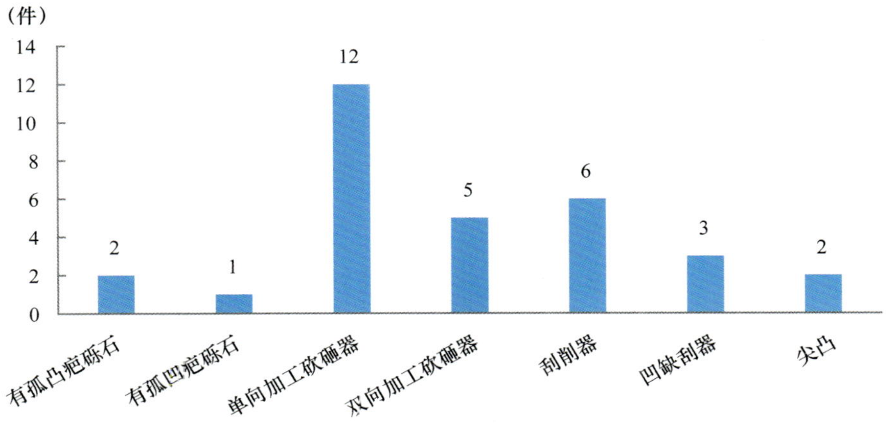

图表 3－7　中文化层石器类型数量

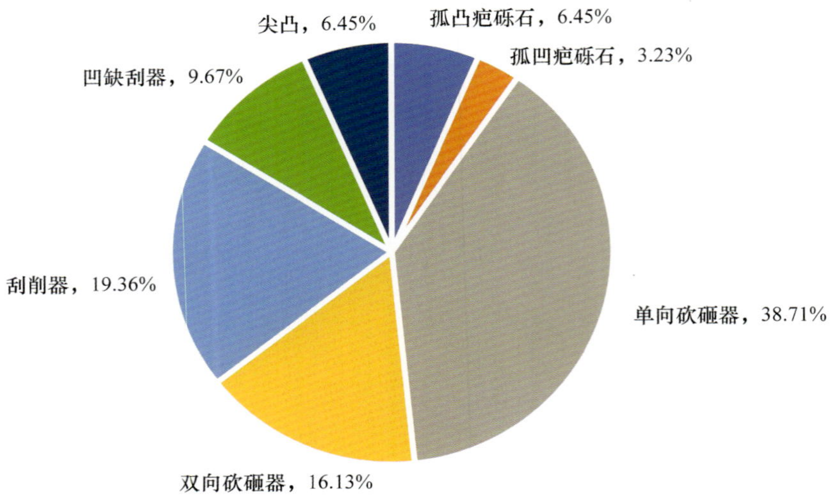

图表 3 – 8　中文化层石器岩性类型相对比例

二　上文化层石器特征

1. 石器岩性

学堂梁子—郧县人遗址上文化层发现的石器有 97 件。岩性大类中属沉积岩 60 件，占此层石器总数的 61. 86%；火成岩有 23 件，占此层石器总数的 23. 71%；变质岩有 14 件，占此层石器总数的 14. 43%。岩性小类中以硅质岩为最多，有 29 件，占此层石器总数的 29. 9%；其次为脉石英，有 23 件，占此层石器总数的 23. 71%；再次为砂岩，有 21 件，占此层石器总数的 21. 65%；石英岩有 12 件，占此层石器总数的 12. 37%；而其他含砾砂岩有 5 件，占此层石器总数的 5. 16%；泥质岩有 3 件，占 3. 09%，细砂岩、粉砂岩、混合岩和片麻岩较少，分别只有 1 件，各占 1. 03%（表 3 – 3；图表 3 – 9 至图表 3 – 12）。

表 3 – 3　**上文化层石器岩性统计**

类型	沉积岩						变质岩			火成岩	小计
	硅质岩	砂岩	泥质岩	含砾砂岩	细砂岩	粉砂岩	石英岩	混合岩	片麻岩	脉石英	
上文化层（件）	29	21	3	5	1	1	12	1	1	23	97
百分比（%）	29. 90	21. 65	3. 09	5. 16	1. 03	1. 03	12. 37	1. 03	1. 03	23. 71	100
	61. 86						14. 43			23. 71	100

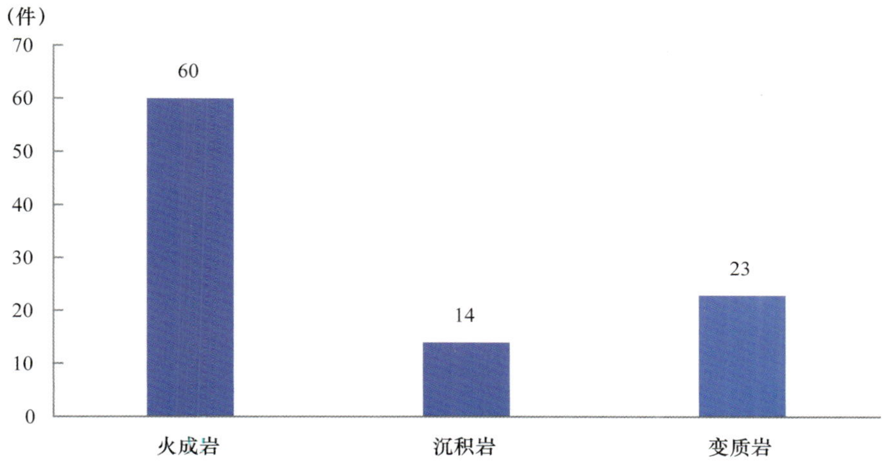

图表 3－9　上文化层石器岩性大类数量

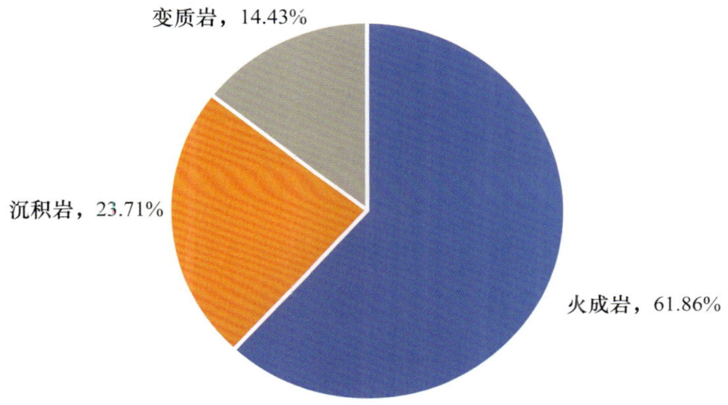

图表 3－10　上文化层石器岩性大类相对比例

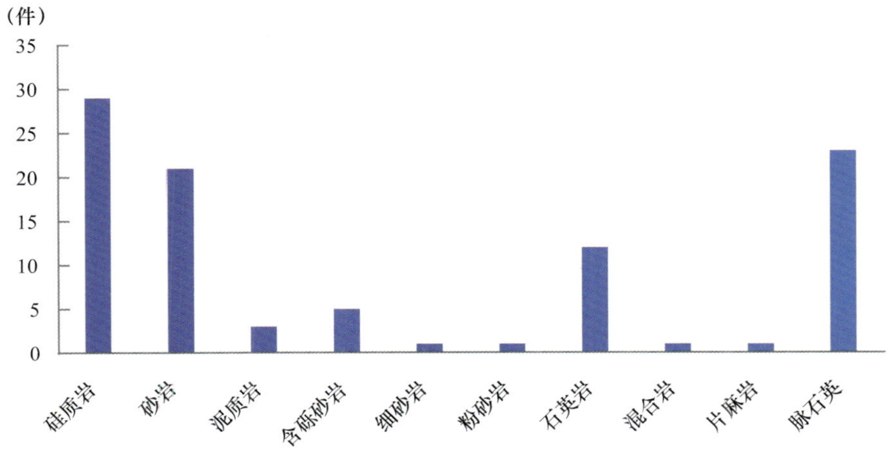

图表 3－11　上文化层石器岩性小类数量

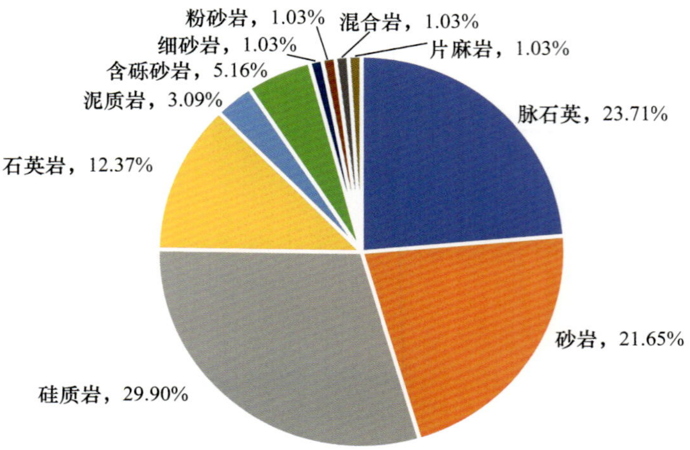

图表 3－12　上文化层石器岩性小类数量相对比例

2. 石器类型

学堂梁子—郧县人遗址上文化层的石器大类可分为砾石石器（71 件）和石片石器（26 件）两类。以砾石石器为主，砾石石器占此层石器总数的 73. 2%；以石片石器为辅，石片石器占 26. 8%。

石器小类中以单向加工的砍砸器为主，有 33 件，占本层石器总数的 34. 02%；其次是刮削器，有 20 件，占 20. 62%；其他双向加工的砍砸器，有 13 件，占 13. 4%；手斧有 9 件，占 9. 28%；手镐有 8 件，占 8. 25%；凹缺刮器有 4 件，占 4. 12%；有孤立凸起片疤的砾石有 3 件，占 3. 1%；有孤立凹下片疤的砾石、斧状器的各有 2 件，各占 2. 06%；尖凸最少，只有 1 件，占 1. 03%（表 3－4；图表 3－13 至图表 3－16）。

表 3－4　**上文化层石器类型统计**

类型	砾石（石核）石器								石片石器				小计
	有孤立凸起片疤的砾石	有孤立凹下片疤的砾石	单向加工的砍砸器	手镐	单面器	双向加工的砍砸器	手斧	斧状器	刮削器	凹缺刮器	尖状器	雕刻器	
上文化层数量（件）	3	2	33	8	1	13	9	2	20	4	1	1	97
百分比（%）	3. 1	2. 06	34. 02	8. 25	1. 03	13. 4	9. 28	2. 06	20. 62	4. 12	1. 03	1. 03	100
	73. 2								26. 8				

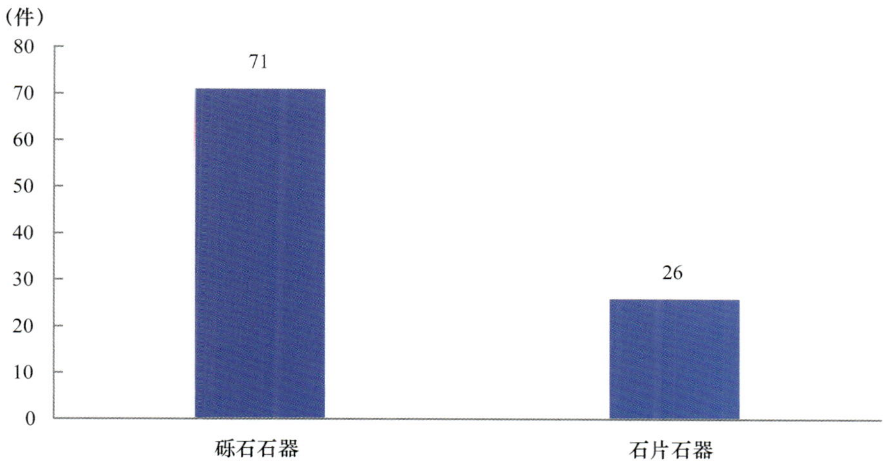

图表 3－13　上文化层石器大类数量

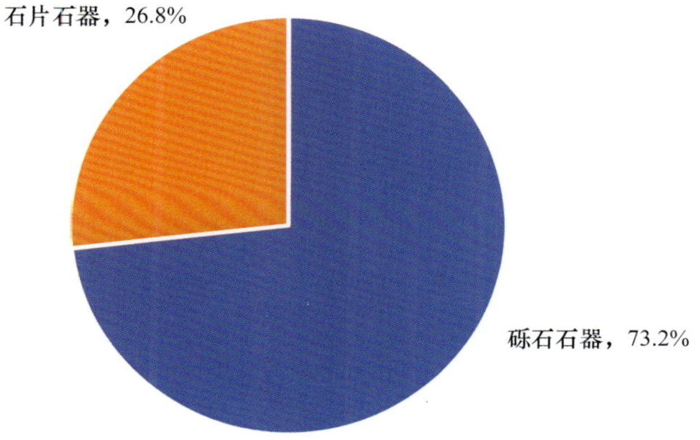

图表 3－14　上文化层石器大类相对比例

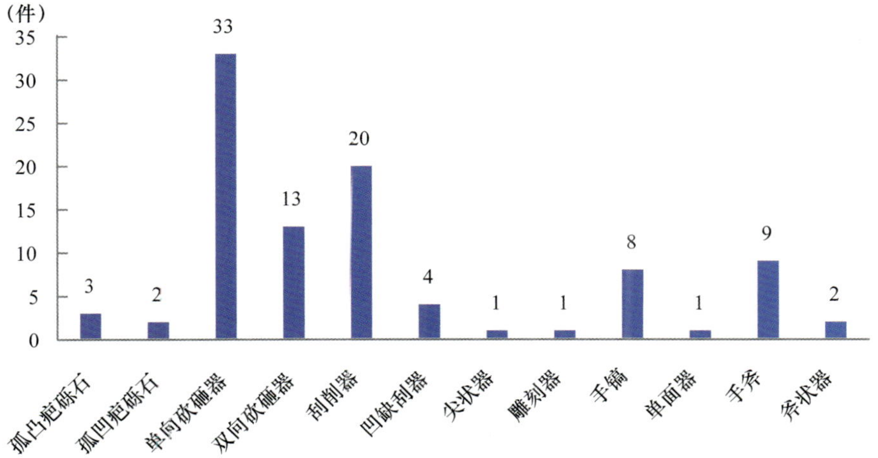

图表 3－15　上文化层石器小类数量

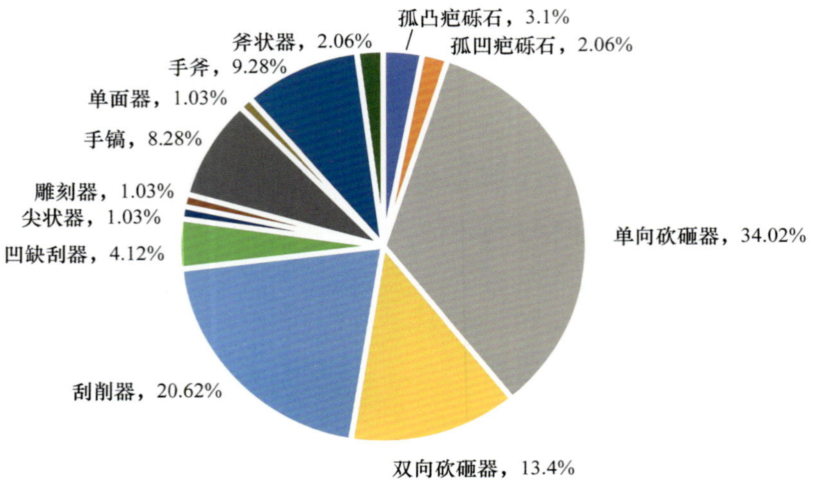

图表 3－16　上文化层石器小类相对比例

三　中、上文化层石器对比

学堂梁子—郧县人遗址中、上文化层的石器岩性、类型方面有一些变化（表 3－5）。

1. 岩性对比

表 3－5　**中、上文化层石器岩性大类数量统计**

类型	沉积岩						变质岩			火成岩	小计
	硅质岩	砂岩	泥质岩	含砾砂岩	细砂岩	粉砂岩	石英岩	混合岩	片麻岩	脉石英	
中文化层	6	4	3	1	3	1	1	0	0	12	31
分层百分比（%）	19. 36	12. 9	9. 67	3. 23	9. 67	3. 23	3. 23	0	0	38. 71	100
	58. 06						3. 23			38. 71	100
上文化层	29	21	3	5	1	1	12	1	1	23	97
分层百分比（%）	29. 90	21. 65	3. 09	5. 16	1. 03	1. 03	12. 37	1. 03	1. 03	23. 71	
	61. 86						14. 43			23. 71	
小计	35	25	6	6	4	2	13	1	1	35	128
百分比	27. 34	19. 53	4. 69	4. 69	3. 13	1. 56	10. 16	0. 78	0. 78	27. 34	100
	60. 94						11. 72			27. 34	100

学堂梁子—郧县人遗址中、上文化层石器的岩性大类中属沉积岩比例从中文化层的58.06%略增至上文化层的61.86%，比例略有增加；火成岩石器从中文化层的38.71%降低到上文化层的23.71%；变质岩的石器从3.23%上升到14.43%。这说明古人类们辨别石制品岩性的水平有极大提升。

岩性小类中以硅质岩标本增加最多，从中文化层的19.36%上升到上文化层的29.9%；其次为砂岩标本，从12.9%上升到21.65%；再次为石英岩标本，从3.23%上升到12.37%。脉石英标本，从38.71%下降到23.71%。而其他含砾砂岩、泥质岩、细砂岩、粉砂岩比例变化不大，上文化层增加了混合岩和片麻岩标本（图表3－17至图表3－20）。

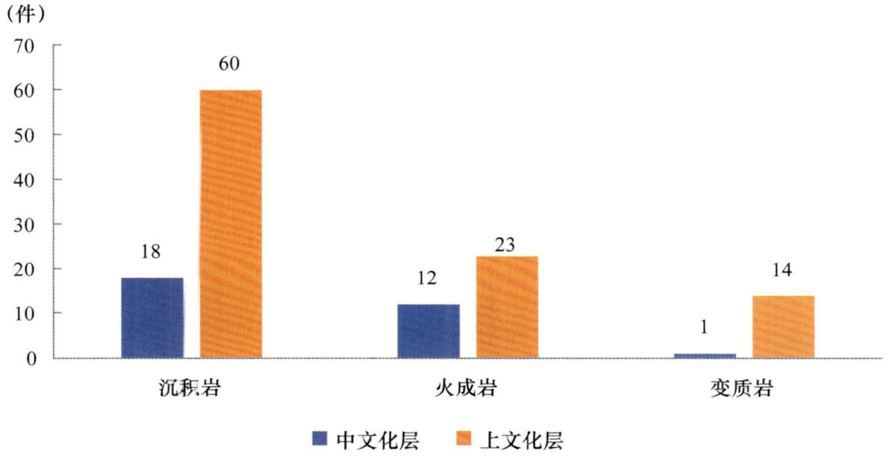

图表3－17　中、上文化层石器岩性大类数量

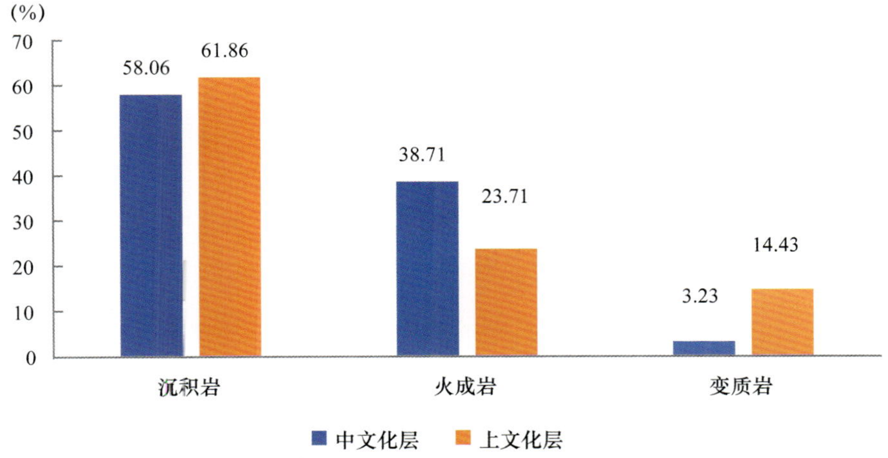

图表3－18　中、上文化层石器岩性大类相对比例

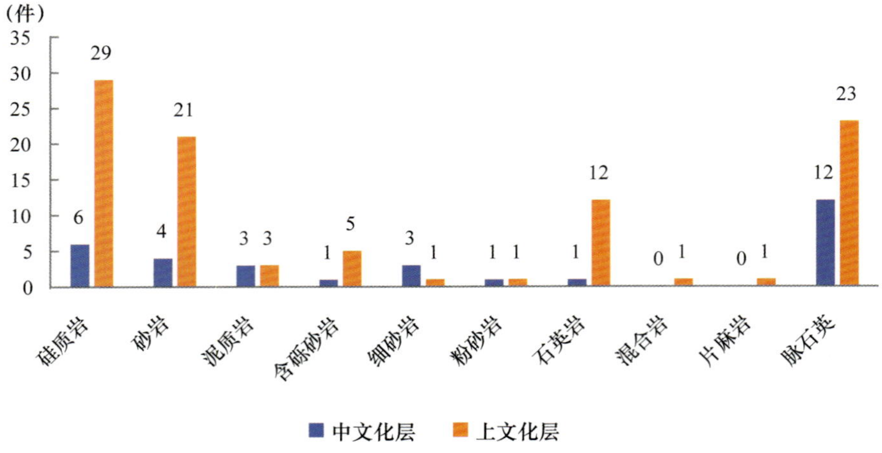

图表 3－19　中、上文化层石器岩性小类数量

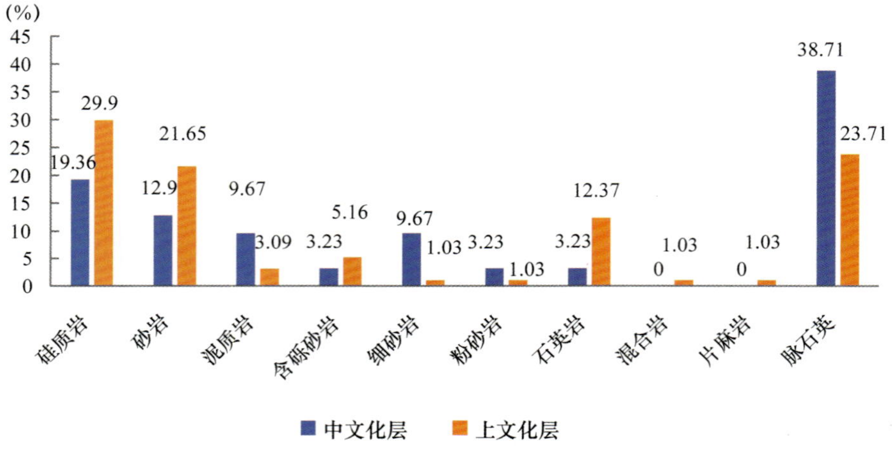

图表 3－20　中、上文化层石器岩性小类相对比例

2. 类型对比

学堂梁子—郧县人遗址中文化层石器大类中砾石石器的比例为 64. 53%，上文化层略增加到 73. 2%；石片石器从中文化层的 35. 47% 降低到上文化层的 26. 8%。石器小类中单向加工的砍砸器比例从中文化层的 38. 71% 降低到上文化层的 35. 16%；双向加工的砍砸器比例从中文化层的 16. 13% 下降到上文化层的 14. 06%，刮削器比例基本上没有太大变化。但上文化层增加了手镐、手斧、斧状器、尖凸等类型，尤其是手斧的出现，将郧县人遗址古人类石器制作水平提升到一个极高的水准，说明郧县人遗址古人类石器制作有了质的飞跃（表 3－6；图表 3－21 至图表 3－24）。

表 3－6　**中、上文化层石器类型统计**

类型	砾石（石核）石器								石片石器					小计
	有孤立凸起片疤的砾石	有孤立凹下片疤的砾石	单向加工的砍砸器	手镐	单面器	双向加工的砍砸器	手斧	斧状器	刮削器	凹缺刮器	尖状器	雕刻器	尖凸	
中文化层数量	2	1	12	0	0	5	0	0	6	3	0	0	2	31
分层百分比（%）	6. 45	3. 23	38. 71	0	0	16. 13	0	0	19. 35	9. 68	0	0	6. 45	100
	64. 52								35. 48					100
上文化层数量	3	2	33	8	1	13	9	2	20	4	1	1	0	97
分层百分比（%）	3. 1	2. 06	34. 02	8. 25	1. 03	13. 4	9. 28	2. 06	20. 62	4. 12	1. 03	1. 03	0	
	73. 2								26. 8					100
小计	5	3	45	8	1	18	9	2	26	7	1	1	2	128
百分比（&）	3. 91	2. 34	35. 16	6. 25	0. 78	14. 06	7. 03	1. 56	20. 31	5. 47	0. 78	0. 78	1. 56	100
	71. 1								28. 9					100

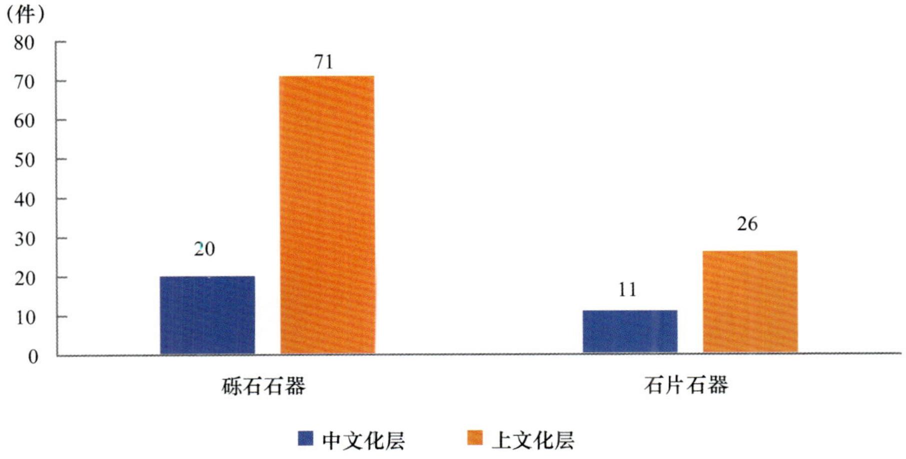

图表 3－21　中、上文化层石器大类数量

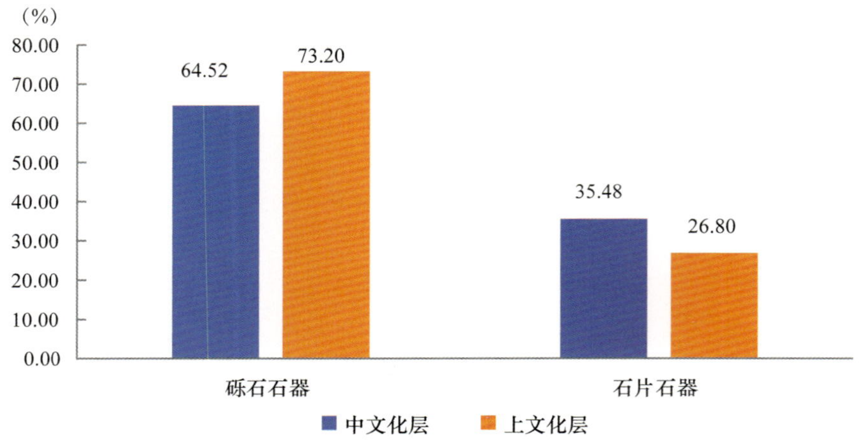

图表 3－22　中、上文化层石器大类相对比例

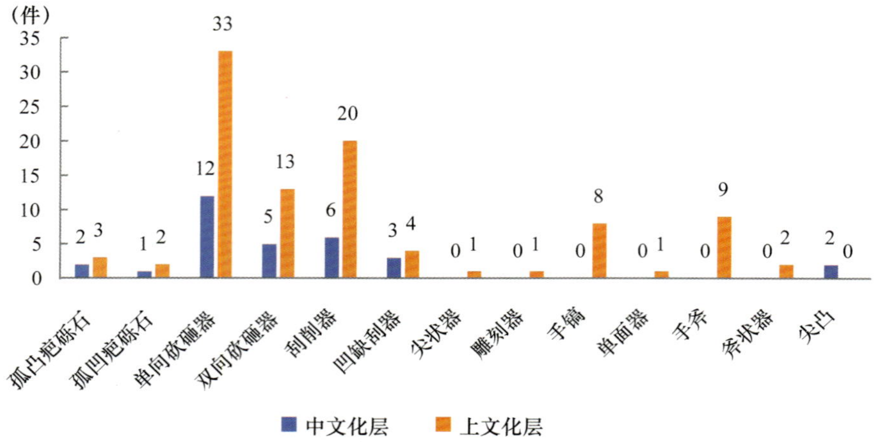

图表 3－23　中、上文化层石器小类数量

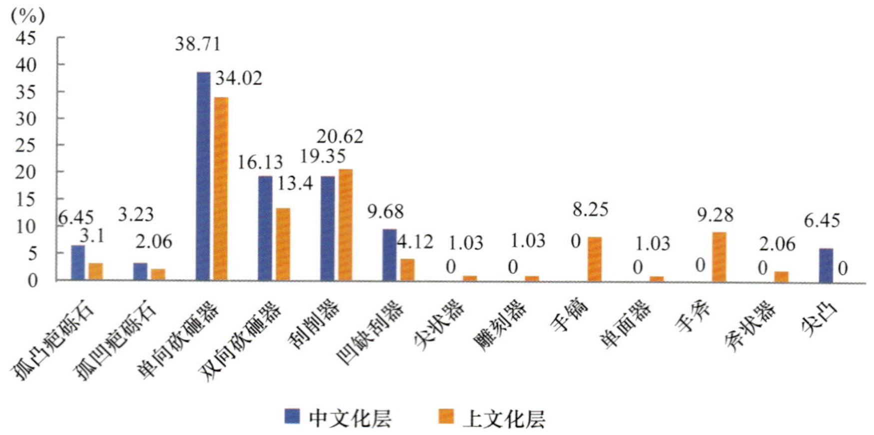

图表 3－24　中、上文化层石器小类相对比例

四　小结

总体上看，学堂梁子—郧县人遗址的岩性大类中沉积岩比例从中文化层到上文化层略有增加，总体比例变化不大；火成岩比例从中文化层到上文化层比例略有下降；变质岩的比例有所增加。

岩性小类中以硅质岩增加最多，从中文化层到上文化层的比例上升了10.54个百分点；砂岩标本，从中文化层到上文化层上升了8.75个百分点；石英岩标本，比例也上升了9.14个百分点。脉石英标本下降了15个百分点。其他含砾砂岩、泥质岩等比例变化不大，上文化层还增加了混合岩和片麻岩标本。

从岩性小类的硬度来看，古人类们在石器制作实践中辨别岩性的能力大有提高，从以砂岩（摩氏硬度2~6级）、硅质岩（摩氏硬度7级）、粉砂岩（摩氏硬度2~6级）、泥质岩（摩氏硬度2~3级）、细砂岩（摩氏硬度2~6级）等硬度较低的沉积岩类岩石为主，到能大量使用脉石英（摩氏硬度7级）、矽质岩（摩氏硬度7级）、砂岩（摩氏硬度2~6级），还增加了花岗斑岩（摩氏硬度5~6.5级）、硅卡岩（摩氏硬度6~8级）、绿帘石岩（摩氏硬度6~7级）、混合岩（摩氏硬度6.5级）和片麻岩（摩氏硬度4.5~6.5级）的标本，不仅说明古人类使用石器岩性范围的扩大，还证明他们会使用一些硬度较高岩性的岩石来制作特殊的工具，如9件手斧中有8件的岩性为硅质（灰）岩、另外1件为混合岩，硬度较高；单向、双向加工的砍砸器大多数使用砂岩的标本；刮削器使用脉石英的较多，尤其有1件使用零台面石片制作的1件多刃刮削器，若可以确定出土层位，可能是中国旧石器时代最早的零台面石制品。

学堂梁子—郧县人遗址上文化层石器的石器大类中砾石石器的比例有略增加（增加了8.67个百分点）；石片石器下降了8.68个百分点。石器小类中单向、双向加工的砍砸器的比例略有下降（下降2.7%）；刮削器的比例基本上没有太大变化。但上文化层增加了手镐、手斧、斧状器、尖凸等类型，证明郧县人遗址石器制作水平有了质的提升。

第二节　总体文化面貌

学堂梁子—郧县人遗址发现的石制品的数量虽然不多，三个文化层之间的连续演化关系虽不是十分明显，但如果将这三个文化层的石制品作为一个整体来看的话，其特征还是很明显的。

经过拼合，本次研究的郧县人遗址的石制品总数有476件，将其视为距今98万~78万年前的旧石器时代早期古人制作使用的工具、备料，便于与其他遗址的石制品进行对比研究（表3-7、表3-8）。

一　岩性

学堂梁子—郧县人遗址石制品的岩性的大类方面，火成岩比例最高，接近一半的比例，沉积岩次之，变质岩最少。岩性小类以脉石英为主，比例也接近一半；其次为砂岩标本；硅质岩和石英岩标本，比例也超过10%；泥质岩、含砾砂岩、混合岩、细砂岩、花岗斑岩、石英斑

表 3－7

学堂梁子（郧县人）遗址 1989～2005 年发现的石制品拼合后岩性及硬度统计总表

岩性	沉积岩							变质岩						火成岩							小计
	砂岩	细砂岩	粉砂岩	泥质砂岩	泥质岩	硅质岩	含砾砂岩	石英岩	片麻岩	云母石英片岩	混合岩	绿帘石	矽卡岩	脉石英	花岗岩	花岗斑岩	石英斑岩	粗面岩	伟晶岩	安山岩	
小计	72	8	3	1	16	64	9	55	6	1	6	1	1	219	3	3	3	3	1	1	476
百分比（%）	15.13	1.68	0.63	0.21	3.36	13.45	1.89	11.55	1.26	0.21	1.26	0.21	0.21	46.01	0.63	0.63	0.63	0.63	0.21	0.21	100
	36.35							14.70						48.95							100
摩尔硬度（级）	2～6	2～6	2～6	2～5	2～3	7	2～6	7	4.5～6.5	3～6	6.5	6～7	6～8	7	5～6.5	5～6.5	5～6.5	5～6.5	6～7	5～6.5	

表 3－8

学堂梁子（郧县人）遗址 1989～2005 年发现的石制品拼合后类型统计总表

类型	加工工具	被加工的对象																			小计
		原料及素材					石器														
							砾石（石核）石器								石片石器						
	石锤	完整砾石	断裂砾石	石核	石片	碎片（块）	有孤凸疤砾石	有孤凹疤砾石	单向加工砍砸器	手镐	单面器	双向加工砍砸器	手斧	斧状器	刮削器	凹缺器	尖凸	尖状器	雕刻器		
小计	3	75	8	44	52	164	5	3	46	7	1	19	9	2	27	7	2	1	1		476
百分比（%）	0.63	15.76	1.68	9.24	10.93	34.45	1.05	0.63	9.67	1.47	0.21	3.99	1.89	0.42	5.67	1.47	0.42	0.21	0.21		100
	0.63	72.06					19.33								7.98						100

岩、粉砂岩、片麻岩、绿帘石、矽卡岩和安山岩比例较少。这20种岩性的石制品也说明郧县人选择制作石器的素材范围非常广泛，三大岩性中每类都有六七种被古人类选用来制作石器（图表3-25至图表3-28）。

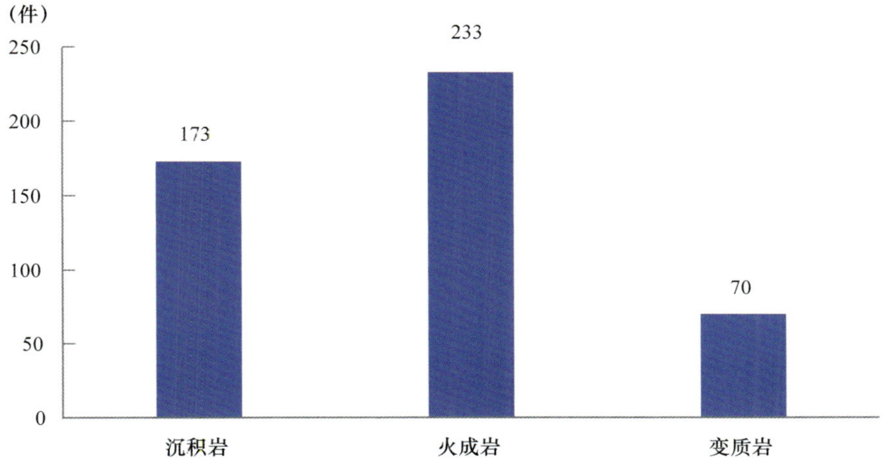

图表3-25　石制品岩性大类数量

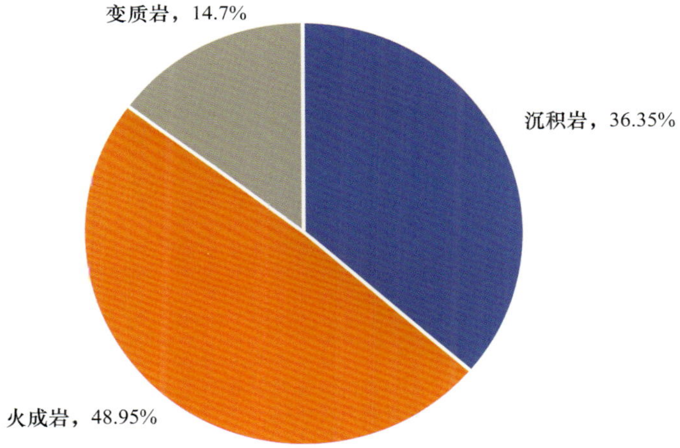

图表3-26　石制品岩性大类相对比例

二　类型

学堂梁子—郧县人遗址的石制品类型颇为丰富，计有：完整砾石、断裂砾石、石锤、石核、碎片、石片、石锤、有孤立凸起片疤的砾石（似石锤）、有孤立凹下片疤的砾石（特征不明显的单向加工的砍砸器）、单向加工的砍砸器、手镐、单面器、双向加工的砍砸器、手斧、斧状器、刮削器、凹缺刮器、尖状器、尖凸、雕刻器。尤其值得注意的是手斧的出现，标志着郧县人的加工石器的水平达到了一个新的高度（图表3-29、图表3-30）。

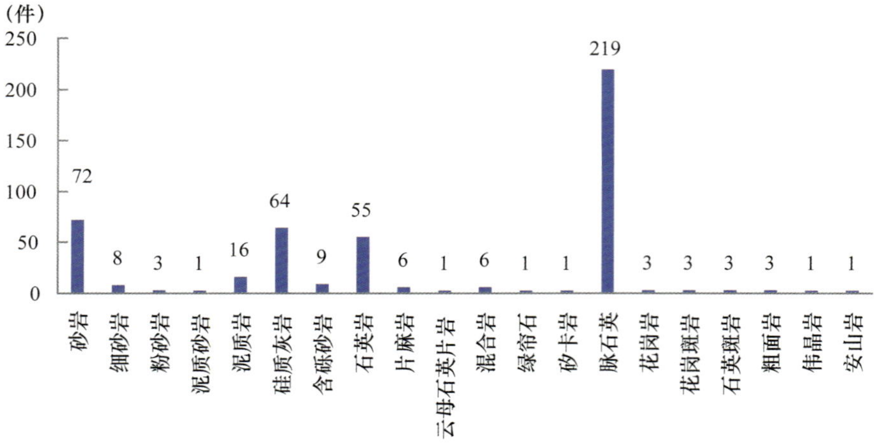

图表 3－27　石制品岩性小类数量

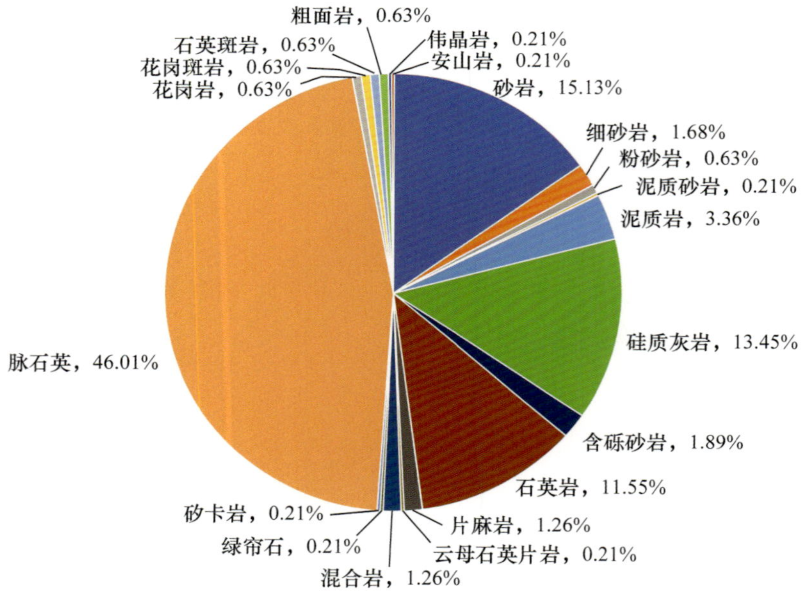

图表 3－28　石制品岩性小类相对比例

石核中以单台面为主，双台面和多台面的都较少，石核剩块也不多。石片的数量不多，大部分为完整石片，半边石片、台面破碎的石片都不多。石核和石片的比率是 44:67，相当于每件石核上只能剥下 1.5 块石片，即使加上碎片（181 件），石核上剥下的石片和碎片也不到 4 块。砾石（石核）类石制品和石片类石制品的数量对比为 190:286，单个砾石（石核）对应 1.5 块石片（碎片），单个台面进行剥片的边缘大多数只有一个，很少转动或翻动石核进行继续的剥片工作，说明郧县人利用石核进行剥片的效率并不高。

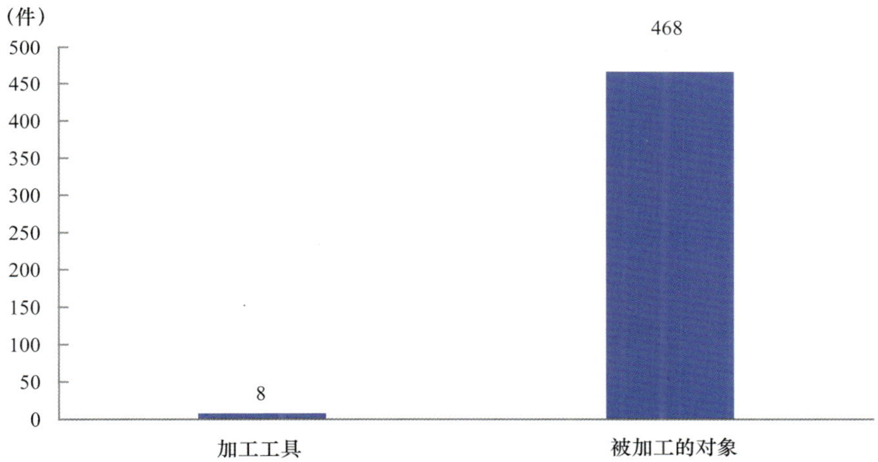

图表 3－29　加工工具与被加工的对象数量

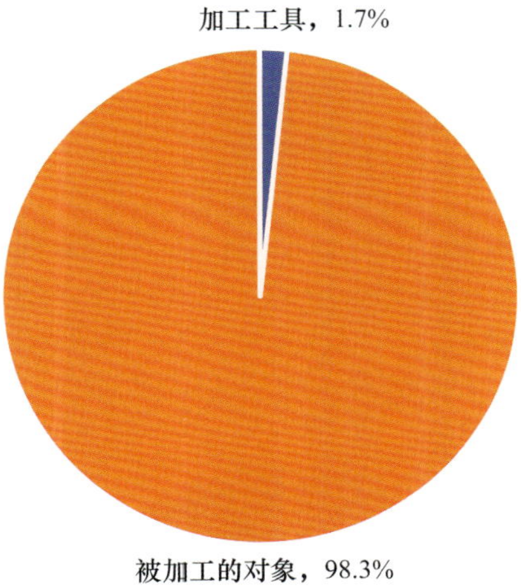

图表 3－30　加工工具与被加工的对象相对比例

学堂梁子—郧县人遗址发现的石核单个台面的可测利用率，在 20% ～49% 的为多，就是说基本上台面的利用率在 50% 以下。单个石核的剥片率（保留砾石石皮的比率）以在 50% ～89% 的为多，意即每个石核上保留的砾石石皮基本上都在一半以上。

石核可测台面角中以在 50°～99°的为多，超过 90°的不多。石器的可测刃角中以在 50°～89°的为多，超过 90°的不多。

郧县人制作的石器类型很明显以砾石（石核）石器为主（71.32%），以石片石器为辅（28.68%）。砾石石器中以单向加工的砍砸器为主，其次为手镐和双向加工的砍砸器，手斧的数量和比例也不少，其他的斧状器、有孤立凸起片疤的砾石、有孤立凹下片疤的砾石稍少。石片石器中以刮削器为主，凹缺刮器、尖状器、尖凸、雕刻器都非常少。石器的刃缘数量大部分都只有一条，双刃或多刃的石器非常少，尤其是有两条相交并形成尖端的刃缘更少之又少，这也说明当时的古人类们因为原料的丰富，可以随意地选择充足的石料进行加工，使用后就马上抛弃，再去选择另外的石料进行加工。

除去有孤立凸起片疤的砾石、有孤立凹下片疤的砾石，剩下的砾石（石核）石器有 84 件，石片石器有 38 件（图表 3－31 至图表 3－48）。

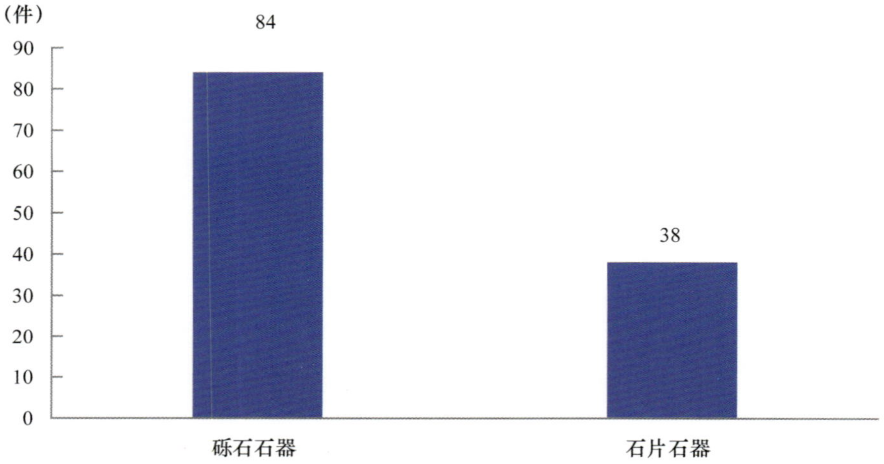

图表 3－31　砾石石器与石片石器数量

（不含有孤立凸起片疤的砾石、有孤立凹下片疤的砾石）

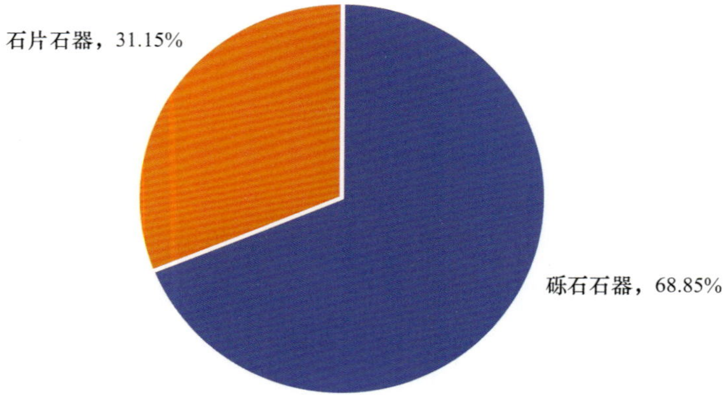

图表 3－32　砾石石器与石片石器相对比例

（不含有孤立凸起片疤的砾石、有孤立凹下片疤的砾石）

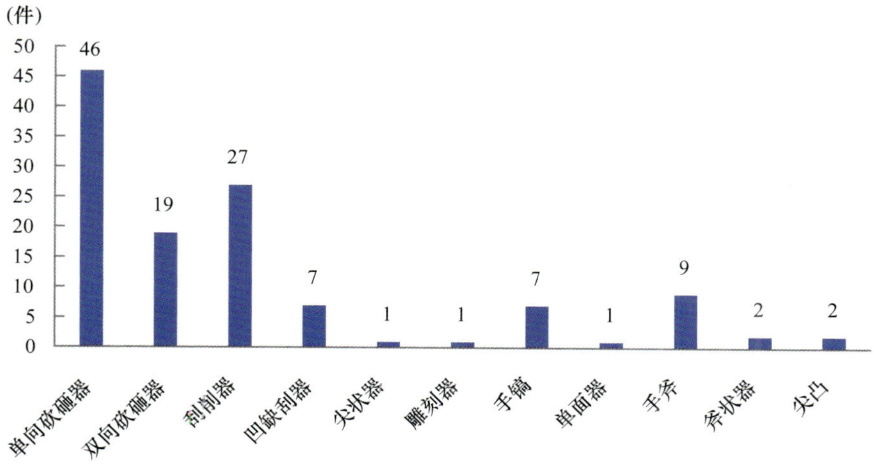

图表 3－33　石器小类数量

（不含有孤立凸起片疤的砾石、有孤立凹下片疤的砾石）

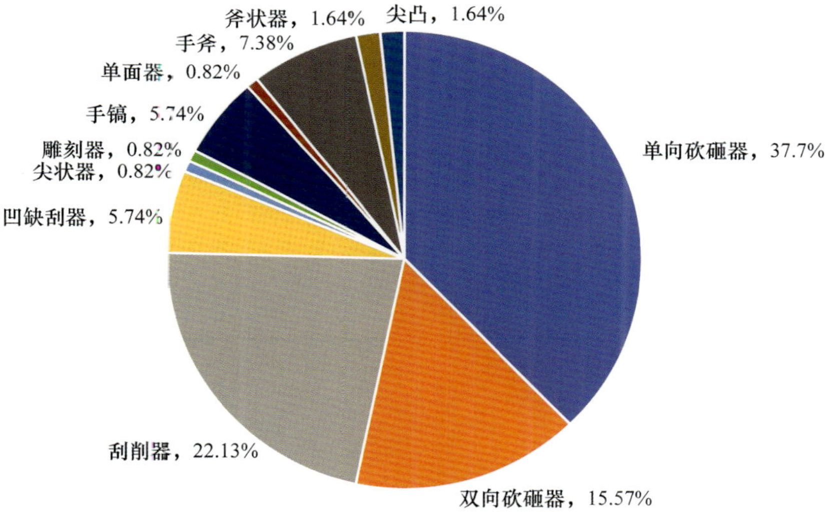

图表 3－34　石器小类相对比例

（不含有孤立凸起片疤的砾石、有孤立凹下片疤的砾石）

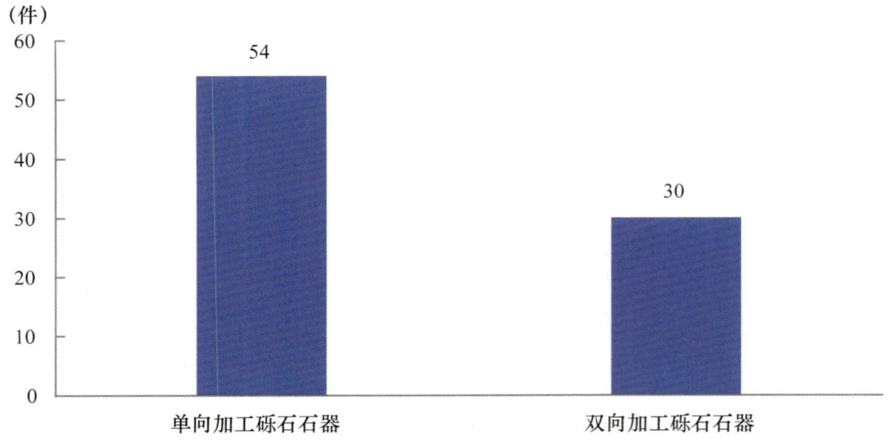

图表 3－35　石器单向、双向加工的砾石石器数量

（不含有孤立凸起片疤的砾石、有孤立凹下片疤的砾石）

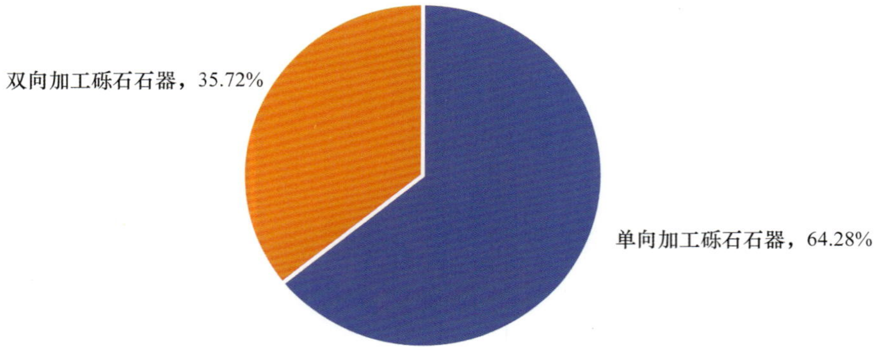

图表 3－36　石器单向、双向加工的砾石石器相对比例

（不含有孤立凸起片疤的砾石、有孤立凹下片疤的砾石）

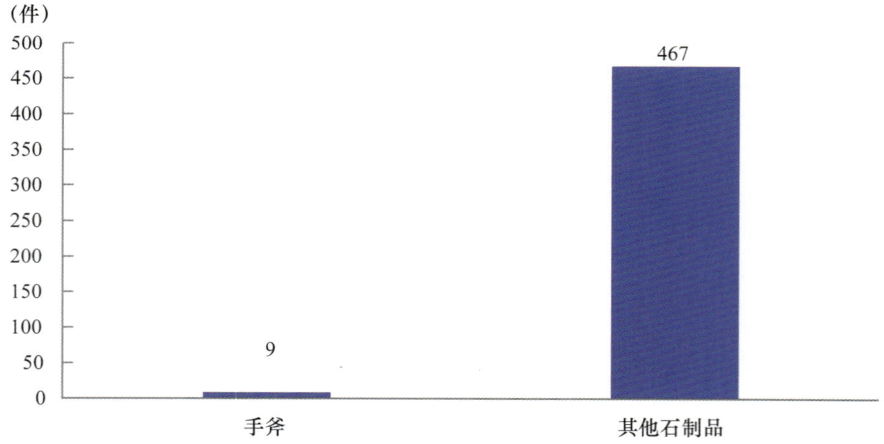

图表 3－37　手斧与其他石制品数量

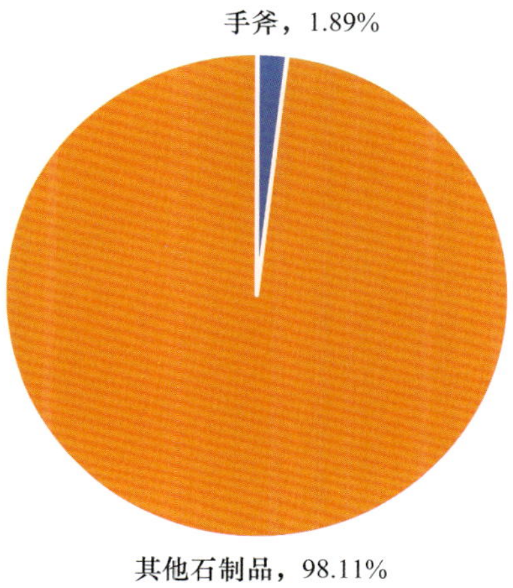

图表 3－38　手斧与其他石制品相对比例

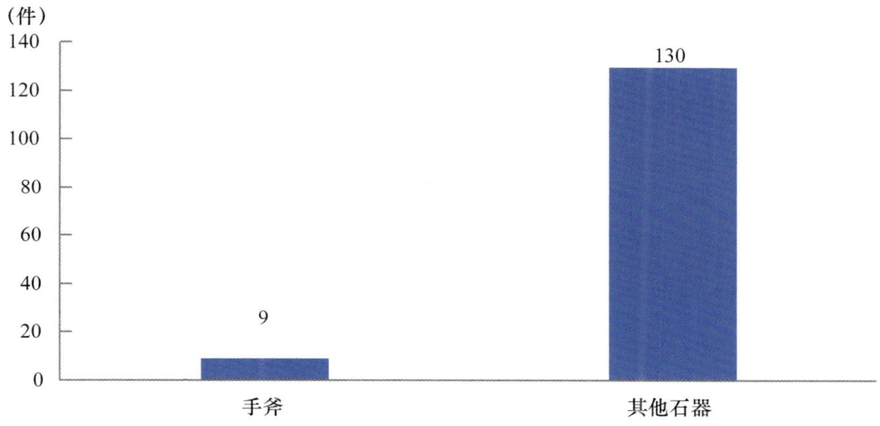

图表 3－39　手斧与其他石器数量

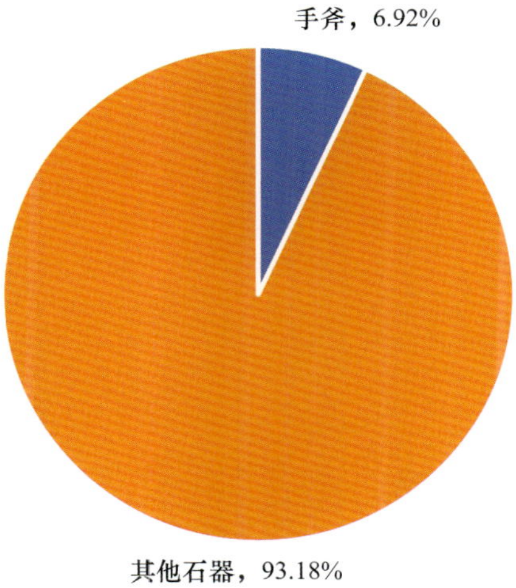

图表 3－40　手斧与其他石器相对比例

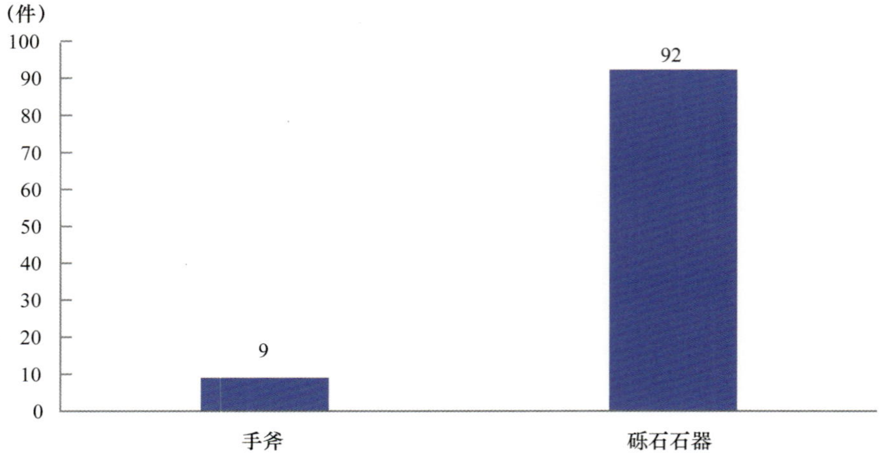

图表 3－41　手斧与其他砾石石器数量

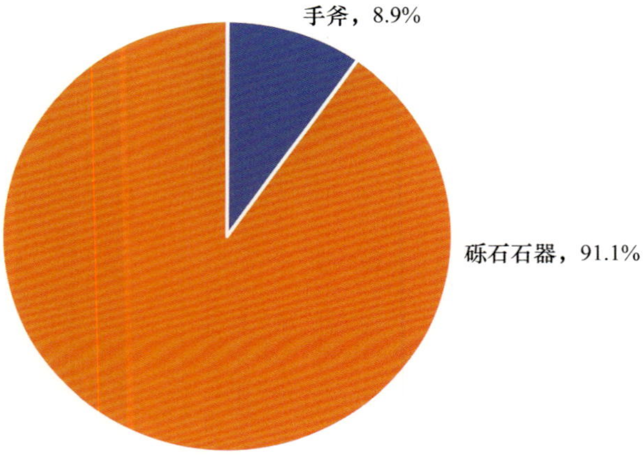

图表 3－42　手斧与其他砾石石器相对比例

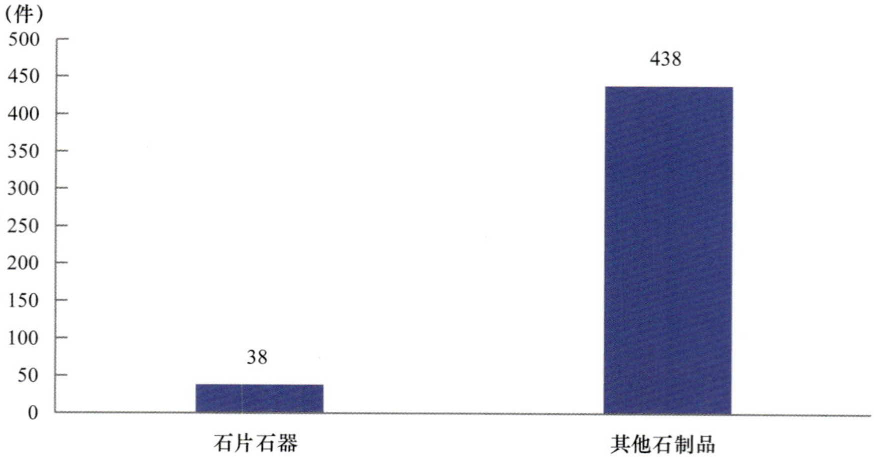

图表 3－43　石片石器与其他石制品数量

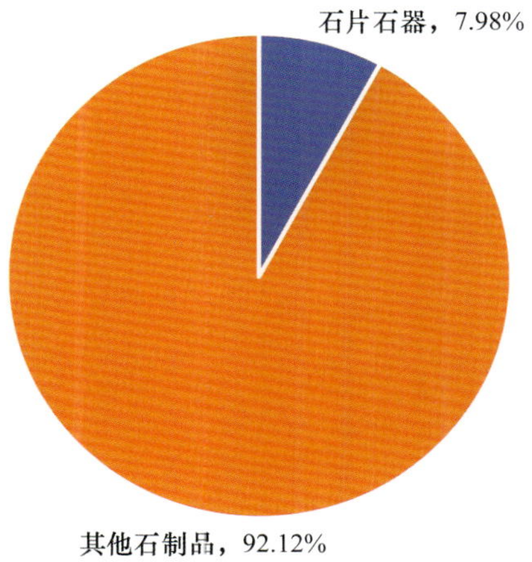

图表 3－44　石片石器与其他石制品相对比例

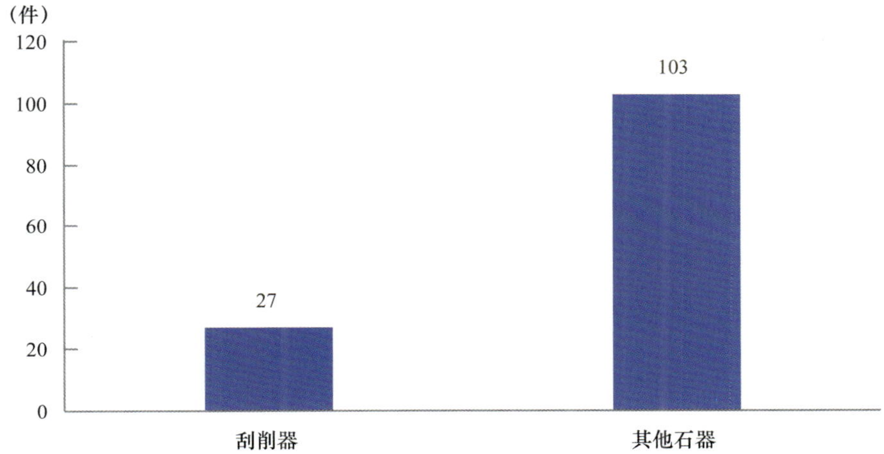

图表 3－45　刮削器与其他石器数量

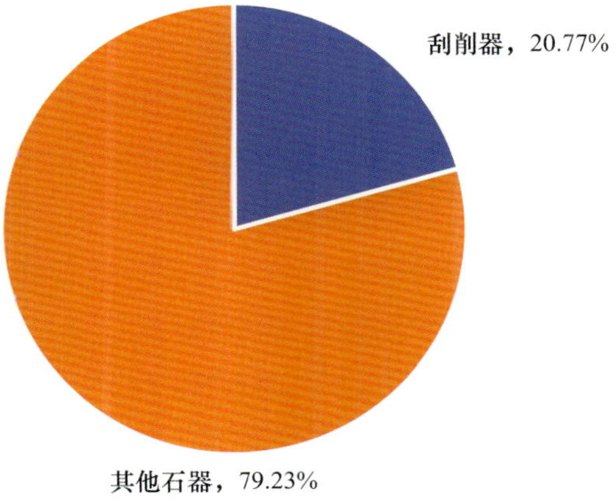

图表 3－46　刮削器与其他石器相对比例

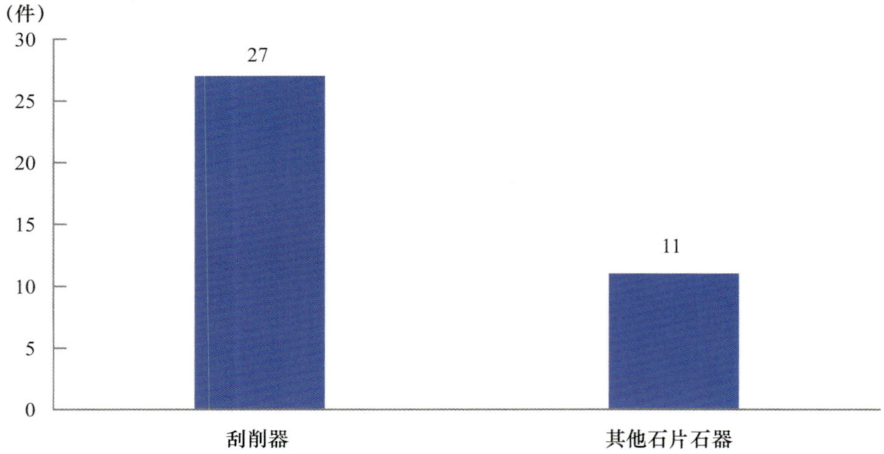

图表 3－47　刮削器与其他石片石器数量

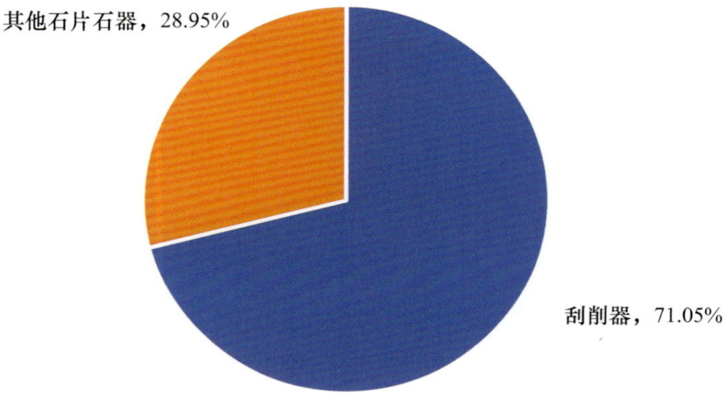

图表 3－48　刮削器与其他石片石器相对比例

郧县人制作石器的方法是硬锤直接法。

学堂梁子—郧县人遗址发现的石器中最有特色的是手镐和手斧，前者主要是用砂岩砾石加工而成，素材为长而扁平的砾石，有时候略微进行一下剥片、去薄，有时候就直接加工成为石器，可称之为“郧县砍砸器（手镐）”；后者主要是用质地不好的硅质（灰）岩加工而成，素材为长而扁平的砾石，由于选择的素材在形状上比较理想，往往在一个面上进行精致加工，而在另外一个面上就只进行了粗加工，所有造成了手斧的两面上一面上没有砾石石皮，而另外一面上则保留有大面积的砾石石皮，这样的石器以前在中国的其他时代相近的遗址中很少发现，可称之为“郧县手斧”（表3－9）。

表 3－9　　学堂梁子（郧县人）遗址中、下文化层石制品类型演化表

石制品类型	石核	石片	单向加工的砍砸器（Chopper）	手镐	双向加工的砍砸器（Chopping-tool）	手斧	斧状器	文化面貌
中文化层			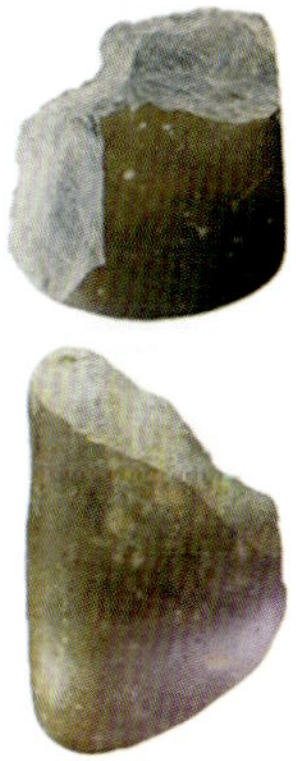					以砾石石器为主，以砍砸器为主。没有手镐、手斧、单面器和斧状器等。刮削器有凹缺刮器、尖凸等类型
上文化层		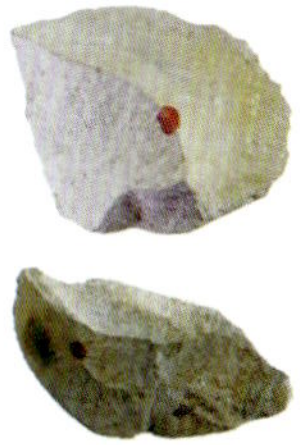						以砾石石器为主，以砍砸器为主。有手镐、手斧、单面器和斧状器等。刮削器有凹缺刮器、尖凸等类型

第四章　对比研究

由于目前中国发现的旧石器时代遗址石制品研究中，采用本报告研究方法的不多，因此本报告挑选了广西壮族自治区百色盆地中时代与学堂梁子—郧县人遗址相近的那赖遗址（发掘资料正在整理中）进行对比研究。

广西百色盆地右江河谷第Ⅳ级阶地中埋藏着丰富的石制品。1973 年，考古工作者在百色市上宋村发现 11 件石制品，之后，中国科学院古脊椎动物与古人类研究所（广西壮族自治区文物保护与考古研究所）、广西壮族自治区博物馆、广西文物考古研究所、广西自然博物馆、中国科学院地质与地球物理研究所和原子能科学研究所、中山大学、美国史密森研究院国家自然博物馆、美国圣路易斯华盛顿大学人类学系、美国伯克利地质年代学研究中心，以及百色市、田阳县、田东县等博物馆先后参与调教发掘工作，发现了大量类型丰富的石制品。2000 年，《科学》（*Science*）杂志发表的论文报道了百色盆地网纹红土中含有手斧等具有似欧洲阿舍利技术风格的石制品，同时还测定了与石制品同层位的玻璃陨石的^{40}Ar、^{39}Ar 年龄，为距今 803 ± 3ka。2005 年，在百色市右江区的大梅、枫树岛、田阳那赖等遗址的地层中发现了和玻璃陨石同层位的手斧。这样就解决了手斧的出土层位和年代问题，证明百色手斧的埋藏年代与玻璃陨石的降落年代一致，为距今约 80 万年。①

---

① 陈晓颖、谢光茂、林强：《百色大梅遗址第一地点发掘简报》，《人类学学报》2017 年第 3 期；程茂峰：《百色市澄碧湖景区生态旅游开发研究》，《广西水利水电》2010 年第 6 期；郭士伦、郝秀红、陈宝流：《用裂变径迹法测定广西百色旧石器遗址的年代》，《人类学学报》1996 年第 4 期；黄慰文：《红土地质考古带和早期人类进化》，《第四纪研究》2000 年第 5 期；黄慰文等：《对百色石器层位和时代的新认识》，《人类学学报》1990 年第 2 期；黄慰文、袁宝印：《关于百色石器研究——答林圣龙》，《人类学学报》2002 年第 1 期；黄胜敏等：《广西百色百峰遗址发现的石制品》，《人类学学报》2011 年第 3 期；黄慰文：《百色手斧挑战“莫氏线”》，《化石》2001 年第 4 期；何乃汉、邱中郎：《百色旧石器的研究》，《人类学学报》1987 年第 4 期；高柳青、袁宝印：《南宁、百色盆地红土风化壳的地球化学特征及其环境意义》，《地理研究》1996 年第 1 期；侯亚梅、高立红、黄慰文等：《百色高岭坡旧石器遗址 1993 年发掘简报》，《人类学学报》2011 年第 1 期；高立红、袁俊杰、侯亚梅：《百色盆地高岭坡遗址的石制品》，《人类学学报》2014 年第 2 期；广西壮族自治区博物馆：《百色旧石器》，文物出版社 2003 年版；黄胜敏：《百色旧石器的发现和研究。广西百色市委、广西百色市政府、广西历史学会》，《历史的启示——右江流域民族历史文化与经济开发研讨会暨广西历史学会第十次会员代表大会论文集》2003 年第 10 期；黄胜敏、刘扬、黄鑫等：《广西百色六合遗址发掘简报》，《人类学学报》2012 年第 2 期；黄胜敏、黄鑫、黄明扬等：《百色六合遗址发掘简报》，《广西考古文集》，科学出版社 2010 年版；蒋廷瑜：《广西考古四十年概述》，《考古》1998 年第 11 期；蒋远金：《田阳那赖遗址 B 区发掘报告》，《广西考古文集》，科学出版社 2010 年版；孔丽娟等：《狮子洞铀系测年与百色盆地第Ⅲ级阶地的年代》，《地球与环境》2012 年第 3 期；李炎贤、尤玉柱：《广西百色发现的旧石器》，《古脊椎动物与古人类》1975 年第 4 期；林强：《广西百色田东坡西岭旧石器时代遗址发掘简报》，《人类学学报》2002 年第 1 期；刘扬、黄胜敏：《广西百色公篓遗址石制品的初步研究》，《人类学学报》2013 年第 1 期；刘扬、黄胜敏、郭耀峥：《近四十年广西百色盆地旧石器考古研究综述与展望》，《第十三届中国古脊椎动物学学术年会论文集》，海洋出版社 2012 年版；刘昆：（转下页）

第一节　与那赖遗址对比

一　遗址概况

那赖遗址（东经106°51′42″，北纬23°43′27″）位于广西壮族自治区百色市田阳县田州镇兴城村那赖屯，遗址面积约5平方千米。遗址处于右江第Ⅳ级阶地，阶地面平均海拔约170米左右。2005年9月至2006年1月，为配合南（宁）—百（色）高速公路建设，由广西文物考古研究所主持在那赖遗址南部进行了抢救性发掘。那赖遗址网纹红土发育良好，地表即分布着极为丰富的遗物，可采集到手斧、手镐、砍砸器、刮削器、石核、石片、玻璃陨石等遗物。

那赖遗址发掘面积4000平方米，遗址发掘区分为东、南、北三个区，东区布设5米×5米探方32个；南区布设5米×5米探方28个，布设10米×10米探方8个；北区布设10米×10米探方17个。考古工作者对发掘出土的石制品、玻璃陨石均进行测量、记录、照相和绘图。

那赖遗址的地层堆积从上至下如下。

第①层：近现代灰褐色耕土，出土少量石制品，厚度20～60厘米。

（接上页）《广西百色出土80万年前手斧—对研究东亚人类起源有重要意义》，《光明日报》2005年5月29日；裴树文、陈福友、张乐等：《百色六怀山旧石器遗址发掘简报》，《人类学学报》2007年第1期；林圣龙、何乃汉：《关于百色的手斧》，《人类学学报》1995年第2期；林圣龙：《评〈科学〉发表的〈中国南方百色盆地中更新世似阿舍利石器技术〉》，《人类学学报》2002年第1期；彭军等：《百色盆地百岗组高分辨率层序分析及研究意义》，《地球学报》2002年第2期；覃芳：《广西旧石器时代晚期文化特点》，《广西社会科学》1995年第4期；施均显、陈运发：《百色旧石器文化探微》，《历史的启示——右江流域民族历史文化与经济开发研讨会暨广西历史学会第十次会员代表大会论文集》，广西人民出版社2005年版；尚书菊：《华南百色遗址的古地磁研究及其年代指示意义》，《太原理工大学》2002年第3期；吴文祥：《试论百色手斧文化由西方扩散的可能性》，《地质科技情报》2002年第2期；王頠：《广西田东布兵盆地第四纪人类活动证据》，《第三届广西青年学术年会论文集》（自然科学篇），广西人民出版社2007年版；王頠：《广西百色盆地枫树岛旧石器遗址》，科学出版社2014年版；谢光茂、林强、余明辉等：《广西百色盆地高岭坡遗址的地层及年代》，《人类学学报》2019年第1期；谢光茂、林强：《百色上宋遗址发掘简报》，《人类学学报》2008年第1期；谢光茂、林强、黄鑫：《百色田东百渡旧石器遗址发掘简报》，《人类学学报》2010年第4期；谢光茂：《百色旧石器遗址群：手斧挑战莫维斯理论》，《中国文化遗产》2008年第5期；谢光茂等：《百色盆地旧石器考古获重大发现》，《中国文物报》2002年9月27日第1版；谢光茂：《原料对旧石器加工业的影响》，《广西民族研究》2001年第2期；谢光茂：《论中国南方及东南亚地区早期砾石石器》，《东南文化》1997年第2期；谢崇安：《岭南地区的旧石器时代文化》，《广西民族学院学报》（哲学社会科学版）1990年第1期；徐欣、李锋、陈福友等：《百色六怀山遗址周边新发现的旧石器》，《人类学学报》2012年第2期；杨小强等：《广西百色盆地含石器层沉积物岩石磁学及古地磁学综合研究》，《中国科学（D辑：地球科学）》2008年第1期；袁宝印等：《百色旧石器遗址的若干地貌演化问题》，《人类学学报》1998年第3期；袁俊杰等：《百色盆地舌形刃重型工具的三维有限元应力分析》，《人类学学报》2008年第2期；袁俊杰：《旧石器时代早期古人类的利手分析——以百色盆地高岭坡遗址为例》，《华夏考古》2003年第1期；张鲲等：《百色盆地右江阶地特征及演化研究》，《中国地质》2012年第4期；张璞、王頠：《广西百色枫树岛旧石器早期石制品石核石片技术学分析》，《贵州科学》2009年第2期；张璞、王頠：《广西百色枫树岛旧石器早期石制品手斧技术类型学分析》，《贵州科学》2010年第3期；曾祥旺：《广西百色市百谷屯发现的旧石器》，《考古与文物》1996年第6期；朱景郊：《网纹红土的成因及其研究意义》，《地理研究》1988年第4期；Feng Xiao Bo，Qi Yu，Li Quan，Ma Xiao Rong，Liu Kang Ti.，"L'industrie du Paléolithique inférieur du site de Baigu，Bassin de Bose，Province autonome du Guangxi Zhuang，RP de Chine"，*L'Anthropologie*，2018，122：14－32；Guilin Xu et al.，"Spatial distribution of Paleolithic sites in Bose Basin，Guang xi，China"，*Quaternary International*，2012，281：10－13；HouYamei et al.，"Mid-Pleistocene Acheulean-like Stone Technology of the Bose Basin，South China"，*Science*，2000，287：1622－1626；Pu Zhang，Weiwen Huang，Wei Wang，"Acheuleanhandaxes from Fengshudao，Bose sites of South China"，*Quaternary International*，2010，223－224：440－443；Shengmin Huang et al.，"Recent Paleolithic field investigation in Bose Basin（Guang xi，China）"，*Quaternary International*，2012，281：5－9.

第②层：灰黄色粘土，出土大量打制石制品和极少量磨制石器，厚度 35～70 厘米。

第③层：分 A、B 两个小层。③A 层为棕黄色黏土，出土大量打制石制品和砾石，厚度 0～90 厘米。③B 为棕红色黏土，出土大量打制石制品和砾石，厚度 0～60 厘米。

第④层：网纹红土，出土大量打制石制品和砾石，厚度 50～170 厘米。在第④层底部和第⑤层顶部的过渡地层中出土了大量打制石制品和玻璃陨石，出土有手斧。

第⑤层：紫红色黏土，土色较杂，出土大量打制石制品（含手斧）和砾石，厚度 40～140 厘米。

第⑥层：分 A、B 两个小层。⑥A 层为棕红色黏土，出土打制石制品，厚度 0～60 厘米。⑥B 为棕黄色黏土，没有出土石制品，厚度 0～50 厘米。

第⑦层：紫红色杂土，出土打制石制品（含手斧）和砾石，厚度 0～130 厘米。

第⑧层：棕黄色黏土，出土少量打制石制品，厚度 0～260 厘米。

第⑨层：棕黄色黏土，出土少量打制石制品，厚度 300～500 厘米。

第⑨层以下为富含硅铝风化而形成的白膏泥土层。

二　石制品概况

从那赖遗址采集、发掘出土的石制品有 3057 件，类型有砾石（完整和断裂）、碎片（块）、石核、石片、有孤立凸起（凹下）片疤的砾石、单向（面）加工的砍砸器、手镐、单面器、双向（面）加工的砍砸器、手斧、刮削器、锯齿状器、尖凸、尖状器、凹缺刮器、端刮器、磨制石斧等。另在第⑤、⑦层还出土了 5278 件脉石英碎块。在第②、③、④、④层底部和⑤层顶部等层位发现的石制品中有 55 组共 127 件标本可拼合，占石制品总数的 4%（表 4－1 至表 4－5）。

那赖遗址出土的石制品的岩性中以砂岩为最多，有 981 件，占石制品总数的 32.1%，以下依次为脉石英（569 件，18.61%）、粉砂岩（449 件，14.7%）、细砂岩（416 件，13.6%）、泥质岩（319 件，10.4%）；其他数量稍少的岩性有：硅质岩（91 件）、角砾岩（76 件）、砾岩（58 件）、石英砂岩（35 件）、含砾砂岩（24 件）、粗砂岩（15 件）、杂砂岩（9 件）、石英岩（5 件）、变质泥岩（5 件）、玢岩（2 件）、条带状硅质岩（1 件）、粉砂质泥岩（1 件）、糜棱岩（1 件）。各种砂岩类标本有 1929 件，占石制品总数的 63.1%。

从那赖遗址的地层堆积和出土遗物分析，至少存在三个时期的文化遗物，在第②层发现有磨制石器和打制石器共存现象，应属于新石器时代遗存；第③层发现的遗物类型、岩性和第②层相似，但无磨制石器出土，应属于旧石器时代晚期遗存；第④层至第⑨层发现有手斧等打制石制品，应属于旧石器时代早期遗存。另外在北区的 T15③A 层还发现一处 40 厘米×50 厘米的炭屑、红烧土等，似为用火遗迹（图表 4－1 至图表 4－4）。

表4－1　**那赖遗址出土的石制品类型分层统计**

层位	砾石	碎片（块）	石核	石片	砾石石器							石片石器							小计
					孤凸疤砾石	孤凹疤砾石	单向加工的砍砸器	手镐	单面器	双向加工的砍砸器	手斧	刮削器	锯齿状器	尖凸	尖状器	凹缺刮器	端刮器	磨制石斧	
采集	0	1	1	1	0	1	21	5	0	0	14	5	0	0	1	0	0	0	50
①	2	1	0	0		1	3	2	0	0	0	0	0	0	0	0	0	0	9
②	136	225	42	112	3	33	80	8	0	5	0	12	1	0	0	2	0	1	660
③	93	154	41	59	3	34	83	10	0	0	0	9	2	1	0	1	0	0	490
④	120	185	58	74	4	19	71	13	0	2	0	6	2	1	0	1	1	0	557
④～⑤	206	110	50	67	9	14	50	34	0	4	8	9	2	1	0	0	0	0	564
⑤	124	211	14	12	3	7	71	32	2	11	7	3	1	0	1	1	1	0	501
⑥	19	11	1	1	0	0	8	6	0	1	0	1	0	0	0	0	0	0	48
⑦	37	77	4	1	2	1	9	5	0	2	2	1	0	0	1	0	0	0	142
⑧	1	19	0	3	0	1	2	0	0	1	0	0	0	0	0	0	0	0	27
⑨	3	4	0	0	1	0	1	0	0	0	0	0	0	0	0	0	0	0	9
小计	741	998	211	330	25	111	399	115	2	26	31	46	8	3	3	5	2	1	3057
百分比（%）	24.24	32.65	6.90	10.8	0.82	3.63	13.05	3.76	0.07	0.85	1.01	1.50	0.26	0.1	0.1	0.16	0.07	0.03	100
					23.19							2.22							

表4－2

那赖遗址石制品岩性分层统计

层位	杂砂岩														变质岩		火成岩		小计
	砂岩杂	砂岩	粗砂岩	细砂岩	粉砂岩	泥质岩	硅质岩	石英砂岩	砾岩	角砾岩	含砾砂岩	条带状硅质岩	粉砂质泥岩	变质泥岩	石英岩	糜棱岩	脉石英	玢岩	
采集	0	19	0	12	9	0	2	3	2	0	0	0	1	0	0	0	2	0	50
①	0	7	0	0	0	0	2	0	0	0	0	0	0	0	0	0	0	0	9
②	0	216	3	93	92	149	36	6	11	11	4	0	0	2	2	0	34	1	660
③	2	181	5	89	65	53	30	14	6	8	4	0	0	3	1	0	29	0	490
④	1	200	5	98	77	62	15	4	7	19	8	1	0	0	2	0	57	1	557
④～⑤	6	214	2	56	81	47	2	5	22	22	4	0	0	0	0	1	102	0	564
⑤	0	100	0	54	86	4	0	2	9	11	3	0	0	0	0	0	232	0	501
⑥	0	18	0	6	5	2	0	0	0	2	1	0	0	0	0	0	14	0	48
⑦	0	19	0	6	30	2	2	1	1	3	0	0	0	0	0	0	78	0	142
⑧	0	6	0	1	3	0	2	0	0	0	0	0	0	0	0	0	15	0	27
⑨	0	1	0	1	1	0	0	0	0	0	0	0	0	0	0	0	6	0	9
小计	9	981	15	416	449	319	91	35	58	76	24	1	1	5	5	1	569	2	3057
百分比（%）	0.3	32.1	0.5	13.6	14.7	10.4	2.98	1.15	1.9	2.49	0.79	0.03	0.03	0.16	0.16	0.03	18.61	0.07	100%
	81.13														0.19		18.68		

表4－3　**那赖遗址旧石器时代早期文化石制品类型分层统计**

层位	砾石	碎片（块）	石核	石片	砾石石器							石片石器						小计
					有孤立凸起片疤的砾石	有孤立凹下片疤的砾石	单向加工的砍砸器	手镐	单面器	双向加工的砍砸器	手斧	刮削器	锯齿状器	尖凸	尖状器	凹缺刮器	端刮器	
④	120	185	58	74	4	19	71	13	0	2	0	6	2	1	0	1	1	557
④～⑤	206	110	50	67	9	14	50	34	0	4	8	9	2	1	0	0	0	564
⑤	124	211	14	12	3	7	71	32	2	11	7	3	1	0	1	1	1	501
⑥	19	11	1	1	0	0	8	6	0	1	0	1	0	0	0	0	0	48
⑦	37	77	4	1	2	1	9	5	0	2	2	1	0	0	1	0	0	142
⑧	1	19	0	3	0	1	2	0	0	1	0	0	0	0	0	0	0	27
⑨	3	4	0	0	1	0	1	0	0	0	0	0	0	0	0	0	0	9
小计	510	617	127	158	19	42	212	90	2	21	17	20	5	2	2	2	2	1848
百分比（%）	27.6	33.39	6.87	8.55	1.03	2.27	11.47	4.87	0.11	1.13	0.92	1.08	0.27	0.11	0.11	0.11	0.11	100
					21.8							1.79						

表4－4 **那赖遗址旧石器时代早期文化石制品岩性分层统计**

层位	杂砂岩												变质岩		火成岩		小计
	砂岩杂	砂岩	粗砂岩	细砂岩	粉砂岩	泥质岩	硅质岩	石英砂岩	砾岩	角砾岩	含砾砂岩	条带状硅质岩	石英岩	糜棱岩	脉石英	玢岩	
④	1	200	5	98	77	62	15	4	7	19	8	1	2	0	57	1	557
④～⑤	6	214	2	56	81	47	2	5	22	22	4	0	0	1	102	0	564
⑤	0	100	0	54	86	4	0	2	9	11	3	0	0	0	232	0	501
⑥	0	18	0	6	5	2	0	0	0	2	1	0	0	0	14	0	48
⑦	0	19	0	6	30	2	2	1	1	3	0	0	0	0	78	0	142
⑧	0	6	0	1	3	0	2	0	0	0	0	0	0	0	15	0	27
⑨	0	1	0	1	1	0	0	0	0	0	0	0	0	0	6	0	9
小计	7	558	7	222	283	117	21	12	39	57	16	1	2	1	504	1	1848
百分比（%）	0.38	30.19	0.38	12.01	15.31	6.33	1.14	0.65	2.11	3.08	0.87	0.05	0.11	0.05	27.27	0.05	100
	72.51												0.16		27.33		

表 4－5 那赖遗址旧石器时代早期石器文化类型分层统计

层位	砾石石器							石片石器						小计
	有孤立凸起片疤的砾石	有孤立凹下片疤的砾石	单向加工的砍砸器	手镐	单面器	双向加工的砍砸器	手斧	刮削器	锯齿状器	尖凸	尖状器	凹缺刮器	端刮器	
④	4	19	71	13	0	2	0	6	2	1	0	1	1	120
④～⑤	9	14	50	34	0	4	8	9	2	1	0	0	0	131
⑤	3	7	71	32	2	11	7	3	1	0	1	1	1	140
⑥	0	0	8	6	0	1	0	1	0	0	0	0	0	16
⑦	2	1	9	5	0	2	2	1	0	0	1	0	0	23
⑧	0	1	2	0	0	1	0	0	0	0	0	0	0	4
⑨	1	0	1	0	0	0	0	0	0	0	0	0	0	2
小计	19	42	212	90	2	21	17	20	5	2	2	2	2	436
百分比（%）	4.36	9.63	48.62	20.64	0.46	4.82	3.90	4.58	1.15	0.46	0.46	0.46	0.46	100
	92.43							7.57						

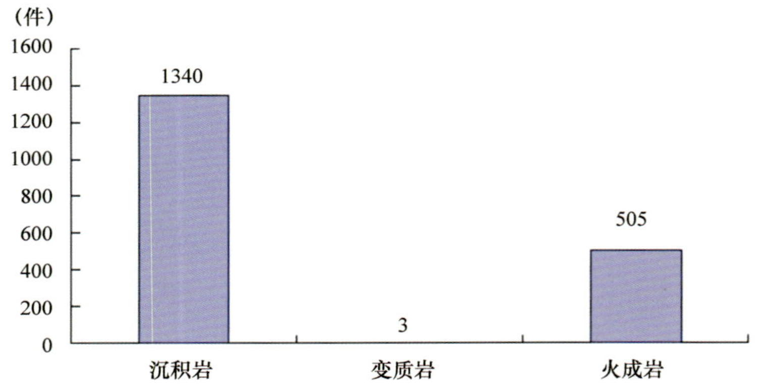

图表 4－1　那赖遗址旧石器时代早期文化石制品岩性大类数量

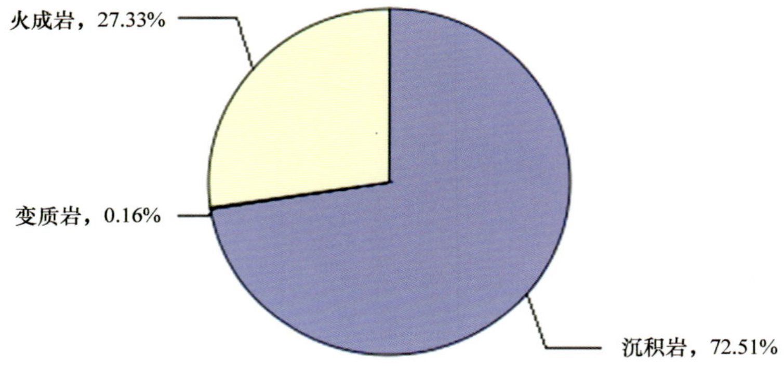

图表 4－2　那赖遗址旧石器时代早期文化石制品岩性大类相对比例

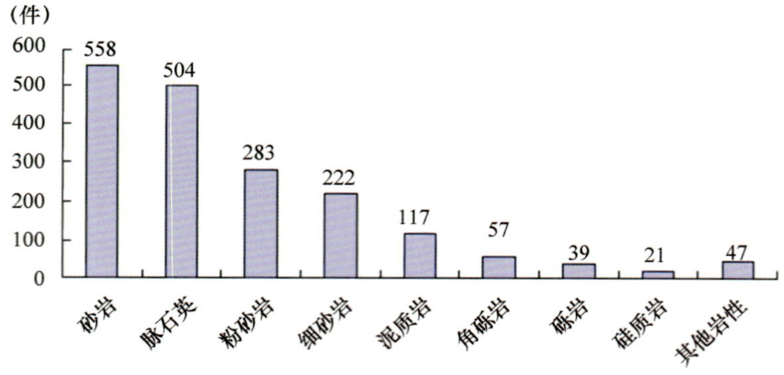

图表 4－3　那赖遗址旧石器时代早期文化石制品岩性小类数量

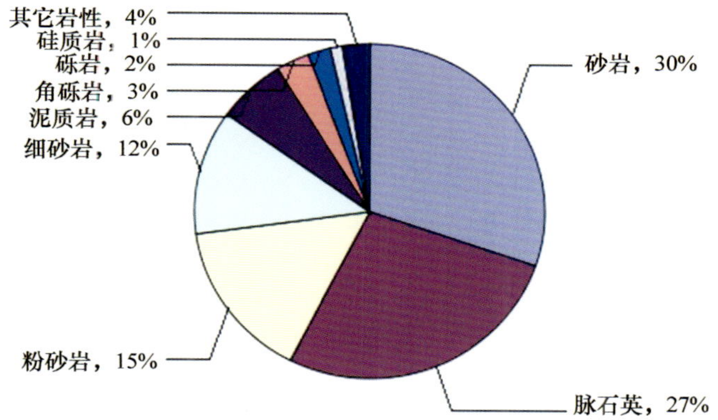

图表4－4　那赖遗址旧石器时代早期文化石制品岩性小类相对比例

那赖遗址旧石器时代早期文化石制品岩性的大类方面沉积岩的比例最高，超过了七成比例，沉积岩次之，变质岩非常少。岩性小类认砂岩为主，比例超过三成；其次为脉石英标本，比例接近三成；粉砂岩、细砂岩、泥质岩、角砾岩、砾岩和硅质岩比例较少，其他如石英岩和石英砂岩等8种岩性比例就更小了。这16种岩性的石制品也说明那赖人选择制作石器的范围非常广泛，三大岩性中沉积岩中有11种被古人类选用来制作石器（图表4－5、图表4－6）。

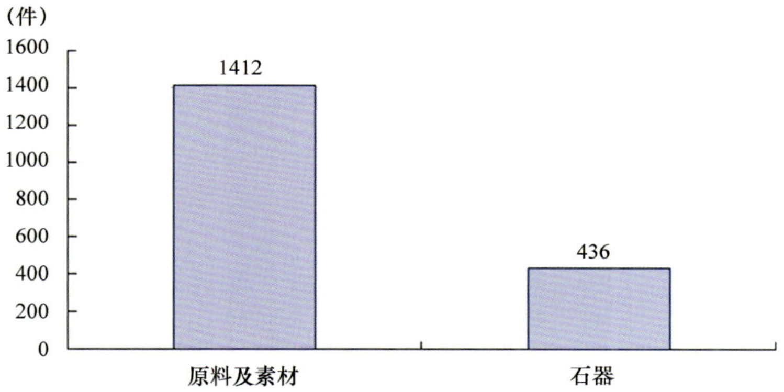

图表4－5　那赖遗址旧石器时代早期文化石制品类型大类数量

那赖遗址旧石器时代早期文化石制品中原料及素材和石器数量之比3∶1，其石器的成品率极高（图表4－7、图表4－8）。

那赖遗址旧石器时代早期文化石制品中原料及素材中砾石和碎片最多，二者占80%多。石核和石片较少（图表4－9、图表4－10）。

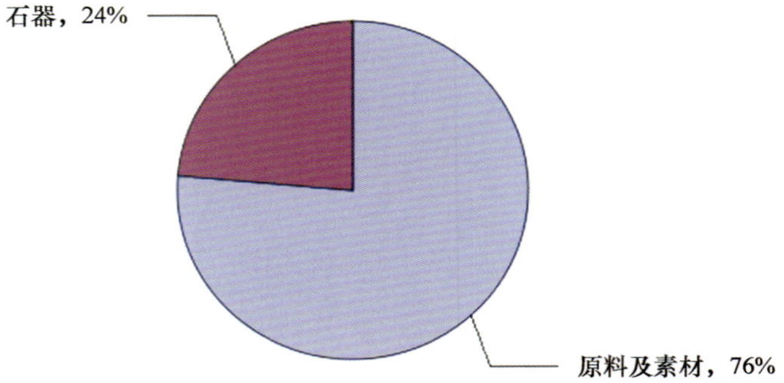

图表 4－6　那赖遗址旧石器时代早期文化石制品类型大类相对比例

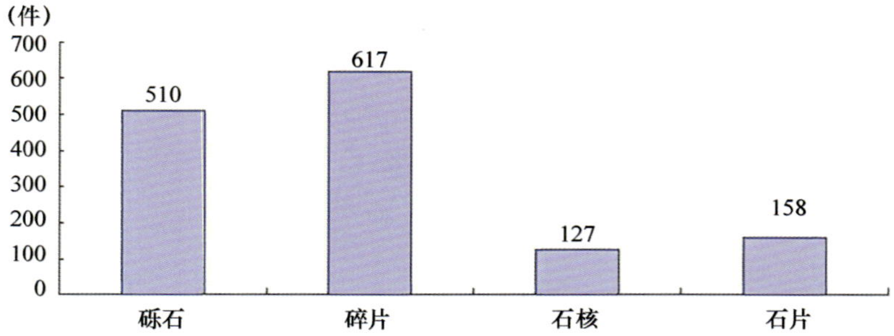

图表 4－7　那赖遗址旧石器时代早期文化石制品原料及素材类型数量

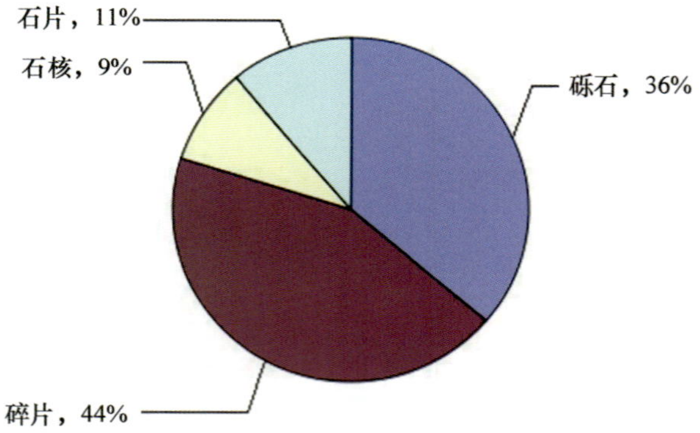

图表 4－8　那赖遗址旧石器时代早期文化石制品原料及素材类型相对比例

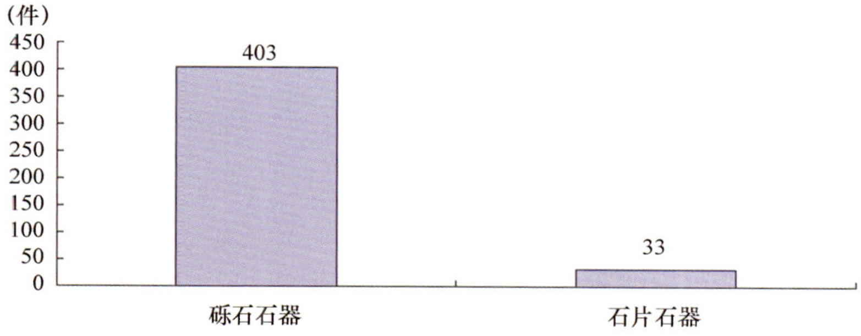

图表 4－9　那赖遗址旧石器时代早期文化石器大类数量

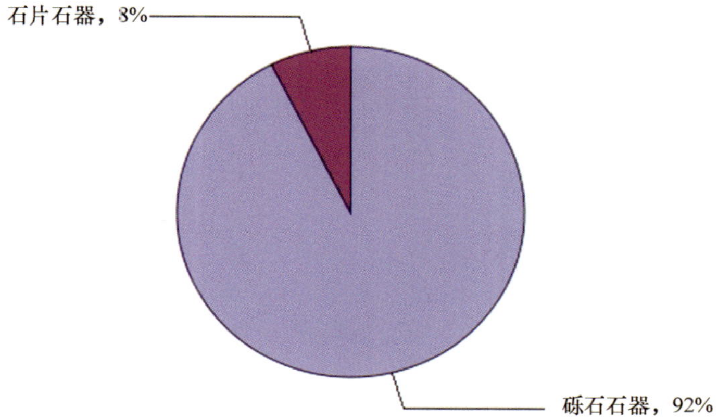

图表 4－10　那赖遗址旧石器时代早期文化砾石石器和石片石器相对比例

那赖遗址旧石器时代早期文化石器大类中以砾石（石核）石器为主，占九成以上，而石片石器仅占 8%，完全可以忽略不计（图表 4－11、图表 4－12）。

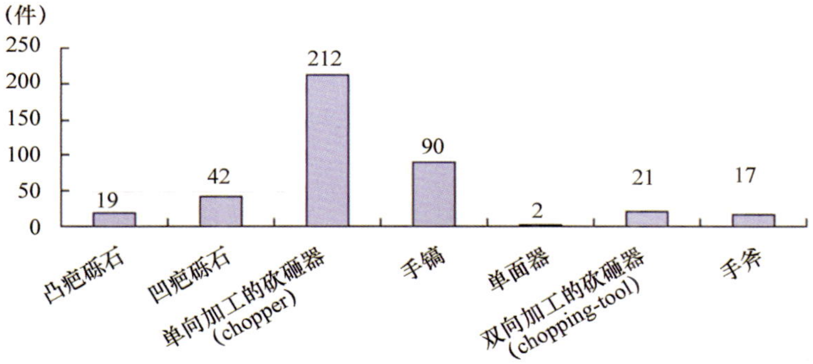

图表 4－11　那赖遗址旧石器时代早期文化砾石石器各类型数量

那赖遗址旧石器时代早期文化砾石（石核）石器中以单向加工的砍砸器（chopper）为主，占其总数的一半多，其他手镐、有孤立凹下片疤的砾石、有孤立凸起片疤的砾石、双向加工的砍砸器（chopping-tool）和手斧数量不多，单面器最少（图表 4－13、图表 4－14）。

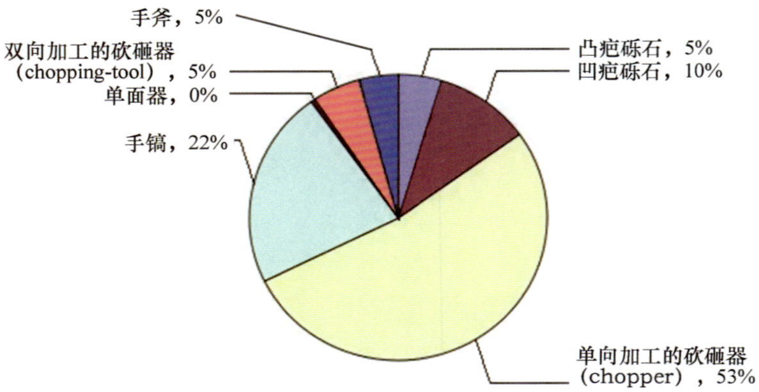

图表 4 - 12　那赖遗址旧石器时代早期文化砾石石器各类型相对比例

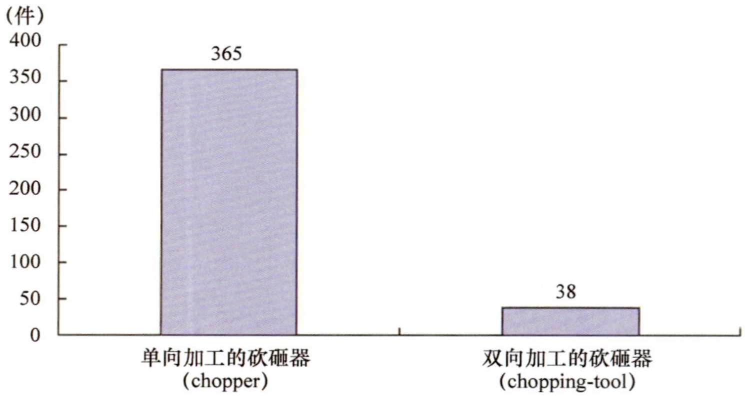

图表 4 - 13　那赖遗址旧石器时代早期文化单向（chopper）
和双向加工（chopping-tool）的砍砸器类型数量

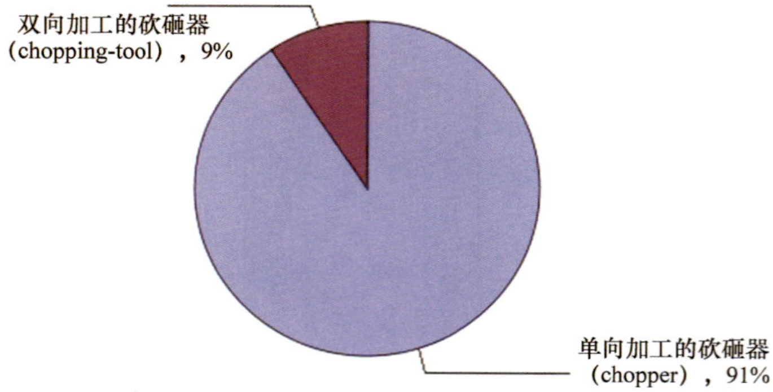

图表 4 - 14　那赖遗址旧石器时代早期文化单向（chopper）和
双向加工（chopping-tool）的砍砸器类型相对比例

那赖遗址旧石器时代早期文化砾石（石核）石器中以单向加工的砍砸器为主，占其总数的九成多，双向加工的砍砸器比例不高，不到一成（图表4－15、图表4－16）。

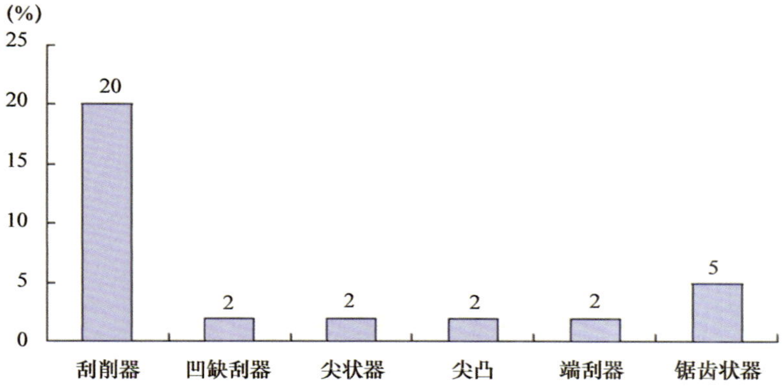

图表4－15　那赖遗址旧石器时代早期文化石片石器各类型数量

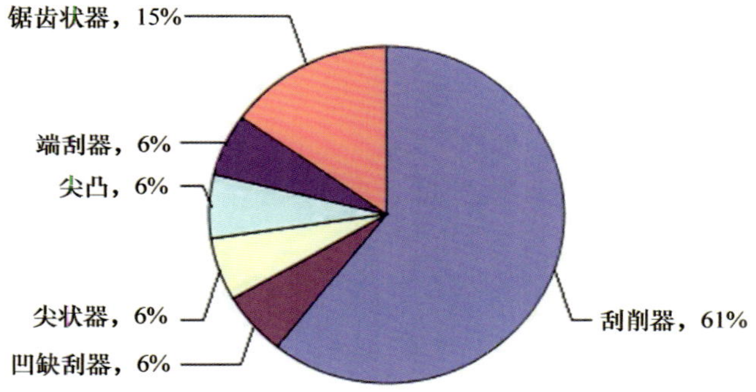

图表4－16　那赖遗址旧石器时代早期文化石片石器各类型相对比例

那赖遗址旧石器时代早期文化石片石器中以普通刮削器为主，占其总数六成多，其他锯齿状器、尖状器、尖凸和端刮器比例不多。

研究者将那赖遗址第④层至第⑨层发现的石制品的作为一个整体来看（包括采集的5件手镐和14件手斧），其时代距今约80万年。那赖遗址旧石器时代早期文化岩性大类方面，沉积岩比例最高，达到70%以上，火成岩比例次之，变质岩比例最少。岩性小类以砂岩为主，比例接近三分之一；其次为脉石英标本；粉砂岩、细砂岩和泥质岩标本，比例也超过10%；而硅质岩、角砾岩、砾岩、石英砂岩、含砾砂岩、粗砂岩、杂砂岩、石英岩、变质泥岩、玢岩、条带状硅质岩、粉砂质泥岩、糜棱岩数量和比例较少。这16种岩性的石制品也说明那赖人选择制作石器的范围非常广泛，但三大岩性中他们偏好选择沉积岩砾石，有12种沉积岩被古人类选用来制作石器。

石制品类型非常丰富，计有：完整砾石、断裂砾石、石锤、石核、碎片、石片、有孤立凸起片疤的砾石、有孤立凹下片疤的砾石、单向加工的砍砸器、手镐、单面器、双向加工的砍砸器、手斧、斧状器、刮削器、凹缺刮器、尖状器、尖凸、端刮器。值得注意的是那赖遗址中也有手斧出现。

石核中以单台面为主，双台面和多台面的都较少，石核剩块也不多。石片的数量不多，大部分为完整石片，半边石片、台面破碎的石片都不多。石核和石片的比率是127∶158，相当于每件石核上只能剥下1.3块石片，即使加上碎片（617件），石核上剥下的石片和碎片也刚刚超过6.1块。石核的单个台面进行剥片的边缘大多数只有一个，很少转动或翻动石核进行继续的剥片工作，说明那赖人利用石核进行剥片的效率并不高。

那赖人早期制作的石器类型中很明显以砾石（石核）石器为主（92.43%），石片石器只有微不足道的地位（7.57%）。砾石石器中以单向加工的砍砸器为主，其次为手镐，双向加工的砍砸器、手斧的数量和比例也不少，其他的斧状器、有孤立凸起片疤的砾石、有孤立凹下片疤的砾石稍少。石片石器中以刮削器为主，凹缺刮器、尖状器、尖凸、端刮器都非常少。石器的刃缘数量大部分只有一条，双刃或多刃的石器非常少，尤其是有两条相交并形成尖端的刃缘更少之又少，这也说明当时的古人类们因为原料的丰富，使用后就马上抛弃，再去选择另外的石料进行加工。

那赖人早期制作石器的方法是硬锤直接法。

那赖遗址发现的手斧有31件，其中地表采集的有14件，④层底部和⑤层顶部（网纹红土）有8件，⑤层有7件，⑦层有2件。

三　玻璃陨石

从那赖遗址发掘出土的玻璃陨石有317件，是百色盆地单个遗址发现玻璃陨石数量最多的遗址。玻璃陨石均出自网纹红土地层中（④～⑨层）。玻璃陨石的平面形状可分为圆形、椭圆形、长椭圆形、不规则三边形、不规则四边形、不规则多边形等。这些陨石色泽漆黑，不透明，表面破碎痕迹非常新鲜，表面的圆坑、气孔、凹槽、条纹清晰，说明这些陨石均为降落后即原地埋藏，没有经过长距离搬运。那赖遗址发现的玻璃陨石和百色盆地其他地点的同类标本非常相似，应同属于早、中更新世之交的亚—澳散布区的玻璃陨石。

百色盆地右江河谷第Ⅳ级阶地上发现的石制品具有西方阿舍利技术风格，但手斧等器物的层位和时代一直存在争议。随着在大梅南半山、枫树岛、那赖等遗址中发现了和玻璃陨石同层位的手斧，不仅解决了手斧的层位问题，而且手斧的时代也因为有原地埋藏的玻璃陨石和可拼合的石制品而有了初步结论。百色盆地右江河谷第Ⅳ级阶地上发现的手斧时代距今约80万年，其年代较欧洲最早发现的手斧还要早约20万年。

那赖遗址是百色盆地目前已见报道在地层中发现手斧和玻璃陨石最多的一个遗址，那赖遗址的发掘给研究者提出了新启示。第一，百色盆地手斧出现的时代应为距今80万年前后无疑，但在网纹红土下面的层位中还发现有手斧，这些手斧究竟和网纹红土中发现的手斧的时代关系如何还需要其他有力的证据。第二，从那赖遗址的地层堆积看，百色盆地旧石器时代文化应有一个清晰、明显的演化脉络：距今80万年的旧石器时代早期文化（含手斧）到晚于80万年的旧石器时代晚期文化（无手斧）到距今1万年（或数千年）的打制、磨制石器共存的文化（旧石器时代晚期到新石器时代早期过渡时期）。这几个阶段的时代特征、演化关系如何明确，还有待进一步深入研究。那赖遗址的发掘为解决百色盆地旧石器时代早期和晚期文化、旧石器时代晚期到新石器时代早期过渡时期文化提供了丰富、翔实的实物证据，或许，那赖遗址是一把解开百色盆地史前文化众多未解之谜的金钥匙。

四　石制品对比研究

我们可将学堂梁子—郧县人遗址和那赖遗址早期的石制品的岩性和类型进行详细地对比研究。[①]

---

① 陈铁梅等：《湖北"郧县人"化石地层的ESR测年研究》，《人类学学报》1996年第2期；冯小波、陆成秋、王昊：《湖北郧县直立人遗址研究新进展》，《江汉考古》2011年第3期；冯小波：《郧县人遗址石制品的拼合研究》，《考古学研究（七）》，科学出版社2008年版；冯小波：《郧县人遗址石核的研究》，《人类学学报》2004年第1期；黄培华等：《湖北郧县曲远河口地貌、第四纪地层和埋藏环境》，《江汉考古》1995年第4期；计宏祥：《郧县人遗址的哺乳动物群》，《垂杨介及她的邻居们——庆贺贾兰坡院士九十华诞国际学术讨论会文集》（徐钦奇、李隆助主编），科学出版社1998年版；李天元等：《郧县人头骨形态特征再讨论》，《江汉考古》1996年第1期；李天元等：《湖北郧县人颅骨化石初步观察》，《史前研究》1990—1991（合刊）；李天元等：《湖北郧县曲远河口化石地点调查与试掘》，《江汉考古》1991年第2期；李天元等：《湖北郧县曲远河口人类颅骨的形态特征及其在人类演化中的位置》，《人类学学报》1994年第2期；李天元等：《湖北郧县曲远河口发现的猴类化石》，《江汉考古》1995年第3期；李炎贤、计宏祥、李天元、冯小波、李文森：《郧县人遗址发现的石制品》，《人类学学报》1998年第2期；北京联合大学应用文理学院等：《湖北省郧县黄家窝旧石器时代遗址石制品初步研究》，《中原文物》2014年第5期；阎桂林：《湖北"郧县人"化石地点的磁性地层学初步研究》，《地球科学——中国地质大学学报》1993年第4期；Amelie Vialet et al.. Proposition de reconstitution du deuxième crâne d'*Homo erectus* de Yunxian（Chine）. *Comtes Rendus Palevol*, 2005（4）: 265–274；Amelie VIALET et al.. *Homo erectus* from the Yunxian and Nankin Chinese sites: Anthropological insights using 3D virtual imaging techniques. *C. R. Palevol.*, 2010,（9）, 331–339；Henry de Lumley et al.. Etude stratigraphique du site de l'Homme de Yunxian. In: *Le site de l'Homme de Yunxian. Quyuanhekou, Quingqu, Yunxian, Province du Hubei*（Sous la direction de Henry de Lumley et Li Tianyuan）. CNRS Editions, Paris, 2008, 33–46；Henry de Lumley et al.. Etude sédimentologique du site de l'Homme de Yunxian. In: *Le site de l'Homme de Yunxian. Quyuanhekou, Quingqu, Yunxian, Province du Hubei*（Sous la direction de Henry de Lumley et Li Tianyuan）. CNRS Editions, Paris, 2008, 47–184；Henry de Lumley et al.. Etude du paléomagnétisme du site de l'Homme de Yunxian. In: *Le site de l'Homme de Yunxian. Quyuanhekou, Quingqu, Yunxian, Province du Hubei*（Sous la direction de Henry de Lumley et Li Tianyuan）. CNRS Editions, Paris, 2008, 185–236；Henry de Lumley et al.. Essai de datation par les méthodes de résonance paramagnétique électronique et du déséquilibre dans les familles de l'uranium combinées（RPE）de dents d'herbivores et par résonance paramagnétique électronique（RPE）de quartz blanchis extraits de sédiments fluviatiles provenant du site de l'Homme de Yunxian. In: *Le site de l'Homme de Yunxian. Quyuanhekou, Quingqu, Yunxian, Province du Hubei*（Sous la direction de Henry de Lumley et Li Tianyuan）. CNRS Editions, Paris, 2008, 237–252；Henry de Lumley et al.. Les faunes de grands mammifères du site de l'Homme de Yunxian. In: *Le site de l'Homme de Yunxian. Quyuanhekou, Quingqu, Yunxian, Province du Hubei*（Sous la direction de Henry de Lumley et Li Tianyuan）. CNRS Editions, Paris, 2008, 253–364；Henry de Lumley et al.. Reconstitution du crâne de l'Homme de Yunxian par imagerie tridimensionnelle. In: *Le site de l'Homme de Yunxian. Quyuanhekou, Quingqu, Yunxian, Province du Hubei*（Sous la direction de Henry de Lumley et Li Tianyuan）. CNRS Editions, Paris, 2008, 365–380；Henry de Lumley et al.. Les crânes d'*Home erectus* du site de l'Homme. In: *Le site de l'Homme de Yunxian. Quyuanhekou, Quingqu, Yunxian, Province du Hubei*（Sous la direction de Henry de Lumley et Li Tianyuan）. CNRS Editions, Paris, 2008, 381–466；Henry de Lumley, Gérard Batalla i Llasat, Dominique Cauche, Olivier Notter et Li Tianyuan, Li Yanxian et Feng Xiaobo. L'industrie du Pléolithique inférieur du site de l'Homme de Yunxian. In: Le site de l'Homme de Yunxian. Quyuanhekou, Quingqu, Yunxian, Province du Hubei（Sous la direction de Henry de Lumley et Li Tianyuan）. CNRS Editions, Paris, 2008, 467–584；Henry de Lumley, Gérard Batalla i Llasat, Dominique Cauche, Anna Echassoux, Anne-Marie Moigne, Olivier Notter et Li Tianyuan, Feng Xiaobo, Li Yanxian, Li Wensen et Wu Xianzhu. 2008. Signification des accumulations du matériel archéologique et paléontologique sur le site de l'Homme de Yunxian. In: Le site de l'Homme de Yunxian. Quyuanhekou, Quingqu, Yunxian, Province du Hubei（Sous la direction de Henry de Lumley et Li Tianyuan）. CNRS Editions, Paris, 2008, 585–587.

1. 岩性对比

在岩性大类方面，学堂梁子—郧县人遗址的火成岩比例最高，接近一半，沉积岩次之，变质岩最少；而那赖遗址早期文化的沉积岩比例最高，超过七成，火成岩比例不到三成。

岩性小类方面，学堂梁子—郧县人遗址以脉石英为主，比例接近一半，其次为硅质岩标本，砂岩和石英岩、泥质岩、含砾砂岩、混合岩、细砂岩、花岗斑岩、石英斑岩、粉砂岩、片麻岩、绿帘石、矽卡岩和安山岩比例较少。这20种岩性也说明郧县人选择制作石器的范围非常广泛，三大岩性中每种都有六、七种被古人类选用来制作石器。而那赖遗址早期文化岩性小类以砂岩和脉石英为主，比例各超过或接近约三成；其他为粉砂岩、细砂岩、泥质岩、角砾岩、砾岩、硅质岩略少，其他如石英岩和石英砂岩更少（图表4－17、图表4－18）。

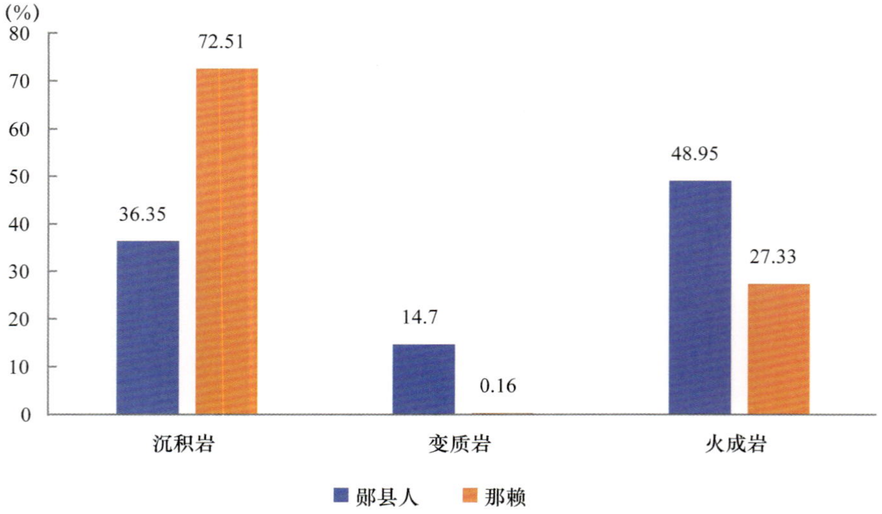

图表4－17　学堂梁子—郧县人遗址与那赖遗址早期文化石制品岩性大类相对比例

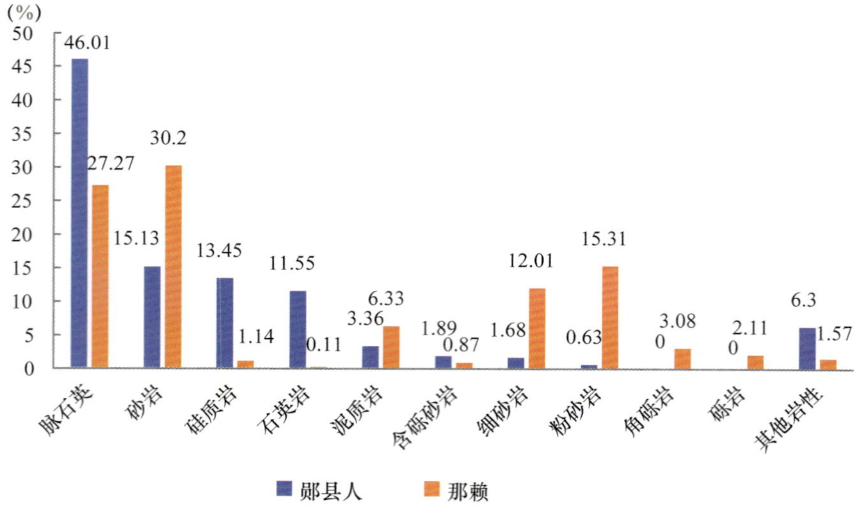

图表4－18　学堂梁子—郧县人遗址与那赖遗址早期文化石制品岩性小类相对比例

2. 类型对比

石制品类型方面，学堂梁子—郧县人遗址和那赖遗址早期文化的原料及素材的比例都很高；那赖遗址中没有发现石锤的标本，有一些有孤立凸起片疤的砾石似可视为石锤，学堂梁子—郧县人遗址的石锤也不多；那赖遗址早期文化石器比例超过两成（23.59%），学堂梁子—郧县人遗址石器比例相差不多（27.31%）。这说明那赖遗址早期文化的石器的成品率要与学堂梁子—郧县人遗址较接近（图表4－19、图表4－20）。

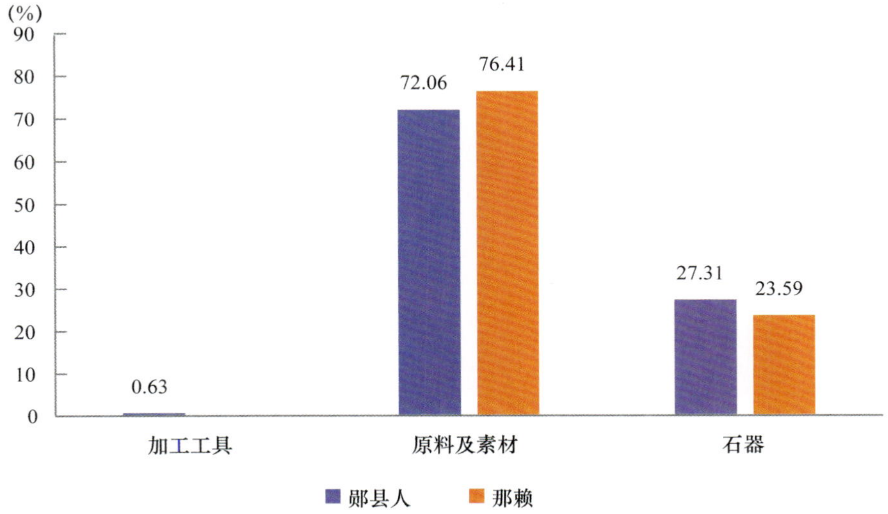

图表4－19　学堂梁子—郧县人遗址与那赖遗址早期文化石制品类型大类相对比例

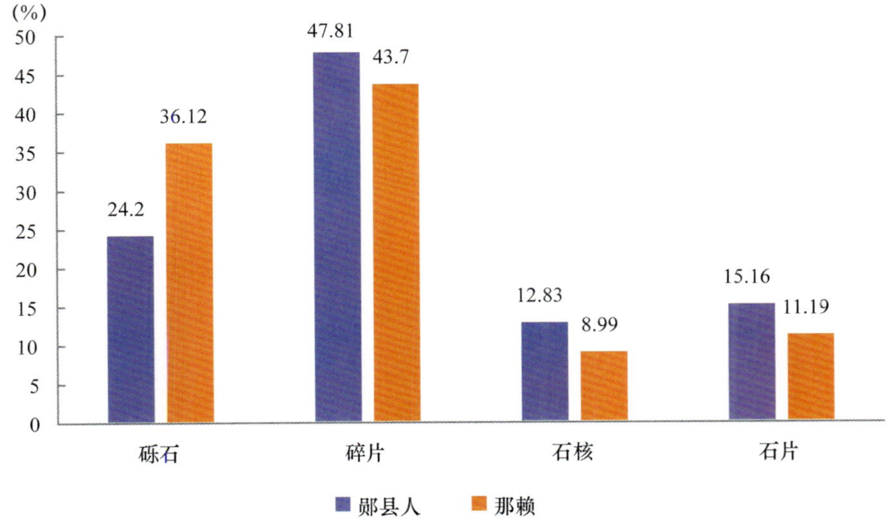

图表4－20　学堂梁子—郧县人遗址与那赖遗址早期文化石制品素材及类型相对比例

原料及素材类型方面，学堂梁子—郧县人遗址和那赖遗址早期文化的碎片和砾石的比例都很高（均超过七成），如果算上那赖遗址没有统计的脉石英碎块，那赖遗址的碎片的比例也会占八、九成以上。那赖遗址早期文化的石核和石片比例要低于学堂梁子—郧县人遗址。

石器大类方面，学堂梁子—郧县人遗址和那赖遗址早期文化的砾石（石核）石器的比例都很高，分别超过七成和九成；石片石器的比例学堂梁子—郧县人遗址要高于那赖遗址早期文化。这说明这两个遗址的石器均以砾石（石核）石器为主，石片石器处于不重要的地位（图表4－21）。

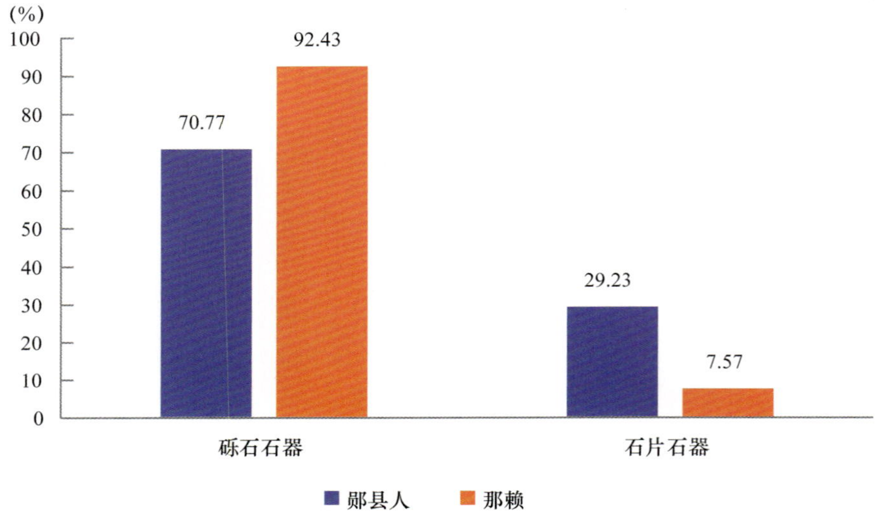

图表4－21　学堂梁子—郧县人遗址与那赖遗址早期文化砾石石器和石片石器相对比例

砾石（石核）石器类型方面，学堂梁子—郧县人遗址和那赖遗址旧石器时代早期文化均以单向加工的砍砸器（chopper）为主，均占其总数的一半以上，其他手镐、有孤立凹下片疤的砾石、有孤立凸起片疤的砾石、双向加工的砍砸器（chopping-tool）和手斧比例不高，单面器最少（图表4－22）。

学堂梁子—郧县人遗址和那赖遗址旧石器时代早期文化砾石石器均以单向加工的砍砸器为主，均超过总数的六成以上（赖遗址旧石器时代早期文化的更高，超过九成），双向加工的砍砸器比例不多（图表4－23）。

石片石器类型方面学堂梁子—郧县人遗址和那赖遗址旧石器时代早期文化均以普通的刮削器为主，均占其总数的六成以上，其他凹缺刮器、尖状器、尖凸、端刮器、锯齿状器、刨形器和雕刻器等的比例不多，学堂梁子—郧县人遗址的凹缺刮器和那赖早期文化的锯齿状器的比例分别仅次于刮削器处于次要地位（图表4－24）。

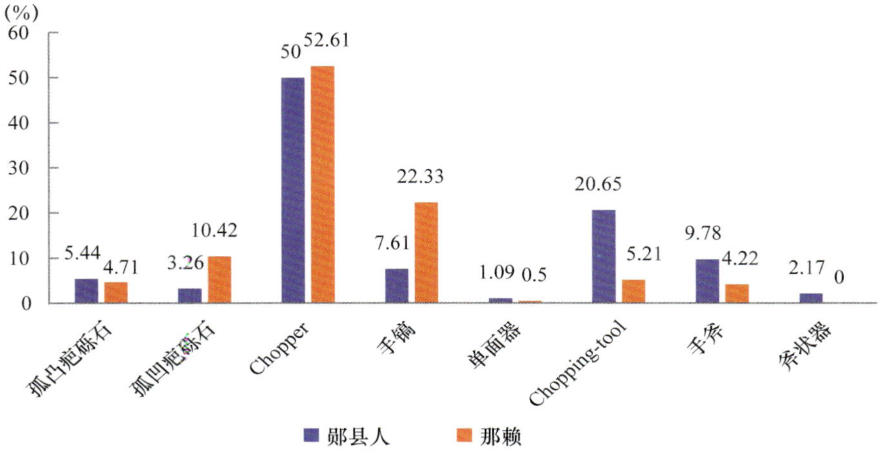

图表 4－22　学堂梁子—郧县人遗址与那赖遗址早期文化砾石石器各类型相对比例

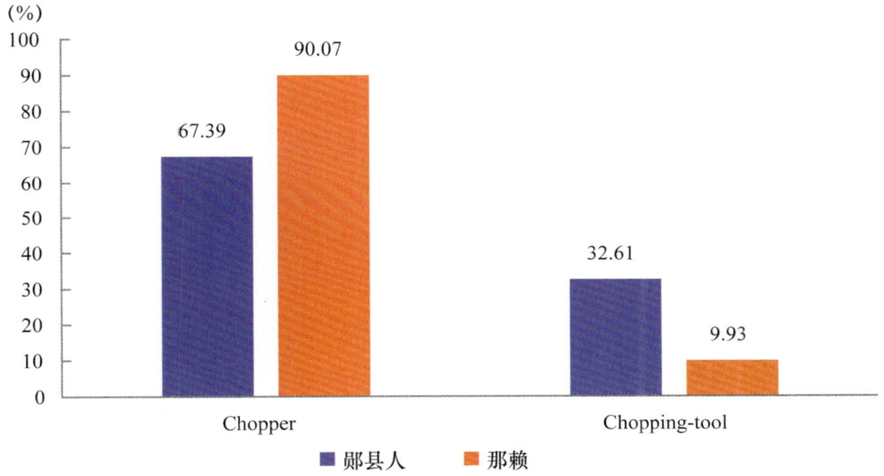

图表 4－23　学堂梁子—郧县人遗址与那赖遗址早期文化单向和双向加工的砾石石器相对比例

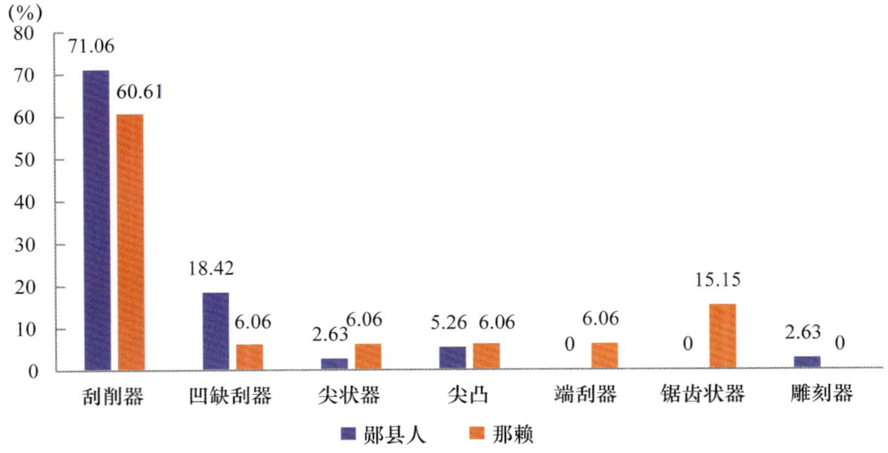

图表 4－24　学堂梁子—郧县人遗址与那赖遗址早期文化石片石器各类型相对比例

第二节 与中国南方其他旧石器时代遗址对比研究

一 百色盆地

1. 大梅遗址[①]

大梅遗址位于广西百色市右江区，该遗址分为三个地点，分别位于Ⅱ、Ⅲ、Ⅳ级河流阶地上，其中第一地点的年代应为旧石器时代晚期，且该地点分为上、下两个文化层。

从石制品类型上看，大梅遗址上、下文化层的石器主要包括刮削器、砍砸器和手镐三种，没有发现手斧，器物类型没有学堂梁子—郧县人遗址丰富。但大梅遗址上文化层的石核利用率较高，刮削器开始作为器物组合中的主要类型且石器的尺寸较小，因此上文化层的石制品表现出了较学堂梁子—郧县人遗址更加进步的特征。

从石制品岩性上看，大梅遗址的上文化层和下文化层的石制品（包括石器工具、断块和砾石）的岩性以石英岩为主（变质岩）。

从剥片技术上看，在大梅遗址发现的石片大多可见清晰的放射线，且该遗址的完整石片大多属于第Ⅳ类石片，说明大梅遗址的剥片技术比郧县人遗址更加先进。

从加工技术上看，两个遗址均使用硬锤锤击法进行加工。

大梅遗址的上、下文化层的差异，即下文化层的石制品体积较大、磨蚀程度较高，且砍砸器数量更多。这种现象表明两个文化层之间存在着传承关系，上文化层的石器比下文化层要进步，学堂梁子—郧县人遗址与大梅遗址下文化层的石器特征更加接近，这应该是两个不同时期的文化遗存。

2. 枫树岛遗址[②]

枫树岛遗址位于广西壮族自治区百色市澄碧河的Ⅳ级阶地网纹红土中，发现石制品 461 件（地表采集 306 件和发掘出土 155 件）。石制品岩性大类中沉积岩最多（247 件），变质岩次之（163 件），火成岩最少（51 件）；岩性小类中砂岩最多（231 件），其次为石英岩（163 件），其他有脉石英（42 件）、硅质岩（11 件）、火成岩（9 件）、角砾岩（5 件）。

石制品类型中加工工具有 10 件（石锤），被加工的对象 451 件。被加工的对象中有备料（砾石）27 件，断块 30 件，有零星片疤的砾石 36 件，石核 33 件，石片 69 件，砍砸器 35 件，手镐 33 件，手斧 117 件（含 5 件毛坯），刮削器 71 件。

枫树岛遗址的石制品的岩性与郧县人遗址不一样，岩性大类中沉积岩最多［学堂梁子—郧县人遗址的火成岩最多］，岩性小类中砂岩最多［学堂梁子—郧县人遗址的脉石英最多］。石器中砾石石器较多（185 件，占石器总数的 72%）、石片石器较少（71 件，占石器

① 刘扬、黄胜敏、郭耀峥：《近四十年广西百色盆地旧石器考古研究综述与展望》，《第十三届中国古脊椎动物学学术年会论文集》，海洋出版社 2012 年版。

② 广西自然博物馆：《广西百色盆地枫树岛旧石器遗址》，科学出版社 2014 年版。

总数的28%）；手斧的数量和比例（117件，占石器总数的46%）要远远高于学堂梁子—郧县人遗址。

因此，枫树岛遗址的石器大类与学堂梁子—郧县人遗址的相似，均以砾石石器为主，石片石器为辅；但两种类型比例都大大高于学堂梁子—郧县人遗址，说明枫树岛遗址的远古居民可能更喜好使用手斧类工具（而郧县人遗址的古人们喜好单向加工的砍砸器，手斧工具极少）。

3. 六怀山遗址[①]

六怀山遗址位于广西百色市右江区江风村，属于右江第Ⅳ级阶地，其年代为早更新世至中更新世初期，大约距今73.3万年前。

从石制品种类上看，六怀山遗址除了石核、石片、断块和砾石四种素材之外，石器仅有砍砸器和手镐两种，没有发现手斧和加工工具，石器组合和学堂梁子—郧县人遗址相比较为单一。两个遗址的石制品总体均以大型为主。

从石制品岩性上看，六怀山遗址以石英砂岩为主，其次为粉砂岩和石英岩。在岩性大类上，学堂梁子—郧县人遗址有火成岩、沉积岩和变质岩，而六怀山遗址只有沉积岩和变质岩。

从剥片上看，均以单台面石核为主，且台面均为天然台面，表明古人类在打片之前一般不对石核台面进行预先修整。此外，学堂梁子—郧县人遗址的石片较多，六怀山遗址仅有一件断裂石片。

从石器加工素材及方式上看，六怀山遗址石器的毛坯全部为砾石，在砾石的一端进行单向加工，加工方法为硬锤锤击法。而学堂梁子—郧县人遗址的石器毛坯除了砾石以外，还包括石片和断片等，与六怀山遗址不同的是，石器除了以单向加工为主，还有双向加工，但加工方式都简单，保留石皮较多。

这表明两个遗址的石器组合均系重型工具，具有中国南方旧石器时代早期文化的鲜明特点。

4. 六合遗址[②]

六合遗址位于广西百色市右江区龙景街道办事处大湾村六合屯西南面约600米处的六合山，遗址主要分布于六合山的东坡和北坡，面积约2平方公里。六合遗址出土的打制石器，和百色盆地其他地点发现的石制品是一致的，其年代也应大体相当，即距今约80万年前。

从石制品种类上看，六合遗址的原料和素材有3种，即石核、石片和断块。加工工具1种，即石锤，被加工的对象有3种，即砍砸器、刮削器和手镐。和学堂梁子—郧县人遗址相比，六合遗址石器种类较少，没有发现手斧。但从石器小类的数量上看，两个遗址都是砍砸器数量最多，这种现象与百色盆地其他高阶地地点发现的石制品特征也趋于一致。

---

① 裴树文、陈福友、张乐等：《百色六怀山旧石器遗址发掘简报》，《人类学学报》2007年第1期。

② 黄胜敏、刘扬、黄鑫等：《广西百色六合遗址发掘简报》，《人类学学报》2012年第2期；黄胜敏、黄鑫、黄明扬等：《百色六合遗址发掘简报》，《广西考古文集》，科学出版社2010年版。

从石制品岩性上看，六合遗址以石英岩为主，学堂梁子—郧县人遗址以脉石英为主。这两种岩性的砾石在遗址所在的山头顶部的砾石层均可发现，由此可见，制作石制品的原料均来自遗址附近第Ⅳ级阶地的砾石层。这种情况不仅与郧县人遗址相同，且与百色盆地其他旧石器地点也一致。

从剥片技术上看，两个遗址的石核剥片方法均为硬锤锤击法，二者都存在天然台面和人工台面的石核。两个遗址都是以单台面石核为主，其次为双台面石核和多台面石核，不论哪一种类型的石核，都保留有砾石石皮，石核的利用率不是很高。六合遗址的石片均为天然台面石片且剥片方法均为硬锤锤击法，而学堂梁子—郧县人遗址还有人工（有疤）台面的标本，剥片也为硬锤锤击法。

从石器加工上看，两个遗址的砍砸器素材不同，六合遗址仅见砾石一种，而学堂梁子—郧县人遗址石器的素材有砾石、石核，还有石片、断块、砾石裂片。两个遗址砍砸器的加工方法仅见硬锤锤击法，其他方法未见。六合遗址砍砸器的加工方式均仅有单向面加工一种，未见有双向面加工的砍砸器，而学堂梁子—郧县人遗址的砍砸器以单向（面）加工为主，也有双向（面）加工。在六合遗址中，刮削器的素材均为砾石，而学堂梁子—郧县人遗址的刮削器的素材为断片、碎片或石片，未见有砾石作为素材。两个遗址的手镐的素材均为砾石，且加工方法均为硬锤锤击法。

以上这些特点表明，学堂梁子—郧县人遗址和六合遗址同样具有中国南方旧石器时代早期文化的鲜明特点。

5. 高岭坡遗址①

高岭坡遗址位于广西百色盆地田东县林逢镇檀河村，地处右江南（右）岸的第Ⅳ级阶地，阶地顶部高出右江河面62米，海拔152米。该遗址第一次发掘是在1988年，前后共发掘过5次，属于百色盆地中发掘较早的遗址。2013～2014年对高岭坡遗址又进行一次发掘，揭露出了厚度超过7米且完整的地层序列，其文化遗存涵盖了旧石器时代和新石器时代。根据地层、石制品及测年情况的分析，旧石器时代文化遗存可分为三期，最早的可上溯到距今80.3万年前。

从石制品种类上看，高岭坡遗址的石片数量较多，石片较小，台面相对宽而薄，由此表明剥片程度较高、程序较复杂，大量石片的出现也表明该遗址存在一处加工作坊，与百色盆地旧石器遗址中的大型工具的制作与形成存在着承接关系。

从石制品岩性小类看，高岭坡遗址以石英砂岩为主，学堂梁子—郧县人遗址以脉石英为主，二者的摩尔硬度均可达到7级左右，表明了早期人类基本掌握了分辨石料是否适合加工成石器的能力。

---

① 侯亚梅、高立红、黄慰文等：《百色高岭坡旧石器遗址1993年发掘简报》，《人类学学报》2011年第1期；高立红、袁俊杰、侯亚梅：《百色盆地高岭坡遗址的石制品》，《人类学学报》2014年第2期。

从剥片技术上看，两个遗址均以硬锤锤击法作为主要加工方法，并且加工方式主要是从较平的一面向较凸的一面进行单向加工为主，同时存在少量交互与错向的加工方式。

高岭坡旧石器时代遗址位于中国南方旧石器时代旧石器时代文化分布区内，总体具有南方文化的特点，但该遗址石器整体更精致化，拼合石片以及大量断块、小石片的出现，表明该遗址曾作为一处石器加工制造场而存在。

6. 百谷遗址①

广西百色百谷遗址发现的石制品有 306 件，石制品类型丰富，原料及素材 171 件、砾石（石核）石器 114 件、石片石器 10 件。其中以砍砸器为主，约占石制品总数的 37.4%；其次为断块，占 19.7%。

百谷遗址石制品的岩性多样，但没有变质岩，以砂岩为主，占 35%；其次为细砂岩和脉石英，分别占 28%、13%；粉砂岩和硅质岩次之，分别占 8% 与 9%；仅有少量粗砂岩、石英砂岩、砾岩及角砾岩，可见当时的人们有意识的选择硬度适中便于加工的原料作为素材并加工成特定的石器。

石制品以巨型为主，占 41%；其次为大型和中型，分别占 35% 与 20%；小型石制品比较少见，仅占 4%。石制品重量多集中于 1000 克以上，占近一半；其次为 100 ~ 500 克，占 23.8%。

石器均为硬锤加工而成，包括砾石（石核）石器和石片石器，但二者比重相差较大，砾石石器占石制品总数的 42.9%，石片石器仅占 2.5%。石器加工方式以正向加工为主，占总数的 62%；反向加工为辅占 25%；正反交互加工的石器仅 18 件，占 13%。

石器类型比较简单，包括孤立片疤的砾石、砍砸器、手镐、手斧和刮削器。其中砍砸器数量最多，其长度多在 100 毫米以上，重量基本都在 1000 克以上。

百谷遗址属于旧石器时代早期，与学堂梁子—郧县人遗址具有较大的相似性，明显具有我国南方以砾石石器工业为主的文化面貌。

7. 杨屋遗址②

广西百色盆地杨屋遗址共采集到石制品 214 件，石制品类型丰富，其中原料及素材 91 件、加工工具 1 件、砾石（石核）石器 111 件、石片石器 11 件。从砾石（石核）石器和石片石器的数量可以看出，杨屋遗址石器以石核石器为主，以石片石器为辅。

石制品岩性大类上，以沉积岩为原料制作的石制品有 188 件，占石制品总数的 87.8%。火成岩次之，有 23 件，占石制品总数的 10.8%。另外，发现玛瑙制品 3 件，占石制品总数的 1.4%。没有发现变质岩的石制品。石制品岩性小类上，以粉砂岩为主，占石制品总数的

---

① Feng Xiao Bo, Qi Yu, Li Quan, Ma Xiao Rong, Liu Kang Ti. L'industrie du Paléolithique inférieur du site de Baigu, Bassin de Bose, Province autonome du Guangxi Zhuang, RP de Chine. L'Anthropologie, 2018, 122: 14 – 32.

② 刘扬、黄胜敏、郭耀峥：《近四十年广西百色盆地旧石器考古研究综述与展望》，《第十三届中国古脊椎动物学学术年会论文集》，海洋出版社 2012 年版。

26.6%；其次为砂岩，占石制品总数的20.1%；最少的是泥质岩和玛瑙，各占石制品总数的1.4%。

这些原料均来自遗址附近河流的河漫滩堆积物或遗址所在的阶地底部的砾石层堆积中。早期古人类一般就地取材加工石制品，而且从不同岩性的所占比例的差异可以看出古人类对加工的原料有一定程度的认识，能够有意识的选择硬度适中、便于加工的原料作为素材加工成特定的石器。

从石器类型上看，杨屋遗址类型较为丰富，砾石（石核）石器有砍砸器、手镐和手斧，而石片石器仅有刮削器。砍砸器数量最多，有111件，占石制品总数的52%，属于石器组合中的主体类型。手斧和手镐则是最具有特色的石器。这些石器普遍粗大，多为大型工具，大多数石器长度在100毫米以上，也有少量石器超过200毫米。

在石制品原料及素材中，重量小于100克的有30件，在100～500克的有64件，500～1000克的有50件，大于1000克的有70件。所以杨屋遗址石制品以重型为主，轻型石制品为辅。

杨屋遗址采集到的石核较少，大部分为天然石皮台面的单台面石核，利用率低。同样，在杨屋遗址采集到的石片数量较少，并且Ⅰ、Ⅱ类石片和Ⅲ、Ⅳ类石片各占50%，表明该遗址简单剥片时的产物和加工石器过程中产生的废片数量相当，说明杨屋遗址采用的可能是一种粗加工和精加工同时存在的加工模式。

石器均为硬锤锤击法加工而成，石器大多为单向加工，两向加工的石器很少。大多数石器的加工比率仅占50%，留有部分砾石石皮，只有手斧既是两面打制且加工范围较大，仅在末端处留有少量砾石石皮。

杨屋遗址是一处含有阿舍利文化因素的遗址，含有旧石器时代早期遗址手斧，它的制作比较粗糙，用硬锤锤击法加工而成，大多为砾石石器。在杨屋遗址中没有发现薄刃斧，这可能与当时的环境因素和人类的经济活动有关。

杨屋遗址除了手斧和手镐加工较为精致以外，其他石器大多缺乏精致加工，造成这种现象的原因可能在该遗址附近石料分布广泛、种类多样、比较容易获取；另外，石料较为粗大且厚重，不方便携带，因此古人类可以边用边打制，用完即废弃，比随身携带要方便很多。

杨屋遗址属于旧石器时代早期遗址，与学堂梁子—郧县人遗址有较大的相似度，具有明显的百色盆地旧石器时代早期遗址的特点，该遗址的石制品显示了我国南方以砾石石器为主的旧石器时代早期文化面貌。

8. 南坡山遗址①

广西百色盆地南坡山遗址采集到的石制品类型较为丰富，发现石制品516件，其中原料及素材254件，石器262件。石器类型以砾石（石核）石器为主，辅以极少量的石片石器。砾石

① 刘扬、黄胜敏、郭耀峥：《近四十年广西百色盆地旧石器考古研究综述与展望》，《第十三届中国古脊椎动物学学术年会论文集》，海洋出版社2012年版。

石器中单向加工的砍砸器占绝大多数，占石器总数的 90.2%，同时发现有加工较为精细的手斧及手镐。单从石器类型的分布数量来看，符合南方砾石石器文化特征。

石制品的岩性以石英砂岩、细砂岩、粉砂岩三者数量最多，其中石英砂岩占 29.3%，细砂岩占 21.7%，粉砂岩占 92%，说明该处遗址石制品的原材料大多来源于遗址附近的河漫滩堆积或者遗址所在阶地的砾石层堆积。

从石制品的尺寸、重量来看，超过 500 克的有 359 件，占总数的 69.6%。同时石器长度在 100 毫米以上的也占据了大多数。说明此处制造的石制品以大型工具为主。

南坡山遗址采集到的石核较少，大部分为天然石皮台面的单台面石核，利用率低。同时，在南坡山遗址采集到的石片数量较多，Ⅰ、Ⅱ类石片和Ⅲ、Ⅳ类石片基本各占一半，表明该遗址简单剥片时的产物和加工石器过程中产生的废片数量相当，因此说明南坡山遗址使用的可能是一种粗加工和精加工同时存在的加工模式。

石器加工所使用的加工方法均为硬锤锤击法，大多数为单向加工，加工比率也较小，整体来看加工较为简单粗糙，但该遗址发现了手斧及手镐，且加工较为细致。

南坡山遗址石制品具备明显的百色盆地旧石器时代早期遗址的特点，与学堂梁子—郧县人遗址一样，符合中国南方旧石器时代文化的特征，且与阿舍利文化具有一些相似性。

二　汉中盆地

汉中盆地位于我国南北自然地理分界线—秦岭山脉的南麓。20 世纪 50 年代以来，特别是 20 世纪 80 年代初期，学者们在盆地西部南缘的南郑县梁山东麓龙岗寺附近采集到了石制品，年代大约为中更新世。2009 年以来，学者们在秦岭南麓汉水上游的汉中盆地梁山周围进行了多次长时间的勘察，后来在梁山附近又发现了何家梁和窑厂湾两处旧石器时代地点。

1. 梁山龙岗寺遗址[①]

梁山遗址位于长江最大支流汉江上游汉中盆地的南缘，背靠大巴山北端支脉梁山，隔江与秦岭山脉遥遥相望，属于汉水第Ⅲ阶地，该遗址在类型和技术上与华南百色盆地旧石器文化有相似之处，是一个含手斧的旧石器时代早期遗址。

从石制品种类上看，这两个遗址的原料和素材主要有砾石、断块、石核、石片，石器类型主要有砍砸器、刮削器、手镐、手斧等，其中砍砸器数量最多，因此二者在器物组合上具有一致性。不同的是，梁山石器中石球的数量相当多并且是一种主要的工具类型，而学堂梁子—郧县人遗址没有发现石球，由此可说明梁山地区的古人类的生计方式以狩猎为主。

从石制品岩性上看，梁山遗址和学堂梁子—郧县人遗址的石制品均以脉石英为主。从剥片技术上看，与学堂梁子—郧县人遗址不同的是，梁山遗址的石核数量较多且以双台面和多台面石核为主，尤其出现了两面向心打法制成的盘状石核，表现出较高的剥片使用率；与学堂梁子

① 阎嘉祺：《陕西省汉中地区梁山旧石器的首次发现和初步研究》，《西安矿业学院学报》1981 年第 1 期。

—郧县人遗址相同的是二者的石片加工较简单，经过第二步加工的石片较少。

从石器加工上看，二者的石器大多用砾石直接加工而成，在器身保留有大量石皮，器形个体粗大，而且两个遗址的砍砸器则是单向加工和双向加工都有。除此以外，二者均发现了手斧，手斧是人类历史上第一类标准化的生产工具，通过测量所得到的各项比率发现，二者的手斧差别不是很大，其主要指标及其外形特征都反映了二者属于真正的手斧因素，因此可以认为梁山手斧与郧县手斧在技术上有相当密切的关系。

从打击方法上看，二者打片和加工石器的主要方法均为硬锤锤击法。而梁山遗址在石片的生产过程中，少量出现了砸击法。

总体而言，二者均具有中国南方旧石器时代早期砾石石器文化特征，学堂梁子—郧县人遗址与梁山遗址既有诸多相似之处，又各具特色。

2. 窑厂湾地点①

2009～2012 年间，在梁山附近新发现了窑厂湾旧石器地点，该年代大约距今 60 万年，位于汉江第Ⅲ级阶地上，海拔为 546 米。

从石制品种类上看，窑厂湾地点采集石制品 23 件，包含石核、石片、刮削器、手镐和石球。由于采集标本较少，所以种类也没有学堂梁子—郧县人遗址丰富，但学堂梁子—郧县人遗址没有发现过石球这类石制品。

从石制品岩性上看，窑厂湾地点和学堂梁子—郧县人遗址的石制品岩性均以脉石英为主。

从加工技术上看，两个遗址均以硬锤来直接剥取石片，而窑厂湾地点出现了砸击法，并且在加工刮削器时使用了交互打击法。

从石器加工上看，窑厂湾地点以大型石片为素材的刮削器较多，而学堂梁子—郧县人遗址加工刮削器的素材主要为小型石片和断片。

3. 何家梁地点②

2009～2012 年，在汉中盆地梁山周围发现了含阿舍利文化的何家梁旧石器地点。该地点位于汉江右岸第Ⅱ阶地，属于旧石器时代晚期，距今 8 万～7 万年。何家梁地点采集石制品 229 件，其中有石锤 2 件，石核 136 件，石片 24 件，修理工具 40 件以及断块 27 件。

从石制品类型上看，何家梁地点的石器组合有砍砸器、石球、刮削器、手镐、手斧和尖状器，且砍砸器有一部分为双向加工的石器，这种加工方式与学堂梁子—郧县人遗址相似。此外，何家梁地点的石制品也是以大型工具为主，小型器物较少。

从石制品岩性上看，何家梁地点的岩性小类共有 5 种，没有学堂梁子—郧县人遗址的岩性种类丰富；在 5 种岩性中，以脉石英为主，而使用硅质（灰）岩制作的石制品较少。

从加工技术上看，何家梁地点和学堂梁子—郧县人遗址均以硬锤锤击法来直接剥取石片和

---

① 王社江、孙雪峰、鹿化煜等：《汉水上游汉中盆地新发现的旧石器及其年代》，《人类学学报》2014 年第 2 期。

② 王社江、孙雪峰、鹿化煜等：《汉水上游汉中盆地新发现的旧石器及其年代》，《人类学学报》2014 年第 2 期。

加高石器。

三　丹江口库区

丹江口库区位于湖北省、江南省在更新世期间，这里处于既舒适又稳定的亚热带气候中，在这样的环境下动植物生长繁盛，且适合古人类的生存，是中国南北方古人类迁徙以及交流的重要地区。

从文化面貌上看，丹江口库区是我国阿舍利文化因素遗址较多的地区，该地区已发现旧石器地点一百多处，这些旧石器时代遗址或地点主要分布在汉江第Ⅱ、Ⅲ级阶地。同时，第Ⅳ级阶地的郧县人遗址表明汉江高阶地一样埋藏着年代更早且重要的旧石器时代遗址。

1. 果茶场Ⅱ号遗址[①]

果茶场Ⅱ号旧石器时代遗址位于汉水上游左岸的第Ⅲ级阶地，海拔150～155米，出土石制品132件。

从石制品类型上看，果茶场遗址出土的132件石制品中，石器有22件，成品率较学堂梁子—郧县人遗址低，但果茶场Ⅱ号旧石器时代遗址包含有石锤、石核、石片、刮削器、砍砸器、手镐、手斧等，整体器物组合与学堂梁子—郧县人遗址类似。与郧县人遗址不同的是，果茶场Ⅱ号旧石器时代遗址的石核和石片的尺寸以中小型居多且手斧以大石片为素材，学堂梁子—郧县人遗址则是以砾石为素材来加工手斧。

从石制品岩性上看，果茶场Ⅱ号旧石器时代遗址和学堂梁子—郧县人遗址均以脉石英为主，有少量石制品使用硅质灰岩、凝灰岩和砂岩进行加工。

从剥片技术上看，果茶场Ⅱ号旧石器时代遗址和学堂梁子—郧县人遗址剥片和加工石器的素材主要为磨圆度较好的河卵石，剥片方法主要为硬锤锤击法。

2. 刘湾遗址[②]

刘湾旧石器时代遗址埋藏于汉水左岸的第Ⅱ（Ⅲ）级阶地，属于旧石器时代晚期。

从石制品类型上看，和学堂梁子—郧县人遗址一样以砍砸器为主，其次为手斧、手镐、刮削器且器型较大；石器的加工方式以单向加工的占多数，但刘湾遗址双向加工的石器所占比例较学堂梁子—郧县人遗址高。和学堂梁子—郧县人遗址相似的是，素材以磨圆度较高的河卵石为主，以石片为素材的石器所占比例较少。

从石制品岩性上看，该遗址岩性大类以火成岩为主多，大多为脉石英。

从加工技术上看，刘湾遗址和学堂梁子—郧县人遗址均为硬锤锤击法，没有砸击法或其他方法加工的的石制品。整体上看，两个遗址都以大型工具为主且有手斧这类标准器，说明不论

---

① 李浩、李超荣、Kathleen Kuman：《丹江口库区果茶场Ⅱ旧石器遗址形成过程研究》，《江汉考古》2016年第1期；李浩、李超荣、Kathleen Kuman：《丹江口库区果茶场Ⅱ旧石器遗址发掘简报》，《人类学学报》2013年第2期。

② 北京联合大学应用文理学院历史文博系等：《湖北郧县刘湾旧石器时代遗址发掘简报》，《江汉考古》2012年第6期。

年代上或早或晚，二者都表现出了中国南方旧石器时代砾石石器的文化面貌。

3. 滴水岩遗址①

滴水岩旧石器时代遗址位于湖北省十堰市郧阳区（原郧县）青曲镇弥陀寺村一组，埋藏于汉江支流——曲远河右岸的Ⅱ级阶地，是汉江上游地区一处重要的旧石器时代晚期遗址。滴水岩旧石器时代遗址共发现石制品918件，体现出以下特点：远古居民从古河床中选取素材打制石器，其中脉石英砾石和硅质岩砾石是主要原料；加工方法除硬锤锤击法外，还使用锐棱砸击法；石器的主要素材是砾石（石核），类型包括砍砸器、手镐和手斧等。该遗址出土的石制品组合包括砾石（208件）、碎块（片）（550件）、石核（42件）、石片（17件）、石锤（6件）和石器（95件）。经过光释光测年方法进行测年，滴水岩水岩旧石器时代遗址的年代在距今8万至1万年之间，属于旧石器时代晚期，仍具有我国南方旧石器时代砾石石器文化面貌的主要特征，是中国南方旧石器时代砾石石器文化的传承者。

与滴水岩遗址相比，学堂梁子—郧县人遗址石制品的岩性较为丰富，有20种，以脉石英为主，加工方法仅有硬锤锤击法。石制品类型都包括砾石、石核、石片、碎片（块）、断块、砍砸器及手斧等。二者在石器类型上都以砾石石器器为主石片石器为辅。

4. 黄家窝遗址②

黄家窝旧石器时代遗址位于湖北省十堰市郧阳区（郧县）茶店镇黄家窝村七组，该遗址埋藏于汉江右岸Ⅱ级阶地。黄家窝旧石器时代遗址所出打制石制品的岩性，从岩性大类看，以火成岩最多，其次为沉积岩，变质岩最少。从岩性小类上看，以脉石英为主，其次为硅质岩，再次为闪长岩。除此以外，还有砂岩、花岗斑岩、石英岩等。

黄家窝遗址出土和采集的全部石制品中石器只有45件，占石制品总数的7.8%。在石器大类中，砾石石器占石器总数的78%，石片石器占22%。砾石石器的种类较多，有砍砸器、手镐、手斧等。石片石器的种类有刮削器和凹缺刮器。石器的素材以砾石（石核）为主，且占绝对优势，以石片为素材的石器较少。石制品的剥片和加工方式均为硬锤锤击法，没有发现砸击法等其他方法的产品。石器类型以砍砸器为主，其次为刮削器、手斧、手镐。石器的加工方式以单向加工的为多，但双向加工的石器也有一定的比例。

黄家窝遗址与学堂梁子—郧县人遗址石制品的岩性大类、小类相似。二者石器的素材以砾石为主且占绝对优势，以石片为素材的石器较少。

---

① 李超荣：《丹江库区发现的旧石器》，《中国历史博物馆馆刊》1998总第30期；李浩、李超荣、Kathleen Kuman等：《丹江口库区第四级阶地旧石器遗址调查简报》，《人类学学报》2017年第2期。

② 李超荣：《丹江库区发现的旧石器》，《中国历史博物馆馆刊》1998年总第30期；李浩、李超荣、Kathleen Kuman等：《丹江口库区第四级阶地旧石器遗址调查简报》，《人类学学报》2017年第2期。

5. 北泰山庙遗址①

丹江口北泰山庙遗址位于湖北省丹江口市均县镇关门岩村，埋藏于汉水右岸第Ⅲ级阶地。石器组合特点：原料为以磨圆度高的河卵石为主，岩性以石英岩为主，占56%；火成岩占17%；其他原料使用较少。石制品类型包括石器、石核、石片和断块。锤击法为剥片的基本方法，打片时不对台面进行预制修整。石器毛坯以砾石为主，占56.14%，其次为石片，占40%，以断块、石核为毛坯的石器较少。石器以大型为主，但不乏中、小型者，个体间存在较大差异。砍砸器和刮削器为石器的主要类型，占石器总数的80%，此外还有尖状器和手镐。石器由锤击法加工而成，大多数向一面加工。

与丹江口北泰山庙遗址相比，学堂梁子—郧县人遗址岩性以火成岩为主，其次为沉积岩，岩性小类以脉石英为多。

6. 彭家河遗址②

丹江口库区彭家河旧石器遗址位于湖北省丹江口市土台乡彭家河村三组，埋藏于汉水右岸第Ⅲ级基座阶地的红色黏土层中。2006年11月至2007年1月对该遗址进行抢救性发掘，揭露面积600平方米，出土石制品184件，砾石80件。石制品类型包括石器、石核、石片和断块等。石制品总体以大型居多，但也存在少量小型石片和碎屑。古人类选择阶地底部河卵石为原料进行剥片和加工石器。石器以大型为主，手镐和砍砸器是主要类型。古人多在砾石或石核一端采用锤击法打制石器。石器面貌具有中国南方旧石器时代文化的鲜明特点。通过发掘显示彭家河遗址为原地埋藏，地貌和地层对比显示该遗址形成于中更新世。与彭家河遗址相比，学堂梁子—郧县人遗址的石制品同样以大型居多，存在少量小型石片。

四　国外含手斧的旧石器时代早期遗址

奥杜韦文化属于广泛分布在非洲大陆的旧石器时代早期文化，年代大约为距今175万年前，如坦桑尼亚的旧石器时代遗址就属于奥杜韦文化。该文化和我国南方旧石器时代遗址的典型器物相似，均以砾石为素材加工砍砸器。此外，还有盘状器、多面体石器、原型手斧、石球、大型刮削器等（表4-6）。③

① 李超荣：《丹江库区发现的旧石器》，《中国历史博物馆馆刊》1998年总第30期；李浩、李超荣、Kathleen Kuman等：《丹江口库区第四级阶地旧石器遗址调查简报》，《人类学学报》2017年第2期。

② 李超荣：《丹江库区发现的旧石器》，《中国历史博物馆馆刊》1998年总第30期；李浩、李超荣、Kathleen Kuman等：《丹江口库区第四级阶地旧石器遗址调查简报》，《人类学学报》2017年第2期。

③ Bar-Yosef，Kuhn SL. The Big Deal about Blades：Laminar Technologies and Human Evolution. *American Anthropologist*，1999，101：322-338；Bordes F. The Old Stone Age. World University Library，McGraw-Hill Book Compent，New York & Toronto，1968：1-256；Bordes F. Reflection on typology and technology in the Paleolithic. *Arctic Anthropology*，1969，6：1-29；Bordes F，de Sonneville Bordes D. The significance of variability in Paleolithic assemblages. *World Archaeology*，1971，2（1）：61-73；Clark，J. D. and M. R. Kleindienst. Kalambo Falls Prehistoric Site，Ⅱ，The Later Prehistoric Cultures. Cambridge University Press，Cambridge，1974；Gudrun Corvinus. *Homo erectus* in East and Southeast Asia，and the questions of the age of the species and its association with stone artifacts，with special attention to handaxe-like tools. *Quaternary International*，2004，117（1）：141-151.

表4－6　国外含阿舍利文化因素的旧石器时代早期遗址

遗址名称	所属国家	年代（Ma）	埋藏地层	石制品岩性	石器组合	打制技术	打制方法
Olduvai Gorge：Bed Ⅱ	坦桑尼亚	1.5	河流阶地凝灰岩地层	脉石英，石英岩，燧石	加工砾石，石球，手斧，石片石器	单面、双面剥片，有向心状片疤石核	硬锤锤击法
East Turkana：Koobi Fora，Karari，FxJjll，FxJj16，FxJj17，FxJiGL	肯尼亚	1.5	凝灰岩地层	玄武岩，燧石	加工砾石，石球，原手斧，石片石器	单面、双面剥片，有向心状片疤石核	硬锤锤击法
Plateau de Bale：Gadeb	埃塞俄比亚	1.5	湖边地层	玄武岩	加工砾石，石球，手斧，石片石器	单面、双面剥片，有向心状片疤石核	硬锤锤击法
Valley of Awash：Melka Kunture，Garba Ⅳ	埃塞俄比亚	1.5	河流边缘	黑曜石，岩浆岩，玄武岩，粗面岩	加工砾石，石球，手斧，石片石器	单面、双面剥片，有向心状片疤石核	硬锤锤击法
Konso：Konso-Gardula KGA4－A2	埃塞俄比亚	1.6	Konso地层	玄武岩，脉石英，石英岩，火山岩	加工砾石，石球，手镐，手斧，斧状器，石片石器，三面器	单面、双面剥片，有向心状片疤石核	硬锤锤击法
Bassin de Venosa：Notarch irico，Venosa	意大利	0.4～0.5	河流阶地	燧石，石灰岩	加工砾石，手斧，石片石器	单面、双面剥片，有向心状片疤石核	硬锤锤击法

阿舍利文化属于非洲、西欧、西亚和印度的旧石器时代早期文化，年代大约为距今150万～20万年，最早的阿舍利文化出现在非洲。阿舍利文化的典型器物为手斧，是用硬锤或软锤（骨棒或木棒）锤击法打制成，使用硬锤打击的石器在我国的旧石器时代遗址中常见。阿舍利手斧的典型特点为器身较薄，制作之后遗留的石片疤较浅，刃缘较规整，左右对称，器形有肾形、舌形、心形等，体现出了早期人类审美意识的出现和发展。在西班牙和肯尼亚以及中国多地，都发现了具有阿舍利文化特征的器物及遗址。

从石制品岩性上看出，国外的旧石器时代遗址石制品岩性中有燧石和黑曜石，这两种素材的质地和脆性都十分适合制作石器，且打击后的片疤更加清晰，古人类选用这两种素材制作石器不仅体现出了对材料质地的偏好，且具有一定的审美能力，但这两种素材在学堂梁子—郧县人遗址中不常见。

从石制品类型上看，国外含手斧的旧石器时代遗址均包含有向心状片疤的石核，这样的剥片方法更加先进，能够充分利用石核，体现出了剥片技术的先进性。

综合来看，学堂梁子—郧县人遗址属于含阿舍利文化因素的旧石器时代早期遗址，从学堂梁子—郧县人遗址的器物特征和国外含手斧的旧石器时代早期遗址进行对比可知，它们之间有一定的相似性。

第三节 中国南方旧石器时代早期文化特征

喜马拉雅山和青藏高原的隆起直接影响到整个中国的地理环境，也直接影响到中国旧石器时代文化的交流与发展。由于受全球气候变化规律的影响，中国东部地区独特的自然环境在早更新世末期就已经形成。东亚季风环流的作用，在冰期来临的时候，气候干冷；在间冰期，气候又变得湿热。在高纬度地区的华北受到的影响尤为强烈，变化也就非常明显；而纬度较低的华南地区，这种变化没有北方那么明显，气候环境保持了相对的稳定，生态环境也保持了相对的稳定。

在地理环境因素的影响下，中国的旧石器制造业（工业）形成了两大系统（传统）：石片制造业（工业）系统和砾石制造业（工业）系统。石片制造业（工业）遗存主要分布在华北地区，砾石制造业（工业）遗存主要分布在长江流域和华南地区。在青藏高原和北方草原地区也发现有旧石器时代文化遗存，但不能形成某一种系统或传统。

这种不同的文化传统是与一定的经济类型直接相联系的，同时也与当地的地理条件相联系。在长江流域（主要是中、下游地区）和华南属于热带和亚热带地区，森林茂密，植物繁盛，植物类型的食物来源很充足，与之相适应的是大型的砍砸器、尖状器类，小型工具则比较少，甚至没有小型工具。在更新世早期，这种大型的砾石制造业（工业）遗存还分布在今天黄河流域的某些地区（如蓝田公王岭地点），说明当时该地点的经济形式与长江流域是一致的。而在华北地区是以石片制造业（工业）遗存为主体，器型相对也小一些。至于丁村发现的手镐（大尖状器），与砾石制造业（工业）中的手镐（砾石尖状器）是有明显区别的。丁村手镐（尖状器）是以大而厚的石片加工而成，实际上是受砾石制造业（工业）和石片制造业（工业）双重影响而形成的一种较为特殊的文化遗存。

从现在发现的旧石器时代地点来看，砾石制造业（工业）遗存主要分布地域在长江流域中、下游和华南地区，向北伸延到今天黄河流域的南部小部分地区，向南达广西百色盆地。在这么大面积地域内，不同的时期、不同的地区，又会有不尽相同的文化类型，这就形成了不同的遗址类群和文化类型。

在长江流域较为集中分布的区域有汉水流域，主要在中、上游的汉中盆地（东经106°55′~107°30′，北纬30°05′~30°20′）、郧阳盆地和均县盆地；湖南的沅水和澧水流域（东经109°30′~112°30′，北纬27°30′~29°30′）；安徽的水阳江流域和巢湖地区；还有很多地点分布在长江中、下游地区，但比较分散，如湖北襄阳、江陵、大冶；江西的赣江流域；江苏的放牛山等。此外，在珠江水系还有一个集中分布的地区，就是百色盆地（东经106°20′~107°30′，北纬23°20′~24°20′）。在黄河流域也有一些零星分布的地点，出土很有特点的砾石石器，如陕西乾县、黄河三门峡、洛河流域等，但“这一地区的砾石石器组合（工业），其内容不及南方的砾石石器组合（工业）典型，可以把这一地区认为是我国北方旧石器（时代）文化的南部小区”。

一　中国南方旧石器时代文化遗存与地理环境

哺乳动物群成员的生活习性所反映的更新世期间，自然环境，长江流域和华南地区是以温暖的热带和亚热带气候为主，在大部分时间里，气候变化的幅度不很大。这种相对独立的自然环境对砾石文化传统的形成和发展起着重要的作用。

在第四纪初期，喜马拉雅山尚未强烈隆升。青藏高原的高度在海拔1000米左右。这还没有成为中国南北方的地理障碍，不会影响原始人类的迁徙和生活，也不会对东亚地区的气候造成影响。因而，在更新世早期，青藏高原的气候还是温暖湿润，阔叶林植被繁茂。到早更新世末期，青藏高原已上升到海拔2000～3000米。这就明显影响到东亚地区的气候，并由此逐渐形成三大自然区域的地理环境格局，即青藏高原高寒区、西北干旱区和东部季风区。在东南季风区是热带和亚热带气候，是植被繁茂的森林区。植物性的食物来源充足，在这种生态环境中生活的人群多以采集为其主要的经济活动。物质文化与经济形态直接相关联。文化遗存以粗大的砾石制造业（工业）为主体。石器组合以大型砍砸器和尖状器为主，小型的石片石器很少。随着气候环境的变化，属于黄河流域的部分地区变得干旱少雨，植被消退，经济形态慢慢变化，物质文化也随之变化。在蓝田地区、三门峡等地，到旧石器时代中期，文化面貌有了明显变化，大型石器明显减少，逐渐代之以小型石器为主，最后完全不见砾石石器文化的特征。而在南方，一直到晚更新世后期，还一直延续着砾石石器，例如在四川盆地的资阳人遗址和铜梁文化遗存，都还保持着砾石文化传统的风格，气候环境的影响是很重要的原因之一。

二　砾石石器（工业）遗存与“手斧文化圈”

手斧，是旧石器时代石质工具中形制很特殊的一种器类。典型的手斧最早常见于欧洲旧石器地点，后来在非洲旧石器时代地点中也有发现。在东亚、南亚、中国，这类标本不多，尤其是典型的手斧标本很少。有的学者根据这种印象，建立“两种文化”的理论，将世界上的旧石器时代文化遗存划分为两个不同的技术传统“文化圈”：“砍砸器文化圈”（the great chopper-chopping-tool complex）和“手斧文化圈”（the great hand-axe complex）①。时至今日，一些学者还受这种理论的影响，甚至进而以有无手斧来判断文化的进步与否。这更是堕入研究的误区。

在中国境内究竟有没有手斧？这个问题困扰了不少学者。应该承认，典型的手斧在中国境内确实为数不多。最典型的一件要算丁村的P. 1889号标本，时代属于更新世中期。这是一件用硅质岩石片加工而成的石器，两面加工，器身较薄，呈扁长椭圆形，与欧洲典型的手斧形制比较接近。在砾石石器中，在陕西乾县大北沟采集到一件用青灰色石英岩砾石加工的石器，将砾石的一端进行两面加工，使之成为较薄的舌形刃缘；另一端较厚，保留了砾石面，长170、

① Movius, H. L., Early man and Pleisfocene Sftatigraphy in Southern and eastern Asia. Papers of the Peabody Museun of American Archelogy and Ethology 19（3）：1－125. Harvard Univeresicy. Cambridge；Mavius H. 1948. Lower Paleolithic culture of Southern and Eastern Asia：Transactions of the American Philosophical Society，38（4）：329－420.

宽100、厚约76毫米。在十堰市郧县曲远河口采集的一件标本也与之类似。至于另外一些地点发现的标本，基本上不具备这样的形制特点，有的研究者将其归入尖状器，有的则将其归入大尖状器、厚尖状器、三棱尖状器，还有的将其归入砍砸器等；另有研究者名之为“尖刃砍砸器”（因为石器有一个不太锐的尖，尖呈刃状，夹尖的两边也被打击成刃缘）。这种命名比较符合它的器物形制，也比较能说明它的用途。这类器物与典型手斧的形制相去甚远。

在长江流域（还应该包括黄河流域的“南部小区”和百色盆地）发现的这类尖刃砍砸器，在砾石文化遗存中占有很重要的位置。它的出现、存在和发展是与彼时当地的生态环境和经济生活有密切联系的。它的形制在很大程度上受石料的限制，而不一定反映加工技术的落后与进步。这一文化传统是在与之相适应的自然环境和文化氛围中产生和发展的，在发展过程中必然会有不同渠道的影响和交流。

三　中国南方旧石器时代早期文化面貌

中国南方发现的旧石器时代早期遗址和石制品的数量虽然很多，但是由于各种各样的原因，其文化面貌并不是很清楚，尤其是经过正式发掘、已公布了发掘材料的遗址更少之又少，因此湖北省学堂梁子—郧县人遗址和广西那赖遗址的发掘和整理的资料的重要性不言而喻。这两个遗址均经过正式的发掘，发掘程序规范；石制品的观察也是采用同样的方法，具有可对比性。而且这两个遗址中都发现有手斧［虽然学堂梁子—郧县人遗址的手斧标本目前还只是从地表采集而得］，加上在我国其他的地点也发现有这样的标本，说明手斧在中国的存在并不是孤立的个案，应该有一定的普遍性。①

① 房迎三：《试论我国旧石器文化中的砍器传统》，《东南文化》1990年第1、2期；房迎三：《中国的旧石器地点群》，《华夏考古》1993年第3期；高星：《中国旧石器时代手斧的特点与意义》，《人类学学报》2012年第2期；高星：《旧石器时代考古学》，《化石》2002年第4期；黄慰文：《中国的手斧》，《人类学学报》1987年第1期；黄慰文、侯亚梅、高立红：《中国旧石器文化的“西方元素”与早期人类文化进化格局》，《人类学学报》2009年第1期；黄慰文：《东亚和东南亚旧石器初期重型工具的类型学——评Movius的分类体系》，《人类学学报》1993年第4期；黄慰文：《中国旧石器文化序列的地层学基础》，《人类学学报》2000年第4期；贾兰坡等：《陕西蓝田地区的旧石器》，《陕西蓝田新生界现场会议论文集》，科学出版社1966年版；李天元：《试论湖北境内第四纪洞穴堆积》，《江汉考古》1981年第1期；李天元：《襄阳山湾发现的几件打制石器》，《江汉考古》1983年第1期；李炎贤：《中国南方旧石器时代早期文化》，《中国远古人类》（吴汝康等主编），科学出版社1989年版；李炎贤：《关于砾石石器分类的一些问题》，《纪念黄岩洞遗址发现三十周年论文集》（封开县博物馆等编），广东旅游出版社1991年版；李炎贤：《中国旧石器时代晚期文化的划分》，《人类学学报》1993年第3期；李意愿：《莫维斯线与中国旧石器时代早期文化的研究》，《南方文物》2011年第4期；刘礼堂、祝恒富、解宇：《旧石器时代中国南方砾石工业初探》，《武汉大学学报》（人文科学版）2010年第5期；陕西省考古研究院等：《花石浪（Ⅰ）—洛南盆地旷野类型旧石器地点群研究》，科学出版社2007年版；沈玉昌：《汉水河谷的地貌及其发育史》，《地理学报》1956年第4期；水利部长江水利委员会：《长江流域地图集》，中国地图出版社1999年版；王社江：《洛南盆地的薄刃斧》，《人类学学报》2006年第4期；王幼平：《石器研究：旧石器时代考古方法初探》，北京大学出版社2006年版；王幼平：《汉水上游地区旧石器文化的探讨》，《文物研究》1991年第7期；王幼平：《环境因素与华南旧石器文化传统的形成》，《长江中游史前文化暨第二届亚洲文明学术讨论会论文集》（湖南省文物考古研究所编），岳麓书社1996年版；王幼平：《更新世环境与中国南方旧石器文化发展》，北京大学出版社1997年版；王幼平：《旧石器时代考古》，文物出版社2000年版；张晓凌、沈辰：《莫维斯、莫维斯线及中国手斧研究》，《中国文物报》2008年11月28日第7版；张森水：《近20年来中国旧石器考古学的进展与思考》，《第四纪研究》2002年第1期；张森水：《我国南方旧石器时代晚期文化的若干问题》，《人类学学报》1983年第3期；张森水：《管窥新中国旧石器考古学的重大发现》，《人类学学报》1999年第3期；Feng Xiao Bo，Li Quan，Qi Yu. L'industrie du Paléolithique inférieur du site de Wujiagou，Hubei Province，République Populaire de Chine. L'Anthropologie，2018，122：33－58.

从学堂梁子—郧县人遗址和那赖遗址的文化遗物中可管窥中国南方旧石器时代早期文化的一些特征，其说服力还应该是比较充足的。其特点如下：

1. 岩性

岩性大类方面以火成岩和沉积岩为主，不同的遗址中二者的比例不同，有的遗址沉积岩的比例高，而有的则是以火成岩为主，二者的比例有的接近达到了一半。变质岩的比例较少。岩性小类以脉石英和砂岩为主，有的甚至可以达到一半的比例；燧石和石英岩的标本，比例也基本上可以超过 10%；而泥质岩、含砾砂岩、混合岩、细砂岩、花岗斑岩、石英斑岩、粉砂岩、片麻岩、绿帘石、矽卡岩、安山岩、硅质岩、角砾岩、砾岩、石英砂岩、粗砂岩、杂砂岩、变质泥岩、玢岩、条带状硅质岩、粉砂质泥岩、糜棱岩的数量和比例较少。岩性丰富的石制品也说明古代人们选择制作石器的范围非常广泛，三大岩性中只要硬度和柔软度达到了需要就被古人类选用来制作石器。

2. 制作方法

中国南方旧石器时代早期古人制作石器的方法是硬锤直接法，无论是进行剥片或加工石器，都用硬锤直接法。有可能用砸击法的线索，但没有直接的证据。

3. 石核特征

中国南方旧石器时代早期的遗址中石核中以单台面为主，双台面和多台面都较少，石核剩块也不多。石片数量不多，大部分为完整石片，半边石片、台面破碎的石片都不多。石核和石片的比例一般是 1∶2，相当于每件石核上只能剥下 2 块石片，即使加上碎片，石核上剥下的石片和碎片也只有 5～6 块。石核单个台面进行剥片的边缘大多数只有一个，很少转动或翻动石核进行继续的剥片工作，说明古人们利用石核进行剥片的效率并不高。

4. 石制品类型

中国南方旧石器时代早期的遗址中石制品类型颇为丰富，有完整砾石、断裂砾石、石锤、石核、碎片（块）、石片、石锤、有孤立凸起片疤的砾石、有孤立凹下片疤的砾石、单向加工的砍砸器、手镐、单面器、双向加工的砍砸器、手斧、斧状器、刮削器、凹缺刮器、尖状器、尖凸、雕刻器、端刮器。尤其值得注意的是手斧的出现，标志着古人们加工石器的水平达到了一个新的高度。

5. 石器类型

中国南方旧石器时代早期的古人们制作的石器类型中很明显以砾石（石核）石器为主（比例达到 70%～90%），以石片石器为辅（比例只有 30%～10%）。砾石石器中以单向加工的砍砸器为主，其次为手镐和双向加工的砍砸器，手斧的数量和比例也不少，其他的斧状器、有孤立凸起片疤的砾石、有孤立凹下片疤的砾石稍少。石片石器中以刮削器为主，凹缺刮器、尖状器、尖凸、雕刻器、端刮器都非常少。石器的刃缘数量大部分都只有一条，双刃或多刃的石器非常少，尤其是有两条相交并形成尖端的刃缘更是少之又少，这也说明当时的古人类因为原料丰富，可以随意地选择充足的石料进行加工，使用后就马上抛弃。

6. 手镐和手斧

中国南方旧石器时代早期遗址中发现的石器中最有特色的是手镐和手斧。手镐主要是用砂岩或石英岩的砾石加工而成。素材为长而扁平的砾石，有时候略微进行一下剥片，有时候就直接加工为石器。手斧主要是用质地不好的硅质岩（硅质灰岩）或砂岩千枚岩或凝灰岩加工而成，素材为长而扁平的砾石。由于选择的素材在形状上比较理想，往往在一个面上进行精致的加工，而在另外一个面上就只进行了粗加工，所有造成了手斧的其中一面上没有砾石石皮，而另外一面上则保留有大面积的砾石石皮，这样的石器类型以前在我国其他时代相近的遗址中很少发现。这两类石器虽然在器型上有区别，但功能是差不多的，手镐往往是因为一个面已经非常扁平了，没有必要再进行加工了；而手斧的素材的两个面往往都不是很扁平，所以必须对两个面都进行加工。除了单向加工的砍砸器和刮削器外，手镐和手斧可能是中国南方旧石器时代早期文化最有特色的石器类型。

7. 拼合

中国南方旧石器时代早期文化的石制品一般都有可拼合的标本，而且拼合的比例不低，这也从另一方面说明这个时期的遗址基本上都是原地埋藏的，遗址所在地就是古人们当时生产和生活的场所。

附　表

一　观察统计表模版及实例

1　砾石、断块、碎片（块）观察统计表

遗址：　　　　砾石、断块、碎片（块）观察统计表

名称	探方层位	编号	X cm	Y cm	Z cm	长度 mm	宽度 mm	厚度 mm	重量 g	发现者和日期	观察者和日期	素材	岩性	几何形状			磨圆度	拼合	特征
														平面	横剖面	纵剖面			

2 石核（砾石）观察统计表

遗址：

石核（砾石）观察表

名称	野外编号	室内编号	探方及层位	X Y Z（相对深度） （水平深度） （绝对深度） （cm）	方向 走向 倾向 倾角	位于哪张图中 绘图者 发现者 发现日期	观察者 观察日期	自然长度 重量（g） 自然宽度 自然厚度 工具长度 工具宽度 工具厚度 （mm）

物理状况															六面特征					
岩性	几何形状			石锈状况（两面）	拼合状况	变质（风化）状况	脱硅状况	热力作用	被钙结核包裹状况	假菌丝体状况	海洋生物状况	风蚀作用	发亮状况	滚动（是否非常圆）	近	左	远	右	顶	底
	平面	横剖面	纵剖面																	

素材类型	台面状况												
	数量	位置及关系	形状	性质	打片部位	打片边数	打片方向	周长 mm	打片所在边缘长度 mm	打片长度 mm	打片长度/台面周长（百分比）	打片长度/所在边缘长度（百分比）	打击方法

剥片面状况					
数量	位置及关系	石片疤数量	石片疤分布	每个剥片面面积/未剥片面面积（百分比）	所有剥片面面积/未剥片面面积（百分比）

续表

石片疤特征												石核总特征
打片顺序	长度 mm	宽度 mm	倾斜度	弦长 mm	矢长 mm	形状	到对边长 mm	有无双 打击点	所属 台面	台面角	方向	砾石石皮的相对数值 总数值 A 面数值 B 面数值 P 面数值 打击方向数量 总数值 A 面数值 B 面数值 P 面数值
												石片疤的样式　　转动次数 翻动次数 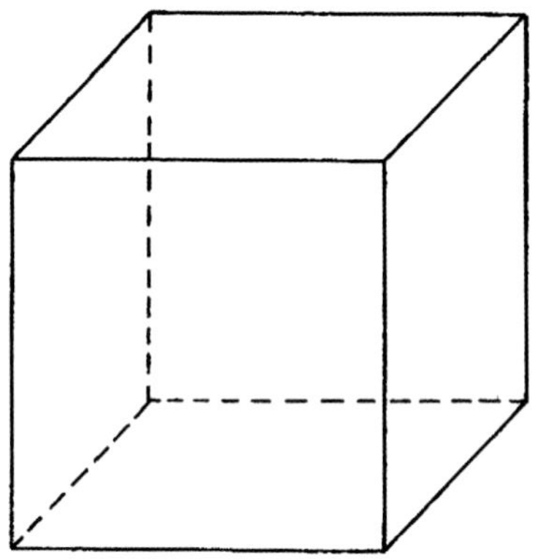

遗址：郧县人

石核（砾石）观察表

名称	野外编号	室内编号	探方及层位	X / Y / Z（相对深度）（水平深度）（绝对深度）（cm）	方向 / 走向 / 倾向 / 倾角	位于哪张图中 / 绘图者 / 发现者 / 发现日期	观察者 / 观察日期	自然长度 / 自然宽度 / 自然厚度 / 工具长度 / 工具宽度 / 工具厚度（mm）	重量(g)
双台面石核	5	EP100	1990T745 ③			发现日期 1990年	冯小波 / 2003年	自然长度 103；自然宽度 109；自然厚度 81	1351

岩性	几何形状：平面	几何形状：横剖面	几何形状：纵剖面	石锈状况（两面）	拼合状况	变质（风化）状况	脱硅状况	热力作用	被钙结核包裹状况	假菌丝体状况	海洋生物状况	风蚀作用	发亮状况	滚动（是否非常圆）	六面特征：近	左	远	右	顶	底
石英岩（灰黄色）	不规则四边形	不规则四边形	不规则四边形						✓					✓	片疤	破	破	破	破	破

台面状况

素材类型	数量	位置及关系	形状	性质	打片部位	打片边数	打片方向	周长 mm	打片所在边缘长度 mm	打片长度 mm	打片长度/台面周长(百分比)	打片长度/所在边缘长度(百分比)	打击方法
砾石	2	左侧面相邻	不规则四边形	天然石皮	近端边	1	左→右	298	85	85	85/298=29%	100%	硬锤锤击法
		顶面相连	不规则四边形	天然石皮	近端边	1	顶→底	290	60	60	60/290=21%	100%	

剥片面状况

数量	位置及关系	石片疤数量	石片疤分布	每个剥片面面积/未剥片面面积(百分比)	所有剥片面面积/未剥片面面积(百分比)
1	近端面	6	垂直交错	3/12	3/12

续表

石片疤特征											
打片顺序	长度 mm	宽度 mm	倾斜度	弦长 mm	矢长 mm	形状	到对边长 mm	有无双打击点	所属台面	台面角	方向
1	18	19	48°	难测	难测	不规则四边形	68	无	左侧面	65°	左→右
2	44	28	50°	难测	难测	不规则四边形	80	无	左侧面	58°	左→右
3	36	37	84°	22	0.1	不规则四边形	42	无	左侧面	87°	左→右
4	35	24	78°	20	0.5	不规则四边形	62	无	左侧面	100°	左→右
5	52	48	76°	24	0.1	不规则四边形	75	无	左侧面	84°	左→右
6	70	82	85°	35	5	不规则四边形	80	无	顶面	90°	顶→底

石核总特征

砾石石皮的相对数值
总数值 12
A 面数值 3
B 面数值 3
P 面数值 6
打击方向数量
总数值 6
A 面数值 0
B 面数值 0
P 面数值 6

石片疤的样式
转动次数 1
翻动次数 0

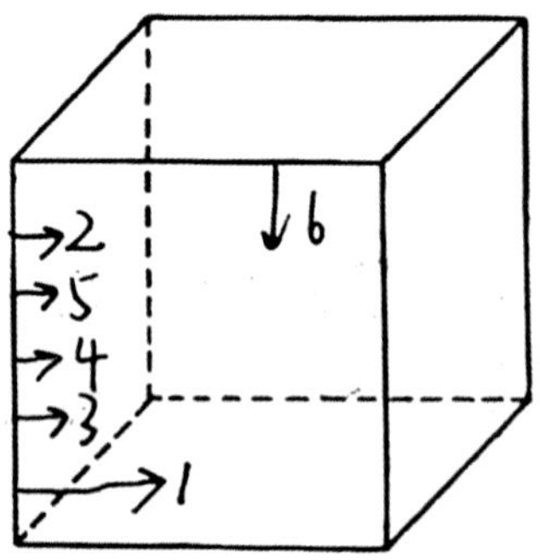

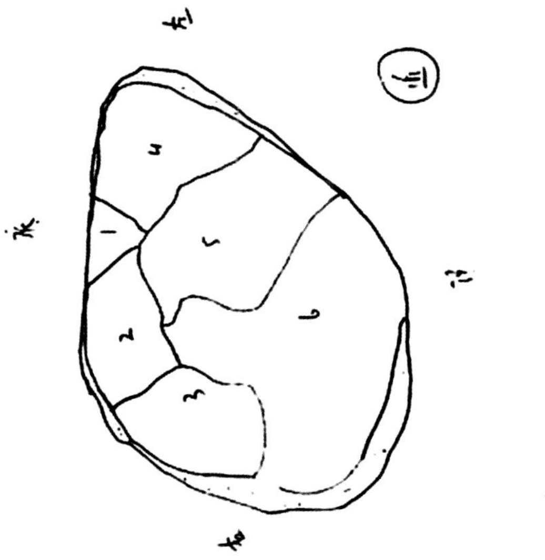

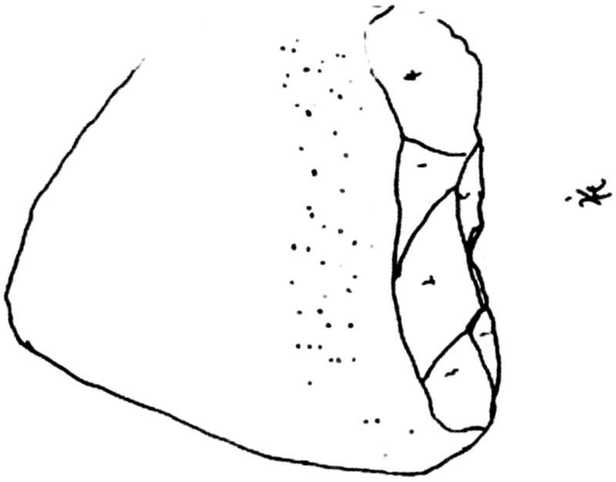

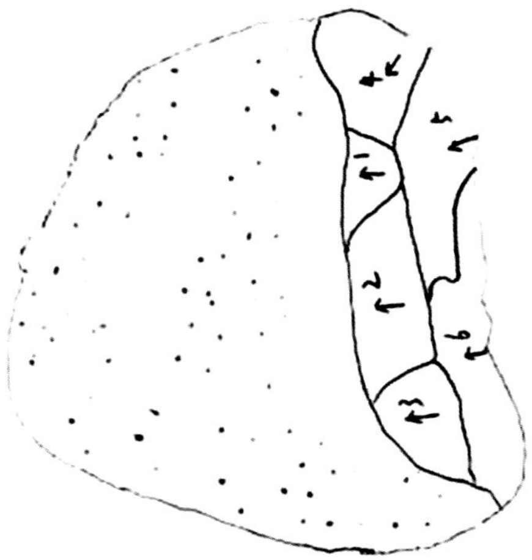

3　石片观察统计表

遗址：

石片观察表

名称	野外编号	室内编号	探方及层位	X Y Z（相对深度） （水平深度） （绝对深度） （cm）	方向 走向 倾向 倾角	位于哪张图中 绘图者 发现者 发现日期	观察者 观察日期	自然长度 自然宽度 自然厚度 打击长度 打击宽度 打击厚度	重量（g） 打击泡附近厚度 打击轴中段厚度 （mm）

物理状况

岩性	几何形状			石锈状况（两面）	拼合状况	变质（风化）状况	脱硅状况	热力作用	被钙结核包裹状况	假菌丝体状况	海洋生物状况	风蚀作用	发亮状况	滚动状况（是否非常圆）
	平面	横剖面	纵剖面											

打击方法	台面状况									左侧边	远端边	右侧边	背面状况			
	形状	性质	石皮比率	弦长（宽）mm	厚度mm	矢长mm	小疤数量	台面角	唇形				石皮比率	片疤数量	片疤分布	脊的状况

破裂面状况																有无加工
打击点位置	打击点局部破碎	半锥体	打击泡数	打击泡发育	波纹	穗状物	放射线	主要锥疤	次要锥疤	卷边	有无双锥体	连接点	流线型	石片角	柳叶纹	

加工石片疤特征

加工顺序	长度mm	宽度mm	倾斜度	弦长mm	矢长mm	形状	到对边长mm	所属边缘	刃角°	方向	片疤类型	片疤深度	片疤侧视		

遗址:郧县人

石片观察表

名称	野外编号	室内编号	探方及层位	X Y Z(相对深度)(水平深度)(绝对深度)(cm)	方向 走向 倾向 倾角	位于哪张图中 绘图者 发现者 发现日期	观察者 观察日期	自然长度 自然宽度 自然厚度 打击长度 打击宽度 打击厚度	重量(g) 打击泡附近厚度 打击轴中段厚度(mm)
石片(完整)	2000:26	EP388	台地剖面回层			发现者冯小波 发现日期2000.10.10	冯小波 2009.4.19	自然长度152 自然宽度91 自然厚度28 打击长度112 打击宽度118 打击厚度28	重量(g)335 打击泡附近厚度27 打击轴中段厚度24

物理状况

岩性	几何形状 平面	横剖面	纵剖面	石锈状况(两面)	拼合状况	变质(风化)状况	脱硅状况	热力作用	被钙结核包裹状况	假菌丝体状况	海洋生物状况	风蚀作用	发亮状况	滚动状况(是否非常圆)
石英岩(灰色)	不规则三边形	不规则四边形	不规则四边形	√	拼合EP267.881									√

打击方法	台面状况 形状	性质	石皮比率	弦长(宽)mm	厚度mm	矢长mm	小疤数量	台面角	唇形	左侧边	远端边	右侧边	背面状况 石皮比率	片疤数量	片疤分布	脊的状况
硬锤锤击法	不规则四边形	天然石皮(平滑)	100%	97	29	4	—	52°.69°	—	有疤,钝	有疤,薄	石皮,薄	1/3	2	单向从背向腹打	—

破裂面状况

打击点位置	打击点局部破碎	半锥体	打击泡数	打击泡发育	波纹	穗状物	放射线	主要锥疤	次要锥疤	卷边	有无双锥体	连接点	流线型	石片角	柳叶纹	有无加工
偏右侧	有	略显	1	略发育	略明显	—	有	—	—	—	—	—	—	109	—	—

续表

加工顺序	加工石片片疤特征													
	长度 mm	宽度 mm	倾斜度	弦长 mm	矢长 mm	形状	到对边长 mm	所属边缘	刃角 °	方向	片疤类型	片疤深度	片疤侧视	

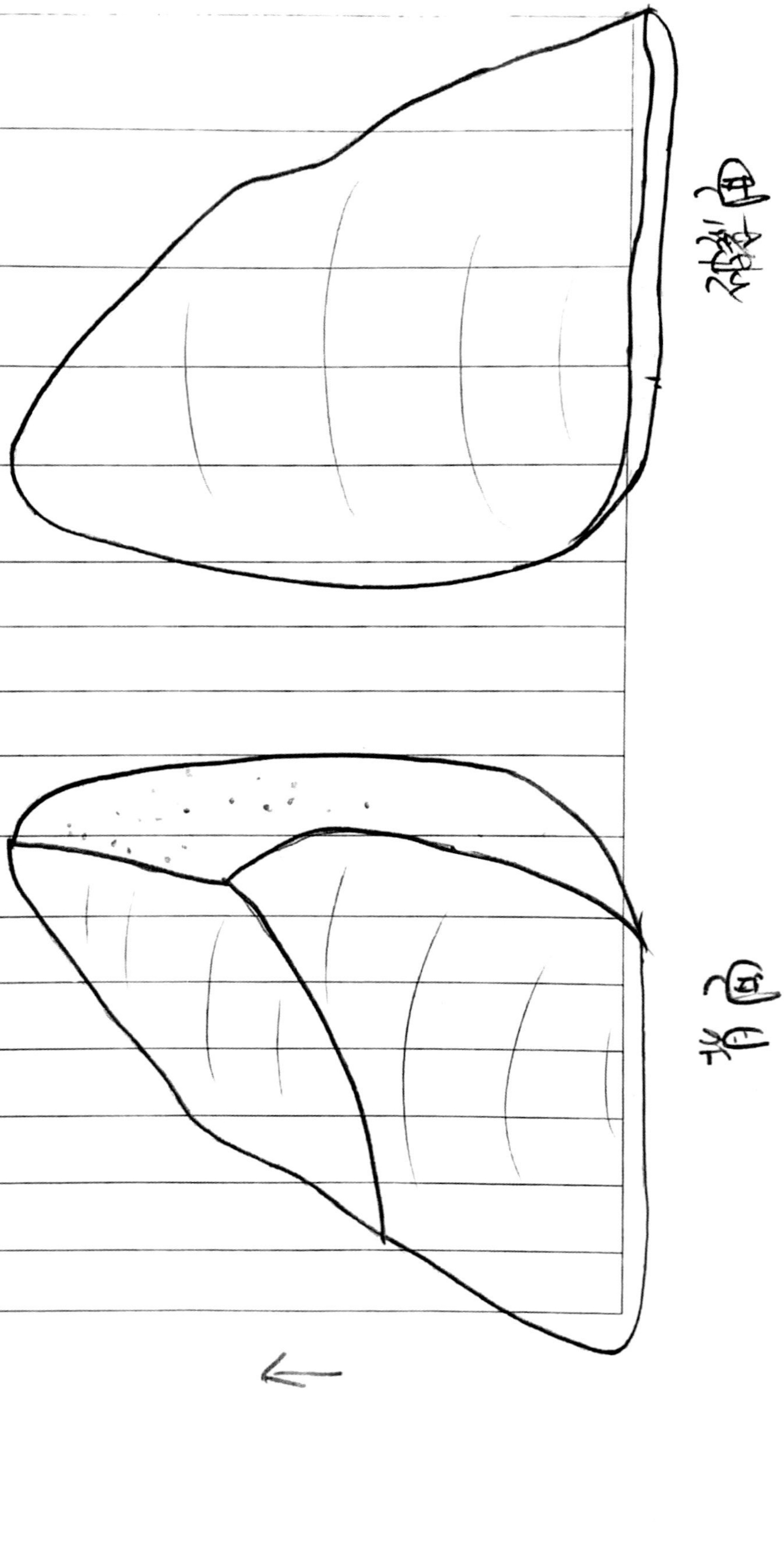

4　石核（砾石）石器观察统计表

遗址：　　　　**石核（砾石）观察表**

名称	野外编号	室内编号	探方及层位	X Y Z（相对深度） （水平深度） （绝对深度） （cm）	方向 走向 倾向 倾角	位于哪张图中 绘图者 发现者 发现日期	观察者 观察日期	自然长度　重量（g） 自然宽度 自然厚度 工具长度 工具宽度 工具厚度　（mm）

物理状况																				
岩性	几何形状			石锈状况（两面）	拼合状况	变质（风化）状况	脱硅状况	热力作用	被钙结核包裹状况	假菌丝体状况	海洋生物状况	风蚀作用	发亮状况	滚动（是否非常圆）	近	六面特征				
	平面	横剖面	纵剖面													左	远	右	顶	底

素材类型	台面状况												
	数量	位置及关系	形状	性质	打片部位	打片边数	打片方向	周长 mm	打片所在边缘长度 mm	打片长度 mm	打片长度/台面周长（百分比）	打片长度/所在边缘长度（百分比）	打击方法

剥片面状况					
数量	位置及关系	石片疤数量	石片疤分布	每个剥片面面积/未剥片面面积（百分比）	所有剥片面面积/未剥片面面积（百分比）

续表

石片疤特征												石核总特征
打片 顺序	长度 mm	宽度 mm	倾斜度	弦长 mm	矢长 mm	形状	到对边 长 mm	有无双 打击点	所属 台面	台面 角	方向	砾石石皮的相对数值 总数值 A 面数值 B 面数值 P 面数值 打击方向数量 总数值 A 面数值 B 面数值 P 面数值
												石片疤的样式　　转动次数 翻动次数 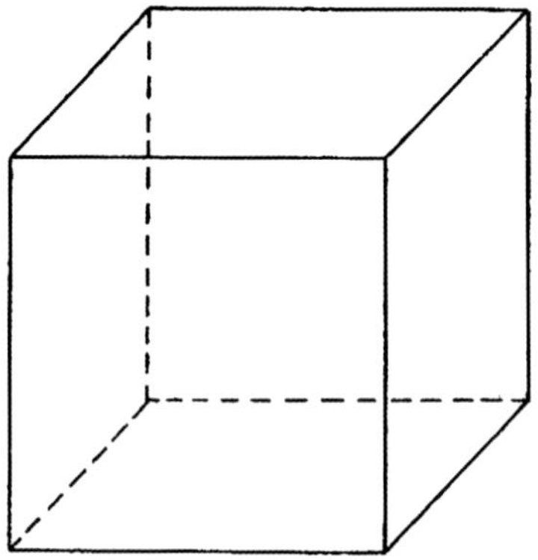

遗址：

石核（砾石）石器观察表

<table>
<tr><td rowspan="2">名称</td><td rowspan="2">素材</td><td rowspan="2">“石核”项目</td><td colspan="11">刃缘状况</td></tr>
<tr><td>数量</td><td>位置</td><td>关系</td><td>平面形状</td><td>侧视形状</td><td>侧视形状方向</td><td>平齐度</td><td>加工层次</td><td>弧长（mm）</td><td>弦长（mm）</td><td>矢长（mm）</td></tr>
<tr><td colspan="9">刃缘状况</td><td colspan="6">加工状况</td></tr>
<tr><td rowspan="2">左刃至矢长距离</td><td rowspan="2">砾石长轴近端至刃缘左侧起点距离</td><td rowspan="2">砾石长轴近端至刃缘右侧起点距离</td><td rowspan="2">弦长与砾石长轴的夹角</td><td rowspan="2">有相交刃缘的两条刃缘的夹角</td><td rowspan="2">不相交刃缘的相邻两条刃缘的夹角</td><td rowspan="2">工具长轴与素材长轴的夹角</td><td rowspan="2">有相交刃缘的工具对称轴和素材长轴的夹角</td><td rowspan="2">不相交刃缘的工具对称轴和素材长轴的夹角</td><td rowspan="2">均一程度</td><td rowspan="2">质地</td><td colspan="3">片疤数量</td><td></td></tr>
<tr><td>A 面</td><td>B 面</td><td>侧面</td><td>加工较多的面</td></tr>
<tr><td colspan="15">加工状况</td></tr>
<tr><td>片疤的形式</td><td>A 面片疤平均长</td><td>B 面片疤平均长</td><td>A 面最大片疤长</td><td>B 面最大片疤长</td><td>A 面刃缘最厚处</td><td>B 面刃缘最厚处</td><td>A 面平均刃角</td><td>B 面平均刃角</td><td>片疤形状</td><td>片疤顺序</td><td>片疤长度</td><td>片疤侧视</td><td>片疤远端</td><td>片疤突起</td></tr>
<tr><td colspan="9">加工状况</td><td></td><td></td><td></td><td></td><td></td><td></td></tr>
<tr><td>片疤方向</td><td>片疤位置</td><td>边缘厚度</td><td colspan="5">片疤测量</td><td>有无双打击点</td><td></td><td></td><td></td><td></td><td></td><td></td></tr>
<tr><td></td><td></td><td></td><td>长度</td><td>宽度</td><td>角度</td><td>弦长</td><td>矢长</td><td></td><td></td><td></td><td></td><td></td><td></td><td></td></tr>
<tr><td colspan="15">加工石片疤特征</td></tr>
<tr><td>加工顺序</td><td>长度 mm</td><td>宽度 mm</td><td>倾斜度</td><td>弦长 mm</td><td>矢长 mm</td><td>形状</td><td>到对边长 mm</td><td>所属边缘</td><td>刃角°</td><td>方向</td><td>片疤平视</td><td>片疤侧视</td><td>片疤剖视</td><td>片疤深度</td></tr>
</table>

遗址：郧县人　EP229

石核（砾石）石器观察表

名称	素材	"石核"项目	刃缘状况									
手镐 (pic)	砾石		数量 2	位置 左侧 远端	关系 相邻相连 成圆弧刃	平面形状 凸刃 凸刃	侧视形状 弧刃 弧刃	侧视形状方向	平齐度	层次 2加层次 1个层次	弧长 (mm) 220 62	弦长 (mm) 216 52	矢长 (mm) 18 16

刃缘状况									加工状况					
左刃至矢长距离	砾石长轴近端至刃缘左侧起点距离	砾石长轴近端至刃缘右侧起点距离	弦长与砾石长轴的夹角	有相交刃缘的两条刃缘的夹角	不相交刃缘的相邻两条刃缘的夹角	工具长轴与素材长轴的夹角	有相交刃缘的工具对称轴和素材长轴的夹角	不相交刃缘的工具对称轴和素材长轴的夹角	均一程度	质地	片疤数量			
											A 面	B 面	侧面	加工较多的面
											6	0	0	顶面

加工状况														
片疤的形式	A 面片疤平均长	B 面片疤平均长	A 面最大片疤长	B 面最大片疤长	A 面刃缘最厚处	B 面刃缘最厚处	A 面平均刃角	B 面平均刃角	片疤形状	片疤顺序	片疤长度	片疤侧视	片疤远端	片疤突起

加工状况													
片疤方向	片疤位置	边缘厚度	片疤测量					有无双打击点					
			长度	宽度	角度	弦长	矢长						

续表

加工石片疤特征															
加工顺序	长度 mm	宽度 mm	倾斜度	弦长 mm	矢长 mm	形状	到对边长 mm	所属边缘	刃角 °	方向	片疤平视	片疤侧视	片疤剖视	片疤深度	
1	85	155	40	43	3	不规则四边形	94	左侧	85	正向	侵入	加高	凹下	薄	
2	58	56	60	44	4	不规则四边形	93	左侧	85	正向	侵入	加高	凹下	薄	
3	51	55	15	51	15	不规则四边形	284	远端	41	正向	普通	加高	凹下	薄	
4	64	60	60	43	3	不规则四边形	96	左侧	88	正向	侵入	加高	凹下	薄	
5	30	50	40	43	0.5	不规则四边形	85	左侧	77	正向	普通	加高	凹下	薄	
6	22	33	42	26	0.2	不规则四边形	100	左侧	78	正向	普通	加高	凹下	薄	

遗址：郧县人

石核（砾石）观察表

名称	野外编号	室内编号	探方及层位	X / Y / Z (相对深度)(水平深度)(绝对深度)(cm)	方向 / 走向 / 倾向 / 倾角	位于哪张图中 / 绘图者 / 发现者 / 发现日期	观察者 / 观察日期	自然长度 / 自然宽度 / 自然厚度 / 工具长度 / 工具宽度 / 工具厚度 (mm)	重量(g)
砾石	1995年采集02	EP229	地表采集			发现日期 1995年采集	冯小波 / 2009.5.13	自然长度 283 / 自然宽度 109 / 自然厚度 72 / 工具长度 282 / 工具宽度 109 / 工具厚度 72	1969

岩性	几何形状			物理状况											六面特征					
	平面	横剖面	纵剖面	石锈状况（两面）	拼合状况	变质（风化）状况	脱硅状况	热力作用	被钙结核包裹状况	假菌丝体状况	海洋生物状况	风蚀作用	发亮状况	滚动（是否非常圆）	近	左	远	右	顶	底
砂岩（灰色）	不规则长椭圆形	不规则椭圆形	不规则椭圆形	✓					✓					✓	石皮	加工使用	加工使用	石皮、节理面	石皮多，片疤少	石皮

素材类型	台面状况												
	数量	位置及关系	形状	性质	打片部位	打片边数	打片方向	周长 mm	打片所在边缘长度 mm	打片长度 mm	打片长度/台面周长(百分比)	打片长度/所在边缘长度(百分比)	打击方法

剥片面状况					
数量	位置及关系	石片疤数量	石片疤分布	每个剥片面面积/未剥片面面积(百分比)	所有剥片面面积/未剥片面面积(百分比)

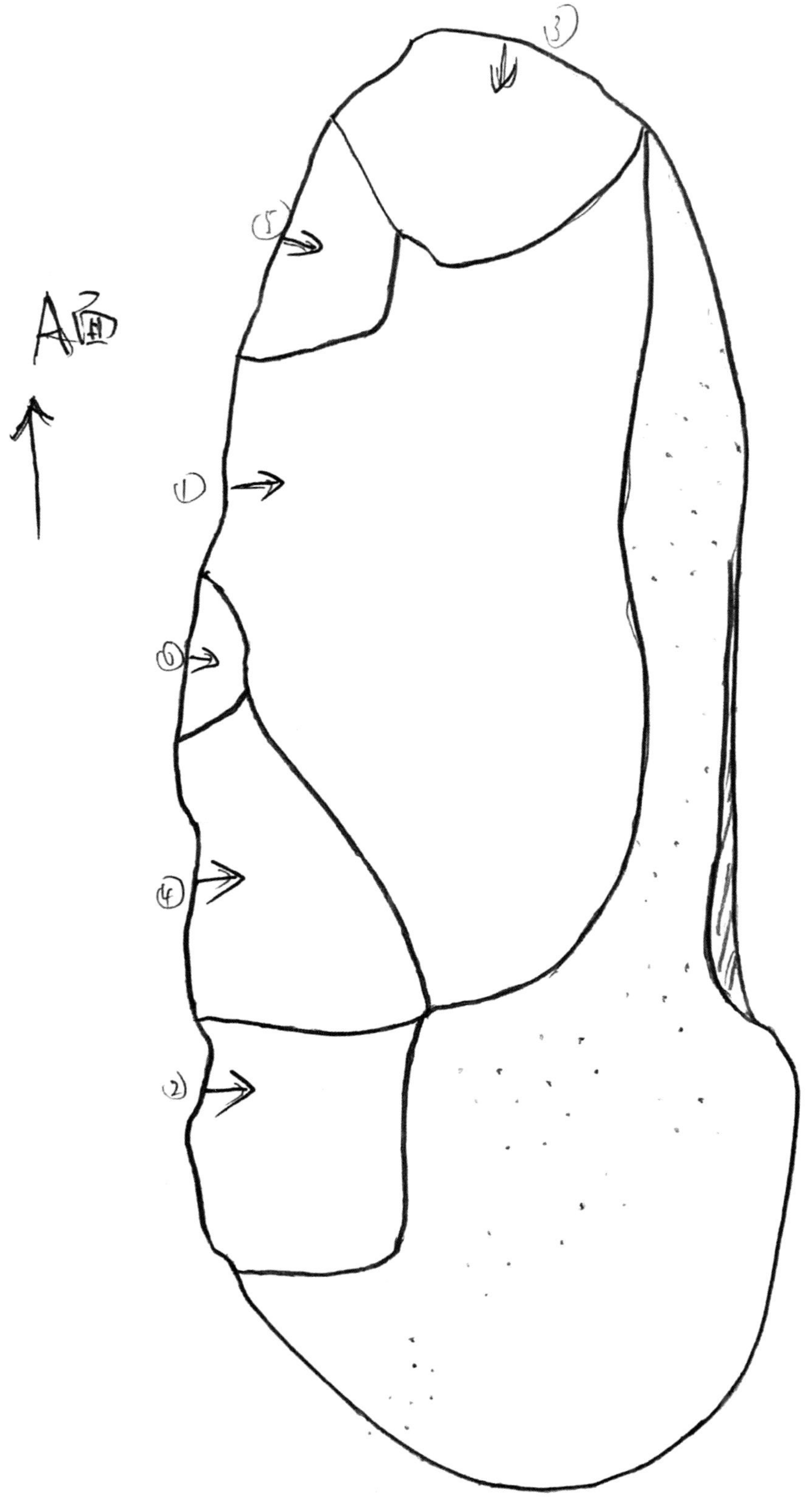

5　石片石器观察统计表

遗址：

石片观察表

名称	野外编号	室内编号	探方及层位	X Y Z（相对深度） （水平深度） （绝对深度） （cm）	方向 走向 倾向 倾角	位于哪张图中 绘图者 发现者 发现日期	观察者 观察日期	自然长度 自然宽度 自然厚度 工具长度 工具宽度 工具厚度	重量（g） 打击泡附近厚度 打击轴中段厚度 （mm）

物理状况

岩性	几何形状			石锈状况（两面）	拼合状况	变质（风化）状况	脱硅状况	热力作用	被钙结核包裹状况	假菌丝体状况	海洋生物状况	风蚀作用	发亮状况	滚动状况（是否非常圆）
	平面	横剖面	纵剖面											

打击方法	台面状况									左侧边	远端边	右侧边	背面状况			
	形状	性质	石皮比率	弦长（宽）mm	厚度 mm	矢长 mm	小疤数量	台面角	唇形				石皮比率	片疤数量	片疤分布	脊的状况

破裂面状况																有无加工
打击点位置	打击点局部破碎	半锥体	打击泡数	打击泡发育	波纹	穗状物	放射线	主要锥疤	次要锥疤	卷边	有无双锥体	连接点	流线型	石片角	柳叶纹	

加工石片疤特征

加工顺序	长度 mm	宽度 mm	倾斜度	弦长 mm	矢长 mm	形状	到对边长 mm	所属边缘	刃角 °	方向	片疤平视	片疤侧视	片疤剖视	片疤深度	

遗址：

石片石器观察表

名称	素材	“石片”项目	刃缘状况									
			数量	位置	关系	平面形状	侧视形状	侧视形状方向	加工层次	弧长（mm）	弦长（mm）	矢长（mm）

刃缘状况										加工状况				
左刃至矢长距离	砾石长轴近端至刃缘左侧起点距离	砾石长轴近端至刃缘右侧起点距离	弦长与砾石长轴的夹角	有相交刃缘的两条刃缘的夹角	不相交刃缘的相邻两条刃缘的夹角	工具长轴与素材长轴的夹角	有相交刃缘的工具对称轴和素材长轴的夹角	不相交刃缘的工具对称轴和素材长轴的夹角	均一程度	质地	片疤数量			加工较多的面
											背面	破裂面	侧面	

加工状况														
片疤的形式	背面片疤平均长	破裂面片疤平均长	背面最大片疤长	破裂面最大片疤长	背面刃缘最厚处	破裂面刃缘最厚处	背面平均刃角	破裂面平均刃角	片疤形状	片疤顺序	片疤长度	片疤侧视	片疤远端	片疤突起

加工状况														
片疤方向	片疤位置	边缘厚度	片疤测量					有无双打击点	中脊位置					
			长度	宽度	角度	弦长	矢长							

刮削器测量

	左侧边	远端边	右侧边	近端边
顺序号				
刃弧长				
刃弦长				
刃矢长				
近端边到矢长距离				
侧视加工长度				
刃缘与石片长轴夹角				
刃与石片长轴的不对称夹角				
相交刃缘夹角				

锯齿状器测量

	左侧边	远端边	右侧边	近端边
顺序号				
刃弧长				
刃弦长				
刃矢长				
近端边到矢长距离				
侧视加工长度				
刃缘与石片长轴夹角				
刃与石片长轴的不对称夹角				
相交刃缘夹角				

凹缺刮器测量

	左侧边	远端边	右侧边	近端边
顺序号				
凹缺弧长				
凹缺弦长				
凹缺矢长				

端刮器测量

顺序号	
刃弧长	
刃弦长	
刃矢长	
角度	

雕刻器测量

顺序号	
两个面夹角	
刃缘宽	

石锥测量

顺序号	
刃长	
刃宽	

尖突测量

顺序号	
刃长	
刃宽	

有背石刀测量

	背部	刃缘
弧长		
弦长		
矢长		
近端到背部矢长距离		

6 手斧观察统计表

遗址：　　　　**石核（砾石）观察表**

<table>
<tr><td>名称</td><td>野外编号</td><td>室内
编号</td><td>探方及
层位</td><td>X
Y
Z（相对深度）
（水平深度）
（绝对深度）
（cm）</td><td>方向
走向
倾向
倾角</td><td>位于哪张图中
绘图者
发现者
发现日期</td><td>观察者
观察日期</td><td>自然长度
自然宽度
自然厚度
工具长度
工具宽度
工具厚度
（mm）</td><td>重量（g）</td></tr>
</table>

<table>
<tr><td colspan="16">物理状况</td><td colspan="6">六面特征</td></tr>
<tr><td rowspan="3">岩性</td><td colspan="3">几何形状</td><td rowspan="3">石锈
状况
（两面）</td><td rowspan="3">拼合
状况</td><td rowspan="3">变质
（风化）
状况</td><td rowspan="3">脱硅
状况</td><td rowspan="3">热力
作用</td><td rowspan="3">被钙结核包
裹状况</td><td rowspan="3">假菌丝
体状况</td><td rowspan="3">海洋生
物状况</td><td rowspan="3">风蚀
作用</td><td rowspan="3">发亮
状况</td><td rowspan="3">滚动状况
（是否
非常圆）</td><td rowspan="3"></td><td rowspan="3">近</td><td rowspan="3">左</td><td rowspan="3">远</td><td rowspan="3">右</td><td rowspan="3">顶</td><td rowspan="3">底</td></tr>
<tr><td>平面</td><td>横剖面</td><td>纵剖面</td></tr>
<tr><td></td><td></td><td></td></tr>
</table>

<table>
<tr><td>素材
类型</td><td colspan="13">台面状况</td></tr>
<tr><td></td><td>数量</td><td>位置及
关系</td><td>形状</td><td>性质</td><td>打片
部位</td><td>打片
边数</td><td>打片
方向</td><td>周长
mm</td><td>打片所在边缘长度
mm</td><td>打片长度
mm</td><td>打片长度/台面
周长（百分比）</td><td>打片长度/所在边缘
长度（百分比）</td><td>打击方法</td></tr>
</table>

<table>
<tr><td colspan="6">剥片面状况</td></tr>
<tr><td>数量</td><td>位置及关系</td><td>石片疤数量</td><td>石片疤分布</td><td>每个剥片面面积/
未剥片面面积（百分比）</td><td>所有剥片面面积
/未剥片面面积（百分比）</td></tr>
</table>

续表

石片疤特征												石核总特征
打片 顺序	长度 mm	宽度 mm	倾斜 度	弦长 mm	矢长 mm	形状	到对边长 mm	有无双 打击点	所属 台面	台面 角	方向	砾石石皮的相对数值 总数值 A 面数值 B 面数值 P 面数值 打击方向数量 总数值 A 面数值 B 面数值 P 面数值
												石片疤的样式　　转动次数 　　　　　　　翻动次数

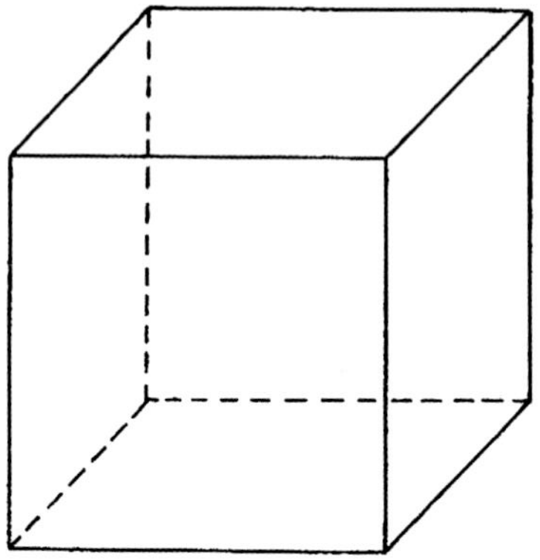

遗址：

石核（砾石）石器观察表

名称	素材	“石核”项目	刃缘状况										
			数量	位置	关系	平面形状	侧视形状	侧视形状方向	平齐度	加工层次	弧长（mm）	弦长（mm）	矢长（mm）

刃缘状况									加工状况					
左刃至矢长距离	砾石长轴近端至刃缘左侧起点距离	砾石长轴近端至刃缘右侧起点距离	弦长与砾石长轴的夹角	有相交刃缘的两条刃缘的夹角	不相交刃缘的相邻两条刃缘的夹角	工具长轴与素材长轴的夹角	有相交刃缘的工具对称轴和素材长轴的夹角	不相交刃缘的工具对称轴和素材长轴的夹角	均一程度	质地	片疤数量			加工较多的面
											A 面	B 面	侧面	

加工状况														
片疤的形式	A 面片疤平均长	B 面片疤平均长	A 面最大片疤长	B 面最大片疤长	A 面刃缘最厚处	B 面刃缘最厚处	A 面平均刃角	B 面平均刃角	片疤形状	片疤顺序	片疤长度	片疤侧视	片疤远端	片疤突起

加工状况														
片疤方向	片疤位置	边缘厚度	片疤测量					有无双打击点						
			长度	宽度	角度	弦长	矢长							

加工石片疤特征															
加工顺序	长度 mm	宽度 mm	倾斜度	弦长 mm	矢长 mm	形状	到对边长 mm	所属边缘	刃角 °	方向	片疤平视	片疤侧视	片疤剖视	片疤深度	

遗址：

手斧（Biface）观察表（续）

类型（形状）	相交边缘	相交程度	刃缘平面形状	比率		砾石石皮在表面保留状况	两边破裂均一程度	尖端形态	跟部保留状况	片疤位置	边缘加工	远端加工	远端状况	远端斜刃
				延长比率	扁平比率									
边缘形态	侧边扁平	片疤延伸	中远端两边缘对称状况	标本对称状况		两面加工均一程度	两面对称状况	侧边（棱边）状况	第二步加工	素材				

续表

尺寸和比率												
						加工片疤测量						
						顺序号	长度	宽度	角度	弦长	矢长	所在刃缘和面
L1	L1/L2	Bc	Bh1	BlA1	Bp2							
L2	L2/L1	NT	Bh2	BlB1	Bq1							
L3	L3/L1	DAT1	BhT	Bl1	Bq2							
l1	L2/L3	DAT2	Bi1	BlA2	Bq1′							
l1′	l1/L1	DAT	Bi2	BlB2	Bq2′							
l2	l1/L3	Bd1	BiT	Bl2	Br1							
l3	l4/L1	Be1	Bj1	Bo1A	Br2							
l4	l4/l1	Bd2	Bj2	Bo1B	Bv							
l5	l2/l1	Be2	Bj	Bo1	Bx							
e1	l3/l1	B1T	Bk1	Bo2A	By							
e2	l2/l5	B2T	Bk2	Bo2B	Bep							
重量	e1/l1	Bde1	Bk	Bo2	Bu1							
	l1/e1	Bde2	BnA	Bo	Bu2							
	e1/L1	BdeT	BnB	P1	Bu							
	e1/L3	ENT	BlA	P2	Bu1′							
	e2/e1	Bf	BlB	Bp1	Bu2′							
					Bu′							
		Bg										

手斧（两面器）测量代码说明

L1：标本总长度

L2：从近端到标本最宽处的长度

L3：从近端到标本最厚处的长度

l1：标本总宽度

l1′：标本真宽度

l2：从近端到标本 4/5 长度处的宽度

l3：从近端到标本 3/4 长度处的宽度

l4：从近端到标本 1/2 长度处的宽度

l5：从近端到标本 1/5 长度处的宽度

e1：总厚度

e2：从近端到标本 4/5 长度处的厚度

L1/L2：标本总长度/从近端到标本最宽处的长度

L2/L1：从近端到标本最宽处的长度/标本总长度

L3/L1：从近端到标本最厚处的长度/标本总长度

L2/L3：从近端到标本最宽处的长度/从近端到标本最厚处的长度

l1/L1：标本总宽度/标本总长度

l1/L3：标本总宽度/从近端到标本最厚处的长度

l4/L1：从近端到标本 1/2 长度处的宽度/标本总长度

l4/l1：从近端到标本 1/2 长度处的宽度/标本总宽度

l2/l1：从近端到标本 4/5 长度处的宽度/标本总宽度

l3/l1：从近端到标本 3/4 长度处的宽度/标本总宽度

l2/l5：从近端到标本 4/5 长度处的宽度/从近端到标本 1/5 长度处的宽度

e1/l1：标本总厚度/标本总宽度

l1/e1：标本总宽度/标本总厚度

e1/L1：标本总厚度/标本总长度

e1/L3：标本总厚度/从近端到标本最厚处的长度

e2/e1：从近端到标本 4/5 长度处的厚度/标本总厚度

Bc：标本周长

NT：刃缘数量

DAT1：刃缘 1 角度的测量

DAT2：刃缘 2 角度的测量

DAT：刃缘 1、2 角度的总和

Bd1：A 面上刃缘 1 的片疤数量

Be1：B 面上刃缘 1 的片疤数量

Bd2：A 面上刃缘 2 的片疤数量

Be2：B 面上刃缘 2 的片疤数量

B1T：刃缘 1 的片疤数量

B2T：刃缘 2 的片疤数量

Bde1：刃缘 1 侧面的片疤数量

Bde2：刃缘 2 侧面的片疤数量

BdeT：刃缘 1、2 侧面的片疤数量

ENT：除刃缘外其它的单个片疤

Bf：加工较多的面

Bg：片疤的顺序

Bh1：A 面上刃缘 1 的片疤平均长度

Bh2：A 面上刃缘 2 的片疤平均长度

BhT：A 面上刃缘 1、2 的片疤平均长度

Bi1：B 面上刃缘 1 的片疤平均长度

Bi2：B 面上刃缘 2 的片疤平均长度

BiT：B 面上刃缘 1、2 的片疤平均长度

Bj1：A 面上刃缘 1 的最长片疤长度

Bj2：A 面上刃缘 2 的最长片疤长度

Bj：A 面上最长片疤长度

Bk1：B 面上刃缘 1 的最长片疤长度

Bk2：B 面上刃缘 2 的最长片疤长度

Bk：B 面上最长片疤长度

BnA：A 面上加工最深处片疤的厚度

BnB：B 面上加工最深处片疤的厚度

BlA：A 面上加工片疤的平均角度

BlB：B 面上加工片疤的平均角度

BlA1：A 面上刃缘 1 的加工片疤的平均角度

BlB1：B 面上刃缘 1 加工片疤的平均角度

Bl1：刃缘 1 的加工片疤的平均角度

BlA2：A 面上刃缘 2 的加工片疤的平均角度

BlB2：B 面上刃缘 2 的加工片疤的平均角度

Bl2：刃缘 2 的加工片疤的平均角度

Bo1A：A 面上刃缘 1 的长度

Bo1B：B 面上刃缘 1 的长度

Bo1：刃缘 1 的长度

Bo2A：A 面上刃缘 2 的长度

Bo2B：B 面上刃缘 2 的长度

Bo2：刃缘 2 的长度

Bo：两面加工的总长度

P1：刃缘 1 上侧边扁平长度

P2：刃缘 2 上侧边扁平长度

Bp1：刃缘 1 弦长

Bp2：刃缘 2 弦长

Bq1：刃缘 1 矢长

Bq2：刃缘 1 矢长

Bq1′：刃缘 1 凹下部分的矢长

Bq2′：刃缘 2 凹下部分的矢长

Br1：刃缘 1 从近端到矢长的距离

Br2：刃缘 2 从近端到矢长的距离

Bv：工具轴长和素材轴长的夹角

Bx：A 面剥片程度

By：B 面剥片程度

Bep：手斧的剥片程度

Bu1：标本的对称轴与刃缘 1 的弦长的夹角

Bu2：标本的对称轴与刃缘 2 的弦长的夹角

Bu：标本的弦长的夹角

Bu1′：标本的对称轴与刃缘 1 最宽处的弦长的夹角

Bu2′：标本的对称轴与刃缘 2 最宽处的弦长的夹角

Bu′：标本最宽处的弦长的夹角

遗址：郧县人 EP304(9040)

石核（砾石）石器观察表

名称	素材	"石核"项目	刃缘状况									
手斧(biface)	砾石		数量 2	位置 左侧 右侧	关系 相邻相通 呈尖端	平面形状 曲折刃 曲折刃	侧视形状 "S"形 "S"形	侧视形状方向	平齐度	加工层次 2层次 2层次	弧长(mm) 120 170	弦长(mm) 110 148

	矢长(mm)
	10 30

刃缘状况									加工状况					
左刃至矢长距离	砾石长轴近端至刃缘左侧起点距离	砾石长轴近端至刃缘右侧起点距离	弦长与砾石长轴的夹角	有相交刃缘的两条刃缘的夹角	不相交刃缘的相邻两条刃缘的夹角	工具长轴与素材长轴的夹角	有相交刃缘的工具对称轴和素材长轴的夹角	不相交刃缘的工具对称轴和素材长轴的夹角	均一程度	质地	片疤数量 A面	片疤数量 B面	片疤数量 侧面	加工较多的面
											4	8	0	底面

加工状况													
片疤的形式	A面片疤平均长	B面片疤平均长	A面最大片疤长	B面最大片疤长	A面刃缘最厚处	B面刃缘最厚处	A面平均刃角	B面平均刃角	片疤形状	片疤顺序	片疤长度	片疤侧视	片疤远端

	片疤突起

加工状况								
片疤方向	片疤位置	边缘厚度	片疤测量					有无双打击点
			长度	宽度	角度	弦长	矢长	

续表

加工石片疤特征															
加工顺序	长度 mm	宽度 mm	倾斜度	弦长 mm	矢长 mm	形状	到对边长 mm	所属边缘	刃角 °	方向	片疤平视	片疤侧视	片疤剖视	片疤深度	
1	45	50	13	难测	难测	不规则四边形	108	B左	难测	反向	侵入	加高	凹下	薄	
2	66	58	25	37	3	不规则四边形	108	B左	62	反向	侵入	加高	凹下	薄	
3	55	58	18	40	4	不规则四边形	98	B左	80	反向	侵入	加高	凹下	薄	
4	48	125	30	110	11	不规则四边形	101	B左	53	反向	侵入	加高	凹下	薄	
5	41	44	13	43	6	不规则三边形	117	B左	51	反向	侵入	加高	凹下	薄	
6	65	82	26	52	3	不规则四边形	101	A左	53	正向	侵入	加高	凹下	薄	
7	74	98	30	65	6	不规则四边形	137	A左	51	正向	侵入	加高	凹下	薄	
8	24	29	45	20	1.5	不规则四边形	107	A左	72	正向	普通	加高	凹下	薄	
9	25	18	10	17	0.5	不规则三边形	67	A左	79	正向	普通	加高	凹下	薄	
10	22	33	36	30	1.5	不规则四边形	100	B左	108	反向	普通	随	凹下	薄	
11	54	78	34	65	16	不规则四边形	114	B左	73	反向	普通	随	凹下	薄	
12	8	30	48	18	1.5	不规则四边形	98	B左	72	反向	普通	随	凹下	薄	

遗址：郧县人

石核（砾石）观察表

名称	野外编号	室内编号	探方及层位	X / Y / Z (相对深度) (水平深度) (绝对深度) (cm)	方向 / 走向 / 倾向 / 倾角	位于哪张图中 / 绘图者 / 发现者 / 发现日期	观察者 / 观察日期	自然长度 / 自然宽度 / 自然厚度 / 工具长度 / 工具宽度 / 工具厚度 (mm)	重量(g)
砾石	9040	EP304	水库南边沟采集			发现日期 1990年	观察者 冯小波；观察日期 2009年5月15日	自然长度 200；自然宽度 108；自然厚度 57；工具长度 200；工具宽度 108；工具厚度 57	1085

岩性	几何形状：平面	几何形状：横剖面	几何形状：纵剖面	物理状况：石锈状况（两面）	拼合状况	变质（风化）状况	脱硅状况	热力作用	被钙结核包裹状况	假菌丝体状况	海洋生物状况	风蚀作用	发亮状况	滚动（是否非常圆）
硅质岩（黑色）	不规则四边形（菱形）	不规则四边形	不规则四边形						√					√

六面特征：近	左	远	右	顶	底
石皮 加工小疤	石皮 加工小疤	加工使用	石皮 加工使用	片疤多 石皮少	片疤 节理面

素材类型	台面状况：数量	位置及关系	形状	性质	打片部位	打片边数	打片方向	周长 mm	打片所在边缘长度 mm	打片长度 mm	打片长度/台面周长(百分比)	打片长度/所在边缘长度(百分比)	打击方法
砾石													

剥片面状况

数量	位置及关系	石片疤数量	石片疤分布	每个剥片面面积/未剥片面面积(百分比)	所有剥片面面积/未剥片面面积(百分比)

续表

石片疤特征												石核总特征
打片顺序	长度 mm	宽度 mm	倾斜度	弦长 mm	矢长 mm	形状	到对边长 mm	有无双打击点	所属台面	台面角	方向	砾石石皮的相对数值 总数值 A 面数值 B 面数值 P 面数值 打击方向数量 总数值 A 面数值 B 面数值 P 面数值
												石片疤的样式　　转动次数 翻动次数 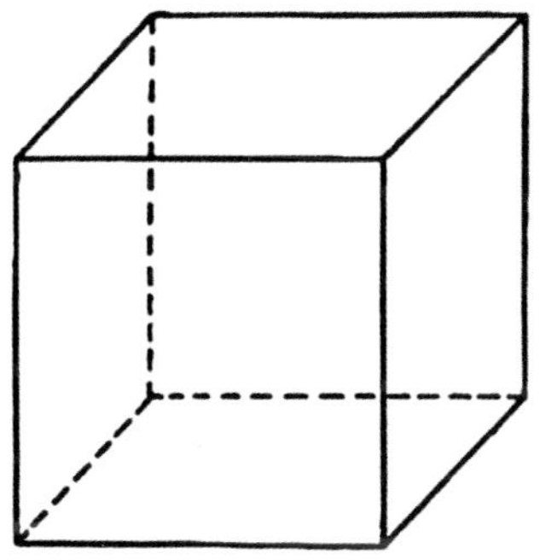

遗址：郧县人遗址 EP304（9040）

手斧（Biface）观察表（续）

类型（形状）	相交边缘	相交程度	刃缘平面形状	比率		砾石石皮在表面保留状况	两边破裂均一程度	尖端形态	跟部保留状况	片疤位置	边缘加工	远端加工	远端状况	远端斜刃
				延长比率	扁平比率									
菱形														
边缘形态	侧边扁平	片疤延伸	中远端两边缘对称状况	标本对称状况	两面加工均一程度	两面对称状况	侧边（棱边）状况	第二步加工	素材					

续表

尺寸和比率						加工片疤测量						
						顺序号	长度	宽度	角度	弦长	矢长	所在刃缘和面
L1 200	L1/L2 2.00	Bc 505	Bh1 38	BlA1 27	Bp2 105							
L2 100	L2/L1 0.50	NT 2	Bh2 74	BlB1 39	Bq1 18							
L3 39	L3/L1 0.20	DAT1 90°-66°	BhT 56	Bl1 33	Bq2 9							
l1 108	L2/L3 2.56	DAT2 82°-90°	Bi1 28	BlA2 30	Bq1′ —							
l1′ 107	l1/L1 0.54	DAT 90°-90°	Bi2 47	BlB2 30	Bq2′ —							
l2 68	l1/L3 2.77	Bd1 3	BiT 38	Bl2 30	Br1 57							
l3 77	l4/L1 0.53	Be1 2	Bj1 65	Bo1A 120	Br2 90							
l4 106	l4/l1 0.98	Bd2 1	Bj2 74	Bo1B 120	Bv 0							
l5 70	l2/l1 0.63	Be2 6	Bj 74	Bo1 120	Bx 3							
e1 57	l3/l1 0.71	B1T 5	Bk1 48	Bo2A 83	By 2							
e2 26	l2/l5 0.97	B2T 7	Bk2 66	Bo2B 170	Bep 3/2							
重量 1085	e1/l1 0.53	Bde1 —	Bk 66	Bo2 83	Bu1 29°							
	l1/e1 1.89	Bde2 —	BnA 44	Bo 203	Bu2 29°							
	e1/L1 0.29	BdeT —	BnB 38	P1 —	Bu 58°							
	e1/L3 1.46	ENT 2	BlA 28	P2 —	Bu1′ 29°							
	e2/e1 0.46	Bf B	BlB 27	Bp1 105	Bu2′ 29°							
					Bu′ 58°							
		Bg 1B→2B→3B→4B→5B→6A→7A→8A→9A→10B→11B→12B										

表 319　手斧观察表（续七）

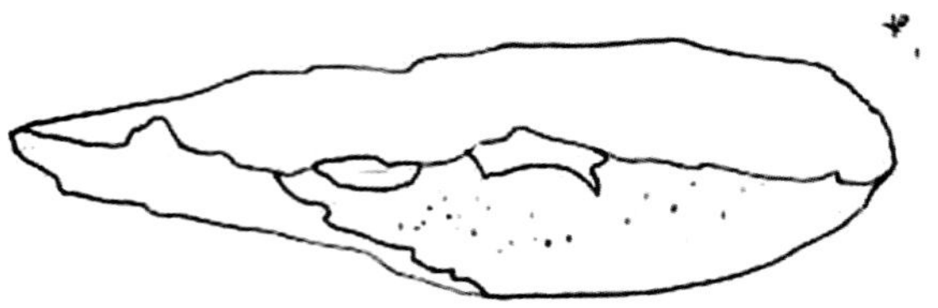

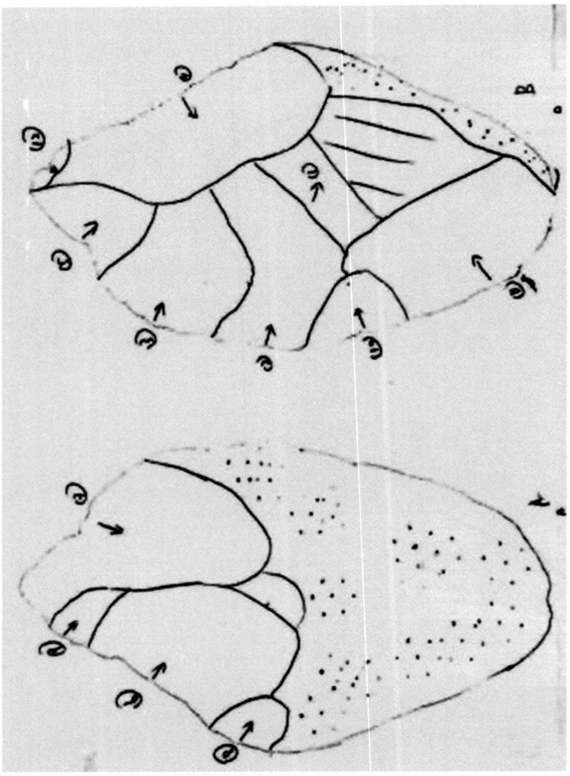

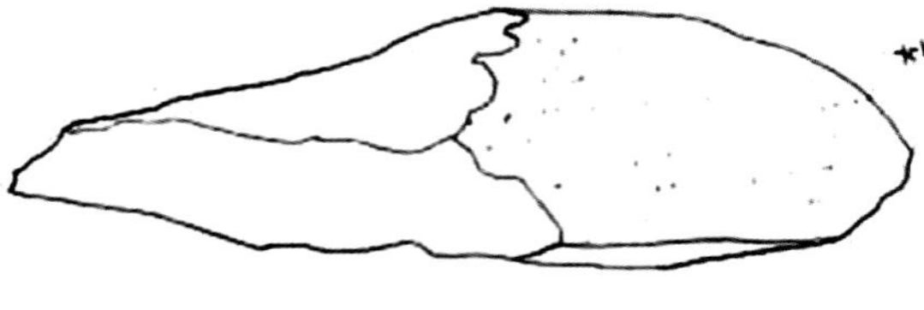

7 斧状器观察统计表

遗址：

石核（砾石）观察表

<table>
<tr><td>名称</td><td>野外编号</td><td>室内编号</td><td>探方及层位</td><td>X
Y
Z（相对深度）
（水平深度）
（绝对深度）
（cm）</td><td>方向
走向
倾向
倾角</td><td>位于哪张图中
绘图者
发现者
发现日期</td><td>观察者
观察日期</td><td>自然长度
自然宽度
自然厚度
工具长度
工具宽度
工具厚度</td><td>重量（g）
打击泡附近厚度
打击轴中段厚度
（mm）</td></tr>
</table>

<table>
<tr><td colspan="14">物理状况</td><td colspan="6">六面特征</td></tr>
<tr><td rowspan="3">岩性</td><td colspan="3">几何形状</td><td rowspan="3">石锈状况（两面）</td><td rowspan="3">拼合状况</td><td rowspan="3">变质（风化）状况</td><td rowspan="3">脱硅状况</td><td rowspan="3">热力作用</td><td rowspan="3">被钙结核包裹状况</td><td rowspan="3">假菌丝体状况</td><td rowspan="3">海洋生物状况</td><td rowspan="3">风蚀作用</td><td rowspan="3">发亮状况</td><td rowspan="3">滚动状况（是否非常圆）</td><td rowspan="3">近</td><td rowspan="3">左</td><td rowspan="3">远</td><td rowspan="3">右</td><td rowspan="3">顶</td><td rowspan="3">底</td></tr>
<tr><td>平面</td><td>横剖面</td><td>纵剖面</td></tr>
<tr><td></td><td></td><td></td></tr>
</table>

<table>
<tr><td>素材类型</td><td colspan="12">台面状况</td></tr>
<tr><td></td><td>数量</td><td>位置及关系</td><td>形状</td><td>性质</td><td>打片部位</td><td>打片边数</td><td>打片方向</td><td>周长
mm</td><td>打片所在边缘长度
mm</td><td>打片长度
mm</td><td>打片长度/台面周长（百分比）</td><td>打片长度/所在边缘长度（百分比）</td><td>打击方法</td></tr>
</table>

<table>
<tr><td colspan="6">剥片面状况</td></tr>
<tr><td>数量</td><td>位置及关系</td><td>石片疤数量</td><td>石片疤分布</td><td>每个剥片面面积/未剥片面面积（百分比）</td><td>所有剥片面面积/未剥片面面积（百分比）</td></tr>
</table>

续表

<table>
<tr><th colspan="12">石片疤特征</th><th>石核总特征</th></tr>
<tr><td rowspan="2">打片顺序</td><td rowspan="2">长度 mm</td><td rowspan="2">宽度 mm</td><td rowspan="2">倾斜度</td><td rowspan="2">弦长 mm</td><td rowspan="2">矢长 mm</td><td rowspan="2">形状</td><td rowspan="2">到对边长 mm</td><td rowspan="2">有无双打击点</td><td rowspan="2">所属台面</td><td rowspan="2">台面角</td><td rowspan="2">方向</td><td>砾石石皮的相对数值
总数值
A 面数值
B 面数值
P 面数值
打击方向数量
总数值
A 面数值
B 面数值
P 面数值</td></tr>
<tr><td>石片疤的样式　转动次数
翻动次数
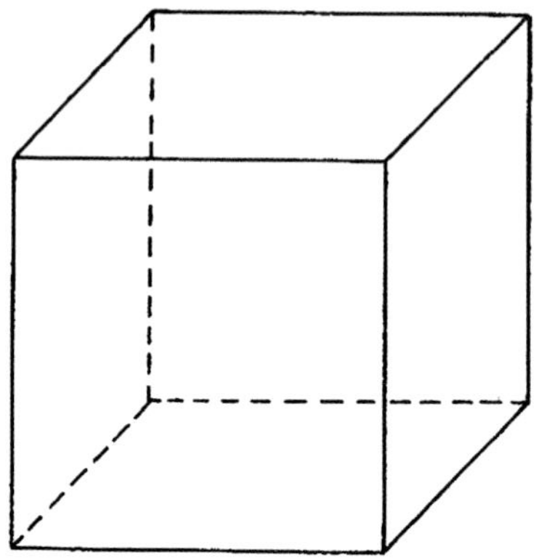</td></tr>
</table>

遗址：

石核（砾石）石器观察表

名称	素材	“石核”项目	刃缘状况										
			数量	位置	关系	平面形状	侧视形状	侧视形状方向	平齐度	加工层次	弧长（mm）	弦长（mm）	矢长（mm）

刃缘状况									加工状况					
左刃至矢长距离	砾石长轴近端至刃缘左侧起点距离	砾石长轴近端至刃缘右侧起点距离	弦长与砾石长轴的夹角	有相交刃缘的两条刃缘的夹角	不相交刃缘的相邻两条刃缘的夹角	工具长轴与素材长轴的夹角	有相交刃缘的工具对称轴和素材长轴的夹角	不相交刃缘的工具对称轴和素材长轴的夹角	均一程度	质地	片疤数量			加工较多的面
											A 面	B 面	侧面	

加工状况															
片疤的形式	A 面片疤平均长	B 面片疤平均长	A 面最大片疤长	B 面最大片疤长	A 面刃缘最厚处	B 面刃缘最厚处	A 面平均刃角	B 面平均刃角	片疤形状	片疤顺序	片疤长度	片疤侧视	片疤远端	片疤突起	

加工状况									
片疤方向	片疤位置	边缘厚度	片疤测量					有无双打击点	
			长度	宽度	角度	弦长	矢长		

加工石片疤特征															
加工顺序	长度 mm	宽度 mm	倾斜度	弦长 mm	矢长 mm	形状	到对边长 mm	所属边缘	刃角 °	方向	片疤平视	片疤侧视	片疤剖视	片疤深度	

遗址：

斧状器（Hachereaux）观察表（续）

类型（形状）	相交边缘	相交程度	刃缘平面形状	比率		砾石石皮在表面保留状况	两边破裂均一程度	尖端形态	跟部保留状况	片疤位置	边缘加工	远端加工	远端状况	远端斜刃
				延长比率	扁平比率									
边缘形态	侧边扁平	片疤延伸	中远端两边缘对称状况	标本对称状况		侧边（棱边）状况	第二步加工	素材						

续表

尺寸和比率						加工片疤测量						
						顺序号	长度	宽度	角度	弦长	矢长	所在刃缘和面
L1	L1/L2	Hc	Hg1	Ho								
L2	L2/L1	Hd	Hg2	Hp								
L3	L3/L1	He	Hh	Hq								
l1	L2/L3	Hb1A	Hi	Hr								
l1′	l1/L1	Hb1B	Hj	Hu								
l2	l1/L3	Hb1	Hk	Hx								
l3	l4/L1	Hb2A	HlA1	HyA1								
l4	l4/l1	Hb2B	HlB1	HyA2								
l5	l2/l1	Hb2	Hl1	HyA								
e1	l3/l1	Hde1	HlA2	HyB1								
e2	l2/l5	Hde2	HlB2	HyB2								
重量	e1/l1		Hl2	HyB								
	l1/e1		Hm	Hy								
	e1/L1		Hs	HyAx								
	e1/L3		Hng	HyBx								
	e2/e1		Hnd	Hyx								
		Hf										

斧状器测量代码说明

Hc：标本周长

Hd：A 面片疤数量（除斧状器的片疤外）

He：B 面片疤数量（除斧状器的片疤外）

Hb1A：A 面上左刃缘的片疤数量

Hb1B：B 面上左刃缘的片疤数量

Hb1：左刃缘的片疤数量

Hb2A：A 面上右刃缘的片疤数量

Hb2B：B 面上右刃缘的片疤数量

Hb2：右刃缘的片疤数量

Hde1：左刃缘侧面的片疤数量

Hde2：右刃缘侧面的片疤数量

Hf：片疤的顺序

Hg1：加工较多的面

Hg2：加工的程度

Hh：A 面上左、右刃缘的片疤平均长度

Hi：B 面上左、右刃缘的片疤平均长度

Hj：A 面上最长片疤长度

Hk：B 面上最长片疤长度

HlA1：A 面上左刃缘的加工片疤的平均角度

HlB1：B 面上左刃缘的加工片疤的平均角度

Hl1：左刃缘的加工片疤的平均角度

HlA2：A 面上右刃缘的加工片疤的平均角度

HlB2：B 面上右刃缘的加工片疤的平均角度

Hl2：右刃缘的加工片疤的平均角度

Hm：横斜刃的角度

Hs：斧状器片疤的加工轴与对称轴的角度

Hng：左刃缘高度

Hnd：右刃缘高度

Ho：横刃弧长

Hp：横刃弦长

Hq：横刃矢长

Hr：从左刃缘到横斜刃矢长的距离

Hu：横刃与对称轴的夹角

Hx：横刃片疤与它所在表面的相对比率

HyA1：A 面左侧加工片疤的相对比率

HyA2：B 面左侧加工片疤的相对比率

HyA：左侧加工片疤的相对比率

HyB1：A 面右侧加工片疤的相对比率

HyB2：B 面右侧加工片疤的相对比率

HyB：右侧加工片疤的相对比率

Hy：标本的侧边加工片疤的相对比率

HyAx：A 面加工片疤的相对比率

HyBx：B 面加工片疤的相对比率

Hyx：标本的加工片疤的相对比率

二　学堂梁子（郧县人）遗址石制品观察统计表

1　学堂梁子（郧县人）遗址下文化层完整砾石观察统计表（8件）

顺序号	探方层位	编号	Xcm	Ycm	Zcm	长度 mm	宽度 mm	厚度 mm	重量 g	发现者和日期	观察者和日期	素材	岩性	几何形状			磨圆度	拼合	特征（EP）
														平面	横剖面	纵剖面			
1	T443④	171	260	380	175	91	76	47	481			砾石	脉石英	四	四	四			425
2	T343④	4	285	260	135	104	76	57	643			砾石	硅质岩	四	椭圆	椭圆			443
3	T343④	5	—	—	—	86	77	62	530			砾石	砂岩	四	椭圆	椭圆			447
4	T444③下	40	—	—	—	96	71	61	623			砾石	泥质岩	四	四	四			470
5	T544④	G：10	—	—	—	138	100	66	948			砾石	泥质岩	四	椭圆	椭圆			486
6	T444④	66	—	—	—	101	98	78	1353			砾石	石英岩	四	四	四			489
7	T343④	46	90	280	90	90	67	49	390			砾石	脉石英	四	四	四			493
8	T343④	2	275	190	135	124	83	60	853			砾石	石英岩	四	四	四			498

2　学堂梁子（郧县人）遗址下文化层断裂砾石观察统计表（2件）

顺序号	探方层位	编号	Xcm	Ycm	Zcm	长度 mm	宽度 mm	厚度 mm	重量 g	发现者和日期	观察者和日期	素材	岩性	几何形状			磨圆度	拼合	特征（EP）
														平面	横剖面	纵剖面			
1	T744③下	7	—	—	—	93	65	54	456			砾石	石英岩	四	四	四			442
2	T744③下	临：10	—	—	—	94	126	74	1320			砾石	石英岩	四	椭圆	四			254

3　学堂梁子（郧县人）遗址下文化层碎片观察统计表（2件）

顺序号	探方层位	编号	Xcm	Ycm	Zcm	长度 mm	宽度 mm	厚度 mm	重量 g	发现者和日期	观察者和日期	素材	岩性	几何形状			磨圆度	拼合	特征（EP）
														平面	横剖面	纵剖面			
1	T1328④	10	245	140	210	59	49	31	117			砾石	脉石英	三	四	三			2
2	T644③下	1	120	110	100	41	30	10	14			砾石	脉石英	三	三	四			110

4

学堂梁子（郧县人）遗址下文化层单台面石核观察统计表

顺序号	探方层位	编号	X cm	Y cm	Z cm	长度 mm	宽度 mm	厚度 mm	重量 g	发现者和日期	观察者和日期	素材	岩性	平面	横剖面	纵剖面	台面位置	台面性质	边缘使用率%	台面使用率%	片疤数量	片疤分布	台面角	石皮比率%	拼合	特征（EP）
1	T1328④	11	300	275	210	66	64	67	337			砾	脉	四	五	四	近	天	100/100	58	5	单纵	111/95/87/82/91	64		1
2	T644③下	临：300	220	10	80	111	128	78	1547			砾	细砂	四	椭	四	顶	天	100	38	7	单纵	61/79/94/59/103/100/95	71		258/cp

5

学堂梁子（郧县人）遗址下文化层双台面石核观察统计表（1件）

顺序号	探方层位	编号	X cm	Y cm	Z cm	长度 mm	宽度 mm	厚度 mm	重量 g	发现者和日期	观察者和日期	素材	岩性	平面	横剖面	纵剖面	台面位置	台面性质	边缘使用率%	台面使用率%	片疤数量	片疤分布	台面角	石皮比率%	拼合	特征（EP）
1	T543④	189	—	—	—	181	101	88	1866			砾	砂	四	四	四	顶	天	100/100	22	5	垂直相交	87/88/96/102/101 107	80		3
																	左	天	100	18	6					

6

学堂梁子（郧县人）遗址下文化层完整石片观察统计表（1件）

顺序号	探方层位	编号	Xcm	Ycm	Zcm	长度 mm	宽度 mm	厚度 mm	重量 g	发现者和日期	观察者和日期	素材	岩性	几何形状			磨圆度	拼合	特征（EP）
														平面	横剖面	纵剖面			
1	T544④	11	—	—	—	26	17	8	4			砾石	脉石英	四	四	四			7

7

学堂梁子（郧县人）遗址下文化层存左侧半边石片观察统计表（1件）

顺序号	探方层位	编号	X cm	Y cm	Z cm	长度 mm	宽度 mm	厚度 mm	重量 g	发现者和日期	观察者和日期	素材	岩性	平面	横剖面	纵剖面	台面形状	台面性质	背面石皮率%	背面片疤分布	半锥体	波纹	放射线	打击泡	锥疤	双锥体	石片角	台面角	拼合	特征（EP）
1	T543④	165	—	—	—	31	19	10	7			砾	脉	四	四	三	梯	天	0		发育	稍	有	稍	有	无	107	72		5

8

学堂梁子（郧县人）遗址下文化层台面破碎石片观察统计表（1件）

顺序号	探方层位	编号	X cm	Y cm	Z cm	长度 mm	宽度 mm	厚度 mm	重量 g	发现者和日期	观察者和日期	素材	岩性	平面	横剖面	纵剖面	台面形状	台面性质	背面石皮率%	背面片疤分布	半锥体	波纹	放射线	打击泡	锥疤	双锥体	石片角	台面角	拼合	特征(EP)
1	T1328④	9	—	—	—	73	47	12	36			砾	泥	三	椭	三			33			突	有	稍	有	无				4

9

学堂梁子（郧县人）遗址下文化层单刃 Chopper 观察统计表

顺序号	探方层位	编号	X cm	Y cm	Z cm	长度 mm	宽度 mm	厚度 mm	重量 g	发现者和日期	观察者和日期	素材	岩性	平面	横剖面	纵剖面	刃缘位置	刃缘平视	刃缘侧视	加工小疤数量	加工小疤方向	片疤组合	刃角	拼合	特征(EP)
1	T1328④	13	280	185	260	122	92	69	949			砾	砂	四	四	四	近	凹	弧	1	正		40		8

10

学堂梁子（郧县人）遗址下文化层单刃 Chopping-tool 观察统计表

顺序号	探方层位	编号	X cm	Y cm	Z cm	长度 mm	宽度 mm	厚度 mm	重量 g	发现者和日期	观察者和日期	素材	岩性	平面	横剖面	纵剖面	刃缘位置	刃缘平视	刃缘侧视	加工小疤数量	加工小疤方向	片疤组合	刃角	拼合	特征(EP)
1	T443④	142	—	—	—	161	129	51	1340			砾	砂	四	椭	四	近	凸	S	6	正	4正2反	58/87/85/63/86/60		9

11

学堂梁子（郧县人）遗址下文化层单刃刮削器＋单刃锯齿状器观察统计表

顺序号	探方层位	编号	X cm	Y cm	Z cm	长度 mm	宽度 mm	厚度 mm	重量 g	发现者和日期	观察者和日期	素材	岩性	平面	横剖面	纵剖面	刃缘位置	刃缘平视	刃缘侧视	加工小疤数量	加工小疤方向	片疤组合	刃角	拼合	特征(EP)
1	T343④	G：6	—	—	—	42	35	24	31			断块	脉	四	四	四	近	齿	齿	4	正	4正	70/50/59/85		6
																	右—远	凸	弧	4	正/反	1正3反	80/89/71/75		

12　**学堂梁子（郧县人）遗址中文化层石锤观察统计表（2件）**

顺序号	探方层位	编号	X cm	Y cm	Z cm	长度 mm	宽度 mm	厚度 mm	重量 g	发现者和日期	观察者和日期	素材	岩性	几何形状			磨圆度	拼合	特征（EP）
														平面	横剖面	纵剖面			
1	T643③	G：7	—	—	—	134	87	66	1076			砾	砂岩	椭	椭	椭			113/单面用
2	T445③	10	—	—	—	111	96	46	637			砾	砂岩	四	椭	椭			129/双面用

13　**学堂梁子（郧县人）遗址中文化层完整砾石观察统计表（61件）**

序号	探方层位	编号	X cm	Y cm	Z cm	长度 mm	宽度 mm	厚度 mm	重量 g	发现者和日期	观察者和日期	素材	岩性	几何形状			磨圆度	拼合	特征（EP）
														平面	横剖面	纵剖面			
1	T445③	28	—	—	—	98	67	64	603			砾	脉石英	不四	不四	不四			424
2	T645③	26	55	100	40	59	51	26	123			砾	脉石英	不四	不椭	不椭			426
3	T645③	50	290	110	40	68	64	40	192			砾	脉石英	不三	不四	不四			427
4	T445③	9	—	—	—	108	89	57	715			砾	砂岩	四	不椭	不椭			428
5	T544③	G：32	—	—	—	111	93	84	1040			砾	砂岩	不三	不四	不椭			429
6	T343③	11	20	280	125	101	82	75	696			砾	砂岩	不三	不三	不四			430
7	T945③	35	180	220	80	93	91	85	959			砾	脉石英	不四	不四	不四			431
8	T443③	213	225	425	160	89	76	35	327			砾	石英岩	不四	不椭	不椭			432
9	T344③	16	—	—	—	89	62	35	265			砾	硅质岩	不四	不四	不四			435
10	T343③	11	95	35	85	113	76	59	654			砾	脉石英	不四	不四	不四			436
11	T945③	36	100	260	90	80	71	49	378			砾	脉石英	不三	不椭	不椭			437
12	T645③	38	40	190	50	98	77	47	441			砾	脉石英	不四	不椭	不椭			438
13	T443③	100	260	380	130	99	82	79	980			砾	脉石英	不四	不四	不四			439
14	T343③	5	30	350	125	116	94	60	923			砾	石英岩	不四	不四	不椭			440
15	T443③	74	300	350	105	113	82	53	642			砾	石英岩	四	四	四			441
16	T443③	90	30	70	108	115	79	66	771			砾	石英岩	不椭	不三	不四			445
17	T343③	10	270	70	95	98	87	76	664			砾	石英岩	不三	不四	不三			446

续表

序号	探方层位	编号	X cm	Y cm	Z cm	长度 mm	宽度 mm	厚度 mm	重量 g	发现者和日期	观察者和日期	素材	岩性	几何形状			磨圆度	拼合	特征（EP）
														平面	横剖面	纵剖面			
18	T945③	37	0	160	90	97	84	43	440			砾	花岗岩	不四	不四	不椭			448
19	T645③	51	—	—	—	91	78	46	382			砾	砂岩	不三	不椭	不椭			449
20	T443③	405	—	—	—	104	90	53	626			砾	伟晶岩	不四	不椭	不椭			450
21	T444③	G：8	—	—	—	76	55	48	291			砾	脉石英	不四	不椭	不椭			451
22	T646③	16	50	10	50	68	66	64	346			砾	脉石英	不四	不四	不四			452
23	T544③	17	—	—	—	98	67	45	297			砾	脉石英	不五	不四	不四			453
24	T544③	G：8	—	—	—	101	79	53	644			砾	脉石英	不四	不四	不四			454
25	T544③	图1—3	—	—	—	103	83	63	753			砾	脉石英	不四	不四	不椭			455
26	T445③	41	—	—	—	108	93	64	960			砾	砂岩	四	不四	不四			456
27	T445③	19	—	—	—	111	84	44	545			砾	砂岩	不四	不三	不四			457
28	T545③	11	—	—	—	112	76	55	648			砾	砂岩	不椭	不椭	不椭			458
29	T445③	33	—	—	—	117	79	60	731			砾	石英岩	不四	不四	不四			459
30	T544③	G：38	—	—	—	87	81	48	479			砾	石英岩	不四	不四	不四			460
31	T544③	4	—	—	—	53	46	13	48			砾	硅质岩	不四	不四	不四			461
32	T445③	48	—	—	—	127	87	68	967			砾	硅质岩	不四	不四	不四			462
33	T345③	5	—	—	—	91	81	52	504			砾	泥质岩	不四	不四	不四			463
34	T445③	25	—	—	—	126	95	67	977			砾	花岗岩	不椭	不椭	不椭			464
34	T345③	49	260	5	110	92	45	26	122			砾	砂岩	不四	不四	不四			465
36	T545③	30	—	—	—	124	85	48	608			砾	砂岩	不四	不椭	不椭			466
37	T345③	58	400	320	80	116	91	66	954			砾	砂岩	椭	不椭	不椭			467
38	T444③	45	—	—	—	93	74	41	392			砾	砂岩	不四	不椭	不椭			468
39	T344③	31	—	—	—	102	85	54	697			砾	砂岩	不圆	不椭	不椭			469

续表

序号	探方层位	编号	X cm	Y cm	Z cm	长度 mm	宽度 mm	厚度 mm	重量 g	发现者和日期	观察者和日期	素材	岩性	几何形状			磨圆度	拼合	特征（EP）
														平面	横剖面	纵剖面			
40	T344③	58	290	0	110	80	78	52	488			砾	石英岩	不四	不四	不四			472
41	T345③	49	260	5	110	72	60	41	235			砾	石英岩	不四	不四	不四			473
42	T344③	39	—	—	—	131	83	67	1060			砾	石英岩	不四	不四	不四			474
43	T345③	27	—	—	—	106	68	52	579			砾	石英岩	不四	不四	不四			475
44	T344③	81	—	—	—	75	69	45	297			砾	脉石英	不四	不四	不四			477
45	T344③	36	—	—	—	66	55	26	119			砾	硅质岩	不四	不四	不四			478
46	T445③	28	—	—	—	90	86	45	565			砾	石英岩	不四	不四	不四			479
47	T444③	24	—	—	—	114	82	45	477			砾	云母石英片岩	不四	不四	不四			480
48	T444③	7	—	—	—	91	77	45	439			砾	砂岩	四	不椭	不椭			481
49	T343③	东G：25	—	—	—	113	69	46	487			砾	硅质岩	不四	不四	不椭			482
50	T445③	28	—	—	—	98	67	64	603			砾	脉石英	不四	不四	不四			424
51	T645③	26	55	100	40	59	51	26	123			砾	脉石英	不四	不椭	不椭			426
52	T645③	50	290	110	40	68	64	40	192			砾	脉石英	不三	不四	不四			427
53	T445③	9	—	—	—	108	89	57	715			砾	砂岩	四	不椭	不椭			428
54	T544③	G：32	—	—	—	111	93	84	1040			砾	砂岩	不三	不四	不椭			429
55	T343③	11	20	280	125	101	82	75	696			砾	砂岩	不三	不三	不四			430
56	T343③	52	265	30	235	108	94	71	932			砾	石英岩	不四	不四	不四			491
57	T343③	东G：329	—	—	—	119	89	56	710			砾	粗面岩	不四	不四	不四			494
58	T343③	2	120	300	80	96	90	59	685			砾	砂岩	不四	不四	不四		图2—2	495
59	T645③	2	320	155	55	58	46	31	132			砾	砂岩	四	不四	不四			497
60	T646③	27	100	150	70	88	57	40	270			砾	花岗岩	不四	不四	不四			499
61	T645③	临：1	107	84	43	107	84	43	560			砾	硅质岩	不四	不四	不四			501

14

学堂梁子（郧县人）遗址中文化层断裂砾石观察统计表（5件）

序号	探方层位	编号	X cm	Y cm	Z cm	长度 mm	宽度 mm	厚度 mm	重量 g	发现者和日期	观察者和日期	素材	岩性	几何形状 平面	几何形状 横剖面	几何形状 纵剖面	磨圆度	拼合	特征（EP）
1	T444③	12	—	—	—	145	73	80	1345			砾	粗面岩	不四	不四	不四			130
2	T1327③	8	170	370	150	78	94	39	348			砾	砂岩	半圆	不椭	不四			12
3	T344③	9	—	—	—	74	91	53	521			砾	砂岩	不四	不椭	不四			143
4	T345③	50	290	45	110	121	65	27	330			砾	石英岩	不四	不椭	不四			434
5	T1327③	36	—	—	—	84	78	60	389			砾	石英岩	不四	不四	不四			444

15

学堂梁子（郧县人）遗址中文化层断块、碎片（块）观察统计表（90件）

序号	探方层位	编号	X cm	Y cm	Z cm	长度 mm	宽度 mm	厚度 mm	重量 g	发现者和日期	观察者和日期	素材	岩性	几何形状 平面	几何形状 横剖面	几何形状 纵剖面	磨圆度	拼合	特征（EP）
1	T1327③	13—17	—	—	—	30	17	6	4			砾石	脉石英	不四	不四	不四			27
2	T1327③	13—33	—	—	—	19	10	5	1			砾石	脉石英	不四	不四	不四			29
3	T1327③	3	210	35	75	82	59	10	67			砾石	石英岩	不四	不四	不四		31	32
4	T1327③	5—1	—	—	—	17	17	6	2			砾石	硅质岩	不五	不四	不三			33
5	T1327③	17	—	—	—	62	23	8	13			砾石	硅质岩	不四	不三	不三			34
6	T1327③	13—5	—	—	—	53	25	14	27			砾石	脉石英	不四	不四	不四			36
7	T1327③	13—7	—	—	—	44	32	13	19			砾石	脉石英	不四	不四	不四		43	38
8	T1327③	13—9	—	—	—	39	24	13	12			砾石	脉石英	不四	不三	不四			40
9	T1327③	13—10	—	—	—	41	15	13	8			砾石	脉石英	不四	不三	不四			41
10	T1327③	13—12	—	—	—	35	21	10	8			砾石	脉石英	不四	不四	不四			42
11	T1327③	13—9	—	—	—	42	21	10	6			砾石	脉石英	不三	不四	不三		38	43
12	T1327③	13—16	—	—	—	28	21	11	8			砾石	脉石英	不四	不四	不四		46	45
13	T1327③	13—18	—	—	—	29	17	11	6			砾石	脉石英	不四	不四	不四		45	46
14	T1327③	13—19	—	—	—	25	22	10	6			砾石	脉石英	不四	不四	不四			47

续表

序号	探方层位	编号	X cm	Y cm	Z cm	长度 mm	宽度 mm	厚度 mm	重量 g	发现者和日期	观察者和日期	素材	岩性	几何形状			磨圆度	拼合	特征（EP）
														平面	横剖面	纵剖面			
15	T1327③	13—20	—	—	—	23	20	12	5			砾石	脉石英	不四	不四	不四		69	48
16	T1327③	13—44	—	—	—	17	7	7	0. 7			砾石	脉石英	不四	不四	不三		48	69
17	T1327③	13—21	—	—	—	25	16	13	6			砾石	脉石英	不四	不四	不四			49
18	T1327③	13—24	—	—	—	27	15	9	4			砾石	脉石英	不四	不三	不四			51
19	T1327③	13—25	—	—	—	20	19	8	3			砾石	脉石英	不五	不三	不四			52
20	T1327③	13—26	—	—	—	18	17	14	5			砾石	脉石英	不五	不四	不四			53
21	T1327③	13—27	—	—	—	24	14	4	1			砾石	脉石英	不三	不三	不三			54
22	T1327③	13—28	—	—	—	25	15	4	2			砾石	脉石英	不四	不三	不四			55
23	T1327③	13—29	—	—	—	22	18	8	4			砾石	脉石英	不三	不四	不四		59	56
24	T1327③	13—30	—	—	—	17	16	7	3			砾石	脉石英	不四	不四	不四			57
25	T1327③	13—31	—	—	—	19	17	10	3			砾石	脉石英	不四	不三	不四			58
26	T1327③	13—32	—	—	—	21	12	7	2			砾石	脉石英	不四	不四	不四		56	59
27	T1327③	13—34	—	—	—	20	13	7	2			砾石	脉石英	不五	不三	不三			60
28	T1327③	13—36	—	—	—	17	13	6	0. 8			砾石	脉石英	不五	不三	不三			61
29	T1327③	13—37	—	—	—	18	11	6	0. 9			砾石	脉石英	不四	不三	不四			62
30	T1327③	13—38	—	—	—	15	11	7	0. 7			砾石	脉石英	不四	不四	不四			63
31	T1327③	13—39	—	—	—	20	11	8	2			砾石	脉石英	不四	不四	不四			64
32	T1327③	13—40	—	—	—	14	13	7	1			砾石	脉石英	不四	不四	不四			65
33	T1327③	13—41	—	—	—	11	11	9	0. 5			砾石	脉石英	不三	不四	不四			66
34	T1327③	13—42	—	—	—	15	11	3	0. 4			砾石	脉石英	不五	不四	不四			67
35	T1327③	13—43	—	—	—	12	12	7	0. 5			砾石	脉石英	不三	不三	不三			68
36	T1327③	13—45	—	—	—	11	7	3	0. 3			砾石	脉石英	不四	不三	不三			70
37	T1228③	6	400	36	128	59	57	35	151			砾石	脉石英	不四	不四	不四			72
38	T945③	4	—	—	—	70	36	33	74			砾石	脉石英	半圆	不三	半圆		74	73
39	T945③	10	190	17	80	55	28	18	31			砾石	脉石英	半圆	半圆	不四		73	74

续表

序号	探方层位	编号	X cm	Y cm	Z cm	长度 mm	宽度 mm	厚度 mm	重量 g	发现者和日期	观察者和日期	素材	岩性	几何形状			磨圆度	拼合	特征（EP）
														平面	横剖面	纵剖面			
40	T945③	3—12	—	—	—	46	29	28	41			砾石	脉石英	不四	不三	不四			75
41	T945③	3—15	—	—	—	38	29	16	20			砾石	脉石英	不四	不四	半圆		82	76
42	T945③	3—18	—	—	—	47	34	21	37			砾石	脉石英	不四	不三	不四		89	77
43	T945③	3—20	—	—	—	36	27	23	19			砾石	片麻岩	不三	不四	不三		90	78
44	T1327③	10—1	—	—	—	132	41	27	217			砾石	片麻岩	不四	不四	不四			79
45	T945③	1—2	—	—	—	29	23	9	6			砾石	脉石英	不三	不四	不四			81
46	T945③	2—15	—	—	—	29	14	8	5			砾石	脉石英	半圆	不四	不四		76	82
47	T945③	3	—	—	—	19	14	11	3			砾石	脉石英	不四	不三	不四			83
48	T945③	4—16	—	—	—	21	11	8	0．8			砾石	脉石英	不椭	不三	不椭			84
49	T945③	5—39	—	—	—	16	8	5	0．6			砾石	脉石英	不四	不四	不四			85
50	T945③	28—1	290	25	80	79	53	14	77			砾石	脉石英	不四	不四	不四			86
51	T945③	40	10	10	100	58	54	29	89			砾石	泥质砂	不四	不四	不四			87
52	T945③	13	—	—	—	57	56	55	168			砾石	脉石英	半圆	圆	不三		77	89
53	T945③	7	—	—	—	75	34	30	103			砾石	片麻岩	不四	不四	不四		78	90
54	T845③	29	—	—	—	75	55	23	136			砾石	脉石英	不四	不四	不四			95
55	T845③	27	—	—	—	50	35	10	24			砾石	脉石英	不四	不四	不四			96
56	T845③	16	—	—	—	94	62	59	448			砾石	脉石英	不三	不四	不四			98
57	T743③	G：207	—	—	—	46	38	20	47			砾石	脉石英	不四	不四	不四			106
58	T645③	15	—	—	—	110	68	46	372			砾石	砂岩	不四	不四	不四			108
59	T643③	G：17	—	—	—	29	19	14	7			砾石	脉石英	不四	不三	不四			311
60	T545③	10	—	—	—	28	16	15	5			砾石	脉石英	不四	不三	不四			114
61	T544③	G：3	—	—	—	29	27	6	6			砾石	脉石英	不五	不四	不三			117
62	T544③	图1—1	—	—	—	27	23	9	6			砾石	脉石英	不五	不四	不三			119
63	T544③	图1—6	—	—	—	61	35	16	42			砾石	脉石英	不四	不四	不四		123/116	122
64	T543③	G：193	—	—	—	54	53	35	73			砾石	脉石英	不四	不三	不四			128

续表

序号	探方层位	编号	X cm	Y cm	Z cm	长度 mm	宽度 mm	厚度 mm	重量 g	发现者和日期	观察者和日期	素材	岩性	几何形状			磨圆度	拼合	特征（EP）
														平面	横剖面	纵剖面			
65	T544③	图 1—5	—	—	—	72	58	33	128			砾石	脉石英	不四	不四	不四		118/124/125/126	121
66	T544③	图 1—8—1	—	—	—	68	48	42	113			砾石	脉石英	不四	不四	不四		118/121/125/126	124
67	T544③	图 1—8—2	—	—	—	56	36	30	79			砾石	脉石英	不四	不四	不四		118/124/121/126	125
68	T544③	图 1—8—3	—	—	—	37	32	14	18			砾石	脉石英	不四	不四	不四		118/124/125/121	126
69	T443③	79	—	—	—	64	50	39	167			砾石	脉石英	不四	不四	不四			135
70	T443③	1	—	—	—	82	62	30	183			砾石	脉石英	不四	不四	不四			136
71	T443③	128	—	—	—	47	30	12	18			砾石	脉石英	不四	不四	不四			137
72	T443③	129	—	—	—	53	32	21	37			砾石	脉石英	不四	不四	不四			138
73	T443③	131	—	—	—	58	29	23	47			砾石	石英岩	不四	不四	不四			139
74	T344③	北 G：92	—	—	—	36	28	8	6			砾石	脉石英	不三	不三	不三			142
75	T343③	24	—	—	—	93	53	49	260			砾石	硅质岩	不四	不四	不四			144
76	T544③	G：18	—	—	—	54	31	21	28			砾石	片麻岩	不梯	半圆	不三			228
77	T544③	16	—	—	—	29	24	23	7			砾石	脉石英	不四	不四	不四			243
78	T544③	图 1—2	—	—	—	30	28	13	13			砾石	脉石英	不四	不四	不四			244
79	T645③	2	320	15	55	54	42	34	100			砾石	脉石英	不四	不四	不四			246
80	T544③	22	—	—	—	28	24	9	5			砾石	脉石英	不四	不四	不四			248
81	T445③	70	—	—	—	157	67	46	523			砾石	泥质岩	不四	不四	不四			250
82	T545③	203	—	—	—	32	20	19	11			砾石	脉石英	不四	不四	不四			260
83	T545③	204	—	—	—	170	65	36	294			砾石	硅质岩	不三	不四	不四			263
84	T1227③	9827	300	20	290	54	38	18	28			砾石	脉石英	不四	不三	不四			274
85	T1227③	9831	400	10	310	62	56	25	93			砾石	脉石英	不四	不四	不四			278
86	T1227③	9833	300	10	310	51	43	15	35			砾石	脉石英	不四	不四	不四			280
87	T1227③	9837	15	24	280	20	18	4	2			砾石	脉石英	不四	不三	不三			284
88	T445③	202	—	—	—	77	32	28	67			砾石	硅质岩	不四	不四	不四			262
89	T345③	36	—	—	—	80	61	28	163			砾石	硅质岩	不四	不四	不四			421
90	T544③	G—07	—	—	—	49	46	22	57			砾石	脉石英	不四	不四	不四		121/124/125/126	118

16

学堂梁子（郧县人）遗址中文化层单台面石核观察统计表（10件）

顺序号	探方层位	编号	X cm	Y cm	Z cm	长度 mm	宽度 mm	厚度 mm	重量 g	发现者和日期	观察者和日期	素材	岩性	平面	横剖面	纵剖面	台面位置	台面性质	边缘使用率%	台面使用率%	片疤数量	片疤分布	台面角	石皮比率%	拼合	特征(EP)
1	T344③	4	—	—	—	110	99	77	900			砾	泥	四	四	四	底	天	100	30	2	单纵	102/86	88		141/cp
2	T345③	12	—	—	—	115	108	68	1105			砾	脉	四	四	四	底	天	100	25	4	单纵	16/21/53/69	71		102
3	T845③	17	—	—	—	81	67	37	289			砾	混合	四	四	四	远	天	100	32	2	单纵	78/66	83		94/cp
4	T343③	G：26	—	—	—	248	130	50	1582			砾	砂岩	四	椭	椭	顶	天	100	25	1	单纵	68	92		145
5	T443③	33	260	350	90	228	143	148	6886			砾	混合	四	四	四	左	天	100	25	2	单纵	63/74	89		239/cp
6	T743③	42	—	—	—	94	91	100	906			砾	细砂	四	四	四	近	人工	100/100	50	5	棱柱	85/109/83/95/86	44		105
7	T1227③	9834	375	300	370	118	88	60	829			砾	砂	四	椭	四	顶	天	100	29	3	单纵	68/91/95	88		281
8	T745③	4	—	—	—	118	100	71	1101			砾	石英岩	梯形	四	四	底	天	67	15	2	单纵	69/50	92		10/cp
9	T1327③	12	20	290	150	56	38	27	65			砾	脉石	四	四	四	近	天	100	48	1	单纵	68	50		13
10	T1327③	14	—	—	—	114	113	53	842			砾	砂岩	梯形	椭	四	顶	天	43	13	1	单纵	60	83		16/cp

17

学堂梁子（郧县人）遗址中文化层双台面石核观察统计表（4件）

顺序号	探方层位	编号	X cm	Y cm	Z cm	长度 mm	宽度 mm	厚度 mm	重量 g	发现者和日期	观察者和日期	素材	岩性	平面	横剖面	纵剖面	台面位置	台面性质	边缘使用率%	台面使用率%	片疤数量	片疤分布	台面角	石皮比率%	拼合	特征(EP)
1	T745③	5	—	—	—	103	109	81	1351			砾	石英岩	四	四	四	顶	天	100	21	6	垂直	48/52/86/85/87/92	80		100/相邻相连
																	左	天	100	29						
2	T1327③	13—1	—	—	—	59	61	28	119			砾	脉	四	四	四	底	天	100/	35	4	垂直	53/44/50/79	80		14/相邻相连/cp
																	左	天	100	10						

续表

顺序号	探方层位	编号	X cm	Y cm	Z cm	长度 mm	宽度 mm	厚度 mm	重量 g	发现者和日期	观察者和日期	素材	岩性	平面	横剖面	纵剖面	台面位置	台面性质	边缘使用率%	台面使用率%	片疤数量	片疤分布	台面角	石皮比率%	拼合	特征(EP)
3	T1327③	16	—	—	—	149	90	81	1420			砾	含砾砂	四	四	五	右	天	100	29	5	垂直	60/75/63/89/85	75		17/相对相连
																	底	天	100	15						
4	T1327③	5	80	310	85	70	67	50	348			砾	脉	四	四	四	左	天	100/100	49	3	交错	84/99/95	63		11/相邻不相连
																	右	天	100	28						

18　学堂梁子（郧县人）遗址中文化层石核剩块观察统计表（1件）

顺序号	探方层位	编号	X cm	Y cm	Z cm	长度 mm	宽度 mm	厚度 mm	重量 g	发现者和日期	观察者和日期	素材	岩性	平面	横剖面	纵剖面	台面位置	台面性质	边缘使用率%	台面使用率%	片疤数量	片疤分布	台面角	石皮比率%	拼合	特征(EP)
1	T344③	23	—	—	—	63	58	40	175			砾	脉	四	四	四					6					223

19　学堂梁子（郧县人）遗址中文化层完整石片观察统计表（21件）

顺序号	探方层位	编号	X cm	Y cm	Z cm	长度 mm	宽度 mm	厚度 mm	重量 g	发现者和日期	观察者和日期	素材	岩性	平面	横剖面	纵剖面	台面形状	台面性质	背面石皮率%	背面片疤分布	半锥体	波纹	放射线	打击泡	锥疤	双锥体	石片角	台面角	拼合	特征(EP)
1	T1327③	13—35	—	—	—	20	9	4	0.8			砾	脉	四	三	三	三	天	0		略	不显	有	凹	无	无	96	83/82		30
2	T1327③	13—13	—	—	—	33	28	11	11			砾	脉	五	三	四	三	人工	0		平	不显	有	散开	无	无	76	98/101		26
3	T1327③	13—22	—	—	—	29	25	8	5			砾	脉	五	四	三	椭	天	0		平	不显	有	平	无	无	102	89		28
4	T1327③	13—8	—	—	—	37	27	11	12			砾	脉	三	四	四	四	混合	0		平	不显	有	凹	无	无	100	92		39
5	T345③	4	—	—	—	48	34	16	27			砾	脉	四	四	三	椭	混合	0		平	不显	有	平	无	无	99	79		242

续表

顺序号	探方层位	编号	X cm	Y cm	Z cm	长度 mm	宽度 mm	厚度 mm	重量 g	发现者和日期	观察者和日期	素材	岩性	平面	横剖面	纵剖面	台面形状	台面性质	背面石皮率%	背面片疤分布	半锥体	波纹	放射线	打击泡	锥疤	双锥体	石片角	台面角	拼合	特征(EP)
6	T345③	31	—	—	—	72	47	15	53			砾	脉	四	三	四	四	人工	0		略	稍	有	略	无	无	118/113	76/73		241
7	台地③	9820	—	—	—	72	63	23	72			砾	脉	三	四	四	四	天	0		略	稍	有	略	无	无	94	100/88	279	268
8	T544③	图1—7	—	—	—	48	27	9	9			砾	脉	四	三	四	三	天	0		略	稍	有	略	无	无	94	74	116/122	123
9	T443③	33	—	—	—	72	46	19	49			砾	砂	三	四	四	四	天	0		凸/凸	稍稍	有有	平/凸	无	有	125/118	66/73		134
10	T945③	205	—	—	—	48	29	20	21			砾	脉	四	四	四	四	天	0		平	不显	有	平	无	无	95	80		264
11	T845③	32（9032）	—	—	—	49	30	11	15			砾	脉	五	三	三	三	天	0		平	不显	有	凹	无	无	122	85		97
12	T1327③	15—2	300	220	160	53	33	14	20			砾	含砾砂	四	四	四	四	人工	7		略	稍	有	散开	无	无	120	64/53		22
13	T1327③	6	45	290	85	86	68	20	114			砾	石英岩	梯形	椭	三	椭	天	100		太	不	有	太凸	无	有	76		32	31
14	T1327③	15—1	—	—	—	75	50	20	73			砾	含砾砂	四	四	四	四	天	0		略	稍	有	略	无	无	105/78/99	50/61/74		21
15	T1327③	10—2	80	320	150	55	51	16	48			砾	石英岩	四	三	三	三	天	0		平	稍	有	平	无	无	94	107		20
16	T1327③	9829	350	250	300	53	40	20	31			砾	脉	四	三	三	三	天	0		略	稍	有	略	无	无	101	76/85		276
17	T1327③	9828	250	200	290	58	41	19	40			砾	脉	四	三	四	四	天	100		略	稍	有	略	无	无		似零台面		275
18	T1327③	13—11	—	—	—	41	22	7	6			砾	脉	四	三	四	椭	天	0		略	稍	有	散开	无	无	113	81/75		25
19	T1327③	13—3	—	—	—	55	44	29	56			砾	脉	三	四	四	四	天	0		平	稍	有	平	无	无	95	86		15
20	T1327③	13—2	—	—	—	30	27	6	3			砾	砂岩	三	四	三	椭	人工	0		略	稍	有	略	无	无	150	70/68		24
21	T1327③	13—6	—	—	—	50	31	20	21			砾	脉	四	四	四	半圆	人工	0		略	稍	有	散开	无	无	122	86		37

20

学堂梁子（郧县人）遗址中文化层存近端半边石片观察统计表（7 件）

顺序号	探方层位	编号	X cm	Y cm	Z cm	长度 mm	宽度 mm	厚度 mm	重量 g	发现者和日期	观察者和日期	素材	岩性	平面	横剖面	纵剖面	台面形状	台面性质	背面石皮率%	背面片疤分布	半锥体	波纹	放射线	打击泡	锥疤	双锥体	石片角	台面角	拼合	特征(EP)
1	T945③	33	—	—	—	39	30	15	18			砾	脉	五	四	四	三	天	0		略	稍	有	凸	无	无	89	108		93
2	T945③	31	—	—	—	36	36	15	24			砾	脉	四	四	四	五	天	0		平	稍	有	略	无	无	96	75		92
3	T945③	34	—	—	—	33	23	12	10			砾	脉	四	三	四	四	天	50		略	稍	有	散开	无	无		91		80
4	T444③	16	—	—	—	69	55	37	109			砾	脉	四	三	四	四	天	1/6		略	稍	不	散开	无	无	100	95/77		131
5	T1327③	7—2	260	245	150	30	17	6	3			砾	砂	五	四	四	三	天	0		略	稍	有	略	无	无	132	55/54		18
6	T1327③	13—15	—	—	—	29	26	11	6			砾	脉	三	四	四	三	天	0		略	稍	有	平	无	无	118	74/84		44
7	T1327③	13—23	—	—	—	27	17	12	6			砾	脉	四	四	四	三	天	0		略	稍	有	略	无	无	103	80		50

21

学堂梁子（郧县人）遗址中文化层存左侧半边石片观察统计表（4 件）

顺序号	探方层位	编号	X cm	Y cm	Z cm	长度 mm	宽度 mm	厚度 mm	重量 g	发现者和日期	观察者和日期	素材	岩性	平面	横剖面	纵剖面	台面形状	台面性质	背面石皮率%	背面片疤分布	半锥体	波纹	放射线	打击泡	锥疤	双锥体	石片角	台面角	拼合	特征(EP)
1	T543③	G：191	—	—	—	128	61	54	378			砾	片麻岩	五	三	四	四	天	1/6		发育	稍	有	略	无	无	128	78/93/105		127
2	T543③	93	—	—	—	49	40	13	26			砾	脉	四	三	三	三	天	100		略	稍	有	散开	无	无	87			120
3	T543③	165	—	—	—	62	44	17	45			砾	脉	四	四	三	四	天	0		略	不	有	散开	无	无	101	77	122/123	116
4	T744③	G：14	—	—	—	49	48	17	40			砾	脉	四	四	四	三	天	50		略	稍	有	略	无	无	110	77/76		509

22

学堂梁子（郧县人）遗址中文化层存右侧半边石片观察统计表（2 件）

顺序号	探方层位	编号	X cm	Y cm	Z cm	长度 mm	宽度 mm	厚度 mm	重量 g	发现者和日期	观察者和日期	素材	岩性	平面	横剖面	纵剖面	台面形状	台面性质	背面石皮率%	背面片疤分布	半锥体	波纹	放射线	打击泡	锥疤	双锥体	石片角	台面角	拼合	特征(EP)
1	T444③	G：13	—	—	—	72	50	23	94			砾	脉	三	四	四	四	天	0		略	不	有	散开	无	无	109	95		132
2	台地③	9825	—	—	—	80	70	30	160			砾	花岗斑岩	四	四	三	四	天	2/3		略	不	有	平	无	无	97	93		272

23

学堂梁子（郧县人）遗址中文化层存远端半边石片观察统计表（1 件）

顺序号	探方层位	编号	X cm	Y cm	Z cm	长度 mm	宽度 mm	厚度 mm	重量 g	发现者和日期	观察者和日期	素材	岩性	平面	横剖面	纵剖面	台面形状	台面性质	背面石皮率%	背面片疤分布	半锥体	波纹	放射线	打击泡	锥疤	双锥体	石片角	台面角	拼合	特征（EP）
1	T1327③	13—4	—	—	—	52	41	12	24			砾	脉	四	三	四	四		0											35

24

学堂梁子（郧县人）遗址中文化层有孤立凸起片疤的砾石观察统计表（2 件）

顺序号	探方层位	编号	X cm	Y cm	Z cm	长度 mm	宽度 mm	厚度 mm	重量 g	发现者和日期	观察者和日期	素材	岩性	几何形状			磨圆度	拼合	特征（EP）
														平面	横剖面	纵剖面			
1	T343③	27	—	—	—	87	82	51	451			砾石	石英岩	四	四	四			146，孤疤在底面近端，反向
2	T646③	25	150	90	70	136	121	63	1448			砾石	含砾砂岩	四	椭	椭			253，孤疤在底面远端，反向

25

学堂梁子（郧县人）遗址中文化层有孤立凹下片疤的砾石观察统计表（1 件）

顺序号	探方层位	编号	X cm	Y cm	Z cm	长度 mm	宽度 mm	厚度 mm	重量 g	发现者和日期	观察者和日期	素材	岩性	几何形状			磨圆度	拼合	特征（EP）
														平面	横剖面	纵剖面			
1	T645③	6	—	—	—	140	72	57	846			砾石	硅质岩	四	四	四			107，孤疤在底面，正向

26

学堂梁子（郧县人）遗址中文化层单刃 Chopper 观察统计表（10 件）

顺序号	探方层位	编号	X cm	Y cm	Z cm	长度 mm	宽度 mm	厚度 mm	重量 g	发现者和日期	观察者和日期	素材	岩性	平面	横剖面	纵剖面	刃缘位置	刃缘平视	刃缘侧视	加工小疤数量	加工小疤方向	片疤组合	刃角	拼合	特征（EP）
1	T1227③	9826	250	250	280	95	54	28	155			砾	硅	四	椭	四	近	凸	弧	3	反	3 反	44/28		273
2	T1327③	北 G：2	35	195	30	166	120	55	1213			砾	砂	四	椭	四	远	凸	弧	3	正	3 正	70/62/83		225

续表

顺序号	探方层位	编号	X cm	Y cm	Z cm	长度 mm	宽度 mm	厚度 mm	重量 g	发现者和日期	观察者和日期	素材	岩性	平面	横剖面	纵剖面	刃缘位置	刃缘平视	刃缘侧视	加工小疤数量	加工小疤方向	片疤组合	刃角	拼合	特征（EP）
3	T545③	28	150	50	70	90	116	59	675			单核	砂	四	椭	四	近	凸	弧	3	反	3 反	61/68/69		251
4	T344③	75	220	55	110	103	76	48	414			单核	泥	四	四	四	远	凸	S	3	反正	2 反 1 正	76/66/47		255
5	T444③	35	—	—	—	113	62	52	605			砾	细砂	四	四	四	远	凸	弧	4	反	4 反	85/84/79/86		252
6	T643③	G：43	—	—	—	204	117	80	2067			砾	砂	四	四	四	远	凸	弧	3	正	3 正	61/74/76		111
7	T845③	14	—	—	—	96	88	32	304			砾	硅	四	四	四	近	凸	弧	2	反	2 反	51/62		99
8	T745③	8	—	—	—	150	91	71	1422			单核	砂岩	四	四	四	近	凹	弧	3	正	3 正	80/110/102		101
9	T743③	东 G：280	—	—	—	159	129	75	1786			砾	硅	四	四	四	右	凸	弧	4	反	4 反	71/93/69/68		104
10	T744③	9	—	—	—	124	88	56	763			砾	硅	四	四	四	左	凸	弧	6	反正	5 反 1 正	81/62/60/65/50/48		103

27

学堂梁子（郧县人）遗址中文化层双刃 Chopper 观察统计表（1 件）

顺序号	探方层位	编号	X cm	Y cm	Z cm	长度 mm	宽度 mm	厚度 mm	重量 g	发现者和日期	观察者和日期	素材	岩性	平面	横剖面	纵剖面	刃缘位置	刃缘平视	刃缘侧视	加工小疤数量	加工小疤方向	片疤组合	刃角	拼合	特征（EP）
1	T544③	G：21（121）	—	—	—	173	128	59	1448			砾	细砂	五	四	四	左	凸	弧	5	正	5 正	86/79/68/67/96		115
	相邻相连成尖																右	凸	弧				75		

28

学堂梁子（郧县人）遗址中文化层多刃 Chopper 观察统计表（1 件）

顺序号	探方层位	编号	X cm	Y cm	Z cm	长度 mm	宽度 mm	厚度 mm	重量 g	发现者和日期	观察者和日期	素材	岩性	平面	横剖面	纵剖面	刃缘位置	刃缘平视	刃缘侧视	加工小疤数量	加工小疤方向	片疤组合	刃角	拼合	特征（EP）
1	T1228③ 三刃相连 不成梯形刃	5	19	10	123	124	98	43	566			砾	硅	五	四	四	左近	凸	弧	4	正	4 正	77/45/71/66		71
																	左远	凸	弧						
																	远	凸	弧						

29

学堂梁子（郧县人）遗址中文化层单刃 Chopping-tool 观察统计表（5件）

顺序号	探方层位	编号	X cm	Y cm	Z cm	长度 mm	宽度 mm	厚度 mm	重量 g	发现者和日期	观察者和日期	素材	岩性	平面	横剖面	纵剖面	刃缘位置	刃缘平视	刃缘侧视	加工小疤数量	加工小疤方向	片疤组合	刃角	拼合	特征 EP
1	T344③	61	—	—	—	110	105	67	787			单核	细砂	四	四	四	近	凸	S	5	反、正	3反2正	65/63/68/63/74		256
2	T645③	38	—	—	—	178	150	91	2839			砾	脉	四	椭	椭	近右	凹	弧	2	正、反	1正1反	92/72		109
3	T345③	57	400	365	80	119	78	54	564			砾	泥	四	四	四	远	凸	曲折	3	反、正	2正1反	61/52/57		257
4	T443③	98	—	—	—	167	133	53	1354			砾	泥	四	三	四	近	凸	S	3	反、正	2反1正	72/40/72		133
5	T345③	51	290	0	110	122	66	62	640			断块	脉	四	四	四	远	凹	弧	4	反、正	2正2反	77/85/92		249

30

学堂梁子（郧县人）遗址中文化层单刃刮削器观察统计表（2件）

顺序号	探方层位	编号	X cm	Y cm	Z cm	长度 mm	宽度 mm	厚度 mm	重量 g	发现者和日期	观察者和日期	素材	岩性	平面	横剖面	纵剖面	刃缘位置	刃缘平视	刃缘侧视	加工小疤数量	加工小疤方向	片疤组合	刃角	拼合	特征(EP)
1	T945③	201	170	120	80	75	73	35	182			断块	脉	三	四	四	右	凸	弧	3	正	3正	75/83/87		261
2	T945③	22	—	—	—	49	40	19	37			完片	脉	四	四	四	左	凸	弧	6	正	6正	90/102/96/87/78/88		91

31

学堂梁子（郧县人）遗址中文化层双刃刮削器观察统计表（1件）

顺序号	探方层位	编号	X cm	Y cm	Z cm	长度 mm	宽度 mm	厚度 mm	重量 g	发现者和日期	观察者和日期	素材	岩性	平面	横剖面	纵剖面	刃缘位置	刃缘平视	刃缘侧视	加工小疤数量	加工小疤方向	片疤组合	刃角	拼合	特征(EP)
1	T945③	200	—	—	—	58	51	17	39			完片	粉砂岩	四	三	三	左	凸	弧	4	正、反	2正 2反	74/42/68/66		259
	相邻相连不成尖																右	凸	弧						

32　**学堂梁子（郧县人）遗址中文化层多刃刮削器观察统计表（1件）**

顺序号	探方层位	编号	X cm	Y cm	Z cm	长度 mm	宽度 mm	厚度 mm	重量 g	发现者和日期	观察者和日期	素材	岩性	平面	横剖面	纵剖面	刃缘位置	刃缘平视	刃缘侧视	加工小疤数量	加工小疤方向	片疤组合	刃角	拼合	特征(EP)
1	T1227③	9836	20	140	360	78	75	43	251			完片	脉	四	四	四	左	凸	弧	9	正、反	1正8反	71/67/86/84/57/56/89/84/91		283
	相邻相连不成梯形刃																远	凸	弧						
																	右	S	弧						

33　**学堂梁子（郧县人）遗址中文化层单刃凹缺刮器观察统计表（3件）**

顺序号	探方层位	编号	X cm	Y cm	Z cm	长度 mm	宽度 mm	厚度 mm	重量 g	发现者和日期	观察者和日期	素材	岩性	平面	横剖面	纵剖面	刃缘位置	刃缘平视	刃缘侧视	加工小疤数量	加工小疤方向	片疤组合	刃角	拼合	特征(EP)
1	T1227③	9832	400	50	310	67	25	18	30			断片	脉	四	三	四	左	凹	弧	1	正	1正	59	268	279
2	T1327③	9835	320	210	410	73	56	24	101			完片	脉	四	四	四	左	凹	弧	1	反	1反	64		282
3	T345③	北G：85	—	—	—	84	55	38	218			完片	脉	四	四	四	右	凹	弧	1	反	1反	74		140

34　**学堂梁子（郧县人）遗址中文化层单尖尖凸观察统计表（2件）**

顺序号	探方层位	编号	X cm	Y cm	Z cm	长度 mm	宽度 mm	厚度 mm	重量 g	发现者和日期	观察者和日期	素材	岩性	平面	横剖面	纵剖面	刃缘位置	刃缘平视	刃缘侧视	加工小疤数量	加工小疤方向	片疤组合	刃角	拼合	特征(EP)
1	T1327③	9830	400	150	300	38	28	15	13			断片	脉	四	三	四	右远	凹	弧	2	正	2正	75/64		277
	相邻相连成尖																右近	凹	弧						
2	T1327③	17	—	—	—	68	31	16	24			右半片	脉	四	三	三	右远	凹	弧	2	正	2正	72/55		23
	相邻相连成尖																右近	凹	弧						

35

学堂梁子（郧县人）遗址中文化层单刃刮削器＋单刃锯齿状器观察统计表（1件）

顺序号	探方层位	编号	X cm	Y cm	Z cm	长度 mm	宽度 mm	厚度 mm	重量 g	发现者和日期	观察者和日期	素材	岩性	平面	横剖面	纵剖面	刃缘位置	刃缘平视	刃缘侧视	加工小疤数量	加工小疤方向	片疤组合	刃角	拼合	特征(EP)
1	T945③	30	—	—	—	65	40	20	54			左半片	脉	三	三	三	左	凸	弧	7	反	7反	80/87/55/68/87/99/92		88
	相邻相连不成尖（凹缺为一击而成）																远	锯齿状	弧						

36

学堂梁子（郧县人）遗址中文化层单刃刮削器＋单刃凹缺刮器观察统计表（1件）

顺序号	探方层位	编号	X cm	Y cm	Z cm	长度 mm	宽度 mm	厚度 mm	重量 g	发现者和日期	观察者和日期	素材	岩性	平面	横剖面	纵剖面	刃缘位置	刃缘平视	刃缘侧视	加工小疤数量	加工小疤方向	片疤组合	刃角	拼合	特征(EP)
1	T1327③	9	—	—	—	32	24	12	9			右半片	脉	四	三	四	左	凸	弧	7	反、正	7反 4正	73/68/57/52		19
	相邻相连不成尖（凹缺为一击而成）																右	凹	弧	4					

37

学堂梁子（郧县人）遗址上文化层石锤观察统计表（1件）

顺序号	探方层位	编号	X cm	Y cm	Z cm	长度 mm	宽度 mm	厚度 mm	重量 g	发现者和日期	观察者和日期	素材	岩性	几何形状			磨圆度	拼合	特征（EP）
														平面	横剖面	纵剖面			
1	T345②	3	—	—	—	97	87	48	563				砂岩	圆	椭	椭			216/单面用

38

学堂梁子（郧县人）遗址上文化层完整砾石观察统计表（6件）

顺序号	探方层位	编号	X cm	Y cm	Z cm	长度 mm	宽度 mm	厚度 mm	重量 g	发现者和日期	观察者和日期	素材	岩性	几何形状			磨圆度	拼合	特征（EP）
														平面	横剖面	纵剖面			
1	台地②	2012	—	—	—	98	93	59	844			砾石	硅质岩	四	四	四			374
2	T545②	101	—	—	—	56	40	39	119			砾石	石英岩	四	四	四			433

续表

顺序号	探方层位	编号	X cm	Y cm	Z cm	长度 mm	宽度 mm	厚度 mm	重量 g	发现者和日期	观察者和日期	素材	岩性	几何形状			磨圆度	拼合	特征（EP）
														平面	横剖面	纵剖面			
3	T344②	2	—	—	—	81	68	42	398			砾石	石英岩	四	四	四			471
4	T746②	1	30	40	60	104	104	47	777			砾石	脉石英	圆	椭	椭			476
5	T345②	11	—	—	—	153	101	93	2251			砾石	石英岩	四	四	四			483
6	T345②	24	—	—	—	87	60	32	181			砾石	泥质岩	四	四	四			485

39

学堂梁子（郧县人）遗址上文化层断裂砾石观察统计表（1件）

顺序号	探方层位	编号	X cm	Y cm	Z cm	长度 mm	宽度 mm	厚度 mm	重量 g	发现者和日期	观察者和日期	素材	岩性	几何形状			磨圆度	拼合	特征（EP）
														平面	横剖面	纵剖面			
1	T344②	76	—	—	—	126	86	66	841			砾石	粉砂岩	四	四	四			224

40

学堂梁子（郧县人）遗址上文化层碎片观察统计表（89件）

顺序号	探方层位	编号	X cm	Y cm	Z cm	长度 mm	宽度 mm	厚度 mm	重量 g	发现者和日期	观察者和日期	素材	岩性	几何形状			磨圆度	拼合	特征（EP）
														平面	横剖面	纵剖面			
1	T1328②	8—2	—	—	—	64	31	13	25			砾石	硅质岩	四	三	三			150
2	T1328②	9511	—	—	—	85	77	54	378			砾石	脉石英	四	三	四			151
3	T1328②	5	—	—	—	28	16	5	2			砾石	脉石英	三	三	三			154
4	T1328②	7—1	—	—	—	47	21	13	12			砾石	脉石英	四	四	三			155
5	T1328②	7—2	—	—	—	42	24	13	14			砾石	脉石英	四	三	四			156
6	T1328②	7—3	—	—	—	38	25	16	15			砾石	脉石英	四	三	三			157
7	T1328②	7—4	—	—	—	36	22	10	10			砾石	脉石英	四	四	四			158
8	T1328②	7—5	—	—	—	29	23	17	9			砾石	脉石英	三	四	四			159
9	T1328②	7—7	—	—	—	27	17	9	4			砾石	脉石英	三	三	四			161

续表

顺序号	探方层位	编号	X cm	Y cm	Z cm	长度 mm	宽度 mm	厚度 mm	重量 g	发现者和日期	观察者和日期	素材	岩性	几何形状			磨圆度	拼合	特征（EP）
														平面	横剖面	纵剖面			
10	T1328②	7—8	—	—	—	26	16	8	3			砾石	脉石英	三	三	三			162
11	T1328②	7—9	—	—	—	20	16	7	3			砾石	脉石英	四	三	三			163
12	T1328②	7—10	—	—	—	21	14	10	2			砾石	脉石英	三	三	三			164
13	T1328②	12—1	—	—	—	58	50	40	148			砾石	脉石英	四	四	四			165
14	T1328②	12—2	—	—	—	53	28	11	20			砾石	脉石英	四	四	四			166
15	T1328②	12—3	—	—	—	43	30	9	12			砾石	脉石英	三	四	四			167
16	T1328②	12—4	—	—	—	38	28	11	11			砾石	脉石英	四	三	三			168
17	T1328②	12—5	—	—	—	31	29	12	15			砾石	脉石英	四	四	四			169
18	T1328②	12—6	—	—	—	24	21	12	6			砾石	脉石英	四	三	四			170
19	T1328②	12—7	—	—	—	24	16	4	1			砾石	脉石英	四	三	三			171
20	T1328②	12—9	—	—	—	18	9	4	1			砾石	脉石英	四	四	三			173
21	T1328②	12—10	—	—	—	14	10	6	1			砾石	脉石英	三	三	三			174
22	T1327②	9503	210	350	75	170	152	108	2141			砾石	脉石英	四	四	四			177
23	T1327②	G：2—1	—	—	—	37	34	16	18			砾石	脉石英	五	四	四			202
24	T1228②	1—1	335	260	30	54	45	10	35			砾石	硅质岩	三	三	四		206	203
25	T1228②	3	—	—	—	40	32	8	10			砾石	脉石英	五	四	四			204
26	T643②	1	—	—	—	80	80	43	285			砾石	安山岩	三	三	三			209
27	T643②	21	—	—	—	33	27	17	11			砾石	脉石英	三	四	四			210
28	T643②	3	—	—	—	79	49	48	195			砾石	脉石英	四	四	四			211
29	T544②	G：14	—	—	—	84	60	24	138			砾石	硅质岩	四	三	四			213
30	T443②	2	—	—	—	34	29	15	16			砾石	脉石英	四	四	三			214
31	T345②	36	—	—	—	43	28	20	29			砾石	脉石英	四	三	四			215
32	T345②	12	—	—	—	110	69	35	227			砾石	砂岩	四	三	四			219

续表

顺序号	探方层位	编号	X cm	Y cm	Z cm	长度 mm	宽度 mm	厚度 mm	重量 g	发现者和日期	观察者和日期	素材	岩性	几何形状			磨圆度	拼合	特征（EP）
														平面	横剖面	纵剖面			
33	T345②	18	—	—	—	75	69	46	270			砾石	脉石英	四	四	四			220
34	T1327②	9510	—	—	—	72	59	41	227			砾石	脉石英	四	四	四			182
35	T1327②	北G：2	—	—	—	88	54	20	103			砾石	砂岩	四	四	四		183/184/389	187
36	T1327②	北G：7	—	—	—	50	35	15	22			砾石	脉石英	三	三	四			191
37	T1327②	北G：8	—	—	—	53	34	17	32			砾石	脉石英	四	四	四			192
38	T1327②	北G：3	—	—	—	53	47	25	79			砾石	脉石英	四	四	四			195
39	T1327②	北G：10	—	—	—	46	37	17	32			砾石	脉石英	四	四	四			196
40	T1327②	北G：11	—	—	—	45	36	17	33			砾石	脉石英	四	四	四			197
41	T1327②	北G：12	—	—	—	44	16	16	10			砾石	脉石英	三	三	三			198
42	T1327②	北G：13	—	—	—	39	21	8	7			砾石	脉石英	四	三	三			199
43	T1327②	1—1	—	—	—	40	30	12	17			砾石	脉石英	四	四	四			200
44	T1327②	1—2	—	—	—	25	22	12	8			砾石	脉石英	五	四	三			201
45	T343②	G：104	—	—	—	83	49	39	232			砾石	泥质岩	四	四	四			245
46	台地②	2002	—	—	—	197	82	51	1193			砾石	混合岩	四	四	四			364
47	台地②	2003	—	—	—	189	96	57	1157			砾石	石英岩	四	四	四		390/399	365
48	台地②	2005	—	—	—	188	87	70	1248			砾石	脉石英	四	四	四			367
49	台地②	2006	—	—	—	78	56	26	82			砾石	硅质岩	四	三	三			368
50	台地②	2008	—	—	—	62	40	30	62			砾石	脉石英	四	四	四			370
51	台地②	2010	—	—	—	114	102	29	277			砾石	石英斑岩	三	四	四			372
52	台地②	2011	—	—	—	89	89	22	127			砾石	石英岩	四	四	四		380/403	373
53	台地②	2013	—	—	—	83	47	28	110			砾石	石英岩	四	三	四			375
54	台地②	2014	—	—	—	101	78	27	228			砾石	砂岩	四	四	四			376
55	台地②	2015	—	—	—	114	79	45	407			砾石	砂岩	四	四	四			377

续表

顺序号	探方层位	编号	X cm	Y cm	Z cm	长度 mm	宽度 mm	厚度 mm	重量 g	发现者和日期	观察者和日期	素材	岩性	几何形状			磨圆度	拼合	特征（EP）
														平面	横剖面	纵剖面			
56	台地②	2016	—	—	—	42	24	13	12			砾石	脉石英	四	四	四			378
57	台地②	2025	—	—	—	73	63	30	183			砾石	脉石英	四	四	四			387
58	台地②	2027	—	—	—	93	53	32	207			砾石	砂岩	四	四	四		183/184/187	389
59	台地②	2028	—	—	—	156	83	40	514			砾石	石英岩	四	四	四		365/399	390
60	台地②	2029	—	—	—	23	22	8	4			砾石	脉石英	四	四	四			391
61	台地②	2030	—	—	—	39	29	11	11			砾石	砂岩	三	四	四		404/405/395	392
62	台地②	2032	—	—	—	46	23	10	9			砾石	砂岩	四	三	三			394
63	台地②	2033	—	—	—	92	64	39	246			砾石	砂岩	四	四	四		404/405/392	395
64	台地②	2034	—	—	—	92	56	27	134			砾石	石英岩	四	四	四			396
65	台地②	2035	—	—	—	98	45	20	48			砾石	石英岩	三	四	四			397
66	台地②	2036	—	—	—	37	25	13	10			砾石	石英岩	三	三	四			398
67	台地②	2037	—	—	—	96	73	54	287			砾石	石英岩	三	三	三		365/390	399
68	台地②	2038	—	—	—	117	72	33	184			砾石	砂岩	四	三	三			400
69	台地②	2039	—	—	—	39	33	13	12			砾石	砂岩	四	四	四		402	401
70	台地②	2041	—	—	—	151	79	30	389			砾石	石英岩	四	四	四		373/380	403
71	台地②	2042	—	—	—	88	49	39	185			砾石	砂岩	四	四	四		392/405/395	404
72	台地②	2044	—	—	—	160	74	34	509			砾石	石英岩	四	四	四			406
73	台地②	2047	—	—	—	54	25	20	35			砾石	脉石英	四	四	四			409
74	T545②	7	—	—	—	146	47	32	285			砾石	石英岩	三	四	四			422
75	1990采	9003	—	—	—	160	131	82	2148			砾石	脉石英	不四	不四	不四			287
76	1990采	9021	—	—	—	124	77	36	379			砾石	砂岩	不椭	不四	不四			296
77	1990采	9023	—	—	—	61	46	20	60			砾石	脉石英	不四	不四	不四			297
78	1990采	9024	—	—	—	95	53	16	89			砾石	硅质岩	不三	不四	不四			298

续表

顺序号	探方层位	编号	X cm	Y cm	Z cm	长度 mm	宽度 mm	厚度 mm	重量 g	发现者和日期	观察者和日期	素材	岩性	几何形状			磨圆度	拼合	特征（EP）
														平面	横剖面	纵剖面			
79	1990 采	9025	—	—	—	86	45	20	86			砾石	硅质岩	不四	不四	不四			299
80	1991 采	9116	—	—	—	79	34	21	64			砾石	脉石英	不四	不四	不四			324
81	1998 采	9816	—	—	—	63	57	18	60			砾石	硅质岩	不四	不三	不三			359
82	2000 采	2020	—	—	—	66	40	33	94			砾石	脉石英	不四	不三	不四			382
83	2000 采	2022	—	—	—	81	56	27	133			砾石	脉石英	不四	不四	不四			384
84	2000 采	2023	—	—	—	54	47	45	168			砾石	脉石英	不四	不四	不四			385
85	2000 采	2024	—	—	—	57	47	38	103			砾石	脉石英	不四	不四	不四			386
86	2000 采	2045	—	—	—	116	96	64	882			砾石	石英岩	不四	不四	不四			407
87	2000 采	2057	—	—	—	109	88	36	349			砾石	石英岩	不三	不四	不四			419
88	2000 采	2058	—	—	—	33	17	8	4			砾石	脉石英	不三	不四	不四			420
89	1995 采	5	—	—	—	72	58	29	115			砾石	脉石英	不四	不四	不四			509

41 **学堂梁子（郧县人）遗址上文化层单台面石核观察统计表（13 件）**

顺序号	探方层位	编号	X cm	Y cm	Z cm	长度 mm	宽度 mm	厚度 mm	重量 g	发现者和日期	观察者和日期	素材	岩性	平面	横剖面	纵剖面	台面位置	台面性质	边缘使用率%	台面使用率%	片疤数量	片疤分布	台面角	石皮比率%	拼合	特征（EP）
1	1990 采	9008	—	—	—	110	81	62	703			砾	石英岩	四	四	四	右	天	100	30	3	单纵	48/70/68	80		292
2	1991 采	9128	—	—	—	101	114	53	795			砾	细砂	四	椭	四	顶	天	100	34	3	单纵	54/65/67	83		336
3	1991 采	9119	—	—	—	142	127	75	1474			砾	脉	四	四	四	顶	天	100	29	4	单纵	44/58/73/107	71		327/cp
4	1991 采	9122	—	—	—	110	90	67	965			砾	石英岩	五	四	四	底	人工	100/100/100/100	100	10	棱柱	104/95/85/86/66/90/93/87/80/108	24		330

续表

顺序号	探方层位	编号	X cm	Y cm	Z cm	长度 mm	宽度 mm	厚度 mm	重量 g	发现者和日期	观察者和日期	素材	岩性	平面	横剖面	纵剖面	台面位置	台面性质	边缘使用率%	台面使用率%	片疤数量	片疤分布	台面角	石皮比率%	拼合	特征（EP）
5	1998采	9807	—	—	—	143	129	56	926			砾	片麻岩	三	四	四	顶	天	100	41	2	单纵	47/40/55/68	75		423/cp
6	T345②	6	—	—	—	106	83	66	826			砾	砂岩	四	四	四	底	天	100	24	4	单纵	70/84/79/91	50		217
7	T345②	15	—	—	—	94	91	67	672			砾	脉	四	椭	四	底	天	100	38	4	单纵	78/85/95/90	80		218/cp
8	T1328②	4	250	250	115	139	129	73	1292			砾	砂岩	四	四	四	底	天	71	22	3	单纵	52/70/77	88		149
9	T1328②	2	35	195	30	140	81	57	996			砾	混合岩	四	四	四	顶	天	100	19	2	单纵	62/63	90		148
10	T1227②	1—3	—	—	—	58	45	33	101			砾	脉	四	四	四	底	天	100/100	42	4	交错	44/68/54/84	67		207/cp
11	T1327②	9501	218	50	20	143	131	89	2419			砾	脉	五	四	四	顶	天	100/74	49	6	垂直	59/90/99/108/108	57		175/cp
12	T344②	9	—	—	—	149	119	104	2132			砾	砂	四	四	四	顶	天	100	21	6	单纵	30/40/46/50/82/84	80		221
13	台地②	9822	—	—	—	168	142	91	2819			砾	混合	四	四	四	顶	天	100/100	42	4	单纵	66/64/68/72	80		269/cp

42

学堂梁子（郧县人）遗址上文化层双台面（相邻相连）石核观察统计表（7件）

顺序号	探方层位	编号	X cm	Y cm	Z cm	长度 mm	宽度 mm	厚度 mm	重量 g	发现者和日期	观察者和日期	素材	岩性	平面	横剖面	纵剖面	台面位置	台面性质	边缘使用率%	台面使用率%	片疤数量	片疤分布	台面角	石皮比率%	拼合	特征（EP）
1	1991采	9131	—	—	—	116	105	51	686			砾	混合岩	四	四	四	右	天	100/100	50	7	向心状	61/40/50/70/66/73/73	50		339/相邻相连
																	底	天	100/100	53						

续表

顺序号	探方层位	编号	X cm	Y cm	Z cm	长度 mm	宽度 mm	厚度 mm	重量 g	发现者和日期	观察者和日期	素材	岩性	平面	横剖面	纵剖面	台面位置	台面性质	边缘使用率%	台面使用率%	片疤数量	片疤分布	台面角	石皮比率%	拼合	特征（EP）
2	1991采	9111	—	—	—	98	94	76	485			砾	脉	四	四	四	顶	天	100/	49	5	垂直	65/57/88/73/80	67		319/cp/相邻相连
																	右	天	100	33						
3	1995采	3	—	—	—	112	110	60	957			砾	石英岩	四	四	四	顶	天	100	23	3	垂直	65/91/79	57		230/相邻相连
																	右	天	100/100	50						
4	1998采	9807	—	—	—	92	100	91	1065			砾	脉	四	四	四	近	未定	未定	未定	8	垂直	81/78/65	37		350/相邻相连
																	右	混合	100	52						
5	台地②	2018	—	—	—	255	217	105	6317			砾	石英岩	四	四	四	底	天	100/	30	7	交错	23/15/30/68/52	50	373/403	380/cp/相邻相连
																	左	天	100	42						
6	T1327②	6	—	—	—	191	168	87	2384			砾	砂岩	三	椭	四	右	天	100	28	3	交错	83/67/60	67		180/相邻相连
																	顶	天	76	33						
7	T1328②	8	286	204	170	74	57	47	261			砾	脉	四	四	半圆	左	天	100	26	2	垂直	82/95/	60		147/相邻相连
																	顶	天	100	22						

43　　**学堂梁子（郧县人）遗址上文化层双台面石核（相邻不相连）观察统计表（1件）**

顺序号	探方层位	编号	X cm	Y cm	Z cm	长度 mm	宽度 mm	厚度 mm	重量 g	发现者和日期	观察者和日期	素材	岩性	平面	横剖面	纵剖面	台面位置	台面性质	边缘使用率%	台面使用率%	片疤数量	片疤分布	台面角	石皮比率%	拼合	特征（EP）
1	台地②	9823	—	—	—	168	165	89	2713			砾	花岗斑	四	椭	四	顶	未定	100	27	4	交错	84/34/56/54	71		270/相邻不相连
																	底	天	100	27						

44

学堂梁子（郧县人）遗址上文化层双台面（相对不相连）石核观察统计表（3件）

顺序号	探方层位	编号	X cm	Y cm	Z cm	长度 mm	宽度 mm	厚度 mm	重量 g	发现者和日期	观察者和日期	素材	岩性	平面	横剖面	纵剖面	台面位置	台面性质	边缘使用率%	台面使用率%	片疤数量	片疤分布	台面角	石皮比率%	拼合	特征(EP)
1	1990采	2	—	—	—	117	101	63	1163			砾	绿帘石岩	五	四	四	顶	天	100/100	54	10	棱柱状	45/67/89/76/50/93/83/89/89/104	20		227
																	底	天	100	48						
2	1998采	9804	—	—	—	179	138	75	2510			砾	砂岩	四	椭	四	顶	天	100/	30	4	双极纵向平行	82/104/114/107	88		348
																	底	天	100	19						
3	台地②	2001	—	—	—	162	147	69	2131			砾	花岗斑	四	四	四	顶	天	76	23	3	两极交错	81/58/58	70	271	363/相对不相连
																	底	天	41	9						

45

学堂梁子（郧县人）遗址上文化层多台面石核观察统计表（1件）

顺序号	探方层位	编号	X cm	Y cm	Z cm	长度 mm	宽度 mm	厚度 mm	重量 g	发现者和日期	观察者和日期	素材	岩性	平面	横剖面	纵剖面	台面位置	台面性质	边缘使用率%	台面使用率%	片疤数量	片疤分布	台面角	石皮比率%	拼合	特征(EP)
1	1998采	9802	—	—	—	143	108	91	1372			砾	细砂岩	四	四	四	底	未定	未定	未定	8	交错	93，其他难测	53		346/cp
																	近	未定	未定	未定						
																	右	天	37	10						

46

学堂梁子（郧县人）遗址上文化层石核剩块观察统计表（1件）

顺序号	探方层位	编号	X cm	Y cm	Z cm	长度 mm	宽度 mm	厚度 mm	重量 g	发现者和日期	观察者和日期	素材	岩性	平面	横剖面	纵剖面	台面位置	台面性质	边缘使用率%	台面使用率%	片疤数量	片疤分布	台面角	石皮比率%	拼合	特征(EP)
1	台地②	2055	—	—	—	120	100	98	1404			砾	矽卡岩	四	四	四					6					417

47 学堂梁子（郧县人）遗址上文化层完整石片观察统计表（21件）

顺序号	探方层位	编号	X cm	Y cm	Z cm	长度 mm	宽度 mm	厚度 mm	重量 g	发现者和日期	观察者和日期	素材	岩性	平面	横剖面	纵剖面	台面形状	台面性质	背面石皮率%	背面片疤分布	半锥体	波纹	放射线	打击泡	锥疤	双锥体	石片角	台面角	拼合	特征(EP)
1	台地②	2004	—	—	—	124	62	35	241			砾	砂	三	三	三	长四	天	25		略	稍	有	略	无	无	111	70/65/73		366
2	台地②	2007	—	—	—	137	95	43	546			砾	砂	四	四	四	四	天	40		略	稍	有	略	无	无	102	78/91/89	179	369
3	台地②	2026	—	—	—	152	91	28	335			砾	石英岩	三	四	四	四	天	33		略	稍	有	略	无	无	109	52/69	267/381	388
4	台地②	9804	—	—	—	125	63	22	124			砾	含砾砂	三	三	三	长四	天	11		略	稍	有	略	无	无	131	82	194	265
5	台地②	2048	—	—	—	25	20	6	3			砾	脉	五	三	三	四	人工	0		平	不显	有	平	无	无	94	89		410
6	台地②	2040	—	—	—	61	35	18	28			砾	砂	四	四	四	四	天	0		略	稍	有	略	无	无	118		401	402
7	台地②	9825	—	—	—	122	92	37	315			砾	花岗斑	四	三	三	四	天	57		发	稍	有	凸	无	无	113	75/103	363	271
8	台地②	2031	—	—	—	81	56	23	105			砾	石英斑	四	三	四	三	天	33		略	稍	有	平	无	无	110	60		393
9	T1328②	6	45	50	158	58	37	20	39			砾	脉石	四	三	四	三	天	0		平	稍	有	散开	无	无	103	79		152
10	T1328②	7—6	—	—	—	27	20	11	5			砾	脉	四	三	三	四	天	0		发	不显	有	散开	无	无	101	80/91		160
11	T1327②	北G：1	—	—	—	97	88	40	237			砾	脉	三	三	四	四	天	0		略	不显	有	凹	无	无	100	74/85		186
12	T1327②	北G：5	—	—	—	65	48	17	47			砾	脉	四	三	三	四	天	13		略	稍	有	略	无	无	87	85		189
13	T1228②	1—2	335	260	30	100	87	23	200			砾	硅	四	四	四	三	天	0		太	突出	有	太凸	无	无	122	53/65	203	206
14	T545②	6	—	—	—	83	52	18	40			砾	砂	三	三	四	四	天	0		发	稍	有	凸	无	无	95	84/69/61		212
15	T345②	1	—	—	—	52	41	16	235			砾	硅质	四	四	四	四	混合	0		略	稍	有	略	无	无	135	43/50		247
16	1990采	9019	—	—	—	114	95	35	375			砾	硅质	四	四	四	四	天	75		略	稍	有	略	无	无	136			294
17	1991采	9133	—	—	—	57	45	17	36			砾	泥	四	四	四	四	人工	40		略	稍	有	散开	无	无	123			341
18	台地②	2021	—	—	—	53	52	27	111			砾	脉	圆形	四	四	四	天	0		平	稍	有	凹	无	无	99	80		383
19	台地②	2053	—	—	—	84	68	34	163			砾	硅质	四	三	三	三	混合	70		平	稍	有	平	无	无	95	77		415
20	1995采	临：2	—	—	—	60	60	23	80			砾	脉	四	四	四	四	天	0		略	稍	有	平	无	无	93			503
21	台地②	9808	—	—	—	103	61	27	134			砾	石英岩	四	三	三	四	天	67		略	稍	有	略	无	无	98	70	381/388	267

48

学堂梁子（郧县人）遗址上文化层存近端半边石片观察统计表（1 件）

顺序号	探方层位	编号	X cm	Y cm	Z cm	长度 mm	宽度 mm	厚度 mm	重量 g	发现者和日期	观察者和日期	素材	岩性	平面	横剖面	纵剖面	台面形状	台面性质	背面石皮率%	背面片疤分布	半锥体	波纹	放射线	打击泡	锥疤	双锥体	石片角	台面角	拼合	特征（EP）
1	台地②	2043	—	—	—	80	53	35	153			砾	砂岩	四	四	四	三	天	0		略	稍	有	稍	无	无	123	62/61	392/395/404	405

49

学堂梁子（郧县人）遗址上文化层存左侧半边石片观察统计表（2 件）

顺序号	探方层位	编号	X cm	Y cm	Z cm	长度 mm	宽度 mm	厚度 mm	重量 g	发现者和日期	观察者和日期	素材	岩性	平面	横剖面	纵剖面	台面形状	台面性质	背面石皮率%	背面片疤分布	半锥体	波纹	放射线	打击泡	锥疤	双锥体	石片角	台面角	拼合	特征（EP）
1	T1328②	12—8	—	—	—	23	14	6	0.9			砾	脉	四	四	三	四	天	0		略	稍	有	散开	无	无	104	72		172
2	T1327②	8—1	—	—	—	112	87	41	338			砾	砂岩	四	四	四	四	天	0		略	稍	有	略	无	无	101	87	389/184/187	183

50

学堂梁子（郧县人）遗址上文化层存右侧半边石片观察统计表（2 件）

顺序号	探方层位	编号	X cm	Y cm	Z cm	长度 mm	宽度 mm	厚度 mm	重量 g	发现者和日期	观察者和日期	素材	岩性	平面	横剖面	纵剖面	台面形状	台面性质	背面石皮率%	背面片疤分布	半锥体	波纹	放射线	打击泡	锥疤	双锥体	石片角	台面角	拼合	特征（EP）
1	T1327②	北 G：4	—	—	—	77	56	19	68			砾	硅	四	四	四	四	天	0		发	不	有	凸	无	无	109	65		188

51

学堂梁子（郧县人）遗址上文化层台面缺失石片观察统计表（4 件）

顺序号	探方层位	编号	X cm	Y cm	Z cm	长度 mm	宽度 mm	厚度 mm	重量 g	发现者和日期	观察者和日期	素材	岩性	平面	横剖面	纵剖面	台面形状	台面性质	背面石皮率%	背面片疤分布	半锥体	波纹	放射线	打击泡	锥疤	双锥体	石片角	台面角	拼合	特征（EP）
1	T1327②	9505—1	—	—	—	52	50	20	40			砾	石英斑	五	三	四			0		发	不	有	凸	有	无				185
2	T1327②	9509	—	—	—	169	118	62	1061			砾	砂	四	四	四			10		平	不	有	平	无				183/187/389	184

续表

顺序号	探方层位	编号	X cm	Y cm	Z cm	长度 mm	宽度 mm	厚度 mm	重量 g	发现者和日期	观察者和日期	素材	岩性	平面	横剖面	纵剖面	台面形状	台面性质	背面石皮率%	背面片疤分布	半锥体	波纹	放射线	打击泡	锥疤	双锥体	石片角	台面角	拼合	特征(EP)
3	台地②	2009	—	—	—	103	81	39	355			砾	脉	四	四	四			20		平	稍	有	平	有	无				371
4	1991采	9114	—	—	—	99	81	32	248			砾	硅	四	四	四	四		25		略	稍	有	平	无	无				322

52

学堂梁子（郧县人）遗址上文化层有孤立凸起片疤的砾石观察统计表（3件）

顺序号	探方层位	编号	X cm	Y cm	Z cm	长度 mm	宽度 mm	厚度 mm	重量 g	发现者和日期	观察者和日期	素材	岩性	几何形状			磨圆度	拼合	特征（EP）
														平面	横剖面	纵剖面			
1	1999采	9901	—	—	—	128	54	52	508			砾石	砂岩	四	四	四			362，孤疤在左侧面，左向右
2	1998采	9803	—	—	—	153	130	65	1504			砾石	脉石英	四	四	四			347，孤疤在远端面，顶向底
3	T1327②	9507	—	—	—	180	150	89	2861			砾石	脉石英	五	椭	椭			178，孤疤在远端，顶向底

53

学堂梁子（郧县人）遗址上文化层有孤立凹下片疤的砾石观察统计表（1件）

顺序号	探方层位	编号	X cm	Y cm	Z cm	长度 mm	宽度 mm	厚度 mm	重量 g	发现者和日期	观察者和日期	素材	岩性	几何形状			磨圆度	拼合	特征（EP）
														平面	横剖面	纵剖面			
1	T743②	G：105	—	—	—	90	106	42	329			砾石	砂岩	四	椭	四			208，孤疤在远端，反向
2	1990采	9004	—	—	—	131	103	70	1096			砾石	硅质岩	四	三	四			288，孤疤在左侧面，左向右

54

学堂梁子（郧县人）遗址上文化层单刃 Chopper 观察统计表（12件）

顺序号	探方层位	编号	X cm	Y cm	Z cm	长度 mm	宽度 mm	厚度 mm	重量 g	发现者和日期	观察者和日期	素材	岩性	平面	横剖面	纵剖面	刃缘位置	刃缘平视	刃缘侧视	加工小疤数量	加工小疤方向	片疤组合	刃角	拼合	特征(EP)
1	1990采	1	—	—	—	81	61	43	229			砾	脉	五	四	四	左	凸	弧	2	正	2正	66/81		226
2	1990采	9005	—	—	—	176	112	57	1331			砾	石英岩	四	三	四	远	凸	弧	3	反	3反	54/58		289
3	1990采	9006	—	—	—	122	100	44	648			砾	石英岩	四	椭	四	远	凹	弧	2	反	2反	59/57		290

续表

顺序号	探方层位	编号	X cm	Y cm	Z cm	长度 mm	宽度 mm	厚度 mm	重量 g	发现者和日期	观察者和日期	素材	岩性	平面	横剖面	纵剖面	刃缘位置	刃缘平视	刃缘侧视	加工小疤数量	加工小疤方向	片疤组合	刃角	拼合	特征(EP)
4	1991 采	9107	—	—	—	144	125	60	1015			单核	砂	四	四	四	近	凸	弧	3	正	3 正	74/75/77		315
5	1991 采	9106	—	—	—	93	79	33	234			砾	硅	四	四	四	近	凸	弧	2	正	2 正	43/50		314
6	1991 采	9127	—	—	—	91	98	49	566			砾	砂	四	四	四	远	凸	弧	4	正	4 正	66/86/70		335
7	1991 采	9118	—	—	—	106	91	49	598			断	泥	四	四	四	近	凸	弧	3	反	3 反	68/66/77		326
8	1991 采	9117	—	—	—	92	102	77	1035			单核	脉	四	四	四	近	凸	弧	5	正	5 正	86/104/90/87/93		325
9	1998 采	9809	—	—	—	141	120	62	1247			砾	石英岩	四	椭	四	右	凸	弧	5	正	5 正	59/68/71/64		352
10	1995 采	7	—	—	—	121	120	64	1164			砾	石英岩	五	四	四	近	凸	弧	2	正	2 正	79/69		235
11	台地采	2051	—	—	—	193	125	92	2606			砾	硅	四	四	四	近右	凸	弧	3	正	3 正	67		413
12	1990 采	8	—	—	—	146	98	88	1474			砾	石英岩	四	四	四	左远	凸	弧	2	正	2 正	42/68		233

55

学堂梁子（郧县人）遗址上文化层单刃 Chopper + 有孤立凸起片疤的砾石观察统计表（1 件）

顺序号	探方层位	编号	X cm	Y cm	Z cm	长度 mm	宽度 mm	厚度 mm	重量 g	发现者和日期	观察者和日期	素材	岩性	平面	横剖面	纵剖面	刃缘位置	刃缘平视	刃缘侧视	加工小疤数量	加工小疤方向	片疤组合	刃角	拼合	特征(EP)
1	1995 采	4	—	—	—	159	92	57	957			砾	石英岩	椭	四	四	右	凸	弧	2	反	2 反	80 106		231
																孤疤	远			1	正	1 正			

56

学堂梁子（郧县人）遗址上文化层双刃 Chopper（成尖）观察统计表（1 件）

顺序号	探方层位	编号	X cm	Y cm	Z cm	长度 mm	宽度 mm	厚度 mm	重量 g	发现者和日期	观察者和日期	素材	岩性	平面	横剖面	纵剖面	刃缘位置	刃缘平视	刃缘侧视	加工小疤数量	加工小疤方向	片疤组合	刃角	拼合	特征(EP)
1	1998 采	9808	—	—	—	143	85	43	619			砾	砂	四	四	四	近左	凸	弧	3	正	3 正	60/ 42/ 50		351
	相邻相连不成尖																近右	凸	弧						

57　学堂梁子（郧县人）遗址上文化层双刃 Chopper（无尖）观察统计表（11 件）

顺序号	探方层位	编号	X cm	Y cm	Z cm	长度 mm	宽度 mm	厚度 mm	重量 g	发现者和日期	观察者和日期	素材	岩性	平面	横剖面	纵剖面	刃缘位置	刃缘平视	刃缘侧视	加工小疤数量	加工小疤方向	片疤组合	刃角	拼合	特征(EP)
1	台地②	2056	—	—	—	285	146	61	2741			单核	砂	椭	椭	四	右	S	弧	9	正反	8 正 1 反	87/71/72/68/67/63/73/81/83		418
	相邻相连不成尖																远	S	弧						
2	1990 采	9020	—	—	—	64	60	15	66			砾	砂	四	四	四	远	凸	弧	2	正	2 正	32/33		295
	相邻相连不成尖																右	直	弧						
3	1995 采	9509	—	—	—	200	141	80	2385			砾	石英岩	五	四	四	近左	凸	弧	2	正	2 正	63/49		234
	相邻相连不成尖																近右	凸	弧						
4	1991 采	9120	—	—	—	114	97	62	951			砾	砂	四	四	四	远	凸	弧	4	反	4 反	73/81/80/82		328
	相邻相连不成尖																右	凸	弧						
5	1990 采	9036	—	—	—	152	104	41	688			断块	硅	三	四	三	近	S	弧	3	反	3 反	50/67/39		301
	相邻相连不成尖																左	凸	弧						
6	1990 采	10	—	—	—	135	117	64	997			单核	含砾砂	四	四	四	左	凸	弧	6	正	6 正	67/59/62/71/67/72		238
	相邻相连不成尖																右	凸	弧						
7	1991 采	9125	—	—	—	155	107	45	920			单核	硅	四	四	四	远左	凸	弧	4	反	4 反	73/56/71/51		333
	相邻相连不成尖																远右	凸	弧						
8	1995 采	9512	—	—	—	175	132	62	1309			砾	硅	椭	椭	椭	近—左	凸	弧	5	正反	3 正 2 反	45/77/82/73		237
	相邻相连不成尖																远—右	凸	弧						

续表

顺序号	探方层位	编号	X cm	Y cm	Z cm	长度 mm	宽度 mm	厚度 mm	重量 g	发现者和日期	观察者和日期	素材	岩性	平面	横剖面	纵剖面	刃缘位置	刃缘平视	刃缘侧视	加工小疤数量	加工小疤方向	片疤组合	刃角	拼合	特征（EP）
9	1998 采	9817	—	—	—	117	95	38	569			砾	石英岩	四	四	四	近	凸	弧	5	反	5 反	70/68/79/85/60		360
	相邻相连不成尖																右	凸	弧						
10	台地采	2046	—	—	—	171	144	86	2119			砾	硅	四	四	四	近左	凸	弧	4	正	4 正	67/77/87/81		408
	相邻相连不成尖																近右	凸	弧						
11	T1327②	9505	—	—	—	156	127	97	1999			砾	砂	四	四	四	近	凹	弧	5	正		57/51/62 75		181
	相邻相连不成尖																右	凸	弧						

58　学堂梁子（郧县人）遗址上文化层双刃 Chopper + 有孤立凸起片疤的砾石观察统计表（1 件）

顺序号	探方层位	编号	X cm	Y cm	Z cm	长度 mm	宽度 mm	厚度 mm	重量 g	发现者和日期	观察者和日期	素材	岩性	平面	横剖面	纵剖面	刃缘位置	刃缘平视	刃缘侧视	加工小疤数量	加工小疤方向	片疤组合	刃角	拼合	特征（EP）
1	台地②	2017	—	—	—	144	101	48	799			砾	砂	四	四	四	左	S	弧	7	反		91/95/90/60/73		379
	相邻相连不成尖																右	凸	弧						
																孤疤	近								

59　学堂梁子（郧县人）遗址上文化层双刃 Chopper（双刃相对）观察统计表（1 件）

顺序号	探方层位	编号	X cm	Y cm	Z cm	长度 mm	宽度 mm	厚度 mm	重量 g	发现者和日期	观察者和日期	素材	岩性	平面	横剖面	纵剖面	刃缘位置	刃缘平视	刃缘侧视	加工小疤数量	加工小疤方向	片疤组合	刃角	拼合	特征（EP）
1	T1328②	1	40	45	15	189	123	93	2643			砾	砂	四	椭	四	近	凸	弧	6	正		98/75/80/68/78/75		153
	相对不相连																远	凸	弧						

60

学堂梁子（郧县人）遗址上文化层多刃 Chopper（三刃相邻相连呈梯形刃）观察统计表（6 件）

顺序号	探方层位	编号	X cm	Y cm	Z cm	长度 mm	宽度 mm	厚度 mm	重量 g	发现者和日期	观察者和日期	素材		岩性	平面	横剖面	纵剖面	刃缘位置	刃缘平视	刃缘侧视	加工小疤数量	加工小疤方向	片疤组合	刃角	拼合	特征（EP）
1	1991 采	9112	—	—	—	88	73	46	337			砾		脉	四	四	四	近	凹	弧	8	正	8 正	83/78/97/80/79/92		320
	相邻相连成梯形刃																	左	凸	弧						
																		远	凸	弧						
2	1998 采	9818	—	—	—	116	109	52	647			砾		砂	四	椭	四	近左	凸	弧	3	正	3 正	63/55/50		361
	相邻相连成梯形刃																	近中	凹	弧						
																		近右	凸	弧						
3	1998 采	9809	—	—	—	141	115	89	1423			单核		砂	四	四	四	近	凹	弧	4	正	4 正	72/63/85/89		349
	相邻相连成梯形刃																	右近	凸	弧						
																		右远	凹	弧						
4	1990 采	9001	—	—	—	154	134	62	1598			砾		石英岩	四	四	四	近	凸	弧	10	反	10 反	65/59/64/64/91/73/88/62		285
	相邻相连成梯形刃																	右近	凹	弧						
																		右远	凹	弧						
5	T1327②	9502	80	200	25	256	143	79	3268			砾		砂	四	三	四	远	凸	弧	8	正	8 正	65/82/79/60/81/38/67		176
	相邻相连不成梯形刃																	右	凸	弧						
																		近	凸	弧						
6	T1327②	9504	—	—	—	193	130	67	1642			砾		含砾砂	四	椭	四	左	凸	弧	11	正、反	10 正 1 反	45/59/70/79/69/65/73/71/52	265	194
	相邻相连成梯形刃																	远	凸	弧						
																		右	凸	弧						

61

学堂梁子（郧县人）遗址上文化层手镐观察统计表（7件）

顺序号	探方层位	编号	X cm	Y cm	Z cm	长度 mm	宽度 mm	厚度 mm	重量 g	发现者和日期	观察者和日期	素材	岩性	平面	横剖面	纵剖面	刃缘位置	刃缘平视	刃缘侧视	加工小疤数量	加工小疤方向	片疤组合	刃角	拼合	特征（EP）
1	1991采	9123	—	—	—	271	106	61	2117			砾	砂	椭	四	四	左	凸	弧	6	反	6反	70/95/65 65/74/80		331
	相邻相连成尖																右	凸	弧						
2	1995采	2	—	—	—	283	109	72	1969			砾	砂	椭	椭	椭	左	凸	弧	6	正	6正	85/85/41/ 88/77/78		229
	相邻相连成尖																远	凸	弧						
3	1998采	9812	—	—	—	147	83	46	614			砾	硅	四	四	四	近左	凸	弧	5	正	5正	48/59/65/66		355
	相邻相连成尖																近右	凹	弧						
4	台地②	2050	—	—	—	135	90	46	696			砾	硅	四	四	四	近	凸	弧	9	反、正	8正 1反	50/71/70/ 94/56/72/ 53/63/78		412
	相邻相连成尖																右	凸—凹	弧						
5	台地②	2054	—	—	—	180	97	51	797			砾	硅	四	三	四	左	凹	弧	8	正	8正	78/82/63/ 66/92/81 69/70		416
	相邻相连不成尖																右	凸	弧						
6	T1327②	5—1	—	—	—	220	174	113	3706			砾	砂	四	四	四	左	凸	弧	6	正	6正	83/80/73	369	179
	相邻相连成尖																右	凹	弧						
7	台地②	2019	—	—	—	184	137	124	2717			砾	石英岩	四	四	四	左	凸	弧	5	反	5反	87/78/ 87/77	267/ 388	381
	相邻相连成尖																右	凸	弧						

62

学堂梁子（郧县人）遗址上文化层手镐＋有孤立凹下片疤的砾石观察统计表（1件）

顺序号	探方层位	编号	X cm	Y cm	Z cm	长度 mm	宽度 mm	厚度 mm	重量 g	发现者和日期	观察者和日期	素材	岩性	平面	横剖面	纵剖面	刃缘位置	刃缘平视	刃缘侧视	加工小疤数量	加工小疤方向	片疤组合	刃角	拼合	特征（EP）
1	1990采	3	—	—	—	161	115	55	1202			砾	含砾砂	四	椭	四	远左	凹	弧	3	反	3反	54/65		240
																	远右	S	弧						
																孤疤	近			1	正		83		

63

学堂梁子（郧县人）遗址上文化层单面器观察统计表（1 件）

顺序号	探方层位	编号	X cm	Y cm	Z cm	长度 mm	宽度 mm	厚度 mm	重量 g	发现者和日期	观察者和日期	素材	岩性	平面	横剖面	纵剖面	刃缘位置	刃缘平视	刃缘侧视	加工小疤数量	加工小疤方向	片疤组合	刃角	拼合	特征（EP）
1	1998 采	9801	—	—	—	222	131	54	1563			断块	硅	椭	三	四	近	凸	弧	10	反	10 反	42/88/41/67/37/53/71/49/65/46		345
	相邻相连不成尖																左	凸	弧						
																	远	凸	弧						
																	右	凸	弧						

64

学堂梁子（郧县人）遗址上文化层单刃 Chopping-tool 观察统计表（5 件）

顺序号	探方层位	编号	X cm	Y cm	Z cm	长度 mm	宽度 mm	厚度 mm	重量 g	发现者和日期	观察者和日期	素材	岩性	平面	横剖面	纵剖面	刃缘位置	刃缘平视	刃缘侧视	加工小疤数量	加工小疤方向	片疤组合	刃角	拼合	特征（EP）
1	1990 采	9037	—	—	—	98	74	52	536			砾	砂	四	四	四	近	凸	弧	5	反正	3 正 2 反	67/77		302
2	1998 采	9815	—	—	—	110	101	70	962			砾	脉	四	四	四	近	凸	弧	4	正反	2 正 2 反	89/87		358
3	1995 采	9506	—	—	—	186	150	63	2269			砾	硅	椭	椭	椭	远	凸	S	3	反正	2 正 1 反	75/60/66		232
4	1990 采	9011	—	—	—	106	110	95	1414			单核	石英岩	四	四	四	近	S	S	5	反正	2 反 3 正	96/94/86/85/81		293
5	1990 采	9007	—	—	—	120	87	47	596			砾	泥	四	四	四	近	凸	弧	5	反正	3 正 2 反	61/66/88/66		291

65

学堂梁子（郧县人）遗址上文化层单刃 Chooper + 单刃 Chopping-tool（无尖）观察统计表（3 件）

顺序号	探方层位	编号	X cm	Y cm	Z cm	长度 mm	宽度 mm	厚度 mm	重量 g	发现者和日期	观察者和日期	素材	岩性	平面	横剖面	纵剖面	刃缘位置	刃缘平视	刃缘侧视	加工小疤数量	加工小疤方向	片疤组合	刃角	拼合	特征（EP）
1	1991 采	9109	—	—	—	72	64	43	238			断块	脉	四	四	四	近	凸	曲折	7	正、反	5 正 2 反	95/82/57/93/91/76/87		317
	相邻相连不成尖																右	凸	S						

续表

顺序号	探方层位	编号	X cm	Y cm	Z cm	长度 mm	宽度 mm	厚度 mm	重量 g	发现者和日期	观察者和日期	素材	岩性	平面	横剖面	纵剖面	刃缘位置	刃缘平视	刃缘侧视	加工小疤数量	加工小疤方向	片疤组合	刃角	拼合	特征（EP）
2	1990采	9002	—	—	—	102	102	72	833			砾	泥	四	四	四	左	凸	弧	6	正、反	4正2反	48/64/54/53/78/65		286
	相邻相连不成尖																远	凸	弧						
3	T344②	22	—	—	—	107	98	80	963			单核	细砂	五	四	四	左近	凸	曲折	8	正、反	6正2反	75/72/72/50/78/83/71/87		222
	相邻相连不成尖																左远	凸	弧						

66　**学堂梁子（郧县人）遗址上文化层单刃 Chopper + 单刃 Chopping-tool（成尖）观察统计表（2件）**

顺序号	探方层位	编号	X cm	Y cm	Z cm	长度 mm	宽度 mm	厚度 mm	重量 g	发现者和日期	观察者和日期	素材	岩性	平面	横剖面	纵剖面	刃缘位置	刃缘平视	刃缘侧视	加工小疤数量	加工小疤方向	片疤组合	刃角	拼合	特征（EP）
1	台地②	2052	—	—	—	167	97	47	759			砾裂片	硅	三	四	四	左	凸	弧	10	正、反	8正2反	83/86/72/86/49/75/80/81/85/88		414
	相邻相连成尖																右	凸	弧						
2	1991采	9121	—	—	—	180	150	68	1828			砾	含砾砂	四	四	四	左	凸	弧	6	正反	4正2反	68/60/55/55/88		329
	相邻相连不成尖																右	凸	曲折						

67　**学堂梁子（郧县人）遗址上文化层双刃 Chopping-tool（无尖）观察统计表（1件）**

顺序号	探方层位	编号	X cm	Y cm	Z cm	长度 mm	宽度 mm	厚度 mm	重量 g	发现者和日期	观察者和日期	素材	岩性	平面	横剖面	纵剖面	刃缘位置	刃缘平视	刃缘侧视	加工小疤数量	加工小疤方向	片疤组合	刃角	拼合	特征（EP）
1	1995采	临：101	—	—	—	115	98	68	994			砾	脉	四	四	四	远	凸	S	7	正、反	5正2反	93/82/71/70/63/65/65		507
	相邻相连不成尖																左	凸	S						

68

学堂梁子（郧县人）遗址上文化层多刃 Chopping-tool 观察统计表（2 件）

顺序号	探方层位	编号	X cm	Y cm	Z cm	长度 mm	宽度 mm	厚度 mm	重量 g	发现者和日期	观察者和日期	素材	岩性	平面	横剖面	纵剖面	刃缘位置	刃缘平视	刃缘侧视	加工小疤数量	加工小疤方向	片疤组合	刃角	拼合	特征（EP）
1	1995 采	临：100	—	—	—	152	140	110	1446			砾	硅	四	四	四	近	凹	S	8	正、反	2 正 6 反	72/83/86/73/78/56/85/70		508
	相邻相连成舌形刃																近右	锯齿	弧						
																	右	S	S						
2	1995 采	11	—	—	—	145	92	69	933			单核	砂	四	四	四	近	凹	弧	5	正、反	4 正 1 反	71/78/85/70/67/		236
	相邻相连成梯形刃																右	凹	弧						
																	右远	凹	弧						

69

学堂梁子（郧县人）遗址上文化层斧状器观察统计表（2 件）

顺序号	探方层位	编号	X cm	Y cm	Z cm	长度 mm	宽度 mm	厚度 mm	重量 g	发现者和日期	观察者和日期	素材	岩性	平面	横剖面	纵剖面	刃缘位置	刃缘平视	刃缘侧视	加工小疤数量	加工小疤方向	片疤组合	刃角	拼合	特征（EP）
1	1991 采	9130	—	—	—	143	96	54	741			砾裂片	硅	四	四	四	左	凸	弧	5	正、反	2 正 3 反	72/47/63/63/83		338
																	远	凸	弧						
																	右	凸	弧						
2	1990 采	9035	—	—	—	146	114	39	492			断片	粉砂岩	四	四	四	左	凸	弧	8	正、反	2 正 6 反	50/60/69/50/48/57/69		300
																	远	凸	弧						
																	右	凹	弧						

70

学堂梁子（郧县人）遗址上文化层手斧观察统计表（9件）

顺序号	探方层位	编号	X cm	Y cm	Z cm	长度 mm	宽度 mm	厚度 mm	重量 g	发现者和日期	观察者和日期	素材	岩性	平面	横剖面	纵剖面	刃缘位置	刃缘平视	刃缘侧视	加工小疤数量	加工小疤方向	片疤组合	刃角	手斧类型	特征（EP）
1	1991采	9126	—	—	—	133	74	29	241			砾裂片	硅	四	四	四	左	曲折	S	14	正、反	7正 7反	56/73/71/56/67/65/43/43/50 65/74	矛尖形	334
	相邻相连成尖																右	凸	S						
2	1991采	9105	—	—	—	200	126	44	1287			砾	硅	四	四	四	左	曲折	S	10	正、反	4正 6反	50/63/72/60/60/75/68/60/50	杏仁形	313
	相邻相连成尖																右	S	S						
3	1991采	9134	—	—	—	222	105	68	1396			砾	硅	四	四	四	左	五	弧	8	正、反	2正 6反	58/37/37/67/48/75/51	加长矛尖形	343
	相邻相连成尖																右	凸	S						
4	1991采	9135	—	—	—	214	104	62	1099			双核	硅	四	四	四	左	凸	S	27	正、反	11正 16反	84/93/85/93/68/80/55/64/78/77/55/51/50/63/72/60/84/78/82/84/86/89/90/75/85/72/78	加长矛尖形	342
	相邻相连成尖																右	凸—凹	弧						
5	1990采	9039	—	—	—	153	99	44	697			砾裂片	硅	四	四	四	左	凸	S	13	正、反	8正 5反	73/53/63/52/48/65/68/68/58/94	矛尖形	500
	相邻相连成尖																右	S	S						
6	1990采	9040	—	—	—	201	110	57	1088			砾	硅	四	四	四	左	曲折	S	12	正、反	4正 8反	62/53/80/51/53/51/72/79/108/73/72	菱形	304
	相邻相连成尖																右	曲折	S						
7	1990采	9038	—	—	—	194	120	49	1074			砾裂片	硅	四	四	四	左	曲折	S	9	正、反	5正 4反	30/83/31/26/60/53/63/67/70	杏仁形	303
	相邻相连成尖																右	凸	S						

续表

顺序号	探方层位	编号	X cm	Y cm	Z cm	长度 mm	宽度 mm	厚度 mm	重量 g	发现者和日期	观察者和日期	素材	岩性	平面	横剖面	纵剖面	刃缘位置	刃缘平视	刃缘侧视	加工小疤数量	加工小疤方向	片疤组合	刃角	手斧类型	特征（EP）
8	1995 采	9502	—	—	—	183	107	62	1396			砾裂片	硅	四	四	四	左	凸	S	10	正、反	4 正 6 反	57/65/78/83/65/42/38/68/79/75	矛尖形	505
	相邻相连成尖																右	凸	S						
9	1994 采	郧阳博物馆藏分：62	—	—	—	167	94	50	658			砾裂片	混合岩	四	四	四	左	凹	S	10	正、反	3 正 7 反	48/54/56/67/78/75/77/83/56/49	矛尖形	504
	相邻相连成尖																右	凸	S						

71 学堂梁子（郧县人）遗址上文化层单刃刮削器观察统计表（13 件）

顺序号	探方层位	编号	X cm	Y cm	Z cm	长度 mm	宽度 mm	厚度 mm	重量 g	发现者和日期	观察者和日期	素材	岩性	平面	横剖面	纵剖面	刃缘位置	刃缘平视	刃缘侧视	加工小疤数量	加工小疤方向	片疤组合	刃角	拼合	特征（EP）
1	1990 采	9044	—	—	—	54	48	16	39			断块	脉	四	四	四	远	凸	S	8	正、反	6 正 2 反	80/71/86/76/85/80/78/80		308
2	1990 采	9042	—	—	—	42	26	10	12			断片	脉	四	四	四	右	凸	S	5	正、反	5 正 1 反	77/82/87/103		306
3	1990 采	9041	—	—	—	57	45	20	31			完片	脉	五	四	三	左	凸	弧	5	反	5 反	77/73/67/73/67		305
4	1991 采	9132	—	—	—	101	75	26	158			断片	砂岩	四	四	四	右	凹	弧	8	反	2 反	85/88		340
5	1991 采	9102	—	—	—	48	21	11	9			断片	脉	四	三	四	左	凸	直	2	正	2 正	80/82		310
6	1991 采	9124	—	—	—	92	84	31	223			完片	硅	四	四	四	远	凸	弧	3	反	3 反	55/56/53		332
7	1991 采	9113	—	—	—	53	50	37	99			断片	脉	四	四	四	近	凸	S	3	正、反	2 正 1 反	74/70/82		321
8	1991 采	9110	—	—	—	36	30	11	9			完片	脉	四	三	四	右	凸	弧	3	反	3 反	73/88/93		318

续表

顺序号	探方层位	编号	X cm	Y cm	Z cm	长度 mm	宽度 mm	厚度 mm	重量 g	发现者和日期	观察者和日期	素材	岩性	平面	横剖面	纵剖面	刃缘位置	刃缘平视	刃缘侧视	加工小疤数量	加工小疤方向	片疤组合	刃角	拼合	特征(EP)
9	1998采	9814	—	—	—	141	95	35	500			裂片	硅	四	四	四	远—右	凸	弧	3	正反	2反1正	65/54/63		357
10	1998采	9810	—	—	—	75	63	36	183			断块	脉	四	四	四	远	凸	直	2	反	2反	74/80		353
11	1998采	9813	—	—	—	104	70	31	221			完片	硅	四	三	四	远	凸	弧	3	正	3正	58/48/79		356
12	T1327②	北G：6	—	—	—	54	46	19	48			完片	脉	五	椭	三	左	凸	弧	3	反	3反	75/76/68		190
13	台地②	9805	—	—	—	97	68	50	268			右半石片	砂岩	四	三	三	远—右	凸	弧	4	反	4反	60/70/60/60		266

72 学堂梁子（郧县人）遗址上文化层双刃刮削器观察统计表（2件）

顺序号	探方层位	编号	X cm	Y cm	Z cm	长度 mm	宽度 mm	厚度 mm	重量 g	发现者和日期	观察者和日期	素材	岩性	平面	横剖面	纵剖面	刃缘位置	刃缘平视	刃缘侧视	加工小疤数量	加工小疤方向	片疤组合	刃角	拼合	特征(EP)
1	1998采	9811	—	—	—	68	57	51	215			断片	脉	四	三	四	左	凸	S	6	正、反	2正4反	70/72/87/75/85/75		354
	相邻相连不成尖																远	凸	S						
2	1991采	9103	—	—	—	42	37	17	17			完片	脉	四	四	四	右	凸	弧	4	正	4正	64/73/78/60		311
	相邻相连不成尖																远	凸	弧						

73

学堂梁子（郧县人）遗址上文化层多刃刮削器观察统计表（2 件）

顺序号	探方层位	编号	X cm	Y cm	Z cm	长度 mm	宽度 mm	厚度 mm	重量 g	发现者和日期	观察者和日期	素材	岩性	平面	横剖面	纵剖面	刃缘位置	刃缘平视	刃缘侧视	加工小疤数量	加工小疤方向	片疤组合	刃角	拼合	特征（EP）
1	1991 采	9115	—	—	—	144	97	22	383			完片	含砾砂	五	椭	椭	左	凸	弧	7	正、反	3 正 4 反	67/67/78/69/71/66/60		323
	相邻相连不成梯形刃																远	凸	弧						
																	右	凸	弧						
2	1995 采	9507	—	—	—	186	105	35	741			断片	硅	二	三	四	左	S	弧	5	正	5 正	48/92/65/65/50		506
	相邻相连不成梯形刃																近	凹	弧						
																	右	凸	直						

74

学堂梁子（郧县人）遗址上文化层双刃刮削器 + 单刃锯齿状器观察统计表（2 件）

顺序号	探方层位	编号	X cm	Y cm	Z cm	长度 mm	宽度 mm	厚度 mm	重量 g	发现者和日期	观察者和日期	素材	岩性	平面	横剖面	纵剖面	刃缘位置	刃缘平视	刃缘侧视	加工小疤数量	小疤方向	片疤组合	刃角	拼合	特征（EP）
1	1995 采	9501	—	—	—	74	64	30	132			断片	脉	四	三	三	左	凸	弧	16	正、反	9 正 7 反	79/86/88/71/80/79/81/81/82/81/60/83/79/73/87/71		344
	相邻不相连不成尖（凹缺为一击而成）																右	凸	弧						
																	近右	凹	弧						
2	1990 采	9043	—	—	—	38	24	19	16			断片	脉	四	四	四	近	凸	弧	6	正、反	3 正 3 反	95/92/89/87/81/69		307
	相邻不相连不成尖（凹缺为一击而成）																右	锯齿状	S						
																	左	凹	弧						

75

学堂梁子（郧县人）遗址上文化层单刃刮削器＋单刃凹缺刮器＋单刃雕刻器观察统计表（1件）

顺序号	探方层位	编号	X cm	Y cm	Z cm	长度 mm	宽度 mm	厚度 mm	重量 g	发现者和日期	观察者和日期	素材	岩性	平面	横剖面	纵剖面	刃缘位置	刃缘平视	刃缘侧视	加工小疤数量	加工小疤方向	片疤组合	刃角	拼合	特征（EP）
1	台地②	2049	—	—	—	33	33	14	11			断片	脉	四	四	四	近	凹	弧	6	正	5正 1侧	93/98/98/68/67/38		411
	相邻相连不成尖，不成梯形刃（凹缺为一击而成）																左远	凸							
																	右	凹							
																	右近	凸							

76

学堂梁子（郧县人）遗址上文化层单刃凹缺刮器观察统计表（4件）

顺序号	探方层位	编号	X cm	Y cm	Z cm	长度 mm	宽度 mm	厚度 mm	重量 g	发现者和日期	观察者和日期	素材	岩性	平面	横剖面	纵剖面	刃缘位置	刃缘平视	刃缘侧视	加工小疤数量	加工小疤方向	片疤组合	刃角	拼合	特征（EP）
1	1990采	9101	—	—	—	50	43	15	34			断片	脉	四	四	四	远	凹	弧	1	正	1正	88		309
2	1990采	9108	—	—	—	114	102	33	382			断片	硅	四	四	四	右	凹	弧	1	反	1反	64		316
3	T1327②	北G：9	—	—	—	62	36	15	28			左半石片	脉	四	四	三	左	凹	直	1	正	1正	78		193
4	T1228②	4	180	370	50	50	49	11	24			断片	硅质岩	三	三	四	左	凹	弧	1	正	1正	51		205

77

学堂梁子（郧县人）遗址上文化层单尖尖状器观察统计表（1件）

顺序号	探方层位	编号	X cm	Y cm	Z cm	长度 mm	宽度 mm	厚度 mm	重量 g	发现者和日期	观察者和日期	素材	岩性	平面	横剖面	纵剖面	刃缘位置	刃缘平视	刃缘侧视	加工小疤数量	小疤方向	片疤组合	刃角	拼合	特征（EP）
1	1991采	9129	—	—	—	81	71	20	88			完片	硅	四	四	四	左	凸	S	3	正、反	2正 1反	58/77/78		337
	相邻相连成尖																远	凹	弧						

78

学堂梁子（郧县人）遗址上文化层单刃雕刻器观察统计表（1件）

顺序号	探方层位	编号	X cm	Y cm	Z cm	长度 mm	宽度 mm	厚度 mm	重量 g	发现者和日期	观察者和日期	素材	岩性	平面	横剖面	纵剖面	刃缘位置	刃缘平视	刃缘侧视	加工小疤数量	小疤方向	片疤组合	刃角	拼合	特征(EP)
1	1991采	9104	—	—	—	107	66	28	151			完片	片麻	四	四	四	左远	凸	弧	1	正	1正	81		312

附表中简称说明

1、素材类型

砾：砾石；完片：完整石片；右半片：右半边石片；左半片：左半边石片；砾裂片：砾石裂片；单核：单台面石核；双核：双台面石核。

2、岩性

脉：脉石英；细砂：细砂岩；砂：砂岩；泥：泥质岩；混合：混合岩；含砾砂：含砾砂岩；硅：硅质岩；花岗斑：花岗斑岩。

3、平面、剖面几何形状

（不）三：（不规则三边形）；（不）四：（不规则四边形）；（不）五：（不规则五边形）；（不）圆形：（不规则圆形）；（不）椭（圆）：（不规则椭圆形）；（不）半圆：（不规则半圆形）；（不）梯：（不规则梯形）。

4、石核

（1）台面位置

近：近台面；远：远台面；左：左侧台面；右：右侧台面；顶：顶台面；底：底台面。

（2）剥片面上石片疤分布状况

单纵：单极纵向；棱柱：棱柱状；垂直：垂直状；交错：交错状。

5、石片

（1）台面性质

天：天然台面；人工：人工台面；混合：混合台面。

（2）背面上石片疤分布状况

单纵：单极纵向；棱柱：棱柱状；垂直：垂直状；交错：交错状。

（3）破裂面上特征

太：太发育；突：突起；略：略发育（明显）；不：不明显；凹：凹下；凸：凸起。

6、刃缘位置

近：近侧边；远：远端边；左：左侧边；右：右侧边；右近（远）：右侧近（远）段边；右近（远）：右侧近（远）段边；远左（右）：远端左（右）段边；近左（右）：近端左（右）段边；近中：近端中段边；近—左：近端边—左侧边；右—远：右侧边—远端边；远—右：远端边—右侧边；近—左：近端边—左侧边；左近（远）：左侧近（远）段边；右中远：右侧中远段边；左远角：左侧远角处。

7、加工小疤方向

正：正向加工；反：反向加工。

8、刃缘平视形状

凸：凸刃；凹：凹刃；齿：锯齿状刃；“S”：“S”形刃；曲折：曲折形刃；凸—凹：凸刃—凹刃。

9、刃缘侧视形状

“S”：“S”形刃；曲折：曲折形刃；弧：弧形刃（“)”）。

附　　录

一　New Middle Pleistocene hominid crania fromYunxian in China*

Li Tianyuan, Dennis A. Etler

Two fossil human crania have been found in Middle Pleistocene terrace deposits of the Han River in Yun county (Yunxian), Hubei province, China (Figs 1 and 2). These damaged but relatively complete adult specimens show a mixture of features associated both with *Homo erectus* and with archaic *H. sapiens*. The Yunxian crania (Figs 3 and 4), although crushed and distorted to varying degrees, are unusual in having major elements of the basicranium, palate, face and cranial vault preserved together. The specimens reveal many details of facial and basicranial anatomy rarely seen in hominid crania of comparable antiquity. Moreover, they are the most complete crania of such great age discovered on the Asian mainland. They consequently throw new light on Middle Pleistocene hominid diversity and the relationships among regionally disparate Middle Pleistocene hominids.

The two crania (EV 9001 and EV 9002) were discovered in situ, encased in a hard calcareous matrix. They are both extremely large, fully adult, presumably male specimens. Taking into account significant differences in their states of preservation the two crania appear to be generally similar in their overall morphology. Cranial vault measurements of EV 9001 are hard, if not impossible, to obtain owing to damage to and distortion of the specimen. EV 9002 is better preserved but still considerably fractured and distorted, making reliable measurement a problem. It is sufficiently well preserved, however, to allow for rough estimates of greatest cranial length (glabella-opistho-cranion length ~ 217), greatest cranial breadth (euryon-euryon breadth ~ 170) and basibregmatic height (~ 119). These measurements are presented merely to give an indication of the great length, breadth and overall massiveness of the crania under discussion and are not meant to be used as comparative metric data.

Before the discovery of EV 9001 and EV 9002, fossils of *H. erectus* recovered in China consisted solely of skull caps, craniofacial fragments, mandibles, isolated teeth and fragmentary postcrania excavated at Zhoukoudian, Lantian, Hexian and a number of other localities. Somewhat younger relatively complete crania, attributed to an early form of *H. sapiens*, are known from Dali,

---

* 原载 *Nature*, Vol. 357, 1992, pp. 404 – 407, 有删改。

Yingkou (Jinniushan) and Maba. The new crania from Yunxian are thus important comparative material which will help clarify our understanding of the nature of human variability in east Asia during the Middle and early Late Pleistocene. They will also aid in establishing the relationship of Asian to non-Asian Middle and early Late Pleistocene hominids.

The Yunxian crania show features of the mid-face common to non-neanderthal late archaic and early modern *H. sapiens* (for example, the face is flattened and orthognathic with moderate alveolar prognathism; the maxilla has a distinct canine fossa; the lateral part of the maxilla is oriented coronally and highly angled to the zygomatic; there is a high origin of the zygomatic root; a horizontal inferior zygomaxillary border and a pronounced malar incisure, and so on). These features are associated with the large overall facial dimensions and the robust, posterolaterally oriented supraorbital tori common to Middle Pleistocene hominids from Europe and Africa. The 'sapiens'-like mid-face of the Yunxian crania is also seen in other specimens, both assumed males and females, of east Asian *H. erectus* and early *H. sapiens*. In contrast, many Middle Pleistocene hominids from Europe and Africa have a different pattern characterized by a pneumatized, obliquely set mid-face and a low origin of the zygomatic root, reminiscent of later-occurring Neanderthals. A low origin of the zygomatic root is an ancestral trait seen also in Plio-Pleistocene hominids from eastern Africa, the late Early Pleistocene Lantian cranium from China and Sangiran 17 from Java (see Table 1 for details). It seems, therefore, that the facial structure characteristic of non-neanderthal Late Pleistocene *H. sapiens* was widespread in east Asia at a time when European and African hominids possessed a divergent pattern, characterized by a combination of primitive retentions and features derived away from the modern human condition. Among European and African Middle Pleistocene crania only those attributed to assumed females (Steinheim and Ndutu) may approximate a more modern facial structure.

Despite their derived 'sapiens'-like facial morphology and large cranial dimensions, the Yunxian hominids preserve many features typical of *H. erectus* (such as a long, low, sharply angulated cranial vault; low placement of greatest cranial breadth; cranial sides that slope inwards towards the apex of the vault producing a bell-shaped paracoronal cranial profile a hyper-robust tympanic region; a long and narrow mandibular fossa which lacks appreciable development of an articular tubercle; and various other basicranial features including, perhaps, a poorly flexed basicranial axis). It is the retention of these plesiomorphic cranial vault and basicranial features that characterizes the taxon *H. erectus* and demonstrates that the Yunxian specimens are best placed within it.

By contrast, some traits commonly used to distinguish Asian *H. erectus* from contemporary hominids farther to the west in Europe and Africa are not well expressed in the Yunxian crania (the degree of expression of various ectocranial buttressing features for example) , suggesting that such characters are polymorphic within Middle Pleistocene hominids and do not serve to define *H. erectus* as a distinct hominid species. Similar conclusions have been reached by other investigators who have recently analysed the supposed autapomorphic nature of various *H. erectus* character states.

The Yunxian crania also lack some of the specialized features that characterize the sample of *H. erectus* from Zhoukoudian (for example the form of the supraorbital tori and ophryonic region of the frontal) . In terms of their overall cranial vault and basicranial structure, however, they retain many features seen in the Zhoukoudian sample of *H. erectus*. They are demonstrably more primitive than Chinese hominids from Dali and Yingkou (Jinniushan), generally attributed to 'early *H. sapiens*' .

Given the common occurrence of a mid-facial anatomy characteristic of Late Pleistocene non-neanderthal *H. sapiens* in Middle Pleistocene hominid crania of both sexes from east Asia and its less frequent, possibly sex-delimited occurrence in Middle Pleistocene Eurafrican hominids, it can be argued that this morphology appears first in Asia and subsequently spread westward. It has been suggested elsewhere that the cranial vault and basicranial structure of modern humans makes its debut in Africa during the Early Pleistocene. The presence of these latter features in Middle Pleistocene hominids from Europe and Africa and their absence in Middle Pleistocene hominids from Asia (including the crania under discussion), has been used to buttress the argument that modern humans are derived from a non-Asian stock. We, on the contrary, propose that the differential temporal appearance of modern morphologies in regionally disparate hominids attests to the mosaic nature of human evolution. It is likely that Middle Pleistocene human dispersal patterns and the first appearances of modern human character states through space and time are much more complex than previously thought.

The new evidence of fossil hominid variability in east Asia afforded by the Yunxian crania indicates that Middle Pleistocene hominids were highly polytypic and regionally differentiated, perhaps even at the demic level. But the differential distribution of character states associated with *H. sapiens* in regionally disparate Middle Pleistocene human populations suggests that the events leading to the emergence of modern humans were not restricted to one region of the world alone. In addition, the mix of characters in the Yunxian crania demonstrates that the taxon *H. erectus* is founded on a set of ancestral hominid traits and regional polymorphisms. It hence has no meaning in a cladistic framework. In light of these considerations we feel that it is best to view all Middle Pleistocene hominids in a broad perspective as an essential part of one evolving lineage in direct ancestry to modern humans.

二 湖北省郧县曲远河口化石地点调查与试掘*

李天元、王正华、李文森、冯小波、胡魁、刘文春

1989年5月，湖北省郧阳地区文物干部在文物普查工作中，在郧县曲远河口汉江北岸的阶地上发现一具基本完整的高等灵长类颅骨化石。根据这一重要线索，湖北省文物管理委员会、湖北省文化厅和湖北省文物考古研究所先后四次派员前往调查，会同地、县文物干部一道反复踏勘现场。郧阳地区行署和郧县人民政府对该化石地点的保护作了大量工作。1990年5～6月，由湖北省文物考古研究所主持，联合郧阳地区博物馆，对郧县曲远河口化石地点进行了一次试掘。这次试掘面积不大（仅100平方米），但取得了重大收获，归纳为三个方面：第一，找到了出土化石的原生地层，清理了调查中发现颅骨化石的地点，确认那件颅骨化石出自原始地层中，未经近代人力搬运。从考古学的意义讲，它是一件出土标本，而不是一件采集品。第二，在第一件颅骨化石附近又发现一件更为完整的远古人类颅骨化石。第三，在地层中获得一批伴生的动物化石和石制品。

本文是对调查和试掘中所获遗物的初步报告。

（一）化石地点的调查

化石地点位于汉江北岸曲远河口的学堂梁子，隶属于郧县青曲镇弥陀寺村，东北距青曲镇约10公里，沿汉江往下约40公里至郧县城关。曲远河自北向南流，汇入汉江。当地居民将小河入江一带称为曲远河口。弥陀寺小学建在学堂梁子坡顶，梁子因此得名。

汉江两岸的砂砾层中常见有沙金。两岸村民多有沙里淘金者。砂砾层中有不少动物化石，淘金者时有发现，群众称之为“土龙骨”。1987年间，农民简永才在砂砾层中发现一截象牙化石，把它交给郧县博物馆。这一化石地点便引起文物部门关注。

1989年5月，郧县博物馆王正华和郧西县文化馆干部屈胜民根据已掌握的线索到曲远河口进行调查，发现象牙化石的砾石层剖面犹在，却没有发现化石。村民反映，在1973～1975年间，他们劈山改地时曾在学堂梁子上发现相当多的“土龙骨”。在曹钰等人的带领下，一行人到学堂梁子调查，在冲沟和地边随处可见到钙质胶结物碎块。村民们说：“土龙骨”就裹在这些疙瘩中。王正华在梁子顶中部选择一处结核碎块较多的地点，请人试刨一下，在一平方米的范围内刨开耕土层便发现坚硬的胶结物。第一件颅骨化石就发现在这层胶结物中，距地表约0.4米。

（二）地层堆积

学堂梁子相当于汉水北岸的四级阶地，修筑丹江水库以后，江水面上升了5～10米，原来的一级阶地变成了河漫滩。现在可以见到明显的三级阶地。学堂梁子顶部高出汉江水面约

* 原载《江汉考古》1991年第2期，图、表、图版略，有部分删改。

50 米。

学堂梁子是一条东西走向的岗地，南面濒汉江，北面是一条大冲沟——白家沟。沟自西北向东南流入汉江。弥陀寺小学所在地是梁子现存的最高点。梁子东段约三分之二的坡顶已被剷为平地。“土龙骨”就是改造田时发现的。

试掘点选在平地中央。南北共布四个探方，编号分别为 T645、T745、T845、T945。调查中发现颅骨化石的地点位于 T745 北隔梁。

地层可分为五层，从上到下的顺序是：

第一层，耕土，厚约 0.2 米。

第二层，褐红色粘土，厚 0.3～1.5 米，未发现遗物。

第三层，沙质粘土层，浅褐色，含钙质胶结块。胶结块呈块状或枝状分布，未连成一层。化石被胶结物所包裹，层厚 0.3～0.5 米。

第四层，浅黄色沙质土，含少量的小结核块，包裹化石的多是沙质团块，无胶结或略有胶结。层厚约 0.5～0.7 米。

第五层，细粘土，沙质，色较上层更浅，更松散，未发现遗物，未见底。

据村民反映，往下 10 余米即见“金砂层”（即砾石层）。砾石层往下即是基岩。

（三）哺乳动物化石

调查中采集到的哺乳类化石都比较破碎，有貘、牛、鹿等的单个牙齿和残破牙床。试掘中获得的化石较丰富，标本比较完整。初步修理，大约有 10 个属种。有豪猪、熊、鬣狗、犀、貘、猪、牛、鹿等。

鬣狗（*Hystrix* sp.），发现一具较完整的头骨，两侧颧弓残断，脑部因受挤压有些变形，上腭略有断裂和错位。保存有三颗门齿（^{2}I、I^{1}、I^{2}），左侧颊齿（^{1}P～^{4}P）和右侧颊齿（P^{1}～M^{1}）。

颅骨较大。吻部较宽。鼻骨前端较宽，往后逐渐缩窄。额部倾斜且较平滑，往颅顶部渐缩窄成一条薄而锐的矢状脊。脑部较狭、枕部较高。上腭较宽，前腭孔较大。

门齿较小。犬齿齿根孔较大。第一前臼齿很小，齿冠很低，位置比较靠近中线。第二前臼齿明显增大，齿冠明显增高；在主齿尖前后各有一不太显著的附尖，后者较前者略大，并有一条明显的脊与主齿相连；在前边和内侧有清楚的齿带。第三前臼齿更大，齿冠更高；前后（近中、远中）均有清楚的齿带，颊舌两侧的齿带在主齿尖远中侧正中交会，形成明显突起的后附尖，并有一条明显的脊与主齿尖相连；前附尖稍小；齿根粗壮；齿冠长轴（近中、远中方向）呈前后外方斜置，与上腭中线相交成大约 40 度的夹角。第四前臼齿较宽而短；第一叶最短（11.4 毫米），第二叶明显增长（14.2 毫米），第三叶最长（14.5 毫米）；第二叶稍高于第三叶，齿尖明显倾向远中侧；第二齿尖大小中等，位于齿冠长轴后侧，较第一叶近申侧略靠后。

郧县发现的鬣狗标本与元谋发现的桑氏鬣狗相比较，性质基本一致，各部位的测量数据互有参差；与蓝田发现的桑氏鬣狗相比较，性质和测量数据也颇接近。

上裂齿（P^4）在种属的鉴定上有着极重要的意义，可以从三个方面加以比较：

长宽指数，上裂齿的宽度与其长度之比值较大，表示上裂齿较短而宽；比值愈小，则表示牙齿较窄而长。相较而言，郧县鬣狗的上裂齿较窄长。

三叶长度及指数比较。裴文中先生研究了周口店鬣狗化石标本，认为“中国鬣狗最多的情况是，第一叶（pd）等于第二叶（pr.），而第三叶又大于第二叶者占全体总数42.1%”。裴文中先生研究了柳城巨猿洞的标本，“全部是第一叶小于第二叶和第三叶稍大于第二叶”。郧县标本的这一性质与柳城标本相近，明显不同于周口店的中国鬣狗。指数值较柳城和元谋者小，稍大于蓝田标本，比周口店标本的指数明显要大。

切缘两段之比较。根据裴文中先生的研究，将上裂齿切缘分为破碎缘（A）和切割缘（B）。这两段的比值（A：B×100）在种属鉴定上有一定的积极意义。裴文中先生测定柳城巨猿洞的桑氏鬣狗上裂齿共6例，指数均值为71.5（63～81）；测定了广西其他山洞的最后鬣狗标本共4例，指数均值为48.3（40～50）。测量郧县标本，左侧A段为10.8毫米，B段为18.3毫米，指数为59.0；右侧A段为12.3毫米，B段为21.3毫米，指数为57.7。两侧指数均小于柳城巨猿洞桑氏鬣狗的最小值，显示第三叶有延（引）长的趋势，表明郧县地点的时代较柳城巨猿洞要晚。

从上面的测量与比较看，郧县曲远河口发现的鬣狗应属于桑氏鬣狗，所代表的时代可能比柳城巨猿洞和元谋要晚。

貘（*Tapirus* sp.），调查中采集到一件残破的左侧上颌骨，附连有四枚颊齿（1P～4P）测量这件标本，齿冠的长、宽尺寸中等偏小；与四川万县盐井沟（E. H. Colbrt etc. 1953）发现的巨貘（*Megatapirus augustus*）相比较，郧县标本明显要小；与鄂西巨猿洞发现的中国貘（*Tapirus sinensis*）相比较，郧县标本的齿冠长度均在鄂西标本的变异范围内；有的齿冠最大宽度（后宽）略大于鄂西标本。这件标本齿冠的长和宽均大于柳州笔架山的中国貘。

采集到这件标本牙齿结构与巨貘的牙齿也有些区别。最明显的区别是前附尖很小，近中侧齿带在近中颊角形成一明显的折曲。巨貘则是一个明显独立的小齿尖。

根据上述两方面的特征，我们认为郧县采集的这件标本与中国貘更接近，时代可能晚于鄂西建始巨猿洞。

试掘时获得残破的上颌骨2件，左右侧各一件；获得残下颌骨2件，成年者和幼年者各1件；单个牙齿数枚。

右侧上颌骨保存有6枚颊齿（P^1～M^2），两枚臼齿齿冠破损，但可测量长宽数值。齿列全长174毫米。颊齿长和宽与万县盐井沟和枝城九道河的巨貘相接近。

成年个体的下颌骨保存了左、右侧下颌体的前部残断，下颌联合部前段缺失；左侧^{1}M以后和右侧P^4以后断失。左侧附近连有^{2}P～^{1}M，全长109.5毫米；右侧附连有P^2～P^4，全长84.0毫米。第二前臼齿有三条横脊，长度就相当大。测量第二前臼齿中部下颌体高为68.0毫米（左）和70.0毫米（右），同处下额体厚两侧均为34.0毫米，两项均小于黔西观音洞的标本

（76 毫米和 37 毫米）。

一件幼体下颌骨保留有三枚牙齿；D_2P、D_3P 和 D_4P，已经错位。尺寸分别为 D_2P（长、中宽、后宽）：34.8、17.4、19.3 毫米；D_4P（长、前宽、后宽）：34.1、21.8、22.8 毫米。

猪（*Sus* sp.），发现 2 件残破头骨。其中一件保存第二臼齿以后的部分至枕髁，尚待进一步修理。另一件保存了自门齿至第三臼齿的完整齿列（右侧门齿，犬齿和第一前臼齿缺失；右侧第一、二门齿缺失，第一前臼齿齿冠断失，硬腭腭面保存完整。左侧颊齿列（P^1 ~ M^3）全长（和）133.3 毫米；右侧颊齿列（P^2 ~ M^3）长 122.7 毫米。第三臼齿外侧宽 91.7 毫米。与万县盐井沟野猪（*sus scrofa*）相比较，郧县标本的颊齿列长度明显大于万县标本（均值为 124.3 毫米，范围为 121 ~ 129 毫米）。第三臼齿外侧宽则比万县（均值 74.3 毫米）为大，超出其变异范围（70 ~ 77 毫米）。臼齿中第一臼齿生长受前后牙齿的挤压，长度明显比万县标本小。第二和第三臼齿均大于万县标本的均值，在其变异范围之内。就郧县发现的标本的形态特征和牙齿尺寸看，应属于野猪（*Sus scrofa*）。

鹿（*Cervus* sp.），从地面采集到一件左侧上颌骨，保留 6 枚颊齿（P^2 ~ M^3），长 97.3 毫米。在发掘中获得一批鹿角和上、下颌骨。鹿角皆断，从表面条状突起的形状看，有可能是水鹿（*Rusa*）的角。已修理出来的上下颌骨共 8 件。上颌骨仅 1 件，相当破碎，仅有左 P^4 ~ M^3 相连。P^4 和 M^3 均破损。齿冠测量数据如下：P^4（长、宽、毫米），—，19.5；M^1；22.1，24.0；M^2：24.5，24.8；M^3：—，25.7。下颌骨 7 件，左 5 右 2。标本保存状况都不大好，仅有 3 件下颌体底缘较好，多保存有颊齿。从牙齿的尺寸看，它们代表大小两种鹿类。

第 I 号下颌骨与其他几件都不太一样，颊齿之间都有明显的齿隙，除 P_2 与 P_3 之间有断裂外，其余牙齿之间的齿隙都保持生长状态，最大的齿隙（M_2 与 M_3 之间）达 4.2 毫米。

牛（*Bos* sp.），修理出 2 件残头骨，都只保存了两侧颊齿及上腭部分，硬腭较完整。除 1 枚右 P^2 缺失外，其余颊齿皆保存完好。牙齿磨蚀程度中等。牙齿的附柱比较显著。测量颊齿列及单个牙齿，数据比较接近于万县盐井沟的水牛（*Bubalus bubalis*）与褐牛（*Bison gaurus*），似有区别。李天元浸制了现代水牛和黄牛头骨，将郧县标本与之比较，牙齿的长宽数互有参差，与水牛接近的程度稍明显一些。

（四）人类化石

2 件比较完整的颅骨化石，均缺失下颌骨。第一件颅骨是 1989 年 5 月文物普查时发现的，临时编号为 EV9001，即 I 号颅骨。第二件颅骨是 1990 年 6 月试掘时发现的，临时编号为 EV9002，即 II 号颅骨。这两件颅骨的出土地点属于同一探方，I 号颅骨位于 T745 北隔梁，II 号颅骨位于 T745 西壁中部。二者的水平距离为 3.3 米；I 号颅骨位于第三层上部，II 号颅骨位于第三层下部，垂直高差约 0.35 米。

I 号颅骨两侧颧弓断失。颅骨受挤压而向右侧偏斜，整个颅骨显得低矮。右侧颅壁折裂断开。颅底枕髁缺损，枕骨大孔基本完整。齿弓保存较好。牙齿齐全，但齿冠受到不同程度的破损：两枚臼齿（M^2、M^3）齿冠全部断失；左内侧门齿（^1I）和第一臼齿（^1M）齿冠部分破损，其余牙齿也有许多裂纹。硬腭腭面因挤压开裂，略有错位，使整个齿弓近于U字形。

II号颅骨受到的挤压力可能要小一些，保存状况比I号颅骨要好。颅顶部分略有塌陷。颅侧壁略向右侧偏斜。鼻骨局部略有错位。两侧颧弓断失。眉脊外侧段略有破损。左侧眼眶外缘破损。齿弓保存完整，呈抛物线形。硬腭腭面基本完整，表面凹凸不平。齿列不完整，缺失两枚内侧门齿（^{1}I、I^1）和左侧犬齿（C）。右第三臼齿（M^3）尚未萌出。左第三臼齿（^{3}M）齿冠虽与前边的牙齿等高，但特别小。其余牙齿保存完好，同样有许多裂纹。牙齿嚼面的磨蚀程度较I号颅骨略轻。

两具颅骨上均可见到颅顶缝。I号颅骨的冠状缝和矢状缝多较清晰，可见到微波型缝线。II号颅骨的冠状缝、矢状缝和人字缝更清晰，呈微波型，较I号颅骨稍复杂。颅骨骨缝的愈合程度表明它们都属于成年个体。I号颅骨门齿切缘磨蚀后已暴露较宽的线状齿质条纹；第二臼齿暴露的齿质已连成片。II号颅骨臼齿尚未暴露齿质点。牙齿的磨蚀程度与颅骨骨缝的愈合程度基本一致，显示II号颅骨略较I号颅骨年轻。

两具颅骨存在着一些差别。I号颅骨更显得粗硕；枕外隆凸稍显；齿弓近于U字形；第三臼齿特别宽大（宽长之比大于3∶2）等。II号颅骨也很粗壮，但不如前者；枕外隆凸不显著；齿弓呈抛物线形；第三臼齿畸形。这些差异，或许与外力作用有关，或许是存在性别差异。在主要的形态特征方面，二者是一致的。颅骨大而厚重。眉脊粗壮，左右侧两条眉脊相连。前额低平，明显地向后面倾斜，有较明显的眉脊上沟；眶后缩窄明显。颅顶呈低穹隆状，没有矢状脊。枕骨有明显的枕骨圆枕，呈圆滑的隆起横在枕骨鳞部。枕平面和项平面之间成角状过渡，枕外隆凸均不显著。I号颅骨枕部略残损，从残存痕迹看，枕隆凸可能比II号颅骨要显著。乳突大小中等。颅骨最大宽在耳孔上方。枕骨在颅底的中部略后。（I号颅骨因受挤压，枕部略向后伸展）齿冠很低。臼齿嚼面平展，没有明显的齿尖和连接齿尖的脊。门齿切缘磨蚀后形成一个窄条形平面。犬齿也有一个比较平的磨蚀面。牙齿的尺寸相当大。第三臼齿大于第二臼齿；第二臼齿大于第一臼齿。II号颅骨左侧第三臼齿畸形，右侧第三臼齿尚未萌出。贾兰坡教授建议暂时称之为“郧县人”（yunxian HominidI、II。

观察“郧县人”颅骨化石，我们发现它们是矛盾的集合体。其一，若干原始的性状存在于脑量相当大的颅骨上，比如颅盖低平，眉脊粗壮且左右相连，有较明显的眉脊上沟和较显著的眶后缩窄，有明显的枕骨圆枕，枕平面与项平面间呈角状过渡（II号颅骨的枕骨曲角小于90度）等，这一系列的特征都属于直立人（*Homo erectus*）所具有。然而它的脑容量比任何已知直立人的脑容量都大（初步估算II号颅骨的脑容量可能达到1100毫升）。与中国已发现的直立人颅骨化石相比，“郧县人”颅骨没有矢状脊。其二，颅骨的形态特征近于直立人，而牙齿（特别是臼齿）的性状又颇近于南方古猿粗状类型。除I号颅骨左侧第三臼齿宽度超出南方古猿牙齿的变异范围以外，其余牙齿都在这个变异范围内，明显地大于现已发现的直立人牙齿。嚼面构造特点也与直立人有些差异。

基于这种认识，我们认为“郧县人”颅骨化石应归属于远古人类（*Homo*）；从其主要性状和时代关系看，还应归为直立人（猿人，*H. erectus*）；但它又与现在已发现的直立人有明显的区别，尤其显得粗状硕大，医而我们将其另立一亚种，定名为：直立人郧县亚种（*Homo erectus yunxianensis*）。它与爪哇发现的“粗壮猿人”（Pithcanthropus robusfus）南方古猿类型（Australopitheci-nae）、元谋人（Homo erectus yuanmouensis）、蓝田人（Homo erectus lantiannesis）、北京人（Homo erectus Beijingensis）的关系以及“郧县人”的分类系统将在专门文章中讨论。[①]

（五）文化遗物

调查和试掘从曲远河口获得的文化遗物只有石制品，一部分采自地表，一部分出自地层中。文物普查时采集到石制品共24件，其中石核9件，石片5件，石锤1件，砍砸器5件，尖状器1件。另外还有人工痕迹的石块10余件。这批遗物以砾石石制品占绝大多数。在调查和试掘中共获得石制品44件，其中23件采自地表，21件出自地层中。本文只对这44件标本进行分类研究，并作简要描述。

石核，8件，采集7件（编号EP9001～EP9007），出土11件（编号EP9008～EP9018）。石核的原料全为砾石，大致有三种成分；石英岩共10件，占石核总数的55.6%。全为单台面石核。绝大多数台面为砾石面，仅在1件标本上见到以石片疤为台面剥取一块石片的疤痕。

石核可分为两种类型。

一类石核是选择近于正立方体或长方体的砾石，以其较宽而平展的砾石面为台面，在一边剥取石片。石片疤一般较短而宽。除EP9004这件石核只有1块石片疤之外，其余标本均有多块相迭压的石片疤。在EP9009号标本上有了块石片疤，疤痕面宽（横向）90、长（垂直）60毫米。EP9010号石核的疤痕面宽9.9、长10.9毫米，留有5块比较成型的石片疤。在台面上留有二块较小的石片疤。就这一点而言，这件石核的台面可认为是有疤台面。

另一类石核多选取窄而较扁长的砾石，在其一端剥取石片，在打击石核时，石核的长轴不在水平位置，而是向上斜置，轴与水平面约成30度的夹角，留下的石片疤多较窄而长。EP9005号标本上留有3块石片疤，从砾石较小的一端向较大的一端打击，最长的一块石片疤长144、宽约40毫米。

石片，16件，其中7件采自地表，9件出自地层。石片的石材与石核相同，比例略有参差。石英石片9件，石英岩石片6件，余下一片为泥质砂岩。

依石片的不同来分类，可分为三类：天然台面石片（10件）、零台面石片（2件）、素台面石片（1件），另外有3块石片的台面缺失。EP9026号标本是一件长石片，天然台面。背面凸起，没有砾石面，留有9次剥片的痕迹。石片最宽处在近尾部三分之一处，此处也最厚。石片长71、宽43、厚22毫米。石片角112度。

曲远河口发现的石器包括三大类：刮削器、砍砸器和尖状器，除3件刮削器出自地层外，

① 李天元、王正华、李文森、冯小波、武仙竹：《湖北郧县曲远河口人类颅骨的形态特征及其在人类演化中的位置》，《人类学学报》1994年第2期。

其余均为地表采集。

刮削器 4 件，原料为乳白色石英，有 2 件保留有小块砾石面。依刃缘数目可分为两类，单刃刮削器和双刃刮削器。

单刃刮削器 3 件，刃缘有三种不同形式。

单边直刃刮削器（EP9044），原为一件石片断块，远端经过正向加工，形成一条微突的直刃。

单边凹刃刮削器（EP9043），将一件较厚的石英块的一边经单向加工，制成一条平整的凹弧形刃缘。

单边凸刃刮削器（EP9042），原为一块断片，一边经过单向加工，制成一条凸弧形刃缘。

双刃刮削器（EP9041），原为一件较薄的石片相邻的两边加工成两条平直的刃缘，交角约为 120 度。

砍砸器 3 件，原料为黑色石英岩砾石或大石片。依刃缘数目可分为两种类型。

单刃砍砸器，刃缘较锐，刃角较小，EP9036 号标本原是一件砾石石片，沿节理面破裂，背面是砾石面。远端边缘经过反向加工，形成一条略凸的平整刃缘。整个器形颇类于石斧。

双刃砍砸器，以厚的砾石制成。EP9037 号标本原为长条形砾石，先在一端打击，产生一个斜的破裂面；然后翻转砾石，在破裂面的（过）边缘处打击，在相反的一面留下打击痕迹，形成一条刃缘，夹角为 75°～93°。

尖状器 3 件，原料全为黑色石英岩砾石，依器尖的不同形可分为两大类。

扁尖尖状器（EP9030），原为一件大石片，远端加工成一个扁的尖。石器表面形成一层较厚的灰色石锈。

厚尖尖状器，两件均采自地表，砾石加工而成。EP9039 号标本的两面均沿节理面破裂，器身扁平。从大的一端向小的一端进行交互加工，制成一个略扁的尖。器尖偏向长轴的一侧。

EP9040 标本采自白家沟北坡，距发掘点约 500 米。原为一件长圆形砾石，一面沿节理面破裂，另一面保留龟背状砾石面。一端经两面加工，形成一个扁的尖。器尖与器身长轴的方向一致。这两件尖状器与蓝田发现的大尖状器有些相似。

（六）结语

郧县曲远河口的试掘，获得了两具人类颅骨化石和比较丰富的哺乳动物化石，其中动物的头骨和牙床比较多见，表明它们当时未经过自然营力的远距离搬运。试掘时从地层中获得一批石制品，证明远古人类在这里生活过。这里是一处古遗址。

两具人类颅骨化石都很完整，是研究人类起源和发展的宝贵材料，对研究早期人类的形态特征以及探讨直立人（猿人）与智人之间的承袭发展关系尤为珍贵。

哺乳动物群带有明显的南方色彩，古老的成分不浓，所代表的时代大约相当于更新世中期。

三　湖北省郧县曲远河口学堂梁子遗址相关研究成果目录

序号	成果	主要内容
1	朱学诗：《国宝，在郧县出土一距今二百万年的南方古猿化石的发现，填补了亚洲古人类发展长链中的一个缺环》，《湖北日报》1989 年 11 月 12 日第 4 版	
2	龚发达：《湖北发现“南方古猿”头骨化石——证明中国是早期人类发祥地之一》，《人民日报》1989 年 11 月 17 日第 1 版	
3	胡魁：《鄂西北汉水流域出土古猿头骨化石》，《中国文物报》1989 年 9 月 15 日第 2 版	
4	《考古界认定：“南猿”原生地就在湖北郧阳，专家还认为，“蓝田人”的老家很可能也在湖北》，《文汇报》1990 年 4 月 26 日第 3 版	
5	李天元、武仙竹、李文森：《史前研究》1990～1991 年（合刊）	对 1991 年发现的 3 件非灵长类化石进行了描述，认为其应属于蓝田金丝猴类
6	李天元、王正华：《湖北郧县人颅骨化石初步观察》	对郧县人头骨化石做了初步观察分析
7	许道胜：《郧县弥陀寺南方古猿头骨化石》，中国考古学会编《中国考古学年鉴 1990》，文物出版社 1991 年版	
8	李天元、王正华、李文森、冯小波、胡魁、胡文春：《湖北郧县曲远河口化石地点调查与试掘》，《江汉考古》1991 年第 2 期	对郧县人遗址第一次试掘所获的古人类、动物化石和石制品进行了报道
9	刘华才等：《郧县“南方古猿”不是人类的祖先》，《武汉大学学报》1991 年第 2 期	
10	吴新智：《我国古人类学的重要发现：湖北郧县人类头骨化石》，《中国科学报》1992 年 7 月 24 日第 2 版	
11	李天元：《郧县学堂梁子旧石器时代遗址》，中国考古学会编《中国考古学年鉴 1991》，文物出版社 1992 年版	
12	方圆：《吴新智教授关心郧县人的研究》，《江汉考古》1992 年第 3 期	
13	Li Tianyuan and D. A. Etler, “New Middle Pleistocene hominid Crania from Yunxian in China”, *Nature*, 1992,（357）：404－407	
14	李天元：《从郧县人头骨的形态特征看其学术价值》，《中国文物报》1993 年 3 月 14 日第 3 版	对郧县人遗址发现的两具头骨化石进行了初步研究，肯定了其重要性
15	阎桂林：《湖北“郧县人”化石地点的磁性地层学初步研究》，《地球科学——中国地质大学学报》1993 年第 4 期	对郧县人遗址第四级阶地的剖面进行了古地磁研究，认为含文化遗物的堆积都处于松山反向极性世，早于距今 73 万年
16	武仙竹：《郧县人遗址的地层与古气候》，《中国文物报》1994 年 8 月 28 日第 3 版	对郧县人遗址的地层和气候进行了简单的分析

续表

序号	成果	主要内容
17	李天元、王正华、李文森、冯小波、武仙竹：《湖北郧县曲远河口人类颅骨的形态特征及其在人类演化中的位置》，《人类学学报》1994年第2期	报道了郧县人遗址发现的两具头骨化石，认为它们应该归入直立人范畴，处于北京人与蓝田人之间，似与蓝田人更为接近
18	张银运：《郧县人类头骨化石与周口店直立人头骨的比较》，《人类学学报》1995年第1期	对郧县人头骨化石上的形态特征进行了对比研究，认为其可能属于智人范畴
19	武仙竹：《郧县人遗址的地层与古气候》，《化石》1995年第1期	
20	饶春球等：《郧县：人类起源的摇篮》，《武当学刊》（社会科学版）1995年第1期	
21	黄培华、李文森：《湖北郧县曲远河口地貌、第四纪地层和埋藏环境》，《江汉考古》1995年第4期	对郧县人遗址的地质地貌进行了观察，认为该遗址的堆积大部分在松山反向极性世，早于距今73万年
22	李天元：《为伊消得人憔悴》，《文物天地》1996年第1期	
23	陈铁梅、杨全、胡艳秋、李天元：《湖北"郧县人"化石地层的ESR测年研究》，《人类学学报》1996年第2期	报导了用ESR测定的与郧县人头骨化石同层的9个动物化石的结果，其平均值为58.1±9.3万年
24	李天元：《"郧县人"头骨化石出土》，《江汉考古》1997年第1期	报道了1990年5～6月试掘中发现的头骨化石
25	阎桂林：《考古磁学——磁学在考古中的应用》，《考古》1997年第1期	对郧县人遗址的剖面的古地磁采样进行了说明，认为郧县人生活的时代为距今80万～90万年
26	李炎贤、计宏祥、李天元、冯小波、李文森：《郧县人遗址发现的石制品》，《人类学学报》1997年第2期	记述了郧县人遗址发现的291件石制品，认为该遗址的时代与公王岭蓝田人的时代相当
27	李天元、艾丹、冯小波：《郧县人头骨形态特征再讨论》，《江汉考古》1997年第6期	对郧县人头骨化石中的一些特征与生物分类学中的直立人标本进行了对比，认为郧县人化石代表了中国尚未发现的直立人类型
28	李天元：《鄂郧县曲远河口古人类遗址》，中国考古学会编《中国考古学年鉴1996》，文物出版社1998年版	
29	李炎贤：《中国最早旧石器时代文化的发现与研究》，《中国文物报》1999年1月20日第3版；1999年1月27日第3版	简要回顾了中国早更新世考古的历程，对一些重要的发现如郧县人、繁昌人字洞进行了评估
30	计宏祥：《郧县人遗址的哺乳动物群》，《史前考古学新进展——庆贺贾兰坡院士九十华诞国际学术讨论会文集》，科学出版社1999年版	认为郧县人遗址的哺乳动物群属于第四纪早期中国南、北两大动物区系之间的过渡地带动物群，大致距今100万年
31	李天元、李文森、武仙竹：《从哺乳动物群看郧县人的时代》，《史前考古学新进展——庆贺贾兰坡院士九十华诞国际学术讨论会文集》，科学出版社1999年版	从动物群的研究认为郧县人的时代与公王岭蓝田人相当，处于早更新世晚期，大约距今100万年
32	李炎贤：《中国早更新世人类活动的信息》，《史前考古学新进展——庆贺贾兰坡院士九十华诞国际学术讨论会文集》，科学出版社1999年版	对距今100万年左右的中国旧石器时代考古做了一个总结，重点介绍了郧县人的研究情况

续表

序号	成果	主要内容
33	吴汝康、吴新智、黄慰文：《郧县曲远河口》，《中国古人类遗址》，上海科技出版社1999年版	
34	祝恒富：《湖北十堰发现2件手斧》，《人类学学报》1999年第1期	这两件手斧分别出自郧县曲远河口和丹江口市明家山，二者的时代为旧石器时代早期
35	李天元、李文森、冯小波、武仙竹：《郧县人遗址的发现与研究》，《龙骨坡史前文化志》1999年第1期	对郧县人遗址多年来的发现和研究进行了总结
36	李天元：《郧县人化石发现和研究散记》，《湖北文史资料》1999年第4辑（总61辑）	
37	冯小波：《试论汉水流域旧石器时代文化》，董为主编《第十八届中国古脊椎动物学学术年会论文集》，海洋出版社2001年版	
38	李天元、冯小波：《郧县人》，湖北科学技术出版社2001年版	
39	冯小波：《湖北省旧石器时代文化初论》，《史前研究》2002年第0期	
40	《四川盆地及长江三峡地区旧石器时代文化初论》，沈海宁、湖北省文物事业管理局、湖北省三峡工程移民局编《2003三峡文物保护与考古学研究学术研讨会论文集》，科学出版社2003年版	
41	冯小波：《湖北郧县人遗址石器的第二步加工》，《华夏考古》2003年第4期	
42	冯小波：《长江流域发现的古人类化石》，董为主编《第九届中国古脊椎动物学学术年会论文集》，海洋出版社2004年版	
43	李天元、冯小波：《长江古人类》，湖北教育出版社2004年版	
44	冯小波：《郧县人遗址石核的研究》，《人类学学报》2004年第1期	
45	李天元、艾美利、廖美炎、冯小波、李文森：《郧县人头骨化石三维复原的初步研究》，《人类学学报》2004年第23卷增刊（《纪念裴文中教授百年诞辰论文集》）	
46	Vialet Amélie, Li Tianyuan, Grimaud-Herve Dominique, Lumley Marie-Antoinette de, Liao Meyan et Feng Xiaobo, "Proposition de reconstitution du deuxième crâne d'Homo erectus de Yunxian (Chine)", *Comtes Rendus Palevol*, 2005, (4), 265-274	
47	Feng Xiao-bo, "Stratégie de débitage et mode de façonnage des industries du Paléolithique inférieur en Chine et en Europe entre 1 Ma et 400 000 ans Ressemblances et différences de la culture de l'homme de Yunxian et Acheuléen européen", *L'Anthropologie*, 2008, 112 (3), 423-447	
48	冯小波：《郧县人遗址石制品拼合研究》，北京大学考古文博学院《考古学研究（七）》，科学出版社2008年版	

续表

序号	成果	主要内容
49	*Le site de l'Homme de Yunxian. Quyuanhekou, Quingqu, Yunxian, Province du Hubei* (*Sous la direction de Henry de Lumley et Li Tianyuan*), CNRS Editions, Paris, 2008	
50	Amelie Vialet, Gaspard Guipert, He Jianing, Feng Xiaobo, Lu Zune, Wang Youping, Li Tianyuan, Marie-Antoinette de Lumley, Henry de Lumley, "Homo erectus from the Yunxian and Nankin Chinese sites: Anthropological insights using 3D virtual imaging Techniques", *Comtes Rendus Palevol*, 2010, (4), 331－339	
51	冯小波、陆成秋、王昊：《湖北郧县直立人遗址研究新进展》，《江汉考古》2010 年第 3 期	
52	刘越、冯小波：《美丽的邂逅——郧县人遗址发掘纪实》，《大众考古》2014 年第 11 期	
53	郭永强、黄春长、庞奖励：《汉江上游郧县人遗址沉积学研究》，《海洋地质与第四纪地质》2014 年第 2 期	
54	Sun, X. F. , Li, Y. H. , Feng, X. B. , Lu, C. Q. , Lu, H. Y. , Yi, S. W. , Wang, S. J. , Wu, S. Y. , "Pedostratigraphy of aeolian deposition near the Yunxian Man site on the Hanjiang River terraces, Yunxian Basin, central China", *Quaternary International*, 2016, 400, 187－194	
55	郭迎亚、冯小波：《"郧县人"遗址的发掘与研究》，《科技成果管理与研究》2016 年第 5 期	
56	李泉、郭迎亚、肖玉军、杜杰、杨瑞生、刘伟、祝恒富、黄旭初、陈安宁、莫生娇、冯小波：《丹江口库区旧石器时代文化初步研究》，《荆楚文物》2017 年第 3 期	
57	胡长春、陆成秋、肖玉军、黄旭初、刘越、冯小波：《湖北"郧县人"遗址石片初步研究——兼论与石片有关的几个概念》，董为主编《第十六届中国古脊椎动物学学术年会论文集》，海洋出版社 2018 年版	
58	冯小波：《头骨觅"宗"：郧县人头骨发现纪实》，湖北教育出版社 2019 年版	
59	傅广典：《"郧县人"研究的考古人类学意义》，《汉江师范学院学报》2021 年第 5 期	
60	李天元：《让"郧县人"走向世界——忆艾丹博士》，《江汉考古》2021 年第 5 期	

注：由于资料获得渠道等原因限制，目录中所列未能尽数收录所有学堂梁子遗址，特此说明。

参考文献

一　著作

北京大学考古文博学院编：《考古学研究（七）》，科学出版社2008年版。
程国良等：《蓝田人地层时代的探讨》，中国科学院古脊椎动物与古人类研究所编：《古人类论文集》，科学出版社1978年版。
程国良、林金录、李素玲：《蓝田人地层时代的探讨》，中国科学院古脊椎动物与古人类研究所：《古人类论文集》，科学出版社1978年版。
邓涛、王原主编：《第八届中国古脊椎动物学学术年会论文集》，海洋出版社2001年版。
《第三届广西青年学术年会论文集》（自然科学篇），广西人民出版社2007年版。
董为主编：《第十三届中国古脊椎动物学学术年会论文集》，海洋出版社2012年版。
封开县博物馆等编：《纪念黄岩洞遗址发现三十周年论文集》，广东旅游出版社1991年版。
冯小波：《头骨觅"宗"：郧县人头骨发现纪实》，湖北教育出版社2019年版。
广西百色市委、广西百色市政府、广西历史学会：《历史的启示——右江流域民族历史文化与经济开发研讨会暨广西历史学会第十次会员代表大会论文集》，广西人民出版社2003年版。
广西文物考古研究所编：《广西考古文集》（第四辑），科学出版社2010年版。
广西壮族自治区博物馆：《百色旧石器》，文物出版社2003年版。
广西壮族自治区自然博物馆：《广西百色盆地枫树岛旧石器遗址》，科学出版社2014年版。
湖南省文物考古研究所编：《长江中游史前文化暨第二届亚洲文明学术讨论会论文集》，岳麓书社1996年版。
贾兰坡：《旧石器时代文化》，科学出版社1957年版。
贾兰坡：《中国大陆的远古居民》，天津出版社1978年版。
蒋远金：《田阳那赖遗址B区发掘报告》，《广西考古文集》，科学出版社2010年版。
李天元、冯小波：《长江古人类》，湖北教育出版社2004年版。
李天元、冯小波：《郧县人》，湖北科学技术出版社2001年版。
李天元：《古人类研究》，武汉大学出版社1990年版。
《历史的启示——右江流域民族历史文化与经济开发研讨会暨广西历史学会第十次会员代表大会论文集》，广西人民出版社2005年版。

裴文中、贾兰坡：《山西襄汾县丁村旧石器时代遗址发掘报告》，科学出版社 1958 年版。
裴文中、张森水：《中国猿人石器研究》，科学出版社 1985 年版。
裴文中：《中国史前时期之研究》，商务印书馆 1948 年版。
陕西省考古研究院等：《花石浪（Ⅰ）—洛南盆地旷野类型旧石器地点群研究》，科学出版社 2007 年版。
陕西省考古研究院、商洛地区文管会、洛南县博物馆：《花石浪（Ⅱ）—洛南花石浪龙牙洞遗址发掘报告》，科学出版社 2008 年版。
陕西省考古研究院、商洛地区文管会、洛南县博物馆：《花石浪（Ⅰ）—洛南盆地旷野类型旧石器地点群研究》，科学出版社 2007 年版。
尚书菊：《华南百色遗址的古地磁研究及其年代指示意义》，太原理工大学 2002 年版。
水利部长江水利委员会：《长江流域地图集》，中国地图出版社 1999 年版。
王頠：《广西百色盆地枫树岛旧石器遗址》，科学出版社 2014 年版。
王幼平：《更新世环境与中国南方旧石器文化发展》，北京大学出版社 1997 年版。
王幼平：《旧石器时代考古》，文物出版社 2000 年版。
王幼平：《石器研究：旧石器时代考古方法初探》，北京大学出版社 2006 年版。
卫奇：《旧石器分类探讨》，《考古学研究（七）》，科学出版社 2008 年版。
吴汝康、吴新智、张森水主编：《中国远古人类》，科学出版社 1989 年版。
徐钦奇、李隆助主编：《垂杨介及她的邻居们——庆贺贾兰坡院士九十华诞国际学术讨论会文集》，科学出版社 1999 年版。
徐钦琦、谢飞、王建主编：《史前考古学新进展——庆祝贾兰坡院士九十华诞国际学术讨论会文集》，科学出版社 1999 年版。
中国科学院古脊椎动物与古人类研究所编：《陕西蓝田新生界现场会议论文集》，科学出版社 1966 年版。

二　期刊

北京联合大学应用文理学院等：《湖北省郧县黄家窝旧石器时代遗址石制品初步研究》，《中原文物》2014 年第 5 期。
北京联合大学应用文理学院历史文博系等：《湖北郧县刘湾旧石器时代遗址发掘简报》，《江汉考古》2012 年第 6 期。
蔡述亮：《石器微痕分析在我国旧石器时代考古学中的发展与应用》，《武汉文博》2010 年第 3 期。
陈淳：《旧石器研究：原料、技术及其他》，《人类学学报》1996 年第 3 期。
陈淳：《谈旧石器类型学》，《人类学学报》1994 年第 4 期。
陈淳：《再谈旧石器类型学》，《人类学学报》1997 年第 1 期。

陈虹、沈辰：《石器研究中“操作链”的概念、内涵及应用》，《人类学学报》2009 年第 2 期。
陈铁梅等：《湖北“郧县人”化石地层的 ESR 测年研究》，《人类学学报》1996 年第 2 期。
陈铁梅、杨全、胡艳秋、李天元：《湖北“郧县人”化石地层的 ESR 测年研究》，《人类学学报》1996 年第 2 期。
陈晓颖、谢光茂、林强：《百色大梅遗址第一地点发掘简报》，《人类学学报》2017 年第 3 期。
陈星灿：《中国古人类学与旧石器时代考古学五十年》，《考古》1999 年第 9 期。
程茂峰：《百色市澄碧湖景区生态旅游开发研究》，《广西水利水电》2010 年第 6 期。
Eric Boëda：《旧石器时代东亚、西亚之间的关系》，侯雪梅译，《第四纪研究》2004 年第 3 期。
房迎三：《试论我国旧石器文化中的砍器传统》，《东南文化》1990 年第 1、2 期。
房迎三：《中国的旧石器地点群》，《华夏考古》1993 年第 3 期。
冯小波、陆成秋、王昊：《湖北郧县直立人遗址研究新进展》，《江汉考古》2011 年第 3 期。
冯小波：《郧县人遗址石核的研究》，《人类学学报》2004 年第 1 期。
冯小波：《郧县人遗址石器的第二步加工》，《华夏考古》2003 年第 4 期。
冯小波：《郧县人遗址石制品的拼合研究》，《考古学研究（七）》，2008 年。
盖培等：《陕西蓝田地区旧石器的若干特征》，《古脊椎动物与古人类》1976 年第 3 期。
盖培、尤玉柱：《陕西蓝田地区旧石器的若干特征》，《古脊椎动物与古人类》1976 年第 3 期。
高立红、袁俊杰、侯亚梅：《百色盆地高岭坡遗址的石制品》，《人类学学报》2014 年第 2 期。
高柳青、袁宝印：《南宁、百色盆地红土风化壳的地球化学特征及其环境意义》，《地理研究》1996 年第 1 期。
高星：《旧石器时代考古学》，《化石》2002 年第 4 期。
高星、裴树文：《中国古人类石器技术与生存模式的考古学阐释》，《第四纪研究》2006 年第 4 期。
高星：《中国旧石器时代手斧的特点与意义》，《人类学学报》2012 年第 2 期。
郭士伦、郝秀红、陈宝流：《用裂变径迹法测定广西百色旧石器遗址的年代》，《人类学学报》1996 年第 4 期。
郭迎亚、冯小波：《“郧县人”遗址的发掘与研究》，《科技成果管理与研究》2016 年第 5 期。
郭永强、黄春长、庞奖励：《汉江上游郧县人遗址沉积学研究》，《海洋地质与第四纪地质》2014 年第 2 期。
何乃汉、邱中郎：《百色旧石器的研究》，《人类学学报》1987 年第 4 期。
侯金玲、王志宏、杨亚长、赵缠过：《陕西南郑龙岗寺新出土的旧石器和动物化石》，《史前研究》1986 年第 2 期。
侯亚梅、高立红、黄慰文、谢光茂、林强、王頠、田丰：《百色高岭坡旧石器遗址 1993 年发掘简报》，《人类学学报》2011 年第 1 期。
湖北省十堰市博物馆：《湖北郧县两处旧石器地点调查》，《南方文物》2000 年第 3 期。

黄培华、李文森：《湖北郧县曲远河口地貌、第四纪地层和埋藏环境》，《江汉考古》1995 年第 4 期。
黄胜敏、刘扬、郭耀峥、黄明扬、刘康体、黄霖珍：《广西百色百峰遗址发现的石制品》，《人类学学报》2011 年第 3 期。
黄胜敏、刘扬、黄鑫、黄明扬、刘康体、黄锋、严建国：《广西百色六合遗址发掘简报》，《人类学学报》2012 年第 2 期。
黄慰文：《百色手斧挑战“莫氏线”》，《化石》2001 年第 4 期。
黄慰文等：《对百色石器层位和时代的新认识》，《人类学学报》1990 年第 2 期。
黄慰文：《东亚和东南亚旧石器初期重型工具的类型学——评 Movius 的分类体系》，《人类学学报》1993 年第 4 期。
黄慰文：《红土地质考古带和早期人类进化》，《第四纪研究》2000 年第 5 期。
黄慰文、侯亚梅、高立红：《中国旧石器文化的“西方元素”与早期人类文化进化格局》，《人类学学报》2009 年第 1 期。
黄慰文、冷健、员晓枫、谢光茂：《对百色石器层位和时代的新认识》，《人类学学报》1990 年第 2 期。
黄慰文、祁国琴：《梁山旧石器遗址的初步观察》，《人类学学报》1987 年第 3 期。
黄慰文、袁宝印：《关于百色石器研究——答林圣龙》，《人类学学报》2002 年第 1 期。
黄慰文：《中国的手斧》，《人类学学报》1987 年第 1 期。
黄慰文：《中国旧石器文化序列的地层学基础》，《人类学学报》2000 年第 4 期。
蒋廷瑜：《广西考古四十年概述》，《考古》1998 年第 11 期。
孔丽娟、沈冠军、王頠、李大伟、赵建新：《狮子洞铀系测年与百色盆地第Ⅲ级阶地的年代》，《地球与环境》2012 年第 3 期。
李超荣：《丹江库区发现的旧石器》，《中国历史博物馆馆刊》1998 年总第 30 期。
李浩、李超荣、Kathleen Kuman：《丹江口库区果茶场Ⅱ旧石器遗址形成过程研究》，《江汉考古》2016 年第 1 期。
李浩、李超荣、Kathleen Kuman：《丹江口库区果茶场Ⅱ旧石器遗址发掘简报》，《人类学学报》2013 年第 2 期。
李浩、李超荣、Kathleen Kuman、周兴明、王刚：《丹江口库区第四级阶地旧石器遗址调查简报》，《人类学学报》2017 年第 2 期。
李泉、郭迎亚、肖玉军、杜杰、杨瑞生、刘伟、祝恒富、黄旭初、陈安宁、莫生娇、冯小波：《丹江口库区旧石器时代文化初步研究》，《荆楚文物》2017 年第 3 辑。
李天元、艾丹、冯小波：《郧县人头骨形态特征再讨论》，《江汉考古》1996 年第 1 期。
李天元、艾美利、廖美炎、冯小波、李文森：《郧县人头骨化石三维复原的初步研究》，《人类学学报》2004 年第 23 卷增刊（《纪念裴文中教授百年诞辰论文集》）。

李天元等:《湖北郧县曲远河口发现的猴类化石》,《江汉考古》1995 年第 3 期。
李天元等:《湖北郧县曲远河口化石地点调查与试掘》,《江汉考古》1991 年第 2 期。
李天元等:《湖北郧县曲远河口人类颅骨的形态特征及其在人类演化中的位置》,《人类学学报》1994 年第 2 期。
李天元等:《湖北郧县人颅骨化石初步观察》,《史前研究》1990 ~ 1991 年(合刊)。
李天元等:《郧县人头骨形态特征再讨论》,《江汉考古》1996 年第 1 期。
李天元:《试论湖北境内第四纪洞穴堆积》,《江汉考古》1981 年第 1 期。
李天元、王正华:《湖北郧县人颅骨化石初步观察》,《史前研究》1990—1991 年合刊。
李天元、王正华、李文森、冯小波、胡魁、刘文春:《湖北郧县曲远河口化石地点调查与试掘》,《江汉考古》1991 年第 2 期。
李天元、王正华、李文森、冯小波、武仙竹:《湖北郧县曲远河口人类颅骨的形态特征及其在人类演化中的位置》,《人类学学报》1994 年第 2 期。
李天元、武仙竹、李文森:《湖北郧县曲远河口发现的猴类化石》,《江汉考古》1995 年第 3 期。
李天元:《襄阳山湾发现的几件打制石器》,《江汉考古》1983 年第 1 期。
李学贝、笪博、刘越:《丹江口库区旧石器考古调查记》,《大众考古》2015 年第 7 期。
李炎贤等:《郧县人遗址发现的石制品》,《人类学学报》1998 年第 2 期。
李炎贤:《关于石片台面的分类》,《人类学学报》1984 年第 3 期。
李炎贤、计宏祥、李天元、冯小波、李文森:《郧县人遗址发现的石制品》,《人类学学报》1998 年第 2 期。
李炎贤、尤玉柱:《广西百色发现的旧石器》,《古脊椎动物与古人类》1975 年第 4 期。
李炎贤:《郧县人遗址的研究和存在的问题》,《龙骨坡史前文化志》2001 年第 3 期。
李炎贤:《中国旧石器时代晚期文化的划分》,《人类学学报》1993 年第 3 期。
李意愿:《莫维斯线与中国旧石器时代早期文化的研究》,《南方文物》2011 年第 4 期。
林强:《广西百色田东坡西岭旧石器时代遗址发掘简报》,《人类学学报》2002 年第 1 期。
林圣龙、何乃汉:《关于百色的手斧》,《人类学学报》1995 年第 2 期。
林圣龙:《评〈科学〉发表的〈中国南方百色盆地中更新世似阿舍利石器技术〉》,《人类学学报》2002 年第 1 期。
刘礼堂、祝恒富、解宇:《旧石器时代中国南方砾石工业初探》,《武汉大学学报》(人文科学版)2010 年第 5 期。
刘扬、黄胜敏:《广西百色公篓遗址石制品的初步研究》,《人类学学报》2013 年第 1 期。
刘越、冯小波:《美丽的邂逅—郧县人遗址发掘纪实》,《大众考古》2014 年第 11 期。
鲁娜、黄慰文、尹申平、侯亚梅:《梁山遗址旧石器材料的再研究》,《人类学学报》2006 年第 2 期。

裴树文、陈福友、张乐等：《百色六怀山旧石器遗址发掘简报》，《人类学学报》2007年第1期。
裴文中：《关于用碳14确定欧洲旧石器晚期分期上的新成就》，《古脊椎动物与古人类》1961年第2期。
彭军等：《百色盆地百岗组高分辨率层序分析及研究意义》，《地球学报》2002年第2期。
尚书菊：《华南百色遗址的古地磁研究及其年代指示意义》，《太原理工大学》2002年第3期。
沈玉昌：《汉水河谷的地貌及其发育史》，《地理学报》1956年第4期。
覃芳：《广西旧石器时代晚期文化特点》，《广西社会科学》1995年第4期。
王建：《丁村旧石器时代遗址群调查发掘简报》，《文物季刊》1994年第3期。
王建、王益人：《石片形制探究——旧石器研究的一种新的理论和方法》，《考古与文物》1988年第4期。
王社江：《洛南盆地的薄刃斧》，《人类学学报》2006年第4期。
王社江、孙雪峰、鹿化煜等：《汉水上游汉中盆地新发现的旧石器及其年代》，《人类学学报》2014年第2期。
王社江、孙雪峰、鹿化煜、弋双文、张改课、邢路达、卓海昕、俞凯峰、王頠：《汉水上游汉中盆地新发现的旧石器及其年代》，《人类学学报》2014年第2期。
王益人：《旧石器考古学中的结构与信息》，《文物世界》2001年第2期。
王幼平：《汉水上游地区旧石器文化的探讨》，《文物研究》1991年第7期。
卫奇：《关于石片台面研究问题的问题》，《文物春秋》2006年第4期。
吴文祥：《试论百色手斧文化由西方扩散的可能性》，《地质科技情报》2002年第2期。
吴新智：《20世纪的中国人类古生物学研究与展望》，《人类学学报》1999年第3期。
谢崇安：《岭南地区的旧石器时代文化》，《广西民族学院学报》（哲学社会科学版）1990年第1期。
谢光茂：《百色旧石器遗址群：手斧挑战莫维斯理论》，《中国文化遗产》2008年第5期。
谢光茂、林强：《百色上宋遗址发掘简报》，《人类学学报》2008年第1期。
谢光茂、林强、黄鑫：《百色田东百渡旧石器遗址发掘简报》，《人类学学报》2010年第4期。
谢光茂、林强、余明辉、陈晓颖、胡章华、鹿化煜、黄秋艳：《广西百色盆地高岭坡遗址的地层及年代》，《人类学学报》2020年第1期。
谢光茂、林强、余明辉等：《广西百色盆地高岭坡遗址的地层及年代》，《人类学学报》2019年第1期。
谢光茂：《论中国南方及东南亚地区早期砾石石器》，《东南文化》1997年第2期。
谢光茂：《原料对旧石器加工业的影响》，《广西民族研究》2001年第2期。
徐欣、李锋、陈福友、黄鑫、高星：《百色六怀山遗址周边新发现的旧石器》，《人类学学报》2012年第2期。

阎桂林:《湖北“郧县人”化石地点的磁性地层学初步研究》,《地球科学——中国地质大学学报》1993 年第 4 期。
阎桂林:《考古磁学——磁学在考古中的应用》,《考古》1997 年第 1 期。
阎嘉祺:《陕西省汉中地区梁山旧石器的首次发现和初步研究》,《西安矿业学院学报》1981 年第 1 期。
阎嘉祺、魏京武:《陕西梁山旧石器之研究》,《史前研究》1983 年第 1 期。
杨小强、朱照宇、张轶男、李华梅、周文娟、阳杰:《广西百色盆地含石器层沉积物岩石磁学及古地磁学综合研究》,《中国科学》(D 辑:地球科学)2008 年第 1 期。
袁宝印等:《百色旧石器遗址的若干地貌演化问题》,《人类学学报》1998 年第 3 期。
袁宝印等:《中国南方红土年代地层学与地层划分问题》,《第四纪研究》2008 年第 1 期。
袁宝印、侯亚梅、王頠、鲍立克、郭正堂、黄慰文:《百色旧石器遗址的若干地貌演化问题》,《人类学学报》1998 年第 3 期。
袁宝印、夏正楷、李宝生、乔炎松、顾兆言、张家富、许冰、黄慰文、曾荣树:《中国南方红土年代地层学与地层划分问题》,《第四纪研究》2008 年第 1 期。
袁俊杰等:《百色盆地舌形刃重型工具的三维有限元应力分析》,《人类学学报》2008 年第 2 期。
袁俊杰:《旧石器时代早期古人类的利手分析——以百色盆地高岭坡遗址为例》,《华夏考古》2003 年第 1 期。
曾祥旺:《广西百色市百谷屯发现的旧石器》,《考古与文物》1996 年第 6 期。
张鲲等:《百色盆地右江阶地特征及演化研究》,《中国地质》2012 年第 4 期。
张鲲、李细光、李志勇:《百色盆地右江阶地特征及演化研究》,《中国地质》2012 年第 4 期。
张璞、王頠:《广西百色枫树岛旧石器早期石制品石核石片技术学分析》,《贵州科学》2009 年第 2 期。
张璞、王頠:《广西百色枫树岛旧石器早期石制品手斧技术类型学分析》,《贵州科学》2010 年第 3 期。
张森水:《管窥新中国旧石器考古学的重大发现》,《人类学学报》1999 年第 3 期。
张森水:《近 20 年来中国旧石器考古学的进展与思考》,《第四纪研究》2002 年第 1 期。
张森水:《我国南方旧石器时代晚期文化的若干问题》,《人类学学报》1983 年第 3 期。
张银运:《郧县人类头骨化石与周口店直立人头骨的比较》,《人类学学报》1995 年第 1 期。
朱景郊:《网纹红土的成因及其研究意义》,《地理研究》1988 年第 4 期。
祝恒富:《湖北十堰发现 2 件手斧》,《人类学学报》1999 年第 1 期。

三 报纸

刘昆:《广西百色出土 80 万年前手斧——对研究东亚人类起源有重要意义》,《光明日报》2005

年5月29日考古专题。

吴新智：《我国古人类学的重要发现：湖北郧县人类头骨化石》，《中国科学报》1992年7月24日第2版。

谢光茂等：《百色盆地旧石器考古获重大发现》，《中国文物报》2002年9月27日第1版。

张晓凌、沈辰：《莫维斯、莫维斯线及中国手斧研究》，《中国文物报》2008年11月28日第7版。

四　外文

佐川正敏、黄慰文，"中国広西チワン族自治区百色遺跡群の旧石器とその位置づけ"，*Bulletin of Japan Society for Chinese Archaeology*，2000。

Amelie Vialet et al.，"*Homo Erectus* from the Yunxian and Nankin Chinese Sites：Anthropological Insights Using 3D Virtual Imaging Techniques"，*C. R. Palevol.*，2010（9）.

Amelie Vialet et al.，"Proposition de reconstitution du deuxième crâne d'Homo erectus de Yunxian (Chine)"，*Comtes Rendus Palevol*，2005，（4）.

Bar-Yosef，Kuhn S. L.，"The Big Deal about Blades：Laminar Technologies and Human Evolution"，*American Anthropologist*，1999，101.

Bordes F.，de Sonneville Bordes D.，"The Significance of Variability in Paleolithic Assemblages"，*World Archaeology*，1971，2（1）.

Bordes F.，"Reflection on Typology and Technology in the Paleolithic"，*Arctic Anthropology*，1969（6）.

Bordes，F.，*The Old Stone Age*，*World University Library*，McGraw-Hill Book Compent，New York & Toronto，1968.

Clark，J. D. and M. R. Kleindienst，*Kalambo Falls Prehistoric Site*，Ⅱ，*The Later Prehistoric Cultures*，Cambridge University Press，Cambridge，1974.

Feng Xiao Bo，Li Quan，Qi Yu. L'industrie du Paléolithique inférieur du site de Wujiagou，Hubei Province，République Populaire de Chine，*L'Anthropologie*，2018，122.

Feng Xiao Bo，Qi Yu，Li Quan，Ma Xiao Rong，LIU Kang Ti，L'industrie du Paléolithique inférieur du site de Baigu，Bassin de Bose，Province autonome du Guangxi Zhuang，RP de Chine，*L'Anthropologie*，2018，122.

Feng Xiaobo，Stratégie de débitage et mode de façonnage des industries du Paléolithique inférieur en Chine et en Europe entre 1 Ma et 400 000 ans Ressemblances et différences de la culture de l'homme de Yunxian et Acheuléen européen，*L'Anthropologie*，2008，112（3）.

François Bordes，Leçons Sur le Paléolithique. Tome 1：Notions de Géologie Quaternaire，Paris：CNRS éditions，2002.

François Bordes, Leçons Sur le Paléolithique. Tome 2: Paléolithique en Europe, Paris: CNRS éditions, 2002.

François Bordes, Typologie du Paléolithique Ancien et Moyen. Paris: CNR Séditions, 2002.

Gudrun Corvinus, "*Homo Erectus* in East and Southeast Asia, and the Questions of the Age of the Species and Its Association with Stone Artifacts, with Special Attention to Handaxe-like Tools", *Quaternary International*, 2004, 117 (1).

Guilin Xu et al., Spatial Distribution of Paleolithic Sites in Bose Basin, Guang Xi, China, *Quaternary International*, 2012, 281.

Henry de Lumley et al., "Essai de datation par les méthodes de résonance paramagnétique électronique et du déséquilibre dans les familles de l'uranium combinées (RPE) de dents d'herbivores et par résonance paramagnétique électronique (RPE) de quartz blanchis extraits de sédiments fluviatiles provenant du site de l'Homme de Yunxian", In: *Le site de l'Homme de Yunxian. Quyuanhekou, Quingqu, Yunxian, Province du Hubei* (Sous la direction de Henry de Lumley et Li Tianyuan). CNRS Editions, Paris, 2008.

Henry de Lumley et al., "Etude du paléomagnétisme du site de l'Homme de Yunxian", In: *Le site de l'Homme de Yunxian. Quyuanhekou, Quingqu, Yunxian, Province du Hubei* (Sous la direction de Henry de Lumley et Li Tianyuan). CNRS Editions, Paris, 2008.

Henry de Lumley et al., "Etude sédimentologique du site de l'Homme de Yunxian", In: *Le site de l'Homme de Yunxian. Quyuanhekou, Quingqu, Yunxian, Province du Hubei* (Sous la direction de Henry de Lumley et Li Tianyuan). CNRS Editions, Paris, 2008.

Henry de Lumley et al., "Etude stratigraphique du site de l'Homme de Yunxian", In: *Le site de l'Homme de Yunxian. Quyuanhekou, Quingqu, Yunxian, Province du Hubei* (Sous la direction de Henry de Lumley et Li Tianyuan). CNRS Editions, Paris, 2008.

Henry de Lumley et al., "Les crânes d'*Home erectus* du site de l'Homme", In: *Le site de l'Homme de Yunxian. Quyuanhekou, Quingqu, Yunxian, Province du Hubei* (Sous la direction de Henry de Lumley et Li Tianyuan). CNRS Editions, Paris, 2008.

Henry de Lumley et al., "Les faunes de grands mammifères du site de l'Homme de Yunxian", In: *Le site de l'Homme de Yunxian. Quyuanhekou, Quingqu, Yunxian, Province du Hubei* (Sous la direction de Henry de Lumley et Li Tianyuan). CNRS Editions, Paris, 2008.

Henry de Lumley et al., "Reconstitution du crâne de l'Homme de Yunxian par imagerie tridimensionnelle", In: *Le site de l'Homme de Yunxian. Quyuanhekou, Quingqu, Yunxian, Province du Hubei* (Sous la direction de Henry de Lumley et Li Tianyuan). CNRS Editions, Paris, 2008.

Henry de Lumley, Gérard Batalla i Llasat, Dominique Cauche, Anna Echassoux, Anne-Marie Moigne, Olivier Notter et Li Tianyuan, Feng Xiaobo, Li Yanxian, Li Wensen et Wu Xianzhu, Signification des accumulations du matériel archéologique et paléontologique sur le site de l'Homme de Yunxian. In: Le site de l'Homme de Yunxian. Quyuanhekou, Quingqu, Yunxian, Province du Hubei (Sous la direction de Henry de Lumley et Li Tianyuan). CNRS Editions, Paris, 2008.

Henry de Lumley, Gérard Batalla i Llasat, Dominique Cauche, Olivier Notter et Li Tianyuan, Li Yanxian et Feng Xiaobo, L'industrie du Pléolithique inférieur du site de l'Homme de Yunxian. In: Le site de l'Homme de Yunxian. Quyuanhekou, Quingqu, Yunxian, Province du Hubei (Sous la direction de Henry de Lumley et Li Tianyuan). CNRS Editions, Paris, 2008.

Hou Yamei et al., "Mid-Pleistocene Acheulean-like Stone Technology of the Bose Basin, South China", *Science*, 2000, 287.

M. D. Leaky, *Olduvai Gorge: Excavationsin Beds I and II*, Cambridge: Cambridge University Press, 1971.

Pu Zhang, Weiwen Huang, Wei Wang, "Acheuleanhandaxes from Fengshudao, Bose sites of South China", *Quaternary International*, 2010, 223-224.

Shengmin Huang et al., "Recent Paleolithic field investigation in Bose Basin (Guangxi, China)", *Quaternary International*, 2012, 281.

后　　记

1989 年 5 月 18 日，郧阳（县）博物馆王正华、郧西县文化馆屈盛明在湖北省郧阳区（原郧县）青曲镇弥陀寺村发现郧县人第一具头骨化石后，1990 年、1991 年、1995 年、1998～1999 年、2006～2007 年，由湖北省文物考古研究所主持，联合郧阳地区（现十堰市）博物馆、郧阳博物馆，对郧县曲远河口学堂梁子—郧县人旧石器时代遗址先后进行了多次发掘。

郧县人遗址发掘伊始，项目负责人李天元研究员高屋建瓴地成立了相关研究小组，李天元负责古人类化石研究，李文森、武仙竹负责哺乳动物化石研究，冯小波负责石制品研究，中科院古脊椎动物与古人类研究所计宏祥负责第四纪地质学研究，陈安宁、陈立新负责动物化石修理。因方方面面的原因，整理工作一直进展缓慢。2000 年开始，湖北省文物考古研究所与法国人类古生物学研究所、摩纳哥亲王阿尔伯特一世基金会、法国国家自然历史博物馆史前考古实验室、欧洲史前研究中心（Tautavel、Lazaret）史前考古实验室联合开展郧县人遗址相关研究，2008 年相关研究成果以法语出版，为郧县人遗址的整理提供了新的方法和理论参考。

我从 1989 年大学毕业后就参与这个遗址的历次发掘工作，从一个考古初学者慢慢成长为一名考古发掘负责人（考古发掘领队），而且非常幸运地亲手发掘出郧县人第二具头骨化石。2004 年，在法国人类古生物研究所所长 Henry de LUMLEY 教授的大力支持下，我赴法国系统学习旧石器时代考古的理论与方法，学成归国即开始借鉴法国成熟的石制品研究方法重新对郧县人遗址石器观察、制卡、绘图、照相，遂形成了本报告的基础资料。

值本报告正式出版之际，首先要感谢学堂梁子—郧县人遗址的发掘、整理的负责人李天元研究员，没有他 30 多年的专注与坚持，就不会有郧县人遗址研究的今天。其次要感谢中国科学院古脊椎动物与古人类研究所李炎贤研究员和法国人类古生物研究所所长亨利·德·伦莱教授，没有他们两位的提携与教诲，可能现在我依然徘徊在旧石器时代考古研究的大门外。其他要感谢的人很多很多，湖北省文物考古研究所陈振裕所长、王红星所长、方勤馆（院）长、田桂萍、陆成秋、郭长江，湖北省博物馆郝勤建（郝勤建拍摄了遗址远景照片及部分石器照片）、蔡陆武、王晓钟及保管部、陈列部、保卫部同仁，中国科学院古脊椎动物与古人类研究所吴新智、计宏祥，湖北省文化厅（湖北省文物局）胡美洲、沈海宁、黎朝斌、王风竹、张君，北京联合大学应用文理学院谭琛、周天媛、李泉，武汉天远视科技有限责任公司韦漪、冯亦鲁。

本报告报道的石制品包括 1989 年至 1995 年之间调查发现的材料，本报告出版之前有相关文章、论著介绍了郧县人遗址的石制品，今后均以本报告为准。

为读者便于全面了解本报告，特选取了十几件典型的石器制作了高清三维模型，读者可在有二维码的地方用手机扫一扫，即可获取相关模型信息。

特别感谢中国社会科学出版社郭鹏、马明的关心和支持。

本报告中所有器物描述由冯小波完成，石器底图由冯小波绘制，底图清绘由湖北省文物考古研究院李鹤飞完成，石核立方体示意图、所有照片拼图由周天媛完成，石器三维模型由冯亦鲁、韦漪完成，石制品岩性由中国地质大学（武汉）周汉文鉴定。

特别感谢湖北省文物考古研究院院长、湖北省博物馆馆长方勤研究员，法国人类古生物研究所所长 Henry de LUMLEY 教授为本报告作序，吴新智院士的序言据他在郧县参加媒体采访资料汇编而成。

正如中国科学院古脊椎动物与古人类研究所李炎贤研究员曾说过，郧县人遗址“保存的堆积相对多，为进一步发掘、寻找更多的材料和探讨有关学术问题提供了良好的条件”，郧县人遗址的明天会更好，将来肯定还会有更重要的发现。

冯小波

2022 年 5 月 18 日

于北京雍景四季

主编简介

冯小波

北京联合大学考古学二级教授，硕士研究生导师，首都师范大学兼职博士生导师。

本科毕业于北京大学考古学系，博士毕业于法国自然历史博物馆（Muséum National d'Histoire Naturelle）人类古生物研究所（Institut de Paléontologie Humaine），中国科学院古脊椎动物与古人类研究所博士后。主持、参加郧县人遗址等数十处遗址调查、发掘和整理工作。现任中国古脊椎动物学会第九届理事会理事、中国考古学会旧石器专业委员会理事、L'Anthropologie（SSCI）编委、《江汉考古》（CSSCI）审稿专家。2014 年入选北京市属高等学校“长城学者”，2015 年获得 2013 年度“摩纳哥兰尼耶三世亲王奖”，2016 年获得法国人类古生物研究所（IPH）“通讯院士”称号。

内容简介

学堂梁子—郧县人遗址位于中国湖北省十堰市郧阳区（原郧县）青曲镇弥陀寺村一组学堂梁子。该遗址发现的“郧县人头骨化石”获得1990年度全国十大考古新发现和“七五”期间全国十大考古新发现。本报告为学堂梁子—郧县人遗址1989～1995年调查、发掘石制品的专门报告。

本报告有以下几点特点：第一，尝试参考和借鉴法国旧石器时代文化石制品的类型学方法，融入中国旧石器时代考古类型学传统研究方法，尤其是对于石核和石片以及相关的石器的定位设制了参考方法，以便于观察测量，最大限度地避免了砾石石器和石片石器的随意定位和人为因素干扰。第二，针对所有的石锤、石核、石片、有疤孤立片疤的砾石、单向加工的砍砸器、手镐、单面器、双向加工的砍砸器、手斧、斧状器、刮削器、凹缺刮器、尖状器、尖突、雕刻器和“可拼合标本”均制备了观察卡片，进行了详尽的描述，尤其是对石核剥片、石器加工的每一块片疤的天然和人工属性进行描述，这在国内考古报告中尚属首次。第三，对石核标本的观察增加了以前不多见的剥片的立方体示意图，让读者可以非常容易理解石核的剥片方式，进而可以推测古人类的行为方式，具有很好的示范作用。第四，对单向加工的砍砸器（chopper）和双向加工的砍砸器（choppina-tool）进行了区分，这是与国际考古学研究接轨的一种方式。第五，将石制品分上、中、下三个文化层进行分层研究，明晰了不同地层中石制品打制技术和类型差异。郧县人遗址以砾石石器为主，以石片石器为辅，且出现了一定比例的手斧、手镐、斧状器等。第六，对采用同样方法研究的广西百色盆地正式发掘的那赖遗址的石制品与学堂梁子—郧县人遗址的石制品进行了对比研究，发现二者有一定的相似性，石器的比例也大致相近。第七，除了在石制品的观察分析方面有了许多新的尝试外，在石制品的绘图、摄像等方面给予了相当的重视，基本上达到了每件人工石制品的“三大记录”完备。

本书可供从事古人类学、考古学、第四纪哺乳动物学、第四纪地质学研究的专家学者以及高校相关专业师生阅读参考。